民大记忆
口述历史

中国少数民族社会历史调查（上）

访谈录

中央民族大学民族博物馆 编

学苑出版社

图书在版编目（CIP）数据

中国少数民族社会历史调查. 上册，访谈录/中央民族大学民族博物馆编. —北京：学苑出版社，2018.1
ISBN978—7—5077—5406—3

Ⅰ. ①中… Ⅱ. ①中… Ⅲ. ①少数民族—民族历史—社会调查—中国 Ⅳ. ①K28

中国版本图书馆CIP数据核字（2018）第010549号

封面设计：汤建军　　排版制作：李红权

出 版 人：孟　白
责任编辑：洪文雄
出版发行：学苑出版社
社　　址：北京市丰台区南方庄2号院1号楼
邮政编码：100079
网　　址：www.book001.com
电子信箱：xueyuan@ public.bta.net.cn
联系电话：010—67601101（销售部）67603091（总编室）
印 刷 厂：三河市灵山芝兰印刷有限公司
开本尺寸：787×1092　　1/16
印　　张：22.25
字　　数：477千字
版　　次：2018年1月北京第1版
印　　次：2018年1月第1次印刷
定　　价：168.00元（上下册）

《民大记忆》系列丛书学术委员会

主　任：张京泽　黄泰岩

副主任：邹吉忠

委　员（按姓氏笔画排序）

　　　　刀　波　　马文喜　　马晓华　　王丽萍　　石亚洲

　　　　田　琳　　曲木铁西　　再帕尔·阿不力孜　　宋　敏

　　　　张艳丽　　张铭心　　李曦辉　　贾仲益

《中国少数民族社会历史调查》编辑小组

组　长：张铭心

副组长：马晓华

组　员：索文清　　定宜庄　　张龙翔　　卡丽娜

　　　　李少梅　　沈秀荣　　李尔昌

1950年，内蒙古社会历史调查组去呼伦贝尔盟调查蒙古、达斡尔等民族情况（右三为施联朱先生）（施联朱提供）

1950年，中央西南访问团到贵州少数民族地区宣传党的民族政策时，副团长费孝通等成员受到热烈欢迎（费孝通家属提供）

1950年代，在西双版纳做社会历史调查时，张公瑾先生与傣族儿童留影（张公瑾提供）

1950年代初期，在内蒙古草原做社会历史调查时，王锺翰先生（右一）等成员与牧民留影（王锺翰家属提供）

1950年代中期，在四川做少数民族社会历史调查时，陈永龄（后排左四）、王晓义（后排左六）等成员留影（陈永龄家属提供）

1951年，在西藏做少数民族社会历史调查时，林耀华先生（右二）等成员与藏族同胞留影（林耀华家属提供）

1951年,中央中南民族访问团部分成员与施联朱先生(后排左三)在海南师范学院留影(施联朱提供)

1951年5月,宋蜀华先生参加少数民族社会历史调查时,进藏途中留宿羊圈(宋蜀华家属提供)

1951年下半年,进藏做少数民族社会历史调查时,林耀华(左三)、宋蜀华(左一)、王晓义(右一)等成员在途中留影(宋蜀华家属提供)

1952年,于道泉先生(后排左三)与一同调研的学生在贡嘎寺前留影(于道泉家属提供)

1954年,在云南文山进行民族社会历史调查时,林耀华(中)、施联朱(左一)、黄淑娉(右二)等成员与调查对象留影(施联朱提供)

1956年,时任中科院少数民族语言调查第六工作队副队长的李森先生(左一)在乌鲁木齐迎接苏联专家谢尔久琴珂赴语言调查基地(李尔昌提供)

1957年,在川东酉阳县考察土家族社会历史文化时,潘光旦先生(左二)与成员欣赏民族书画(潘光旦家属提供)

1957年1月6日夜,在川东秀山县石堤,潘光旦先生(左一)访问土家族老人(张祖道摄,潘光旦家属提供)

1958年,在云南耿马傣族佤族自治县人民委员会门前,云南傣族调查组成员留影(索文清提供)

1959年,参加广西少数民族社会历史调查的全体成员合影留念(下数第二排左五为杨成志先生)(杨成志家属提供)

1959年,云南省哈尼族民族调查组成员在个旧市合影(索文清提供)

1959年,在做中国少数民族社会历史调查时,洪俊先生(右一)与成员们在去澜沧江路上露宿野外(洪俊提供)

1959年元旦,福建少数民族调查组全体成员留影(后排右三为施联朱先生)(施联朱提供)

1959年2月,在内蒙古莫力达瓦达斡尔族自治旗做达斡尔族社会历史调查时,赵映东先生(右)坐马车赶往农户家调研(赵映东提供)

广西少数民族社会历史调查组组长(中)在颐和园船上,临时召集杨成志先生(左一)等部分成员开工作会议(杨成志家属提供)

1961年新年,参加辽宁民族社会调查的全体成员留影(前排左二为傅乐焕先生,中排左四为赵展先生,左六为杨学琛先生)(赵展提供)

在广西少数民族社会历史大调查时,杨成志先生在途中临时授课指导辅助人员(杨成志家属提供)

做社会历史调查时,徐仁瑶先生(右一)与黔西南安龙县底西村小学教师座谈(徐仁瑶提供)

序 言

定宜庄

本书是为 20 世纪全国少数民族社会历史调查的参与者所做的口述史，被访者都是当年参加过这场调查的中央民族大学（当年的中央民族学院）师生。

全国少数民族社会历史调查正式启动于 1956 年，而针对中国境内少数民族情况进行的各种活动，包括各种参观、访问、调查等等，在中华人民共和国刚成立的 1950 年就已开始，表明了当时新成立的中央政权对这项工作的极其重视。

一、关于少数民族社会历史调查

正式的调查从 1956 年启动，1964 年基本结束，与这场调查紧密相关、在某种程度上可以说是这场调查的基础和前提的民族识别工作则启动更早。这是一场完全由中央政府发起和组织的大规模的活动，先后参与的人员达 1700 人之多，足迹遍及中国少数民族人口较密集的 19 个省和自治区，所获调查资料累计达数亿字，堪称为一场轰轰烈烈的"运动"。[①]

对这样一场在政治挂帅、政治运动此起彼伏的特定时代进行的民族识别和民族调查，如今的评价毁誉参半，甚至当时进行这样的识别和调查是否必要，迄今也仍然处于激烈的争辩之中，但不能否认的是，它为此后 60 年中国民族政策的制定与决策奠定了基础，所起的作用都是决定性的。

这样的决定性作用，不仅仅体现在对民族政策的制定上，也体现在与少数民族相关的历史、经济、语言、文化等各领域的学术研究中。在中华人民共和国成立后正式确立的 55 个少数民族中的很大一部分，他们的民族历史与民族语言以及民族文化，都是在这场大规模的

---

① 参见徐姗姗：《对"民族大调查"与"社会历史调查丛刊"的再解读》。据该文说，我国民族工作者曾开展的规模空前的大调查为三次，即少数民族识别调查、少数民族语言调查和少数民族社会历史调查。但本文还是按照参加此项调查的众多学者所说，将民族识别视为早于这场调查而开始的一项工作，它既是这场调查进行的前提和基础，同时也与其紧密不可分。至于民族语言调查，这里则将其视为社会历史调查的一个组成部分。本书口述的被访者，就有几位是曾参加少数民族语言调查的学者。

民族识别和民族调查的基础上,从无到有地建构起来的,① 与少数民族相关的各个重要学科和最具中央民族大学特色和所长的一些重要课程,也是在此基础上开设的。像这样主要不是从旧有的学术传统中继承和发展,而是凭借国家组织和规划、围绕国家制定政策的目的而产生并兴起的学科,在中华人民共和国成立后的各种学术门类中,即使不是绝无仅有,也是极少数的几个。

中央民族大学(当时的中央民族学院)是这场民族识别和民族调查的主力,所以在该院建立之初,入校学习和工作的年轻教师和学者,几乎都加入到了这项民族调查活动之中,可以说,他们就是被这场调查活动培养出来的,对他们中的很多人来说,这场活动是他们迈出学术生涯的第一步。当调查结束,重新回到课堂之后,他们又跟随诸位前辈大师一道,经历了中央民族学院民族学、民族史诸学科的创立和建设的整个过程。总之,无论他们的思想观念是对是错,学术上的水准是高是低,毕竟是这些民族学科中承先启后的一代,他们作为客观存在,在与少数民族相关的学术领域的数十年中,已经产生了根深蒂固的作用,成为不应该也无法被跨越的一批人,这一批人又培养了此后的几代学者,其连绵不断的影响,一直延续至今。

不无遗憾的是,对于这场"在全世界都是独一无二的"(本书中施联朱语)的民族识别和民族调查,当今学界虽然也有人在认真地进行总结和思考,诸如王建民、张海洋和胡鸿保等人在《中国民族学史》中专辟一章,叙述中华人民共和国成立后历次政治运动对这场调查以及随后编写的"五套丛书"的干扰与影响,② 并因此引起激烈的反应,但如果说这些议论还主要限于民族学等学科的话,对于本应该成为历史学中一个重要门类的民族史,却至今仍然鲜少有人关注,在近年来颇为热门的论述中华人民共和国史学发展的著作中,对民族史这一学科的创立和发展,往往被忽略到不置一辞。可见这个学科在史学领域已经位于何等边缘的程度。

对于当年这项调查的亲历者的经历,近年来也曾有一些人关注,出版了一些回忆录性质的文章,如郝时远主编的《田野调查实录——民族调查回忆》(社会科学文献出版社,

---

① 在少数民族社会历史调查的基础上,相关部门组织大量专家学者,为每一个已经确认的少数民族都写出了《简史》《简志》或《简史·简志合编》初稿,共计57本。1979年开始,又在原来的调查基础上,发展出《民族问题五套丛书》,按照底润昆、张正明《全国少数民族社会历史调查的前前后后》一文的说法,"这样全面系统介绍各民族和民族自治地方的丛书,在全世界也是独一无二的"。载《民族团结》1999年第4期。

② 参见王建民、张海洋、胡鸿保:《中国民族学史》下卷第七章"反右斗争和"大跃进"中的中国民族学""拔白旗"及"批判资产阶级民族学"等部分(云南教育出版社,1998年版)。与之持不同意见的,可参见杜玉亭:《简史丛书非凡说——中国民族史探索40年》,载《云南民族学院学报(哲学社会科学版)》,2001年第1期,第57页。

1999)，也有人对个别人物进行了访谈。①但这些声音实在太微弱了，与这项调查的规模之大、投入的人力物力之多、影响之深远相比，屈指可数的这几篇文章和访谈，实在是九牛一毛。学界如此冷漠的态度，对于当时怀着巨大热情投入这项艰苦困难的并为之付出青春甚至生命的一代学人，实在是颇不公平的。

对于民族识别和民族调查，在国家政策层面和学术层面应该做何种评价，这是一个非常宏大深刻的、牵涉方面太多太复杂的问题。认真严肃地进行论述和思考，固然应该和必要，但并不是我们这部访谈录的任务。即使就是像学界为何对民族学科如此冷淡疏远的个中原因，我们在这里也无从谈起、无力解释。我们想要做而且可能做的，只是为这些从少数民族社会历史调查活动中成长起来，一度成为中央民族大学教学与科研中坚，这批老师留下最后的一些剪影、一个实录而已。

二、关于口述访谈的方式

这确确实实是最后一部实录了，因为当年参与过这场调查的人幸存至今的，已经为数不多。这也是我们不得不以口述访谈的形式来记录这场调查的一个重要原因。

本来，总结和回顾这样一场规模宏大、影响深远、参与人数众多的活动，可以采取的形式有多种，甚至可以作为一项专题研究，出版若干部专著，而我们为什么要用口述访谈的方式来纪录此事，是出于如下两种考虑。

首先就是上面说到的迫不得已。从1956年开始参与调查的人，如果以当时最年轻的20岁计算，如今也已经超过80岁，进入耄耋之年了，其中很多已经不在人世。当我们决定启动这个项目时，曾参与当年调查并作为我们主要顾问的索文清教授还设想把这个项目做得尽量全面些，他提议从当时派出分赴各地的16个调查组中的每一个都找到一两个代表，以期对当时调查的状况给予比较全面的展示，但当我们开始排列被访人的名单时才发现，这已经是一件无法进行的工作，所要做到的"全面"已成泡影。收入这部口述书中的被访者，已几乎是我们能够网罗到的、并且能够接受访谈的全部。而且就这些人来说，再想像几年前那样让他们自己撰写回忆，或者撰写对当年调查的回顾和反思，事实上也已不可能。因此，为他们做访谈，尽量让他们亲身讲述他们参与调查的经过，以及对这场调查的看法，在各种记录这场调查的方式中，已经是我们能够选择的唯一。

再者，用做口述访谈的方式纪录这段经历，有着其他方式不可替代的特殊价值。口述史重视的，是从个人的角度来体现对某个重大事件的记忆和认识，这种个人性和独特性，正是我们希望从访谈中得到的内容。我们希望知道他们每一个人当年进入民族学院时的背景、投

---

① 回顾与反思的文章，如黄现璠、甘文杰：《民族调查与研究40年的回顾与思考》，载《民族学人类学研究》；访谈录，如崔鸿飞等：《我参加的中国少数民族社会历史调查——郑其栋先生访谈录》，载《共识》2010年第3期。

入这场调查中的情况，在调查中又都有过哪些想法和难忘的经历，以及对他们所调查的那个他们曾一无所知的民族如何从陌生到逐步熟悉了解，以至于把对这个民族的研究作为毕生从事的事业而投入其中。我们更希望知道的，还有他们当时对这场调查的认识以及其后数十年这项调查对他们的影响，以及如今的反思。从这部书中可以看到，我们的被访者由于出身不同、政治背景不同，经历过此起彼伏的一场场政治运动之后，处境、地位和心态也各异，对这场调查的讲述和反思当然也就形形色色，有的人不改初衷，有的则加以批判否定，对于当时参与这场活动的学术权威、领导、师长、同行，也都有着各自不同的，甚至截然相反的评价，有些相当尖锐，甚至针锋相对，这些都是只有用口述访谈的方式才能够了解到，也只有将口述访谈集结成册，才能表达出来的内容，同时，也只有这样的口述，才能将这场活动的丰富性、复杂性和层次感呈现得比较全面而且具体，也才能为日后想研究这场调查的学者，提供一个比较全方位的、整体性的图景，这当然是仅凭那些纪录性的文件和简单的回忆无法做到的。

三、关于满族的调查

中央民族大学是我的母校。1982年到1992年，我曾在这里师从著名满族史专家王锺翰教授攻读清史和满族史，并获硕士和博士学位。当年参与过少数民族社会历史调查的这些人，很多都是我的老师，这是我对这项调查及其影响，印象深刻，也特别关注的原因之一。而我从2005年开始寻找曾经参加过满族社会历史调查的诸位先生，并为他们一一做口述访谈，则源于我在阅读满族社会历史调查报告中产生的诸多疑问，例如调查时的选点为什么将重点放在东北而不是清代旗人最集中的北京，即使放在东北，又为什么不是在清朝的几处重要的"龙兴之地"，例如沈阳（清代盛京），而是在一些农村，被调查的对象也更多的是守陵的陵户而不是八旗中人数最多的披甲的后裔。带着这些疑惑，我开始着手寻找当时参与过这场民族调查的先生们，并尽其所能地为他们做了口述，通过口述得来的信息中，有一些让我颇感意外，其中最突出的一点，就是这场调查对此后的满族研究产生的影响所具有的根本性。换句话说，20世纪50年代以后起步并形成为一个学科的满族史，从总体来说并不是继承于孟森、萧一山乃至日本诸多学者研究清史的传统，而是从满族社会历史调查起步的，参与这场调查的师生们，大多数没有接受过清史和满族史的任何专业训练，他们从事这场调查时，几乎是从一片空白起步，主要关注的是满族的社会性质，即满族如何从农奴制经济向封建地主经济转化的时间和过程，至于满族的根本制度——八旗制度以及其他制度、政策等诸多基本问题，却几乎被忽略。可以说，后来写成的、被列入《民族问题五套丛书》中的《满族简史》，虽然因一些专家的加入而有了相应的订正修改，但基本构架却仍然基于这场调查，既未意识到，也未能扭转这种偏离，而且直到如今，对满族史的研究也未能从这种影响中完全走出来。

得知我对参与过满族社会历史调查的几位学者做访谈的情况后，胡鸿保师兄建议我不要就此止步，而是将访谈的范围扩展开来，一是寻访参加过其他民族调查的学者，以期与满族调查的情况进行对比，再一个，是寻访参与过中华人民共和国成立后满族重建历项工作的民委官员们，了解满族在20世纪50年代成为单一民族并在1980年代建立自治县的一系列过程。这两项工作中的前者，我做了一部分，包括为王炬堡、陈燮章和陈乃文、朱宁等老师做了访谈；至于后者，通过我的老同学、中共中央高级党校胡岩教授的联系，也同他一道，就20世纪50年代民族政策的制定，尤其是与满族有关的问题，拜访了黄铸、黄光学等老同志们，这些访谈成果中，也有部分收入本书，构成本书中的重要内容，其中有些已经相当难得，因为无论我们当时的访谈水平如何，这些被访者中的绝大多数，今天或已辞世，或已无法再接受访谈了。

四、本书成书经过

非常遗憾的是，由于种种主观、客观原因，我后来并没有将这项访谈计划继续下去，仅有的访谈录音也搁置多年，整理成文字的工作也未做完。直至2015年，也就是在我做这些访谈的整整十年之后，当中央民族大学民族博物馆启动了一系列纪念民族大学诸位名师和学者的口述访谈项目之后，我当年曾备感兴趣而最后中断的这项工作，才作为该馆的一个学术课题，有了被重新提起，并被纳入民族大学校史系列的机会，并有幸得获该馆馆长张铭心教授的悉心组织和安排，张龙翔、沈秀荣等先生不辞辛劳对当年调查的知情者一遍又一遍反复的接洽、访谈，以及马晓华副馆长、卡丽娜副研究员和博物馆诸位同仁和志愿参与此项活动的同学们的积极支持，使这个课题能够以更大的规模、在更大的范围内全面展开。还特别要提到的是，这个课题得到了当年参与调查并亲历了整个过程的索文清、陈乃文等教授的大力协助，索文清教授并且认真审阅了全部的访谈稿。

所以，这部口述实录主要是由两部分组合而成的，一部分是我2005年所做的部分口述，一部分是2015年前后中央民族大学民族博物馆为老教师所做的访谈，也由于此，二者间在体例上、访谈方式上，甚至访谈的目的和角度上，都有诸多不统一、不协调的问题，不尽人意之处、内容偏误之处，当会随时可见。对访谈者口述内容，为保留其原始性，整理时未作规范处理，仅记述口述者观点，望读者鉴察。但我深深知道，即使存在太多的问题和遗憾，但这部书已经是对这场少数民族社会历史调查所做的最后一瞥，是为参与过这项"史无前例"活动的一代学人的足迹留下的最后那一点残影，无论水平如何，也已经不可再得，这应该就是这部书的价值所在吧。

在我们进行口述访谈期间，被访的诸多先生，都不断地提到老一代学者为这项调查研究奠定的学术基础和他们为此付出的杰出贡献。事实上，这项调查虽然被说成是"史无前例"，但该项活动能在那么短的时间内能如此大规模地展开并收获成果，凭借的还是老一代学者在1949年以前在学术上多年的深入探索和在田野工作中的艰苦实践。调查开始前以全国人民代表大会民族委员会的名义发布给所有调查组的调查提纲，就是以这些学者的学术积累为本，也是在他们的指导下制定的。为此，我们将这份调查提纲，以及当年组织这场活动的相关领导的讲话，以及诸位专家学者当年在这场调查活动中所发表的意见、总结等文件辑在一起，作为一部了解和研究那场调查的参考资料。在这些参考资料中，尽管除了列于前面的三份调查提纲之外，其他材料都曾公开在报刊和书籍上发表过，但毕竟是六七十年前的出版物，不仅分散刊登于各处，而且大多数此后都没再版过，很难查找。

出于这一考虑，我们经讨论之后，决定将本书扩充为上下两册。上册如前，即为少数民族社会历史调查参与者的口述实录；下册则是有关少数民族社会历史调查的相关参考文献，既可以配合上册诸位学者的口述以为参照和互证，也为有志研究这场调查活动的学者，提供查阅相关文献和参考资料的方便。当然，由于时间仓促，以及部分档案在查阅和公开出版方面存在困难，这部参考资料远远谈不上完整，有些在当时属于非常重要的文件没有收入，乞请读者谅解。

为了便于今人阅读使用这些文献资料，此次整理时，采用简体字方式排印整理。对于原始文献中的用词用字，除了繁简字形转换外，一律保持原文献用字不做更改，包括一些族群在民族识别前的名称和不规范的简称，以保持文献原貌，望读者查阅时鉴察。

最后，我谨代表中央民族大学民族博物馆全体人员和参与此项工作的同事，诚挚地感谢无私地、热情地协助我们完成这一工作的所有老师、朋友和同学们。其中有些人，我们已经在各篇口述的按语和注释中提到并致谢。此外还要特别提到的，有牟钟鉴、刘绍川、黄思正、杨甲荣、王立昆、朱涛、安凤霞、文杰、周翙兰、郭丹丹、张丹辉、张型著、胡鸿保、奇文瑛、苏柏玉等等。我们也感谢中央民族大学领导为我们这项工作提供的理解和支持。

目 录

一、施联朱访谈录（一） 1
  （一）1949年以前的经历 3
  （二）参加民族工作 5
  （三）到呼伦贝尔实习（1950年暑假） 7
  （四）少数民族访问团和参观团（1950—1951） 10
  （五）畲族的社会历史调查（1953年） 15
  （六）在中央民族学院 20
  （七）关于民族识别 27
  （八）我的几部专著 32
  （九）其他 36

二、施联朱访谈录（二） 39
  （一）简述 40
  （二）"旗县并存"调查 41
  （三）内蒙古呼伦贝尔的体验生活与驱梅站 43
  （四）中南民族访问团 47
  （五）对中央民族学院的点滴回忆 48
  （六）《台湾史略》的出版 48
  （七）关于畲族的民族识别 50

三、黄光学访谈录 58
  （一）早年参加革命的经历 60
  （二）中华人民共和国成立后参加工作与政治学习 62
  （三）民族识别工作的开始 64
  （四）穿青人的识别问题 65
  （五）夏尔巴人的识别问题 66
  （六）东北地区的满族自治 68

I

四、胡钧访谈录 … 75
- （一）统战部工作经历 … 76
- （二）少数民族社会历史调查溯源 … 77
- （三）从"三套丛书"到"五套丛书" … 80
- （四）民族学院与民族识别 … 82
- （五）满族的问题 … 84
- （六）民族工作的反思 … 86

五、陈乃文、陈燮章访谈录 … 88
- （一）亲历1949年前的西藏 … 89
- （二）20世纪五六十年代民族调查基本情况 … 93
- （三）回族社会历史调查的选点 … 95
- （四）"一开始还好" … 96
- （五）"为了配合解放以后的经济改革" … 98
- （六）"实际这些东西也是很管用的" … 101
- （七）"研究没有做" … 102
- （八）"这不是我们的事儿" … 105
- （九）满族社会历史调查 … 106
- （十）民族社会历史调查的影响 … 109
- （十一）调查就处在这个中间点 … 111

六、王锺翰访谈录 … 113
- （一）访问载涛 … 114
- （二）到民族学院做满族史 … 115
- （三）参加满族社会历史调查 … 116

七、李登第访谈录 … 122
- （一）满族社会历史调查的"前因" … 125
- （二）到中央民族学院后提议参加民族社会历史调查 … 127
- （三）回忆选点、调研内容等情况 … 128

八、杨学琛访谈录 … 131
- （一）辽宁调研组的基本情况 … 132
- （二）编写调查报告 … 135
- （三）"对调查组的评价应该高" … 135

九、王炬堡访谈录（一） … 137
- （一）初到民族学院 … 139
- （二）民族识别与民族调查源起 … 140

（三）去湖南调查 ··· 141
　　（四）历史系与社会历史调查 ··· 146
　　（五）土家族识别中的争议 ·· 148
　　（六）对少数民族社会历史调查作用的评价 ····················· 150
　　（七）关于《土家族简史》 ·· 152
　　（八）调查留下的遗憾 ·· 154
　　（九）关于潘光旦先生 ·· 158
　　（十）"文革"批斗及其他 ··· 159
十、王炬堡访谈录（二） ··· 162
　　（一）湘西调查经过 ··· 163
　　（二）主编《土家族简史》 ·· 165
　　（三）土家族识别与认证 ··· 167
　　（四）历史系往事 ·· 169
十一、张公瑾访谈录 ·· 172
　　（一）进入中央民族学院 ··· 173
　　（二）参与傣族社会历史调查 ·· 176
十二、索文清、刘晓访谈录 ·· 186
　　（一）民族大调查的背景及准备工作 ······························ 187
　　（二）第一次云南耿马傣族佤族自治县傣族的调查 ·········· 190
　　（三）第二次红河哈尼族地区社会历史调查 ···················· 198
　　（四）调查报告的撰写 ·· 202
　　（五）难忘师谊 ··· 208
　　（六）学人感评 ··· 210
十三、洪俊访谈录 ··· 213
　　（一）回忆调查组的情况 ·· 215
　　（二）再赴独龙江 ··· 223
　　（三）最后一次调查 ·· 226
十四、陈燮章访谈录 ··· 229
　　（一）民族学院求学经历 ·· 230
　　（二）西北地区社会历史调查 ······································· 231
　　（三）云南独龙族社会历史调查 ···································· 233
十五、徐仁瑶访谈录 ··· 241
　　（一）民族学院求学经历 ·· 242
　　（二）少数民族社会历史调查前的准备工作 ··················· 245

（三）广西基层调查情况 …… 247
  　（四）关于"瑶民起义"的调查 …… 251
  　（五）瑶族当地社会情况 …… 253
  　（六）关于调查报告 …… 255
十六、莫俊卿访谈录 …… 258
  　（一）参加少数民族社会历史调查前的情况 …… 259
  　（二）回忆调查过程 …… 262
  　（三）广西壮族社会历史调查研究 …… 266
十七、任崇岳访谈录 …… 268
  　（一）回忆曾经一同参加调查的同志 …… 270
  　（二）在民族学院的生活与学习经历 …… 272
  　（三）赴广西参加少数民族社会历史调查 …… 274
  　（四）赴湖南参加少数民族社会历史调查 …… 278
  　（五）考入社科院后至今从事研究工作 …… 279
  　（六）对社会历史调查的评价 …… 281
十八、赵映东访谈录 …… 283
  　（一）与中央民族学院的渊源 …… 284
  　（二）少数民族文化历史调查与当地社会情况 …… 286
  　（三）对于少数民族社会历史调查的看法 …… 291
附　录 …… 296
  　（一）50—60年代全国少数民族社会历史调查机构简表 …… 296
  　（二）少数民族参观团 …… 300
  　（三）50年代中央民族访问团 …… 301
  　（四）人名注释 …… 302
索　引 …… 326
  　（一）人名索引 …… 326
  　（二）族名、地名及其他名词索引 …… 332

施：就我们五个人。

张：茂敖海后来打成右派了？

施：哎，莫名其妙，他讲话比较直，蒙古族人嘛。后来莫名其妙给他划了一个右派。过了几年也没事，不过当了科长以后就下来了，因为一旦你成了右派，就不值钱了。

张：对对对。

施：25年翻不了身啊！起码得25年，到你要摘帽子，那已经什么都晚了。

张：耄耋之年了。

施：已经20来年，所以一当右派就完了。政治上翻不了身啊，那当时我们50年代都很讲究党的信任的。

张：当初你们到绥远去搞调查的时候，是不是冬天啊？

施：我记不住了。

张：就是到基层调查，最后写出报告。

施：我们每一天都要写报告的。调查完了，最后要提出意见了。我们五人小组提出意见。完了上报。上报到李维汉那里。

张：哦，这直接对国务院负责？

施：不，是统战部管。

张：您一直都生长在南方，恐怕是第一次来北方上学，而且1950年的时候，塞外的冬季是非常不好过的，你谈一下当初是如何艰难地度过生活这一关。

施：呼和浩特一月份天气很冷，但是我们的待遇很好，下去人家很照顾，吃、喝、睡都很受照顾。

施：50年代刚到北京，在燕京大学经常吃窝窝头，高粱米饭，没有大米饭。我是南方人，吃馒头都咽不下去，吃得很困难啊。后来一到呼和浩特去，生活待遇就不一样了，牛羊肉啊，大米啊，牛奶啊。特别是牛奶啊，50年代你在北京喝牛奶，没有，一般人没有见过牛奶，都是小孩吃的，哪有大人吃的。我在燕京大学已经都算不错的了，都是待遇很好的，一到那边去，白砂糖一大盘，牛奶一桶，随便吃，我们嘴馋啊，后来吃多了，都拉稀，没有一个不拉稀的。记得当时苏克勤在绥远省，他原来是师级的政委，后来转业到绥远省的民委，当省民委主任，从政委转业到民委主任，刚好接待我们。

张：看来，您跟他是老相识了，1950年就认识了。

（三）到呼伦贝尔实习（1950年暑假）

施：1950年暑假的时候，林耀华受刘春委托，刘春当时是内蒙古秘书长什么的，和林耀华认识，当时（将社会学系）改成了民族学系，很新鲜。就搞民族学那一套东西，带我们去呼伦贝尔实习，去的成员包括了燕京大学、北京大学、清华大学三个大学的师生。乌兰夫一封信，那呼伦贝尔盟盟长、盟委书记都夹道欢迎。我们去那儿实习三个月，受很大教育，知道国民党原来是这么回事。老揭发国民党有多么多么坏，你不如去直接去看，才知道了，才体会到。共产党讲民族团结、民族平等、民族发展是这么来的，真心是为少数民族服务的。我很荣幸，林耀华派我去调查驱梅站的工作，我是调查组的组长。

1950年，施联朱先生（右三）与北京大学、清华大学、燕京大学师生在内蒙古呼伦贝尔盟调查蒙古、达斡尔等民族情况（施联朱提供）

1950年，施联朱先生在内蒙古呼伦贝尔盟赫尔洪得安其尔图索木驱梅站（施联朱提供）

张：驱梅站是干什么工作的？

施：驱除梅毒的工作站。在内蒙古，你去看一下，在50年代以前，"只见娘怀胎，不见儿走路"，大肚子的看着很多，孩子存活率低，一生下来就夭折了，就是因为梅毒，国民党时期也没有人管。

后来一解放，我们政府派了医疗队。内蒙古那个草原三两个蒙古包，一下子集中在一起，在克鲁伦河①旁边有一片平地，靠近河边，一个晚上就能形成一个大城市似的，几千个蒙古包林立。每一个蒙古包都有一个病号，每一个都是。医疗队集中在那里，给他们打针，进行治疗。那不容易啊。（蒙古族人口从）乾隆朝开始就下降，解放前期及解放初一两年还在降，等两年以后才增长。两年啊就见效，蒙古族人口增长，这不容易。

---

① 克鲁伦河，是呼伦湖（达赉湖）支流，因湖水通过，以达兰鄂罗木河，同额尔古纳河上源海拉尔河相连，进入黑龙江，所以克鲁伦河属于黑龙江水系。发源于蒙古国的肯特山东麓。在中游乌兰恩格尔西端进入中国境内。流经呼伦贝尔盟新巴尔虎右旗，东流注入呼伦湖。全长1264公里，在中国境内206公里。流域面积7153平方公里，两岸为半荒漠的低山围绕，地表径流不发育，河谷宽约35公里，河宽60—70米。两岸沼泽湿地多，较高的阶地上生长着优良牧草，牧业发达。洪水期水深193厘米，枯水期70厘米。11月到次年4月结冰。上游用于灌溉，流送木材。沿岸牧草丰富，自古为重要农牧业地带。

张：我们的驱梅工作应该是很成功的。

施：很成功，很成功。威信很高。那干部，那个医生啊，天天打针啊。

张：医生大部分是我们培训出来的？

施：都是汉族，培训出来的。我就在那儿调查，还有我的照片。我们胆子也很大，才学了几天的民族政策，靠着到内蒙古呼和浩特解决"旗县并存"问题和后来在燕京大学学的民族政策，到底下敢给人家讲。你看看那个照片，围一大圈人。郭佈库当时给我做翻译，他是驱梅站的头头啊，很不容易，后来到社科院民研所工作，调北京来了。这是1950年暑假的事。

张：您能下去工作，我觉得还有一点，这个生活关非常不好过。生活条件方面，可能吃的东西啊，还有生活习惯啊，都要受当地少数民族的习惯制约。

施：那当然了。但是话又说回来，人家把你看做是中央来的，毛主席派来的，我们到底下去都受了很好的招待，不管是饮食起居生活，都很好。你想想，在内蒙古，那喝羊奶，吃牛肉。尽管吃的不一样，他的牛肉粥，早晨喝牛奶，吃面包，白糖。那……

张：在北京都比不上。

施：内蒙古呼和浩特很富啊。那老乡，你别看他（不起眼），他牛羊多。他就靠这个，杀牛杀羊啊，煮的粥啊，小米粥，煮的牛肉粥真好吃。鲜啊，那牛肉很鲜，不腥。不像我们这儿的牛肉，有腥味。他那个没有腥味。

1950年，施联朱先生在内蒙古呼伦贝尔盟陈巴尔虎旗蒙古包前留影（施联朱提供）

张：纯蒙古族的一些食品。纯天然。

施：就是吃那个草，也没吃别的。所以他那个牛羊肉也不腥，很鲜，很好吃。所以他们对待我们不在乎的，宰一个羊，可以吃一两天。我们看着，宰一个羊花掉多少钱。

张：无所谓，人家不计较这个。

施：他有一大群，杀不完的。

到了草原就吃苦了，牛车一天跑20里地，慢吞吞，在车上也很有意思。到中蒙边境，克鲁伦河的那个桥，桥这边过去是蒙古，桥这边就是内蒙古了。草原真漂亮，特别是水草丰美，在水边的时候，都是原生态。

燕京、清华、北大的师生都是头一次去那民族地区，到草原。你说待遇如何，我举一个例子。（同年夏天）后来把我们送到满洲里，看中苏边境出国的铁路。一到那边开晚会，满洲里有军区，边防军，有文工团，女的都年轻，十七八岁的姑娘，以为燕京大学都是洋学生，林耀华是洋教授啊，以为都会跳舞。好，你们来了，我招待你，晚上跳舞。一跳舞，出洋相了，不会跳，林耀华不会，我也不会，连沈家驹都不会跳，乖乖。还好我们同学里面有上海来的小姐，她们会跳，结果他们很失望，你们这群土包子。

（四）少数民族访问团和参观团（1950—1951）

施： 我跟沈家驹在土默特旗搞了三个月调查，受益很大。特别是对共产党，对国民党的做法体会比较深。1950年的暑假去了呼伦贝尔，到了1950年、1951年一回到燕京大学，马上又调去参加中南民族访问团。李德全当团长。

张： 您把这个中南民族访问团的经历谈一下。团长是谁？

施： 李德全，冯玉祥的夫人，她任卫生部部长。那是很有名，很爱国的。她来当团长。费孝通，还有王克，中央民委有一个人叫王克，跟我们（中央民族学院）的王克一样的名字。

张： 咱们（的王克）是女的。

施： 他是副团长，还有一个副团长，叫马杰。回民，是山东回民支队的，后来解放以后是中央民委的一个司长。他后来到了广东，当时海南岛是属于广东的。

张： 没有单独建省呢。

施： 没有建省，是属于广东省的。李德全下面分三个团，广东这个团是管粤北到韶关一带，去调查长毛瑶，瑶族的一个分支。用那个鸡毛装饰，红红的，白白的，所以叫长毛瑶。他（马杰）是这个分团的团长，我是马杰这个分团的。我们当时去广东的（队伍里有）中山大学的教授，有好几个教授都参加了。我当时印象很深，住在一个楼房，瑶族的楼房，我们一起住的，一起挤了挤。晚上就去调查，因为他们白天劳动，晚上回来，我们趁着晚上就去调查。白天我们没有事，就跟着他们一起去劳动。晚上他们老人都在，晚上可以调查。总团长李德全呢，是跟着马杰一起去的，是跟着我们的分团一起到粤北，到海南岛。另外的一个是广西分团，是费孝通担任团长，陈牧原跟着他去的。还有王克，民委的副主任，他是湖南分团的团长，沈家驹就跟着他。

张： 等于是你们三个人，一人跟一个（分团）。

施： 对，一个分团一个，我是运气最好，能够分配到海南岛去，去海南岛不容易啊。

张： 当初恐怕是交通工具也不行。都不方便。

一、施联朱访谈录（一）

施：海南岛那是不容易去的，要坐船。那个船啊，真有意思。从雷州半岛到徐闻那边，那时候交通很不方便。从广州出发，我们怎么到江门我都忘了，江门然后又坐船，后来到阳江，阳江以后又坐汽车到雷州半岛，真复杂，雷州半岛到广州湾。在那里头看啊，我们那个广州湾的海军啊，当时解放后就有接收过来的海军船。当时广州湾，雷州半岛后来叫什么名字（我忘了）。后来又到徐闻，汽车到徐闻，从徐闻坐船过海到海口。

张：李德全也跟着你们这么走？

施：跟着。海口到三亚，那是一条。海南岛当时交通就是（很不发达）。汽车，哪有汽车。我们坐的就是缴获美国的十轮卡，卡车。底下运粮食、布匹，上面坐人。

张：这一车两用。没有其他交通工具吗？

施：一车两用。没有，哪有客车。有那个美国的大卡车，就算不错了。

张：那咱们团长坐哪儿啊？坐驾驶旁边就不错了。

1951年，施联朱先生（后排左三）与部分中央中南民族访问团中山大学、中南民族学院等校的教授们在海南师范学院合影留念（施联朱提供）

施：那我就不知道了，团长可能有小汽车吧，我也不清楚。反正有团长李德全嘛，很有名嘛。到三亚，李德全去了没有，那我不知道。我们是到了三亚以后，又到五指山脚①，麓东是黎族的聚居地。我们从三亚走到五指山脚底下，好像走了两天，两天的路。

张：好在那时候年轻。

施：那时候才二十几岁，很年轻的，会走路。访问团的都是年轻人，没有老的。（比较）老的，像那个马杰分团长也就三十多岁，李德全也很年轻，也不算太老啊。当时都是

---

① 五指山位于海南岛中南部腹地，是海南省中部少数民族的聚居地。五指山，古称"通什峒"，"通什"是地名，黎语"通什"指山谷中连片的田地。沿革为通什乡、通什镇、通什市。现为五指山市，是海南岛中部地区的中心城市和交通枢纽。

小年轻。还有歌舞团的那都是年轻的小伙子、小姑娘，在那儿跳舞啊，一到那个地方就先表演。很吸引人家，（这是当地人）解放后看的头一场中央访问团的……

张：演出的文艺节目。

施：文艺节目。那时候舞蹈那真好。我到广州，我在广州也有朋友，过去的邻居，我去广州就请他们去。那时候也讲不了什么事情不事情的，反正有熟人那就拉来。那是都没有看过的，哪有啊？解放前哪有机会看这个，国民党也没有这个。

张：没有组织过这个东西。

施：没有，解放后，我们宣传党的民族政策。不宣传不行，很多人中了国民党的毒很深，很顽固。所以这必须要宣传。共产党是干吗的，为什么要花这么大的力气去宣传？中央访问团就是宣传党的政策，（树立）毛主席的威信。当时我们也受照顾，我们也受招待。

张：中央派来的人嘛。

施：都是中央派来的，我们也是国家派来的，李维汉亲自点名。我都能感觉到，你是代表毛主席去的，他把你当成自己亲人那样的，很亲切。感觉到女的对你非常亲切，很尊重你那个样子。男的也是跟你像哥们。

张：访问团出发之前，你们是不是在雍和宫①学习过？

施：调查团在雍和宫学习。给我们做报告，周总理给我们晚上做报告，拉到人民大会堂（当时为中南海怀仁堂）听报告。总理身体也是够可以的，我们呢也是小伙子。雍和宫集中训练，讲政策，你不能到民族地区违反政策，那还得了啊，你到民族地区，你一不注意，就出问题了。我们的翻译是当地少数民族，就出问题了，我们可不能出问题。当时我们访问团还有艺术团，跳舞的、唱歌的，在那排练很热闹，在那搞了两个礼拜。翻译都是少数民族。首先呢，翻译，翻译很重要，翻译好，翻译不能出问题。

张：对对，这是最基本的问题。

施：你不靠翻译，你接触不了群众。翻译讲一句话，那个群众就听他的。他不听我们的，他就听翻译的。翻译很重要，所以我们跟翻译相处得很好。

张：他们都来自于何方呢？

施：都是底下的老革命，都是参加过革命的。就是文化水平不高，但是很热爱党，热爱毛主席，全心全意为人民服务，讲党的政策。也知道我们是来宣传毛主席的民族政策的嘛。他们也配合得很好。所以我们讲什么，他就听什么。我们讲了，他就翻译给他们听。

张：那除了总理接见过，有中央首长去看望过你们吗？

施：李维汉去了，中央民委干部去得多了，统战部秘书长很重视，李维汉也非常重视。慰问团在出发之前有了很多的准备，锻炼、训练都有，随便去不行，讲一句话都有考虑，讲话不能违反政策，违反民族团结，那不行。

---

① 雍和宫，佛教名寺。为喇嘛庙。位于北京东城区。始建于康熙三十三年（1694），初为雍正帝登位前的私邸。该寺为内地最大的喇嘛寺庙，颇具蒙藏佛教特色，是全国重点文物保护单位之一。

仰是图腾信仰，他是狗图腾，像汉族我们是龙对吧？蒙古族有什么狼的图腾，这不一样。图腾信仰就是原始宗教的一种信仰，这个不奇怪。不能污蔑人家是狗啊。就是这个不好。所以这样有的人不了解这情况就乱叫，就以为槃瓠就是狗。槃瓠是狗，但是神狗，槃瓠不是一般的狗，畲族相信这个狗，可以保佑他，对他有好处。他这个原始的宗教相信保护神，那他们就不反感，你污蔑人家是狗祖宗，那就完了。说人家原始的人类的祖先是兄妹。咱们说到就是原始社会史，比如马列主义社会史，就有讲兄妹通婚的问题，这个不奇怪的，因为人类就这样地靠着这个繁衍，另外这个说回来，这是神话。

张：不是现实。

施：你说人家现在，你的祖先就是兄妹乱伦的，这个不好。不能这样说，不要提这个问题，提这个干吗。

张：伤感情。

施：谁都这样，因为我们也有祖先，我们祖先还不知道什么样子呢，是不是？你怎么知道人家（就一定比你差呢）。

张：不要乱说别人。

施：我是倾向于畲族的来源与蛮①有关，不像厦门大学他们说的，说是百越人②。百越是在江苏一带、浙江一带下来的，你畲族是从西到东，从东到北，这样一个路线走，根本跟他相反。百越族也是存在于整个中国历史，民族的大迁移，民族战争很厉害，炎帝打不过蚩尤，结果联合黄帝，炎黄二帝在河北涿鹿，把蚩尤打败了。蚩尤往南走，所以整个民族系统是往南走的。百越族不是在中原一条线，不是河北、河南、湖北、湖南这条线下来的。他们是从江苏一带下来的，一下来到了广西、海南岛、越南、中南半岛，都是越③的系统，那你就好像把畲族也牵扯到一起了。畲族从现状来看他是山区民族，不靠水。你看河姆渡新石器遗址，几千年前的遗址，河姆渡古越人里面有稻谷，几千年前他就种植稻谷了，他是接近水的民族。畲族你看都是在山区，后来汉族把平原都占了，所以他为什么叫山客，为什么自称山哈，山哈就是山客，很清楚啊。有些人的学术观点不这么认为，我也不知道他们是怎么想的。

为什么说他是客，是有历史原因的，历史上畲族就是客，这是我的观点，跟厦门大学教授的观点不一样，我的观点和潘光旦、费孝通是一致的。畲族是北方来的，是武陵蛮④下来往东走到闽、浙、赣交界地区，和客家人⑤汇合，受客家人的影响很严重，特别是劳动，客

---

① 古族名，古代对南方少数民族的总称。
② 越，中国古代南部民族名，秦汉以前广泛分布于长江中下游以南地区，部落众多，故又有百越、百粤之称。有断发文身的习俗。秦汉时分东瓯、闽越、南越、西瓯、雒越等。
③ 同"百越"。
④ 汉代对分布在今湘西、鄂西南等地区的少数民族之总称。相传为槃瓠的后代。
⑤ 迁居南方、仍保持中原古文化特色的中原移民。所谓"客家"是相对原有的当地"土著"居民而言的，客家人的祖先是古代中原一带的汉族居民。

家人很会劳动，畲族人种那个梯田，我觉得就是从客家人那里学的。他原来是刀耕火种，后来逐步发展起来，所以他的语言、文化跟客家很像，他是比客家人还来得晚。当时平原都被汉民占了，他们只能去山区，跑到山区，山区就是客啊，之所以这么称呼有这个原因。所以，很多畲族人不了解畲族的含义，以为是污蔑。

1954年我跟着林耀华去云南，1955年广东民族识别派杨成志去，带着黄淑娉，我没参加。他去的目的是两个，一个是调查潮州凤凰山的畲族民族成分，一个是广州水上的居民，也就是疍民①的民族成分。

张：这是不是对他们比较污蔑的称呼啊，疍民？

施：也不是污蔑，历史上就这么叫他们。他们自己也都这么叫，但是叫河疍是污蔑的。他们调查的结果跟我去福建调查的结果是一致的。1956年，我刚才说了，那是很大的一项工作，那是中央画圈同意的。

张：那畲族正式确立称呼是哪年，还有土家族？

施：1956年，都是1956年。当时含含糊糊地，谁也不敢说是，或者不是，后来1956年国家公布了，名正言顺，哪有什么可说的。后来写五套丛书②（中的）《畲族简史》，我当时主张畲族的畲是劳动的含义，畲山、畲地是山地不平，宜作梯田，所以劳动是畲族的本色。历史上有记载，畲族之所以被称为畲，是因为他本身热爱劳动。我说的这个后来被接受了，就不改了。当时少数民族丛书为什么第八本才出版畲族的？当时要出版，畲族提出意见，你叫《畲族简史》我不同意，我们叫山哈。我们都定稿了，傻了。后来他们提了好多意见，把厦门大学有的教授写的论文的观点，作为反驳我们的依据，告到了中央民委，最后派了两个人检查我们的《畲族简史》。所以《畲族简史》是专门被审查的。最后什么问题都没有，所有观点都是正确的。后来中央民委敲定，出版。名称也不改了，听我们的。《畲族简史》跟别的不一样，中央民委派了两个人查了两个月，一个意见都没有提出来，当然我们也不会出这个问题。他用厦门大学教授个人的观点，那不行。我是主编，还要把关，把他的观点拿过来，那不行。后来我就模棱两可，把畲族的来源的两种说法都写了进去，一是蛮，一是越，含含糊糊，说不清楚，以后再说。1958年毛主席提出来了，他怕民主改革以后我们少数民族传统文化丢掉了，特别是社会主义改造，农业合作化改造，所以毛主席就通过中共中央政治局委员彭真抓少数民族文化历史调查。中国的少数民族文化历史调查是世界

---

① 疍民，因民族识别工作已完成，正式出版物不提此表述，也称为连家船民，早期文献也称他们为游艇子、白水郎、蜒等，是生活于中国福建闽江中下游及福州沿海一带水上的疍民，传统上他们终生漂泊于水上，以船为家，中国的民族识别视其为汉族一部分，以闽东语福州话为母语，但又有别于当地的福州族群，有许多独特的习俗，是个相对独立的族群。

② 五套丛书，由中华人民共和国国家民族事务委员会主持编辑，即《中国少数民族》《中国少数民族简史丛书》《中国少数民族语言简志丛书》《中国少数民族自治地方概况丛书》《中国少数民族社会历史调查资料丛刊》。从1958年开始编写，1991年正式出版。全套丛书共计401本、8000多万字，共发行183万多册。

一、施联朱访谈录（一）

上没有过的，历史上没有过的，不得了啊。民族学院知道谁是组长？都不知道，只有苏克勤知道。

张：所以您亲历了畲族的变化，现在就有很多名人。

施：现在好多长征老干部也有，将军也有，教授也有，那个医生都有。

张：以及各级领导干部，全都有。

施：全都有，而且后来认识很多老干部，都是延安出来的，因为他们当时在延安不一定承认自己是少数民族。出来以后一看是畲族，他认为（自己）是畲族，他都是畲族地区出身的，有的是从福建出来的，当时他是在延安啊，从延安过来的，是吧。比如有一个将军，他是经过二万五千里长征的，他是从福建那个老区，龙岩那个地方就参加二万五千里长征过来的，所以他们都知道自己是少数民族。他也亲切，他也懂得政策，所以他一出来，就（认定自己是）畲族。因为这个，我们对待畲族也很好，党中央对他（也很好），名字要改，你改吧，我们不反对你改，后来因为他们（畲族）自己内部（意见）不一样就没改。

1958年那时候，（少数民族社会历史调查开始）我们中央民族学院有几个组长，全国一共16个调查组组长，中央民族学院翁独健任内蒙古组长，傅乐焕任辽宁组长，王炳煜任黑龙江组长，沈家驹任甘肃组长，陈永龄任青海组长，林耀华任云南组长，王炬堡任湖南组长，我任福建浙江组长。全国16个，几乎都是咱们学院的。还有其他的，社会科学院（中科院）民研所的，还有地方的，不容易。我是中央派出去的福建浙江少数民族社会历史调查组长，我离开北京时带了12人，有郑小瑛、王钟琦、白滨。白滨在民研所是西夏文字专家。郑小瑛很有意思，她爱人被划为右派，后来离婚，有个女孩子从北京送到上海父母家，她知道我经常去上海，她不方便带，委托我给她带。郑小瑛水平很高，研究畲族的山歌文学艺术，搞了三个月。后来"文化大革命"，我受冲击，靠边站了，我原来还是组长，一直在

1959年元旦，施联朱先生（后排右三）率福建少数民族社会历史调查组到福建、浙江调查畲族情况时全体同志合影留念（施联朱提供）

外面跑，现在还当不当组长就成问题了。厦门大学也有同志想当组长，顶替我。

没想到"文化大革命"结束后，我不但当组长了，还当中央民族学院中南民族研究室主任了。后来过了不久，杨静仁拨了5000块钱，民大的人都不知道，到财务处领了5000块钱。后来带着娜西卡（威黎勤的女儿），张崇根，民委一个司长，原来是我的研究生，那是1982还是1986年的事。当时5000块钱用不完，五个人两次下去，都用不完，走完五个省的全部畲族地区。后来民族大学专门给我出了本书：《畲族风俗志》。

张： 这是您第三次去畲乡？

施： 不是不是，几乎每年都会去，福建不知道去了多少次，我研究生专业是研究高山族，但台湾没有解放，就跑到福建调查了。我带我的研究课题去畲族地区转转，最后有名堂的成果就是《畲族文化调查》。以后就搞活动了，参加了畲族的自治县成立十周年、二十周年的庆典活动，第一次还给他编了一本论文集。第三次专门来请我，我不敢去了。2005年以后岁数大了，不敢去了。丽水学院有一个畲族的国际会议请我去，我没去。

张： 您第一次去福建这一带考察，做畲族调查，听说路上很危险，还经历过炮火？

施： 我没有死于民族工作，很侥幸，我经历了好多危险。当时云南的路真不好走，我有一次骑马，骑马的时候上坡，我就下来走。上坡路是这样上去的，路旁是万丈深渊，怒江什么的，这边是高山，我骑马没经验，下来就应该靠里面，我傻靠江边，结果马受惊冲上来，差点跟马撞到一起，一掉下去就很危险，没命了。当时林耀华吓得要命，害怕啊。在福建经历过炮火，那时候福州到罗源，现在才半个钟头汽车路，过去怎么走呢？过去没有公路，要去闽江口坐船，到闽江口罗源湾，还要走路到县城，要两三天时间。特别是闽江口，要晚上走，白天不敢走。马祖有炮，蒋介石的炮打你，不知道什么时候给你来一炮。路不好说，很险。丽水到景宁现在两个钟头就到了，现在坐火车很快的，当时从丽水翻过高山才到景宁，得要一天。1953年要自己带铺盖卷，那个铺盖卷我自己背不动，雇人挑，我们三个人雇了两个人挑。我经过溪水，失足掉下去了，下巴留了疤，现在因为胡子长了看不到，留了纪念的疤，这样的事多了。当时吃饭什么的都保证不了，我们要入乡随俗，我们一到调查地区就要适应地区的习惯。我们到广西东兴，一眼能看到越南，过了个桥就是越南，都看得见边境。我们很荣幸，地方把我们当成中央来的，一般人不让靠近……那时候很危险的。

（六）在中央民族学院

1. 院系调整

施： 我在燕京大学一共做了两年半。1952年院系调整，我就调来了（中央民族学院）。（中央民族学院）院系挑人过来，过来在（中央民族学院）研究部①。

---

① 指中央民族学院的研究部。

合并是因为清华、北大、燕京三个大学都有社会系，后来都变成民族学系，都是搞民族调查的，一方面民族学院是延安过来的，跟其他大学比，比不上，它没几个教授，大学里没教授不行，光靠老干部不行，没有教授，怎么做学问，现在是要建设，不是战争年代了，没有知识，怎么建设。刚刚解放的时候，民族学院老同志像苏克勤、刘春这样的老同志，都很懂得团结知识分子。包括李维汉，包括中央民委主任、民委参事都是老知识分子，都是有才干的老知识分子，都是民族史方面的专家。翦伯赞、翁独健、白寿彝、吕振羽，中央民委开会，他们都去参加。

张：您作为燕京的一个老师，要把您调到中央民族学院来，您当时有什么想法吗？

施：没有什么想法。我觉得我是从院系调整过来，感觉到有机遇，比在燕京还好，为什么？因为一到研究部，除了参加中央民委的调查以外，还有机会可以直接接触少数民族，给少数民族学生讲课。在燕京，毕竟差。得调中央才能（深入的少数民族中间）。这个院系调整直接就在民族学院就有少数民族学生。语文系、政治系都是培养当时的学员，文化水平不高的……

张：提高少数民族干部的文化水平。

张：这是最直接的。

施：这是最直接的，讲政策，讲情况，他们并不知道本民族的情况，就靠我们给他们讲。讲历史那更不行，我们也不懂，因为少数民族历史还没研究呢。

张：对，刚解放初期。

施：当初从现状讲起，懂得多少就讲多少，

施：所以说

施：我们可以直接（跟少数民族交流）。研究部要教语文系，朱宁就回来了，一到研究部，她就上课了。我们还等一段时间。以后我们上课就不一样了，因为我们实践很多。特别是我跟沈家驹，我们都在民族地区滚出来的，知道少数民族什么情况。一讲课，学生爱听。

张：您给哪个系讲呢？

施：语文系、政治系都讲了，他们很多都是我的学生，像什么，胡……

张：胡振华。

施：都是我的学生，都听过我的课。到现在为止，还叫我施老师。他就从来不叫老师啊施教授啊，就叫施老师。因为我教过他。福建省的民政厅的厅长、副厅长，都是我的学生啊。少数民族，畲族，他叫做蓝什么，我忘记了。都是我的学生。

张：您是桃李满天下。

施：还有那个民委的纪委书记，钟学钦，畲族。跟我非常好。我一去教课，他刚好毕业了。我们民族学院院系调整那一年毕业。

张：对对。

施：他的同学，老同学，都是同时毕业。我们刚好那个时候调整过来了，差一点就教他了。所以他们对我们就很好。特别是钟学钦跟我很好，因为是畲族的，他知道畲族是我调查出来的。

2. 历史系的建立

张：今年呢，是我们中央民族大学历史系①成立60周年。那天大家在总结的时候提了，您为创建历史系做了许多实际性的工作。

施：1952年我调到民族学院研究部，分三个研究室，我是南方人，管南方。1956年，历史系成立。主任翁独健，副主任林耀华、傅乐焕，主任要翁独健来当，他的行政能力很强，一方面要面对院长，一方面要应付组织部部长，如果你不应付好，你做不下去。当时意图是贯彻民族历史的观点，不搞断代史，没有断代史，而是搞民族史。特别是你看广西壮族的历史，谁搞？过去没人搞啊。壮族这个民族名啊，解放时还没有呢，广西壮族一千多万，六几年名称都是总理改的。壮，说明这个民族很蛮狠，原来叫獞②，误读为书童的僮，人家说这个名称低人一等。后来周总理在1965年改为壮，健壮，人就很愿意了。民族名称很有学问的，都有历史渊源、历史因素在里头。你看畲族为什么没意见了？因为他们觉得还不错啊，劳动是畲族本色。北京电视台弄过一个口述光盘，里面有我讲的历史研究，畲族、高山族研究的历史，录的很好。

张：您亲历了历史系的兴衰。

施：（历史系成立时）我还在湖南搞土家族民族识别调查，正在参加湖南省委统战部部长谢华组织的会议。我做翁独健的秘书，还赶不回来，只好由黄淑娉替我，来当系秘书。

张：哦，还有这么一个插曲。

施：黄淑娉替我做翁独健的秘书，做了几个月，后来我回来才接了班。

张：我听说您当时在系里是全权行使着翁独健先生的权力，因为他当时不能在这儿工作，只是挂名而已。

施：我一讲话就讲到翁独健。干吗提到他呢，他不在这儿领工资，翁独健任中央民族学院历史系主任，他是义务的。

张：翁先生当历史系主任等于是挂名的义务的？

施：义务的，人家很热心，不拿民族学院工资的，他是北京市教育局局长，怎么能拿学校的钱。

张：哦，他的工作是义务性的。

施：他曾经是燕京大学代校长，在史学方面也是一位大家。

---

① 中央民族学院历史系，系今中央民族大学历史文化学院前身，始建于1956年，是该校建立最早的院系之一。翁独建、傅乐焕、王锺翰、吴文藻、费孝通、林耀华、潘光旦等著名学者都参与了该系的创建。2008年7月，历史系更名为历史文化学院。本书中众多被访者都出于此系。

② 古籍中对壮族的侮辱性称谓。

张：对对对。

施：他纯粹是因为要贯彻党内关于民族（事务）的一个宗旨，就是以汉族为主体，各民族共同缔造祖国的历史文化。汉族你也不能不承认他，因为人多势众嘛。力量大嘛，那你没办法。但是你不能够抹杀少数民族的地位。"共同缔造"，你比如说台湾，我研究台湾历史，很清楚。台湾不只是高山族在那儿，还有汉族。刘铭传，清朝台湾的官吏，在那边抗法斗争那搞的轰轰烈烈，汉族参加了，当然少数民族也参加了。你不能抹杀，你把那个高山族抹杀掉，肯定不行。

张：把汉族抹杀掉更不行。

施：汉族出的力量大。人多，那很自然的。翁独健他不容易的，一个礼拜来开一次会议。

张：每周开一次？

施：每周开一次，还有林耀华、傅乐焕，一个是民族学，一个是历史学，民族史的，他们几个系头头，还有系总支书记苏冰，都参加会议。会议有决议什么的话，我得执行。

张：您在全权行使。

施：林耀华、傅乐焕他们管教学，行政业务，所以由我来执行，我得应付总支书记啊。

张：方方面面。

施：我也不是党员，如果是党员，还好说话一点，有的时候是苏冰夫妇，他爱人是院办公室的什么主任，他们经常和我们联系，苏冰很好，是很尊重少数民族的。

张：后来调走了是吧？调宁夏去了。

施：宁夏回族自治区的妇联主任。

张：她还很好开展工作。

施：是老革命，很好。

张：当初聘了这些教授，像徐宗元他们，还有张锡彤，还有一个叫胡德煌的是历史系的吗？

施：胡德煌也是历史系的。

张：这个人是从哪来的呢？

施：怎么来的，我也不知道，也是从研究部过来的。

张：他教什么的？

施：教历史，教中国史。

张：这个人，他们都参加过东北什么历史地图集的（编辑）？

施：那是后来呢，1956年就划了右派了。

张：他也划成了右派，他是著名生物学家胡先骕教授的侄子嘛。

施：划了右派就完了嘛，连上课都上不了了。

张：打入另册了。

施：那时"左"的要命呢。

张：那么张锡彤是一起来的？

施：张锡彤他好在哪里？他出了一本书。一解放，他翻译了一本原始什么书，很古的书①。后来张锡彤在燕京大学就是教世界史。后来的邝平章就教世界中古史，那个张锡彤是古代史，邝平章接下来是中古史，还有一个教近代史的李文瑾，后来教现代史的就是陈佳荣助教，李松茂是师范大学毕业过来的。

张：徐宗元是从哪调过来的？

施：徐宗元是从福建师范大学。

张：他怎么从福建来到我们学校的？

施：我们请的。翁独健到福建去回家（探亲），跟徐宗元熟，（徐宗元）托他要调到北京来，翁独健说好。

张：正好有权力。

施：有权力。他就把他带过来，调来就在民族学院历史系当老师，讲先秦文献，讲古代史，讲得很好，讲古代的文献。那时候讲古代史的还有王锺翰。徐宗元讲课，学生听得（很认真），他有学问，他们古的东西讲得特别好。

张：因为我在听索文清讲老师的时候，他对他们这些老师印象很深，就是说这个上课对学生很严格。

施：对，他的学问很古老，很扎实。所以学生想听他这样的老师讲课。我们当时讲课能讲生动、学生听着有兴趣是不容易的。一般讲历史的都比较干巴，徐宗元讲的就比较生动了，因为他学问多，学问大。

张：您还记得历史系第一届招了多少学生？

施：400个。（实际90多人）

张：有多少个专业？

施：民族史，还有民族学。

张：1956年到民族学院历史系的学生最多，其中12个都是从民族学院附中来的。

施：那时候有很多调干生，陈连开、洪俊都是调干生②，刘晓是调干生，他们原本不是高中学生，很多从前做地下党工作，文化低，需要深造一下。我有一个经历，到历史系第二届的时候，到武汉招生，招生本来都要党员去的，当时组织上信任我，就让我去了。我挑学生，不看出身，看成绩。但也有一些照顾。比如说，我就挑了一个学生，白先经，他的分还差两三分，不够格，但是我挑他，在武汉的时候，我一个人去，我有权啊。我主要是看他是白崇禧的侄子，第二个呢，我看他是党员，我就喜欢这个，我就破格把他收进来。不知道后

---

① [苏] 柯斯文《原始文化史纲》，北京：人民出版社，1955年。

② 1953年开始，凡是国营企业、事业单位和机关、团体，以及中国人民解放军系统的正式职工，经组织上调派学习，或经本人申请组织批准离职报考中等专业学校和高等学校而就读的人，都称调干生。分带薪的和不带薪两种。

来他怎么知道是我把他调进来的，他就很感谢我。他后来当广西民政厅厅长，有一次我跟他通信，当时我在香港的侄子请我和我老伴、女儿去香港玩一玩，我就顺路从桂林过去，我老伴没去过，我去过很多次了。他说行，来。他是桂林人，他一个电话给桂林市市长让招待我。在那玩了五天，专门派小车来接送我，招待得真好。不知道他怎么知道是我把他招进来的，不然差几分，他就没机会了，现在人家很好了，当了民政厅厅长啦。

张：我们附中到民院历史系上学的，有个叫楚哈莫夫的，蒙古人，土默特旗的，八十多岁了，双目失明，历史系第一届毕业生，后来他做内蒙古自治区史志办主任，他也是您的学生，您桃李满天下。

施：我"文化大革命"受了冲击，就知人心了，有的人看你受了冲击了，落井下石，特别在"文化大革命"时期，有的抄我的家，查户口，有的学生跑到我家里查户口。但是有的学生对我也很好，特别我出去旅游啊，身体不好，他陪着你。陈克进对我真好，白振声，都对我很好，过生日，他们几个人聚在一起吃顿饭，感情很好。我举一个例子，梁多俊，历史系毕业生，在学校里头很活跃，经常跟宣传部有联系，他爱写东西，经常外头有约稿拉他来写稿子。他觉得老师对他很培养，现在在云南大学当教授了，退了。曾经每年300块寄给我过生日，寄了三年，我很感动。后来我跟他说你千万不要再寄了，他念念不忘，到现在还有联系，经常寄东西给我，寄他的著作给我。特别是历史系的学生，出来以后都很有出息。但也有不好的，特别是"文革"的时候，暴露出来了。我在历史系当秘书一直当到"文化大革命"前，后来我不当了，历史系也关门了。"文化大革命"后，历史系恢复，不一样。后来王锺翰在做领导，王锺翰强调满族史、清史。我也不懂了，不好评价了。总而言之，过去的历史系的人大部分还是在民院的民族研究所工作，一直到民族学系成立的时候。

3. "文革"之前

施：为什么50年代知识分子对夹着尾巴做人深有体会，那个滋味，不好过，出不来成果。我可以和你这样说，我出的成果、出的20几本书、给民委做的工作和贡献，都在"文化大革命"以后。"文化大革命"以前，尽管也做了工作，但是没人知道，夹着尾巴做人啊。

张：您现在大概是教授里面最高龄的。

施：高级职称是"文革"后，我评讲师不是学校评的，是高教部发文的，我是讲师。第一次评职称，解放后6年没有动静，6年以后，也就是1958年以后，我做了8年历史系秘书。到"文化大革命"我倒台了，我去"四清"①了，劳动改造了，下去8年。民族学院

---

① 1963年至1966年，中共中央在全国城乡开展的社会主义教育运动。在农村中"清工分，清账目，清仓库和清财物"，后期在城乡中主要是"清思想，清政治，清组织和清经济"。

没有评职称。一直到"文化大革命"后才评职称,才评的副教授、教授,我们很吃亏啊,我们在原来的学校三四年评一次的。幸亏我当秘书,没有脱离教学。多年的教学经验,包括教学检查,这些档案材料我都有,在评职称的时候,没教学不行,再加上我还有著作,我不止一本著作。但是学校很复杂,当时我逼得没办法啊,我就去民委找人,找胡嘉宾、谢鹤筹,他们知道我《台湾史略》那本书是得过奖的。后来其他几个人和我一起评教授,我拿成果把他们比下去了。因为他不评不行啊,有很多教授一篇像样的论文都没有,当时我就有五六本书。是党培养的我,给我调查、学习的机遇,那么我现在也应该做贡献。我的学生有些东西还得问我,有些事情他没有经历。民族学院有我一个,访问团、参观团、民族调查识别、社会历史调查都参加过,陈连开都是我的学生,他研究费孝通的观点,除此之外找不到人了,包括国家民委年轻的人不懂,老司长跟我年纪差不多的,他们懂。

张:1957年"反右"您在学校?

施:1956年在湖南,1956年回来成立历史系。什么苏克勤啊、贺致平,党内斗争,我说不出来。当时潘光旦、费孝通在1957年被划了右派,中央民委来批他们,在中央民族学院也组织了批判。我是受组织的要求也参与了,我还检举他们,当时水平也低,就得听组织上的话。但是1956年潘光旦以全国政协委员的身份到湘西,坐着滑竿上龙山,湘西龙山县,那个地方是解放后剿匪的重点。龙山的路是垂直下来的,抬滑竿的人直着下来,很危险。我觉得从这一点,不应该把潘光旦划成右派,人家是冒着生命危险的,龙山是剿匪的重点啊!我是继潘光旦走了之后再去的,是跟着当官的去,湖南省统战部部长,还有中央民委副主任,身边都有七八个人保卫的。当时罗秉正是谢鹤筹的秘书,他还没有资格骑马呢,谢华给我一匹马,他自己一匹,谢鹤筹一匹,湖南省民委主任一匹。四个人,四匹马,四个吃小灶,其他人没有这个待遇。当时很艰苦,相当艰苦。我们骑的马,有的路是很滑的路,一滑就摔倒了,这个路,一般人走不了。所以我说下去锻炼,我们的机遇比现在年轻人多太多了。

张:您在民族学院工作了几十年,您认为"反右"和"文革"给我们学校带来了哪些负面的作用,体现在哪些地方?您给我们谈一下。

施:这个我谈不上,我没有研究这个问题。民族学院有很多是继延安过来的老革命,我们和一般大学不一样,解放的时候我们是老干部多,知识分子不多。我们现在强调的是名校有名教授,但在当时的民族学院,这个论点不行。所以党内也提出来要民

1957年1月6日夜,潘光旦先生(左一)在重庆秀山石堤访问土家族老人(张祖道摄)

主办校，什么教授治校，苏克勤说不行。这个东西很难说，现在我也不懂。总之一个学校出名不出名，还必须有一些出名的知识分子，没有名教授，好像在国际上立不起来。现在不像50年代，不管国际上的影响是不行，现在党中央知道这个事，重视知识分子，相比50年代有改进。特别是改革开放后，不是你想怎么样，而是别人推着你走，潮流决定的。我们国家搞和平崛起，美国挡不住的，遵循经济发展的自然规律，受一点影响没关系，大势所趋，你挡不住。马列主义的规律，自然的规律，很多事情不是你想怎么样就怎么样的。你想我们国家崛起就崛起啊，很自然的规律，水到渠成，你阻挡不了。民族方面，新疆出的问题，我有这么个看法，现在党中央强调从民生抓起，民生目的就是要民族团结啊。现在民族有点松了，不像50年代，很热闹，轰轰烈烈，少数民族上来，我们也下去，很融洽。现在发展形势不一样了，要强调民族团结从民生解决，比如要解决维吾尔族的民生。北疆没什么问题啊，但是也要注意哈萨克族、蒙古族、回族的民生，怎么改善他们，注意他们的发展。南疆主要是维吾尔族，又靠近巴基斯坦、阿富汗，很复杂，外头来得容易。不像北疆，我们和哈萨克斯坦比较友好，但南疆很复杂，邻居又有吉尔吉斯斯坦、阿富汗，巴基斯坦也很复杂。要加强民族团结，还是要老调重弹，要认真正确地贯彻党的民族政策，要注意执行的时候有没有偏差，有没有放松，这样的话我看问题不大。

（七）关于民族识别

施： 民族识别我补充说一点，你先听着。

1. 民族识别的开展

我们的民族识别，全世界是独一无二的，这是我亲身经历的，我们是第一个参与者。这些美国不知道，印度不用说，苏联也不清楚。不是很多人都说我们跟着苏联跑吗？我们没有！苏联没有搞过民族识别。

实际上，民族识别不是1953年开始的，1950年就开始了，（少数民族）参观团来了，田心桃就提出来我不是苗族，我是土家族。好，党中央就委托了民族学院研究部的潘光旦管这个事。的确，我们解放初期就开始搞民族识别了，派出民族访问团就是为了平等政策的最后落实。你当时人大代表会怎么开，你代表名额都不能确定，你怎么说他区域自治啊，他怎么发展啊，他的成分都没定，所以先搞这个也是对的。1953年中央派出第一个民族访问团，规格那么高，由中央统战部各个单位组成，大家都很重视。

你看1953年、1954年、1955年、1956年，中央都派调查组出去，专门搞民族识别这个事情，但是我们当时出去就知道调查，稀里糊涂的，不敢说是民族识别调查，包括现在国家民委的领导，因为50年代，这件事还没有公开，不敢提民族识别。但实际上就是在做民族识别这个事，这里头一说花样就多了。这些情况不是每一个人都知道，民委知道，民委主任知道。你现在来问这个,很丰富,没有几个人知道啊。现在翁独建、林耀华、费孝通全死了,没有人说出他们的观点了,就我了,其他年轻人说不出来,他没这个感受,所以我为什么说你们来晚了,我都九十多岁了。咱们打开天窗说亮话,我走了,他们都不知道这个东西,没这个经历。

后来紧接着1954年,那时候民族识别这个名称就公开了,林耀华带队去云南,我们几个学生跟着他去的。半年的时间,我们把云南当时提出的200多个民族名称,就(根据他们的特征)给他整合,最后成为23个少数民族。当时在云南东部的壮族聚集区,有黑衣、天宝、隆安、土佬①各种不同的民族名称,弄得眼花缭乱,那个种甘蔗的,也叫蔗园人,乱极了。蔗园人是广西迁过来的,是汉族。黑衣、天宝都是壮族的一部分,是攻打侬智高时,从广西迁来的。有的归并为壮族,有的是布依族,有的是汉族。现在多少年了,五六十年了,没有多少变化。后来"文化大革命",经过识别,又多了基诺族,其他的都没有了。门巴、珞巴是西藏方面的。

我们对此很自豪,我们大致搞清楚了56个民族,比这个数字再多也多不了多少。现在(对民族的认定)工作结束了,不再进一步识别,这也无所谓,也没什么大不了,我们都干完了。

2. 民族识别的理论和标准

民族识别为什么我说是国家重要的工作之一呢?民族识别是大事,不能小看,没有民族识别,人大代表怎么选举、民族区域自治怎么形成?1953年给我工作的时候,名义上没有民族识别,说是调查研究,实际上就是民族识别,因为当时民族识别的牌子不好打。所以我接受这个任务,又是组长,我心中的压力很大。

压力在什么地方?没有理论依据。马列主义的民族特征是有一套理论的,搞民族识别,他的民族共同体、民族成分、民族特征,按马列主义的理论,你没话说的。但是,民族特征是什么?斯大林的民族四个特征,他是根据欧洲资本主义上升时代的人民共同体的特征,按斯大林的理论必须具备有四个特征,缺一不可。而我们识别的民族,都是前资本主义社会的,没有一个在资本主义社会,那跟斯大林的民族理论不一样。但当时名称不敢说出来,怕被说反苏反共。后来毛主席1953年说的一句话很重要,他说政策可以这样,但是实际上也要灵活。也就是说要根据国家的情况,也要结合民族的情况。毛主席说一句话,谁敢反对!我们因此胆子大了,不能搞教条主义。你看列宁都说殖民地也有民族,按斯大林的理论,资本主义上升阶段以前,封建时代都没有民族。后来美国人也说我们跟着苏联走,他们觉得我们照搬苏联,实际上不是,我就跟他们说我们是独一无二的,世界上是没有先例的。那为什么苏联代表团来了以后很羡慕我们的民族识别?所以说只能将理论灵活运用,不能死板,一

---

① 黑衣、天宝、隆安、土佬均为壮族支系。

死板没办法，你得根据实际情况具体调整。也就是马列主义的原则跟我们中国的实践结合起来，灵活掌握，不能死抠这个。

所以我说民族识别的工作，我们有一套理论，跟苏联不一样，跟斯大林的民族四个特征也不一样。根据我们的实际情况，民族识别标准不一样。我们根据实际情况进行发展，理论上灵活运用斯大林的四个特征外，就共同地域来讲，你不能说没有共同地域就不是少数民族啊。这当然不行啊，要根据我们的实际情况，东北锡伯族，原来老根在东北，乾隆年间，派锡伯营去新疆戍边。在新疆留下来的一部分聚居在一起，比较团结，他们的语言和带去的风俗习惯没有变，而留在东北的锡伯族受满族、蒙古族的影响，他们失去了语言。按斯大林的理论，他没有共同地域啊，一个在西北，一个在东北，但是不叫少数民族不行。因为毛主席提出要结合我们的实际，革命的实际。共同的语言也是这个问题，这个问题我就不多说了。

总而言之，民族识别要灵活掌握马列主义。我们自己创造出了许多民族识别的标准，除了斯大林的共同地域、共同经济、共同文化、语言四个标准以外，我们还有族称、族源、历史关系、民族意愿的问题等等。灵活掌握马列主义的灵魂，具体问题具体分析，不能够离开这个，离开这个就不好说。大家就敞开谈，不扣帽子，最后就解决问题。

民族识别，我想补充的一点，就是说除了理论上，还有民族政策。有些民族识别的理论还要照顾民族政策。解放初期，民族政策里面有一条，"名从主人"。民族的名称不是个人的事情，是民族自己的事情，由本民族决定的，其他人决定不了。当然也不是由你的主观意志决定的，要约定俗成。民族名称不是随便确定的，要根据历史来源。所以名从主人，民族族称，我们也要考虑的。

民族识别的工作是发展的问题，不能一刀切，很复杂。你看湘西，原来最早是苗族自治区，后来是苗族土家族自治州，后来土家族人口多了，成了土家族苗族自治州。后来又提出来要成立自治区，这是个不断发展的问题。所以很复杂，不要小看这个问题。现在国家民委很重视这个问题，但是晚了一点，应该说是重视的，国家很重视的。1953年派到畲族地区搞民族调查，1954年去云南，那是大兵团作战，1955年、1956年都有，到1956年为止。

3. 具体例子一：穿青人

我举费孝通这个例子，为什么说压力很大。（当时）费孝通他是西南访问团的副团长，带着一队，包括宋蜀华在内，去调查贵州，碰到民族识别问题，在贵州西部一带，叫穿青人[①]，穿青人有五六十万人。提出来我们是少数民族，费孝通就拉潘光旦，还有民族研究所一个搞语言的，就认为穿青人不是少数民族，是汉族，他有依据。所以民族识别是科学的东西，不是个人我爱定什么就是什么，有依据，约定俗成，是经过不断积累资料和各方面认证的，不是随便说的。所以费孝通就根据情况说他不是，但是穿青人也提出很多理由，说我是

---

① 主要分布在贵州西北地区。

少数民族。他的目的就是争取少数民族优惠，少数民族在贵州是有优惠的，但是费孝通坚持科学的根据，认为他是汉族。

费孝通就根据潘光旦的历史材料，认为穿青人是贵州东部迁徙过来的，从语言来讲，他里面有穿青、穿蓝，穿蓝比较有钱，穿青早来一批，没什么钱，很穷。他现在就认为穿青、穿蓝不是少数民族。所以我说压力很大，你定他是少数民族，他当然很高兴，有的也不高兴啊，不是说过我在上杭认定畲族，那里的民政厅厅长是领导干部嘛，就否认说不是，阻力也是有的，所以说压力很大。

费孝通完全是一个学者身份，他个人没有什么利益。给几十万人定作少数民族，他们的待遇就不一样了，入党、入团、经济拨款都不一样了，全国人大代表怎么选举、区域自治怎么成立，是县啊，还是州啊，都不一样。定穿青人不是少数民族，他压力很大。

结果八几年的时候，费孝通的右派也摘了，作为全国人大常委会副委员长出差贵州，压力很大的，遭到围攻了。穿青人民群众、干部围攻副委员长，这里头贵州民委主任是苗族，他就希望穿青人是少数民族，他有私心。当然我们不好说了，你们地方政府闹这个，围攻我们国家的领导还了得！在那儿开会，开会围攻。在会上，穿青人就提出很多理由，根据很多历史材料，说明自己是少数民族。费孝通就把（认为穿青人是）汉族的理由讲出来，也让（他们把认为穿青人是）少数民族的理由讲出来。费孝通有句话，最后一句话很厉害，根据你们提出的那么多理由，民族识别是一个科学的东西，要根据民族特点，你们的情况怎么样，你们提的这么多的意见，还不足以令我改变我原有的看法。那就是说你还是汉族，这句话很厉害，结果底下起哄了。后来费孝通就走了，穿青人事后就骂开了。我们有一句古话，春秋战国的时候，鲁国有一个坏蛋庆父，"庆父不死，鲁难未已"，说费孝通是庆父，费孝通不死，我穿青人的民族成分解决不了，很恶毒的话。

等到我去的时候，他正好走了，我去的目的不是了解费孝通的情况，中央民委没有给我这个任务，我去的目的是为贵州的民族识别收集资料。他们贵州民委以为我是中央民委来调查费孝通这次南巡的情况，结果负责的干部就跟我说了，他就把开会的情况告诉我，回来以后我也报告给中央民委了，中央民委很尊重费孝通专家的意见，没有动摇。现在费孝通不是死了好多年了吗？穿青人还是汉族啊。我就说受了围攻，压力也是很大，很复杂。

4. 具体例子二：土家族

这里说的是土家族的问题，土家族原来也就几十万人，土家族民族识别很复杂，一解放就发生了问题。田心桃，一个女的，现在还在，她就来北京，参加1950年参观团的国庆观礼。那个时候周总理、李维汉接见过参观团，她就跟周总理说，她是苗族的代表，但她不是苗族，是土家族，然后列举土家族的特点。这引起了中央的重视，委派中央民族学院去调查，那个时候派潘光旦去调查，一直到1956年。做了长期的工作，很复杂。

为什么土家族识别到了1956年才承认？因为湖南省委不同意。中央派了好几批的调查团，都去啦，中南地区的行政委员会也有调查组，结论也是跟民族学院一样，都承认土家族是少数民族。中央的意见都一致认为是少数民族，就是湖南省委统战部不同意，所以才有1956年五人小组去解决统战部的工作。

湖南省统战部有一个部长，叫谢华，那时候1956年就60多岁了。是老延安的，老知识分子、历史学家。他就是死抠斯大林的民族理论，他说土家族是汉族，当时（湖南省）党委书记周小舟听他的，因为当时他是老干部、老同志。你驳他很难，不好驳斥他。所以当时压力很大，没有理论依据。

潘光旦从1950到1956年一直是研究土家族的，他写的论文非常有分量的，他在《二十四史》里面找材料做卡片，几万张。所以我觉得他的观点还是可靠的，尽管还是有点幻想，但还是可靠的，因为他毕竟是有根据的。潘光旦不知经过了几次调查，中南行政委员会都一块儿调查，口径一致，都承认是少数民族，湖南就是不同意，没办法。中央文件我看到了，刘少奇、邓小平批的，中央民委派五人小组出去解决湖南领导的问题。有罗秉正，我也参加了，还有两个年轻人是搞语言的（民院语言系的），我不认识。

最后一次识别就是我去的，1956年去的。中央民委副主任谢鹤筹，还有罗秉正，那时候我是讲师，那是国家评定的讲师，不是学校评的，18个人还是15个人，我是其中的一个。我当时就到湖南做土家族的民族识别。

谢鹤筹很重视我。湖南统战部陪我们下乡，调查了3个月，那时候待遇就不一样了，我们和部长一个待遇，一路上吃小灶，还配备了四匹马，一匹给谢华用，一匹给谢鹤筹用，一匹给省委统战部副部长用，他后来是我国驻巴基斯坦的大使，还有一匹是给我用。说实在的，受到优待了，但是责任也很大，就是要在理论上突破湖南省民委（统战部）谢华的老思想。他主要是把斯大林的民族四个特征认为是天经地义的一套，他也是信仰马列，我们也有很大压力，那个时代反对斯大林的理论就是反苏，反苏就是反共，很可怕，但没办法，中央的意图就是说服湖南省。后来调查三个月回来，我们说我们的，他们说他们的。周小舟听我们的报告，我们说了土家族有自己的少数民族特点，他们不是汉族。最后周小舟拍板定调，中央的意见是对的，按中央的意见上报。结果谢华他不同意，不报告，省委让报告，但他的统战部不报告。结果没办法，中央认为，人家这么多人一致的意见嘛。他比较顽固，思想僵化，但人很好，也有理论水平，就是思想比较僵化，把斯大林的四个特征看成天经地义。这就可见当时民族识别工作的艰难。

5. 具体例子三：苗族与其他

我再举一个例子。僅兜①，历史上叫僅兜苗，现在将它归并到苗族一支，僅兜的干部，特别是省委的一个僅兜的干部，一个领导，他非得要单独成为一个民族，不愿意作苗族的一

---

① 又称为僅族、僅家，主要在贵州省的黄平、凯里、麻江、关岭、瓮安、福泉、镇宁、兴仁、黔西等地。

支，苗族里头很复杂。他十几年来收集材料，每次我去贵州，给我很多材料，希望我给他说话。鼓动了这么多年，到现在为止，争论不休。

比如 1951 年我参加中央民族访问团到海南岛去，跟我同行的有八九个中山大学的教授，他们第一次参加国家访问团很高兴。访问团派我去管他们，因为我是燕京大学出来的，跟他们的脾气、习惯一样。我们到了海南岛，当地的苗族领袖程思德接见了我们。海南岛的苗族叫了几十年了，解放前就叫苗族了。当时中山大学搞历史的教授研究海南岛苗族是怎么去的，他从历史来源来分析，这个人（的先人）是广西十万大山的瑶族，清朝政府派他去镇压当地黎族人民的造反。他是瑶族，不是苗族，根据他的现在的生活习惯、历史渊源，他是苗族。当时他和黎族的头头王国兴很要好，这两个少数民族的头领一直多年联合反抗国民党。他们一直是叫自己是苗族，不愿意叫瑶族。我们就研究为什么他不愿意。历史上有忌讳，历史上他是瑶族镇压当地的黎族，这个东西不好说，他还愿意称苗，但按民族识别的标准，应当是瑶。我们的标准还有民族名称、民族来源，还有各方面的民族意愿，我们的要求很多，不像斯大林的民族四个特征那样缺一不可。根据我们国家的民族实际、历史来源来定族称，还有民族意愿，名从主人。结果我们说，那你非得要叫苗族，我们也不反对，要是不影响民族的团结这个问题，我们就说你就叫苗族吧。但是 1956 年苏联专家来我们这里讲学，我陪他到海南岛去调查，他不知道海南岛苗族的定名问题，但是他看资料知道了这个事情的，我们说我们早就知道这个问题了，就叫苗族。就像畲族，我们国家说名从主人，你要改族称都可以，不是不可以。每次来参观团都开座谈会，我都参加了，中央民委就说你们改啊，问群众的意见。后来因为福建、浙江两个省意见不一致，后来我们出书，把畲族的历史资料摆出来，再后来就没事了。

（八）我的几部专著

1.《畲族简史》

"文革"结束以后，我就开始出成果了。那环境不一样了。我感觉到是有人在推我走，不是你想学习就学习，是不想走都不行，这就是大势所趋。我深深体会到"文化大革命"后，拨乱反正，特别是十一届三中全会以后，对知识分子好了一些，这时候知识分子才有了一点"人"的样子，知识分子真正获得了解放、尊重和信任，那时候单位也敢于用知识分子。为什么 50 年代虽然也做了很多工作，但是成果很少，这是为什么？环境不一样了！改革开放拨乱反正了！但那时候不敢，那时对人的伤害可以理解，当时就是那个样子。我能感觉到，"文化大革命"后、十一届三中全会后，改革开放这 30 年，好像有人在后面推着你，你不走也不行。现在就敢于拿出来了，过去不敢的，怕挨整挨批判，谁敢啊！所以为什么翁独健很少写文章？翁独健就不写东西，写下来以后就白纸黑字，变成别人批斗你的证据了。

他这个人"鬼"得很，这在那个时候是可以理解的。

"文化大革命"后，我就官复原职了，因为我的任务没完成，结果福建、浙江调查组组长还是我。当时是收尾工作，主要是写书，是做贡献的时候，把调查的工作结合起来。我们就找了四个人，到福建搞到了1980年。我们搞的不是现在的书了，那经过千层的关卡，审查，还经过畲族群众的检查，畲族的代表集中50多人，在福建的连江开会，专门审查一个礼拜，就审那8万多字。民委主任也来啊，审查啊，包括北京参观团的。压力大，有来自中央民委的压力，还要下面群众的认可。你要把他们民族的历史地位摆好，我们是抱有这种观点。但是别的大学的观点不一样，有个厦门大学的教授，他写了一本畲族的史稿，他的观点是畲族是越人，我不同意，我认为是蛮，和潘光旦、费孝通观点一致。结果畲族代表一看他的观点，再审我们的稿子，马上报到国家民委，说你施联朱出的书怎么会有这么多的问题。国家民委派人来，是我的学生，历史系毕业的，两个人查了两个月，没有发现任何问题。后来他们才知道，原来这个是厦门大学某教授想把他的观点写进书里，我不同意。结果我把这两种族源都写进去了，以后再研究，现在研究不了了。族源的问题嘛，属于学术观点，我不能说他们对，但是你说你的，我说我的。所以国家民委虽然很赞同我的观点，但我写我的论文可以长篇大论，放到官书里面不行，因为官书相当于给你下结论了。我参加民委写官书很有体会。后来畲族的事讲完了，书总算出版了。在五套丛书里面，畲族是第八本，这是很不容易的，搞了多少年了。后来把畲族的史料编成了一本书，还有高山族的史料。和厦门大学一个教授一起编的，我在这个里面，主要负责畲族的撰写。

张：关键是您在很多原始资料都丢失了的情况下，您还能出了这本书。

施：我每次去调查，都记笔记。（先生拿出了《畲族简史》）我写这本薄薄的册子，花了那么长时间。从1958年开始，"文革"后，80年代才出成果，前前后后22年。

简史出来了，这是一件大工程，系统的工程。还是当时毛主席英明，他说要抢救少数民族文化和历史，要为少数民族编写历史，这是怎么想的啊，从古到今哪一个少数民族有人给他们写历史？广西壮族谁给他写历史了？1965年还是六几年，周总理说，改"僮"①为"壮"。《中国少数民族》，人民出版社出的，马寅是主编，副主编是陈永龄，编辑有四个，宋蜀华、朱宁、我、胡启望，我们每个人都写了九、十个民族，其他人像宋蜀华写一二个，吕光天写四个。这本书是新中国第一部讲民族的，（先生拿出了这本书，指着它说）实际上是民族志，除了民族历史，还包括经济、文化、艺术、风俗习惯和宗教信仰，是一个从横向全面反映中国少数民族的书。当时就在二里沟新疆办事处那里写作，我们每天都去那儿，预定几个房间，有时候晚上就在那儿睡。这五套丛书是国家民委亲自领导编写的，里面包括民族简史、社会历史调查资料、自治地方概况等。

---

① 壮族旧称。

2.《中国的民族识别》

施：后来编写《当代中国的民族工作》，但民族学院当时就叫了我一人去，林耀华、陈永龄是挂名编委，我是编辑部的，黄光学主编的。这本书的绪论、序言和民族识别工作是我一人写的，后面对于民族研究这一块，我就把把关。后来这本书在辽宁兴城审稿，大家聚在一起开会，人家出版社的主编就说了，这本书里面没有民族团结这一章，这不行啊。黄光学一听都慌了，找谁写呢？

当时编辑部里的几个人，都是司局长级的，他们不写。后来有人提议说让我写，我就说我怎么能写，你们这些司局长都是做民族工作的不写，让我一个老师怎么写？但是当时我也没办法，就答应下来说可以写，但是我要求他们给我提供档案材料。过去国家民委在民族团结上做了好多工作，但是都没有整理。我不是共产党员，我不能够查阅国家民委的档案资料，于是我就叫他们把关于民族团结的档案材料全部放到黄光学办公室里，我每天去他办公室看材料，集中看了两个星期，把所有的材料都看完了，里面很多东西都是很生动的，提供了很多材料，于是我就写成了这一章。后来出版社编辑跟我说，民族团结这一章写得很好，很生动。但是这里面有一个问题，就是我当时拉了一个我的研究生，把他的名字放到编委里。这可能不太好，可是那个研究生确实做了很多工作，民委的领导当时还是尊重了我的意思，把这个研究生加上去了。后来我就想把我写的有关民族识别那几章弄成一本书，可是这些材料不够。于是我就又出去走了一圈，去了新疆、四川、甘肃敦煌莫高窟、云南、贵州、广西、广东，还有中越边界京族三岛我都去过，我这本书里参考了刘锷的民族理论，也有民族工作的实践，所以很生动。等我写完了以后，我就找了很多出版社，可是他们都不敢出，因为里面政策性很强，出版社怕出事。我没办法就把书稿寄到香港去，我那边有熟人，我的侄子就在那边经商，找到了他的朋友。可是他们也不敢出，把书稿给我退回来了。后来我就到国家民委找到黄光学，让他把关，作为第一主编，最后他是以国家民委的名义让民族出版社出的，给了我3000块的稿费。后来这本书获得了国家图书奖，一版，再版，到三版，还有人建议我翻译成外文书籍，可是我想想也没弄，自己年纪大了，就算了。

我搞民族识别，美国哥伦比亚大学历史系博士生庄明乐知道。他出了一本很漂亮的书，提到我们民族识别中的民族分类。

《中国的民族识别》书影（定宜庄提供）

3.《台湾简史》

施：我现在想想过去的研究，其实有一个夙愿。新中国成立以来，研究高山族的著作不多，我们福建调查组里面，主要研究畲族和高山族。厦门大学那边一个教授很早就研究高山族，我让他分担高山族，福建靠着台湾近。他从解放后就开始研究了，资格比我老，我是50年代才开始学习的。当时费孝通先生对我说："联朱啊，你要注意研究资本主义下少数民族的发展。"苏克勤在1962年下放甘肃当县委书记之前还对我说，台湾的民族研究要抓起来。于是我就想写一本关于台湾少数民族的书，我主要是研究中国南方少数民族，南方中又主要是福建、浙江，这里面又主要是畲族。关于台湾高山族历史的书写，也是主要突出、贯彻"各兄弟民族共同缔造中华民族历史文化"这一思想，放到台湾也是一样，它的历史也是高山族和汉族等兄弟民族共同缔造的，台湾历史是中国历史的一部分。可是当时我去不了台湾实地调查，去不了怎么办？我就只能去查古书，比如县志、方志，我把里面反映台湾少数民族的东西都做成小卡片，潘光旦通读《二十四史》做了两万多个卡片。我看了好多书，有关台湾的古籍，我几乎都看了。你随便翻看一下历史书，就可以看到，里面都有各民族共同反抗侵略者的内容。清朝的官员也很懂团结的，史书上记载了比如刘铭传带领大家如何反抗侵略。在台湾，都是汉族和高山族交融在一起，不只是一个民族的历史。甲午战争以后，日本没有很顺利就接手台湾的，整整和当地民族打了5个多月啊。在"文革"那时候，我白天挨整，晚上时间自由一些，我就做卡片，自己下功夫。等到"文革"快结束的时候，我那本书已经出来了，17万字。找哪里出版呢？我想着福建靠着台湾近，所以我就找到了福建人民出版社。那个时候，"文革"刚刚结束，出版社的稿源都很缺，我这就给他们送过去了，他们看了以后很惊奇，不知道为什么我这么快就出了一本书！他们审核后，1980年就给我出了这本书《台湾史略》。

给我出这本书，里面还有一桩官司呢。当时那个资历较老的厦门大学教授看到我出了这本书，就觉得我算老几啊，说了很多攻击我的话，他非要告我。当时出版社的党组织压下来了，后来他向我道歉。这本书出了以后，还是本好书，得了优秀历史读物奖。可是当时我不知道，是后来在一次学术会议上，青年出版社的一个记者对我说施老师您有这么好一本书怎么不给我们啊，我才知道原来这书获奖啦。评这个奖很不容易啊，当时全国的出版社送选书籍两千册，最后只有18本书被选了出来，最后是由社科院历史所所长刘大年亲自审定的。谢冰心当时不是搞了一个希望工程送书下乡活动吗，她把我这本书也列入书单，印了2万多本。我这是"墙里不香墙外香"，我这些事儿，学校（中央民族学院）都不知道，而我在福建是很吃香的呢。80年代我去福州出差，当时福清市委书记专门把我请回去，到他们县委礼堂做报告，当时500多个人，我自己也没有准备，就讲了一下畲族和高山族的研究。这是很光荣的一件事情啊，从那时候起，他们当地的大小干部几乎都知道我，这些都是自己努力、自己奋斗的结果。后来杨静仁又派我去调查畲族的传统文化，回来以后我就写了一本风俗志，民族大学出版社出版了。1985年我参加了在广东潮州举办的关于畲族文化的国际会议，有法国、日本、中国香港的教授，当时参加的还有广东民委、福建民委、浙江民委。他们共同推举我作为这次会议论文集的主编，最后是国家民委出钱，然后交给民族出版社把这本书出版的。这本书现在不好买了，里面有费孝通、饶宗颐的文章，这些事情学校院系的领导都不知道。1994年畲族自治县的十周年纪念会我也参加了，他们都把我当做自己人，现在他们也经常来看我。

我最得意的就是这两本书，一本是《中国的民族识别》，一本是《台湾史略》。

（九）其他

1. 关于台湾

施：1895年，清朝政府把台湾割给了日本。日本怎么拿到台湾，统治台湾的呢？他从基隆开始接收，从这个基隆往南一步一步地打，特别是到新竹，到台中、嘉义这一带，以后打到高雄、台南，他才能统治台湾。说明台湾人民，包括这个高山族，很顽强，他就一直反抗。明知你清朝政府不要我了，还依然顽强地反抗。当时的台湾，高山族和汉族就是（知道）清朝政府把它割掉，不要了。一直顽强的反抗。就是说他一直是顾念着祖国。他不愿意把台湾割给日本。所以一直打，打了5个月，日本人才把台湾从基隆到台南，从北到南，才拿下来。

张：不是那么很顺利就拿下的。在反抗啊。

施：反抗，一直反抗，我这里是有材料说话的。李登辉压根就是日本人，是什么玩意儿。"皇民教育"，我们一看，"皇民教育"是什么？他们台湾有一部分人觉得"皇民教育"好。台湾的这个农业，日本人是（帮助发展了）。但是你也要看到日本人在台湾搞农业、搞科研，目的是为了发展他自己的经济。

张：他不是发展台湾。

施：拿台湾出产的米养他日本人。为什么？你看不清楚。他为什么培养人才啊？医生他不培养，牙科大夫他培养，因为这无关紧要。所以台湾的牙科诊所特多，牙科医生也特别多。

张：都是殖民统治留下来的。

施：牙科是私人的店铺啊，我到过台湾啊。

张：对，您工作过一段，在那儿。

施：台湾看牙医那很便宜啊，都是台湾的医生，都是日本培养出来的。但是大医生他不培养。

张：内科、外科都没有。

施：那都操控在日本人手里头。所以你又看啊，他呢，工程师他就不培养，一般的技术人员可以。就是这样!

张:他有他侵略的目的。

施:你看他发展农业,目的就是他的大米,他的大米改良的真好。是很好,很好吃。我们在老家都吃的什么米?就是过年时从仓库里头拿出来发霉的,有霉味的米。台湾的米不一样啊,那软啊,而且很好吃。小日本改良的真好。但是你不要看他好,他目的是什么?他就是要为他日本的利益,他是殖民主义啊,哪是为你好!你看看解放以后,台湾有几个工程师?几个大医生?没有。

张:这都是殖民统治给留下的阴影。

施:我们去的时候一看,台湾的老百姓也知道日本不安好心。不像我们的清朝政府尽管不好,但是他有的将领爱国啊,像刘铭传,是安徽省的人,一心一意保卫疆土。

2. 关于家人

张:最后咱们聊一下您自己和您的家人吧。有没有想过为什么您会去教书育人了?

施:这个和我的家庭背景有关系的。因为我的家庭是教会的家庭,与国民党不沾边,知道国民党很坏,而且我的亲戚就是共产党,特别是我的内弟,我的内弟是解放后福州军区的政治部干部,是当地的一个很有名的知识分子,他后来在福建军区政治部很有名的。我这一辈子知道自己的能力够党员的标准,但是我不敢要求入党,因为我知道我自己家庭出身不好,可是我对子女是鼓励教育他们入团入党的,所以我的大女儿是团员,我的二女儿是党员,我的女婿是党员,我弟弟是党员,我妹妹也是党员。现在妹妹还在北医三院,也是教授,党员教授。我三女儿,插队,那受苦了,她在内蒙古农村插队,插队完了回来后上的大学。

张:不容易。

施:考上了,最后末班车考上了,念完了大学,嫁给一个党员医生,铁路医院,就是现在世纪坛的医院。

张:您这要都凑一起太不容易了,人太多了,总之这几十年真不容易,而且教子有方,享天伦之乐吧。

施:我们也老了,天伦之乐呢。

张:见到第四代了吧?

施:是的。

张:恐怕四代人得20多人了吧?

施:我也没数。总而言之啊,这个解放后啊,和解放前啊没办法比。

张:这是您亲身经历后最有感受的发言。

施:我本身呢,就是受党的优惠啊,教育啊。生了一共三个女儿,长大都很好,而且第三代都不错,所以人家就是说你很好啊!我的学生桃李满天下,比如索文清、陈乃文、陈燮章、白滨，内蒙古还有一批，有的已经去世了，他们都做出了不少成就。

张：这都是我们学校培养出来很优秀的学生。

施：都还不错。

张：好的，施老，咱们今天的采访就结束了，谢谢您，辛苦您了。

施：应该的，应该的，以后还有什么需要问的，我配合。

二、施联朱访谈录(二)

访谈对象: 施联朱
访 谈 者: 定宜庄、张龙翔
访谈时间: 2016年6月1日9:00—11:00
访谈地点: 中央民族大学家属院
在 场 者: 李 起、孟显磊
录入整理: 李 起、孟显磊

[张龙翔按]：对施先生的第二次采访是我与定宜庄老师共同进行的。由于我最初的几次访谈，想了解的是施先生完整的生平与学术活动，而本书的主题则是20世纪50年代的少数民族社会历史调查，所以此次访谈，有明显的针对性。

这次采访的内容主要包括：对"旗县并存"的调查；内蒙古呼伦贝尔与驱梅站的体验生活；中南民族访问团的经历；对中央民族学院的点滴回忆；《台湾史略》的出版；关于畲族民族识别的一些细节。

经过了第一次的采访，施先生已经对我非常熟悉了，所以这次采访他显得更加的健谈，一些事件的细节也就自然而然地脱口而出，其实口述历史其实就是人与人之间的互动，不是单纯的问与答，而是几个人坐在一起聊天，聊被访者的历史，聊他们的经历，让被访者处于放松的状态，往往能挖掘出更丰富的内容。

（一）简述

张龙翔（以下简称"张"）：施老，您是中国少数民族社会历史调查亲历者，又是福建组负责人。今天请您谈一下当年工作的一些情况。

施联朱（以下简称"施"）：好，事情过去多年了，我的记忆可能不大准确。我已经快96岁了。有些话只能供参考。

定宜庄（以下简称"定"）：我知道您，那时候你们这些教授我们当然都知道。

施：你在哪里工作？

定：我原来在民大待了11年，先是读书，后来就留到历史系工作，再后来就到中国社会科学院历史所工作。

施：你是少数民族吧？

定：我是满族。1992年中国社科院的历史所成立一个社会史研究室，就把我调去了。

施：我是1990年退休的。

定：哦，那和我调走的时间差不多。

施：因为要带研究生，所以拖到1990年退休的，退的时候是多少岁，我也忘了。

张：您退休的时候已经70岁了。

施：哎，老了。

定：主要不是您老了，是时光过得太快了。施先生，你们老家是哪个地方？

施：福建省福清市龙田镇。

定：那你们那一个村就出了您和翁先生这么大的两位大家。还有吗？

施：林耀华，我们都是英华中学毕业的。英华当时就叫"college"，实际上就等于是大学二年级的水平。我们念书的时候，念的那个三角几何都是原本的，英文的，英文特好。

定：是教会学校吗？

施：是基督教教会学校。

定：基督教哪个派的您知道吗？

施：基督教，也不是什么圣公会，就是基督教新教，美国的教授，美国的教师。我们那个时候，所谓的教会学校，实际上谁信教啊。我那个家庭，我的父亲是一个牧师，传教士，传道。但是我不信教，我不信。我父亲尽管是一个传教士，但是他感动不了我（大笑）。

定：那您父亲就在福清那一带传教是吗？

施：我的父亲是"教头"，那大了（笑）。

定：是吗，很有名的？

施：后来我当中学校长，还不是因为他是董事长（众笑）。国民党时代的话就是讲势力的，讲派的。所以这个很复杂了，说起来不好说了。

定：您是1920年生人？

施：1921年生的，1945年大学毕业。我整个大学是在抗战时期，抗战时期，我念大学，一个子儿都不花，那个时候也没有钱，家乡沦陷，日本人打进来。尽管我家里有钱，但是一时供不上，我在国统区读书，抗战沦陷区的学生念书就不花钱了，吃饭就不花钱了，这就解决问题了吧。所以我念四年的大学没有花家里的钱，都是靠自己。

我是1949年的时候到燕京来读研究生，那时候就找翁独健了，因为我们是老乡，是一个县一个村的。翁独健是燕京大学教务长，后来代校长。

定：我是王锺翰先生的第一个硕士生，也是他的第一个博士生。

施：我们全是燕京过来的。王锺翰原来在研究部，后来他（指王锺翰）不知道怎么搞的，划成右派了。翁独健当历史系主任，把他和林耀华一起从研究部要过来了。我是历史系的秘书。

定：怎么搞的（笑）。

施：从研究部一来历史系就给他划（成右派）了。怎么划，我也不知道，那时候是组织搞的，我们不懂，我是历史系秘书，管行政业务方面。

张：不涉及这些事情。

定：他当时是民主党派，给党提意见。

施：我们当时也很谨慎，讲话都小心一点，不然的话，因为出身不好啊，又是燕京大学来的，在人们的心目中，燕京是资产阶级教会学校，校长都倒台了。

（二）"旗县并存"调查

定：您参加过"旗县并存"的调查？

施：那是1950年1月我去的，去了一个月。

定：哦，只去了一个月。

施：那个时候李维汉亲自抓的。他组织了一个调查组，一个是内政部的一个科长，民委出两个人，其中民委有一个科长叫茂敖海，蒙古族的，因为"旗县并存"嘛，牵涉到蒙古族、回族。燕京大学出两个，一个是我，一个是沈家驹，当时他已经是燕京大学的一个党员，抽去了，我们都不是重要的人，重要的是他，结果我们五个人，组成了"五人小组"，去搞"旗县并存中央调查组"，在那调查一个月。在一个月里头很顺利，当地也很配合。

定：您具体去的是哪个旗？

施：当时叫绥远省，就是现在的呼和浩特。

定：您就在那个呼和浩特城里？

施：唉，城里。

张：您是在城里啊还是土默特旗啊？

定：土默特旗就在城里，叫归化。那个时候是怎么跟他们当地的干部接触？还是不是就是共产党到那建立的政权啊？

施：那时候共产党还没有决定"旗县并存"怎么处理的问题，所以得调查，到底这个是怎么回事，矛盾在什么地方。

定：有矛盾吗？

施：有矛盾啊，当然有矛盾了！互相告状，县政府跟旗政府，两个政府啊。一个地方两个政权。

定：那是为了旗民分治嘛，在清代就是这种政策。

施：哪里是分治，实际上是制造矛盾嘛。国民党的那个政策就是那样的嘛，"以夷制夷"。

定：是谁也不听谁的是吗？

施：谁也不听谁的！所以不行。

定：那就是说旗里那个汉人的政权是听命于省里的汉人政权，完了旗……

施：省里头就有这样的啊，就旗县并存。

定：旗不是那时候都是盟、旗、扎萨克吗？

施：实际上少数民族哪有权呢，都是在汉族人手里，回族的权力很大。

定：回族在那儿权力很大？

施：当时旗县并存主要是蒙回。

定：哦，不是蒙汉？

施：还有蒙汉，也有蒙汉，所以这个很复杂。

定：您给我讲讲，这事我一直没闹明白，您看我这些年找了一些文章。

施：其他地方也存在这个问题，我不知道哪里了。哲里木盟啊，伊克昭盟啊，锡林郭勒盟啊，昭乌达盟啊什么。反正呼伦贝尔盟没有。

定：哦，呼伦贝尔盟没有。

施：没有旗啊民啊，我们去了都没有发现这些问题。后来中央马上就处理了，主要内蒙古的体制，你不调查，中央拿不出政策来，你没有调查研究，你不了解情况，你怎么能够处理这个问题。所以为什么要处理这个问题就是要调查研究，提出正确的意见。所以我们是很关键的意见，就是提出来了一个县、一个地方一个政权，不能够有两个政权，只能够有一个政权。

定：我还有一个问题刚才想接着问您，那个"回"主要指的就是呼和浩特那边的回族吗？

施：回就是呼和浩特的回族。

定：就是现在还大清真寺什么什么。

施：很厉害很厉害，现在很突出啊。

定：他们是跟蒙古族人的矛盾大，还是跟汉人的矛盾大？

施：都有矛盾。

定：按说就是在生意上、买卖上，不会是跟他们争地啊。

施：李维汉当时也很棘手，不知道怎么处理。你没有调查研究，你这个处理方案就不好定。旗县并存是国民党的政策，主要目的是"以夷制夷"，让你制造矛盾，不搞民族团结，那不行。

定：那个时候绥远城里主要是清代的八旗驻防，都是满族啊，那个您接触过吗？

施：满族在当地还没有什么太大的势力。

定：那时候绥远城是满城啊。

施：当时还是汉族人多。

定：汉族在归化，新城和旧城。

施：哦，归化、归化，你说归化，我就记得。

定：还记得吗？旧城归化是原来土默特，那是汉人的，山西人的地方，是吧？这边的新城是满族的地方，旗人，是吗，您对满族有印象吗？满族人没闹是吧？

施：满族人好像没事。清朝垮台了，没什么威信了。

定：就是"旗县并存"没满人在里边折腾，主要是回、汉，汉是不是就是那帮山西人？

施：那我也不知道了，这是1950年。

（三）内蒙古呼伦贝尔的体验生活与驱梅站

定：施先生，上次我听了您的讲话，也看了对您的几篇访谈，有几个问题，还想问的更详细一点，您看好吗？

施：好的，你问。

定：我也看了一些文章和相关的一些东西，我就根据这些东西，咱们聊一聊，也是请教请教您，有的是因为我好奇，有的是因为我弄不清楚。听您的意思就是说您当年在燕京大学的时候就已经开始关注到少数民族的问题？

施：燕京大学原来不是有社会学系吗，清华、北大也有，但是燕京比较积极，紧跟共产党的领导。

定：对，燕京的学生中，共产党特别多。

施：以林耀华为首的，思想比较进步，苏联专家说什么，他就干什么。所以他很早，最早把社会系改成民族学系。

定：燕京大学就把社会系改成了民族学系？这是哪年？

施：1949 年，我那时候进来当研究生、当助教的时候，就改了民族学系，那主要是听苏联的，听党的，特别是当时呼伦贝尔那一带跟苏联有关系。所以我们 1950 年暑假的时候，刘春那时候是内蒙古东部的负责人。刘春请林耀华，带领燕京大学社会学系学生到呼伦贝尔盟搞调查。

定：听王辅仁教授说燕京大学社会学系最后一届只有一个男生，别的全是女生，是这样吗？

施：他们班都是女生，很多是香港进来的，都是"资产阶级小姐"（众笑）。当时刘春眼光看的，这些人是人才，但是"资产阶级小姐"。所以请我们去呼伦贝尔实习三个月，暑假。我们很高兴去了，由燕京、清华、北大，3 个学校的师生一起去。

定：一共去了多少人？

施：去了十几二十个人吧。

定：才十几二十个人？

施：燕京大学的学生大概也就是十来个。

定：对，没多少人。

施：没多少人。但是你看看这个林耀华是系主任，陈永龄是讲师，沈家驹是助教，我是研究生兼助教，系里就这么多。还有呢就是，社会学系还有雷洁琼，她的爱人叫严景耀，搞法学的，也是在我们系，翦伯赞也在我们系。

定：都是在燕京大学吗？

施：哎，燕京大学。

定：那你们到了呼伦贝尔的什么地方？那 3 个月在那儿主要是做什么呢？

施：我们在呼伦贝尔就是体验生活。

定：怎么个体验法？

施：那时候很新鲜的，草原嘛，没有去过。第二就是在陈巴尔虎旗，旗里头去转，真是（体验）草原的生活，睡蒙古包。

定：就那些"小姐"们？

施：我们就是几个蒙古包在一起。

定：他们的饭吃得了吗？

施：哎呀，那人家都是很招待你啊，非常特殊的招待！那个牛奶随便喝，你看看当时 1950 年北京哪儿有牛奶喝啊，我们到那儿去牛奶随便喝。我们喝多了，喝多就拉稀，哎哟，没有一个不拉稀的，多少人都是，因为牛奶太浓了。

定：你们应该是喝奶茶啊，怎么不喝奶茶，（而）喝牛奶？

施：也有奶茶，最多的是牛奶和白糖。那都有很高的营养，随便吃。

定：你们还做了些什么样的社会调查？有成果吗？

施：我当时很受林耀华信任的，派我去驱梅站。驱梅站我是专门带了一个女的，一个男的，这一男一女（加自己）3个人吧。跟那个驱梅站的头头郭布库，后来调来社科院，我们跟他联系。我胆子也大，一到那儿去就给他们讲政策，讲民族政策。你才学了几天啊，现在想起来还胆寒，就是胆子也够大，前几天刚学的就给他们讲。

定：那您跟他们讲民族政策讲的什么啊？

施：现在我也不知道讲什么了，忘记了。

定：主要是什么您还记得吗？

施：还是讲正道，讲政策嘛。

定：政策主要是什么呢，民族平等？

施：民族平等啊，民族团结啊，就讲这些东西，揭露国民党的（丑恶）。我们不是有点本钱吗，也知道一些国民党的少数民族政策。我们反正现在也不知道（当时）讲的什么，忘了。

定：那国民党在呼伦贝尔那个地方有一些什么坏的政策，您现在还记得吗？

施：（国民党在）呼伦贝尔没有什么坏政策。我们主要是在那过草原的生活，喝奶茶，还有吃羊肉、牛肉，随便吃，有的是。还有就是吃面包，俄罗斯（苏联）的，给我们吃的都是最好的。

定：你们也不懂蒙语吧？

施：不懂。

定：那怎么个调查法呢？

施：翻译。

定：专门设翻译？

施：郭布库给我们做翻译。

张：达斡尔族的。我还是想听您说民族大学在整个民族识别、民族调查里面，您觉得是不是起一个主力的作用？

施：那是啊，你看1954年林耀华带去那一大批，搞了半年。实际上就忽略了我们1953年去福建、浙江调查畲族的民族识别情况，傅乐焕就跑到内蒙古去调查当时那个达斡尔族，达斡尔的民族识别到底是蒙古族啊，还是不是蒙古族。傅乐焕从那个历史渊源来讲，这个达斡尔已经从蒙古族分出来了，所以傅乐焕写了一篇达斡尔民族识别的文章，很有名的，1953年写的。

定：他起的作用是挺大的。

施：郭布库后来调到社科院民研所了，原来是驱梅站站长，他底下有好多医生，专门就给蒙古族的妇女打针，驱梅毒。这个一打针的话（梅毒）就好了，孩子就可以生出来了，不然的话，生的孩子就死了。所以当时有一句话就是"只见娘怀胎，不见儿走路"。就是没有看到走路的小孩，看到大肚子（孕妇），但是过几天就死了。所以蒙古族的人口从乾隆年间开始就已经下降了，一直到解放前，到解放了才停止（下降）。所以从蒙古族的人口来讲，也是跟驱梅站很有关系。所以驱梅站很典型，摆在那儿，所以我们了解蒙古族的妇女，她们怎么生病啊，生病也没有人管啊，也没医院看病，谁给你看啊。就是解放后我们派了医疗队进去，郭布库带领他们。这个人很有办法，把所有的蒙古族的妇女，有病的妇女都集中到克鲁伦河，就是我们跟外蒙古交界那个地方，那儿水草最好，一夜之间变成一个城市了，一千多个蒙古包都集中在那里治病。我们到那儿去，我们还在那个桥上骑马，还在那儿拍照什么的。两年后我参加访问团又去了那个地方一看……

定：满地跑孩子了。

施：有孩子了，孩子会跑了。一问他，（说）感谢共产党，感激不尽，人口增长了，这个是不得了的。蒙古族的生产、他的牛羊都在增长，但是就是人口减少，你这个（疾病）给他治好了，这个不得了，他很高兴。所以蒙古族一说人口，特别是宝贵孩子。

定：您去的那个驱梅站具体的位置在哪儿？

施：就在克鲁伦河……

定：在陈巴尔虎旗所在地吗？

施：在陈巴尔虎旗。

定：那时候是一个旗有一个驱梅站，还是说只有一些旗有？

施：林耀华派我管两个人就是去调查，调查了以后写一个报告，驱梅站的报告，这是一个。林耀华他们都在蒙古包，村里头，所谓村里头去调查，他们调查他们的。

定：他们都调查什么了？有没有后来成为大民族学家的人？后来这帮小姐都上哪儿了？

施：都回去了。

定：回去然后干吗？

施：（有的）回香港结婚了，（有的）到美国去了。没有几个，有一个姚乃青。说起姚乃青，真可怜，我们的师妹。

定：后来怎么了？

施：受排挤啊，"资产阶级小姐"啊。她是资本家出身啊，她的父亲是资本家，所以她就跟王锺翰一起去大厂劳动（改造），我差一点也去了。让我9点钟集合，坐车到大厂，我衣服都是破破烂烂的，户口都转了，准备9点就要走，结果那天早晨7点钟，到学校里头买早点，我就骑着个车到门口。结果在那里碰到苏克勤了，苏院长救了我一命。他说："施联朱你到哪里去啊？"我说："我要下放劳动，你还不知道啊？我是到大厂劳动，人事处通知我9点集合。"结果他说："哎，我都不知道。"我说："你都不知道？你是院长啊，你怎么不知道呢！"他说："你等一等，你等一等。"让我先不走。先不走我就等嘛，等到后来，9点人家等不到我就走了，骂我当（逃兵），那个人事科长破口骂我，他说我胆子很大啊，敢不去（劳动），那时候哪儿敢不去啊。结果上午10点钟，总支书记王克（当初去大厂就是她的决定），来通知我说"施联朱你先不走"，我心想好，这下我可解放了。这个决定了我的命运，如果一下去劳动，一下去了完了，没戏了。所以这个也是一步之差。

张：那个姚乃青后来干什么去了？

施：姚乃青后来到美国去了，有什么办法呢。

张：她哪年走的呢？

施：我退休的时候她就走了。

定：哦，那么晚才走的。

（四）中南民族访问团

定：您什么时候参加的中南民族访问团？

施：1950年暑假去呼伦贝尔盟，1951年就去中南民族访问团，那规模大了，一个团二三百人呢，还有一个文工团。

定：去中南访问的时候也还在燕京？

施：我那时候在燕京大学读研究生啊。访问团那时候沈家驹参加了，陈凤贤从广东岭南大学毕业了以后，考到燕京大学研究生社会学系，民族学系，（也参加了）。那时候我最吃香了，我比沈家驹还吃香。为什么？可能因为中山大学有十几个教授，都是知识分子，头一次参加中央访问团，很高兴，很光荣，但是得有人管他呀！那个副团长叫马杰，是国家民委的一个司长吧，马杰看到我是燕京大学来的，不知道怎么看上我了，就让我来管这十几个（教授）。

张：就是中山大学那些教授是吧？

施：唉，还有中南民族学院，都有人。

定：那时候就有中南民族学院了？

施：有。他不叫中南（民族学院），叫什么呢……

定：没有，中央民族学院还没成立呢，还是燕京大学呢。

施：燕京大学存在那时候，还没有中南（民族学院），但是他好像就是一个姓郑，一个在中山大学，跟我很好的，当时行政委员会，林彪那个，四野的。

张：这是1951年几月份啊，春天？

施：张执一是头头。行政委员会主任委员好像是林彪。当时武汉有一个机构，很大的，比省还大，就等于华东行政委员会一样的，跟陈毅那个一样。所以他当时也派来人参加，那好家伙，李德全威信很大，冯玉祥的老婆，她当团长，费孝通当副团长，马杰当副团长，还有一个民委的男的，王克也当副团长，都是老干部。所以沈家驹参加了湖南的，陈凤贤在广西。

张：黄淑娉那时候没参加吗？

施：黄淑娉没有，肺病，在通州疗养。黄淑娉是我们燕京大学的师妹。

（五）对中央民族学院的点滴回忆

定：后来燕京大学到咱们民族大学来了多少人啊？

施：哎哟，整个系搬过来，整个系的师生都搬过来。那时候也没有多少人。社会学系学生也就十几个。

定：搬过来的十几个学生里后来有谁，咱们知道的？黄淑娉、朱宁、王辅仁。

施：对对，姚乃青、王晓义。

定：哦，他们都是从燕京大学过来的，还有那个李……

施：李有义是历史系过来的。

定：那历史系也过来了一些人。

施：王锺翰、李文瑾、邝平章、张锡彤。

定：张锡彤那时候怎么样？

施：张锡彤搞原始社会史。

定：他不是学政治学的吗？

施：他搞外国史，他讲世界史是讲古代的，邝平章是讲中古时代的。

定：他们没参加少数民族社会历史调查吧？

施：没有。

定：后来搞少数民族社会历史调查的主要还是社会学系的这些人，和历史系的人是吧？

施：我也不知道，翁独健参加了，社会历史调查组好像傅乐焕也参加了，王锺翰也参加了好像。

定：王锺翰是右派，他早发到沈阳去了。（笑）

施：王锺翰不知道怎么（被划成右派）了。他对共产党百依百顺，都说好听的，其实不必要那样，实事求是，过分了也不好。

（六）《台湾史略》的出版

施：王锺翰后来研究清史。

定：满族史。

施：唉，满族史。我记得他跟我同时得奖的，还有王辅仁，还有索文清的《藏族史要》。我们同时得了爱国主义优秀历史读物奖。

定：满族最基本的那些东西是他写的。王锺翰先生当时是右派，不是不能写。满族史到现在吧，实际上他们的研究也没超过他。

施：当时学校不重视，像王锺翰这样的人，还有王辅仁、索文清这样得奖的《藏族史要》，还有我那个《台湾史略》，谁都不问的，但是国家民委倒是问了，倒是了解了。我们党一直是以调查研究为优良的传统，解放以后，党中央通过统战部贯彻执行这个政策，所以我们民族学院培养了不少人才。但是民族学院出来的人才后来回报民委，给民委服务的，我们民族学院不多，就不重视了。按理说，我认为，咱们民族学院做了很多贡献，因为党培养我们，党按照政策培养我们，我们培养出了人才回报国家民委，做党的民族工作，不管是从理论研究或者是实践调查、解决问题，做了大量的工作，没人管，谁也不管，也不知道你，自生自灭！比如说当时我怎么写《台湾史略》的，这个《台湾史略》怎么会出来的，很怪，他们都不知道。当时我是福建、浙江社会历史调查组组长，我有一个任务，就是《畲族简史》是我主编的，《高山族简史》是由陈国强，厦门大学一个教授主编的。我们呢，因为出版社有任务在我们这，当时"文化大革命"还没有结束吧，一结束，那个出版社没有稿子，人家哪有那个教授、专家，"文化大革命"刚忙过来，逃过一劫算不简单了，活过来了，哪有工夫忙于去写书啊？

张：没有这个精力。

施：没有这个精力，"文化大革命"当中白天斗争我，晚上回家有时间看看书啊，做点笔记啊，收集一点资料啊，搭架子啊。等到整我整完了，"文化大革命"结束了，我官复原职了，福建人民出版社就向我要稿子，哎，你有没有书稿？我说我有，我有《台湾史略》。这个《台湾史略》按理说应该由厦门大学出版的，他们靠近台湾嘛。结果我就因为这个事情，厦门大学对我有意见了。结果福建人民出版社火了，他说我决定了要出版施联朱的《台湾史略》，我就不出你们厦门大学的。厦门大学出了一本什么？《陈嘉庚传》。《陈嘉庚传》是一个台湾研究所所长陈培生写的，他跟我很好。结果呢，全国23本得奖，福建两本，不简单了，就是福建人民出版社……

张：占十分之一了。

施：它要吹它的出版社，一个厦门大学，一个北京中央民族大学施联朱的这个《台湾史略》。福建我那个家乡的县委书记、宣传部就跑来福州，福建电视台就邀请我回去做报告。哎哟，场面真是，我心想我呢，"文化大革命"还没有整死，结果"文化大革命"以后还到了老家的县委礼堂，给全县的干部作报告。哎哟，给我满脸红光的。我心想，哎呀，《台湾史略》怎么得奖了，当时也莫名其妙。这个就得益于中央民族大学历史系的创办，就是要反映各族人民共同缔造祖国历史。

你说台湾，有时候我就感觉这个台湾的"台独"好笑，你搞什么独立呀，你都不知道这个台湾的历史啊，受日本人的影响。台湾的历史是怎么写，那是台湾人民自己写的历史，什么刘铭传，中法战争打得很热火朝天，是台湾人民自己起来的，当时的就是共同缔造的。这个没问题的。当然出的力气有大有小，汉族人多势众，那当然出的力量大，但是你少数民族也有啊，你不然没有少数民族，你汉族在那也活动不了。

张：独角戏也唱不出来。

施：不行的。你活动不了，你要靠他，他有的时候跟你通风报信，这个很重要的。

定：那你们那个高山族，是咱们这边定的，还是台湾那边就叫高山族？那么后来九族、十四族现在又多了很多很多族的，以前没有这个词的。

施：这都是日本人搞的。

定：日本人搞的？

施：日本人调查，日本人也有学者啊，去调查高山族。他认为高山族有几支几支，大概八九支是吧，所以他认为内部有这么多。实际上高山族内部也很复杂。

定：现在咱们不用高山族这个词了不是？泰雅族了，布农族了，太多了，十几个呢。

施：泰雅。

定：卑南、雅美。还有太鲁阁。

施：太鲁阁还是小支的。排湾族、邹族、布农族，都有①。

定：现在越来越多。

施：对啊，他们现在就认为国民党、民进党都拿不出主意，对这个高山族。

定：国民党的民族政策是挺缺德的。

施：国民党也有学者，还是比较讲政策的。

定：那是现在，我说的是当年，30年代、40年代。

施：也有，也有。

定：教育就是整天的把孔子当国教。

施：也不是跟着国民党跑。

（七）关于畲族的民族识别

定：少数民族社会历史调查已经是院系调整之后，你们已经到这儿（民院）来了，那是不是还是以燕京大学的这些调过来的人作为主力呢？

施：（摇头）

定：不是了。那个时候怎么想起搞民族识别和社会历史调查的？

施：民族识别是1953年。

定：对，怎么想起搞民族识别的？苏联没有搞民族识别啊。

施：哎呀，我们当时也不知道叫民族识别，那就是中央统战部让我们去搞。你看，出来的时候，接待我们的都是统战部的人，当时的国家民委的系统还没有健全。

定：您应该是最早的一批了，您是大权威了。

施：1954年才正式公布到云南搞半年，林耀华带去的，那就是国家民委公布的民族识别。

定：您怎么认识这个问题？

---

① 泰雅族、卑南族、雅美族、太鲁阁族、排湾族、邹族、布农族均为台湾地区族群。

施：没问题，这个公布出来的。在1953年你还不知道畲族怎么回事，但是民族调查还是调查。

定：那也就是说先调查再识别，是吗？

施：调查和识别是一回事。

定：结合在一起。

施：结合在一起的，实际上就是识别……

定：您这还不是后来那样。

施：不是，他是不是少数民族，他有民族特点啊什么……后来不知道怎么汇报，到中央统战部汇报，不是到国家民委，当时还到福建去啊，都是统战部的部长、秘书长……

张：他们来接待。

施：彭冲出来接待，他后来是副委员长嘛。他带一些民政厅厅长啊，这个少数民族民族处还有那个宣传部部长，一起来，很热情啊，觉得中央头一次派人来调查少数民族的。所以他当时把它看成是一个天大的事，解放以后头一次。所以对我们来讲，不但工作上很照顾，生活上、起居啊都很照顾，住的地方都很好。派了很多干部、统战部干部配合我们去，所以工作很顺利。后来他还开玩笑，说你看看这个就是识别的味道。他说，哎，你这个到什么某某地方，到底怎么样啊？他就问我。我说他是一个民族啊，我就这样答复他。他就跟那个民政厅厅长啊开玩笑，民政厅厅长是当地的人，就是上杭这个，畲族现在叫畲族了，当时不叫畲族。

定：当时叫什么？

施：当时就是汉族嘛，是吧，他认为自己是汉族，不是少数民族。结果彭冲就跟他开玩笑，他说老兄啊，你可能是少数民族啊！他说我调查的结果，你那个家乡是少数民族，我就跟他说，把他家乡的情况讲一讲，当地的一个畲族他就信盘瓠。汉族哪有信盘瓠的啊，狗祖宗啊，没有这回事。

定：汉族听了……

张：好像骂街了。

施：结果，那就是少数民族。他还保留有祖图，还有图画。

定：您都看过？

施：都看过。我有一个好处，我很吃香，在少数民族里头，在畲族里头。开始，1953年我接触畲族，到现在为止，我没有拿畲族任何的一个图画。文物，我不拿。他们在"文化大革命"的时候，把祖图啊，画的祖图，连环画，连环画里面的狗祖宗，狗怎么怎么，都塞到屋檐，怕红卫兵捣乱，"破四旧"被抄了。所以它们很宝贵，但是每一次我到山里头，他们都拿出来，他相信我不会拿走。因为我当时要拿走，依靠中央的名义那很容易，特别是民族博物馆他们……

定：有人就拿。

施：我们不拿，我们不拿，你们要拿，你们自己去拿。

张：施先生是很清廉，很有原则的。

施：很有原则的。我们得按政策办事，不能乱拿人家的东西，特别是什么族谱啊，什么布锦啊都不能拿。

定：可惜那个时候没有照相等等设备。

施：宁可照相，都可以，照完了再还给他。

定：您开始是在内蒙古做这些调查，后来把您派到南方去，您愿意做哪一边的？还是说反正派到哪儿就去哪儿？您有没有自己的兴趣或者选择啊？

施：没有。他们派我去南方主要因为我是福建人。

定：您说的那个就是民族调查也好，民族识别也好，咱们中央民族大学在整个这个活动里边起的作用您能不能给个评价？

施：我带的陈凤贤、黄淑娉两个人一到上海……

张：这是第一次。

施：就是华东行政委员会派的秘书长宋日昌来接待我，他也是统战部部长，反正就是统战部的人。给我派了一个畲族的科长，地下党的，唯一的一个畲族的科长配合我。我们带了两个女将，出去了。先到浙江，然后到景宁，景宁那个地方在30年代德国有一个专家带了一个姓李的研究生，汉族的，到迟木山去调查过。

张：什么山？

施：迟木山，这是景宁最高的山了。在那边一个畲族的村子调查，写了一个很简单的小册子，当时他做得很宝贵，能写出那个民族习惯，德国的一个专家，不简单了。1953年我们调查写的东西比他丰富得多。调查三个月后到福建，福建就派了民族事务处的科长雷恒春来配合我，也是统战部的人接待我。后来在罗源畲族聚居的地方调查了三个月，后来又到闽南福建南部去调查，到一个村子叫山羊隔，一个畲族的村子，那个村子国民党的势力都没有进去过，调查了二十几天。

张：太陡了是不是？地势太险恶了。

施：是爬上去，没有路走。陈凤贤比较胖，我还得拉她，后面还有一个畲族的干部，那个老干部推着她，才能够上去。那国民党的保安啊、警察，不敢上去，上不去。当然那个地方是打游击的好地方，地下党在那活动的频繁了。我们去了，这个统战部的力量也大，靠着地方帮我们上去，我们真是走路上去，那个路太陡了，就是爬山。

张：您在山羊隔就带了二十几天？在山上？

施：在山上。

张：那还是蛮艰苦的。

施：吃的跟他们吃的一样的。

定：他们吃什么？

施：他们吃野菜，刚解放嘛，哪儿有那么富裕啊。但是已经不错了，我们去的时候国家还拨了粮了，都照顾得很好。特别是保卫工作，做的很好。

张：那个地方有土匪是怎么着？

施：没有，很安静，他知道你是共产党派来的，不敢动。所以我们一路上还是很复杂，走路啊，坐船啊，那都是很复杂的。结果呢都很顺利，主要是地方上保卫工作做得很好，保护我们。后来我们又到厦门大学去待了一个礼拜，厦门大学还有资料，过去也调查过这个畲族的材料。

定：就是说他们在你们去之前，就是解放前他们已经做过一些调查？

施：有，都有，他们都有。

定：那些东西你们后来都用了吗？

施：我们都用了，都收集了。

定：那都是保存在厦门大学？

施：厦门大学。

定：现在还有吗？

施：现在还有，在它的人类学所。

定：厦门的人类学所应该是很强的。

施：厦门大学还不错，我记得 50 年代还请我们参加郑成功的学术讨论会。雾社起义①、

1980 年 10 月 27 日，施联朱（前排左二）与高山族代表田富达（前排右三）、田申山（前排右二）等应邀参加在厦门大学召开的台湾高山族"雾社起义"五十周年学术讨论会时与参会人员一起合影留念（施联朱提供）

---

① 1930 年台湾高山族人民反抗日本帝国主义的武装起义。

"二二八"起义（的研讨会），我都参加了。还有百越，百越史的。

定：你们是根据他们调查的资料再下去的，还是下去以后再结合他们的资料？

施：我们去参加学术讨论会……

定：不是，我是说民族识别的时候，畲族。

施：畲族的民族识别当时还很少提。

定：完全是白手起家？

施：完全白手起家。那当时调查的，他们还没有我们丰富。因为我们一调查是三个月、三个月，二十几天，那比他们丰富多了。

定：那时候您能有几天在家都待不了。

施：哎呀我跟你说，1958年我做调查组组长下去，那时候钱很容易，向民研所要钱，他就给你，牙含章就批了。到后来我们一到社会历史调查组，我是组长。毛主席，党中央很英明，说要为少数民族写历史。这个任务你别看好像很简单，一个族才写七八万字，像我负责的畲族写8万字，好不容易啊，8万字怎么来的？就是少数民族代表50来人在那儿研究，去讨论、提意见，这样出来的，不是我们大学里头教授出书那么容易。所以毛主席提出来要给少数民族写历史，这个任务你看重不重，看轻不轻。到了"文化大革命"又是挫折，又挨整了，任务没有完成，就是五套丛书，没写出来。

定：是，是，是。

施：特别是要贯彻各族人民共同缔造祖国历史（的精神）。

定：这句话现在都不愿意说了。

施：这个话不能丢，这是党中央的特点，也是我们党民族工作的特色，就是这样。

张：这也是中国共产党民族政策最好的体现。

施：最好体现。

定：你们当时到畲族那个地方去调查之前你们也不了解这些，你们怎么选的点？

施：我们看畲族的一些具体历史。

定：也是先看历史。从哪儿？从《二十四史》里看？

施：也可以了解啊，他怎么反国民党的，都知道了。

定：是上面给你们定的点，还是你们经过看历史自己选的点？

施：所以我们呢，靠的是民族学院历史系的建立。这个一反过去旧大学历史系的传统，就是非得断代史不可。我们现在强调民族史，不是断代史。当然断代史也不能丢，我现在就发现断代史啊，你比如说清史和满族史，很难分。

定：那当然了。

施：这很难分的，就应该兼顾一些。都有些资料牵涉到，免不了一些民族的问题。

定：你们那个时候是先从历史系看了资料，然后再去那个畲族的地方？

施：这个就是翁独健、翦伯赞他们灌输的。我是秘书，要遵循他们的意图。什么白寿彝啊，都是国家民委的参事，一谈就是在谈这个问题。后来建立历史系，怎么建立，这个问题

三、黄光学访谈录

访谈对象简介

黄光学（1927—），朝鲜族，吉林延边人。1946年加入中国共产党。曾任延吉县平安区副区长、代区长。新中国成立后，历任延吉县政府民政科科长、中央民族事务委员会政法司科长、财经司副司长、国家民委政法司司长、国家民委副主任、中国民族研究团体联合会理事长。在国家民委工作期间，多次深入基层调查研究，完善了少数民族地区的法制建设和经济建设。20世纪50、60年代，多次深入西藏地区对宗教政策，以及少数民族生活问题，多次写报告呈送中央，很多问题得到中央的重视，得到了妥善的解决。改革开放后，在新的形势下，妥善地解决了少数民族之间土地、草原之争，维护民族团结和社会的稳定。关于少数民族的政治、经济、文化，写有多篇论文。著有《中国的民族识别》《新中国的民族关系》（均与施联朱合著）等。

[**定宜庄按**]：把这篇访谈放在本书第二篇，紧随于施联朱访谈之后，是因为黄光学与施先生同为《中国的民族识别》一书的撰写者，黄先生的名字还排在施先生之前。作为曾经的国家民委副主任，长期从事少数民族领导工作，也是中国少数民族识别、民族调查的参与者，黄先生的经历和见解，无疑也非常值得关注。而尤为难得的是，黄先生作为领导干部，与作为学者的施先生，看待问题的角度、观念和表达的方式都有或隐或显的差别，可以互为补充、互相参照来看。

对黄先生的访谈，是我在2005年所做的满族社会历史调查口述中的一篇，是中共中央高级党校的胡岩教授出面牵线、联系，并由我们共同完成的。本书选取的，只是访谈中与少数民族识别和调查有直接关系的部分，其中大多数内容，都已经由定宜庄转录并整理完成；但访谈的后半部分，由于被访者的朝鲜族口音，以及录音技术等诸多原因，而难以听清，此次由张龙翔先生带领几位同学，经过颇为艰苦的努力，尤其是取得黄先生的女儿黄连顺女士的热情帮助，终使录稿工作得以全部完成，在此我们对黄女士表示衷心的感谢。

当年采访黄先生时，他大病初愈，口齿和思维有一定的障碍，再加上黄先生有着浓厚的朝鲜族口音，他认真回答我们提出的问题，并谈了自己的看法，在当时是很难得的。当年的设备技术也没有达到今天的水平，现在整理起来有一定的难度。现在黄先生大病卧床，还不能讲话，黄先生还和施联朱先生多次合作出版过很多民族研究领域的著作，可以说无论是作为党的领导干部，还是作为一位学者，黄先生都是非常优秀的。

黄：你们二位都是搞民族工作的吗？
胡：我在中央党校工作。
黄：我是从机关里头出来的。中央党校第一批办中青干部培训班，培养那里（中央党校)的教员和从事民族工作的负责人,来的都是中央培养的未来负责的同志,当然我比他们基础差一点。教员是来自清华大学的,其中有一个老太太,这个老太太我对她的印象不错。

胡：那是哪一年？您在中央党校学习。

黄：1981年吧,胡锦涛是第二期,我是第一期,开办的第一年。我到西藏,叫我马上回来,我也不晓得是怎么回事,回来以后去报到,就这么一个经过。不错的,中央党校,我印象很深。

胡：我是1985年到的那儿。我们两个(指定)是民族大学读硕士的同学。1982年到1985年。

定：我现在是中国社会科学院历史所的。

胡：专门研究满族历史的。

黄：看来你是专家了。

定：不敢当不敢当。

黄：你们需要跟我聊什么东西啊？

定：我带来一本您的书(拿出黄光学与施联朱合著的《中国的民族识别——56个民族的来历》,看了这书以后,就特别想跟您聊聊。

黄：那时候我分管这个事嘛。

定：我是王锺翰先生的学生,我自己是满族。

黄：本身是满族,哪里的？

定：北京的。

黄：北京,那是正统的。

定：您这说法挺有意思,您认为东北的(满族)不是正统的么？

黄：东北,吉林,我生在吉林,吉林延边的,延吉。延边现在不行啊,(经济)上不去,现在各地发展很快,它还在原地踏步。

（一）早年参加革命的经历

定：最初您在延边,什么时候参加的革命？

黄：我家是老革命家庭,我父亲是民族主义者,他是在中国的韩国临时政府工作的,以前来说,是公务员。我爸爸有五个兄弟,老四、老五都是我们抗联革命的老前辈,都牺牲了,一个中国冲锋队的,一个是队长,在一次战斗的时候牺牲了。老四呢,日本统治时期被日本人关在监狱里面,老三呢回来以后说我还要继续革命,结果日本给他关了两年之后把他枪毙了,两位是中国革命里的牺牲者。我爸爸在韩国政府里面管经济、财政的,管辖辽东半岛,北至四平南至丹东,就在那一带活动,临时政府就在宽甸那一带。在我从小开始我有点印象,我家里人不多了,妈妈养了我们三个兄弟,老太太非常苦,她是家里唯一的劳动力,种地养活奶奶和我们弟兄三个,五口人是在这种情况下,靠一个老太太劳动养活我们,我是在这种环境下长大的。在延吉东盛的一个山沟里,那是我出生的地方,后来我又搬到另外一个地方。整个地区三千来户的人,蹲过日本监狱的就六个,牺牲了三个,一共六个在日本监狱里待过,三个人就牺牲了,住在日本监狱里,或是战斗里牺牲了。在东盛早就有了地下党组织,我从小对日本就有反抗性,对他们有一定的看法。日本人在快结束(投降)的时候,我当时有一点想法,当时我在延吉车站里面管货物,跑腿的小工,我不干了,在日本天皇投降的前几天,靠日本是靠不住,跑到家里去。我们村子里头有一个劳动党党员,他蹲过监狱,他来我家经常和我谈话,他不在家的时候,我盼着他回来。日本投降的前一个礼拜,实际上我就参加了革命,他是老党员,是我至交的人,这使我想起了我的爷爷和我两个牺牲的叔叔。

定: 您父亲那时候呢?

黄: 我父亲已经去世了。他是韩国临时政府的执行官,在外边参加活动的时候,在长春,他是脑溢血什么的突然去世,这个我印象特别深刻。在家乡我算是一个体面的人,那时候苏联红军还没有进入延边地区,在日本关东军残散部队尚未缴械的情况下,延边的龙井在地下革命组织策划下,举行了各界上万人参加的欢迎苏联红军大会,我们这个地区八千人参加,我的家乡是这里的一个区,这是1945年的8月25号还是26号。

定: 那时日本刚投降。

黄: 日本投降了,但是残余势力还在那里。我们那里有一飞机场,飞机场里日本人还照样带着枪在那里面,大概是六个。欢迎苏联红军大会是地下党第一个公开的活动,两个月后,党派来了干部,大概是晋察冀来的,像谢扶民、雍文涛,再加上延边地区的老的地下党员,还有北大的学生在延安参加了革命。1945年11月7号发布了中国共产党延边地区委员会告人民书,这是共产党在延边公开的一个身份。1945年11月6号晚上,我在党组织的安排下在平安区三个村张贴了告人民书。

定: 您怎么记得这么清楚?

黄: 这是我的一件大事。我们那个村子里成立了乡,当时我17岁,朝鲜族16岁还算孩子,我们七个人晚上半夜在村子里的小学校里面集合,在方圆二十多里半夜一个人在显要地点张贴了15张告人民书,在三个乡,当时乡叫村子。这样的环境我都度过,这是第一次最危险的活动,我怕狗不怕人。有人问我是哪里来的,我是乡下的,这地方有共产党了。日本人虽然投降了,国民党在这个地方也公开了,就这样一个情况。我们村子里有个小学,我就到了学校里面。老百姓在那里看告示,非常高兴,这是什么人贴的,肯定是共产党贴的,我们家乡也有共产党了,老师啊教员啊他的思想还开化一些,他就怀疑这里有共产党。我的革命活动就是这么开始的,来自于我是革命的后代,前辈的活动给了我很多的启发,因为地方比较重视,因此产生了延边民主大同盟。在战争年代,共产党是外地的,民主同盟是公开的,它的缺点是汉族不大参加同盟,是朝鲜族自己搞起来的,都是老革命,带头的是黄埔出身,延吉中学的一个教员,他打的头,我参加了这个大会。后来共产党正式培养我,1945

年 11 月下旬咱们地委搞的青年干部学员班（培训班），我们县来了 20 几个人，学习这个。第一次公开共产党身份的人来给我们讲课，我印象很深刻，有一个是来自晋察冀的宣传部长雍文涛，他讲得很清楚，讲新民主主义啊……五六门课学习了半个月。延边地委就这么办了第一个学习班。

定：那您那时候讲的课里有没有关于民族问题的？

黄：谈不上民族呢，一般概念上的。

定：一般的革命基本知识。

黄：一般地方干部的去向，一般人都去了区上。我是 1946 年的 6 月份正式入党。然后土改的时候贫雇农当家，我的家是贫农，我的入党介绍人以前是住过监狱的，监狱里活着出来的都是叛徒了，不像现在客观看问题，说他们是"叛徒"，结果开除党籍。

定：当时土改也开除党籍啊？

黄：那是 1946 年的 6 月入党，第二年的 3 月份给我开除党籍，1947 年。

胡：解放前入党，入党不到一年就被开除了。

黄：我的介绍人是"叛徒"，后来乡长到我们那儿，他说凭什么开除你党籍啊，工作是好样的，也不调查研究，这件事牵连了好多人，各个村里的人有好多。我参加土改，还担任了平安区政府副区长。

胡：不是共产党员但工作还要做。

黄：那时候真正的共产党员还是我，虽说我不是共产党员，但还是要做党的工作，青年人嘛。后来县长问我的工作，区长是陕西老区来的老同志，介绍了我的情况，谈了一下我是怎么工作的，因此推荐我到县里工作。关于党籍的问题，延边不是我一个。那好，就把他调到县里。县长是新四军的干部，是安徽人。1947 年的 6 月份把我调到县里去，县委书记曾应峰是陕西人，还有一个副书记，后来是省党校的教务长，说不对啊，他本身不是叛徒，从监狱出来的人不见得都是叛徒，应该解决这个问题，先恢复我的党籍。给我恢复了党籍，我还当了科长。建国一周年的时候，中央组织部要调一些地方干部，尤其几个大民族，东北的朝鲜族要两个，提出来这么个要求。

（二）中华人民共和国成立后参加工作与政治学习

胡：解放初好像能参加一届政协，那时候作为民族代表没几个民族吧，就十来个民族吧，朝鲜族还在里头。

黄：有朝鲜族，朱德海同志参加了会议。在研究的时候，考虑到有我，还有一个是吉林省党校的教务长，要求是县级干部，我的条件不够。我不愿意来，地方上我可以发挥作用，到中央来也干不了什么。我小的时候会朝鲜语，后来学的日语，上小学时，两年朝鲜语，四年日语，汉语是参加工作以后一句话一句话学的。

定：哦，汉语倒不是母语了。

黄：我们家是朝鲜族地区，以朝鲜话为主，日本统治时期学日语，不懂日语不能工作。我到这里来怎么工作啊，特别是汉话我说的特别不好，没法工作。县委书记通知我，说给你道喜，你可以到北京去了，我想怎么工作，我要搞好自学，一边工作一边学，只有这样了。汉语我不行，汉字我懂一点，因为小时候我学过《千字文》，五岁开始学习《千字文》，起码认识一千个字吧，去了以后很快就学会了。我刚到北京的时候还不如你们呢，你们都是大学生。我一个人就来到北京了，这就是我到北京的背景。我是1950年9月份到北京，到中央组织部报到。

定：当时您是非常年轻。

黄：报到后把我分配到中央民委，就到了国家民委（中央民委）。那时候我们住在大取灯胡同①，来了以后我担任过科员、副科长，分工管东北蒙古的一些事，第二搞过一些回族工作，第三分管藏族问题，在研究室和行政部分待过，开始工作是这样的，后来发展变化大了。在政法司、经济司、文化、教育、科研等司工作过，根据形势的变化。

胡：当时不叫国家民委，叫中央民委。

黄：叫中央民族事务委员会，在这以后呢，我非常感谢我的领导李维汉同志，让我一边工作一边学习，给我创造一个学习条件，上了一个政法干校。我不像其他同志一样整天坐班，我既可以上班，又可以在学校里上课。政法干校的校长是彭真，还有一个负责人叫什么，由于工作上的意见不同，后来被派到广西去了，可惜啊，他是教务长。有时白天去，每天晚上去，上了一年。他们讨论什么我不参加，课我要听，这是中央民委李维汉同志对我的关心和培养。第二个呢，我又上了人民大学的两年班，在张自忠路，校长是吴老（吴玉章），何干之给我们上课，吴老的秘书给我们上过课，苏联专家也来上课，学制两年班后来压缩到一年。当时每个部委派两个人来上课，我们同班还有一个人是内蒙古的办事处处长，我们两个人一块儿在这个班里，内蒙古办事处的同志后来调到伊克昭盟当盟长。吴老坐在凳子上和我们一起在班里听课，听苏联专家的课，我是93号，他叫号不叫名字，经常叫你站起来回答问题。

定：当时他讲什么啊？讲民族学吗？

黄：讲马列主义，什么政治经济学、哲学、辩证法，什么中国革命史，三个苏联专家，讲中国革命史是谢华同志，是个老同志了，延安参加革命的。我是逐步被培养的，一个是政法干校，一个是大学，本来我是不够格的，对少数民族照顾，但是经过这么一段学习，对我有很大提高，刚开始学习马列，我有点吃不消，因为要一定的文化基础，我只好在晚上学习一点文化。我的一个屋子里的同志，他是民族大学的老师，叫谢飞，他是日本某大学的学生，他一直在汉文学系，文化水平比较高，蒙古族，后来当了一个司长。他当时被派到马列专业来学习了，结果不够格，他学不了了，因为他工作过，学习太苦了，就留到民委去了。

---

① 大取灯胡同，位于北京市东城区西部，呈东西走向，中间曲折，东起美术馆后街，西至东黄城根北街，南与小取灯胡同相通，北邻阳春胡同，属景山街道办事处管辖。

他是我学习古汉语的老师,给我一点一点讲解汉字的意思,还给我一点一点地翻译。几年的时间,学习了不少东西,许多东西还是得靠自学,半年以后,没有时间学习了,我得出差,有时候还要带队去,就干这些工作。

定:您出差主要是去做什么啊?

黄:我出差主要是到东北和蒙古地区,我在国家民委中比较系统的工作是在政法司为主,当时我经常出去搞调查研究工作。当时工作环境有些困难,有时候出差半年,有时候几个月,最少也得半个月,坐火车、坐汽车,一出去就是几个月几个月,不像现在几天就可以回来。开始工作就是搞调查研究,到民族省份搞调研,到民族大学搞调研,有这个特点,对民族地区一些特点、经济问题啊,做的工作多一点,比如说后来为什么我能够接触这个呢?民族识别问题,具体的材料、概念或研究的本身,教授信息量多,比如苏联搞的东西,我们当时不仅仅靠这个东西,每个民族有每个民族的特色,我们要具体研究,根据中国的地区化,要有宏观的视角,还要有微观上的视角。

(三) 民族识别工作的开始

定:当时这个民族识别是谁来主持的?是李老吗?

黄:民族识别的工作啊,是中央的决策,比较大的事情呢在政协或人大的会议上搞搞,究竟怎么样的情况,要搞到什么情况,有多少个民族,要靠自己来搞,50年代的一些书,1953年搞人口调查(民族调查),全国自报了四百多个民族,非常复杂,四百多个民族。这里面某一个民族的称呼非常复杂,搞不清楚这个民族究竟属于哪一个,这个时候民族学院的一些老教授非常积极,潘光旦、费孝通、吴文藻,这些是老一代的专家,一起研究,同时和他们培养出的第二代一起实地调查,依靠这些力量把他们带出去。像潘光旦,他在历史上是研究土家族的。费孝通对广西瑶族地区进行了考察。还有其他老师,民族学院还派人到内蒙古地区研究蒙古族问题,到东北研究满族问题,对西北的回族,还有西南的少数民族进行了调查。特别是民族学院的几代人都这样,老师学生还有研究生,还是对各个少数民族的语言、风俗习惯、宗教信仰整个在一起进行了社会调查。民族学院做了很大的工作。

定:您那时候参加了吗?

黄:我那时候在政法司工作,我那时候主要在机关搞研究,在这个期间,我们请了一些苏联专家,对一些民族问题有看法,有些老先生他们有他们的看法,费孝通也好,林耀华也好,有些概念是可以的,提出一些我印象比较深的问题,他们两个提出来的意见多一些。苏联的东西作为某一种概念上和理论上是可以用,但是不能套用苏联的,民族啊、部族啊、部落啊,这个和苏联概念不一样。蒙古部落里面的人还是蒙古民族,民族就是民族,部族就是部族,这个和苏联不一样,做了很大的研究,每个民族有每个民族的特点,苏联专家提出来的这些问题,这一点,我们有同意的,有不同意的。

胡:不分部族,只分民族。这是不是主席拍的板?这是毛的主张吗?有出处吗?这是什么时候说的话？

黄：这就是后来的事了。李维汉基本定的，经过中央研究和讨论，这句话是有的，李老在这个上面贡献特别大。

胡：我看《当代中国的民族工作》这本书中毛主席说，不分民族和部族，科学的研究是可以的，但是政治上不要分民族和部族。

黄：这是后来的事了。中央讨论了这个问题，基本有了概念和定论。我们实事求是。

定：李维汉好像对民族问题特别有研究。

胡：刚才给了我一个最大的启发，这个民族识别好像和开第一届人大有密切的联系，不识别，没法开，没法分配代表（名额），这个问题实际上赶在少数民族的民主改革之前，这样社会调查就留下了很多珍贵的材料。以前我的老师没有谈过这个。

定：最后哪个民族成为一个民族，这个最后的决策是李维汉定的，是中央定的，还是民委定的？这个事情，教授定不了。

黄：是民委提的意见，报到中央。报告到主持民族工作的中央书记处书记，有的在全国人民代表大会，关于党的民族调查工作，1953年进行过一次，1958年12月进行过一次，比较大的少数民族调查就这两次。中间的有的调整来了以后，我自己去了。

（四）穿青人的识别问题

黄：记不清是哪一年了，北京关于贵州的民族工作的会议开了两个多星期，搞了个纪要，关于民族问题一个一个谈。民族学院有好几个专家具体谈了。

定：您还记得是谁吗？

黄：最次的就是我了，当时牵扯到7个问题，就是贵州啊，贵州自己的认识最大，我们对有些问题是怀疑的，一个一个漏了出来，比如说穿青，是少数民族，还是汉族，究竟是这个少数民族，还是那个少数民族，有不同的看法。

定：穿青这个问题争论了好几十年。最麻烦的。

黄：他们住在贵州的黔南一带，其中大部分居住在织金、纳雍两县。为了解决民族认定问题，最后来到北京。我们住在饭店里，开了二十多天的会。

胡：现在还有管自己叫穿青族的。前两年有一个西藏来的学员填写自己的民族还是穿青的。

定：没完没了，这个事闹不完了。

黄：有政法司的同志找我来，也没有记录，后来会议也没有形成文件，也没有中央批的东西，怎么进展。他们这是做具体工作，他们问我，我说一个问题要有一个条，要有文件，条件本来是不成熟的，继续做工作，还有民委多次研究讨论，认识要统一起来，地方承认，我也承认，这样才能承认他的民族成分，他们哈哈大笑。这个问题，咱们再到西部去看看。西部问题要靠民族学院研究。

定：有一部分档案在研究部，王建民在写《中国民族史》的时候用过一部分。可是这个网上就有，他就采用了一点，说这些文件全毁了，我这里是孤证。

黄：我举个例子给你们看看，政法司正式提出来，这个穿青问题要不要考虑研究，我很惊讶。我记得是改革开放以后这个时间段，他们没有记载又提出来。我记得另外一个概念他们理解还是不知道，他们是一片糊涂的认识。比如说穿青，他们来民委来搞事，中央研究定不下来，我在贵州查了一段，也定不下来，贵州问题多一些。

四川问题，白马藏族①是一个民族，还是两个民族，他和藏族的关系，现在过了几十年，最后我在这里可以和你们说，习仲勋同志同意我的意见，书记处研究的，书记处两个书记参加，我的汇报以后，回去研究，你们的意见综合起来最后形成了中央文件，关于结束民族识别工作问题，中央留一个文件，我起草的，交到中央去的。

定：您起草的？

黄：我起草的。这就定下来了，全国各个地方不要在这个问题上扯皮，工作结束了，56个民族就这样定下来了。

（五）夏尔巴人的识别问题

胡：那个僜人②、夏尔巴人③怎么办啊？

黄：夏尔巴人地区，我亲自去过。我不是为他们去的。有一年西藏发生了大雪灾，春节的前一天，西藏发生了大雪灾，那曲、日喀则为中心的大雪灾，国务院组成了工作组，随团下去。

胡：这是哪一年？50年代还是60年代？

黄："文化大革命"前，国家民委、民政部、财政部、农业部，四个部委组成工作组，国家民委牵头代表中央对灾民进行慰问，国务院给西藏发了电报，我们乘坐飞机到了那里。那里人们非常欢迎我们，那是冬天啊最冷的时候，西藏的领导干部都不在，留下来的西藏的一个书记在那里看家，其他人都回家了，回内地了。他们很惊讶，你们来了，这么冷的地方，你们来干什么，你们可以发电报，我去办啊，这么大的灾。我们走的时候，对我们说了很多话，当地的群众表示谢谢，我们的工作是代表中央政府去的。在那里待了两个多月，关于那里的雪灾，我们经常坐在一起研究研究。到地方上去慰问，到了那曲，到夏尔巴人那儿

---

① 藏族支系。现今大部居在甘肃省文县铁楼白马藏乡白马峪河流域和四川省平武县、松潘县、九寨沟县境内，人口约一万八千人（2011年统计）。

② 族群称谓。源于藏语"僜巴"一词。主要分布在西藏东南部察隅地区的杜莱河、格多河、察隅河及额河流域，约2万多人。操僜语，属汉藏语系藏缅语族。

③ 夏尔巴人系藏语音译，意为"东部人"。亦译"谢尔巴人"或"舍尔巴人"。喜马拉雅山区族群之一。主要分布在尼泊尔的索卢昆布县及中部山区。中国西藏境内近2000人。属蒙古人种南亚类型。宗教信仰为藏传佛教。

去慰问，去看看。

胡：那曲有夏尔巴人吗？

黄：当时日喀则我去了，我专门去了一趟亚东，我这是第一次去。那时候我年轻，高原反应还不大。夏尔巴人主要是在口岸，在边境上有小河。他们把货物送过去，再过来找一个临时住在当地的夏尔巴人（替他卖货）那里。这就是说夏尔巴人不会永久在那里住，过去没有的，后来才是这样住的。这么一个民族，在北京看不到这样的地方，在沿海地区也看不到这种地方。他们住在原生态的地方。

胡：还有冬季和夏季的牧场。

黄：他们更多的是做买卖。中国进出境的买卖，把货送到那边去，情况是这样的，他们住不住在中国，这个很难说，你定下来以后，他还要走啊，这是一个方面；第二个呢，他要留住怎么办；第三个呢夏尔巴人做买卖，当地人和夏尔巴人做买卖，当地的藏民有些东西通过他们卖，可以多挣一点儿。这种关系在中国其他地区没有。这件事情，习仲勋同志听我汇报的时候说就这样办，这牵扯到国际问题。

胡：这不是类似于新疆的俄罗斯族吗？

黄：这个和俄罗斯族的情况不一样，新疆的有沿革，住在我们中国国内，也入了中国籍。

1980年，国家民委副主任黄光学先生在西藏林芝地区搞调研时与珞巴族群众在一起交谈（黄光学提供）

定：那个族源来自于归化族，把归化族改名为俄罗斯族。

黄：类似于这样的事情非常复杂，它是这样的一个特殊情况，已经在我们国内存在，在我们国内做买卖，包括我们的丹东也好，在我们开放的地方，朝鲜人也不少，在北京经商的朝鲜和韩国的人，他们也都是存在的，中国的朝鲜人有国际的朝鲜族，也有土生土长的朝鲜族，这个问题不一样。

胡：我们说到这儿，这个民族识别工作结束了。

黄：我们出了个文件，民族识别工作结束了。

定：你们的文件是哪一年？是1987年吗？我看您在80年代有发表过文章和报告。

黄：我那个文章是民族识别工作的结束。现在还有几个问题，夏尔巴人、白马藏族、僜人，少数民族识别工作全部结束，这不是我的话，是中央的话。凡是涉及科研的问题，可以研究。

胡：现在有搞科研的认为民族识别工作就不应该搞，中国就不限于这个族那个族，我理解他们的意思就是各个具体民族意识一加强，中华民族的整体民族意识就淡漠了。现在不是有一些学者提出这个观点嘛。

黄：整个观念联系起来，一个是法律观念，一个是政策观念，要和党的改革开放联系起来，如果我们还在一些问题上搞不清楚，会导致政局不稳定。中华人民共和国成立55周年了，是要稳定，还是不稳定啊。我们为了大局的稳定，为什么中央出文件，就是为了稳定，要巩固和发展民族关系，要这种思想，要合作稳定啊。经济发展为主要的，发展到100年以后，可能还有这个问题。

（六）东北地区的满族自治

定：黄老咱们聊一聊，从第一次全国人民代表大会以后满族的问题好像有点特殊是吧？我听说您参与过满族自治州成立的一些事是吧？

黄：满族。我这样说啊，满族呢，我们的国家没有这个民族，就没有清朝。这么大的一个民族，在历史上做过贡献的民族，搞自治怎么也搞不起来，到处都是家。我过去有想法，对满族史接触的比较多，因为我的家乡在吉林延边，我可以说是走遍了全国满族的自治县，辽宁的、吉林的、黑龙江的满族聚居地，我基本都去过。但是呢，好多地方搞自治非常不积极，满族在那里不是满化，全都汉化了。

定：您觉得还都是汉化了？

黄：基本上汉化了，包括农村。从全国来说，满族当过几代的皇帝管理这个国家，但是这个是过去的，现在都分散到各个地区了。所以，960万平方公里的中国的土地上，满族过去历史上管过这个土地，满族实际住的地方，是在一部分地区的城市农村里，也有些分散在其他民族地区，这样一种情况，散居在全国。没有形成散居的地方汇总起来，各个地方没有满族为主的这样一个地方。

定：就是说您走过的东北三省的满族的地方，您发现也没有能够聚集在一起的地方？

黄：东北满族最多的地方是辽宁省，另一个是吉林，再一个是黑龙江，比较多的地方，是五常县，这个县比较多一点；吉林呢，永吉县和伊通县是主要的；辽宁呢，比较大一点，整个丹东地区，本溪地区，但是没有一个县的满族人口多于汉族的，这个没有。

定：您是什么时候走的？是50年代，还是60年代，还是后来？

黄：我走过比较多的，花时间跑的是在80年代，杨静仁让我解决满族问题。

定：谁在这儿的时候？

黄：杨静仁，改革开放以后80年代初，花了一个月的时间跑，一个村一个村和村委书记谈过话。

定：那他们都什么意见？

黄：辽宁任仲夷当书记，吉林王恩茂当书记，在那个时代，我跑过一次，到当地吹吹风，我是以调查研究的方式，满族问题都不积极，当地都不想搞满族自治，研究来研究去，条件不够，地方分散的比较大，也不光是人口比例低，条件不够，主要是人口。

胡：那您说内蒙古，蒙古族的比例也很低啊。

黄：满族地区没有乌兰夫那样的人，蒙古族有乌兰夫，满族没有乌兰夫。

定：满族像溥杰那样的人什么也代表不了。黄老您在80年代以前，像50年代民族识别的时候，您接触没接触过满族问题？

黄：50年代就接触。

定：那个时候呢？

黄：那个时候满族人口在全国人口里面是第四、第五，朝鲜族少一点，是一百四五十万人，满族可能是二百十几万，在全国四大民族里面，满族是最后一个。据说主席就这个民族说过话，这个民族建立过清朝，他们要不要搞自治，说过这句话，高岗（与毛）顶着。

定：他那么大胆子啊？

黄：当然这个我不清楚了，这个就是传的。那是在研究蒙古各个时期（的时候），蒙古自治是早就开始的，它不是后来才开始，最复杂的时候。有些汉族干部认为，乌兰夫当初搞察哈尔地区自治，不中意蒙古地区，这个应该是汉族地区。乌兰夫说，要搞自治，东北三省开始，一直到阿拉善旗，都是蒙古地区，他有这个权力。满族里没有这样的人，满族过去有个皇帝，还在监狱里。1950年筹备（自治区）的时候，这样大的民族必须搞个民族自治区。甘肃的一半都是回族，回族住的地方联合起来，调整了地方的研究人员，后来成立了宁夏回族自治区，就是这样搞起来的。共产党解决回族问题上是用脑子，地方调整又调整，研究又研究，在蒙古地区里划了一部分，甘肃省相当一部分划出来，成立了回族自治区。满族连个像样的地方都没有，满族应该说最多的人口是在辽宁省里面，当时辽宁省满族多的都在大中工业城市，本溪，铁岭，抚顺，这就是满族多的地方，恰恰都是大中型工业区。

定：那黄老我问您一句话，不知道礼貌不礼貌，您别在意，就是有人说想在丹东成立满族的自治州，可是朝鲜族不同意，是这样的吗？

黄：不不不，中央关心满族，汉、满、蒙、回、藏，满是老二，这样一个民族，有一个清朝在中国历史上，满族没有家，应该有个家，怎么搞，在哪里搞。这在北京啊，少数人里，议论过多次，包括我们民委在内。是政治上的说法。可是地方不支持，搞不了。因为地方呢，回民闹事很厉害，影响比较大，乌兰夫当时在搞民族工作，（把内蒙古一些地区）再划到宁夏地区（自治区领导同意），有这么一个条件，这个问题解决了。50年代的中期，问题是解决了，过去红军路过这个地方，这个是历史条件，搞个自治。从历史上、现实上说，都是可以的。在我的概念里，国家民委的领导同志都在关心这个问题，但是真正落实满族问题，我们应该把贡献归到杨静仁，他比较关心，为这个事情，两次派我到东北，另外一次是调查研究满族问题。

胡：那是什么时候？

黄：50年代，第一次50年代，跑过满族的大部分地区。满族部落和城市连在一起，满族和城市非常近，丹东地区、本溪地区、抚顺地区，满族人口越来越少，历史上本来就是重要地区，周围省份里农村里，半个村子都是满族，他们和很多汉族老大哥在一起。问题不是那么简单，很多县我走过。我的概念里，可以搞自治，吉林恰恰不如伊通多，永吉县那个地方，过去乾隆皇帝在那里有个庙，恰恰满族星星点点，没有整个集中在一个地区。黑龙江我去了3个县，南部的五常、巴彦，满族比较多，但是西部、北部，还不乐观，不是汉族就是朝鲜族多于满族。我一直走到黑河地区，满族有个小村子，它一个乡也不够。

定：五家子、三家子这样子。

黄：哎，50年代去的时候碰上这样，1958年，我走了一个月。"文化大革命"结束，当时又提出了满族问题。杨静仁找我谈话，这次不要北上了，辽宁的书记你认识吗，我说我认识，黑龙江的书记我不认识，他说黑龙江我可以打电话。后来我跑了一趟，那个时候省委书记是任仲夷，他曾经当过广东省的省委书记，他的夫人是满族，是沈阳市副市长。我和任仲夷谈这个问题的时候，他说我到辽宁我想这个事，满族自治要搞，不搞是不行的，搞哪里呢？现在不管哪个地方，几个城市，城市的周围地区没有满族，城市本身里面呢，被连起来了，尤其是满族和汉族的关系，已经不分家了。女人是满族，爱人是汉族；或者男人是满族，女人是汉族，这很多在户口上，一个是满族，一个是汉族。任仲夷说你留下来吧，咱们搞一个试点，过两天统战部部长来找我，说这个事为什么你不找我？不是为了别的事，我这次是为领导打前站，有什么问题啊？统战部长有点不满意。后来他也同意我的想法。满族自治，大的搞不了搞中的，中的搞不了搞小的，什么概念呢，小的是县，中的是州，大的是省。

胡：当时还有想搞自治区的想法？

黄：哎，对对对，辽宁省改为自治区啊，我们俩是比较熟悉，我去了辽宁许多县，后来跑到吉林去了，王恩茂同志当吉林省委书记，和我讨论这个问题。历史上来说，或者说民族基础上来说，都应该搞，非常积极，回到中央，立刻就找。找到以后，我立刻派人，你愿意到哪里搞调查就到哪里。后来我到永吉县，我比较熟悉的地方，过去我到永吉去搞民族试点，永吉和吉林市分不开，吉林市的周围就是永吉县，永吉县里面呢，住着好多军工厂的工人，好多永吉县的人，过去是农民，后来当工人。永吉那个地方，吉林的郊区，是我们国家的火药库，化工厂啊，战略要地。后来我再到拉哈尔镇，是一个县，满族住在车站附近那边，全县看呢，满族人口不多。但是这个东北，不管哪个地方，满族嫁给汉族，汉族嫁给满族，混合家庭。后代呢，就是跟着老大哥汉族报了，男的也好，女的也好，后代都报成汉族，这就是不以我们的意志改变的东西。黑龙江省刚换了书记，本来这一年是辽宁培养的书记，搞内部调换，就是李长春。我和他交换意见，我就说五常是满族为主，人口不多，但是满族的文化也好，风俗也好，特点比较显著，再一个就是住的比较聚集一点。起码在这个地方要搞，再一个北部的2个地区，和别的地方一样，有满族有汉族。回来以后我在想，东北搞大的，没条件。那个时候抵制，不要犯太多错误，我实实在在的，有条件的搞搞研究，到地方上。但是我的概念里，我看的几个地方，丹东也好，本溪也好，抚顺也好，搞不了。我们作为民族工作者来说，划一个地方，按宁夏的路子搞，不合适，辽宁又不是，东北不想。在辽、吉、黑拿一块地方搞满族自治，没有那条件，不是宁夏。但辽宁有两家，国家行政上可以，地方上也可以。

胡：大的是肯定不行了。

黄：哎，大的不行了，搞中的呢，我说要搞中的呢，辽宁可以搞，这个想法征求了国家民委的意见，这个想法不是黄光学的意见，是民委党组的意见。

胡：那个张本寅（音）是汉族还是满族？

黄：是汉族。这件事儿，我跟杨静仁同志反映一下，那几天，辽宁有个报道，说丹东搞满族自治州，争论就是这么来的，就是这个过程。丹东是一市三县，岫岩、凤城、宽甸，丹东市不许改，丹东市要搞直辖，多的3个县它来管，市辖县，丹东市还是汉族市。

胡：那地级市管3个县都不行？

黄：体制上可以，它不是丹东，也不是自治区，周围的3个县自治，这个市长他不愿意让这个地方。这个文件，我们研究了很长时间，反复考虑，给他做工作。这个时候（召开）中央全会了，他们住在前门饭店，书记没来，市长来了，我去找他们谈话也不合适，就回来了。就是丹东市加上那3个县，就搞在一起啊，当时和他们研究了，丹东市和那3个县搞在一起当地不干，主要领导人有不同意见。这样呢，我们不要说这个方案不行，这个方案退了，这个方案不搞了，不是这样，继续研究研究，向中央汇报，这个汇报我没有参加。最后在常委会一个会议上汇报我们的意见，说条件不成熟，怎么去干呢，要有个说法，说搞实际一点的。

胡：那就是从中退到小了，大中都不行了。

黄：说中是国家体制上不行。

定：那别的自治州不也都有吗？

胡：那新疆的伊犁，它不是一个州，一个伊犁市，底下也管着几个县吗？

黄：那不一样的，它的实际地理位置跟它不一样，对外关系比较多。后来满族干部跟我提起这个问题也很可笑。后来过了一两年，习仲勋同志出国访问，他回来的时候，他后来就把专车在丹东停下来，停到满族村，他到了岫岩呢还是哪里，那里有满族向他反映满族自治问题，他注意到了这个问题，他一连听了三次汇报，一市三县这个问题他听到了以后，他感到我们国家体制上不允许。其实两个并存呢都是架空，市还要管你们这个县，不能单独讲，要具体讲，这就是依据了。这样把中部的几个县，最后的方案搞成了，辽宁就正式批下来。三个县，岫岩……

定：新宾？

黄：新宾是后来的。

定：本溪？

黄：本溪也是后来的。

定：当时3个是岫岩，凤城和……

黄：我后来去过这些地方，海城、宽甸。

胡：这是哪一年啊？

定：1985年、1986年吧，咱们在民院读研究生的时候。

黄：这个是80年代，大的问题怎么办的问题，现实一点吧，大的搞不了，中的不行，小的再搞。县委书记答应了，找我们来去讲这个过程，他示范呢。后来又增加了这次调查，我们的意见，清原、宽甸、本溪，还有新宾。

定：还有北镇的。

黄：北镇，五个地方都是我到过的地方，我们进一步做了辽宁的工作，建满族自治县，辽宁的自治问题是这样解决的。

胡：这之前是不是还有李维汉李老给中央的一个报告呢？李老在这里也还是起了一个作用的。

黄：我不清楚。遇到满族自治问题是这样一个状态，汉、满、蒙、回、藏，老二，它是老二啊，蒙古、回、藏都有自己的自治区，老二现在没有。习老的讲话站在很高很宽的立场上。后来辽宁搞了这3个自治县，这么一搞，让河北的同志很积极。河北当时的民委主任，还有个统战部长，都是积极分子，承德怎么办？以前皇帝居住的地方，我们的家怎么办？跑到北京来找我，后来我去过两个地方，青龙，还有丰宁，还不错。后来，他们搞，搞不动，承德是个州，包括书记一起来给我们谈过，我说我们在这个问题上可以探讨，这符合组织精神，没关系，去中央开会，我们一起在民族班的。后来在民族班的谈法不合适，那时我们的外事办公是在民族文化宫十一楼的，我们到那里面详细地讨论。系统地提了一下，河北的不同意搞，有条件的地方可以搞。

定：那承德为什么不能成立州呢？

黄：满族的同志和其他同志的意见不完全一样，后来它是搞了两个，青龙和什么地方，四个吧，最后才是满族自治县。围场县是乾隆的主要避暑地，它也是满族区，书记也是很积极，我们也没表态。到它建成了，具体的还没解决，黑龙江还没解决，河北地区非常积极，没有这么复杂的过程，就解决了。

胡：围场是满族自治县吗？

定：是吧。围场是自治县吧？

黄：好像是。围场是游猎的地方。

胡：打猎的地方，围场嘛。黄老，我这个还是不很清楚，对一个地方，县也好，或者成立州也好，如果从不是自治改到自治了，对当地的领导有什么损失啊？市长改州长，不好听了，那除了这个，还有别的损失吗？

黄：这就是历史问题。

胡：是不是原来汉族的一把手要改了自治了，可能你就当不成了，那还有别的因素吗？

黄：我具体说不出，这些是历史问题吧。大汉族主义①这个帽子不合适，我们做民族工

---

① 指历史时期中，汉族中少数地主、资产阶级分子在对待少数民族问题所表现出来的大民族主义倾向和行为。

作的不好好干，吉林的这些问题，我积极想办法，他们简直是讨价还价，吉林的统战部长。我找他，他总借口不在家，北京人。后来伊通搞满族自治县，搞不成，影响到了经济发展问题。黑龙江的书记光说好话，就是不执行。我们在哈尔滨开民族理论座谈会，好多老同志都去了，黑龙江的陈雷参加，他当时是书记啊，很多老同志提出来要谈满族自治问题，博大公提出来，陈雷说好好好，我们研究决定，就没有下文了。

定：吉林就一个伊通，倒是河北和辽宁多，辽宁第一多，第二是河北，就没了。

黄：现在成为自治的，但是满族啊，后来也有一些看法，而且在山东开会的时候，山东青州，那是过去皇帝建立的军事要地，当时那里的兵都是满族兵，驻扎在青州市的周围。

定：北城，他们住在青州的北城。

黄：那时候山东省委书记，原来是青海省委书记，曾经在团中央任过职。青州现在对外开放试点搞得很好，他也很积极。在我当时的概念里，青州的干部当时以满族为主，考虑到这个因素，后来我就跟青州民委主任讲，在这样的地方，（青州）市也不大，外贸也就是韩国做贸易，日本做贸易，地区搞得很快，周围就是满族的老百姓，另外考虑建立自治县或市。后来这个书记见到了我，把情况和我说了，说考虑建不了。他自己啊，潍坊的市委书记啊，就躲起来了，潍坊表态了，青州搞自治搞不成。

胡：后来不知道啊。

黄：所以我说啊，满族的失败啊，是甲午战争前。当时我走过的地方都是满族比较多的地方，青岛也好，烟台也好，青州也好，都是满族的居住地，包括到杭州，也是满族，满族驻在那里，福建那边就更不要说了，沿海地区，为了国家。结果呢，国家灭亡的时候，那些人就在那里生活起来了，几代人就慢慢变成汉人了。所以，我的概念是慢慢形成的，小民族做大国家的主人，是不容易，灭亡的时候，民族也毁了，我的结论是这么个结论。我们做民族工作的，也研究历史的，不能离开历史，历史来说，确确实实是这样。元朝也是这样，蒙古（帝国），那么大地方，西伯利亚都是中国的版图，南部来说也是中国的版图，就是今天的外蒙古和今天的内蒙古自治区（也是）。当然，历史我研究的不深，但是也有好处。满族，在各民族里面，经济我说不上，文化上，很大的贡献，对国家的贡献，文化的贡献主要是人才上，有人才，文化才能够传承。这个是历史，满族在中国的文化发展上有很大的贡献。我们最辉煌的，往往都是满族搞出来的，这个是事实。我对满族研究不如你们深，但我自己，直接高度上是这么个认识，也有很多错误要改正。但是，我还在自己脑瓜里经常想，大面积有利有弊。蒙古的西部发展得快……

定：有煤，有石油。

黄：不光是煤，巴盟的东胜、乌海这一块，发展得非常的快。可以说，东北三省还有内蒙古的呼伦贝尔盟、兴安盟、哲里木盟、昭乌达盟落后。

胡：但是西部的环境很糟糕啊，阿拉善旗我去过。

黄：这个是中国大面积的问题，这个不是光哪一块的问题，有没有去过西藏啊？

胡：西藏我去过好多次。

黄：去过是吧，青海去过没有？

胡：青海也去过。

黄：也去过，那甘肃的西部去过没有？

胡：刚刚去。

黄：你看看，中国的版图，民族地区就是这个样子。

胡：西部就没什么好地方。

定：那儿有石油、天然气，有钱啊现在。

黄：这些煤也好，石油也好，天然气也好，这个是未来的发展，产量很高，这个有好处。但是眼前的发展，是农业。所以啊，不要抢大，我们吃了大亏。作为一名民族工作者的身份，包括我的民族经验，或者其他的联系起来，我有这么一个概念。

1982年，国家民委副主任黄光学先生在青海阿拉尔草地考察时详细询问生产生活情况（黄光学提供）

黄光学先生参加土家族同胞欢度土家年（黄光学提供）

胡钧先生

四、胡钧访谈录

访谈对象：胡 钧
访 谈 者：胡 岩（胡钧之子）、定宜庄
访谈地点：民大家属院
访谈时间：2005年6月27日9：00—11：00
录入整理：李 起

访谈对象简介

胡钧（1921—），河北乐亭人。1948年毕业于北京师范大学历史系。同年赴晋察冀阜平县华北城市工作部工作。1949年到中共中央统战部第四研究室工作。1951年在中共中央统战部民族局工作，在此期间多次参与民族调查与中国少数民族历史调查工作。1970年调入新疆维吾尔自治区昌吉工作。70年代末，调入中央民族学院历史系，曾参与《五种丛书》编辑工作。

[定宜庄按]：对胡钧先生所作访谈，与上篇对黄光学先生的访谈同样，也是我在2005年所做满族社会历史调查口述中的一篇。胡钧先生虽然未曾在中央民族大学就学，但20世纪70年代末，在中央民族学院历史系担任过数年党总支书记，当然也是中央民族学院的成员。胡钧先生曾直接参与《五种丛书》编辑工作，对此项工作经历的过程和评价有深切的体会和思索，应该看做是本篇中最有意义的内容。

胡钧先生是胡岩的父亲，对他们父子对此书编写的所给予的支持，我们深表感谢。

胡钧（以下简称"胡"）：我是北师大历史系毕业的，1944年到1948年在读。
定宜庄（以下简称"定"）：那您是我老学长了。
胡：胡岩在北师大读书也是受了我的影响。
定：您是北京人吗？
胡：我是李大钊的同乡，唐山地区乐亭县人。
定：乐亭的？
胡：乐亭的。你原籍什么地方？
定：我啊，我就是北京的。
胡：北京人？
定：嗯，我不是旗人嘛。

（一）统战部工作经历

胡：1948年学校分配（工作），我在学校找出路，组织上让我待下来，并准备迎接解放，可是我找的工作在天津，那时候我在学校，我原定去的天津的中学不要（人）了，不接受（我）了，我就赶紧回北京。7月16号我就进解放区了，8月19日国民党大批捕，公布的名单上面就有我。
定：您说的上解放区是哪个解放区？
胡：平山哪，西柏坡。

定：哦，您上了西柏坡。

胡：上了西柏坡，到了中央统战部，那时还叫城工部，城市工作部。

定：哦，城工部。

胡：到那以后，就见了齐燕铭。齐燕铭那时是统战部的秘书长兼第一研究室的主任。他决定让我做民族工作。

定：他应该也是读过书的人吧？

胡：他当过教授啊。30年代北京中国大学的教授。从1948年10月份开始，统战部就成立了一个"第四研究室"，就是搞少数民族（研究）的。准备叫刘春来当主任，一直叫不来，就先配了我们两个年轻干部，一个是我，还有一个是我北师大的同班同学，叫雷飞，这个人现在在内蒙古，他（当时）也是地下党。1949年3月我就进（北京）城了，进城以后，到中南海住下，见到了杨静仁。

胡：杨静仁就是西北驻京派来参加新政协会议的。

定：嗯。

胡：那时候啊，统战部李维汉已经成立了一个民族组，所以第四室的名义就没了。我们两个人就到了民族组，那时杨静仁是副组长，组长是朱早观，苗族。新中国刚成立，朱早观就被调到军委办公厅，这时杨静仁就当了民族组的组长。我一直在他领导下，直到他1958年去宁夏，前后共10年。

定：到宁夏？

胡：去当主席、书记，一把手。哦，是杨静仁。

定：您没去宁夏？

胡：我没去宁夏，他到宁夏以后想要我过去，那时候江平兼了我们民族处的处长，他不肯放，就把我留下。我从1948年开始留在统战部，到1970年底，总共22年。可是呢，我的家还住在统战部，家里的老人、两个孩子，包括胡岩他们，住了好久的统战部。我到1986年，从统战部搬到这个地方。

定：您原来住在哪？

胡：府右街对面。

定：那就是说您原来一直在统战部工作？

胡：一直在统战部。

定：那多好啊，我一直想找这样的人。

胡：我在那里时间长，你就问吧。

（二）少数民族社会历史调查溯源

定：我就想问问，一个是当时民族工作的情况，还有就是当时做民族社会历史调查、民族识别的情况。

胡：这个民族社会历史调查啊，一共是3次大的运动，正式开始（时间）不是在1958年，1954年就开始了。第一次（社会历史调查）是怎么开始的呢？1954年不是搞普选吗，普选（要求）个人得报自己的民族成分哪，这一报少数民族，就报出了几百种，几百种名称啊，光云南大概就有200来种。

定：200来种？

胡：主要是云南这一个省，别处（的民族）都比较大。满族不肯报，还有一些民族名称也很不一致，这个傣族吧，（当时）叫摆夷①。

定：哦，对。

胡：所以1954年就下去一批人，搞这个民族识别、调查。

定：哦，民族识别开始是在1954年？

胡：哎，1954年就开始了。（当时）以民族识别为主，别的也调查。再早呢，1950年就开始搞调查了。到1956年呢，毛主席有指示："到1956年，少数民族识别差不多快完了，从公社残余到封建制都有，是一个活的社会发展史，立体发展史，赶紧抢救这部分材料，这部分资料很珍贵。"毛（主席）跟周（总理）也谈过，具体（工作）交给彭真，彭真找到人大民委主任刘格平，向刘传达毛主席的指示。然后刘格平就跟李维汉谈，人大民委每个办公室大概二三十人，不开会时都是空的。50、60年代，北京有3个民族机构，中央民委、人大民委，还有一个统战部民族局。

定：那这3个弄一个不就行了吗，为什么要弄3个呢？

胡：有党内党外的，有政府的，有属于人大的。现在有4个了，政协又有一个民族宗教顾问组。

定：您是属于哪个机构？

胡：我是属于统战部啊，统战部民族局，开始叫民族组，然后下来就是三处、二处。现在叫二局，叫"处"的那阵子啊，咱们那机关都叫"处"，处就是局。你像民族局啊，民族处啊，处长经常就和民委的主任、副主任打交道。50年代，民族组人最多，西北、西南、中南、华北，这些机关做民族工作的人都集中到北京来了，那时候人最多，后来慢慢就少了。少的话到"文革"前吧，民族处大概就20多人。还有3个组，一个是综合组，一个是干部上层组，一个是西藏组，我就负责干部上层组的工作。

定：哦。

胡：开始民族处的综合组，薛剑华是组长，我是副组长。少数民族社会历史调查那个事情我没有参加过，调查主要是刘格平跟李维汉讲，让民委去负责，那时（负责人）是刘春。（参加调查的）主要是民族学院，还有就是民族委的机关干部，再有就是（民族学院）六号

---

① 即百夷，古族名。

楼的干部。开始只是一个研究部①，毛主席在1954年和1956年先后做了两次指示，后来研究就更多了。1958年是最后一次大规模的（社会历史调查），一共组织了16个省（区），16个调查组，总共1000多人参加。我写过一篇文章，登在《民族研究》1999年（应为1992年）的第4期，这上面就讲（参加调查的）一共是1000多人，成立了16个组。第三次调查，就是1958年的那次，主要就是社会历史调查，实际上应该是社会历史文化调查，语言是一个很重要的点，因为识别少数民族的主要根据就是语言。咱们看斯大林民族识别的"四个特点"，1950年还是1951年，周恩来到苏联见了斯大林。斯大林不太了解咱们中国这个回民是怎么回事，（所以）当面问周恩来，原话我是听传达的，（斯大林）说是你们那个中丹人是怎么回事啊？斯大林不太理解，说你们怎么进行民族识别啊？周总理就根据咱们中国的实际，（回答说）我们做了一个变通，承认是民族。后来毛主席提出一个原则，叫"名从主人"。根据这个原则，也不完全是这个，还经过语言和好多说服工作，把好些相近的民族合并。旧社会对少数民族有歧视，光苗族就分了多少种，有白苗、花苗，根据衣服的不同也分，现在这些繁杂的名称都没有了，大概是到80年代初吧，我印象不太清楚了，成为56个民族，55个少数民族，大概是70年代的哪一年吧。实际上，调查在这以前，一前一后都有。在这以前也有不少调查。

  定：少数民族社会历史调查，您没亲自参加是吧？

  胡：我没亲自参加。

  定：当时那个调查的点是怎么定的？因为我觉得好多地方都过于注重农村问题。

  胡：那个时候历史调查的重点是阶级情况，还有一个情况，就是李维汉非常重视这个调查，（调查材料）光云南省就印制了200多本，云南的这五套丛书有两摊，简史丛刊、社会历史调查丛刊。语言简史是六号楼包的，就这两种是云南民族学院的马曜为首。这个丛刊哪，李维汉非常看重。有一年，大概是1982还是1983年春节，我去看他，给他拜年，一提到这个编印文化丛书，他说这个丛书非常宝贵，要好好准备，印好。他写文章引用一篇调查资料。六号楼有一个彝族专家，研究彝族文化的，叫刘尧汉。

  定：哦，刘尧汉！

  胡：他这个调查资料，刘尧汉引用过。他这个资料和那些书，都很可贵。调查资料呢，重点是阶级情况，别的也有。

  定：刚才您说到，社会调查也包括文化。

---

① 六号楼系指中国社会科学院民族研究所，1956年中国科学院党组请示，以中央民族学院研究部为基础，成立中国科学院民族研究所。胡钧所说的"研究部"就是指此。中国科学院民族研究所于1958年6月正式成立。大规模的少数民族社会历史调查工作在全国开展时，该所即作为这项工作的办公机构，具体负责管理全国少数民族社会历史调查事宜。2002年10月，民族研究所正式更名为中国社会科学院民族学与人类学研究所。由于该所一直借驻于中央民族大学的六号楼迄未迁出，故人们通常以"六号楼"特指此所。

胡：语言、风俗习惯。

定：风俗习惯不是太重要吧？

胡：风俗习惯也有，都有。

定：那时候是不是55个少数民族全面铺开？

胡：有的（民族）有，有的就没有。甘肃有，有些民族就没有，（有的）几个民族合起来一本。

定：西藏挺多的吧？

胡：我不清楚。现在这些书啊，都在民族大学图书馆。

（三）从"三套丛书"到"五套丛书"

胡：1950年开始有访问团，访问团吸收了不少专家学者参加，还配了电影队、医疗队，拍了些电影，弄了不少资料。搞了几次大调查，包括文字大调查，到1958年，大概收集了三千多万字（资料）吧，全部集中在六号楼进行整理。到1963年就整理出了，叫"白皮书"。

定：对，白底红字的那种。

胡：是打印稿，叫做"征求意见稿"，那就有好多本了，那时叫"三套丛书"[①]：少数民族简史丛书、少数民族语言文字丛书、自治地方概况。这三套丛书啊，到1963年就比较成型了，正式打印出来发各有关部门征求意见，准备进一步修改，"文革"以后就搁置了十几年。一直到1978年三中全会以后，民委恢复了[②]，杨静仁当了民委主任，他重新提起这件事情，1979年的元月提出要重新搞（少数民族社会历史调查材料），就发展成为"五套丛书"，在此前三种的基础上，多增加了综合性的一大本，你见过吧？

定：见过。

胡：《中国少数民族》，还有一套是《中国少数民族社会历史调查资料丛刊》，这个主要是云南搞的多，云南一省就搞了接近200本，别的地区有的搞了一本，有的没有。五套丛书办公室负责人就是马寅、杨静仁和江平他们吧。马寅这个人很有水平，脑子灵，理论和实践（能力）都有。他很努力，没有他啊，这套丛书可能搞不成。做这个事情困难很多，很麻烦，那时本来讲好是由国家民委民族问题五种丛书编辑委员会负责。这个编辑委员会的主任是杨静仁，副主任嘛，头一个可能是江平还是伍精华，还有费孝通，还有其他一些专家，委员包括一些民族工作者，老干部，还有一些别的专家。国家民委搞了这么一个机构，有19个省、自治区都搞了，凡是有少数民族的，包括福建省，就一个畲族，也搞了这几个单位。

[①] 1958年，参加少数民族社会历史调查的民族工作者开始组织编写《中国少数民族简史》《中国少数民族简志》和《中国少数民族自治地方概况》，称为"三套丛书"。

[②] 1978年，全国人大五届一次会议决定恢复国家民族事务委员会。

像新疆这5个自治区，3个民族省，都搞了很多人投入这个工作，花了不少经费。（五套丛书）还翻译成了民族文字，后来又翻译成英、德、日、法、西这几种外文，日文版发行的比较多。这个书出来以后，在少数民族中反响很强烈。可是这个事情没有有始有终的完成，有点虎头蛇尾，单行本一共出了403本，到了1989年最后一次开会，开始是气壮如牛，把各个地方的（负责）人都找来。

定：准备是要大战了。

胡：准备什么呢，准备再一次修订（丛书），搞成精装本，把一些小民族，人口比较少的、语言接近、地区接近的，搞成合订本，1989年距离第一次出书已经有十几年了。这时候，杨静仁已经躺在北京医院了，他不当权了，民委内由司马义（司马义·艾买提）说了算。他正开着中介会，他原来开始说是不去参加的，因为民委副主任伍精华跟他说的，伍精华是西藏出来啊，自治区主席，这是正部级嘛，到民委还是副主任。这个主持会，江平也在那里，跟统战部副部长，他们两个都是编委会副主任，这时候杨静仁躺在医院，马寅是编委会副主任兼办公室主任，主要是他做工作。当时马寅也病了，这个办公室还有一个民族大学管后勤的，叫陈启仁，你听说过这个人吗？

定：陈启仁，知道。

胡：会上把之前伍精华、江平他们那些气壮如牛的那些话，全都给否了。

定：他为什么要做这事？

胡：他为什么要否定这两个人，一个主要是见识短了，没有远见，没有认识到这件事的意义，他们跟杨静仁闹别扭。杨静仁原先在西北，王震是新疆当头的，这司马义是他一手提拔起来的。五套丛书出版这个事情一直拖着，参加编写的有1700人，这些人感觉变成了一种支撑，等了这十几年，得有个交代，并且在骂民委。骂民委也没办法，后来民委新来一个副主任，因为我们常问他，请示，督促，总结会什么时候开啊，总结表彰会，有一次副主任就把我、陈启仁，当然首先是张老，张养吾，

定：张养吾。

胡：把我们几个人找了去谈这个事情，我们就讲了我们的意见，我在最后。问我的意见，我的看法是这件事情好比像农民麦收，收了一场面的粮食，这都装口袋里去了，这口袋口没系起来，他听了以后说这咋办，这个副主任讲，我还得跟领导汇报。这一汇报就没了下文。

定：其实这个事儿做到最后是挺可惜的对吧，就差这点儿。

胡：嗯，可惜什么呢？书的单行本倒是出了，出了180万册吧，403本，单行本都有了，问题是没有扩大影响，没有扩大社会效益，没有发挥应有的效益，就这样，好多人都骂民委，不知道怎么回事儿。

定：我记得咱们读书的时候，五套班子还在咱们那个老地方呢。后来整个事情就不了了之了，这事我一直觉得奇怪。

胡：就是这么个情况，中间杨静仁没权了，马寅又病了。这套书总算是单行本出了，发

行180多万册吧，影响是很有影响的了。

定：你看这个书页，都是小册子。

胡：当时各部、各省参加工作的人的名单，各种书的规格、要求，这个书里头都有，发了多少文件，这个书的格式，都搞下来了。

定：这书虽然不大，但是个挺有用的工具书。

胡：马寅对这个事情很有贡献，我们是帮助他做具体工作，为了这个书，我们办公室就协调，联系，催办。我从1981年开始，到云南、贵州、广西，跑了许多年吧。

定：您一直在跑这个事儿？

胡：前两年没参加，历史系事情比较多，腾不出来，后来杨静仁碰到我，他让我把这个事情从始至终（做完），那时也比较清闲，腾得出（时间），就算兼职。可是又因为好多情况，现在又把我调到民委去，他要我在这儿，我就到办公室去。这个书吧，主要是杨静仁抓得紧，杨静仁受累，有一次趁"两会"开会，三月间，他把几个地区主要地方的一把手都请到民族宫吃饭，包括福建那个书记，都请来了，福建就是那个……

定：畲族。

胡：嗯，畲族。一直给人家做工作，请他们抓紧落实。各省、各自治区都有这样一个头，一个常委，一个副主席分管着，有一篇文章介绍了这个情况，你可以找出来看看。

（四）民族学院与民族识别

定：好的。您刚才说，少数民族调查一共三次，那最早的一次就是民族识别吧？

胡：最早的一次就是1954年开始的。

定：就是民族识别？

胡：民族识别。民族识别就靠民族语言。

定：主要是靠民族语言？

胡：嗯，那次以后，毛（主席）的指示是1956年提出的。

定：那大约形成了50多个民族，这在民族识别之后还没有是吧？

胡：那是识别以前的，那是很乱的。有专门一本书，作者是专门搞这个的，叫施联朱①。

定：哦，施联朱写的。

胡：有本书叫《中国之命运》，是陶希圣写的，这本书里头，蒋介石提出"中国少数民族都是汉民族不同血统不同大小的宗族"。其实民族很早就存在。古人承认汉、满、蒙、回、藏，那个回不是内地的回民，是新疆的维吾尔族。这个回民，蒋介石国民代表大会里有个名称，叫做"内地生活习惯特殊之国民"，白崇禧是那个回民。你还想知道哪些？

---

① 黄光学、施联朱主编：《中国的民族识别》，北京：民族出版社，1995年。

定：我才刚开始问呢。就是那个，您刚才提到的齐燕铭，他自己本身也不是汉人。

胡：他是满族。

定：对民族问题，他考虑得多吗？

胡：他考虑得多，但是他比较忙。统战部这个阶段是李维汉（负责），李维汉是民族问题专家。

定：他怎么是专家呢？

胡：他从延安时期就开始抓这些事情，延安民族学院，就是他承办的，他引导刘春、马寅（做民族工作）。

定：他们都是那时从延安民族学院出来的？

胡：那时候中国共产党有这个远见，看到了解决民族问题（的重要性），开始培养民族干部。长征期间不就有一些少数民族成分的人吗，藏族的天宝、杨东生。延安地区蒙古族干部最多，以乌兰夫为首，有一大批。

定：哦，对。

胡：就等于是没有什么（区别），中间就差个一年两年。到西柏坡到平山是1947年，1945年日本投降，一大批干部，以乌兰夫为首，包括刘春、王铎，都到了东北。

定：刘春是什么族？

胡：刘春是汉族。刘春在民族工作方面，那是既有理论又有实践，文化水平也比较高，他原来就住延安，是大学教授。他在内蒙古受乌兰夫照顾很多。刘春在内蒙古威望很高的，后来因为他得罪了乌兰夫。1964年就批了一次乌兰夫。

定：为什么呀？

胡：我们倒不太清楚，说是他有民族情绪啊什么，说是批判人批错了，也不排除是李雪峰的主意，李雪峰当时是第一书记，乌兰夫也是书记处书记。乌兰夫是很谦虚的，在李维汉面前是老师学生的关系。乌兰夫在内蒙古对中央贡献最大的，一个是粮食，一个是木材。

定：还有肉，主要是木材。

胡：5个自治区当书记的，只有3个例外，最早就是乌兰夫，还有广西的韦国清，再以后就是杨静仁，除这3个人以外，就没有本民族当过第一书记的自治区。

定：那延安的民族学院当时主要招收哪些民族啊？

胡：延安的民族学院，蒙古族最多，还有回族和少数的藏族，还有很少数的几个彝族。

定：那时候成立一个民族学院是挺有意思的，国民党当时是没有民族学院的。

胡：那个民族学院，从1952年开始，就有一条，要培养相当数量的汉族干部做民族工作。延安民族学院也有不少汉族干部。最近这样的更多了，从扩大收入着想。

定：是。

胡：现在情况变化很大了。

定：后来主要是李维汉对民族问题思考的比较多，是吧？

胡：对。

定：他又是从哪学的那些东西，苏联还是国民党？

胡：他是学习苏联的。1950年不是开一个少数民族委员会，那时候少数民族上层代表人物有160多人，文工团员220人，一共三四百人来北京。

定：少数民族唱歌跳舞。

胡：少数民族能歌善舞啊。那次周总理提出来要请少数民族代表来北京国庆观礼，政务院就成立了一个少数民族招待委员会，委员会主任就是李维汉，下面没有副主任，有两个秘书长，一个秘书长是余心清，正秘书长，杨静仁是副秘书长，因为那个时候杨静仁还不算部一级干部，还是民委办公厅主任。1952年一晋级，就是行政9级，副省、副部一级。杨静仁这个人对自己要求很严格，很努力，也有水平，辛辛苦苦勤勤恳恳，那时候我们就二三个人在一起，李维汉不是很看重他（指杨静仁），（认为他）文化水平不是很高。

定：杨静仁是回族吧？

胡：回族，甘肃兰州人，上了高中也没毕业。回族干部里，这个人表现突出，受到李维汉的培养。回族里边最老实的是刘格平，新中国一成立，他是中央政府56委员之一。这两个人到一块儿，一开始就闹矛盾，杨静仁觉得刘格平吊儿郎当、不用心。刘格平呢，看杨静仁是后生晚辈。刘格平工作十几年没有什么实际工作，但地位在那儿摆下了，是中央政府委员，在民委是第三把手，李维汉下是乌兰夫，乌兰夫下面是刘格平。

定：当时民委主要还是李维汉负责工作？

胡：李维汉在毛（泽东）周（总理）的指导下负责民委工作。

定：很多人对李维汉的评价都特别好，觉得他很内行。

胡：嗯，很内行，李维汉抓工作很多。看得出来中央是很倚重他的，筹备新政协，他是秘书长，后来他把腿摔了，拄着个棍儿，幸福得很，西藏和平谈判他不是首席代表嘛，实际上他是头儿，他是做具体工作，他提出主意来，毛、周一认可，就实行。

（五）满族的问题

定：齐燕铭也是少数民族，他没为满族说话？

胡：那时我不知道他是少数民族，后来才知道。

定：那个时候对满族的问题您有印象吗？

胡：有点印象，听过一次，可能是在1952年。山东满族比较多，山东有个地区叫益都。

定：对，就是后来的青州。

胡：1949年第一次政协会议没有满族代表，后来杨静仁带我去看载涛，（他是）溥仪的叔叔。

定：对对对，那时候他是爱新觉罗家族中最大辈分了。

胡：看他一次，到1950年，第二次选举还可以。

定：您去看他，他说什么了吗？

四、胡钧访谈录

胡：不记得了，（载涛）个子挺高。1949年上半年吧（有误），陪着杨静仁，到处找一些少数民族党内外上层，还有大学里学者，王辅仁、李有义。李有义给我一本他的著作，《今日的西藏》。到了第二届政协开会，有满族代表了，好像是载涛说了两句话。因为什么，好多人都以为满族人没有特点的。

定：那您刚才说到，山东益都的是怎么回事？

胡：益都地委经过山东分局向中央请示，是否承认满族是少数民族。

定：哦，这是什么时候？

胡：这大概是1952年。中央主要是李维汉的主意，起草电报稿，最初这草稿由我们做这些具体（工作），（电报稿）得到了中央认可，承认满族这个民族，从1952年正式承认的好像。1950年第二届政协会议代表就承认的。那个时候我们到新疆以后，有些少数民族工作人员（填报民族成分时）都填汉族。

定：你们到新疆，好多人填汉族？

胡：我们接触的熟人（好多填汉族）。中央电文里提出要把满、清分开，满就是满族，清朝除了过去已有的文件、记载不好变更以外，以后新的提法不要这么提（"清朝"），要把满和清分开，"满族"，"清朝"。

定：周恩来总理对这个问题有明文指示。

胡：中央提出文件，批准。就是说，满族统治阶级做的这些，应该和广大的满族人民分开。满族人民不应该承载这样的责任，因为这样压的满族老百姓抬不起头。

定：那您还真是经历过一段这个事儿。您那个时候对满族的印象如何？

胡：我本身呢，当时意识模模糊糊的，领导一提，意识就明确了。

定：那您后来不是也在北京读书吗？您接触过这些吗？

胡：那个时候吧，没注意到这些事情。满族也被渐渐汉化了，没什么特点了，甚至就和南方的一些民族（一样），特别是壮族，壮族不是经历过一次改名吗，原来是一个"人"字一个"童"（僮），（壮）这个名字是周恩来总理定的。我们读书那阵子，接触这个工作以前，懵懵懂懂，不太懂，上级一提出这个，我们很赞同。

定：那个时候满族的社会历史调查是谁来负责，您记得吗？

胡：辽宁省民委副主任，是个女性，叫晏璐莎，她本身是满族。我没见过这个满族调查从哪里来。

定：那怎么把满族给调到东北去做调查啦？满族最多的是在北京啊。

胡：在我印象中没人注意到这一点，因为满族根据地在东北。

定：山东的那个材料，文件现在还有吗？

胡：满族好像有本民族的知识分子提过。我的感觉，现在这些年啊，没有50年代抓得紧。

定：好像大家都这么讲。还得问您几个问题，反正今天我跟您说话也随便。

胡：随便就行。

定：最早的时候，政协里边为什么没有满族？

胡：政协里人们都是这种思想啊，（认为）满族没什么特点了，汉化了，没必要（设代表）。后来慢慢就发现不对了，满族有自身的特点，比如心理素质。

定：可是它没有语言了，因为你们这儿特别重视语言。

胡：没语言，没有一个共同的区域，没有单独的经济联系，而且认为（少数民族）消失这不是进步现象嘛，何必开发出来。

定：您觉得呢？

胡：这个啊，时代问题，有个分寸，有个掌握。我认为这个民族识别是有必要的，它没有解决的问题啊，它有心理状态啊，社会上就是那么多回民，这么多回民最明显了，你不承认他，你不给他一些关照啊，那社会不稳定。现在是构建和谐社会，是不是？得从实际出发，实事求是，这还是很有必要的。所以中国这个民族问题处理得好啊，成功啊，这些老一代的决策是正确的，能维系团结的局面。

定：刚开始的时候不承认有满族这个民族，好多满族人到现在还耿耿于怀，他们是挺看重这个的。满族那个时候除了山东人有意见，是不是新疆那边也有人提出来什么？

胡：没听说过。我就觉得啊，好多人是看重经济利益。

定：是不是上边对满族也一直有点防备的心理啊？

胡：防备的话？

定：您不觉得有？

胡：我不觉得有，应该是多少有点不是很亲近。

定：不是很亲近，跟别的民族还有点不一样？

胡：别的民族嘛，现在看，蒙古族、汉族干部，情况也不一样，有的水平也不一样，有的也不在乎这个，无所谓民族不民族的。但是从工作来说，这个民族间的隔阂不是那么很容易消除的。

定：可是好像也不是那么特别的深？

胡：应该是越来越好，在内蒙古待了那么段时间，蒙古族、汉族关系就很好。朝鲜族、汉族关系就不好。

定：朝汉关系好坏，我不知道，朝满关系尤其不好。满族和朝鲜族关系非常不好。

胡：汉族在延边，汉族是算少数，人口占十分之二三吧，（不清）多少有点歧视。这个事情反正，总的讲上面的指导思想很对头，（不清）。

定：我今年春节到武昌去，看辛亥革命起义纪念馆里面还贴着大标语："手持钢刀九十九，不杀尽鞑子不罢手。"这个是历史，这个没办法。

（六）民族工作的反思

定：国民党和共产党在这个民族问题上的成功和失败，您有体会吗？

胡：当然是共产党很成功了，国民党那个时期，他对西藏就指挥不动。

定：外蒙是整个给葬送的。我在台湾买一中华民国地图，还有过去的边界线，跟现在好多都不一样，真耐人寻味啊，子子孙孙看不到了。

胡：他（指国民党）不承认这个民族，就是一种山河沦落。

定：国民党这是像明朝，共产党这个问题有点像清朝？那您觉得咱们这几十年民族工作是不是也有做得不好的地方？

胡：做得不好的地方当然也有，像阶级斗争扩大化、反右和少数民族民族主义、少数民族间矛盾等。

定：您搞民族工作这么多年，您不会有这种思想吧？

胡：我没有这个（笑）。中国这个民族问题啊，还是基础打得好啊。

定：我觉得解决得还是成功的。

陈乃文先生

陈燮章先生

五、陈乃文、陈燮章访谈录

访谈对象：陈乃文、陈燮章
访 谈 者：定宜庄
访谈地点：魏公村某宿舍
访谈时间：2005年6月23日上下午
在 场 者：奇文瑛
录入整理：杨 扬

定：您说得对，我今天是明白了两个事儿，我就一直想这个学术的事儿。

陈：学术绝对不能离开政治，绝对不能。而且只有强权政治，没什么客气的政治。所以西藏怎么能没有解放军，你甭想，修了铁路就踏实多了。就是这样的。

（二）20世纪五六十年代民族调查基本情况

定：您哪年上的大学？

陈：1956年。那个时候第一学年上的课真是好。现在我们历史系的声誉如此好，跟一开始的印象是非常有关系的。因为当时我们的师资力量很好，而且教的我们学生的考核都是最高的，因为其他少数民族没有这么高的文化。当时我们是历史系第一届，翁独健是我们的系主任。他很重视，请的考古专家下来给我们讲课，还有最好的讲师。实际上讲课讲得最好的是讲师，并不是教授、副教授。为什么呢？因为他讲课有经验，可以把课讲得非常生动。不光是语言学、考古学、历史学都是请的一流的教授。当时翁独健有一句话，凡是报考民族学院历史系的我都要，不管他有多高的分，或者有多大的志愿，不行！都得服从分配到我这儿！所以我们第一个班就招了90多个人。

陈燮章：统统给民族学院历史系让路。当时我是第几志愿才是民族学院。结果报北大、清华、南开大学的人，都给选进来了。

陈：你必须服从分配，叫你学什么，你就得学什么，叫你分配到哪儿，你就必须分配到哪儿，叫你干什么，你就得干什么，就是这样。

定：怎么当时有的学生没有参与民族调查呢？

陈：当时因为是中央组织的，中央就近分配的这些学生。

陈燮章：北大一个59级的学生，一个是60级的学生，两届的学生，停课一年。

定：我知道北大的那帮，陈高华上的新疆，郭松义上的福建，陈高华后来搞元史跟这个有关系。

陈：我记得好多好多都跟这个有关系。秋浦之前没参加。后来也参加。

定：你们做调查的时候，提纲什么都是事先规定好的吗？

陈：是老师按照燕京时候的社会学的那一套。它是很完整的、系统的。比如首先是一个概况，第二是生产力，然后生产关系，再是其他的。

陈燮章：（这本书是）白皮红字，《社会历史调查提纲》。

陈：挺厚的，内容很丰富的。这都是从社会学传统搞过来的。

定：那选点也是根据这个提纲来选的吗？

陈：这个提纲就是说，你到哪儿去都要按照提纲给我做回答、做调查，然后写你的答案。但是至于怎么选点，是到了每个地方就找党委。比方说到内蒙古自治区，就找内蒙古党委汇报，（说）我们是根据毛主席委托，陈伯达叫我们来做这么一个调查研究工作，希望你配合。然后他们就说："你们要调查什么呢？"我们（说）要调查社会经济状况，解放前的经济状况。(他们回答)"好,那我就看,这个地方哪些村子比较完整、比较合适。"定下来了之后,把人一分配,就这么去调查。

陈燮章:这个组织形式,中央书记处谁挂帅的?彭真①发指令。到各个省的、地方,把彭真的手令拿到,那吃喝问题就解决了。到地方呢,以后就归地方领导了,由地方派组长,组长可以管事,也可以不管事。但它打的牌子还是中央调查组。(中央调查组)归两个口管,一个统战部门管,一个宣传部门管。过程不一样的。我们就归统战部管。"统战统战,包吃包办。"统战部管我们的时候,我就兼办公室工作人员,每个人到办公室来办公。第二次到云南去是宣传部管我们。

陈:为什么到统战部啊?因为许多上层是在统战部管辖之下。你不是要调查解放前的一些状况吗,有些头人他能说得很清楚。(统战部)一个是有档案,去的时候都有调查提纲什么的;一个是这些人他比农奴说得清楚得多,你问农奴,他自己不知道,也不是像他说得那样。

定:您那时候的工作是管什么的?

陈燮章:我是调查组的成员,学生,我管调查组办公室的钱。

陈:在考大学以前他(指陈燮章)在铁路上搞统计,他算账特别快,都让他去管行政管财务这个。所以他在办公室坐的时候多,他真正下去调查的时候并不多。

定:那您后来上甘肃的时候主要是负责参加什么?

---

① 1955年,彭真时任全国人大常委会副委员长兼秘书长,根据彭真同志的意见,全国人大民委当年就派出分赴云南傣族、景颇族,四川彝族和新疆维吾尔族地区进行调查的几个调查组。1956年春,彭真传达毛主席指示,为把少数民族地区这些社会历史状况如实记录下来,开展对国内少数民族社会历史进行调查的工作,被称为全国少数民族社会历史调查。1956年6月,全国人大民族委员会和中央民族事务委员会共同召开了全国少数民族社会历史调查工作会议。会议讨论的意见,报告全国人大常委党组和彭真同志,得到同意后,开始了全国性的调查工作。调查工作由全国人大民族委员会主持,成立了有全国人大民族委员会主任委员刘格平、中央民族事务委员会副主任刘春和中央民族学院副院长费孝通组成的调查领导小组,在全国人大民委成立了调查办公室。当年就组织了内蒙古、新疆、西藏、云南、贵州、四川、广西、广东8个调查组,抽调民族学家、社会学家、历史学家、经济学家以及社会科学研究人员、民族工作干部、大专院校师生200多人参加,第一批调查了20个民族,整理出不同民族从原始社会末期到奴隶制社会和封建社会,各个历史发展阶段的第一手资料约1500万字。1958年全国少数民族社会历史调查工作改由中国科学院哲学社会科学部(即现在的中国社会科学院)民族研究所主持,调查工作继续展开,又新增了甘肃、青海、宁夏、辽宁、吉林、黑龙江、湖南、福建8个调查组,共16个调查组,调查组人员最多时达到千人以上。到1964年,调查工作基本结束。没有派调查组的省,由省民族事务委员会负责按照调查提纲提供基础资料。在调查的基础上,已确认的每一少数民族都写出了《简史》《简志》,或者《简史、简志合编》初稿,这些史志初稿共写出57本。(见《缅怀彭真》,《彭真同志与全国少数民族社会历史调查》一章,中央文献出版社1998年版)

陈：我在青海。我在青海主要是调查农区的藏族，牧区比较艰苦，什么海西啦、海北、海南①什么啦，主要是男同志去。我们就调查化隆县②、循化县③的一些藏族的情况。调查完了之后呢，我们就调查一些回族的情况。一年多我们就回来了。后来第二次我们就去的西藏，我们调查的是黑河牧区④的藏族的情况。不过我们去的时候是夏天。

（三）回族社会历史调查的选点

定：咱们问个具体问题，当时的回族是怎么选的点？

陈燮章：回族的中心是宁夏。

定：回族为什么会选到宁夏啊？内地好多的回族，他们就不打算调查啦？

陈燮章：自治区啊。甘肃回族很多的。过去回族的调查报告都送宁夏，把全国回族的材料都集中了宁夏。回族、东乡，我都去了嘛。

定：那当时回族除了西北回族以外，在内地也特别多，为什么不去呢？

陈燮章：去的都是民族聚居集中的地方。你看到云南就展开了，各个地方都有。

定：为什么不去河南⑤？

陈燮章：它不是少数民族地区嘛，是汉族地区。

定：可是河南那么多回族人，而且出那么多问题啊。

陈燮章：你要历史地看问题。50年代，（主要）抢救嘛，不可能全面地大规模地普查。现在不是在抢救文化遗产吗，也只是一部分，只能是重点。共产党一贯的做法就是以点带面嘛，它的政策研究就这么一个观点。你现在说的全面的、完整的，当时他就没有这个东西。它着重是要了解这些回族在解放前的情况，不是现在的情况。回族现在分布在内地那么多，很多都是搞小商小贩、小吃，这些都是表面现象。它要知道的还是早期，所以它定的是青海了、新疆了、西藏了、宁夏、甘肃这些地方。主要还是（了解回族）解放前的政治、经济情况。

定：那回族在内地的情况对共产党领导下的政权的影响就不重要了吗？

---

① 青海的世居少数民族主要有藏族、回族、土族、撒拉族和蒙古族，其中土族和撒拉族为青海所独有。现青海辖有6个民族自治州，分别为海西蒙古族藏族自治州、海北藏族自治州、果洛藏族自治州、海南藏族自治州、黄南藏族自治州和玉树藏族自治州。

② 化隆县，1953年改为化隆回族自治县隆回族自治区，1955年改称自治县。位于青海省东部黄土高原与青藏高原过渡地带，海东地区南部。是一个以回族为主的多民族聚居县，共有回、汉、藏、撒拉等12个民族。

③ 循化撒拉族自治县，位于青海省东部，有撒拉族、藏族、回族、汉族等多个民族。

④ 那曲县，1965年之前名为黑河县。那曲，藏语意为"黑河"，中国西藏自治区那曲地区下辖的一个县。

⑤ 河南是中国散居少数民族人口最多的省份之一，少数民族人口144万人，其中回族123万人，居中国第三位。

陈：不重要，你比如说青海的马步芳，他会受全国小商小贩的影响吗？小商小贩得受他的影响。他不让你去哪儿，你就去不了。达赖喇嘛在青海出生的，如果国民党不给（马步芳）40万块钱，他就不放，这是他的地盘的人。后来国民党给了他40万块钱，然后他才派了个卫队送达赖到西藏去了。

（四）"一开始还好"

定：你们那个时候还是挺难得，以后就没有这个机会了。

陈：解放初期，由于对共产党、新中国的热爱，所以当时一开始还挺好嘛，还都愿意做这个。而且对下面都交代下去，都比较重视这个工作，我们做的也比较认真。

定：一方面有政府配合，大家也都有这个心气儿，另外还有一方面，那时候保存的东西也比现在多得太多了。

陈：而且刚刚解放初期的时候比较客观，不像现在那么主观。因为你面对的是一个陌生的民族地区，搞不好你就掉脑袋，所以当时进驻的解放军也好、工作队也好，都实事求是。当时我们在底下看到的那些档案都比较的实事求是。

定：你们是不是当时也有很多当地的档案？

陈：有啊，有很多。我们一到地方就先看他们的档案。我们都是通过一层一层介绍下去的。一到（地方），我们就说先去拜访党委，得到党委书记的支持。然后他看你需要到什么地方去，然后就赶快打个电话去告诉他们下面的人，中央有个调查组来了，要他们配合。我们就问你们以前做过什么调查、有过什么资料，我们先了解再下去调查。所以我们的第一步是先了解文献资料，这样我们就对当地的风情、地理、历史各方面都有了一个初步的印象。然后我们才根据我们自己要求的东西进行调查。当时有很多的报表，管它人民公社也好、合作社也好，管它实的也好、虚的也好，我们统统给它抄下来（笑），以后我们就给它编到里面去了。我觉得那个东西还是真实的，起码是第一手的。它如果是浮夸，也是第一手的浮夸。

定：我看民研所①满族的那个调查报告，几十大本，全是圆珠笔抄的。而且现在来说又过了50年了。那个东西50年之后本来也就是特重要的资料，再没有了。

陈燮章：第一是消失。还一个是少数民族文化水平提高了，他看外地介绍的东西多了，他会说假话了，说没有，不知道，所以有的东西就没有了。

陈：现在回忆起来，还很有意思的。

陈燮章：最有意思的是什么啊，我们到那儿买饭吃（指第二次去云南调查），独龙族不讲钱，一毛一毛的票子，你给他一张，他也给你，你给他两张，他也给你。没有价值观念。当时，到了独龙河有供销办事处嘛。独龙族来了以后呢，还有怒族，就把东西拿出来，先不

---

① 即中国社会科学院民族研究所，参见前注。

问你值多少钱，不管。他就点（他要的东西），这边啊给他算账。他点的东西值多少钱，他给的东西值多少钱。算完以后，钱够不够，如果不够给他顶掉。是那样做的。实际就是物物交换。他不是说我这几块钱想买你多少钱。他们最高贵的是什么？鱼的内脏。走的那天他们请我们吃饭，每次给我们杀鱼，都把鱼的内脏捣碎，往里面放盐。盐是很宝贵的，（这是）最尊贵的东西。

定：你们几十年前看到的那种物物交换，后来根本不可能再见到了。所以我觉得你们那时候的条件也可以说是千载难逢。

陈燮章：早上起来，我们也不做饭，他就把东西给你送来了。送来以后呢，我们就给他钱。给他五毛钱，他也不说，我给他两毛，他也不说，我给他一块，他也不说。你给多少就多少，完了之后你就吃饭了。

陈：完了，那些老乡就说："哎呀，你在我们家吃饭可好了，我现在就有现金了，我就老想给我儿子买个球鞋，没钱呐，你现在给我这钱，我现在就可以到合作社或者赶集买鞋了。"

定：那个时候才两块钱一双球鞋。

陈：对对，他（没钱）就买不了啊，就要费点劲。现在他就能给他儿子买个球鞋。那球鞋穿上，这小伙子穿上球鞋多帅，那小伙子穿上多喜欢。（笑）哎哟，就是那么淳朴，这个挺有意思的。所以我们在那儿生活很艰苦，不过都还挺愉快的。

定：而且那时候都还年轻。

陈：对，年轻。饿一点啦，苦一点啦，都还没有太大问题。

陈燮章：人都可高兴了，我们把他请来，他就不用干活了。（笑）

陈：还有呢，那个时候当地的老百姓由于刚刚解放嘛。当时还有日本的侵略，国民党进去打内战，几年乱战，生活真是水深火热。解放后大家生活就比较平稳了，而且衣食有着落了，所以对共产党的那个感情，对毛主席的那种热爱，那真是不可形容的。所以你去调查的时候不管走到那儿，真的肯跟你说真话。要是现在，我发现他都不肯跟你说真话了，他思想复杂了，有很多顾虑了，真的。唯一想不到的，我最近找到了阿沛·阿旺晋美，我过去有一些古老的照片，其中当时西藏的四大林①呢，四大部嘛，有十来个人，其中有五六个我认识，其他我不认识，因为那时候小嘛，我就想请阿沛给我看一看。他看了半天，阿沛已经95岁了，都流哈喇子了，也老得够呛了。我都跟他约了二三年了，总算是现在能见我一次了，还托了很多人。而且我觉得（他愿意见我也跟那时候）连战②来了（有关系），这大概对他们见我也有好处。因为他们在政治上都特别敏感。我是国民党的官员的女儿，我自己现在

---

① 四大林，即四大喇让，喇嘛教格鲁派（黄教）在拉萨的四座大活佛驻锡寺院的总称。即功德林、丹结林、才门林、锡德林。清廷册封这些寺院的大活佛为"呼图克图"。在达赖去世后或亲政（年满18岁）前，有被选任摄政的资格。

② 2005年，中国国民党主席连战率团访问大陆。

也是民革①的成员。他该不该来见我、我会问他什么问题，他都会有顾虑。但现在共产党和国民党都和解了，他还会有什么顾虑呢。然后我给他看了半天，他指出了一个人来，我没有认出来，那个人当时在政界上也是举足轻重的贵族。他认出来了还挺好，其他有一些他就认不出来了，另外他的爱人也见了。另外他还介绍我去见一个贵族，刚好他来北京治眼睛。他就跟我说："哎哟，你拿这张照片给我看，觉得真还挺亲切的。"因为当时有一张照片就是他们家族的全家照，还有一些我们的人。他一一的指给我看，这是谁谁谁，这是锡金②的大公主，这个是后来他们家的妹妹嫁给了锡金的王储，就是王子。都说得特别的清楚。等后来我再换其他照片给他，他说："哎呀，我'文化大革命'的时候呀，就有人给我拿出相片来了，红卫兵就问我这人是谁呀，这是谁呀，他当时做了什么事情，叫我交代。我说这照片，我确实有的认得出来，有的认不出来了，而且他究竟那个时候做什么事情，我真是不清楚了。（红卫兵说）'那不行了，你可得好好想想，想他做了什么。'一直在哪儿交代那些人的罪行。后来我一下就把照片都烧了，一个是我确实记不起来，一个是我不愿意害人。不要说是将来因为我指认出来了他是谁谁谁，他做了什么，他做了什么事，哪怕只是一点，人家又去找我去百般的盘问。"他说他不愿意那么做，所以以后的照片，他都说他记不得了，他不认识了。很简单的一个事。所以你现在要是去调查，就跟那个时候不一样了。那个时候你要是去调查，他完完全全都跟你说。再加上那时候我们跟他们"三同"啊，跟他们同吃同住同劳动嘛。我们跟她们睡一个大炕，脖子上毛衣上都长满了虱子，真是难受极了。吃得都是特别糟糕的食物，还跟他们一起劳动，确实跟他们也比较亲热。而且那时候我们吃了饭是给他们钱的，他要是误了工，我们给他补贴的。再加上那时候刚解放，他们对解放军共产党印象都挺好，所以那个时候调查也比较顺利，也得到了一些比较真实的情况。当然就我们现在的眼光来看还得再分析批判啊，不是，还得分析鉴别啊。

定：我下去做田野，人就说给钱不给，是不是来投资的，你要不是来投资的，我凭什么理你啊，凭什么跟你聊天啊。我能给他多少钱啊，给他几块钱有用吗，给多了我有吗。

陈燮章：这有几个原因。一个原因是现在人下不去，一个是钱，一个是他个人。过去我们下去的时候啊，我把别人找来当调查对象啊，人家生产挣几个工分，如果不劳动呢，给两个钱不按这个工分记账啊。但我把你找来做调查，不给钱，我给粮。

（五）"为了配合解放以后的经济改革"

定：咱们接着讲你们的调查。我一直不明白新中国成立以后为什么要对民族问题进行一

---

① 中国国民党革命委员会。
② 锡金是位于亚洲南部、喜马拉雅山南坡的内陆国，在中国西藏和不丹、尼泊尔、印度之间。居民75%是尼泊尔人，还有锡金人、雷布查人等，大多信喇嘛教（藏传佛教）。19世纪起，英国殖民者侵入锡金，1890年锡金被英国保护监理。1950年成为印度的保护国。1973年印度接管锡金政府一切权力。1974年成为印度的联系邦。1975年被并入印度。

个那么深入的了解和大规模的调查？它的主导思想是什么？别的国家的共产党好像也不重视这个。

陈：就是，以前没有这些资料。别的国家怎么样，我不知道，苏联有没有不知道，但我们国家比较落后啊。

陈：那个时候面对的是这么一个特殊政治环境。所以不得不面对，要认真地研究。

陈燮章：为什么研究民族啊？政治需要啊！

定：那个时候还挺认真的，是吧？

陈：那当然了，毛主席要做事那还是很认真的，它初期还是可以的。因为以前没有这方面的材料，以前统治者认为这些人都是夷人、都是野蛮人，拔掉以后给他封一个王，就不管他了。

定：共产党做的这件事情在当时来说是非常困难的。

陈：那时候我们去的时候（指参加西藏调查组时期），西藏还有叛乱什么的，像我们都是背一个长枪、一个手枪的。

定：你会打枪吗？

陈：我小时候在西藏还学过一下，我还会，其他的人可能还不会。我小时候我爸爸经常带我们出去练练打枪什么的。

定：当时共产党里头怎么会有这些天才？

陈：有陈伯达这些人啊。这些人是搞学术的啊，他还搞经济制度。

陈燮章：陈伯达就说过一句话，他说我们要写《家庭私有制和国家的起源》[1] 的续编。我当时提出问题，以后就不敢说。恩格斯是从摩尔根[2]的《古代社会》[3] 里得出的私有制起源的原因，有一种私有制起源是在家门口就可以慢慢地发展起来。结果呢，从我这几年调查里面就不对了。有的民族搞迁徙啊，到其他的地方建个草房子以后就刀耕火种啊，这样对

---

[1] 恩格斯著，是一部系统阐述家庭、氏族和国家问题的马克思主义文献。用历史唯物主义的基本原理，系统地阐述了原始社会产生、发展和衰落的过程，揭示了家庭、私有制和国家的起源及其发展的历史规律，阐明了在私有制基础上形成的阶级对抗，剖析了作为阶级统治工具的国家的实质，论证了私有制、阶级和国家将被社会主义、共产主义社会所代替的历史必然性。

[2] 路易斯·亨利·摩尔根（LewisHenryMorgan, 1818.11.21—1881.12.17），美国民族学家、原始社会史学家。

[3] 《古代社会》是美国民族学家摩尔根，L·H. 的名著。副题为"人类从蒙昧时代经过野蛮时代到文明时代的发展过程的研究"。写于1871—1877年，1877年在美国出版，本书共分四编，第一编《通过发明及发现而来的理智的发展》，对整个人类的发展进行概述；第二编《政府观念的发展》，通过对美洲印第安人、希腊、罗马、澳洲土著、希伯来人、苏格兰克尔、爱尔兰萨卜特等氏族制度的分析，阐明人类社会结构的发展历程；第三编《家族观念的发展》，通过分析印第安人、夏威夷人、希腊人、罗马人、阿拉伯人、南印度人的家族亲属制度，说明家族制度的发展进程；第四编《财产观念的发达》，分析了财产观念的出现和发展。是世界上第一部系统地分析人类社会发展的著作，对后来许多研究提供了翔实的材料和观点。

恩格斯说的私有制的起源就有怀疑了，那我敢写吗？调查报告的情况与恩格斯的观点不能说是错的，至少是不对的。有几种表现形式，至少我们中国没有，但我也不敢写进去。

陈：原始社会的末期吧，或者说是一个残余吧，这些东西在别的一些岛上啦，太平洋一些岛上可能有，但是也很零散。可是作为中国的话，既有原始社会的残余现象，也有奴隶制的彝族，还有类似欧洲中世纪的封建农奴制的，还有地主经济、资本主义萌芽吧，这种都有。所以从这个意义上就是为什么最初毛主席叫陈伯达来一定把这个调查搞了，（让它）能够作为《家庭私有制和国家起源》的一个续编。（虽然）它那只是一个理论，但我们可以用具体的事例来说明历史发展的阶段，而且要证明社会是要不断向前发展，社会主义、共产主义就是发展的必然结果，就是要说明这个问题。从这一点来说，我们作为学生听起来也是很振奋的，觉得是一个应该做的事情，但是做的结果呢，可以说不尽人意，地区之间的差异很大。像我个人的感觉，当然我并不能参加很高级的会议，但我后来从调查报告和整个的书来看，这些大民族做得比较多，像藏族了、蒙古族了、维吾尔族了，还有东北的一些民族，有一些大的民族，可能做得还好一点。其他一些小的民族，特别落后的、简单的，像他（指陈燚章）说的独龙族，那也有它的特点，你说是不是？比如说它那个交换。不知你看没看过那个电影。他把东西搁到路上，他就躲到草丛里了，你给我什么就是什么了，哎，根本不跟你讨价还价，他很害怕，你把他东西拿了，你给他什么就是什么。这个我们过去也没见过，事实就是这么存在的。不要说在那个社会存在，就像我们在西藏的那些牧区，很少有商人进去的地方，一根针就可以换一只羊，这可能么？它就可能，它就没有针。诸如此类吧，像这样的调查就挺有意思的。

定：对，用铁杵磨一根针，还不如养一只羊呢。

陈燚章：独龙族现在还在，最少人口的民族保持着原始残存。我们就把我们私有的观点强加给他们，（实际上）他们的分配是随机的。（我们把他们说成）是共产主义，把按劳取酬的观点加进去给他们啊，按劳动的多少（分配粮食），（结果）干部走了以后，他们就按照他们的方式完全重分他们的粮食。

陈：（实际没有劳动力的）孤寡都有一份。按照原始社会的（分配方式），（只要）我是这个氏族的人我都有权利（参加分配），（氏族）都有义务赡养这些老人。因为生产力很低下，如果不那么干的话，那些老的小的就活不成了。

陈燚章：你把你那些做法强加给他，他就不接受。我们吃饭的时候，就发现了，很多东西他们不愿意讲，落后的现象他们怎么愿意讲？吃饭的时候大人小孩都有一份，同样的一份，吃不饱另外有两个包谷放在那里了。一块肉切成五块，一人一块。小孩大人都是一样的。我们老是批判他是落后的。你光去了草原三天，你哪里知道（指定去内蒙古特区插队之事）。

定：什么三天？六年！你到那儿才是只去几天！

（六）"实际这些东西也是很管用的"

陈：当时我们的老师，像在青海的时候是陈永龄老师，他是经过科班学习的。他就教我们，我要求你们做的不是综合报告，是原始报告。就是你访问了谁，问了他什么，他回答了什么，我要的是这个。这是第一步。将来如果我要整理成报告的时候，就按照这个提纲（的顺序），比如生产力是什么，第一什么工具，第二什么再查，这些材料汇集起来。这是第二步。所以整理调查报告，或者综合成什么问题，就得把那些原始材料整理在一起。这个部分也只是把调查报告综合起来，还不算是研究，要再进一步才能说是研究。这是调查，这不是研究。研究是你把这个地方的调查报告和其他地方的调查报告拿来做比较研究。这些东西后来有的做了，有的没做。

陈燮章：我们的任务是把调查报告做出来。一个村子一个调查报告。一个村子的多少次谈话记录，就是一个村子的调查报告。到最后我做的工作就是几个村子归到一块，把几个村子的调查报告汇成一个，第一次到最后一个综合成的调查报告，这个就叫调查综合报告。最后这个报告出来，说难听点，是有水分的，内容肯定是少的。每天调查，谈嘛，然后记下来嘛。几个东西掺在一块写的综合调查报告，一个调查小组的综合调查报告就是这么出来的。而且（调查提纲的）指导思想是什么？是经济基础。强调经济。上层建筑这部分是次要的。所以我们下去以后对婚姻、宗教、文化等上层建筑的内容基本上不列入调查范围。还有一个，对于族源这些东西啊，也不是主要的。当时就是搞社会经济调查。我第一次去甘肃，第二次去云南独龙族地区，我们编了一本独龙族调查报告，强调的就是经济基础。经济里边还有一条，就是政治第一。政治上下去，要访贫问苦，这话没错吧。

定：那怎么的，不是可以问旧社会的苦么？

陈：其实问苦么，也就是问解放前的苦，因为我们调查的都是解放前的东西。

陈燮章：这苦有两种解释，就是说旧社会的苦难。如果说毛泽东时代的苦就不行了。

定：过于敏感是吧？

陈燮章：哎，就是。只要说到这个就不可以，所以全面系统的调查在当时是不行的。

陈：也没那条件，人力也不够。

陈燮章：也可以捎带调查一下，我问了你经济情况之后，然后问问婚姻都可以吧。我在云南搞了一个调查，后来我把笔记本烧掉了。

定：干吗烧掉了？害怕了？

陈燮章：没用了。"文革"就烧掉了。还有一个，调查回来，笔记必须上缴，不许自己保留，从云南回来，我们写了一个调查报告整理出来了嘛，他们也不用，最后就……

陈：当时领导我们调查的像陈永龄先生啦、林耀华啦，还有一些老先生。他们一直说原始的资料要原封不动地保存，将来你要有问题的时候可以查，查最原始的东西。

定：这是他们在西方训练的比较正规的做法。

陈燮章：这些先生，陈永龄先生也好，林耀华先生也好，还有沈家驹，都是受过西方田野调查的学术训练的。

陈：调查的内容应该是差不多的，按照西方的说，对它们也是完全合适的。但是就是有点偏，强调上层建筑啦、意识形态啦。实际这些东西也是很管用的。

（七）"研究没有做"

定：你那个独龙族后来有没有做一个完整的调查研究？

陈燮章：研究没有做，到现在都没有做。只做了一个现象调查，就叫描绘民族学，就去描绘。

定：那其实说很多东西就是一个描述，他们非说史学是叙述。

陈燮章：就是描绘民族学。到最后就没有人深入地去继续研究。要说进一步的工作就必须再下去补充调查。除了翁独健①真正的再下去过，还把两个民族横向比较。

陈：这个是有几个方面的原因。一个原因就是当时不是让陈伯达负责这个工作嘛。陈伯达倒是个学者，他当时倒是抓的有条有理的，配合了费孝通啊、林耀华啊这样一批教授，是挺好的。之后就突然说了他犯了错误了，就给他免职了。

定：他到底犯了什么错误？

陈：谁也不知道。这之后就没有人来抓这个问题了，没有人来抓这个工作的完成。最后怎么样，怎么用，就不了了之了。后来毕业之后，我们有的人就分在社科院啦，分在民族学院啦，分在民族所啦，有的就分在民族地区底下去了，就散了，所以这个工作最后这几个步骤就没有做。我们到了民族研究所的，你说像我研究藏族的，自己又这么了解，那就应该继续开展这方面的研究工作。但是不是，不断的上面有要求，你现在给我研究这个农奴制度，你现在到这个牧区研究这个。比方说黑河哪一个部落的各方面的经济情况，我们是60年去的，于是就忙于这个工作了。忙完了又有了别的任务，总有任务在给你。我们也不知道这个任务是怎么来的，该怎么办，我们就是在不断地完成任务，写文章、评职称，还有搞运动。最主要可怕的是搞了几十年的运动。

陈燮章：大部分调查工作是1962年才结束，结束以后紧接着要解决吃饭的问题，饥饿的问题，紧接着，1963年就开始搞"四清"，1966年就"文化大革命"。

陈：一直到了70年代末，到时候人家说你该做什么。

陈燮章：民族调查结束后，可以继续补充，补充调查后出研究成果，（结果）就给你鸟兽散了。我第二次下去，还没开始继续就下乡了，就派别的任务。

---

① 1956年翁独健任内蒙古东北调查组组长，亲自撰写《蒙古族简史》的部分章节。

陈：还有一个，你记得我们那时候还有一个叫"插红旗拔白旗"①，搞政治运动。不许你看书，也不许你搞研究，也不许你想过去你搞什么工作。就说你那个是"白专"②道路，不是"红专"③道路。为什么会有"拔旗"这么个东西，就是有人他想钻学问，他不想你钻学问，必须拉着来做政治运动。如果那个时候不这样，那肯定有些人他会做出一些成绩来。

陈燮章：调查报告完了就没做。调查完了应该进一步研究提高，继续调查补述，出成果是不是，但没有做。留下来很多的就是现象，让人迷惑不解，因为又隔了一代人了。

定：有些东西就是它点到了，需要做成一个完整的模型它才有用。你没完成就做了一部分，那没有用。

陈燮章：我跟你说，为什么60年代会搞不下去，如果说没有那么多的政治运动，不搞"文化大革命"，可能这一部分的学术研究啊会继续下去，继续补充调查。云南民族研究调查，他得继续补充，一次一次到民族地区，以我们前人的成果，去补充调查。但搞运动不让做，课也不上了，课题也没有，钱也没有，就放弃了。

定：现在倒是有钱了，也比较好干了，但是已经成了一个断裂，接不上了。

陈燮章：研究没有继续下去，说得难听点，下去了差点没回来，对不对。满族这种研究不现实，你有这种想法，但不能实现。就像我讲的，到云南去千辛万苦，是不是，你回来之后就没有机会再做研究了。

定：是啊，你看独龙族付出的代价也不小啊，是死人的啊，就赔了150多块钱。

陈燮章：就没有给你机会。

定：对，当时下那么大的功夫，应该有一种，比如说哪怕他做一个模型。民族学讲究做一个模型，是吧，一个完整的研究。

陈：当时在我们社科院就有人说，社会科学院不科学，民族所不研究。这些调查报告没人研究。

定：调查报告不研究，觉得特别遗憾是吧？

陈：因为不断地有任务来，就放着了。

陈：对一个民族（没有）完整的研究。（因为）当时我们有很多族嘛，原始社会，像云南的一些民族也有，傣族也有，维吾尔族也有，还有独龙族，还有佤族，都是独立的。首先，这个研究本身就没有很好完成，那更不要说把这些都排列起来研究，也没有。

定：调查报告后来都已经走样了。

陈：为什么走样？就是因为政治运动而走样，搞"左倾"啊，后来搞浮夸啊，跟着跑

---

① 在1958年的"大跃进"过程中，号召用共产主义思想占领思想文化阵地，对一些反对浮夸的人，以及一些所谓具有资产阶级学术观点的人都作为"资产阶级白旗"加以批判、斗争甚至处分。
② "白专"指忽视政治，只埋头钻研业务的倾向。
③ "红专"，即又红又专，意为既具有较高的无产阶级的政治觉悟，又有业务能力。

了变了样，废纸一堆，价值不是很大了。

奇文瑛：而且现在印出来的这一个跟你们一开始的都不一样。

陈：我们一开始还就真实地记录了一些情况。

定：现在再重新做就是，一个你没办法追踪，现在彻底断了，另外，不是一代人，很多的根脉都摸不着了。我还有机会来请教你们，好多年轻的搞这个的，都懒得来找你们问问，他也不知道有这些。

陈燮章：现在就这一条，为什么不继续调查研究下去？为什么不带有研究的目的、学术的目的去进行调查，而是带着政治任务去？

奇文瑛：今天听，我觉得过去我这思路，过去都想错了。

定：那你觉不觉得该听听？

奇文瑛：是该听，我那本书里头好多东西跟今天听的不一样，就按照现代人的思路写的。

定：其实我们跟陈老师他们的年龄差距并不特别大。这些事情我也知道，可是我知道跟我身临其境是两回事儿。尽管我挺理解他们这一代人的政治环境的，可是好多东西，你想像不到，事实还是不能理解。

奇文瑛：因为咱们出于惯性吧，不会这么想。

定：我去台湾的次数多，我去了那儿3个月，他们后来就是坚持了学术的一脉相承，包括后来西南的少数民族的前沿。他们坚持把这个高山族一直做到前沿。当时不叫高山族叫原住民，那个东西做得就非常完整。

陈：80年代搞的，跟我们这个还不是一回事。你说我在这个单位，其实最应该把这个工作做完的，而且我本身的条件有一定的基础。

奇：地方都没有人去搞了，那些东西后来都留在地方了。

陈：地方忙于他们的行政。

陈燮章：按照他们想像的，进一步的、学术的研究都是地方的。

定：到了几十年之后，我把这个问题刨出来问的时候，连我都快60岁了，是不是？

陈燮章：而且还有一个条件，二十几岁的时候，我们去的时候，没什么专业知识，没那种强烈的愿望，没那种概念。全班停课让你下去，不是说你说愿不愿意，你到了那里去，说你搞新疆，你就得搞新疆。

定：用了多少时间？

陈燮章：两年。我们就是五年制啊，两年没上课，所以我们很多课都没上完。后来他们就解释民族实践经验就可以等于这些。这是什么说法！

定：根本不是这么回事。

陈燮章：关于西藏的课，都是自己学的。学校的课一个没上，没给我上过。说得难听一点，就是自学，是兴趣，不是系里教学安排要你得去上这门课。

定：有时候我是觉得挺可惜的。

(八)"这不是我们的事儿"

定：历史调查的目的达到了吗？就是说（这个调查）对完成经济改革、政治改革，有没有用？

陈燮章：这不是我们的事儿。

陈：很难说。因为毛主席固然是有那么个思想，陈伯达也那么做了，可是后来我们没调查完，陈伯达就犯错误了吧，就把他革职了。我们完成了调查以后，后来就成了我们民族所工作的学术成果了，还有一些调查报告就留给原地了。比如说青海的很多的调查报告就留在了青海的统战部的档案里头了。后来不是有个叫芈一之的吗？他后来成了一个很大的学者，原因就是他参考了我们的调查报告。研究以后就整理出版，就成了他的学问了。

定：他叫什么名字？

陈：叫芈一之，那个"芈"是很不好写的那个。

陈：很多地方都这样。有的地方就没有这么一个聪明人，就可能当废纸卖掉了。这些东西也没有都归我们民族所，因为我们民族所当时只是很多参与单位中的一个。而且当时都说不要让这些材料成为私人的东西。因为当时的学者都知道这些东西是最宝贵的，都想据为己有。所以就明确的规定调查报告也好，还是日记也好，只字不能留在自己的口袋里，都要上交给当时的宣传部啦、统战部啦、党委啦。后来，我们不是五套丛书都发表了吗。

陈燮章：调查报告下面不是有落款吗？就把我们当事人的名字划掉。它的根本目的是政治目的，它不是学术。这一点你要明白。你想搞的是满族人的社会心态，（当时）不搞社会心态，只搞经济。社会调查就是要整合，就要发展经济，其他一概不管。它是为政治服务的，不是纯讲学术，而且有的东西不能讲。

定：后来也就说这个调查没有什么成果就不了了之了。

陈燮章：这些调查报告送去看了以后，有什么问题他就不告诉你。后来我们不是把调查报告都做完了吗，送上去，他不可能全看，他有自己的政策。（送上去之后）你的任务就完了。

陈：还有我告诉你，它最大的问题是，比方说我们社会科学院，后来民族研究所也经常下去调查，是作为我们的科研任务下去调查，虽然说捍卫了一些精神了，这个了那个了，但没人看我们的调查报告。中央有自己的调查组，自己有自己的政策研究室。人家有什么事，人家自己下去调查，调查完了写个报告决定政策，我们的报告根本就没用。你研究满族，你以为他批判你那个研究，他根本不批判。这是非常不对的。

定：所以我的意思其实跟您说的是一回事，就是为什么他自己有自己的那一套，50年代还要动用那么多的学者（去做民族调查工作）。

陈：当时确实需要。（不过）后来陈伯达没调查完就犯了错误，就给他弄掉了，（我们）好像就群龙无首了。初期可能还开个会叫你说一说，后来的那些政策就没考虑到这个了。比方说我们社会科学院,我们应该是个咨询单位,他什么时候来问过你?不问你。

定:只要你为他们的宣传服务。

陈:你自己搞的是纯学术,包括自然科学家,他发展的那个原子弹在他自己看来就是纯学术,但它也必须是要为政治服务的。

定:或者被政治利用。

陈:要不然就是没用,你发表了什么都没用。

陈燮章:不重视,摆着又不用,就在上头摆着。

奇文瑛:就有那样的人,就是在那样的人的管理下。他要是用一个明白的人,就调你当官去了(笑)。

定:整个房子到哪儿看书去,不是看书就是写书,那不是完了吗。

奇文瑛:所以这就是可意会不可言传了。

陈燮章:明白就行了嘛,就不让你整天的发表意见,研究不要让你发表。

定:我还是觉得不对,我开始的这思路不对,不过还是觉得特别可惜,这要是继续做下去。

陈燮章:这是当时政治历史条件没有完成的。

(九) 满族社会历史调查

定:我一直有这么个感觉,就是我刚进来就跟您说的,我觉得这一次少数民族社会历史调查对于后来的民族研究是决定性的,后来中国这几十年的民族研究就是沿着那个思路走下去的。

陈:因为当年对各个民族的调查都没有那么系统。这是第一次有,虽然它很不完整,或者有很多缺陷,但所谓先行者吧,(所以)给了人很深的印象,人家都得沿着这条路走。

定:(50年代社会历史调查中在满族调查过程出现的)误区一直都在,导致了现在对于满族的研究都有一些特别要害的问题,全都搞错,可是没有人指出过。

陈:那可能。

定:我一直都还有一个特别大的疑问在那儿,我说当时为什么他们都去农村做调查。比如我举一个例子,(满族的社会历史调查的)重点都放在农村,可是实际上满族和其他民族不一样,它是一个城市民族。满族入关以后,10万八旗禁旅集中在北京,其余的那10万,大概有八成,在南京、杭州、福州、广州这样的大城市,因为军队必须驻扎在大城市,它才有好的条件,才能补充上给养。而且军队镇压最关键的是城市嘛。只有20%左右在东北。我说这少数民族历史调查,怎么重点一下子都跑到东北农村去了?而且全集中在东北,而不是在关内。这导致了这几十年满族的研究都是写东北,写东北农村的满族,满族的自治地方也都设在那儿,甚至现在国家编纂的清史索性就把满族列为东北民族。我觉得根儿在这儿。当年谁制定的这个政策?当然我这儿说的只是一个例子,别的民族是不是也有这个问题?

陈：有。因为当时好像毛主席说到了，对于社会形态应该有个抢救。好比说我们国家里边有原始社会的形态，或者说是残存吧，比如说奴隶制的像彝族，还有农奴制的像藏族，还有封建制的，诸如此类吧。对于这些呢，如果解放初期不进行调查，将来可能就没人知道了。而这个调查的主要目的是为了改革，为了经济的改革、政治的改革，所以它不放在城里头。因为城里头对于改革没有多大的问题。它的意义不一定在那儿。当时号召的是，学术上的就是要继承恩格斯的《家庭、私有制和国家的起源》的调查方法，要说明社会历史的发展趋势，是按照这么一个要求来的。即使学术的研究也要为政府、对当地的政治经济改革，比如西藏的农奴制改革，提供一些资料和参考意见，是这么个意思。因此它的选点就必须是过去满族聚居的地方，它原来是什么状况，如果它现在进行改革应该是怎么进行改革，它的发展应该是怎么个趋向，是这么个问题。跟您说的目的不是一回事。

陈燮章：她（指定宜庄）现在缺少的不是这些东西，她现在缺少的是为什么（满族历史调查）会不平衡、为什么（满族历史调查的）重点不是在城市。譬如满族大多数都进关了，不仅在北京这样的大城市，还有在新疆啊，内蒙古都有满族，这些为什么都没有调查啊，对不对？

定：这下我就明白了。因为我也问了一些我这个年龄的，他们也搞这些，但都说不到点儿上。

陈：他们不知道，他们没亲身经历过这些东西。当时给我们都开过大会，开动员报告，它的目的、意义、具体如何做就是这些教授带我们去实习的。

定：那你们知不知道关于当时满族历史调查的情况，谁还比较知情，还有谁在？

陈：当时是傅乐焕先生带队去做的满族调查，他后来在"文化大革命"期间自杀了，后来他的夫人去香港。还有谁啊（问陈燮章）？

陈燮章：调查的有几个，赵展也算。有个陕西的研究所所长（指李登第），后来他去弄了半天，到研究所当所长去了，最后写了一个年谱。

定：咱们民院比较知情的也就赵展了是吧？

陈燮章：嗯，就赵展去了。东北调查组的没什么人，我们分在了历史系。我们一共两个班的人，我们这一届和后边一届参加了调查。

定：我们王锺翰先生知情不知情？

陈燮章：他是一直属于管制分子（笑）。

陈：调查的时候就被管制啦？

定：从1957年开始。

陈："右派"啊。派人下去调查你是不能去的。

定：我今天啊，跟你们聊，有好多的地方我就懂了。一个就是说，它做这一个调查不是为了对民族进行一个深入的了解，而是有一些是为了进行它的政治改革，所以它取舍是很明显的。

陈：我跟你说，有一点你想到没有？很久以来满族好多人都不报自己满族的。

定：这我当时想到了，可还是想问问他们当时是怎么考虑的。

陈燮章：这个当时做的就不是对满族的研究，而是对农村里面满族的（研究）。

定：所以今天我就懂了，到底是前辈啊，亲自参加过的，我一下就明白这事。别人就给我瞎解释，譬如我问我的同龄人，他们不是搞民族学吗，他们说那就是一个礼俗的求证点，就是说满族的礼俗①啊在城里都不存在了，得到农村去找。

陈：（笑）他是按学术的角度去思考。

定：可是当年（民族调查）不是按学术，所以这件事情呢必须换个角度才懂，我就钻牛角尖里不动。这个问题严重在哪儿啊，就是这个误区一直维持到现在。至今为止，他们一搞满族，就跑到东北找农村满族，实际上它不是东北民族。

陈燮章：就是说根本的原因，对满族的研究没有深入，满族大部分不在农村。

定：说一句可能您不一定爱听的话，现在主导学术界的这一部分人还是你们那一次民族调查培育起的那部分人。

陈燮章：是（声音提高），这是什么原因呢？就是对这些东西没有了解！满族，明明只有20万在那里，80万不在那里，导致我们调查的只是这20万，我们的任务就只有这20万。

定：今天我一直想问这个问题，陈乃文老师跟我说第一句话，当时我就明白了。我好多地方当时没想对，所以我就觉得真的需要跟你们谈谈，如果你们不给我指指这个路吧，我就老钻这个牛角尖。我上美国去开满族研究的会，开完研究会，我又想到这个问题。因为现在都市人类学很火啊，我说这个满族实际就是一个最典型的都市民族，为什么就是放在农村来研究呢？我老是从学术的角度想，可是实际上不是这么回事。

陈燮章：几百年来对满族的研究一直是消沉的，这是两个原因。一个是他的祖宗，中国几百年来对它的反感，很多满族自己都不承认了，对不对？从辛亥革命以后到解放前，这个满族的地位，不管什么样，总的来说是消沉的。那么就满族本身来说，这些人应该保护起来是吧，这遗老遗少。到解放后，他要寻根，找他的祖宗三代，问他的爷爷如何？很多人都讲不清楚。

定：我现在明白了。你想想那个历史时期的政治气氛，它根本就不会在北京大规模的做什么满族历史调查，是吧？一个跟它的政治经济改革无关，另外一个它调查你的民族意识干什么。

陈燮章：全国的政治形势就是下去研究嘛。

定：您说的满族调查有一张表，就是您说的那个记录，原始的东西在你们民研所还

---

① 东北各族礼仪风俗，以满族为首，相差无多，多敬老尊亲人，好客有礼。满族礼节很严，长幼有序，以长为尊。如打千儿、抚鬓礼、寿礼、请大安、顶头礼、拉拉礼、擦肩礼、抱见礼、打横等。（详见铁木尔·达瓦买提主编：《中国少数民族文化大辞典·东北、内蒙古地区卷》，北京：民族出版社，1997年）

有吗？

陈燮章：我跟你说，有的就交回来，有的就不交。我就像跟你讲的我就不交，我把它烧掉。

定：这也不是全部，就您刚刚说的是一样的。在很多地方抄了很多东西，就抄的那些东西现在已经找不着了，比如说当地的一些档案，经过合作化、经过人民公社、经过"文革"，早就已经没有了。另外它当时的一些会议记录和访谈记录，一张一张的纸，什么人、说了什么话，当时抄的那个现在都挺宝贵的。现在看呢，我就觉得，因为当时很多人就是学生，他就没有那种训练，所以实际上他问的有些东西是不对的，但后来几十年呢，搞满族研究的一直都在沿袭这个。

陈燮章：也有人，也有调查组，我的一个同学，他什么都不干，就抄档案，到每一个地方去抄档案，他的任务就是把各个地方的档案都抄回来。他什么调查都不做，就抄档案，抄了档案就可以直接用了嘛。

定：我觉得他们搞语言的那帮人做得还比较专业。

陈燮章：语言的就是把你叫来一个个发音嘛。还有从地方叫来到北京搞语言学的，叫完了以后叫你留下来了。

定：他们本身技术性比较强。那时候调查手段比较落后，也没有录音、录像。

陈燮章：而且当时很少有人去山地，那个时候叫山区。

定：其实那时候要是就有现在的条件的话，（比如）录音啊就好了。

（十）民族社会历史调查的影响

定：那您觉得那次的调查对您后来的研究生涯是不是还是有好多的（影响）？

陈：我觉得有好处。因为虽然我小时候在西藏，12岁到16岁在那儿过的，但是对什么叫农奴制，我一无所知，我也很少能够接触下层劳动人民的生活。但是我学过一些马列主义的理论之后吧，我可以回来再看西藏社会，那人家说得是准的，是对的。确实是非常落后，剥削方式也是比较残忍的吧。这方面我觉得是挺好。另外我毕业了以后正好分到社科院的民族研究所，（因为）我有过去的历史么，所以我继续研究藏族，对藏族就会有一个更全面的、更深入的了解，对以后我的工作是挺有好处的。而且这些材料也确实是有用的，比如芈一之他就做得很好，他把这些材料报告拿来了整理了，都成了特别好的东西了。因为有些确实要经过加工才行。芈一之是青海人，他有那个条件，他还能够下去核实，所以他搞出来的东西，大家都认可，对不对啊。所以说是有用的。如果说你改行的话，那用处不大。但是我们民族大学的人都是在民族地区工作的，那么这些调查研究，不管你是搞行政、是当官、当医生、当什么，你都用得着。因为你都得深入到民族地区去，跟老百姓去（接触）。当时强调"三同"，了解他们的情况，怎么样帮助他们进步。我觉得都还是有点好处，当然程度不一样。所以不仅对我来说，而且对那些个参加调查的人都有比较大的收获，不管他以后做什么。我觉得资产阶级的这个田野调查是比较成熟和比较完整的，他把那个东西拿来，不管是为哪个政治服务。当时那些学者也是资本主义要了解落后的国家，要把你当做殖民地啊，要来侵略你的，所以它花钱派人来调查对不对？所以他们的提纲非常的详细，而且调查出来的材料对他们很有用。

定：也就是说您认为他们也是为他们的政治服务的？

陈：对。所以，学术确实离不开政治。如果说是纯粹的学术，也可能你自己会那么认为，就是说我对满族的研究如何的系统、如何的全面，但是如果它最后不为政治服务的话，就没有任何的价值。

定：您现在还这么认为？

陈：我还这么认为。但是看你用得对不对，是不是把你的报告，很尊重你的观点，用在真正为发展民族地区的经济和政治。我觉得它还是有用的。如果说是我们现在党做的地方有很多失误的话，一个是因为他对我们的调查他不懂。因为搞调查的我们多多少少还是上过大学的人，他们搞行政工作的，恐怕连这个基础都没有，连那种知识都没有。那他们自己主观上的那种理解，是有所偏差的。包括那些官来说吧，他们过去都是一些土八路吧，他们怎么来驾驭这些工作。所以我说，我们国家建设到现在，（在科研方面）可以说像蜗牛似的，进展的不快。为什么？不是说我们没有学者，没有科研成果，而是没有把它很好地利用起来。所以我说我们做得确实问心无愧，做了我们应该做的，但是用的人是怎么用的，那很难说。你要用得好，那还是很管用的，你说是不是啊？资本主义国家，日本、美国人家就比我们用得好，不管人家用得对不对，但人家就是用的比我们好，做得比我们好。

定：满铁的那个调查资料①，人家就用得比我们好。

陈燮章：那时候社会科学院起什么作用，根本不起作用。美国的政治评议员对他国家的政策有影响，我们就不会有影响。学者的观点对政治根本（没有影响）。

陈：不过现在还好一点，在电视上还有社科院的研究员说一说。虽然说一说也就是泛泛的吧，但对这些不知道的人还是管用的啊，是不是啊。

定（对陈燮章）：我刚才问陈乃文老师的话，我也问您。您觉得那次的社会调查对你们这一代人的学术生活、学术的指向是不是都特别有关系？

陈燮章：对她来说是用上了，她后来搞民族志，对不对。对我来说，调查完了就改到另外一行去了。当然生活经历是有用对不对。后来我自己改了，老师叫我搞藏族去了，一方面是搞新疆搞的不满意，再加上有点兴趣。当时不让我在新疆工作，我就不愿意搞新疆，我就

---

① 满铁，全称为南满洲铁道株式会社，是1906年日本政府为经营从沙俄手中攫取来的南满铁路及矿山而下令设立的，到1945年随日本战败投降而消亡。满铁在40年时间里，依靠掠夺中国东北经济资源的手段，将自己发展成为20世纪上半期日本最大的企业。满铁不但追逐高额利润，还在经营铁路的同时，经营矿山、其他工业及农牧业，并着手一般经济调查以及满蒙旧惯调查。这些调查资料是研究满铁史、中国近现代史最原始、珍贵的素材。

搞自己的书，我自己磨出来的。

陈：后来他们搞的是图书资料，所以他在图书馆啦、图书室啦。

定：贾敬颜先生当年说过一句话，我印象特别深。他指我们系里面跟一帮老师说，你们这辈子就吃民族调查的饭了，你们觉得这话对吗？

陈燮章：那得看什么人，看哪个行当。比如说历史系这一帮绝大部分……我们历史系，当时民族学、民族史一个系，我毕业是在两个专业毕业的，西藏跟我是毫无关系。

陈：对于我们所来说呢，大多数人都有用，因为我们还是在少数民族地区进行进一步调查，所以还有用。

陈燮章：当时调查组作为一个学生的队伍，我们初次去调查，不是我自己选择的，完了我的任务就完了，这是第一条。第二毕业分配之后，大部分人都改行了，延续下来的没几个，绝大部分人都改掉了。

定：那你们班就陈乃文老师一个没改行，陈连开没改行？

陈燮章：当时搞民族史的看不起民族学。搞民族学就是讲吃喝拉撒睡。（笑）

陈：这个又把它太简单化了，并不是这样，学术上的偏见。（笑）

陈燮章：当时我们去，在思想上要搞清楚，不能是简单的考虑啊。或许年纪的关系，还不成熟，搞得不是一种学术的研究。

陈：我们只是一种简单的记录，调查记录，这些材料呢应该有更深入的研究。

（十一）调查就处在这个中间点

定：我最近看的郝时远主编的一本书①，还挺厚的。今儿本来想拿来的，您看过吗？

陈：我知道这本书，但我没有去写。因为可能我比他们更丰富了，他们就老欺负我，排挤我。还因为我出身的历史啊这些事，所以我也不跟他们一块儿，他们爱写什么写什么。

定：是不是那个时候您的感觉要比他们丰富一些呢？

陈：也不能这么说，我小时候在那儿也不懂什么叫农奴制。

定：我当时看了这本书，就是郝时远他们编的这本书，我觉得他们的思想还停留在那个时代，是不是这样的？而且他们对民族调查也没有总结。

陈：他们都爱说的是当时多么多么的艰苦，他们做了多少多少的工作，过分地夸大，所以他们那套我也不信，我也不想这么写。但是说到他们的工作究竟就是有多少，（其实）没有。

定：可我觉得那书最大的缺点还不在这儿，我觉得那书最大的问题是，他们只写了一个经过，没写到他们这个调查在学术上有什么收获。

陈：因为那些人就是为了歌功颂德。

---

① 指郝时远主编：《田野调查实录——民族调查回忆》，社会科学文献出版社，1999年版。

定：那他也不总结他的收获是什么吗？

陈：用得着总结吗？谁给我钱？我总结了谁给我钱？

定：咱们在民院待了这么多年啊，咱们都没想到好好的问问这一段历史。

奇文瑛：今天我不听这一段，我还觉得我那个书写得论从史出，你论，你本身这个史都错了。

陈燮章：现在的条件继续补充调查，横向比较，可是今天已经做不到了，横向比较才能完整。

定：你没听陈老师说，他们当时去调查的时候，各种社会形态，现在都没有了。

陈燮章：这不是政治口号，我们中国那么多的原始残余的民族，把它拿过来横向比较写的书会很有价值。

定：现在去调查完全不是50年前的情况了。不止50年了。

奇文瑛：当时的那些抄的资料，现在就没有了？要是能找到的话，那多珍贵啊。

定：我在美国的时候，我就想起我们当时去山东青州的调查，当时我就想起这么一个事儿啊，说辛亥革命到1958年是47年，从1958年到今年又是47年，正好中点，可是你好像没觉得这前47年挺长的，你觉得那后47年特别长，（然而）就这47年变化没人做，好多事情实际上就是这47年发生的，所以你说那个事情得有多重要！你要研究这百年的话，他们那个时候的调查就处在这个中间点，那真得多重要。

陈燮章：前面的他们全都淡忘，后面的我们还活着，基本上还在。

陈：当时毛主席和陈伯达也是这么说的，我们必须去抢救，去抢救这个。

1991年4月12日，陈乃文先生（右）与全国人民代表大会常务委员会阿沛·阿旺晋美副委员长在中央国家机关民族团结进步表彰大会上亲切交谈（陈乃文提供）

王锺翰先生

六、王锺翰访谈录

访谈对象：王锺翰
访 谈 者：定宜庄
访谈地点：中央民族大学家属院
访谈时间：2005年
录入整理：李　起

访谈对象简介

王锺翰（1913—2007），湖南东安人。1934年考入燕京大学历史系。1952年调至中央民族学院任教，历任中央民族学院历史系及民族史研究所教授、博士生导师、终身教授，兼任历史系名誉主任，满学研究所所长，中国社会科学院民族研究所兼职研究员，北京市历史学会顾问和中国民族史学会顾问。代表著作包括《清史杂考》《清史新考》《清史续考》《清史余考》《清史补考》等，人称"王五考"；同时主编了《中国民族史》《四库禁毁书丛刊》，对《满族简史》进行定稿通纂。

[定宜庄按]：王锺翰教授是我国著名的清史满族史专家，也是我的恩师，所以2005年我做满族社会历史调查口述的时候，每每遇到问题和困惑，首先想到的，当然是求教于他。王先生虽然因为被错划为"右派"而未能直接参与满族的社会历史调查活动，但却参加了日后为编写五套丛书之一的《满族简史》而召开的历次讨论会，熟悉和了解民国以来满族种种兴衰之迹，这篇访谈虽然简短，但对于少数民族社会历史调查中满族调查的诸多误区，及其产生原因的解释，还是具有相当重要的参考价值。

（一）访问载涛

王锺翰（以下简称"王"）：解放十周年，北京地区专门要献礼，搞一个北京满族，这么一个，10万字，当时我们去访问载涛。

定宜庄（以下简称"定"）：哦，您还去访问过载涛？

王：啊。（还有）溥仪。

定：溥仪那时候还没放出来呢吧？

王：那是后来，溥仪在后来。载涛，还有一个……还有一个忘了。载涛（对八旗）他也不懂啦，问他属于哪个旗，他是属于满族镶蓝旗，这个他知道，但是其他的他就不懂，让他说他说不出来。嗨，原来他是学海军的①。

定：啊？

王：清末他是学海军的。他会骑自行车，骑得很棒。当时从颐和园到西直门，马路连现在的一半宽都没有，可是呢，汽车少，卡车更少，主要是骑自行车的人多，譬如我们当时从

---

① 疑误。载涛曾于1904年—1906年在陆军贵胄学堂学习两年；1909年—1910年赴法国索米骑兵学校专修骑兵作战科目。据贾英华著：《末代皇叔载涛》，北京：人民文学出版社，2012年，第502页。

燕京大学到西直门，三个人骑自行车，脚踩着、手拉手，当然前边来人赶快就让人一下。还有一次我们五个人骑自行车去八大处，碰到一个日本卡车，是东洋车，也不是军用车，是装东西的货车……

定（打断）：您是什么时候找的载涛啊？是您一个人去的，还是好多人一块儿去的？

王：我们四个人还是多少人。

定：都是谁啊？

王：记不清了。

定：那是刚解放的时候吧？

王：啊。那……没写好，没写好是为什么呢？按道理说，北京满族应该很多嘛，民国十年就都不报满族了，不报，那时候汉人对旗人（有成见），（认为）你旗人骑在我们汉族人头上三百年，我也要骑在你头上三百年，要"光复中华，驱逐鞑虏"。所以像载涛啊、溥仪啊这没有办法，其他的满族好多都改（民族成分）啦，还自报满族，那不是挨打吗，挨人家批，后来爱新觉罗改姓金，（满族很多改姓）赵的，姓李的，这三个姓，后来（还有）姓王的姓什么的，多了，完颜氏也姓王嘛。后来到今天，如果我知道你是满族，那没问题，不然的话，我说我是满族，谁能否认？因为现在国家民委规定，往前数三代，父母亲只要有一个是满族，你就可以报满族，而且少数民族考大学可以照顾10分，还有奖学金，比如你念到博士，《北京日报》就给你登了，"第一个满族博士"。汉族（不讲）什么第一个不第一个，太多了，物以稀为贵嘛（笑）。

（二）到民族学院做满族史

定：您说要献礼，还访问载涛，这都是您到民院以后的事了吧？到民院以后，您就一直做满族史了是吧？

王：对对。1951年（来到民院）吧，院系调整来的。

定：1952年吧？

王：啊。我早来了，1951年来的。

定：那王先生，我想问您一个问题，您那个时候对满族和做满族史是怎么想的？因为那个时候的史学家好像不那么看得起做民族史……

王：对对。

定：而且地位好像不如做清史那么高似的。

王：我本来是（研究）清史，后来到民族学院，当然就做满族史。先在研究部，一定要搞民族史么，（我）当然要（做）满族史了。但是呢，我觉得我现在有点后悔，搞满族史、清史这没错，当时也让我搞藏族史，我没答应，我说我搞满族史，（主要研究）东北，我怎么跑到西藏去了？（现在意识到）这个（想法）不对，清史怎么不包括藏族啊？多一个没关系嘛，我可以到处跑嘛。

定：（笑）您是想到西藏玩儿去。

王：啊。

定：还"啊"？

王：不光是玩儿么，搞研究也可以啊。所以湘云（指王先生之女王湘云）她去念了藏文。她写了章嘉（活佛）的文章，念完哈佛大学的博士，还写得不错。

定：您后来就没学藏文？

王：没有啊，我当时学已经晚一点了。

定：还来得及。

王：对，来得及，现在是，今天学明天就忘了。

定：王辅仁是不是就那个时候才学的藏文？

王：对，他到西藏去了，他是跟林耀华去的。和平解放（的时候）他拉我去，开始我答应了他，后来我（决定）不去，他说为什么不去，我说我搞东北（研究），我不去（西藏）。

定：您搞满族史的时候，跟那些满族的遗老接触多吗？

王：不太多，载涛也就是见过两面，不过也有，比如你妈妈，在北大中关园，不过你妈妈她不搞研究。我后来上民族学院了，那一定要搞少数民族（研究），当然（要研究）满族啊。我应该再搞一个，藏族什么的，那多好。我也可以去西藏，随时都可以去，无所谓。那时候松得很，去开会，愿意去，都可以去，不愿意去也无所谓，写文章也可以，不写也可以，很自由。

定：您的满文是跟谁学的？

王：我原来在哈佛念书的时候就开始学，我本来要学蒙文的，柯立夫他蒙文好，开了一两个月蒙文（课），我选了他的（课），但他后来又教满文，我就学满文了，他也是遇到什么问题就一追到底。

定：我知道，大师。

王：那不得了。

（三）参加满族社会历史调查

定：当初少数民族社会历史调查是怎么分组的？

王：分地区，比如满族是东北，东北地区少数民族社会历史调查组，还有四川（组）、西藏（组），新疆（组），蒙古自治区算一个，一共大概7个（组），我们东北（组）算一个。

定：您参加了吗？

王：我参加啦，我在沈阳待了3年哪。

定：您只在沈阳，您没下乡啊？

王：没下去。下去啊也相当于是走马看花。是别人调查的材料，汇总到沈阳，我们是搞鉴定工作。主要是修满族简史，附带地（鉴定）这些调查的资料可靠不可靠，比如像在沈阳有一个调查，不是我去调查的，是别人，问一位满族工人，"你属于哪一旗啊？"（工人回答）"五星红旗啊。"他不懂了。

定：我有一个问题，当时为什么把调查重点放在沈阳？而且放在农村？满族主要是在北京啊。

王：最早满族是在东北了，北京城里原来八旗满洲、蒙古、汉军都算满族的，可是后来好像他们就不报了，蒙古当然就报蒙古族啦，满族有些人不愿报满族……

定：不是，我问的是那时候为什么把调查重点都放在农村？满族后来主要是在城市里啊，比如沈阳那么多满族，为什么跑到下面农村去调查，当时是谁决定的？

王：那是民委。

定：民委什么人管这事啊？

王：上面是李维汉（管），他是统战部部长啊。

定：他们不是搞这方面的专家，那是谁给他们出的这主意呢？

王：他们也有一定根据啊，清朝一代满族在北京是很多，但是原来满族应该是在东北啊，尤其是辽宁，赫图阿拉，当然后来是长春，溥仪后来在长春做过皇帝。你今天可以说北京满族多，但在过去北京不算多，怎么叫不算呢？他不报啦，比如像民国初年他敢报吗？报了，别人就欺负你啊。

定：那东北的满族为什么敢报啊？

王：东北不一样啊，东北的汉族都是山东去的，北京的汉人是全国都到这儿来，而且满族在清朝一代，很讨厌的是那些投充人，本来是汉人，投充贝勒、贝子，好家伙，作威作福，弄得你家破人亡，坏得要命。我没有钱，我投充，我把你的钱算作我的。所以投充啊，比汉奸更厉害。

定：那后来呢，到清末这些人已经不存在了啊。

王：他不敢报满族。辛亥革命以后，原来的满族都不敢报了，都改姓了。就是当时那些头面人物，载涛、溥仪、启功，他们没有改。"启"字辈，是乾隆十年还是多少年定下来这个"启"，我记不得了。要保持爱新觉罗这个真正满族，两个字，不叫爱新觉罗·启功，就叫启功，当然现在启功的堂弟启骧，那就叫爱新觉罗·启骧了，那他不懂，懂的话乾隆的意思是两个字，那清朝一代，谁都愿意加上爱新觉罗。

定：那时候沈阳城里应该也有满族啊，为什么我看调查报告里边沈阳的也少，都是下边地方的？

王：沈阳啊，本来要成立一个自治区，首府应该是靠近韩国的……

定：丹东？

王：丹东市。后来有人提出来说这是"满洲国"，所以国家民委不批。还有湖北土家族……

王锺翰先生（左）与季羡林先生（中）和启功先生（右）在亲切交谈（王锺翰家属提供）

定：恩施那儿。

王：湖北恩施①要成立自治州，也没批。潘光旦一个，费孝通一个，被认为"要搞独立王国"。

定：是吗？土家族那么偏僻的地方搞什么独立王国？

王：地盘嘛，不管当时多大，后来再发展么。

定：别的民族不是都成立自治区了吗？

王：新疆维吾尔自治区，维吾尔族都在南边，北边没有。

定：北边都是生产建设兵团。

王：对。还有广西壮族自治区，壮族是现在（少数民族）人数最多的。

定：它第一多，现在满族第二多。可是满族连个自治区都没有。

王：满族要是（成立自治区），应该在东北么，要是在湖南，讲得过去吗？

定：那在北京呢？

王：北京？首都给你成立自治区？！这不是大笑话吗？（笑）

定：北京城里过去全是满族啊。

王：全是满族也不成。

定：您在沈阳那几年做民族调查的时候，您有过我现在这样的想法吗？

王：有有，也有过。也作为问题提出过。

---

① 恩施土家族苗族自治州，位于湖北省西南部。

定：然后呢？

王：然后只好这样了。后来（成立自治区）不可能了，考虑到后果嘛……

定：当时负责满族社会历史调查的是谁记得吗？

王：一个女的，当时是统战部副部长，很能干，也很厉害，叫欧阳什么（指晏璐莎）。还有一个蒙古人。

定：是阿英嘎吗？

王：阿英嘎。他好。但他当时是副的，正的是那个……（叫不出名字）。他说话也得小心，但是还能说话，阿英嘎是蒙古族，个子不高，他对满族不错。

定：当时满族社会历史调查参加的学者里边，您当时已经是右派了，不能当领导了，那其他的学者谁起的作用最大啊？

王：我说是关山复。

定：关山复不是学者啊。

王：不是学者，他起的作用最大。当时他是东北……

定：统战部长。这次我想找他，可是他已经不能说话了。那当时其他的学者谁负责这事？

王：那个女的，欧阳，她是组长。我们学校的傅乐焕，他是副组长。

定：您主要负责的是审阅稿子？

王：审阅稿子，找材料。我到那儿去就是因为礼拜天没事了，我住在北陵，当时沈阳图书馆在城南，靠近南门，我礼拜天早上吃完早饭，八点，从北陵坐无轨电车，一直坐到图书馆，去看书。还有一个东北图书馆，有一些满文的资料，比如《满文老档》①。当时不像现在，《满文老档》买一本就成。（当时）不行，看都看不到，我到那儿去，把满文用罗马拼音全都抄下来，抄完了。

定：您还抄了《李朝实录》②。

王：啊。那不算。《李朝实录》啊，当时孟森搞过，还有吴晗，我是第三个，我跟他们的区别是什么呢，孟森注意的是满族的起源，吴晗主要是和韩国的往来，我呢，我注意满族

---

① 《满文老档》，皇太极时期以满文撰写的官修史书档册。记载天命纪元前九年至天命十一年（1607—1626）、天聪元年至六年（1627—1632）和崇德元年（1636）共27年史事。

② 《李朝实录》，韩国称为《朝鲜王朝实录》，是把自李氏朝鲜始祖太祖至哲宗的25代472年（1392—1863年）按年月日记录的编年史，共1893卷888册，是最古老且庞大的史书。《李朝实录》涵盖李氏朝鲜的政治、外交、军事、制度、法律、经济、产业、交通、通讯、社会、风俗、美术、工艺、宗教等各个方面的史实，是在世界上罕见的宝贵历史记录。它的意义还在于记录历史的真实性和可信性。

在韩国的生活。①

定：那时候沈阳的东西还是挺多的。您就没跟他们一块儿下去是吧？没跟他们下去做调查？

王：我不是犯错误了（指1957年被划为"右派"）嘛！我也去过一两次，走马观花一样。有一次，八旗驻防，就在广州，本来我也很想去，当时陈寅恪先生就在广州么，在中山大学。

定：这跟陈寅恪有什么关系啊？

王：我说如果让我去，我可以访他。

定：哦，您想看他去？

王：啊。

定：那些驻防的后人现在还在吗？

王：现在难说了，告诉你，分不出来了，汉族、满族分不出来了，他说是满族就是满族，他说汉族就是汉族，清朝以来那个驻防当然是满、蒙、汉，蒙古人当然报蒙古族，不会报满族，也不会报汉族。满洲、汉军当然报满族了，特别是清朝一代的汉军，到民国初年吧，后来民国十年以后，宣统三年，大致到民国十年，报满族的少。

定：这满族消失得也快，就那么几年……

王：我不是说了吗，解放以为国庆十周年献礼，北京满族只有10万人，他不报嘛，你能怎么着？不是说了吗，满族统治你300年，汉族也要统治你满族300年，那谁还敢报满族？除了载涛、溥仪，这些头面人物，他不报成吗？所以我的结论是，到现在我认为，除了你和你母亲是满族，我知道有好多是汉族报满族，哪边有好处就报哪边。

定：我母亲一直都没改，就报满族，从解放前到解放后，也挺奇怪的。

王：咱们那年到新宾，那个男的，他说定宜庄姓定，一定是满族。

定：刘庆华，他写过一本《满族姓氏录》。那您见过溥仪吗？

王：溥仪，见过啊。那就比较晚了。那时候刘春，一个月还是两个月开一次会，民族工作座谈会，李维汉有时候也参加，民族学院开学，乌兰夫是校长，不讲话的，李维汉也不讲话，拿一个藤椅，坐在礼堂台上，总结，不说话，国家民委讲话，他听。中央民族学院选在这个地方，好像原来是维吾尔村。傅乐焕也没下去，他不仅没下去，他在沈阳待的时间没我长，他因为是系主任啊，民族学院有会了就把他叫回来，他的时间没限制。

---

① 20世纪30年代初，京城帝国大学法文学部将《李朝实录》缩版影印出版，由是，《李朝实录》方为学界关注，日益受到重视。该书印成当年，北平图书馆便购入一部，当即引起中国学人注意，以孟森（1869—1937）、吴晗（1909—1969）最具代表性。尤其是吴晗摘抄《李朝实录》中的中国史料，定名《朝鲜李朝实录中的中国史料》，1980年由中华书局出版，成为中国学界研究明清中朝关系史最重要的参考资料之一。王锺翰所辑录的，名为《朝鲜李朝实录中的女真史料选编》，1979年由辽宁大学历史系列入《清初史料丛刊》第七种予以出版。

定：在那边也挺苦的吧？

王：我觉得不苦。后来是困难时期，1959年以后，议价粮没有了，早上二两，中午三两，晚上一两。哎哟……

李登第先生

七、李登第访谈录

访谈对象：李登第
访 谈 者：定宜庄、张　莉
访谈时间：2007年1月21日、22日
访谈地点：陕西省西安市社会科学院宿舍
录入整理：定宜庄

七、李登第访谈录

访谈对象简介

李登第（1931—），陕西潼关人。1950年毕业于西北军大财经学院。1956年考入中央民族学院历史系，1958年参加中国社会历史调查辽宁省满族调查组工作，撰写了许多关于满族社会调查报告。1961年分配陕西社会科学院历史所工作。后任陕西省社会科学院历史研究所所长、长安佛教研究中心副主任、中国玄奘研究中心顾问。主编有《陕西省志·历史大记事》《三秦历史文化辞典》《陕西宗教研究丛书》《陕西省志（政务志）》，著有《当代陕西宗教概论》《李自成年谱》《陕西省志（审计志）》，合编有《清同治年间陕西回民起义研究》，参编有《陕西百科全书》等著作。

[**定宜庄按**]：2006年，当我做的满族社会历史调查口述项目接近尾声的时候，恰逢中央民族大学历史系的50周年系庆，当我在校友座谈会上的发言中提到对20世纪50年代这场少数民族社会历史调查的评价时，得到当年参加这项调查的诸多老校友强烈的呼应和反响，其中，曾任辽宁省社会科学院副院长的谢肇华学长主动提到了他的老同学，即曾经担任东北满族历史调查组支部书记的李登第先生，并主动提出愿意替我与他联系。以下便是经谢肇华学长热情相助，并与李登第学长联系上之后，我给他的信。李先生欣然应允了我的请求，于是数日之后，我便专程前往西安，并有了下面这场访谈。这里要特别说明的是，在我做的所有关于满族社会历史调查的口述中，这一篇是内容最丰富也最翔实的。

李登第先生还将他保存多年的大量少数民族社会历史调查的材料，包括调查提纲、访谈笔记和会议记录提供给我，本书下册中的主要内容，就都出于李先生所提供的材料。特此，谨向谢肇华先生和李登第先生，致以我们诚挚的谢意！

附：（一）定宜庄给李登第的信

李登第学长，您好！

我是中国社会科学院历史所的研究员，中央民族大学历史系1985年毕业的研究生。从事的是满族史、清史的研究。今年秋天我参加历史系的系庆活动，有幸见到了谢肇华学长，经过他的热心相助，我才得以找到与您联系的方式，非常高兴能有向您请教的机会。

我的情况是这样：

我目前承担中国社会科学院民族研究所与历史所合作的一个重点课题，题目是"20世纪50年代以来国内满族史研究的成绩与问题"。选择这样一个课题，是因为我对1950年代那场大规模的少数民族社会历史调查的情况非常感兴趣，我觉得时隔近50年，那场调查的许多经验教训都应该认真总结与汲取，因为目前满族史研究的成绩与问题，许多都与那次调查是有密切关系的，参加那次调查的学长们也付出了辛勤的努力，虽然由于当时特定的政治形势，这场调查有过许多的偏差和错误，但这些付出并不应该被完全否定和漠视。在历史系为系庆召开的学术研讨会上，我为此做了一个发言，得到许多学长的强烈反响和鼓励，他们也都热心为我提供了不少材料。

由于我的研究领域是满族史，所以我把调查的重点，放在辽宁省少数民族社会历史调查组上。为此我已经访问过王锺翰先生、赵展先生和杨学琛先生，也得到了他们热心的指点，得知您也是这次调查的亲历者，所以我希望也能得到您的帮助和支持。

我想与您谈的主要有这样几个问题：

一、您参加这次调查的经过。包括事先是否准备提纲，所去地点、时间、调查的方式方法等。

二、在调查中你们重点了解的是哪些问题，有无收获？您对这次调查是怎样评价的？

三、后来参与过有关满族史志的写作吗？

四、您还能为我提供其他参加者的线索吗？

还有一个我一直疑惑的问题，就是我认为自清朝入关以来，满族主要的居住地都在城市，为什么当时你们做调查的重点却放在农村，当时的选点是由谁决定的，又是怎么决定的呢？你们自己对此有过疑问吗？

问题主要就是这些，当然也不必拘泥于我的问题，总之我是向您请教，您愿意怎么讲都可以，我都会非常感谢的。

如果您可以与我面谈，我希望在春节之前能够去西安见您，大约一月二十日左右，您看合适吗？

盼您赐复。我的地址是（略）

冒昧打扰，还请谅解！草此即颂

冬安

定宜庄敬呈
二○○七年元月五日

附：（二）李登第给定宜庄的信

定宜庄同志，您好！

赐函拜读。

我非常欢迎您来西安！前次肇华同志来函所提及您欲同我商谈一些有关满族历史和社会调查的问题，这里不再赘述，待您到西安之后，我们再详细商讨。

您信中所提出的几个问题，经过我思考后，觉得大部分可以回答，但不是每个问题都能满足您的要求。我要尽力把我可知的一切都向您毫无保留地贡献，这点请放心。

您来西安的时间，约在本月二十号左右，等您到达西安后，给我打个电话。我的电话×

×××××××。

就此搁笔，西安见！

敬祝事业成功！身体康健！

李登第草于
二〇〇七年一月十一日

李登第（以下简称"李"）：你们这个课题，一个反映出来我们解放以后民族调查特别是满族调查的成果，还有一个，实际反映了我们民族的一些材料，所以我觉得这个课题有现实意义，既有历史意义，还有现实意义。看了你的信以后，我有一个简单的准备，有些资料我翻了一下，这些资料我估计你们手上没有。因为当年满族调查啊，这就说得远一点了，满族调查是我搞起来的。一直搞了7年。我现在就是有一个问题想探讨，咱们共同来探讨，你重点想了解满族调查的整个来龙去脉，再一个是调查方法，方式方法吧？调查的范围、地点啊，内容啊。这个内容比较多，范围比较大。再一个是看看满族对这么多年的调查有个什么样的评价。我看看这个内容啊，你们做的是不是这个情况？要是这么个情况，咱们就好好地谈一谈。有什么你们再随时提出来，咱们再交换，好不好？这个理解对不对？

定宜庄（以下简称"定"）：对。另外呢，我还有一个问题，我想听听您个人对这一段的调查工作有什么样的评价，收获也好，对您后来的工作有什么样的影响？这也是我想了解的。

（一）满族社会历史调查的"前因"

李：调查为什么到农村去，这些决策我都参加了。

定：我就特别想知道，因为我问了赵展、杨学琛，他们都没参加这个决策，他们都是跟着的。王锺翰先生那时候是右派，他都不了解这个决策的过程，所以谢肇华老师才把您介绍给我，说找您是最合适的。

李：咱们就根据你提出的问题和要求，按照我的思路随便谈好吧。哪里不清楚，你可以插嘴再问，因为时间太长了，50年了。我原来在西南，我接触满族的时候是从1955年，1958年正式调查开始。

定：您上民族大学是调干生吧？

李：是调干，但是是全国统考的调干，不是说把你调去学习的。我们享受的是调干助学金，不是调干的全部工资。这是有区别的。我原来是学经济的，我其实从部队下来搞了一部分经济工作。我上的是西北军政大学财经学院，毕业后在西南财政学校工作，即当时的西南民委。1952年就转到民族工作。

定：在重庆还是在成都？

李：在重庆，西南局在重庆，管着西南五个省区。当时民族工作的重点是四川、西康、云南、贵州和西藏。西南局撤销以后，我就到了人大民委。有个人大常委会，还有一个民族委员会，不是常委，民族委员会下有一个办公室，办公室就叫民族室。

定：您那个时候没上大学哪？

李：没上民院，这是1955年。1954年人民代表大会才成立。1955年第一次人民代表大会，有个议案，是载涛，溥仪他叔叔，他提了个提案，为什么要给清朝挂一个满清，为什么不给元朝挂一个蒙元？都是统治中国的少数民族，为什么这两个区别对待？当时就进行调查了。要成立这个议案的话就要有理由嘛，就找啊翻什么东西翻了一大堆，就找不出是谁第一个提出的"满清"这个词。再找就是"驱逐鞑虏，恢复中华"，找不到"满清"这个词，最后就写了这么一份报告，形成一个文件，说今后文件和报刊、新闻、广播，不再提满清，只提清朝。这是一个法律文件啊。周总理1957年在青岛民族工作会议上讲的话，都是提"清朝"了。这就是我接触的满族第一个情况。大约在1956年春节前后的一天上午，彭真同志他当时是副委员长兼秘书长，就把我们民族委员会的这些人召到一起专门讲了一次话。这个讲话的重点，是传达毛主席的指示，他说毛主席讲了，我们讲课，动不动就是古代的罗马、希腊的，我们中国的社会里有那么多民族的情况，为什么就不能讲我们自己的呢，这是他的原话，也可能是毛主席的原话。传达以后他就告诉我们，现在毛主席要我们给每一个民族写一本书，当时他没说写啥书，就号召我们要学摩尔根，他当时讲得很清楚，摩尔根下到那地方调查啊，当人家的干儿子当了20年30年，最后写了一本《古代社会》，得到马克思、恩格斯的高度评价。毛主席要我们学摩尔根，搞民族调查去。这个讲话啊，我脑子里边比较清楚，彭真讲完以后就请我们30多人吃饭，北京饭店西边那个餐厅。参加的人么，常委会的人，民族委员会属办公室的人，大概有两三个人没去，民族委员会基本上都去了，在吃饭中间，彭真还批了有关民族调查的一个文件。此后，民族调查活动得到保障。那时候按照彭真讲话，民族调查重点是两个服务，一个是为民族工作服务。这话什么意思？当时要进行民主改革，民族地区的民主改革，制定政策，所以它就要为民族工作服务。二呢，就是要为科学研究服务，按照他那个讲话的意思就是写一本书，留下些资料将来作为研究。之后不久，人大民委便组织了8个调查组：西藏、广东、广西、云南、内蒙古、新疆、贵州、四川等组。1958年10月，成立民族所的时候，这8个调查组扩大到16个调查组。民族所的前身是民族学院研究部，那个时候要从中央民委所属的民族学院，把它转给中国科学院，所以民族所划过去以后搞了个成立大会。这个会议上就基本上定了。广东主要是海南，黎族和瑶族；云南民族多，广西主要是壮族，要成立壮族自治区，西藏是藏族，内蒙古当时主要还是蒙古族，另外鄂伦春、鄂温克、达斡尔，结合黑龙江那边的，这是因为当时东北3个没有组。8个组就分散下去调查，从1956年开始。人员组成当时主要是中央一些人，省委级或者省政府级参加的人。中央派去的大部分都是学者。地方也有学者，像云南大学的好几个，贵州的吴泽霖哪，这都是有名的专家对吧。从1956年开始到1958年之间的两年时间内，这8个组共调查了20个民族，调查材料约1500万字。参加调查的人约200人左右。人员所属单位包括：中国科学院历史一、二、三所，经济所，北京大学，北京师范大学，人民大学，革命历史博物馆，文化部艺术局，中央党校研究机构等。另外，此前还有一个调查，即少数民族语言调查。民族语言调查开始的时候是1956年，这个训练班我参加了，在民族学院，当时主要负责是马学良、傅懋勣、严学窘，这个班里的教材基本上是过去北大东语系的，组织工作也是这些人，我都是很熟悉的。成立民族所，这两个单位还没合起来，是以后才合的。1958年"大跃进"，调查组织下设有满族调查。前边可以作个序曲，可是这里边我都参加了。

定：挺好挺好。您没讲之前有些事我闹不清楚。

（二）到中央民族学院后提议参加民族社会历史调查

李：把前边一谈，再讲到满族就理所当然。

定：您是什么民族？

李：我汉族。你呢？

定：我是满族。

李：民族干部主要指的是民族工作干部。因为民族工作刚开展。1956年咱们做个序曲，下边就是1958年。我1956年上了大学以后，1957年就反"右"，没有学多少东西。我是解放前高中毕业的，基础还是可以的。1958年"大跃进"时各个单位都有一个题目，叫抛纲，抛出你的纲，就是对你现在所负责的工作你有什么打算？我是支部书记，历史系我们那个年级的支部书记，抛纲，抛啥呀？我脑子闪了一下，我就把我的想法说了，我的想法就是让我们这个年级的同学，都参加民族调查的社会实践。苏克勤副院长在饭厅正吃饭呢，我就进去找他谈，因为民族研究所的主管也是苏克勤。我就说我们要抛纲，我的想法是让我们这个年级的同学都下去参加民族调查，我们90多个人呢，我当面就提出个计划，苏克勤他就点头了，事情就这样定了，我回去以后就召开全班大会，就把这个计划讲了，讲的就是我们这一个班，90多个人，争取参加这次民族调查，对我们来说是一年社会实践，再有就是我们参加民族调查便于我们今后的安排，我们的专业分配的时候，就有一定经验了。讲了以后，大伙都很高兴，于是90多个同学分到了各调查组。老师们跟我们都没关系，那都是院里的事。我被分到满族调查组。从这就开始接触满族。由于下去时间比较紧，什么准备都没有，什么提要全没有。

定：什么都没有，就下去了？

李：哎。都是到下边去搞的。当时"大跃进"，特急，急得很，中央已经发了文件了，16个省区，连头儿都去了，带着中央文件，文件里边三条，第一条是这个组到你们这个地方，这个组的组长是副组长，地方党委派一个正组长，加强领导。这是一条意见。第二条意见呢，北京的人下去以后，只是一部分，剩下的由当地干部组织人员参加。第三条意见呢，写出来的书必须由省委常委会讨论通过。这三条意见很厉害啊，这三条意见下去了我们也得下啊，不下去不行。下去以后，人家地方还没准备呢，比如我们在辽宁，辽宁人家还没准备呢，我们就住在招待所听从安排。辽宁当时主持工作的是民委晏路莎副主任。我1980年见到她，她是民政局的局长。

定：27年了，都不在了。

（三）回忆选点、调研内容等情况

定：为什么去辽宁呢？

李：为什么去辽宁？全国1954年召开代表大会，1954年12月份公布了一个人口统计数字，满族全国240万，在辽宁有120万。再有呢，就附带地谈一下，为什么重点在农村不在城市呢？到了辽宁以后呢，就要选点，中央选的辽宁，辽宁也要选点，当时我们下去以后，这个点定不下来，我们住在招待所，开展不了工作。当时年轻人只有一个思想，急于下乡，赶快调查，都是这么一种想法。最后就把辽宁的人口拿出来看，大部分还是在农村，沈阳市的满族比例不大，辽宁120万，沈阳大概就是十几万人口，不太多。北京那时候不到十万，载涛讲话讲了嘛，八九万。这些东西啊，辛亥革命史料，这是我当时在这个地方划的问号，辛亥革命里边提出来500万（满族人口），这都是当时的东西。选点按人口来讲，大部分都在县以下，岫岩啊，凤城啊，新宾啊，现在成立了三个满族自治县，当时就是满族的聚居地，所以重点选了一个新宾，再选了一个凤城，还有选了一个兴城，兴城因为它靠西。为什么选农村这是一个情况。再一个当时调查要的是现状，能反映现状的满族主体是农民，城市当时大家都觉得不太好调查，先把农村搞上来，农村的现实搞上来，然后把历史资料集中到城市翻。先下农村进行试点调查，上来翻资料，然后两方面对照。既有现在，也有历史。所以选点选农村。还有一个，那时候选点不是我们自己定，选哪个点是县上定。比如说先试点那个满堂，是沈阳市派市里干部王树森，和我，我们两个人到的。当时为什么选满堂呢？因为满堂是在高坎合作社的领导下的，为什么选高坎呢？高坎是全国有名的一个合作社。高坎有一个赵刚是满族，是党委书记，他是全国劳模，所以它成了选点，被选之后可以说有一种倾向性。把话说回来，就是带有一种功利性，咱们现在把它叫做功利性。从选点可以理解当时形势，不是完全真正科学家的选点调查。他有时候不完全按照你这个调查，他感觉这个东西很需要。新宾县是我带调查组去的，带着北大的赵淑慧、师道刚，辽大的富尔谦、李武，民院的汪正则等去的。之前，县上为我们定了点外和睦这个点，是我们下去之前县里给我们定下来的。调查报告应该有，选永陵外和睦。当时县上也派了一个组长啊，都是层层下，下去以后你不是组长，组长是上边安排的，所以选点的问题可以理解，当时主要还是行政上的。我们选的新宾点也有这个问题，他给我选的点是县长他爸在那儿当支部书记的（众笑）。我开始不知道，我们调查组的人先去，是坐汽车去的，我是骑自行车去的，县上给我个自行车，骑自行车从县城过去，我到的时候人家外和睦的村子正准备宴会，调查组都参加,准备好了,我去一看这不对劲啊,我就打电话给县上了,正好是县长接电话,我也不知道那是县长他爸呀,我说你看这样不好啊,一个农村啊,一个村子,不过一百户人家,给你这十来个人搞个宴会,把那些头头都请上来,一下摆了十桌,你受得了受不了?我下来调查我先碰见这个事,这我就挠头,我就打电话给县长,县委书记接过电话,就说哎呀不要再说了,他们准备就吃吧。村支书对我说你刚下来三分钟就告我的状,这个点选的呀,其它点我不太清楚。我经过的这个事件,自己总结出来,是有倾向性的。后来他们进行补查、补调、搜集,再去的时候就是派饭吃了,这就是选点的插曲吧!这个辽宁组的工作我就一直做到1964年的5月。我是1964年5月4日调来西北局党校工作的。整个辽宁组从成立到结束7年时间,赵展参加了大概三年不到四年,他在1961年、1962年基本上就回去了;杨学琛也是在赵展的前后走的。杨学琛在我们单位管钱啊,管账;王先生是前边没有参加,他来的时候是1960年,(供应)正紧张的时候他来的,他来了一年多不到两年就回去了;最后就是1962年以后,基本上就是我一个人。过几天北京,过几天沈阳,经常的。那个时候傅乐焕先生也是北京、沈阳来回跑。辽宁省委统战部和民委对调查组很重视,给我们的房子还不少,调查组当时提条件么,第一次下去的时候整个一栋,都是我们调查组的。第二次调整了一下,吃饭都在省人委大食堂。东北局成立,辽宁省人民政府把地方让给东北局,辽宁省政府就搬家,我们就跟着民委,搬到太原街一号。这说的是学生,专家呢,就是辽宁大学的教授李燕光、鄂世镛、郑川水当时大学刚毕业,分去的。他分去好几个人,还有余洪才,是中山大学毕业分去的;王驹,山东大学的,比北大的待的时间长。大概前后是两年多。再一个就是从辽宁派的文史馆的人,图书馆的,这些是专家。当时年龄最大的叫佟济生,当时头发全白,70岁左右,他是京师大学堂第一批学生。他说京师大学堂刚成立的时候,因为都是贵族学生,老师都是从西方回来的一般教师,喊立正、稍息的时候前边都加两字"老爷":"老爷立正""老爷向右转"。第一批的。他讲得很实在,这是笑话,但是实际上那时候就是这么一个情况。他是满族。还有博物馆的,这些人年纪都有70多岁了。这些人来以后,再加上中央的文献,再加上整理的人,省里一切东西都直接管,这个调查的活动范围相当自由,不受限制。如省委开介绍信去访问溥仪(当时溥仪仍在监狱,尚未释放),民委派徐乃弟科长和调查组的赵展共同去的,再如图书馆的《满文老档》是不能外借的,但调查组可以借到组内使用。这些情况是说明省委重视调查工作是否顺利。

定:现在问他他不说。

李:那不对。调查组有一本溥仪的《我的前半生》,调查组打印的,就是他拿来,那个打印本是我交给民族研究所,可能民族研究所现在还在。那是老舍没有修改以前的稿子。现在出了一部《我的前半生》,把那部分加进去了,我们脑子印象很深。当时访问的时候是这么说的,他回来汇报了,当时我是支部书记么,他现在咋不承认呢!所有的汇报材料我头脑里边记得不少。说明我们成员活动范围的程度,如果没有省上的支持,那么高的战犯,监狱里能让你去?辽宁把满族的材料全部烧了,"文化大革命"造反,全烧了。某某某,他是造反派头头,太可惜了!我交给民族研究所很多,连我收集的地图,日本在这地方搞地图搞了很多，都收集了。这算是第一段的插曲吧。选点、人员的组成，还有活动范围。那都是国防部接待的，不是一般的，那是李培浩去的，特别到北京去调查，李培浩去国防部，回来跟我谈了么，人家特别重视，人家派的什么人呢？大校接待的。到大连调查是北大的杨泰麟去的。杨成武的部下一直就开小轿车陪着，到抚顺都是这样。这种情况下满族调查应该说是比较顺利的。当时艰苦得很，吃个面都要拿着票，集体食堂，省人民政府的食堂，吃饭一个月才一斤白面，一个人，你想想生活多么艰苦。傅先生在那儿的时候都发的是票，他这个票可以10个人20个人到餐馆去吃都可以，就一张票。所以王先生跟傅先生到大饭店去吃，傅先生把票一拿他的钱一掏。过年过节辽宁都要请调查组到宾馆会餐，所以满族调查组在辽宁来说，我们是非常享福的。经常把调查组的工作情况与人员的生活状况向省政府、省委写报告、请示，因此省领导也很重视，所以调查组工作进行很顺利，生活也得到关怀和照顾。从总体上来看，我们满族组是相当相当地人员安定，工作能够坚持下去。所以《满族简史》那个书，在当时来说，在民族史上质量是比较高的。下边咱们介绍课题。我们分两个组：一个历史组，一个现状组，历史组是傅先生负责，现状组是李秉琏和我负责，现状组当时主要是写志，开始是叫简史简志合编，历史组傅先生为主，一些老年人，像文史馆图书馆这些人，不能下乡的，都在这里头，所以他们资料翻得比较多，印得比较多，铅印本、油印本一本两本多少资料啊，资料搞得不少。历史资料翻的除了档案以外，还有过去的一些记载，我到西安以后这些书才出来。我对满族有点情感，所以我还买了一套。我们搞调查，调查有调查提纲，这个调查提纲原来我从人大民委带来一份，一厚本，它分这么几个部分，一个是一般调查，第二个是原始社会调查，第三个是奴隶社会调查，还有其它，反正就这么几部分。后面还附了几个调查报告。我们适用的是一般调查。民族研究所可能没有。

定：我一直想看看这个，就没找到。

李：我估计他们没有，为什么呢？第一批调查印的，1956年印的，我是在人大民委开这个会议，成立民族所时，人大民委给我带了一部分所有过去的调查报告，彝族的、维吾尔族的、佤族的，景颇族的，这里边给我有一本调查提纲。其中每一个调查提纲，都是根据这个一般调查写的。因为我有这个调查提纲，所以现状的所有调查，培训是我搞的，下去怎么调查，什么方法，什么情况，调查什么内容，这个是我搞的训练。

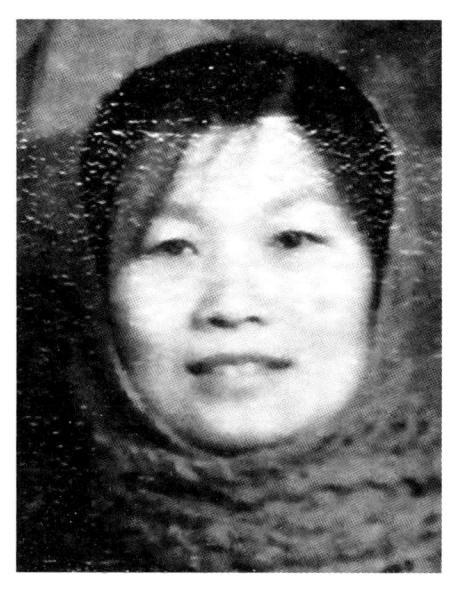

杨学琛先生（1961年新年）

八、杨学琛访谈录

访谈对象：杨学琛
访 谈 者：定宜庄
采访时间：2005年10月25日、10月27日
访谈地点：电话采访
录入整理：杨　扬

访谈对象简介

杨学琛（1928—2009），女，四川省彭山县保胜乡人。1955年毕业于四川大学历史系，分配到中央民族学院研究部、历史系工作。1958年参加中国社会历史调查辽宁省满族调查组工作，撰写了许多关于满族社会调查报告。1978年调到中国社会科学院民族研究所工作。1988年被评为研究员，1992年享受国务院颁发的"政府特殊津贴"。长期从事清代民族史、满族史及民族关系史等研究与教学工作。曾兼任辽宁师范大学兼职教授、四川省社会科学院兼职研究员、日本东洋文库外国研究员、日本学术振兴会外国研究员、北京满学会副会长。著有《杨学琛清史论文集》《清代八旗王公庄园论述》《中国历代民族史丛书》《清代民族史》等著作。

[**定宜庄按**]：杨学琛先生参加辽宁省少数民族社会历史调查组的时候，还是一位年轻的女助教，由于身体原因，她曾几次谢绝我的访谈，在我的执意请求下，最后两次访谈都是通过电话做的。直到几年之后她去世，我与她始终并未见过面。这也是本篇口述相对简略的原因。

（一）辽宁调研组的基本情况

杨学琛（下文简称"杨"）：我是1955年从四川大学历史系毕业的。（当时）20多岁。由国家统一分配，就分配到民族学院研究部，费孝通、吴文藻都是那里的教师，都是民院的人。准备成立民院新的历史系，先先后后来的很多燕京大学教授、讲师。1956年成立历史系，研究部后来两部分，一部分是研究所（中科院民研所），一部分是历史系，我就分到历史系。分到历史系就搞教学，是王锺翰的助教，1957年王被打成了"右派"。1958年国家民委、中央指示要编五套丛书，具体说是三套丛书，民院的人基本都出发下去了。我编制在民院，"文革"挨整，后来才调到社科院民研所。

我1958年参加调查组以后，领导是傅乐焕。全国各地成立16个调查组，1956年的时候南方占绝大多数，搞试点，主要研究原始形态的民族，但我不知道。1958年大规模的时候才有辽宁省调查组，是1958年的8月12日成立的。整个辽宁民族调查组参加的人，最多的时候有六七十人，学生占多数，我是小助教，人们说我是六年级的。民院的人占一小部分。

我们去做调查以前，民院集中了许多解放以前就做调查有经验的人，如宋蜀华、傅懋勣，把他们作为样板，调查什么东西，给一个框架，具体与他们有什么不同，我们就是在旁边听一听。1956年组织调查组的时候，费孝通还没有当"右派"，是领导，他们讨论什么我们并不知道。大部分都是在南方，古代的、原始社会的。然后我们很快就到东北了，连一张卡片也没有。去的时候带满族的资料可以说没有，唯一是王锺翰的《入关前满族的社会性质》这篇文章。傅乐焕说就是白手起家，傅乐焕也没参加过调查，就是大家一起干。住下来学生一大堆。

一开始先在沈阳市东陵努尔哈赤①、北陵皇太极②下葬的地方。民委知道哪个地方满族多，就选陵园的满堂乡③试点，因为聚集满族最多。满堂乡在东陵、北陵之间，就在市里边。然后分成两批，大部分人分散到全国各地满族居住的点，一小部分留在沈阳。在辽宁省选了3个点：新宾、凤城、兴城（守边的白石嘴边门）。大学生多分到各点，南到广州，西到西安，北到黑龙江。吉林原来也有点，北京也算一个点。过了几个月、半年再集中全国的调查人员回沈阳，搜集资料拿出来汇报。都有收获。我参加的是兴城组，满族很少，另两处的资料就多得多，但现代的多，历史的少。集体讨论后告一段落，这是第一阶段。那时候王锺翰还未到。

定宜庄（以下简称"定"）：为什么选在满堂乡？

杨：是民委建议的，说那里绝大部分是满族人，作为试点比较合适，可以试一试怎么个调查法。我们在那里住了不到一个月。当时晏露莎是我们的行政领导，她很能干，也很敏感，很能接受满族的这一套。哪些地方能够调查，哪个地方能去，她立刻就能决断，说话斩钉截铁。我很喜欢这样的。女人要做一番事业，没有独特个性是不行的。她有5个孩子，我觉得她这么能干，是我的奋斗方向。调查提纲主要是正面的，以阶级斗争为纲么，也没有排除少数民族风俗习惯、宗教习惯、信仰。当时去满堂乡专门打听这些方面。满族保留自己的东西已经非常少，很多人辛亥革命以后都变成汉族，再问才知道是满族。可是满堂乡的人大部分未改汉族，白石嘴边门那儿本身人就很少，收获就不大了。

定：为什么不调查沈阳市的满族呢？

杨：以后也有调查，我就调查过。住在沈阳的人不是搞调查，而是在档案馆、图书馆搜集整理所有满族资料。有一些是年龄较大的老先生。我留在沈阳是管理学生，并兼管调查组几十个人的研究经费，傅先生也在沈阳。

第二步开始整理满族历史，从若干问题整理起，很长时间讨论，过程相当长，提纲反复

---

① 沈阳东陵，又称"福陵"，是清太祖努尔哈赤和孝慈高皇后叶赫那拉氏的陵墓，位于沈阳市区东北部丘陵地带。
② 清昭陵，是清朝第二代开国君主太宗皇太极以及孝端文皇后博尔济吉特氏的陵墓，位于沈阳（盛京）古城北约十华里，因此也称"北陵"。
③ 辽宁省沈阳市东陵区满堂满族乡。1958年设满堂公社，1959年并为辉山畜牧场，1962年析置满堂公社，1984年置乡。属辽宁省沈阳市东陵区。面积50平方公里，辖11个行政村，乡政府驻满堂村。人口7699，其中满族3321人，大多是爱新觉罗氏的后裔，有肇、金、洪、章、景诸姓。沈阳市东陵区辖乡。

好多次。重点是写三套丛书中的《满族简史》[1]，把资料拿出来摆一摆，梳理够不够写，不够再下去深入调查。其中有若干问题，包括：

1. 满族的形成、历史的来源、怎么兴起的，肃慎、挹娄……这个还容易解决；
2. 入关前满族的社会性质：奴隶、农奴、封建，收集资料补充分析；
3. 满族以多少人进关？为什么能统治全国，这些给他们当农奴的汉人都哪儿去了？汉人变成满人了？亲王大臣庄园的汉人哪儿去了？是否像俄国农奴制生产方式一样？归纳起来就是：满族入关以后的阶级结构、生产方式是怎样变化的，究竟变成什么了？这个问题不好解决。

定：讨论八旗制度了么？

杨：……好像少一些。当时北京的满族调查组，组长是郭志显。我去看北京档案，专门从沈阳回到北京看文献、档案，与整理档案的（小组）一起整理。我户口都转到沈阳了，点在沈阳么。当时带中央人大民委的介绍信，到北图（北京图书馆）善本室，钢笔都不能带。结果我有个意外收获，印象太深刻了。（在）乾隆九年废纸堆里，（一份）几万字上疏，（内容是关于）庄头管理的庄园。说一个庄头有多少个壮丁，说壮丁太多，老弱病残的应该放出来，朱批批准。谈的太清楚了。抄的卡片都是非常小的字，傅先生高兴说太重要了，（这个问题）只有《清会典》提过一句，现在解决问题了。后来又看到一份，印证了上一份材料的重要，就是晓谕庄头如何如何，又查到一个当时满族进关圈了汉人土地（的记载），汉人哭，被赶出去，文献写的是"庐舍田园，顿非其故"[2]，满人进来把土地圈了，觉得写得活灵活现。

回去又进行讨论，怎么建立的庄园。（然后）谈学习体会，我太有体会了，心情不知道怎么高兴，特别愉快。（我觉得）必须把史料搞清楚，必须踏踏实实坐下来看资料，调查也必须找知情人，瞎编是不行的。每个组回来都有贡献，（接下来）重点就放在编写《满族简史》上。

---

[1] 《满族简史》编写组：《满族简史》，民族出版社，2009年2月。1958年至1960年参加搜集资料和编写工作的同志（按姓氏笔画排列，下同）：王俯民、王锺翰、王驹、白辰文（满族）、任麟阁、关乃如（满族）、关景坤、阎万章、安文溥（锡伯族）、佟济生（满族）、李秉琏、李燕光、李培浩、余鸿才、郑川水、哈斯巴图（蒙古族）、赵展（满族）、徐乃弟（满族）、高连仁、孙兆奎、常兴民、郭志宪（朝鲜族）、傅乐焕、曾庆祥、鄂世镛、阙勋吾、杨学琛、罗继祖。1961年至1962年参加编写工作的有：王锺翰、孙文良、李燕光、李登第、郑川水、苑士兴、赵展、傅乐焕、詹绪先、杨学琛。参加一般工作的有：鄂世镛、王驹、白辰文。1963年参加改稿的有：孙文良、李燕光、李登第、郑川水、苑士兴、赵展、傅乐焕、詹绪先。本书初稿经傅乐焕同志通篡。

[2] 此句引自《清世祖实录》卷25，顺治三年三月乙卯。

（二）编写调查报告

杨：从 1958 年开始，人陆陆续续调走。学生要毕业啊，干部留下来搞最后收尾，都精疲力竭了。我留在沈阳是因为我管很多事，白皮黑字那本书（指历史档案材料）不要小看它，不要忽略它。我是 1962 年回的北京，我的孩子都不认识妈妈了。调查报告我也参加了，兴城的调查报告就是节选的，没有多少东西就是没有多少东西，因为三面红旗、"大跃进"都是浮夸数字，当时写得活灵活现，拿来干什么呢？不能要，所以最后就只好节选了。满族是一个大民族，统治中国很久，把资料整理出来太重要了。1958 年"大跃进"的资料都是浮夸的。满族组最后剩的是李登第、詹绪先、阎万章。阎很老实，抄写的东西最多。李登第在东北时是党支部书记，后来下放到西安。詹绪先当时是学生，后来下放到四川，又到辽宁，在机械厂当教员，他整的东西最多，在东北时就基本上都归了类。我写《清代八旗王公贵族兴衰史》①用他的东西最多。傅先生当时要求每套东西都全部带回来，基本上都带回来了。全组是 1963 年上半年才回来的，编写出来的东西，后来叫白皮书，就是《满族调查报告》和《满族历史档案资料》十几本。重点应该放到这儿，几十万字的原始材料，装订十几二十本还是我去的，后来加以补充整理出版，应该重视（这批材料），是有价值的。还有满族家谱，（不过）我没有接触到，因为我没见。人大民委出面，人家把家谱都交来了，不少的，不知道在哪里了。有人问过我，我说我只听说过没见过。还有一项，名人访谈。这一套资料也很重要，近代的、现代的，有老舍的、吴英铠（胸外科专家）的、关向应后代的，多了，我知道有这些东西。后来整理时是否有人拿走了，很难说。我现在也在想，家谱到底到哪儿去了呢？还有文化古籍方面的照片、名人访谈，在这方面北京调查组的东西比较多。

（三）"对调查组的评价应该高"

杨：全国人大和中国科学院当时指示编纂三套丛书，这是非常正确的，安排得非常及时，很及时的，全国组织调查组起的作用非常大。去的时候大家蒙着头不知道怎么办，拿着全国人大的介绍信，地方都马上接待，如果没有这种条件，再做是不可能的。我呼噜呼噜跟着大家一起跑，到调查组一去就是几年。今天一回顾，假如没有很快完成这个任务，"文革"一开始就全部散失了。1963 年，各就各位回本单位，1963 年后就"四清"，"四清"没回来就"文革"。前面的序幕加上后面的余波（闹了）不止十年，浩劫不止十年啊。假如不限定时间，以后人死的死了，散的散了，资料也散失了，再研究民族工作就没有基础了。所以成绩是不能否认的，应该肯定的。现在每个组还都有一大柜子资料。

---

① 杨学琛、周远廉《清代八旗王公贵族兴衰史》，辽宁人民出版社 1986 年出版。

从在调查组到60年代初我发表好多文章，我60年代发表两篇文章。"文革"时我是颠沛流离，"文革"后因为要修改《满族简史》，我才调到民研所。改革开放以后重搞业务，任务是跟着翁独健主编民族关系史。翁先生非常好，心地非常善良。这些老先生怎么都这么好！8个人，女同志就我一个，这是第一个国家项目。我一直跟着国家项目跑，一直跟到退休，后来就没有再研究过满族史，丢了20多年了。

我退休以后还工作了六七年，累得一塌糊涂。我自己出了四本专著[①]，调查组对我的锻炼起了很大的作用，提高了我的能力，对民族研究增强了信心。调查组是我（从事研究工作）的起点，（让）我知道要特别重视档案资料，放空炮讨论半天不是那么回事。

我感谢我的老师，我认为对调查组的评价应该高。对于我来说，最后这样的结果我应该满足了。

[①] 四本专著即：杨学琛《清代八旗王公庄园论述》，中国社会科学院，1979年；杨学琛、周运廉《八旗王公贵族兴衰史》，辽宁人民出版社，1986年；杨学琛《清代民族关系史》、吉林文史出版社，1991年；杨学琛《中国历代民族史丛书：清代民族史》，四川民族出版社，1996年。

王炬堡先生

九、王炬堡访谈录（一）

访谈对象：王炬堡
访 谈 者：定宜庄
访谈地点：中央民族大学家属院
访谈时间：2005 年

访谈对象简介

王炬堡（1932—2016），陕西西安人，1949年考入西北军政大学，1950年调入西南财政部财经学校，1956年调入西南农业大学，同年考入中国人民大学研究生班。毕业后分配中共中央宣传部工作。1957年调入中央民族学院历史系工作。1958年任少数民族社会历史调查湖南组组长，主要负责土家族的社会历史调查工作，撰有《土家族简史》。先后任中央民族大学历史系党总支书记，校刊负责人，中央民族大学出版社社长。

[定宜庄按]：对王炬堡老师的访谈，前后进行过两次，第一次是我2005年做满族社会历史调查口述时做的，第二次与第一次时隔9年，王炬堡老师已经退休，心境与想法也有了很大改变，而前去访谈的，与第一次也不是同一人，从两篇访谈中可以看出这种明显的变化，可以相互参照补充。

[张龙翔按]：这次采访王炬堡先生与定宜庄老师的第一次采访时隔9年了，与9年前相比我切身体会到王先生思想产生的变化。王先生曾任中央民族学院历史学院党总支书记，9年前的那次采访，我通过看定老师的采访稿，了解到王先生说话有一点"官方"。这个"官方"没有任何的贬义，主要是指采访的时候，他的语气就像是在学院里开大会一样正式，采访到的王先生是身为党总支书记的王炬堡，而不是身为学者的王炬堡。身为一个采访者，我有义务为读者展现被访者的全方位的形象，这么多年来我心里一直想自己去采访王先生一次。

这次采访，了却了我多年以来的夙愿，此时我面对的王先生已经不是9年前那个严肃的采访对象了，在采访中，他完全用一位老先生、老学者的口吻和我交流。身为一个党支书记，王先生能够及时履行行政方面的职责；而身为历史学院的一个老先生，老前辈，他总能不计个人得失，关爱同事，几十年如一日地热心帮助求教于他的人，所以这就不难理解为什么王先生在历史学院口碑一直都极好了。不幸的是，采访一年多后，王先生去世了，我们仅以此篇采访稿缅怀王炬堡先生。

本次采访，王先生谈及了湘西的调查经历；土家族的识别与认证；王先生在历史系的往事，以及主编《土家族简史》的经过，值得一提的是这部简史当时送到北京颐和园的藻鉴堂审查，刘春、吕振羽等同志参与了这项工作，这些资料都是难能可贵的。

定宜庄（以下简称"定"）：我有一个做满族社会历史调查的课题，这个课题拖了好几年也没有做下来，后来一做就发现问题重重。我不明白为什么满族社会历史调查定的点那么奇怪，为什么要把调查的主要精力都放在辽宁的农村，因为清朝入关以后满洲20万人都是在关内的，而且绝大部分就是在北京。还有就是，您知道西安那儿有一个满城吧，您对他们还有印象吗，知道他们在西安都住哪儿吗？

九、王炬堡访谈录（一）

王炬堡（以下简称"王"）：西安，他们在城里免费住。

定：是吗，西安是大城市吧，南京、杭州、广州也是大城市，他们都住在这儿。可是满族民族社会历史调查的时候呢，都是跑到辽宁农村去做的，而且这事是辽宁省管的。我就不明白为什么他们这么选点。后来我就想问问人，可是谁也回答不上来，到今天为止我还没问出来，您知道这是怎么回事吗？

王：这说不上来。

定：虽然我问不出这个，可是我问出别的很多特别有意思的事。所以我就想把那些事情再跟您聊一聊。一个就是民族识别，我看黄光学和施联朱他们合作的那本书您也参加了。

王：我没参加。

定：我看里边有一段是……

王：我知道，土家族的那一段他们原来让我弄，（但）我退下来以后眼睛一直不好。你看学报（《中央民族大学学报》），我搞了10年，出版社又搞了5年，把眼睛搞坏了。所以那时候让我参加，涉及土家的那个（部分）我弄了一下。

定：您的眼睛不是青光眼吧？

王：不是，我主要是，因为当时搞学报（《中央民族学院学报》），以后又搞出版，你不看又不放心，所以眼睛一下搞坏了。

定：您今年多大岁数？

王：73岁。

定：73岁是哪年出生？

王：1932年。

定：30年代的人现在都70多了，我的天哪（王笑）。前段时间我做满族的调查，发现辛亥革命时候还活着的人都没有了，那个时候出生的现在都90多了，都说不清楚话了。您的事例其实特有意思。我过去就知道您调查土家族，可是没有特别留心过。这回呢我也觉得挺感慨的，因为为这个项目，我也找了一些人做调查，我发现居然很多人都已经不在了。因为我是研究满族的，结果我就只找到赵展，其他的人我现在都找不着了。所以没办法，我只能再把范围扩大一点，我发现很多人一问当年都还是大学生呢，您那个时候大概稍微大一点是吧？

王：我是这样，本来那个社会历史调查最早是在1955、1956年，但这个时候我都还没参加，因为那个时候我还不在这儿（指中央民族学院）。

（一）初到民族学院

定：您是什么时候到民院的？

王：我是1957年。

定：哦，您1957年才来的。

王：我那个时候在中宣部。

定：您不是人大毕业的？

王：人大毕业以后，我不是调到中宣部去了吗，中宣部以后，那时候也可能受"向科学进军"① 的影响（想到学校去），人家不让我出来，我硬出来，就到这儿（指中央民族学院）了。

定：哦，您其实当时要在那儿也不一定好，赶上"文化革命"，那就没法说了。（笑）

王：很难说，很难说。说不定在那儿我1957年就成"右派"了。真的，完全可能。人家"鸣放"的时候我才刚到，我要在那儿（指中宣部）呢，闹不好得"鸣放"一通，那不就倒了霉了吗。

定：对。

王：1956年那次（社会历史调查）我没参加，（参加的）是1958年，当时从中央来说是彭真亲自抓的这项工作，彭真抓的。当时（认为）这个社会变动很快，民族地区的发展也快，所以总的指导思想就是"抢救"，怕少数民族——当时认为是落后的东西，一下子消失了怎么办？所以不光这个，当时好像还提出对少数民族文物也尽量要收集。

定：您那个时候到民院是来做什么工作？

王：我啊，那时候一开始我想搞藏族史。结果呢1957年不是那个谁，郭毅生被划成"右派"了吗，他是教近代史的，教近代史不是没人了吗，干脆我教近代史，实际上近代史我什么都没教过。

定：您是就直接到历史系了？

王：哎。

（二）民族识别与民族调查源起

定：解放后怎么就想起搞民族识别、民族调查这些东西了？

王：我想是这样，因为在解放前，少数民族在历代王朝基本上都是受压迫，从当时中央管民族总的方针、政策来看，解放后我们要废除这个压迫政策，要提高少数民族的政治地位，所以需要搞民族识别。所以最早还不是搞调查，最早就是1951年、1952年，那时候施联朱他们参加过，就是搞这个民族访问团。最早是叫民族访问团，就是从中央抽一些人，当然其中好多都是民族学家了，深入到民族地区去访问，（民族访问团）对缓解民族矛盾是有好处的。以后呢，因为民族地区要建立民族区域自治，要建立民族地方自治政权，少数民族实行区域自治是国家基本政策，我们国家又不搞联邦制，又不搞邦联。搞区域自治，你得首先搞民族识别，搞民族识别，那你就要动员学者研究这个问题，不能说是地方政府谁说了

---

① 中共中央于1956年初在北京召开了关于知识分子问题的会议，向全国人民发出了"向现代科学进军"的号召。

算。所以当时除了斯大林那几个原则以外，还有就是当地群众自愿认同（的原则）。

定：还有别的原则吗？

王：没有别的了，就这一个。你比如像海南岛那样……

定：黎族？

王：不是黎族。瑶，本来是苗，结果他报成瑶，因为当时尊重本民族意愿，所以搞这个民族识别，为了搞民族识别，这不是又（需要）搞社会历史调查，抢救落后。民族识别基本完了以后，不是紧接着就是民族区域自治吗，是这么一个过程。

定：那个时候还是搞得挺好的？

王：我觉得是不错的，因为他这样一步一步来。那不然的话，原来苏联解体了。在中国，我们只有西藏、新疆少数几个（民族分裂行为）。

定：那都是免不了的，是国际形势导致的。我们国家基本上就是很和平的把这个问题解决了，还是相当成功的。

王：相当成功的。比如像西南那个时候，为了搞区域自治，你搞土司这些，他基本上都是该给你安排的，政治上给你弄个政协委员，等于把你养起来了。没什么大的冲突。

定：您去的时候已经没有土司了吧？

王：没有。那时候改土归流①已经完了。

（三）去湖南调查

王：以后呢不是1958年搞社会历史调查，湖南组又没人当组长。因为当时组长都是地方上的，北京下去都是副组长，你比如说当时翁独健、林耀华、傅乐焕这些人，都是副组长。湖南组没人管这个事情，所以苏克勤和牙含章开完会以后说你留下，到那儿（湖南）去当副组长，我说对土家我是门儿都不清（不在行）。那时候的任务就是土家族调查社会历史，搞这个社会历史调查以后，主要是编那个三套丛书。

定：五套不是吗？

王：不是，当时提三套，就是"简史""简志"还有"年鉴"（有误），当时主要是这三套。

定：那后来五套又加了两个什么？

王：一个"社会历史调查资料"，还有"少数民族地方自治概况"，这就是五套。结果那时候湖南搞（社会历史调查）以后，因为我对土家门都不清（不在行），所以下去以后就搞了大概差不多有半年调查。调查以后，回来说是1959年就要写稿。

定：哦，您在那待了半年。

王：不，我一直在底下。

---

① 明清两代在西南少数民族地区采取的废除土司、改设流官的一种政治措施。

定：您是在什么地方？

王：湖南、湘西①。

定：湘西，就说您去了最底下吗？

王：哎，最底下。

定：您都去了什么县？

王：龙山、永顺、古丈，这些我们都去过。

定：你们怎么去法，到那比如说是蹲点，还是说一个一个那么走着走？

王：不是，我们那时候去是这样，那时候不是要编简史、简志吗，当时的指导思想叫"厚今薄古"，重点是解放后，等于前面的历史你可以少写，粗线条地拉下来就行。这跟1956年那时候不一样，1956年"抢救"比较多。

定：噢，1956年是抢救。

王：哎，1956年重点是抢救，1958年主要是搞简史、简志。

定：那跟后来的政治形势的变化有关系吗？

王：那时候没有，那时候还没什么关系。那时候因为少数民族（是）独立的，所以（简史、简志）每个少数民族各编一本。当时我们考察土家族这个语言，那时候定的是七八十万人口，但是实际上用土家语的也就50来万人口。

定：哦，还真有人用土家语。

王：有有有。我们是深入到土家族原始状态保存最完整的地方，在那儿基本上都是操土家语。

定：原始状态保存完整的主要是永顺、龙山，不是在恩施那一带吗？

王：不是，恩施那是在1980年以后才定②，那个地方我也去了。1980年那时候，我们到那个洗车镇去调查，当时去了5个人，还有北大的几个学生。在那个地方，我们从县城出来后到一个镇吃中午饭，12点多吃饭，问老乡到我们那个点去（有）多少路。（老乡说）嗨，十几里地。那十几里地二三个小时还走不了？对不对？结果我们吃完饭以后（上路），那时候还自己挑着行李啊。结果到晚上7点，都天黑了才走了不到一半（笑）。那时候不是正好那个地方有个合作社吗，我干脆说当晚就住在那儿，就住在合作社社部这边，在那儿吃饭。那时候走三里地，我挑着行李，因为平时多少年都不这么劳动了，再加上（背着）这么大的两个包。结果第二天我说不行了，就请了合作社的两个人把行李挑上，我们提着小包走。结果到那个镇子的时候下坡，那坡陡极了，结果北大有两个女的下那个坡的时候直想摔跤，那腿一直发颤，一望底下都是深沟。最后我说你们干脆这样吧，你们甭再走，就坐在地下这么往下梭。最后到了下午一点才到那个镇子上。

---

① 湘西土家族苗族自治州，位于湖南省西北部，云贵高原东侧的武陵山区，与湖北省、贵州省、重庆市接壤，辖吉首市和花垣、保靖、永顺、龙山、泸溪、凤凰、古丈7个县。

② 湖北省恩施土家族苗族自治州于1983年8月19日建州。

定：这是在？

王：在龙山。

定：那边是不是山特别险峻？

王：山高，他们的那个湘鄂西革命根据地都是在那一带。

定：那你们干吗非得到那个镇子去？

王：那里就是土家族风俗习惯语言保存最完整的地方。别的地方（民族习俗保存不完整），有的地方都不会说土家语。

定：你们那个时候到一个地方调查是必须每个点都得去，还是选一些点？

王：选点。

定：那怎么选，根据什么选呢？

王：那时候是这样，基本思想是厚今薄古嘛，所以是（选）解放后土地改革搞得比较好的，合作化搞得速度比较快的，生产发展比较好的这些点。我们那时候基本上都到这些点，当时各个组基本都差不多。

定：那就是说，像您刚才说的风俗习惯保存比较完整的地方，那就应该不在你们这个选点范围之内了？

王：也在。

定：也还注意他的风俗习惯？

王：注意，就是说他的风俗习惯，本民族风俗习惯保存比较完整，语言基本上是操土家语的地方，当时选这些点。

定：赵展说满族社会历史调查的时候不让搞风俗习惯，说那就叫做"猎奇"。

王：也不是不搞。"猎奇"是当时有的人批判这个东西，就是1958年"反右"的时候，所谓批判"资产阶级民族学"嘛，意思就是说资产阶级民族学专门找这个少数民族落后的风俗习惯，社会经济、政治等等这些方面他们不怎么管。实际上后来我看人家1956年那时候搞的社会历史调查材料，人家也不是这样，原来的政治、经济状况、社会生活（调查材料里）都包含，都有。但是当时受反右后期"左"的影响，批判这个所谓的"资产阶级学术观点"。当时是说过一下，但不是说你不要去了解人家的风俗习惯。我们当时也要了解，因为我们这些人对土家族不清楚，对不对？你最后写简史、简志，你还得包括一部分人家主要的风俗习惯，不然你怎么写？

定：您那时候去了多少趟湘西？

王：湘西啊，1958年，1959年到1960年。

定：第一次去是1958年。

王：对，到了1960年，那时候简史通过了嘛，简史、简志通过了以后呢，我又协助地方，帮着他们写那个自治概况（指"三套丛书"中的《少数民族自治地方概况》），又一次到湘西，把那个（湘西）州概况弄完了以后，湖南不是还有什么侗族自治县、瑶族自治县吗，（当时）有五个自治县，我又帮他们弄（县自治地方概况）。

定：那就是说其他民族的事您也涉及了一些。

王：也涉及了一些，那时候主要是编那个自治地方概况。1980年不是湘西大庸、桑植，还有那个鄂西、川东的土家族有一些人要验证少数民族成分嘛，这个我也去了，当时土家族有150多万①。

定：也是个大族，那里头混了好多假的吧？

王：不能说没有，但这个你不好说。为什么呢？这个土家族地区，汉人去的最多的是什么时候？是改土归流②以后，对不对？改土归流以后，土官废除了，流官进去（土家族地区）了，紧接着汉族的商人做小买卖的都进去了。所以为什么你看在少数民族地区包括湘西、鄂西都如此，城镇基本上是汉族。有一些汉族光棍去了，跟土家族妇女结婚，那他就包括在土家里面了。

定：对。土家族是属于比较开放的民族，文化素质比较高，也比较特殊是吧，其他的那几个就差一点。改土归流也是改土家族土司比较多，对土家族影响比较大，是吗？

王：是。因为基本上湘鄂川黔东这几个土司都是土家族，没苗族。

定：是吗，为什么苗族不改土？

王：苗族是什么呢，你比如湘西苗族，他实际上是受土家族统治的，土家统治它。

定：土家族厉害。

王：明朝嘉靖年间土兵打倭寇，那是很厉害的。

定：讲这个土家族的话，谁也听不懂（笑）。其实我觉得你们当年到湘西做调查那一段也很不容易。

王：那肯定，当时是艰苦。你看那时候还强调跟农民"三同"啊，同吃、同住、同劳动嘛，有时候我们还跟他们一块儿劳动，在农民家轮流吃派饭。

定：对对对，那时候都吃派饭。土家族那边的生活水平怎么样？

王：嗨，都是大山区。反正你知道农村主要吃主食，没什么菜，最主要的菜就是什么冬瓜、老倭瓜这些。

定：那你们那时候做调查一次去住多久？

王：我们基本上在一个点待两个多月。

定：就是开会？

王：不是，就在那一个点上。

定：我是说你们到那儿就是叫这些人过来开会座谈吗？

王：不，还有一些老年人，就是家访。

定：哦，也有家访？

---

① 根据2010年第六次全国人口普查显示，土家族人口数量约为835万人。
② 改土归流又称土司改流、废土改流，始于明代中后期，是指将原来统治少数民族的土司头目废除，改为中央政府派任流官管理。

王：有有有。因为老年人对（本民族）风俗习惯各个方面知道的多嘛。

定：那时候还有一个遗憾就是没有录音机，要是有录音和照相、摄影什么的也好。你们那时候有过这些设备吗？

王：没有，都没有。

定：都没有，也没有摄像？

王：没有没有。

定：就靠笔和纸。那些资料现在我觉得也特别奇怪，因为我后来到民研所去，我就翻（那些资料），这么翻着翻着，我发现也没人看，也没人整理，就堆到那儿，堆着土落这么厚。

王：1958年我们下去（做调查），湖南省民委，还有湘西自治州，人家不是当时搞民族识别也涉及历史啊什么的，也弄了一点（资料）吗，有一些资料，就包括解放后的一些资料，什么土地改革啊、剿匪反霸啊这些，人家不是有重印的吗，打印的重本的，我们都问人家要了，就是免得跑了嘛。当时我记得，我们回来以后装了两木箱子（资料）。结果呢80年代，1980年、1981年那时候，重新弄的时候，根本不给你，看都不给看！

定：那后来呢，那些东西现在呢？

王：不知道。所以那时候我们几个人都求他了。重弄！那你怎么办，没办法，他不给啊！他不给看。

定：那您现在也不知道它在哪儿？

王：不知道。

定：您也不管了？

王：没办法。

定：满族历史调查的资料也是这样，他们民研所也不给看。可是后来那帮人退的退、去世的去世，现在剩下的就我一个师弟在那儿管着，他刚40岁的一个年轻人，所以他无所谓了，说这些东西你来翻吧，我就跑到那儿去看。

王：那他还算不错了（笑），过去根本不给看。

定：那些东西他们都不当回事嘛，那个柜子放在床底下，上面落了厚厚一层土，我去一趟，浑身就跟那土似的。

王：所以当时"左"就左在这些地方。当时有一个词叫"不准个人留小仓库"，所有的调查材料一律上交。

定：上交了又都不珍惜。

王：所以我们调查组结束以后，（调查材料）都一律交到民族研究所，个人都没留。

定：文物也不敢留。

王：没有，包括个人笔记本都交了。什么都没留。

定：其实要自己留一点儿没准还有用。

王：哎，哎，都没留。

定：那时候要有复印也好是吧，复印一份交。

王：是，是，那时候都没有，（材料）都没留。

定：哦，结果他们也不当回事，就那么给瞎堆着。而且您瞧现在一过也50多年了，当时的纸又不好，那个圆珠笔写的东西吧就透过那个纸，几张纸就黏在一起，根本就（没法看）。我现在看着都（很困难），我就一点一点地揭，我想不管怎么样，这是第一手资料，特别宝贵。我那个师弟就让人把不能复原的地方一点一点打印出来，毕竟（这些材料）都是多少年前，这一代学者的劳动嘛。我们俩现在就想做这么一个项目，跟社科院申请了几万块钱。

王：行，那倒是个好事。

（四）历史系与社会历史调查

定：1956年那次少数民族社会历史调查，虽然您那时候还没到历史系，可您知不知道咱们历史系（指当时的中央民族学院历史系）参与这个事的人多不多？

王：不少。现在如果你要找，你不太熟我可以给你联系。施联朱参加过，当然他不是（调查）满族了，但他能给你详细说。朱宁、陈凤贤当时去海南岛，他们这些人1956年都参加过。

定：那满族这部分呢？

王：满族我就说不清了。

定：满族赵展都没参加过，他是1957年来的，跟您前后脚吧？还有王恒杰、顾章义。

王：他比我晚一点。

定：还晚一点，所以我问他他都说不上来。

王：他没参加过。

定：哦，王先生（王锺翰）因为是右派，他也没参加过。

王：王（锺翰）1956年参没参加过，我就说不清楚了。

定：没有没有。

王：没参加过，满族究竟还有谁，我就说不清楚了。

定：那就是说历史系当时主要也不是搞满族。

王：满族可能原来傅乐焕弄过吧。因为过去我看他写过达斡尔族调查报告，那时候他都在东北。

定：那东北这块儿当时还有谁参加过？

王：东北这个我就说不清楚了。这我可以给你打听一下，以后碰到施联朱我给你问一下。

定：是吗，您也是后边才来。所以要不然我说快嘛，这一下子，那一代人很多都找不着了。关于这个，我还有一个问题，你们在历史系的时候，做这个民族识别和民族调查，算不算当时历史系一个很重要的任务？

王：是很重要的。

定：是吗，不是说教学是很重要的。您那时候是什么职务，不是普通老师吧？

王：不，我是一般老师。

定：是吗，您不是后来当领导吗？

王：那是后来。

定：哦。那时候民族调查是怎么个具体抓法啊。

王：是这样，当时有办公室，办公室就设在民族研究所，社科院民族研究所那个办公室。那个办公室主要就是管经费，中央拨的经费都由它管。

定：那时候经费还是挺充足的。

王：挺充足的，那时候基本都是实报实销的。

定：不会像后来似的，买个车完了吃饭都不吃，不至于是吧。

王：那时候管理是相当严格的，包括你在底下搞社会调查，经费使用都是相当严格的。

定：那咱们历史系是怎么参加这个调查的呢？

王：是这样，当时的调研，基本上历史系都参加了。

定：怎么叫基本参加呢？就是说下去基层？

王：都下去，还有学生也下去，当时陈连开他们这个年级（下去过）。

定：陈连开下哪了？

王：陈连开……青海吧。当时（去调查的地方）有的是自己报，有的等于是分配了。

定：我记得陈燮章是上云南，跑到独龙族那儿去了。（笑）

王：当时是把学生也（派）下去了。1958年的时候北京大学有一个年级也是参加了这个（调查）。

定：哦，这个我知道，现在我们（中国社会科学院）历史所的那个几个先生就参加过。

王：当时民族研究所呢，基本上搞业务的也都下去了，当时基本上是这几种人：有的地方上也派了一两个干部，有的地方就没有。比如像我在湖南，地方政府不管这些事。等于他地方上的民委主任，挂个名义组长，你北京派的是副组长。

定：那就是说北京派的副组长是实际管事的？

王：是实际管事的。

定：那您去那儿当副组长的时候手底下有多少人？

王：我那时候（底下有）十几个人。

定：十几个人，都是北京的吗？

王：对，都是北京的，

定：都是民族学院的？

王：不，北大有六个还是七个学生吧。

定：北大有七个学生。咱们系（指当时的中央民族学院历史系）有学生去吗？

王：我们历史系也有学生。

定：谁跟您下去的？

王：石建中。

定：石建中，还是石钟健？

王：石建中。不是那个石钟健。

定：那这个石建中现在还在吗？

王：在。他跟我去的，原来还有个王又民。

定：这人我不认识。

王：是（民族学院）哲学系的老师，王又民。还有到广西去了两个，北大（去的）学生多。

定：北大那时候是参与这个调查的人是不是比咱们系还多？

王：哎，不少。

（五）土家族识别中的争议

定：我记得土家族识别在当时是争议比较大的，您那时候了解吗？

王：争议大主要是在1955年、1956年、1957年。那时候为什么争议大呢，湖南省当时的民委主任叫谢华，也是个历史学家，他在延安时期也是搞历史的。他就认为土家族属于汉化程度比较高的，说（土家族）不是少数民族，是汉族。因为土家族有一个传说，说他们是从江西过去的。实际上人家土家族有语言，这个你否认不了。潘光旦先生解放后一直在搞这个事情，1957年的时候就考证土家族的久远文明。当时湖南省里认为土家族不是少数民族，但是后来潘光旦讲，人家（土家族）语言还在那儿。

定：那就是说你们那时候把语言看作一个特别重要的民族特征？

王：对，很重要的，斯大林说的"四个特征"嘛，应该是最主要的东西，共同地域、共同语言、共同的风俗习惯、共同的经济生活。

定：那您现在还认为这四大特征行得通吗？

王：我觉得基本上还是可以。语言，你说土家当时七八十万人，当时还有十四五万人主要分布在酉水，人家还讲土家语。有的即使在外面不讲，但有时在家里还讲。

定：跟汉族还是不一样。

王：不一样，根本不一样。所以以后人家就承认（土家族是少数民族）了，因为本民族不干，本民族一些代表人物，人家认为我本身就是少数民族。湖北恩施地区，包括川东地区，当时也报了不少（土家族）。但是1957年"反右"以后，紧接着又反一些地方民族主义，所以土家族知识分子就不敢再……所以川东的、湖北的就没有……定：那时候恩施就没入土家族。

王：就根本没搞民族识别。

九、王炬堡访谈录（一）

1957年，潘光旦教授（左二）在川东酉阳县考察土家族历史文化（张祖道拍摄）

定：这事我又不太懂了，咱们扯远一点，那民族识别是怎么回事，不是遍地开花哪儿都搞？

王：不是。民族识别主要是1952年以后。那时候搞民族识别基本上就是按斯大林的"四个特征"。还有一个，就是尊重本民族意愿。比如本民族里的一些土司，像海南岛的瑶族吧，我也记不很准了，本来是"瑶"，他说他是"苗"，土司说是"苗"，那就只能尊重本民族意愿。有这个东西，所以像鄂西，1958年那时候我下去也到他们统战部。

定：您也去过恩施那一带？

王：去过。1958年我们到湖北统战部都看过材料。那时候人家地方报上来的（土家族）也有七八十万，以后因为反地方民族主义，没敢那么报。所以到1980年，不是人家地方又提出一个问题吗，那时候我跟民委一个副司长又下去（地方），下去以后到鄂西、川东，靠近龙山、四川酉阳的那几个区，区委书记都能用土家语唱山歌。

定：那湖北的土家族和湖南的一样吗？

王：一样。

定：语言、习惯啊什么都一样？

王：基本都一样。

定：是吗，土家族不像苗族那样部落之间区别很大吗？

王：一样。1980年那时候我去调查，在酉水流域，靠龙山那边有些地方还操土家语，在湖北恩施那一带土家语已经消失了。当时中南民院也有老师搞土家语言文字，给我提出来一个问题：说为什么土家语在恩施地区消失了，反而在龙山、湘西这一带保存下来，原因究竟是什么？我当时给他说的他觉得有道理。因为什么呢，因为从中原地区入川，到云贵这一带，长江都是主航道，恩施地区临近入川的水路，汉人到这些地方比较早，所以这些地方受汉族文化影响比较早。再加上从土司（统治）时候开始，土司都提倡汉文化，土家族不管湘西、鄂西，土司本人都学汉文，而且土司的汉文化水平都相当高。为什么（土家语）在湘西还保留着？因为湘西背后是苗（族），把他（土家族）挡住了。苗在经济文化上比土家落后，加上在湘西那一块儿过去的统治者都是土家，土司都是土家，所以土家在经济、文化上比苗先进，绝对不会向比自己落后的学习，所以他那个语言（土家语）在酉水流域保留下来了。那个老师说你说的这个有道理。因为鄂西有一些地名，还有有一些跳丧，唱古老的唱词都是用土家语。

定：什么叫"跳丧"，人死了跳丧歌？

王：对，这叫跳丧。有一些词用汉语解释不通，别的语言也解释不通。当时一个湘西自治州的副州长陪着我们一块儿去（调查），是我们那时候让他去的，为什么让他去呢，因为这个湘西自治州成立以后，1980年民族调查以前，他们湘西土家族的科局以上的一些土家族干部，给民委党组写了一封信，湘西大庸、桑植在过去是土司地区，人家要求承认土家族成分，他们不同意，鄂西（土家族）他们更不承认。他们当时科局长以上的干部，以州长为首给民委写信，不承认（土家族成分），因为他们不懂土家语。那时候他们让我看过（报告）。所以我（对那位副州长）说我们到四川、鄂西去调查的时候，你也跟着我们去，就让他去了。到了四川秀山、酉阳那一带，他听人家用土家语唱歌，我们都问他，这是土家语还是什么语啊？他说是土家语。到鄂西以后，我们又问他说当地"跳丧"的一些词，还有一些地名词是什么语啊？（他说）是土家语。所以他才服了，才明白事情是这样。

定：要不然他们还不干。

王：哎。

定：那时候的少数民族是愿意当汉族还是少数民族？

王：愿意当少数民族。

定：为什么？

王：是这样，一个是因为少数民族在经济上各方面都受照顾，对不对？另外，入学考试的时候……

定：那个时候就有照顾吗？

王：有，20分。

定：那时候就有，50年代，是吗，我就知道改革开放以后有。

王：那时候对少数民族就有照顾，所以他愿意当少数民族。特别是有一些少数民族知识分子，他对这些思想比较热情，他觉得我本来不是你汉族，为什么归到你汉族了呢？

（六）对少数民族社会历史调查作用的评价

王：这个社会历史调查，我觉得它的作用怎么说都不过分。我来跟你说，以后你研究看看。一个就是搞这个民族社会历史调查，对稳定中国的有一些少数民族，确定他们的名称等等，起了一个决定的作用，就是能不能作为一个单一民族，有了一个科学的（标准），这个（贡献）是很大的。还有一个呢，作为我们历史系来说，有关民族方面的，比如民族学、民族史的教材建设，也是通过这两次社会历史调查建立的基础。不然的话，教材根本没有。

定：就是说要不是有这个调查的话，这些东西还是没纲没目，因为解放前没有这些东西是吧？

王：没有，没有。还有一个呢，特别是50年代初期，1954年到1956年这个时候，大批民族文物即将丧失，一般就是很快就完（丧失）了，你找都找不到，花多少钱都买不着，所以这个（指社会历史调查的）意义我觉得还是相当大的。

定：可是现在为什么基本上对它的意义没有特别重视？

王：没人写，没人写东西。

定：最近那个民研所出了一本书，就是讲这个少数民族社会历史调查，不知道您看了没有。

王：没有。

定：这本书有一个特点我觉得特别奇怪，它找的人主要就是搞西南的，可能当时调查的重点就是西南是吧？这是因为当时西南民族多还是怎么回事？

王：其实当时全国都有调查，都搞过。

定：可是它那个书主要就是讲西南。

王：可能是（因为）云南、贵州这一带的少数民族多嘛。

定：对对对，这本书讲的都是一些细节，比如说像怎么爬山。其实细节也很有意思，您跟我讲细节我也觉得特别爱听，可是如果整个一本书光是细节……

王：那肯定不行。

定：还应该有很多东西。因为现在的年轻一代，我说的是比我们年轻的这一代人，基本上不愿意做田野，不愿意付出那些工夫，可是你们那一代人当年还真是比较有革命热情（笑），真是下功夫啊。好些人写的序言就说应该继承老一代学者的这种精神，可是那只是一方面，我还想听的是对这个调查的评价，比如说您今天对我说的这个评价就是比较高的，赵展就基本上是否定的。

王：否定没有道理。

定：没有道理，后来我就问他，我说那你觉得这个调查对你个人的学术研究有没有作用。他说其实还是有作用，说那是我的一个基础，那就是说他也不能全否定调查的意义。

王：20多年前，那个时候《少数民族简史》已经出来了，我也听过这个观点（否定这个调查的价值），包括参加过这个调查的人自己说这算什么，水平不怎么样。我当时就反驳他们这个观点。我有一个基本看法，做学术研究，不光是这个，前人没搞过的课题、项目，你搞出来了，即使（成果）有这样那样的缺点、问题，现在你就是最高水平，我是这么看的。总比不开辟新的课题，总是拾人牙慧，搞那些重复的、没什么新意、新材料的（课题），炒剩饭，炒来炒去，总比那水平高得多。我始终认为，就包括现在新的一些学术观点，你只要有理有据，别人没研究过的课题，你写出来，你就是最高水平。

定：这个问题，各人有各人的想法。

王：我总体看，（少数民族社会历史调查）尽管有这样那样缺点、毛病，总体和主流是对的。

定：而且后来再也没有过那样的调查，后来的调查都是个人行为了。我就觉得好像特别可惜，就是应该能做得好得多的。

王：是这样，1956年的时候做得相对来说比较好一些。因为1956年人家调查回来以后，都写出了正式的报告，当然1958年我们也写过。（但是1956年）写过报告以后人家还打印出来，有几十本。1958年那时候没有。

定：连这个都没有啊。

王：没有，1958年没有。

定：那您是不是觉得1958年那次调查有些东西就白费了，多可惜啊。

王：应该说是。

定：那为什么1958年又想再做调查啊？

王：要我看，因为（1956年做的）那个调查报告还不是这个民族的历史和现状，只能说是（反映了这个民族的）一个侧面。1958年搞这个民族简史、简志呢，就是（计划）我每个民族搞一本书出来，不管好坏、详略，有一本书出来，是这样。就是通过这一本书，你大致可以了解这个民族的过去和现在。我想他们当时是这么个意思。

（七）关于《土家族简史》

定：那您当副组长的时候，人家给你传达的意思是不是就让您去写书啊？

王：对，就是写书。1958年那时候我们在底下调查了半年多，后来又集中起来编，也是在地方上写，写完以后到北京来审稿，那时候来了五六个稿，我们土家族的稿是吕振羽主审。结果（审稿人）觉得那时候来的五六个稿里头土家族写的还不错，后来就在我们印刷厂印了四五百本发给各个调查组作为样本，以后呢陆陆续续都印了，就是那时候说的白皮书嘛，等于都没正式出版。

定：对对，我知道，你们都说白皮书。

王：简史简志也好，语言简志也好，都没正式出版，但是凡是弄出来的都印（出白皮书）了。

定：您觉得《土家族简史》在这些民族史里头属于那个档次的？

王：现在都不太好说了，因为我也没（全部）看过。但是因为《土家族简史》不是出得最早的，还在印的时候，其他的（少数民族简史）已经出了几本，我大致翻过一下，（发现）它们在处理一些历史问题的时候，跟《土家族简史》观点不太一样。（它们认为）历史上凡是少数民族一出问题，中原王朝的镇压都是非正义的，少数民族不管（做）什么都是正义的，我觉得（这样）简单化了。我写《土家族简史》，基本上（把少数民族的反抗）分为这么几种类型：一种类型就是每当一个封建王朝末期的时候，全国农民起义了，那么土家族地区的土官也好，或者群众也好，不管什么你也反抗，都是正义的，不管主观愿望怎么样，因为主观愿望你也找不到材料（证明），不好说，（但）他从客观上是有利于推翻这个封建王朝，他直接间接配合着农民起义，所以这个他是正义的。还有一种类型，当这个中原封建王朝建立以后，他要统一民族地区，有的土司就反抗，反对这种统一，反对（中原王朝）控制他，（对于这种情况）我采取了一种办法，不说你正义非正义，而说是"控制反控制"的过程。

定：对，怎么评价少数民族的反抗，到现在还是一个问题。

王：我是把它定义为"控制反控制"的问题。还有，比如少数民族土司之间为了各自的利益相互打起来，造成地方不靖，封建中原王朝调解不了，就镇压。这种情况我就如实写事实，也不说你谁是谁非，我是这么处理的，但是过去都不是这样，都说（少数民族反抗）是正义的。

定：现在的看法又整个反过来了，都说是分裂活动。

王：所以在写《土家族简史》的时候，我就是区别不同类型，不给你讲像简单的正义的、非正义，我是区别不同情况给他处理的，当时采取的（方法）就是区分不同类型。后来觉得这个（问题）还有点意思，也想写一个论文，（后来）我想我眼睛也不行了，这个工程量太大，因为你不能光用土家做例子，你还得用其他民族，其他的民族你也能够举一些事例，做一些分析，但这个工程都太大，所以我……

定：那因为什么有些民族的矛盾争端比较多？是生存环境比较恶劣，还是因为特别好斗？

王：不是。我在出版社的时候，当时宁夏有一个人写了一本书。清朝末年的时候，回族门宦之间闹得很凶嘛，杀起来也凶得很。正因为门宦之间斗，弄得地方不安宁，所以清朝才派兵镇压。到他（这本书）这儿，回族人一反抗，又成了正义的了，清王朝镇压又说得一塌糊涂。我说不存在（正义非正义）。

定：（笑）就跟在家里边管孩子似的，你也不能不管啊。

王：所以我说拒绝出版你这本书，把稿给退回去了。而且这个封建王朝啊，说实在的，有些皇帝，像雍正，从土家族改土归流来说，他就是区别对待的。你表示归顺的土司，我给你明升暗降，你表示同意改土归流，得了，我给你弄个什么官，就等于和平改流，和平改土。有的呢，就是异地，通过把土司弄到外地去来改流，那时候有弄到广东的，武汉的，兰州的，西安的，这些（处理方式）土家族地区土司都有。

定：那现在有没有被迁走的那些土司还报土家族的？

王：那没有，没有听说。

定：没有，彻底同化（笑）。

王：所以他是区别对待。还有的，你（土司）不愿意改，我（朝廷）出兵把你围住，我也不打你，最后逼得你自杀。实在你要动武，那我就派兵。所以他这也是区别对待，政策性特强。因为我们这都是当时从档案馆看到的材料，所以觉得雍正这个人很厉害。

定：这些年对于土家族土司的研究有没有一些进展什么的？

王：好像也没有什么太大的进展。

定：好多年轻人我看硕士论文、博士论文都写改土归流？

王：那我就没看过，我就不知道了。

（八）调查留下的遗憾

定：您觉得调查是不是也留下很多遗憾呢？

王：遗憾是什么呢，我觉得从 1956 年说抢救，1958 年的时候来"厚今薄古"，抢救这一方面就没有重视，我觉得这是一点遗憾。还有一些少数民族的东西是值得研究的，包括文物等等。

定：那具体到您去的土家族地区，您说的不够重视的有什么例子吗？

王：当时有一些文物我们就没有重视，没有收集。比如说潘光旦先生过去要收集一些族谱，我们当时如果下去时不强调这个（厚今薄古），或者经费上再给一点保证，那我们就可以收集。当时也知道（重要性），但是你没有精力和经费去弄这些东西。

定：好多文献资料都没重视，等到后来一闹"文革"，彻底被砸毁了。

王：彻底完了。

定：当时要是把这些东西都保留下来那真是太珍贵了。

王：是，是。

定：这确实是很遗憾。再问您一个问题，就具体到您个人来说，您后来从中宣部来到民族学院，您受没受过民族理论、民族调查这种训练？

王：我都没有受过训练，就边干边学。

定：这问题问得不太礼貌。（笑）

王：不，没事没事，那时候（大家）都一样，民族学院的学生，就包括陈连开他们，他们也没受过这些训练。

定：那有没有经过事先的培训？

王：都没有，那时候就是说走就走。当然现在看起来这也是一种"左"的做法，也是"左"的路线。本来搞社会历史调查应该是一种专门的（工作）。

定：对，是专业的。

王：它是一门专业，那时候就是大轰大嗡的形式。

定：那有没有一些必要的提纲什么的？

王：那个有。

定：就是陈永龄他们编的。

王：对，那个那时候发的都有，叫"社会历史调查大纲"。

定：那个您看过吗？

王：看过。

定：你们都是照着那个做吗？

王：基本上也还是照着那做。

定：那你们还有点政策，执行得比较好。满族那个调查呢，据赵展说他气得要死，他说他们不照着那个做，发了提纲他们也不看，然后他们那个领队是一个女的，那个女的特别横，不讲理。

王：（笑）那我就不了解了。我们那时候都收集。

定：就是说你们也收集，可是有些东西该收集的大家没有特别收集的成功。

王：所以我总觉得土家族那时候最大的遗憾就是没有很好地收集族谱。

定：是，如果有一定的专业训练，就不会不弄了。

王：哎，不会。不过也不行，你就是有专业训练，你收族谱，总得给人一点钱吧？

定：你们不是有钱吗？

王：不，经费给你固定开支，你就不行啊，没（收族谱）这一项，你就不能弄啊，不给你时间，你也弄不成。

定：那时候你们过眼的这些东西多不多？

王：有，有。

定：我后来到90年代，甚至就是最近这几年我下去，还能收集到一些硕果仅存的家谱呢，经过了"文革"还能剩下来，何况你们那个时候，要是现在就太难了。

王：最近我看电视，四川有一个搞房地产的人，他买了500亩地，在成都附近哪个县买了500亩地，盖了8个抗战纪念馆，到处收集了几十万件文物，（包括）报纸和私人照片。而且其中两个馆你们想像不到，一个是汉奸馆，抗战期间当汉奸的一百多万人，展示这些人是怎么当上汉奸的（笑）。你不能说他这个不是一种新的思路，记者采访的时候，他说如果以后碰到外国侵略，通过这个汉奸馆对人们进行教育，能少一半汉奸，也算是一种胜利嘛（笑）。还有一个就是国民党的俘虏馆，你说你被包围了，弹尽粮绝了，你不当俘虏怎么办，他给这些人也专门弄了一个馆。所以现在有些人的思路跟我们那代人的思路是有些不一样的。

定：不过特对，特有意思。您刚说了一个遗憾就是对文物搜集不够重视，还有呢？

王：还有1958年那个（指导思想）。

定：厚今薄古？

王：哎，厚今薄古。所以对历史上有一些重要问题也缺乏必要的……

定：那不是1956年都做过了吗？

王：不，1956年主要是现状调查，还不是主要搞历史。抢救是属于"现状"，你的社会组织是什么社会组织，物质生活各个方面，吃穿住行、风俗习惯，他主要是（调查）这些。

定：我明白了，这就好像是在抢救当时的那些……

王：对，但是对历史研究就显得（不足）。

定：就是说如果再深入进去一步的话，应该就是追溯它的历史了，而且是一些保存的文物里所反映的历史。可是结果它反而就"厚今薄古"了，结果就把一个特别好的时机给浪费了，您觉得特别可惜，是这个意思吗？

王：对，是。

定：可是要是改到搞历史，那不就成了一种学术研究了吗？（笑）

王：学术研究也是在为现实政治服务啊。各个民族历史资料情况不一样，我根据现有搜集的资料和研究水平，比较扎实地搞一个本民族的简史，它不管对本民族，还是对其他民族了解这个民族的过去，都是有好处的。

定：那您认为你们后来修这个土家族的简史是不是有一些因为调查不充分而导致的缺陷呢？

王：有。

定：具体的呢？

王：具体的比如说，湘西解放前不是所谓"鸦片盛行""土匪窝子"吗，这个就没有很好调查。

定：没有调查，多可惜啊。

王：因为当时厚今薄古嘛。你比如说从它的社会原因，从各方面原因（解释），要是有充分的调查材料，这个简史它就更有分量。（但是）没有调查。当时这个土家族地区，有一些土司的遗址，土司庙还都在。

定：土司庙？土司庙是什么庙？

王：就是土司死了供奉土司的。

定：是吗，我去过一个唐崖土司的遗址，那规模很大很大。

王：但有的地方建设都坏了。像这些东西当年都没有时间去搞它。

定：那些土司你们调查了吗？

王：没调查。当时主要是调查现状，像这个当时都没怎么强调。比如说当时不是工商业改造吗，那时候我们到县城里面收集那些材料。你要搞商品经济，（就要调查）这个地方什么时候有商品经济，商品经济发达不发达，（但这些）当时我们都没调查，都是查查原来的资料，（比如）解放前县城有多少工商户，规模怎么样，劳动雇佣关系怎么样，金融社会品种，量怎么样。不然怎么说这个地方已经受到商品经济影响，你得用材料说话。这些做了一点，但都没详细调查，只能把三大改造时候的那些材料收集一下，只能如此而已。

定：那您觉得是因为时间不够还是指导思想就不重视？

王：关键是指导思想。

定：实际上到现在为止，对这个问题也不重视。

王：现在更不重视。

定：现在要说到哪儿发展旅游就是摆一堆假古董。我说这些东西原来不是这样的，人家就说我是揭老底。不过现在的指导思想就不是要做研究，没有想过这些东西它不会永远保留。

王：你就包括"文化大革命"结束以后，又重新修订简史，五套丛书不是都出来了么，真正历史方面下功夫的，还是在后面这几年，就这一次重新弄。80年代初期就是搞这个，像土家这个（调查），过去历史部分少嘛，也没弄。你像北京，北大图书馆、科学院图书馆、历史档案馆、南京档案馆,我们几乎能查到的都查了。

定:那就是80年代了,就是您在历史系的时候。

王:不是,我还没到历史系,我那时候在弄学报(《中央民族学院学报》)。真正这个时候在历史部分才是下了一些功夫的。

定:哦,那个时候下功夫在文献上面,可是它都是官方的文献。

王:但是那个时候又变了,简史做到解放前,解放后不要了。所以说过去是厚今薄古,重在解放后。到这个"五套丛书"的时候又变了,写简史解放后的又不要了。

定:那你们做的那些厚今薄古的东西还有没有价值?

王:这个得看你怎么看,价值我觉得还是有。那么(有价值的)原因是什么呢,

1957年1月16日,潘光旦先生(左二)在湖北来凤县绿葱坡顶(左起杨重野、潘光旦、朱家煊)(张祖道摄)

这些材料还是宝贵的,原来收集的材料也还是宝贵的。你想我当时到湘西去大炼钢铁,哎呀,这么粗的桦树,砍啊,炼出来那个土铁,那像个什么样!

定:那个时候湘西那边都是特好的林子,都给毁了,您是目睹过那过程。

王:不过真正山林的毁坏还不是在那个时候,因为那个(大炼钢铁)毕竟只有很短很短的时间。毁山林最厉害的还是改革开放后,包山到户。包产到户这一弄,老百姓有一种心理,我不砍白不砍。60年代我也到湘西去过,1958年到1961年我基本上都在湘西。那时候虽然说大炼钢铁,但它时间很短,对山林的破坏有限,真正砍光的,是改革开放以后包山到户、包产到户。因为过去一到湘西,阴森森的,结果80年我去了以后呢,山光秃秃的,(笑)山上只是有这么一点不多的杉树,那底下那个杆基本上都被砍光了,像人戴草帽一样。因为老百姓没柴火烧。

定:我去过,亲眼看人们砍那个桉树,那个树宝贵极了,"邦邦邦"在那瞎砍,太可怕了。

王:包括那个我退下来以后,1994年我回家去的时候……

定:您说回家就是回西安?

王:回西安,我在家待了有几个月。1967年我回家的时候,路边都这么粗的杨树,结果1994年我回去一看,全给挖了,连小树苗都没有,全给砍光了。

（九）关于潘光旦先生

王：我始终有一个想法，就包括我们80年代后期以后又修改这个（少数民族简史），实际上等于重弄。因为解放后（的内容）不要了，1958年主要写的解放后啊，意思是前面短了，基本等于重搞了，写十几万字将近20万字以后就重弄了，所以我们还是下了一番功夫的。

定：那您为什么还认为那个少数民族社会历史调查有那么大的意义啊？

王：比如说研究社会结构等等这些问题，你还可以参考一下1956年人家那个调查。

定：还是1956年那东西比较好。1956年谁下去的？

王：1956年做土家族调查的是潘光旦。

定：他亲自下去啊？他那时候也不年轻了吧。

王：不年轻了。所以潘光旦这个老师确实还是搞得很扎实。现在土家认定范围的那些县，基本上他在1954年到1956年间他都去过。

定：真的？他一个县一个县都去过？

王：对，都去过。他一条腿啊，确实不容易，当然他去的那时候是坐滑竿。

定：坐滑竿也不容易啊。那地方热死人。

王：也不容易，相当不容易。

定：我知道，因为我去过那地方，我觉得你们在那地方都挺不容易。

王：基本上现在土家族分布的地域他都去过。

定：那湖北那边呢，他也去过？

王：也去过。包括湖北宣恩、巴东这一带。

定：巴东他都去了。后来他才慢慢地提出自己的看法。他就一个县一个县地看资料，还是也做田野？

王：他当时主要是考察过去古代巴人的分布情况。

定：哦，我明白了，到1957年他也成"右派"了，所以只好由您去做。（二人笑）要不然没准他还可以接着做。我打了您的岔了，您接着说。

王：你看土家分布范围基本上是他原来研究的。

定：就是说，他原来已经根据那个文献什么的，他知道巴人的主要分布地区，然后他……

王：他主要是文献研究。

定：完了他就一个地方一个地方的走。这位先生了不起。

王：了不起。

定：他的民族识别工作是做得非常扎实的。

王：哎，他相当扎实。

定：后来要他要是没当"右派"的话，也许还能做一些。他是不是主要就是做土家啊？

王：不是，他这个人（研究）也杂。他的学问根底很深，可以说是古今中外都通，英文还特好。这个我过去听谁，听张锡彤还是谁给我说过。他说潘光旦用英文写的文章，外国人看不出来是中国人写的，（潘）高就高在这里。

定：学贯中西。他可能英文什么的比费孝通还好。

王：他英文比费孝通好。他的学问功底（很扎实）。

定：后来一搞成"右派"就再也没做了是吧？

王：但是他有一个事情，我总觉得是种（遗憾）。他当"右派"以后，到"文革"前一直挨批斗。他不是把《二十四史》都看完了吗，包括《清实录》，好多（文献）都看完了，他把一些从古至今，每个民族都给它分（辨别），（古代）哪个民族跟现在的哪个民族接近，或者有渊源、能挂上钩的，夹上条以后抄出来，历史系和社科院出钱，请一个人帮他抄，"文革"前（这个工作）大概搞了一部分，没搞完，我就觉得很遗憾，（这些资料）太有价值了。因为潘光旦把整个这些（民族问题）都研究过，他能够给你基本上分得差不多，你让别人他分不了，（所以）我觉得这是很大的一个遗憾。原来雇人抄，抄了以后复写几份，历史系留一份，社科院一份，还有什么图书馆一份。"文化大革命"之前是傅乐焕管这个事，但这个事情我知道。

定：那后来这些东西还保留着吗？

王：说不清。

定：说不清了？是吗，不知道是谁拿走了？

王：不知道，说不清了。

定：嘿！

王：我觉得这是很大的一个损失。

定：就是说什么都没留下，还不是说留下一部分了。

王：到现在都不知道了。

定：也没人去追。

王：谁管？

（十）"文革"批斗及其他

王："文化大革命"给我戴了几顶帽子，我在学校里面算是帽子最多的一个，把我身价提高到什么程度了，连学校当时的院长都没有，斗刘春、丹彤的时候，每次我都陪斗。

定：为什么啊？

王：（造反派说）我是北京市委的"黑帮"，民委系统的"黑干将"（定笑），包括斗统战部的那几个副部长，在一号楼，学校就我一个人陪斗，（说）我是统战民委系统的"黑干将"。

定：您那时候是不是因为"文革"前特别红啊？（二人笑）

王：可能是吧。（笑）

定：您那时候什么职务，书记？

王：不是，"文化大革命"以前那个浩帆走了以后，不是总支没人管了吗，就等于我管。

定：您是总支书记？

王：对，我是总支书记，行政上那个谁，林耀华、翁独健挂名的，林耀华和傅乐焕也不管行政，所以等于行政也归我管。

定：哦，您那个时候大概也很年轻，就管那么多事，人家就恨您，是吧。……傅乐焕这个人到底怎么样？

王：傅乐焕这个人不错。傅乐焕回国都不容易。因为50年代初期的时候他不是从英国回来吗，人家在英国留学嘛。傅斯年是他叔叔，那时候傅斯年是中央研究院院长，当时台湾国民党外交部一个副部长，派人希望他回台湾，他没到台湾去，他回来了，这一点就不容易。

定：人家多爱国呀。

王：唉，当然这个人解放后胆小，他的弱点就是胆小，业务上还都是勤勤恳恳地在干。结果"文化大革命"一批判吴晗，那时候我日子也不好过，本来"文化大革命"前，不是他（傅乐焕）搞《二十四史》标点吗，把他弄到中华书局那儿去了，在二里沟那儿有个地，他实际上没在系里面，等于专门弄那个事情，标点《辽史》《金史》，搞这些工作去了。结果"文化大革命"开始以后，有一天他找我，说是你看，那时候学生不是把知识分子叫"牛鬼蛇神"吗，可能有人开会提出来他跟吴晗的关系，所以他就问我，说我是不是（需要）回来学习。我说这个你自己考虑，因为（中华书局把你）借出去是党委、学校同意的，你要回来，必须学校同意，我个人不能决定，这个你自己考虑，或者跟别人商量一下也行。这事就没定。后来可能开会，我也没参加，有人提出来，在事后我知道，说是他跟吴晗的关系。实际上我知道，他跟吴晗的关系就是那"杨图"（指谭其骧主编的《中国历史地图集》）的关系，没别的关系，就是"杨图"。因为那时候东北那一部分不是他负责吗，当时系里面抽了几个人，包括胡德煌、郭毅生，就是他们几个人在搞。吴晗跟他的这个工作关系的信他都给我看过，那天他回来了，他把信拿出来（给我看）。我说这我看过，这是工作关系，没什么了不得的。那时候报纸上不是都批判吴晗吗，我说这没什么，他说那是不是要（把信）交给组织，我说这不用了，工作关系啊有什么关系，我说你放心吧。以后我有别的会又开会去了，因为那时候还没正式批斗我呢。

定：还是"文革"初期呢。

王：结果他后来就自杀了。

定：他在哪儿跳的湖啊？

王：那个什么，陶然亭。

定：咱们历史系当时有几个自杀的？

王：两个，还有沈家驹。那时候我不还是光棍吗，我跟沈家驹在一个办公室，我床也在那儿。结果那时候工作组来批斗丹彤，那天正好是星期六下午，我已经好长时间都没洗澡了，脏的要死，我也知道人家工作组开党员会，把我撇开了，也没通知他（指沈家驹）没通知我，但他不知道。我说干脆我去洗澡去，星期六下午我就去洗澡了，人家党员开会把我撇开了嘛。我回去就躺在那儿，他哭丧着脸跟我说，你看我现在都成"牛鬼蛇神"了，（他的）精神很消沉。我就给他说，我说是不是"牛鬼蛇神"，等到运动后期再做结论，现在还做不了结论。因为解放后好多运动我都参加过，也懂这一套，所以理他们干吗，没什么了不得的。他那个人也是胆小，当时我说的他还都记着，结果没想到，第二天，民委定的，民委调查组开批判会批判我的时候，民委批了我三天，那是第一天，上午开批判会批判我，哦那是第二天，第二天，已经批了一天了，原来计划批三天。第二天中间10点休息的时候，我吃过饭后回去喝水，正好碰见贾敬颜，贾敬颜慌慌张张的，说："老王，不好了，沈家驹自杀了！"他（指贾敬颜）还跟我说，活着有什么意思，还不如自杀呢。我看他那情绪也不对，就赶紧找工作组。当时工作组有两个人，一个组长，一个女的，我告诉她说沈家驹自杀了，你们去看着处理吧。我说我再建议你们，尽管我现在受批判着，我建议你们赶紧找贾敬颜谈一下，稳定他的情绪，不要再出现这种事情。他们还好，马上停止开会，让我处理这些事，因为他们也不知道通知人家家属，家属在哪儿都不知道。第二天接着又批我。

定：还接着批，我觉得那时候真是荒谬。可是过来人那时候真不容易过来，现在说起来好像，真是不容易。

十、王炬堡访谈录（二）

访谈对象：王炬堡
访 谈 者：张龙翔
访谈地点：中央民族大学家属院
访谈时间：2014 年 9 月 10 日、2014 年 9 月 18 日
在 场 者：沈秀荣、蒋思遥、王又一、张 莉、
李 好、宋首君
录入整理：蒋思遥、王又一、张 莉、李 好、
宋首君

十、王炬堡访谈录（二）

张龙翔（以下简称"张"）：王老，您是这段历史的见证人，所以要谈少数民族社会历史调查这段历史，您最有发言权。请您谈谈当时工作的过程，以及当初你们的生活，怎么样到基层去。

王炬堡（以下简称"王"）：还有一个人可以，石建中，苗族人，比我小几岁吧，他不是调查组的负责人，不过，也是湖南组的。

（一）湘西调查经过

张：王老，您是1958年，第二次进行少数民族社会历史调查时湖南组的负责人之一，请您回忆一下当初刘春同志是怎么为你们做的动员报告？

王：当时，刘春同志在咱们学校大礼堂做动员报告，凡是历史系的学生都去了。但是，不是所有学生都参加调查。当时有个研究生班，研究生班都参加调查了。刘春做报告的时候，他就详细地讲了一下，一个是讲为什么要搞少数民族社会历史调查。他说，从中国少数民族现状来看啊，全国55个少数民族①，都没有人专门搞过这个各个少数民族的历史，有一些也只是片片断断。比如说，过去搞藏族史的李有义，解放前，他跟国民党的一些官员有关系，进行调查。还写了一本书，具体书名我记不清了。新疆的维吾尔族史，当时冯家昇算是研究过，写过一些东西。还有蒙古族，蒙古族史，有人写过一些。比如翁独健，后来成为历史系主任，原来又是北京市教育局局长，他写过一些关于蒙古族史的一些东西。满族史也有人研究，写过一些东西。比如王锺翰，他本来就是满族史专家。这是几个比较大的少数民族，其他（民族）就没有人搞过了。解放前，有人也到少数民族地区搞过一些调查，比如四川凉山。从各个方面讲这个必要性，为了这些少数民族，为了全国各民族的团结，贯彻党的民族政策，为了促进各少数民族的发展，也需要研究他们。

他做完报告之后，苏克勤、牙含章，后者当时是民族研究所的副所长，他曾经当过西藏自治区的秘书长，回来之后，还写过一部《达赖喇嘛传》。我估计正是因为这个原因，把他调回来了，当所长了。然后会上就宣布成立少数民族社会历史调查组，当时将全国各个少数民族划到几个组，分成大片儿，东北、新疆、西藏、湖南、福建、宁夏、甘肃等几个组。当时各组组长由各少数民族地区的民委主任担任，北京派下去的担任副组长。副组长当时都是研究相关少数民族的专家，比如说东北的傅乐焕，福建的施联朱，我是在湖南。

张：你们当时离开北京时大致是什么时间？

王：大概是7、8月份动员，10月份左右离京②。

张：当初离开北京是乘坐什么样的交通工具？

王：我们是乘火车离开北京，先到长沙，在长沙有人接待了一下。谢华当时是（湖南

---

① 此处叙述有误，当时确定的少数民族应为52个——整理者。
② 离京时间有误，应该为8月份离京——整理者。

省）民委主任，还兼任政协副主席，也是省委统战部的副部长。我们去的时候，他接见了我们。不过，因为他当时年纪就已经很大了，就没跟我们一块下基层。当时我们组的组长是罗雕，东北人，是个南下的干部，我是副组长。任务分工上，他是具体的领导，不跟着下基层，就坐火车到长沙，由长沙我们坐汽车到常德，路上走得很慢，因为当时的汽车都是烧木炭的，走走停停，从长沙到常德走了近两天，太慢了。然后从常德换汽车到吉首，当时是湘西自治州的首府。到了吉首之后，有个叫田荆贵的副州长接待了我们。田荆贵本身就是土家族，湖南省民委，由他具体管我们的事务。湘西自治州1954年曾经搞过一次调查，那个时候，潘光旦到湘西做过研究。他去时，因为只有一条腿，所以他只能坐滑竿，别人抬着，因为都是山区，所以很不容易。而且他还到过湘西龙山县，接近四川酉阳（今重庆酉阳）一带。等于是四川与湖南交界的地方，都是大山区，比较封闭，（当地）土家族语言，风俗习惯，比如跳摆手舞①等，都保留的比较完整，所以他就到那里去调查，调查之后写了一些东西。

张：你们是怎么进行调查的，是分组啊还是别的方法？

王：因为我们这个组，除了七八个我们学校的老师、学生之外，还有音乐学院的，他们就搞少数民族音乐研究，不仅仅是土家族的，只要是少数民族的音乐，他们都进行研究。湘西苗族的、土家族，尤其是唱山歌等，他们都进行调查。

张：您带的这个组具体是做什么呢？

王：我带的这个组主要就是调查土家族，包括土家族的历史、风俗习惯、语言等，基本上就是这几个比较大的方面。

张：你们是下到山里土家族各个具体的家庭吗？

王：到湘西之后，我们就分了两个组，一个到了土家族聚居区永顺县，另一个组到了龙山县。当时我们组有个秘书，叫施正一，他就带着一个小组在永顺，我就带着另一个小组在龙山。龙山县是土家族语言保存最多的地区，位置相当闭塞。

张：那当时的生活状况呢，还处于原始状态？

王：基本上是原始状态。我们当时到龙山县，有个草果市，我们就到那里进行调查。当地的居住条件基本上就是木板房，有的还有比较高档的吊脚楼，一般都是木板房。当地因为多是山坡地，所以水稻种的很少，基本上就是种包谷，所以主食也是包谷。此外，当地还种茶籽。解放前茶油出口还是占湘西出口的很大一部分。

张：他们生活状况怎么样，包括家庭和他们的生活习惯，当时家里头怎么样，有火塘吗？

王：他们家里边都是这个火塘，火塘基本上白天晚上不灭，老保持火种，主食是包谷做的饼。菜呢，就锅里煮着，也有炒菜。因为他那也有茶油，有炒菜，民风相当淳朴。那时候偷啊抢啊都没有。社会风气很好，相当淳朴。

---

① 又名"舍巴舞"，土家族传统乐舞，是土家族最隆重的风俗活动。

张：你们去调查是深入每家吗？

王：我们一般都是每家每户都去调查，还有一个就是有时候人家家里没人，白天就是跟着群众一起下地、劳动，就是边劳动边走访，然后晚上回来再重新整理，主要是（调查）他这个社会生活状况，还有风俗习惯。另外就是有一些老人啊，也问一问他们的历史，包括他们的宗教信仰。

张：您在那里看过摆手舞吗？

王：没见着。当时都很忙，都忙着大炼钢铁。

张：他那个摆手舞是什么时候跳的啊？

王：摆手舞是这样，一个是逢年过节时跳，节庆跳，还有一个是婚丧嫁娶跳。在湘西的时候那时候正好"大跃进"，太忙，人家根本没这个机会给你跳。这个跳丧嘛，他不得有个葬礼才能跳丧嘛。后来1978年我到鄂西去，我才看到摆手舞。那时候（1958年）我们在湘西搞调查搞了有三四个月，这个调查以后呢，因为这是个点嘛，每个点要写个调查报告。你比如说我是我们永顺写了一个，永顺写了那个叫什么，什么乡来着，土家族的调查报告，是两个调查报告。还有当时不正好是大炼钢铁的时候嘛，所以我们有时候也跟人家大炼钢铁去了。因为群众都去了嘛，你要了解，一块儿劳动，也打乱了（调查计划），妇女、老人、精壮年轻人，当时都搞这个大炼钢铁。妇女啊老人啊去地里劳动，当时就是靠天吃饭嘛。完了以后我们就回到这个自治州，就是当时州政府。

张：我打断您一下，在此调查期间，你们住在哪儿呢？

王：我们当时住在农业社，给了我们一间大房子。

张：吃饭问题怎么解决呢？

王：吃饭在他那个大队，大队长有时给我们弄一点饭，跟他们一样。他们家吃什么，给我们送什么，一样，因为是他们家做嘛。但有时人家看我们挺辛苦，单独给我们做一点。

张：如果晚上写总结的话，那地方没有电吧？

王：那时候没电，就靠煤油灯，就靠煤油灯来写。

张：白天工作，晚上来写，那不到很晚了嘛？

王：是，那时候相当辛苦，相当辛苦，我记得我们有时比如说要坐汽车，往别的地方走，一上车这人一会儿就睡着了，当时我们也年轻，都累成那个程度了。

张：本地有没有土匪啊？

王：没有，那时候土匪没有，解放以后湘西剿匪还是比较彻底的。

（二）主编《土家族简史》

张：当初调查报告要多少万字呢？

王：一万多字吧。

张：涵盖哪几个方面？这都是您的血汗吧。到州里做了些什么？

王：嗯，对！到州里了就是这个报告，请他们州里人审查一下。然后呢，我们在州里面，当时吉首大学已经成立了，所以我们到吉首大学去看看他们有没有搞历史的。

张：当时是什么情况您还记得吗？

王：就是在山沟里面，规模不是很大。当时学生也不是很多，二三百人，他创建没多久。完了以后呢，我们都回到湖南省里面，把这个调查报告给省民委他们审查一下。当时他们审查主要是谢华看一看。

张：没提出什么问题吧？

王：没，没提出什么。他们谈完了，我们就回到了北京。

张：回到了北京？

王：嗯，对。那时候还没回北京，完了以后，我们就是在湖南省民委住着。后来采访过这个谢华，主要是谈土家族的问题，他解放以后一直是民委主任，就请他谈一下他掌握的有关史料，我们在湖南省图书馆，还有湖南政协的资料室，我们都查阅过资料，凡有关土家族的材料都收集。收集完了以后呢，那时候要编写这个《土家族简史》嘛，我们就在长沙民委住着，就编写这个《土家族简史》，搞了几个月以后，这个初稿已经出来了。我们送给当时那个民委谢华，还有民委有一个副主任审查一下。然后同意以后，到了1959年吧，可能是7、8月吧，这个时间我记得，这不一定很准确，就到北京来审稿。带这部简史到北京来审稿，在颐和园那个藻鉴堂，很好。

张：当时是怎样进行审查工作的呢？

王：当时刘春、历史学家吕振羽，还有就是当时民委有一个副司长，叫什么名字呢，那时候我记得审查人还有七八个呢。

张：当时是光你们湖南组来了，各地的组都来了吗？

王：不是，他就是简史初稿已经写好了的（来北京审稿），当时我记得的有畲族，福建畲族，还有鄂温克族，东北组来了，还有蒙古族，好像还有回族也来了，甘肃有一个裕固族还是什么族，大概有七八个。住在那儿，在那儿待了一段时候后，又到了这个藻鉴堂。当时有一个三层楼，民委把那栋楼全租下来了，在那儿也比较清静。

张：审查的过程是什么呢，是面对面的审查啊，还是由您来汇报来审查呢？

王：不是。他是先汇报一下你的写作过程、经过，然后还可以提出有哪些问题我还没解决。然后就有审查组的人来审，审完以后，大家提出意见之后再修改，就在那儿修改，所以那时候我们就利用一些时间到北京大学图书馆再查阅一下资料，看有没有有关土家族这一方面的资料。这个审查完了以后，就是他们审查组的人提出意见，然后你就在那儿再修改。修改完以后再审查，就这么反复经过两三次，完了以后就说是《土家族简史》，经过审以后就算比较好的一本。印了多少本，我不记得了，很少，就是发给其他组几本当做参考，当时土家族这个（简史）还算可以的，就发给各个组。然后我就又下去了，下去以后帮地方上搞自治州概况。当时北京大学的学生已经回来了，因为北京大学人家不像我们学校这个学生一样,人家时间一到就撤退,他们大概是1958年①的11月份撤回来的。这样我就又下去,以后又帮这边分了几个组,写了个湘西自治州概况,城堡、新化。苗族,全部是苗族,这几个自治县,就等于跟他们县里面的人一起编这个自治地方概况。这个初稿编完以后,就等于我们整个组撤回来了。

张:这个工作就告一段落了。

(三) 土家族识别与认证

王:唉,土家族这个识别调查还没完,第一次结束以后,到了"文化大革命"以后,湖北恩施地区给国家民委写报告,说是这个湖北恩施地区的土家族要求恢复自己的土家族身份,以前没有。湖北没有进行过(民族)识别,因为湖北跟湘西不一样,汉化程度很高,语言基本也消失了,所以没搞(民族识别)。这样他们就提出意见,希望民委能够重新恢复这个土家族民族成分。这样啊,当时民委政法司有个副司长黄光学,后来当民委副主任了。他找我,说你能不能再组织几个人到湖北去调查一下,除了湖北还有四川,四川酉阳地区。酉阳这个有距龙山地区近的,风俗习惯保存得相当完整,我们去就是到那儿,到他们那儿去,他们找人组织跳摆手舞,这一次在酉阳县我总算看到摆手舞了。

张:您答应去了,当时带着谁呢?

王:当时去就是这样,一个就是刘孝瑜,中南民院的,还有石建中,基本上是我们三个人。

张:这次去和上次去那儿的情况不一样吧?

王:不一样,这一次。

张:先去的哪儿啊?

王:是这样,我们是先去四川酉阳。到酉阳之后,人家就详细给我们介绍他们这土家族的风俗习惯、语言。由他们民委组织的,由土家族唱山歌跳摆手舞,所以我看了他们跳摆手舞,酉阳调查完了以后,我们就到了湖北恩施去。

张:恩施也是交通不方便。

王:也是不方便,恩施也是大山区,汉化程度高,土家族主要分布在鹤峰,还有就是巴东。他们这儿可以种稻子,农副产品也有,茶树,好像四川还有一个县,就是我们都去过的。这一次主要是听地方政府汇报,然后我们再重点到各户人家去一下。比如说,他这个土家族风俗习惯保存比较完整的一家,这种个别家庭我们去走访一下,地方上,一开始他就把这个有些材料都准备好了,除了鄂西、四川以外,那个湖南,慈利县,就是靠永顺比较近的一个县,他那儿就是过去改土归流比较早,明朝时改土归流比较早,所以汉化程度比较高,但是群众(土家族)意识还有。

---

① 时间有误,应为1959年——整理者。

张：服装特色什么还有？

王：那些没了，他是群众意识，土家族的，我不是汉族，所以他们也要求确认他们的这个民族成分，湖南省也写这个报告。有一次湖南、湖北到国家民委汇报，民委让我去参加，参加时，我把这个湖南、湖北、四川调查，基本都是土家族聚居地，原原本本的汇报了。汇报时，当时地方政府、民委也来了，田荆贵也来了。湘西也请他来了。他是土家族嘛，坐一块儿讨论，就是认证不认证这是地方土家族。

张：当时跟谁汇报呢，国家民委？谁管这个事呢？

王：国家民委，当时是黄光学管这个事。结果弄了以后呢，当时民委政法司有一个副司长，就是让他最后根据大家的意见起草了一个意见。他起草后，黄光学看了就让大家一块儿讨论，都不太满意。黄光学一看不行，就找着我，说你弄吧，第二天就要。太急了也没办法，当时我就是简单地吃了几口晚饭，开始弄。弄到第二

王炬堡先生（左一）与同事在摩天岭合影留念（王炬堡提供）

天早上终于弄完了，搞完了以后呢，会上就算是通过了。当然这也是很难怪，当时他那个民委有个副司长叫张尔驹，是不是叫这个名字我现在记不很清楚了，原来是他起草的，这弄完以后就算是通过了，基本上就按这个。所以这个土家族就是从头到尾，从接手到申报就是我（负责）。

张：那边跟您以后还有联系吗？

王：现在是没联系了。当时是这样，田荆贵到北京来，就是到我这儿来看一看。北京这土家族没活动，还有四川、鄂西，当时湖北省民委有一个副主任，逢年过节跟我打个电话。还有这个鄂西，鄂西大学成立民族研究所。就问我这儿有没有什么关于土家族的资料，本来我离休以后，想把土家族历史系统整理一下，结果眼睛不行了。正好他们有一次说，让他们这个人来问我这儿有什么资料没有，我就把当时所有我们过去在故宫博物院、大学图书馆、北京图书馆查的所有材料，这么大一摞，还有包括过去潘光旦给我的古代巴人的书，这么大一本，都送给他们了。所以他们所长逢年过节都给我打个电话，问候一下。还有他们研究所出一个土家族刊物，叫做《土家族研究》，原来是两月出一次，双月刊，每年都给我寄。最近这几年，是不是他们主任换人了，研究所所长换人了，就这最近这五六年没寄。

张：看来您对土家族从湖南到四川，到鄂西、湖北，您都跑遍了，改革开放以后您到了土家族这个地区，您认为他们有什么变化吗？

王：跑遍了。生活呢，那就是湖北的交通状况、教育比过去都有好转，因为那个时候基本还是改革开放初期，还不是那么很明显。

（四）历史系往事

张：您是1957年来的民院？

王：1957年5月。

张：当时历史系是个什么情况，大概情形您还记得吗？

王：当时历史系分两个专业，一个是民族史，一个是民族学，这是作为专业，当时历史系从历史来说没分专业，比如少数民族史是专业，世界史是专业，这个没分，都有这方面的课程。

张：当初您在历史系的时候，历史系影响大吗？

王：当时历史系大，教师结构、师资力量在我们学校也是最强的。你看主任翁独健，蒙古史专家。潘光旦，社会学大家。费孝通他也兼一些课。吴文藻、林耀华民族学家。傅乐焕，王锺翰，这是满族史，李有义，这些当时在全国都是最好的，他们当时都上课，有的讲大课，有的不讲大课，像潘光旦基本上不讲大课。

张：潘光旦他当时上课很麻烦吧，因为一只腿不方便。

王：对，坐着讲课。

张：您后来当系党总支书记，是哪年？是"文革"前吧。

王：想想啊。

张：您接的浩帆的班还是谁啊？当初那个"四清"运动，对你们上课有什么冲击吗？

王：那有，"四清"是这样，学生几年的课程，他那时候排满，你一"四清"就等于学生的学制并没有改，学生下去半年或是几个月回来以后，就等于老师还是按我的规定、按我的进度来讲，所以肯定有影响，这样就是有的教师会掐去那个时候不讲，肯定会有影响。

张："文革"前，我们的教育质量和1956年，1957年有没有下降？

王："文革"后？

张："文革"前，因为多次运动嘛，肯定会影响学业，因为有的老师，作为学生是不是会有很大的影响？

王：那是，那肯定是，有很大影响，肯定有很大影响。

张：一个是教学的课程时间不能保证，很多老师还不能组织上课，所以这对于学生来说是有很大损失。

王：对，有很大损失。

张："文化大革命"来的时候您感到突然吗？没想到那么轰轰烈烈吧？

王：感到突然。

张：当时您想可能就是一个普通运动？

王：对对。

张：就是毫无思想准备，那系里工作怎么办？先说批判吴晗这一段吧，以为是个学术问题，不知道是个政治问题？

王：学术问题，因为当时在历史系我主要按北京市委通知，来搞学术批判这样子。

张：当初跟您搭档的系主任是谁啊？

王：系主任那时候还是翁独健，他不来，副主任是林耀华跟傅乐焕。

张：没有副手，那您就非常难办啊？

王：有些事情确实很难办。

张：只有听那个学院领导的指示，所以也不知道怎么办？

王：不知道怎么办，以为就是对学术上的一些批判，没有想到其他的。等到运动真正起来之后，当时学生不是说我是当权派嘛，所以就让我靠边站。结果，很快工作组就来了，胡嘉宾他们。工作组来到历史系，他带了两三个人。"文化大革命"一开始，学生之中，就是从历史系开始造反。结果呢，我是首当其冲。工作组一来，就批判了我三天。第二天批判的时候，中间休息的时间，我想回到当时我住的 15 号楼喝点水。刚回来，一到门口，就碰见搞蒙古史的贾敬颜，慌慌张张的，说："老王，老王，不好了，不好了，沈家驹自杀了！"（摇头，低声）喝了点水之后，我就赶紧到教室去，我告诉工作组，我说，一你们赶紧给贾敬颜做工作，贾敬颜情绪有波动，赶紧去，不要再发生这样的悲剧；二希望你们工作组到沈家驹家里看一看，通知他爱人，他爱人当时在北京一个中学当校长。我说，要尽快通知其家属。工作组这一点还好，算是听了我的意见，暂停批斗，并且找了贾敬颜谈了谈话。之后，到沈家驹家里去看了看。不过，到了家里，他们不知道沈家驹的爱人在什么地方，没办法，对我说，这事你处理吧！他们让我处理，所以当天晚上，吃完晚饭之后，我就去他家，给他父亲谈了谈，让他正确对待这个事情，以防止再次出事，又要了沈家驹他爱人的电话。我回来之后，就给他爱人打电话，就告诉了他爱人。

张：他为什么自杀呢，有历史问题？

王：他没有历史问题。他曾经在燕京大学工作，后来参加地下党了。那时候他是中央民族学院统战部副部长，但是他这个人胆子特别小。批斗我的时候，也就是他在自杀之前，有一天，我记得是一个周六，因为我和他在同一个办公室。当时我的床也在办公室，他当时是教民族学的讲师，那一天正好天气很热，我也好久没有洗澡，正好是星期六，我想去洗个澡。洗完澡回来之后，我就在床上躺着，他就在我附近坐着，唉声叹气。他说："老王，你看，我们过去都很了解，我现在怎么就成了牛鬼蛇神了？"我当时就给他说，我说，你别管什么牛鬼蛇神，一你不要把这个事情看得这么严重，我们谁工作情况怎么样，谁历史有没有问题，我们大家都清楚，你不要害怕。他这个人胆子很小，当时我说的时候，他这个人还记录。把我说的话都记录下来。等我说完之后，他说，你说的很重要，很重要。但是他最终还是没解开心结，结果不久后就自杀了。好在后来落实政策给他公正地落实了。还有傅乐焕的自杀，比沈家驹还早。当时正是批判吴晗的时候，因为工作关系，吴晗曾经给他来过几封信，这些信我都看过，都是一些工作上的事情。结果学生追问他与吴晗的关系，他就很害怕。他就找到我，把那些信又重新拿出来："你看，这是我跟吴晗的关系。"我说，这些信我都看过，都是讲的工作上的关系，没有什么了不得的事情。我说你别紧张，结果，没想到过两天他却跳湖了。当初因为都乱了，他们的死基本上也没有人管了。

张：当初您和费孝通、吴文藻、潘光旦等人一块儿拔草，可潘光旦怎么拔啊？

王：他就是坐在地上，一点点地拔。早晨起来，所谓的革命小将，先把我们集合起来训话，让我们老老实实的，好好劳动，好好改造。当时正是七八月份，天很热，在东门那个操场的那一大片草坪上，也就是现在靠近民族歌舞团的那个地方。潘光旦就坐在地上，我还给造反派中管这个事情的人提过，我说："你让他搞这个事，而且这么热的天，地又这么潮，弄不好，拉肚子怎么办？"他们不管，结果这样，潘光旦就因为这个死了。家里也被抄得很惨，书啊，这些东西被抄了不少，当时放在一个固定的地方。

张：潘光旦当时每天吃饭怎么办啊？

王：那时候他在家里面，这些我就说不清楚了。当时他老伴不在了，他有两个女儿，都在北大，一个曾是北大哲学系党总支书记，一个曾是北大党委组织部长。此外，好像内蒙古还有个女儿，在内蒙古农学院工作。

张：您当初被抄家了没有？

王：也被抄过。把书、资料，还有我的私人信件等等，都抄了，历史系的学生干的。后来，落实政策的时候又发还回来。拔草这些完了之后，批斗会之后，又开始串联。各地学生到学校食堂吃饭，当时说学校食堂缺人。盛馒头用的箩筐坏了，就让我把坏的箩筐修好。修箩筐大约搞了有五六个月吧。期间，食堂有一个师傅，人挺好。经常对我说："来，歇一会儿，进来喝口水，聊一会儿。"

张公瑾先生

十一、张公瑾访谈录

访谈对象：张公瑾
访 谈 者：张龙翔
访谈时间：2014年10月14日 9：30—11：00
　　　　　2016年 6月22日 9：30—10：30
访谈地点：中央民族大学家属院
在 场 者：蒋思遥、杨子琦、牛晓丽、赵方舟
录入整理：蒋思遥、杨子琦、牛晓丽、赵方舟

访谈对象简介

张公瑾（1933—2017），浙江温州人。1950年考入复旦大学社会学系，1951年调入中央民族学院语文系攻读傣文，毕业后留校工作。多年从事傣语和傣文化研究。1958年中国少数民族社会历史调查，参加云南省西双版纳傣族调查工作，撰有多篇调查报告。中央民族大学少数民族语言文学系教授、博士生导师。学术兼职有教育部全国高等院校古籍整理研究工作委员会委员，文化部全国古籍保护工作专家委员会委员，文字博物馆专家委员会委员、中国民族博物馆特聘专家、中国民族语言学会顾问等。曾任壮侗学研究所所长，第九届全国政协委员。主攻少数民族语言、文化，古籍和语言学理论。专著有《傣族文化》《傣族文化研究》《傣历、公历、农历百年对照年历》《中国的傣族》（曼谷泰文版）《文化语言学发凡》《傣族文化史》等，另有论文百余篇，其中在国外发表20余篇。

[张龙翔按]：我和张公瑾教授是老相识了。2014年的时候，我就以"治学与个人经历"的话题专访了他，当时我与张先生相谈甚欢。2016年是我第二次采访他，这次采访的目的就是为了配合本书内容的需要，弥补上次采访内容的不足，希望能够从张先生那里得到更多有关少数民族社会历史调查的信息。但是非常不巧的是，等我们来到张先生家里的时候，才知道张先生不久之前大病了一场，现在大病初愈就接受我们的采访，我感到十分的感动。

第二次采访涉及张先生在中央民族学院的经历，和他参与傣族社会历史调查的一些细节，美中不足的是尽管张先生积极配合，但是我们还是考虑到了他身体状况，没有过多的打扰，采访的时间也非常短，没达到预期的理想效果，但还是特别感谢张先生，采访虽短，但是仍有非常高的价值，在此也同样感谢各位积极配合我们工作的老先生们，没有他们，就不会有今天呈现在各位面前的这本书。

（一）进入中央民族学院

张龙翔（以下简称"张"）：张教授，您是哪年进入咱们民族大学学习的？

张公瑾（以下简称"张教"）：60多年前了。1951年11月2号，那时叫中央民族学院。

张：您从哪个大学来的呢？

张教：上海复旦大学。

张：您把您来北京的这个过程谈一下。

张教：当时，我正在上海复旦大学社会系就读，社会系就是现在的社会学系，在社会系念一年级,我们是春季班,下学期,华东教育厅来了个通知,说中央民族学院在北京成立了,要招收大学文科一二年级的学生去学习民族语文,将来到民族地区工作,愿去的可以自己报名。我就报了名,几天后被批准了,我就拿了华东教育厅的介绍信,与其他两个同学一起到中央民族学院报到了。我们1951年10月31日晚上从上海出发,那天恰好是我18岁生日。我们于11月2号清早来到了位于国子监的中央民族学院。

张:您把到这儿报到的情况跟我们谈一下吧。

张教:那天早上我们到国子监报到,那时民院的宿舍还没有盖好,我们是住在雍和宫,老师办公和我们上课的地方是国子监。我们到了国子监,是老红军王克跟张正琴接待我们的,交了介绍信,办了手续之后,李世振带我们去雍和宫领衣服、棉衣、脸盆、笔记本、漱口杯、牙刷、牙膏,通通都有。那时民院是供给制。我们那时住在雍和宫,在雍和宫的大殿里头。那时雍和宫的房子很破旧,门窗也关不严,冬天是很冷的,生了好几个炉子,也没用。我们几十个人住在一个大殿里头,在那边住,上课到国子监,上课回来吃饭还是在雍和宫。每天早上一醒来就听见和尚(喇嘛)念经。

张:哦,你们还在寺庙里住过。

张教:第二年魏公村的新校舍盖好了,我们就搬过来了。校门口大路旁边立着几根柱子,就是中央民族学院的大门,旁边什么也没有,周围都是庄稼地,还有就是坟地。我还有一张校门口的相片,是校庆60周年时找出来刊登在《民族画报》上的。我拿来给你们看看。

张:校舍的规模也没有现在大吧?

张教:我记得那时只有四座楼,3号楼、4号楼、16号楼、15号楼,不过那时不叫十几号楼。就叫行政楼、教室楼、男生宿舍、女生宿舍,还有大礼堂。

张:您当时在哪个系呢?

张教:当时有两个班。一个是军政干部训练班,一个是语文班,就是民族语文班。还有一个藏语班,比我们早来几个月,跟我们不在一起住。我们到校后的头几个月,不学专业,进行政治思想教育,到1952年初才开始分班学习民族语文。我们70多个人分成十来个民族语文班。那个时候我们很年轻,对新疆、内蒙古这些地方是非常向往的。很希望学习维吾尔语或者蒙古语。当时负责这个工作的马学良先生说:你们南方来的同学还是学习南方语言吧。于是我们几个从上海、南京来的学生就分配学

张公瑾先生(左四)来中央民族学院不久,身穿蒙古袍和同学们在校门前合影留念(张公瑾提供)

习贵州罗甸县的布依语了。刚去世不久的王伟老师就是教我们布依语的老师。学校还为每个民族语班配备一位语言学家帮助辅导，辅导我们班的是中国科学院语言研究所的周定一先生，他帮助王伟老师编教材，上课。同时，马学良先生自己给我们讲授语音学课。马学良先生对我们进行语言学和语音学的严格训练，那是重要的基本功，使我们终身得益匪浅。

张：您最初学的是布依语，后来怎么又搞傣语的呢？

1993 年，张公瑾先生（右）与马学良先生在一起（张公瑾提供）

张教：我们上了六个月的课，布依语正学得有劲，突然告诉我要调出来工作，因为下学年要开傣语班，已经调来了傣族老师，需要有学过语言学的人和他们一起备课，编教材，给学生辅导。这样，我就因工作需要提前毕业，不到 19 岁就留校当了老师。这是我从事傣语文工作的开始。从此我就与傣族结下了不解之缘。

张：您这么年轻，只学了不到一年就当老师了，困难一定不少。您谈谈您的傣语教学生涯吧。

张教：1952 年下半年调来德宏的傣族老师方伯龙。后来又调来了孟尊贤老师，他们会傣语、傣文。但没有语言学知识，没有教学经验。独立上课有一定困难。我就和他们一起工作。那时对少数民族语言研究成果很少，没有什么参考资料，真是很困难。我一方面向他们学习傣语傣文，与他们一起编教材，一方面自己记单词，背课文，分析语法，努力备课。比学生先走一步，吃力地承担着教学辅导工作。后来找到了一本罗常培和邢庆兰合编的《莲山摆彝语文初探》，真是如获至宝，这本书对我的帮助很大。

张：关于傣语德宏与西双版纳两地的傣语不一样吗？

张教：这两种方言差别很大，文字也不同。我开始从事西双版纳傣语教学工作之后，又从头学起。一面向刀新华学习傣语口语，一面给同学们作辅导，那时西双版纳方言的参考资料更少，我只能从当地印刷、出版的简报、通知、小学教材和当地的报纸、政府文件中找一些资料做参考。后来又学了泰文，这对我用处太大了。傣文和泰文虽然差别很大，但许多词语互相有对应规律，有些文学语言也可在泰语中找到解释。这样，我有了一本泰语词典，又解决了学习中的一些问题。这样一直工作到 1958 年初。

1950年代,张公瑾先生与傣族老师一起备课(张公瑾提供)

(二)参与傣族社会历史调查

张:我们学校和许多大学的师生响应中央的号召到少数民族地区进行社会历史调查,您参加了吗?

张教:当时我正带着学生实习呢。1958年初我和刀新华一起带学生去西双版纳实习。

张:你们第一次去民族地区,生活习惯吗?

张教:我们一直深入到基层村寨,分散住在老百姓家,实行"三同",就是同吃、同住、同劳动。收到很好的效果。我一边指导学生实习,一边自己努力学习,正是这一段经历奠定了后来长期从事傣语教学、研究工作的基础。当时作为一个熟悉当地民族语言的汉族青年,与傣族同胞亲密相处,虽然艰苦一点,心情却是十分愉快的。

实习计划本来是4个月,但到期时,国家正在组织大规模的少数民族社会历史调查,派了好几个调查组分赴16个省区调查,有民族工作干部、民族学、社会学专家、历史学家、经济学家、大专院校师生上千人参加。当时我们正结束了实习,领导就让我们参加调查组的工作。在昆明接受了短期的培训后又回到西双版纳,开始傣族社会历史调查工作,直到1959年夏天才回到北京,这样,我们在西双版纳实习和调查大约有一年半时间。

张:短期培训都学习些什么东西呢?

张教:国家民委领导的讲话,学校领导的讲话,还有调查技术上的问题,当时我们受到国内形势的影响,到处搞"大跃进",当时全国都放"卫星"啊,我们提出来搞一个"试验田"，高产示范基地，后来云南边委书记孙雨亭说："你们不要搞这个了，你们调查好了就行了。"

张：孙雨亭是云南边疆委员会的？

张教：孙雨亭这个老干部是很有水平的，他在全国处处"发热"的状态下保持清醒头脑，在当时干部中是少见的。

张：这个人很有先见之明啊。

张教：当时劝我们你们别忙于搞示范田，那个"放卫星"他叫我们不要搞了，当时我就觉得这个领导真有水平。他不给你乱戴帽子，是吧。

张：在这项调查工作中您都干了哪些事情呢？

张教：开始是下乡嘛，北京去了1000多人。

张：去了多少？

张教：总共好几支队伍吧，在昆明的将近100人吧，昆明配合的有一批人。地区里头、市里头、县里头都配合人，所以我们下去的时候浩浩荡荡，每一个乡都有十几个人下去。下去之后，我们就是

1950年代，张公瑾先生在西双版纳做社会历史调查时与傣族儿童在一起（张公瑾提供）

工作队，一面以工作队员的身份到村子里参加村里的各项工作，一面进行社会历史调查。

张：云南当地也有一大批干部参加这项调查工作？

张教：对，然后到地区，地区有一批人。

张：人越来越多，"层层加码"了。

张教："层层加码"，下去之后我们就进村了，进村这个事情还不完全一样，我们是配合队伍一起做工作，白天劳动，晚上就调查。调查呢我们当时各种方法都有了，这个是史无前例啊，是值得的。以后不可能再做这个了，别的国家也不可能像咱们国家做了这一次调查，这是非常必要的，你现在想否定是不可能的，那时候的调查材料是只重三基础，只重这些生产资料等等，当时可能有一点片面，但是这个工作是值得的，是全面的，全国各个地方都去啊，开始时是8个组，最后是16个组吧。

张：您主要是调查哪个民族呢？

张教：傣族。

张：在这次历史文化调查当中，对宗教调查了吗？

张教：当时调查很少，有一点，但是开始的时候没有，都是技术方面的。例如，你家多少耕牛，多少工具，几把镰刀，几把斧子。

张：生产工具。

张教：你家种多少地，地是按亩，按种子来算的，你家撒几箩种子的地，还有你为什么是贫下中农，富农，这些都要知道。最后呢，一个表格吧，每一户都有一个表格，汇总完呢

是一张表说明这个情况，基本上是这样做。这个之后呢，就写那个简志简史。当时简史简志啊是我们需要完成的一个成果，简史简志那时候是一批人在写，我们是调查资料，后来就留下了专门搞文献了，我懂傣文，别人不懂，把我留在了文物室。

张：您参与这项工作一共几年啊？

张教：一年半。

张：从1958年到1959年。

张教：对，从1958年3月2日到1959年5月。

张：在调查的过程中，比如说村寨中的经济比较富裕的那些人，对他们采取什么政策呢，也去调查吗？

张教：我们都调查的，贫下中农都要调查的。调查完了之后，我们不参与政策上面的问题，不像后来"四清"的时候我们是走在一起的。

张：那是政治立场鲜明了。

张教：我们是配合他们的。

张：到下面去选点。是你们自己选啊还是上级给你们找好了的？

张教：找好了，定好了的。

张：是由县里头决定的吗？

张教：由县里头，这个从昆明开始走吧，走到了思茅地区，再到州，州里头再到县。

张：州里头你们是去找统战部呢还是找民委呢？

张教：是找的州政府，民委那时候不知道干吗呢。他们都是一把手抓这个问题呢。

张：都是一把手抓这个问题，他当时作为地方来说很重视啊。

张教：非常重视的。

张：当作一个大事来干。

张教：当然当作一个大事来干的，所以那时候我觉得真是这样啊，中国有一个，外国没有，有也做不成。后来民委想再搞一次，再搞一次不可能了。

张：一是原来的生态已经破坏了，作为人来说有这种经历的人已经不在了，下面都是年轻人都打工了。

张教：现在不可能了，这个对象没有了。

张：没有这个社会基础了。

张教：我们调查也不能有了，浩浩荡荡的，州里、地区、县里都配合你们，一大批人呢。

张：文化的调查是怎么采取的呢？

张教：开始都没有，后来才有的。

张：刚开始没有，后来才有的。主要是生产资料，你们家多少地，多少种子。

张教：我去给你拿资料。（张教起身去拿资料）这个是1952年当时的……这个是后来的了，这个是当年的早期的。

张：手工业、水利、商业。

张教：这些都是基础的。

张：就是宗教的东西很少提到。

张教：后来我们做了一点补充。

张：上级指示你们做的呢，还是自己加的工作呢。

张教：后来啊，我们自由了，因为稿子都送到北京去了，我们就自由的多搞点调查了。当时宗教的东西也有点儿，但是少得很，一开始根本不管这个，当时为了调查民主改革，民主改革前它是封建领主制嘛，领主制我们把它改掉了嘛，这个叫民主改革，我们去的时候，这儿还没有完呢，补充什么呢，有斗争性的。

张：比如说宗教人士，你到寺庙里面去搞调查，他们欢迎吗？

张教：欢迎，没事，他们听我们的，他们宗教人士都是年轻的，不是太老的。

张：老的是还俗回家了，还是没有了？

张教：回家了，还俗了。最大的和尚已经走了，其他的都是中年的，比较年轻的，20岁就能当大佛爷了。

张：按理说得到一定年龄才能当大佛爷的。

张教：20岁，有学识修养的，理论等等都好的。

张：民间的艺术也是后来开始接触的吗？比如说傣家的一些诗歌啊、歌谣啊，一些传说啊。

张教：那是另外一个调查队，不是我们管的。

张：当时有几个调查组啊？

张教：我们主要是历史。

张：主要是历史，还有一个搞文学的？

张教：那是云南省委组织的，省里组织的。

张：跟你们不是一套班子？

张教：不是一套班子，他们搞文学的写文学史的。我们这个是搞历史的，反映当时社会情况的。我一个学生当时受批评，怎么了，他说月亮你快下去吧，我实在是想回家睡觉了，这是立场问题，这个说不得。

张：其实就是一首诗的问题。

张教：说不了的。但受不了啊，天天夜仗，夜里头干活，那个累得很的。

张：当初您在搞调查的同时，还参与生产活动吗？

张教：当然了，三同，同吃同住同劳动。

张：晚上还得去搞调查，写调查报告吗，那调查报告什么时候写啊？

张教：调查报告写的时候就不去劳动了。

张：唯一的待遇就是在家写这个调查报告了。

张教：调查报告写了之后就交上去，一个层次一个层次的，最后呢他们是送到北京来的，那是 1959 年第一阶段快完了，明天领导就要走了，回北京去了，汇报今天晚上就得弄完了。

张：也得赶时间争速度。

张教：那时我是熬了一通宵，只有那次，第二天流鼻血了，以前虽然说夜战，但是到 3 点就睡了，没有熬过一通宵的。

张：就是说这次是真正的夜战了。

张教：东西都交走了，我们睡觉去了，都流鼻血了。（指着书）当时出了一本影印本，后来出的是这个。这个是白皮书，是我们内部用的。

张：这是 1964 年的吗？

张教：是 1964 年，那是我们刚弄完，我们 50 年代调查的。

张：当初你们下去，咱们这个云南省调查组的主要负责人是谁啊。

张教：林耀华和侯方岳，他是云南民族调查组的，原来是云南的地下党，我们北京的是林耀华。

张：当初云南那么多少数民族，每一个民族就得一个组吧。

张教：像我们还有别的民族组。

张：您除了傣族，还有其他民族的调查？

张教：我就去那个察满族，察满族现在叫什么，我记不起来了，我们当时叫察满族，后来正式名字忘了。主要是傣族，我是专门调查傣族。

张：您下去有一个得天独厚的好处，您学的是傣文。

张教：我会语言文字。

张：可以给他们做工作，交流没有问题的。

张教：没有问题，最后就是做文献翻译。

张：文献做了多长时间啊？

张教：我留在西双版纳，在州文物室里专门看傣文文献，在傣文文献里找历史资料，文物室里的傣文书啊堆得满满的，等于一个小图书馆，那用处对我太大了，让我对傣文古籍有了大体的了解。后来人们拿了傣文古籍的书来，大部分我都是见到过的。那个时候还作了笔记，"文革"中也没有丢失。所以现在有人问我一些问题，我还有过去的笔记，几十年前的笔记还拿出来给他们看。前不久西双版纳来了个大佛爷，他问我过去写的一篇关于西双版纳傣文音韵学文献的文章，其中提到的傣文书名《萨普善提》的傣文写法。他写了一个书名，我说不对。我突然想起我当时对这本书是作了笔记的。后来我翻出了笔记，他如获至宝。还问我可不可以照相，我同意之后，他就把我那笔记整个照了下来。可惜那本《萨普善提》据说现在已经找不到了。

张：这 4 个月起到了很大的作用。

张教：首先是找资料，找历史资料。

张：这是州里的资料室？

张教：州里的资料室。

张：哪个州啊？

张教：西双版纳州。房间比这里大两倍吧，全是书。

张：西双版纳那么一个偏远的地方它有那么多藏书啊？

张教：有几千本书。

张：那证明他们州里面很注意收集这个东西的。

张教：可惜的是后来就是找不到这些书了，"文化大革命"都丢掉了。都是傣文的书，历史著作。

张：这些书是解放前就有的？

张教：解放前，官府的书多，民间只有少量的。

张：您到基层参加过一些座谈会吗？这些座谈会都怎么开呢？有工作组定人呢还是地方政府定人？

张教：我们商量。

张：每个村有每个村的专题吗？就是说他们找到这个新的地方，我要再去开展工作。

张教：那个时候没有专题，基本上按照提纲来，这个基本情况，宗教呢也是负责调查的，有的村子是专门调查的。

张：定人是双方共同协商，召开会谁来主持这个会呢？

张教：一般是我们这里，我一般就充当翻译了。

张：像这种会每次开得比较成功吗？

张教：还可以。

张：老百姓还是很愿意参加的。

张教：1977年我们又来到了西双版纳，我在基层走走啊，搞一些调查，这是在"文化大革命"之后，当地以为又要搞一次运动，以前是没有这样的。

张：这是"文化大革命"的后遗症。

张教：是后遗症。

张：当初工作完成以后，留下一些音像资料吗？

张教：有的。

张：这方面的资料由哪里来搞呢？

张教：民研所。有资料，这个我也有这个资料。

张：这个怎么说呢，还是比较完善的，有文字上的资料，有音像上的资料，总的来说还是比较深入的。

张教：比较深。音像资料主要是照相了，那时候录像不行。有一个真事，在云南佤族地区的时候，那时候两个村子是为水还是为田地打架，我们一个同学抓住这个机会照了几张相，之后受到了领导的批评，批评他反映落后的事情，现在看来这不算什么事啊，就批评了。

张：这个事现在看来是一个非常珍贵的资料。就是当时有的东西还是受到了极"左"思潮的影响。就是这个不能拍。

张教：当时极"左"思想很严重。这是 1958 年嘛。

张：尤其是"反右"刚过，知识分子都心有余悸，去搞工作恐怕不敢擅自越过雷池半步啊。

张教：我们是比较在意的。

张：学生都不怕，学生的胆子大一点。

张教：还好，那时候我记得这是（少数民族社会历史调查）有必要这样的，史无前例。

张：您作为一个当事者谈一谈它的重要性，首先是史无前例。

张教：大量的人员下到基层，体会基层的民族生活。再一个抓了第一手资料，和他们生活在一起，吃在一起住在一起，劳动在一起。第三呢是生产水平摸清楚了，这个不是这样调查的话，根本不可能。当时我们觉得群众关系也好。

张：那个年代，西双版纳有吸毒和贩毒的吗？

张教：有啊。

张：这个问题是历史多年形成的，遗留下来的？

张教：那是 1958 年的时候，哈尼族，有的下山来赶集，在家里头抽大烟，我们都看见他们抽。

张：当时也不禁止这件事，因为也没法抓。

张教：县里也有（戒毒的地方），有人在里面训练戒烟啊，抓进去戒烟了。这个哈尼族有，白族彝族也有。

张：他们贩卖毒品的也有吗？有抽就有贩卖的。

张教：他们自己种的多。

张：因为他们地很多，那个地方人员也稀少。傣族的人吸毒的多吗？

张教：也不少。

张：也有，当时对这个问题我们也没有查禁的办法。

张教：还是抓重点的。

张：当初您带了多少个学生啊？

张教：20 多个吧。

张：20 个，后来都留校了吗？

张教：留了两个，有到云南去的。

张：大部分都回到云南了。当初的提纲是由上级发下来的吗？

张教：总的是。

张：但是具体怎么列提纲还是你们定的吧？

张教：具体怎么定的我记不清了。

张：反正得自己定，上面有总纲。

张教：底下我们去村子自己问。

张：主要是生产状况，你们走访了多少个村子呢？

张教：我们那个村子是对点的，一个点里头我们待一段时间。

张：一般在一个村子要待多长时间？要根据这个村子的大小吧。

张教：看工作进度怎么样。大的村子一个多月吧。

张：比如说这个村子我们搞完了，这个汇报提纲是按照村子来说呢还是按照地区来说呢？

张教：村子。

张：一般大的村寨要多长的时间呢？

张教：半个多月吧。

张：小的几天就可以了。

张教：小的用不了几天的。大的可能个把月吧，一般都是半个月左右。

张：当时那里的社会治安好吗？

张教：没问题。

张：土匪啊这些的骚扰都没有？不像想像中的那么可怕？

张教：隐藏在国外的国民党势力，经常入境来抢东西，抢供销社，抢完了就走。

张：他就是来突击一下就走。还防不胜防吧。

张教：内部没有事，到1958年后问题大了，就是逃亡，逃国外的，一个村子一个村子跑。

张：他们和国外有联系是吧？国境线是后划的，原先两边都是亲戚。

张教：就是一家亲你怎么办。

张：这个就很难办了，这个问题上没法有一个界定。

张教：通婚的问题，互市的问题，就是商业。牛穿过去，牲口穿过去，还有好多边境问题啊。

张：这方方面面复杂得很。

张教：复杂得很，边境问题出了很多啊。

张：当时的边民主要是咱们这边的吧，他们那边我们不管。咱们调查啊。

张教：不管。就是双方通婚也不作为问题来登记。但是没办法，我出去串门了就不回来了。这是外逃啊。

张：这个政治上就厉害了，这是外逃啊。

张教：其实他是走亲戚的，走几天没办法过了，他还会回来的。是政策问题。我们还要加强扫盲。

张：给他们扫盲，看来你们这个调查组身兼数职啊。都得搞完。

张教：什么事都得搞完。

张：老百姓反正是非常欢迎，帮助他们扫盲，帮助他们干一些事情。当初他们的生活条件怎么样？

张教：我去的时候很好，我回来的时候已经很糟糕了，1958年去的时候是很好。

张：是因为什么？自然灾害？还是政策问题？

张教：政策问题，1958年后来吃大锅饭，吃饭不要钱啊。

张：地方也搞人民公社。

张教：人民公社吃饭不要钱，粮食就不够了，过了年我回来的时候就宣布解散食堂，我在村子里面宣布政策，解散食堂这是一个大事。

张：这个问题可以说是跨出了一大步，如果还有食堂，那真是很多问题就解决不了啊。

张教：口味不一样啊，大锅饭大家都不满意，我们倒好，到哪儿吃到哪儿。

张：当初他们主要的经济来源靠什么呢？

张教：农业。

张：就是农业，卖点粮食。首先自给。

张教：那时候有人把香蕉拿去卖，我自己的香蕉怎么了，但是被说是资本主义道路啊。

张：不能卖。

张教：不能。

张：那零花钱就没地方弄去了。所以造成了很多人的不满。

张教：所以好多人都跑了。

张：这时候你们正在搞历史调查，政策的变化，大锅饭。1958年一年里头社会就产生了这么多的变化。就老百姓刚成立人民公社的时候他也没有抵触的情绪？

张教：他们原来的粮食啊是公有的，田地啊都是。

张：哦，本身就是公有。

张教：一个村子50户人家100亩地吧，种几年就打乱重新种。

张：人民已经习惯这种生产方式了。

张教：所以他们没有抵触，后来没办法了，出去也不干活。

张：按照北京话来讲就是磨洋工，没有生产积极性，就糟糕得很。

张教：没有积极性。

张：就你等我我等你。这些问题你们写进了调查报告吗？

张教：我们都写的，写进去。之后上面有取舍的。

张：把这些都舍了，主要还是写阳光的一面，所以很多问题就反映不上去。

张教：全国都"放卫星"，大家都混乱。

张：什么时候回的学校呢？

张教：1959年夏天的时候，调查时间一年半。

张：回来又赶上拔白旗了。

张教：那时候正在批判彭德怀，反对个人英雄主义。

张：这是上挂下连，联系不到一块去的事，楞往一块连。

张教：这些事没法说。
张：您当初在那里，是为了帮助完成资料呢，还是为了社会历史调查呢？
张教：还是为了少数民族的社会历史调查。

索文清先生

刘晓先生

十二、索文清、刘晓访谈录

访谈对象：索文清、刘晓
访 谈 者：白正梅、李　旭、杜　辉
访谈时间：2009年6月13日
录入整理：李　旭、杜　辉

十二、索文清、刘晓访谈录

访谈对象简介

索文清（1936—），黑龙江东宁人。1956年考入中央民族学院历史系，1958年，中国少数民族社会历史调查云南组工作。毕业后留校工作，曾先后在中央民族学院历史系、民族学系、民族博物馆工作。曾任中央民族学院民族学系副主任、民族研究所副所长、民族博物馆馆长，日本东京大学东洋文化研究所研究员。1992年调北京民族文化宫民族博物馆任馆长，后任日本东京外国语大学亚非语言文化研究所客员教授、台湾少数民族研究会常务理事、西藏文化保护与发展协会理事。著有《西藏社会的飞跃》《藏族史话》《藏族文化史》《门巴族、珞巴族文化志》等。

刘晓（1932—），女，江苏丰县人，1944年参加革命，1949年调入北京市工作，1956年考入中央民族学院历史系。1958年，中国少数民族社会历史调查云南组傣族哈尼族调查工作。毕业后留校工作。先后在历史系、民族学系工作，任教授。著有《哈尼族简史简志合编》《亲临抗战》《五四运动与少数民族》等。

[张龙翔按]：这篇文章最早发表于国家民委民族研究中心的一个内部刊物，他们是针对各个少数民族学科，以及在民族战线工作老同志的采访，索文清先生和刘晓先生当时作为一个重点对象也接受了采访。

这篇采访稿包括以下几个方面：民族大调查的背景及准备工作；第一次云南耿马傣族佤族自治县傣族的调查；第二次红河哈尼族地区社会历史调查；二次调查报告的撰写；二位先生对费孝通和林耀华等老师的追忆；学人感评以及二位先生的晚年生活。

经索文清先生推荐，我们选用了这篇文章，但是这次采访既不是定老师完成的，也不是我完成的，每个人的采访方式都各有其特色，所以这篇采访稿在体例上、访谈方式上，甚至访谈的目的和角度上，和其他的访谈稿会有一些差别，特此向各位读者声明。

（一）民族大调查的背景及准备工作

李旭（以下简称"李"）：索老师、刘老师好。我们今天能够请到两位前辈给我们讲述20世纪50年代参加民族大调查的情况，真是很荣幸。我们首先想简要的了解一下两位老师的个人简历，比如出生地、家庭影响等方面内容？

刘晓（以下简称"刘"）：我出生于江苏的一个书香世家，是个大家族，很早就出来参加工作了。

索文清（以下简称"索"）：我出生在东北一个普通农民家，解放后上的小学、中学。因为我们两个是同班同学，大调查时又分到了云南同一个调查组工作，我们基本上两年调查的时间都在一起，经历都差不多。所以关于调查的事情，我们两人谁说都是一样的。因为现在刘老师听力不是很好，语言表达上很慢，受很多局限，浑身都是病，但是她愿意说说调查的整个过程，因此我想要刘老师先说。说的不全的地方我再做一些补充。调查回来以后，临毕业时，我们就结婚了。

杜辉（以下简称"杜"）：是不是在调查中两位产生了火花？

索：有关系，去调查的时候我俩都还是学生。

杜：谁主动的？肯定是索老师。

索：一般来说，都是男的主动。那时候很朦胧，哪儿像你们现在这么开放。

李：刘老师，当时您为什么报考民族学院？

刘：我家里面跟少数民族没有关系。那时候也不知道民族学院是怎么回事，报考大学一个人一定要报五个志愿，最后一个志愿也要填满，所以我填的是民族学院历史系，就这样被录取了。我是调干生，来民院以前是干部。到了民族学院，我才知道咱们国家有50多个民族，过去只知道汉、满、回、蒙、藏这五个大民族，不知道有其他民族。

李：你们是如何参加民族调查工作的，给我们介绍一下当时总的调查情况好吗？

刘：我们1956年进校，是历史系的第一班学生。1958年，人大常委彭真代表中央提出进行全国少数民族社会历史调查。调查的目的，是到民族地区去抓第一手的材料，当时叫做抢救材料，了解民族地区的情况，然后搞三套丛书，经过研究调查之后，在这基础上再进行民族学、社会学的学术研究、民族工作和民族政策的研究。当时人大常委决定的民族大调查是要为这个目的打基础的。当时我们是大二学生。

索：实际上1958年的大调查前奏是1956年就开始的。1956年的调查不是全国铺开的，大概只是7、8个组。1958年的调查是毛主席和周总理再次提出来强调"抢救落后"，所谓"抢救落后"是指民族地区经过了1956年的民主改革之后，好多民族还保留着原始社会、奴隶社会、农奴社会的社会面貌残余，这个阶段的好多原始材料都还保留着，如果这个时候不抢救，这些材料经过历次的改革运动以后就要消失了，中央特别强调这个问题，要抓少数民族社会历史方面的资料。所以1958年展开了民族大调查，这是当时在社会科学战线上一个很重要的举措，动员的面和人力比较多，参与调查的人，除了高等院校以外，还有研究机构地方各级政府相关的干部。当时我们民族学院是责无旁贷的，我们学校的师生大部分都下去了，当然也有一部分留下来上课。我们历史系当时有两个本科生班，一个研究生班，我们班人比较多，连锅端，都去了，老师除极个别有病的以外，基本上也都下去了。除了我们历史系以外，政治系的本科生和干训部的也去了。再就是语文系，分各个语种，我们去云南的时候，正好赶上一个傣语班、一个拉祜语[1]班在下面实习，实习完了就要毕业。傣语班的老师张公瑾是学校很有名的语言学家，他是学傣语的，赶上搞调查，他便带着傣语班，还有一个拉祜语班，就地编到了调查组。当时全国有16个调查组，除了我们学院以外，北京大学、

---

[1] 拉祜族，我国55个少数民族之一。

北京师范大学、人民大学的少部分师生也参与了云南调查组，另外中央民族歌舞团、戏剧学院也有人参加了，他们也有这个任务，要进行全面的采风。下去的单位很多，组成了一个很大调查团体。

李：当时参加民族大调查都要经过哪些程序？

刘：首先要报名。我们历史系当时是民族学院学习风气最浓、教授最多的系。学校有20多个教授，大部分在历史系。所以，当时搞社会历史调查历史系是骨干，因没有那么多的教员，就把学生的力量加进去。你报的方向是哪儿，一般就分到哪儿。

李：您二位当时报的都是云南组？

索：对，因为当时云南组是大组，对我们有吸引力。

李：是自己报名？

索：自己报，报完之后，由系领导根据实际需要进行调整，统一分配。

李：当时报云南组还有别的原因吗？

刘：一是因为云南民族多，有20多个民族，需要的人多。再一个是我们对云南好奇，少数民族多，又是边疆地区，过去一说云南，山高路远，谁也想像不到到底是怎样的，所以当时我们选择到最远、最苦、民族成分最多的地方去。我们很幸运能参加这个组，有些人就没能参加上。每个组都是自愿报名，然后再协调分组。

索：16个调查组，我们为什么选择去云南？因为云南是个重点，国家投入的力量比较大，等我们到了以后才知道，云南调查组最多的时候达到400人，这里边包括地方上各个参与单位。

李：调查前都做了哪些准备工作？

刘：国家供给了一个包行李的油布，也就是一个雨布，发给一个笔记本，这就是咱们学校发的两样东西。后来给补了一个蚊帐，带着粮票30斤，我们都带着被子、自己穿的衣服，带着包，带着书，到云南组以后发给了一个调查提纲。我们组分了一个135的照相机，当时的胶片都是135的，没有收音机半导体这些东西。8月中旬，我们就下去了。

杜：是收音机太奢侈了？

索：不是。根本没有收音机这些东西。那时候也没有圆珠笔，只有铅笔和抽水的那种钢笔。

李：当时带的生活用品有哪些？

索：就是一个很简单的薄被子，连褥子、枕头都没有，带着自己穿的衣服，晚上就枕着衣服睡。因为南方经常下雨，很潮湿，所以给我们每个人发一个桐油漆的黄的雨布，就是为了使用，关键是隔潮，对我们来说非常方便，打行李时能作为包行李的一个面，下雨也没有关系，所以这个雨布比任何东西都重要，没有雨伞这些东西。我们这些人行李打得非常好，就像部队一样练出来了，因为天天到老乡家里睡，走了挪了地方以后还得自己天天打行李，就一条绳子，一个背包，我们都会打。

杜：当时组里人有没有人后悔？

索：不可能后悔，不管怎样，第一，作为学生要服从组织安排，第二，因为到下面去进行社会历史调查，我们当时都比较兴奋。班里几乎没有人说害怕、说后悔、说不愿意去的情况。

李：当时的社会氛围是那样？

索：一个是社会氛围好，再一个是50年代的学生不像现在这样自由、这样愿意发表意见。那时候就好像军队生活一样，命令一下，组织上让你干什么，你就高高兴兴地去干什么。为什么我们当时比较兴奋，一个是这个任务对我们的专业非常契合。当时我们进校的时候没有民族学，因为20世纪50年代的时候，社会学、民族学、人类学在我们国家几乎都被打成资产阶级学科，国家不提倡这些科学，但是因为后来苏联有民族学，叫社会主义民族学，所以我们也必须要有这个民族学专业，但不能成立系，于是就成立了历史系，因为少数民族历史是必须研究的。1956年成立历史系的时候，涉及了两个专业，一个是民族史，一个是民族学。所以我们进校以后，就请了苏联的民族学专家到我们学校历史系来任教，请专家这也是我们民族学院当时很大的事情，语文系也从苏联请了语言学专家，因为那时候老大哥就是苏联嘛。

（二）第一次云南耿马傣族佤族自治县傣族的调查

李：你们耿马组的组长您还记得是谁吗？

刘：当时组长是昆明师范学院的方龄贵教授，现在叫昆明师范大学。方龄贵现在大概有90多岁了，还健在。副组长是尤中和我。

李：当时组员构成情况是怎样的？

刘：当时人员构成是这样的：有地方干部，有语言翻译，有咱们民族学院语文系傣语班学语言的学生，还有云南民族学院、云南大学的学生。

李：组员男女比例、年龄和所学专业情况怎样？

刘：男女比例不是按数字分，而是以专业情况分的。我们组人强马壮，有学傣语的，有历史系的人员，有教授，有讲师，还有地方干部。大家关系也比较好，当时年龄都不算太大，方龄贵先生当时才40多岁。

索：方龄贵先生是我们那个组唯一的教授。组织上对我们每个组还是有一个大体的安排，就是每一个组必须有一个教授带队。当时主要是调查西双版纳和德宏两个自治州的傣族，我们去的耿马是自治县，还有一个孟连傣族自治县。这就是云南的四个傣族自治地方，两州两县四个自治地方都要调查清楚。我们耿马组是一个分组。

李：调查前有没有进行培训？组织工作纪律等方面有什么要求？

刘：有。我们到了云南以后，在昆明首先是进行集训，学习民族政策、边疆工作的指导思想和各个民族社会情况，当时主要的是务虚学习，就是大组一起学习。学习两个礼拜后，就分组了，我们分到耿马傣族自治县组。耿马县是介乎西双版纳和德宏之间的一个县，它的民族主要是傣族，但不同于西双版纳和德宏的傣族。分了组以后，就由当地的干部来介绍当地的民族、风俗习惯等情况，这又是一段时间。熟悉当地情况之后，就宣布纪律，现在记得不太清楚了，粗疏的记得有那么几条：首先一个是要过三关。三关是什么呢？就是生活关、语言关、政策关。因为

1958年，云南傣族调查组成员在云南耿马傣族佤族自治县人民委员会门前合影（索文清提供）

我们组有学语言的傣族的同学，还有地方干部，所以语言关我们组没有什么太大的问题。我们这些人一般都是大城市出来的，要在老乡家里吃住，吃的不习惯？因为我们去的地区是傣族地区，吃的是糯米，问题还不大，主要就是蚊子、蚂蟥和毒蛇，晚上睡觉的时候，有时毒蛇就跑到被子里去了，大家对此很害怕；调查时还要走路，没有汽车，到耿马、孟定有的时候全是走路，要背着行李爬很高的山，走丛林间的小路，我们都得过这个生活关，所以比较艰苦。

杜：老师，有毒蛇、蚂蟥的时候你们是怎么来预防的？有没有办法？

索：没有什么可预防的，因为当时都是年轻的学生，加之1958年民族地区的条件很差，就刚刚解放时的情况没什么变化。那时候提出贯彻"三同"，非常重要，同劳动这是一条，那地方种水稻，我们劳动的时候就是跟老乡一块儿去插秧，老乡怎么样，我们就怎么样，人家老乡也不怕这些蚂蟥和虫子。我们大部分学生都是北方人，即使是南方的学生，也没干过这种劳动，那时候不能叫苦，不能今天怕这个，明天又怕那个，而且你又不能和老乡说，就是对自己组里的成员也不能讲。

刘：有一次插秧时我腿上有12个蚂蟥。

李：那怎么办？

索：遇到蚂蟥要使劲打。这种生活关，确实是一个关，蚊子也很多，我们下去的时候，只发了油布，没发蚊帐，学生条件好的自己带。蚊帐是后来补发的。

刘：语言关不是问题。还有一个是政策关，主要就是团结上层的政策。当时边疆形势很复杂，民族纠纷、械斗时有发生。我们去的地方是中缅边界，国民党的残余势力时不时就来

捣乱，暗杀干部、下毒等。所以我们要想尽一切办法做上层的工作，把他们团结过来。政策关就是不能因为你的一句话一个行动影响了民族团结，影响了上层对国家的看法，所以这是很重要的一个问题。再就是强调和老乡实行"三同"。特别强调要服从领导，遵守纪律，听从组织安排，不能有挑剔，不能说想去这里就不去那里了，这是纪律不允许的。内部要我们团结互助，因为边疆本身形势很复杂，调查队伍如果不团结，不互相帮助，任务就完不成，坏人也容易钻空子。再有就是反对自由主义，笔记本要交，调查来的材料要交，所以我们现在没有那时候的调查笔记本。

索：那时候的社会历史调查是组织上的要求，虽然不是说让我们军事行动吧，实际上这一套管理方法是完全按照部队的做法特别提出来的，去调查时要取消小仓库，不能留自己的片言只语、文字资料，凡是调查来的笔记本，甚至于纸张，包括后来写的调查报告草稿，所有的调查资料一律上交，这一条当时是非常严格的。因为当时大家都搞业务，感到调查的东西很新鲜，想私自留一点资料，这是不允许的。如果违反了这个规定并且被人知道了，不仅要受到批评，还要受处分的。所以我们调查的东西现在手里基本上什么也没有了。

刘：再就是要批评和自我批评，经常开生活会，有什么自由主义的行动，有什么不服从组织分配的行为，违反纪律了，或者是脑子里计较个人得失了，这是一个注意事项，都要检查的。再一个就是强调"三勤"，腿要勤，多走路；嘴要勤，多提问；手要勤，多记录。当时，我们白天既要跟老乡一起劳动，又要搞调查。什么时候整理材料？就得晚上。我们经常是晚

1958年，云南耿马傣族调查组成员刘晓先生在耿马县孟定区调查时与傣族妇女一起劳动后合影（索文清提供）

上十一二点钟后睡觉，睡得很少，经常打瞌睡。要求和当地少数民族交朋友，我们当时叫扎根串联，就是做好事，比如带点药，要是有点医疗知识，那就更好，给当地百姓送医送药。采取这种方法，就像三大纪律一样，不论到哪儿去，都不能干扰老百姓。遇事组内成员要协商，有问题要经常向领导汇报，上下级要沟通。再一个很重要的问题就是：尊重各个民族的风俗习惯、宗教信仰和禁忌，所以当时我们到了耿马以后，对耿马地区的傣族和西双版纳、德宏的傣族在服装、生活、习俗有什么不同，有什么禁忌，都说得很清楚。要尊重当地的宗教信仰，比如女的不能到缅寺里面去，我就没去过缅寺，他们可能都去过。傣族上竹楼要脱鞋，我们上去就得脱鞋，类似这些东西，都是要严格遵守的。还有一个就是不要动老百姓的一针一线，借东西就得还，这就是军队要求了。还有一项很重要的规定，当时边疆有外国货，走私或边民带过来的，国内没有，不经领导批准，不准买。虽然它们又好又便宜，但是

不能买外国货。还有一个严守保密制度。当时还有很多很细的组织纪律，我想起来的大体就是这些。

李：到云南以后，具体的调查工作是如何进行的？

索：到了地方之后，云南的基础也好，首先是云南大学、云南民族学院和昆明师范学院这三所院校的老师学生参与了调查，除了这些高等院校，当时还有民族研究所等一些研究机构，更主要的一部分力量是地方干部，他们长期在民族地区工作，比我们经验丰富，不可小视，因为抽调的都是一些又能写又能说、又有工作能力的年轻干部，编到我们这个队伍里边来，不是都来参加调查，因为地方有地方的工作，所以我们到那里以后队伍有400多人。大组傣族组分了很多组，要遍布全省，这个组里边基本上都是混合编队，每个组里边每个学校的人都有，还有地方干部，所以这就面临一个问题，就是集训的时候，特别强调要团结。因为当时50年代的情况和现在完全不一样，在组织上、领导上说一个什么，不止一个什么，大家都非常服从领导，叫做什么就做什么，所以这样一个来自四面八方的队伍一定要搞好团结。我们现在再回过头来看这个问题，感觉是一个非常好的机制，为什么呢？各个学校、各个研究部门的人都有，这样各有所长的人组成的队伍比较好。就像我们耿马组，有昆明师院的教授，还有云南大学的讲师，他们都是地方上有经验的一些老师，我们当时还都是学生，还有派来的表现好的地方干部，这些人来了以后，语言关我们基本上就不过了，为什么呢？因为我们现学少数民族语言就很难，当然下去也要求我们学一点生活用语，这是肯定的，一般的像调查访问都是翻译来给翻译了，一般都是民族干部来翻译，他们汉语也好，本民族的语言更不用说了，他们也有经验，这些调查的东西都比较熟悉。

李：你们坐火车到云南后，又是怎么到达调查点的？

刘：大概到云南的第四个星期，我们就下来了，那个时候是坐汽车去的，都是大卡车，晕晕乎乎地坐了三天的车，第四天到了耿马。到调查点的时候大部分是走路，我举个例子来说，孟定是耿马的一个区，是边境，不通车，过一条河就是缅甸，国民党的残余部队，每天过河到这边来捣乱，夜里就出来。我住的竹楼周围是几个解放军战士在竹楼的门口拿着枪保护着我们。我到孟定的第三天夜里就响枪，结果两个干部被暗杀了。所以，当时的情况是非常的复杂，我们也非常紧张，妇女都住在一起，这样解放军容易保护我们。耿马到孟定是40里地，我们走了近两天，全是高山和丛林，就有一条小路，两边都是茅草树杈子这些东西，有时蛇在路的中间瞪着眼睛看着我们，有一个区里的卫生员跟着我们，他说："你们千万别动。"他拿个棍子，照着蛇脑袋一打，把蛇打跑了，我们才过去。

李：旅途中有无特别的事情？

刘：一个是蛇，再一个是国民党的残余势力当时经常过来，但是我们跟解放军一起是很自豪安全的。

李：当时调查经费是怎么样？

刘：调查经费和在学校的学生待遇是一样的，每个月12块钱的伙食费。咱民族学院有个传统，那个时候吃是公费，每个月还发5块钱生活费。因为我是调干生，不跟他们一样，我比他们钱多。但调查的过程中没有补助，就这12块钱，学生再苦也没有叫苦的，钱够不够就这些。

杜：一般情况下，钱够花吗？

索：差不多。

杜：没有什么开销，是吗？

索：没开销。当时民族学院的学生有特殊照顾，我们进校就有12.5元的伙食费，当时的12.5元就相当于干部的中灶水平，比其他任何院校伙食标准都高，因为当时是照顾少数民族，无论是调干生，还是中学生考上来的，一律都给12.5元伙食标准。这些钱也不发给个人。另外还给我们每个人5元的生活费，少数民族学生是7.5元，不管是谁，更为贫困的学生可以要求助学金，因为从边疆来的少数民族困难一些，这是另外一个补助。作为学生来讲，我们进校的时候是12.5元。我们下去还是带着这12.5元，够不够花就这么多钱了。下去后和老乡一起吃，伙食便宜，一般有七八块、六七块就差不多了，自己手里面就剩五六块钱，用作生活费。

杜：在老乡家吃饭要付钱，是吗？

索：老乡很穷，吃饭必须给钱，这都是跟老乡说好的。因为有干部跟着我们，在老乡家吃半个月或者一个月，连菜钱一块儿给，应该给他们多少钱，由地方干部跟他们商量。那时候作为我们学生来讲，一个月剩下的钱干什么呢？基本上是生活用费，买个肥皂什么的必需品。要是想添点衣服，这钱几乎就没有了。你可以看我们拍的照片，因为当时我们穿的都是带补丁的衣服。

刘：那都是爬山爬的。

索：爬山很费衣服，那时候就那么两三套换的衣服，还老穿蓝的粗布衣服，女孩子跟我们差不多，她们下去调查也不可能穿什么裙子，云南的气候也不允许。当地的少数民族穿着也不像现在穿得这么花哨，那时候和解放前相比，没什么变化，都是很简单朴素的。

李：刘老师，您是调干生，您当时带着工资是吗？

刘：我们是调干待遇，不是全工资。

索：她那时候按调干生发工资，但不是全额工资。

李：到调查时工资还有吗？

索：有，他们调干生的工资是国家规定的。

刘：我还算比他们富裕。

索：那也富裕不了多少，我也没有沾多少光。（笑）

李：当地如何接待和配合你们的工作的？

刘：我们到县里面以后，省里都下达任务了，所以县委政府为我们配备了向导、翻译，当地非常配合我们的工作。当时是统一的全国行动，我们调查工作进行得很顺利，只要不违反纪律，服从领导，什么事情请示汇报，就不会出现太大的问题。

索：大调查是一次有组织的调查，地方上当时都是配合的，大调查之所以取得了很大的成绩，是因为它是一个统一的集体行动，否则的话我们下去寸步难行，因为我们对当地少数民族很多地方不了解，他们那里生活条件又差，所以我们必须依靠地方，下去以后实行"三同"。地方干部要我们注意安全，帮助我们选择典型的调查地点，地方各级领导对当地情况很熟，很支持我们，还有专家指导，学术上的交流，研究云南少数民族的很多专家都下去了，他们和地方上都有联系。

李：云南作为一个少数民族大省，您认为它那里的民族工作进行得怎样？您认为当时你们的调查组有哪些优势？

索：大调查是中央的一个任务。云南因为民族多，省委省边委早早就成立了，省委、边委对民族工作做得非常好，有基础。我们到了云南以后，前期的准备工作应该说是很充分的，第一，云南省的边委机构里边都是一些非常有经验的老干部，由从事边疆工作的一些人当领导，而且因云南刚解放边委就成立了，所以积累了大量调查资料，历年的调查资料比较丰富，比如景颇族、佤族、白族、拉祜族、傣族、彝族，一些民族都有系统的调查报告，民族工作队都做过调查，所以我们有机会大量地看这些材料，在昆明集训的时候时间很长，我们分组学习这些东西。第二，他们有丰富的民族工作经验，我们去了之后，前期的准备工作做得比较好，就是因为那里有很好的工作基础，这些领导同志天天给我们做报告，讲边疆的形势等。我们去之前脑子里都是空白，所以这个学习非常重要，边疆地区形势很复杂，这个情况我们了解，虽说边疆地方解放这么多年，这些地方刚刚进行民主改革，有的还没有进行，有的从原始社会直接过渡到社会主义社会，所以每个民族情况是很复杂的，虽然经过一些民主改革活动，边疆地区工作基础还是很薄弱。另外一个还很穷困，当时的生活条件还很差，再加上这个阶段敌情也很严重复杂，国民党的残余部队还在骚扰。第三，我们到云南的队伍比任何调查组的实力都要强，我们从北京出发到云南去的时候师资力量比较强，当时林耀华先生是历史系的副主任，他亲自带队去的，还有徐宗元先生、宋蜀华先生、吴恒先生、朱宁先生等等，都在云南调查组，还有其他院校的老师，像北师大、北大等，现在有的还健在，都是讲师、教授级的老师跟着我们一块儿下去调查。再加上云南地方上的大学、研究机构一批有经验的专家教授，所以，我们调查队伍的层次比较高。

杜：从原始社会转型到社会主义社会，您感觉到变化主要表现在哪些方面？

索：现在来看这个问题二者不能割裂开来，一是社会的发展，因为它的经济底子很差，一跃跃到社会主义社会，从政治机构来讲，政治制度完全跟内地是一样的，内地什么样，它就什么样，而且跟着内地走。老百姓很听话，很适应政治形势的变化。"大跃进"的时候，让成立人民公社就成立人民公社，让开会就开会，让吃大食堂就吃大食堂。

刘：生产水平还是很低。

杜：当时少数民族地区还很小，"大跃进"政策也影响到那地方了？

索：一贯到底。虽然那是边疆地区，但共产党的政策非常深入，民族干部搞起工作来兢兢业业，老乡也是这样，虽然白天干活都很累，但晚上开会也都得来，还要念文件，一天一个文件，念完文件，都12点之后了。每天非要熬到晚上一两点钟才能睡觉。

李：当时他们也和内地一样大炼钢铁？

索：对。1958年的"大跃进"，傣族地区也大炼钢铁，把家里的铁器都拿去炼，妇女都把头发剪了，弄鸡毛去做拉风箱，建小高楼，伐木炼钢，荒谬极了。但是要体现干劲，大家都不在家睡觉，男的女的都到地里去干活，晚上搭棚在地里睡觉。我们当时和他们在一块儿，也要和他们一起到地里去睡觉，傣族的小伙姑娘们能凑在一起可高兴了。

李：傣族的风俗习惯和我们不同？

索：傣族的风俗习惯就是女的在地里干活、放鸭子，男的在家看孩子，男的劳动量比女的还差，为什么呢？那是一年四季收两季，基本上收来粮食之后够吃的，生活环境很好，但生产的条件上不去，再加上他们那里的习惯。

杜：那种现状下，你们是怎么调查一个民族是处于什么样的社会形态的？

索：那时候要调查的民族社会形态和社会性质都定下了，是什么社会形态就是什么社会形态。比如说傣族地区处于封建农奴社会，因为它有很完整的土司制度、各种寨子有分工不同的农奴。这个都是经过前人的调查得出的结论。参考的文献也比较多，是经过多年研究讨论定下的。

1958年 云南傣族调查组成员在云南耿马旧土司府门前合影（索文清提供）

刘：彝族有奴隶主，奴隶。傣族有土司农奴主、农奴，我们是亲自看到的。

李：你们调查当时的傣族处在封建农奴制过程中，调查的实际情况与调查提纲有冲突吗？

索：基本吻合，出入不大，这是因为社会性质、社会发展阶段中表现出的各种特点，都是经过多年的论证的，基本上没什么疑义。

杜：您当时去的时候是不是还保留一些残余的形态？

索：对，那当然有，如果是在1956年民主改革前的基础上继续调查，那就不得了了，好多东西都能挖掘出来，也能保留下来。因为当时都是急风暴雨式的政治运动，边疆地区虽然跟内地不一样，但内地的很多政治运动它都经历了：土改、合作化、高级社、人民公社，解放后的这几个阶段它都经历过了，当时调查时提倡要贯彻"厚今薄古"的方针，让我们调查时要注重现实的情况，有意识的忽略了历史情况。所以我们调查的就是注重这几个时期的变化，其他方面都被忽视了，回想起来这是非常大的遗憾。

白：从实际上讲，少数民族对人民公社的内心接受程度怎么样？

索：内心的接受程度基本上和内地一样，有一个盲目性，少数民族更是这样，因为什么？因为他们翻身解放了，他们信仰共产党、信仰毛主席。

白：从那么低的社会形态一下子到了这一步，对他们来说真的是翻天覆地的变化。

索：连咱们的干部、连我们自己也是这样，进入社会主义了，有大锅饭吃，还不好吗？少数民族有他们朴素的一面，安排他们做什么就做什么。

李：你们当时是如何使用调查提纲的？

索：在调查准备阶段的时候，调查提纲使我们收益很大。我们那个时候才大学二年级，还没学到这些东西，也没有下去做过调查，当时学科还没有分野到那么细，我们对一个民族的情况只能说有一点肤浅的了解，而做民族调查对我们来说是新鲜事物，上面要求我们下去调查时一定要遵循调查提纲来做，不能漫无边际地想问什么就问什么，这是不可能的。所以我们下去之前有系统的调查提纲。当时我们对民族调查是一张白纸，不知道从何入手，怎么调查呀？说什么呀？从哪里说呀？调查提纲给我们列得比较系统。这个提纲对我们非常重要，第一让我们了解将来怎么去调查，怎样去问，我们就把提纲当拐棍用了；第二让我们知道作为民族学的最基本的东西，社会结构是什么样的，上层建筑是什么样的，从哪里入手。所以说当时的调查提纲给我们初学者带来非常好的、非常重要的作用和便利。每个组有一个总体的提纲，我想全国16个调查组，基本上都是按这个框架下去进行调查的，因为当时中央有一个统一的指导思想，到了地方各个省调查组具体到每一个民族，还有很细致的调查提纲，因为每个地区每个民族情况不一样。

李：索老师，你们调查傣族的时候，有没有学术方面的发现或者争论？

索：那时候这种学术的争论不是太多。特别是作为我们学生来讲，听老师的话，跟着老师学；另外当时的学术背景也不像现在学术空气这样活跃，大家有什么问题就提出来，那时大家的思想是老师说什么、政府说什么，咱们就做什么，不是提出为什么，就是提出来也都解答了。都是固定的模式，那时学术上的讨论争鸣风气不是很浓。

1958年，云南省耿马傣族佤族自治县群众开会场景

（索文清提供）

刘：学术上没争鸣。譬如说傣族有三种不同的社会状态，西双版纳是一种，耿马是一种，德宏是一种，这三个地方的民族习惯也不一样，但就得要一起说，差异的地方谈得少，不允许写调查报告时各行其是，与政府的观点相悖。

李：学术观点应该允许有不同吧？

索：有学术观点，学术观点还是有不同的，但都归在一个统一的思路里面。有不同的也基本上服从大局，所以我们写的调查报告里边没有个人观点，只有集体观点，只有政府的观点，大家都是按照这样一个框架去叙述的。

李：索老师，傣族大体上调查了多长时间？

索：前后不到两个月，国庆前下去的，12月回来的，一般就2个月。

（三）第二次红河哈尼族地区社会历史调查

李：能给我们谈谈调查哈尼族的情况是怎样的吗？

刘：我们去的地方是耿马、孟定，时间大约是1958年10月。年前的时候我们耿马组就撤回来了。省里面叫我们耿马组转到哈尼族、彝族红河自治州去调查红河哈尼族，时间大约是1958年12月。我们全组又增加了一些人，副组长增加了云南大学的黄惠焜，他后来做了云南民族学院的副院长，现在去世了。

白：方龄贵先生没去红河？

索：方先生也去了，时间非常短，马上就回了昆明。学校调他回去上课了。

刘：当时还有一个是瑶族赵廷光，在我们学校干训部学习过，后来做了云南省的领导，他去了几天，本来说让他当组长的，后来他又回本单位去了，所以组长就是我了。

索：那时候学生多，我们必须有我们自己的负责人。

李：你们都进行了那些方面内容的调查？

索：因为那个时候强调的是阶级斗争，要以阶级的观点统帅社会调查，调查的重点主要还是以经济为主，从经济基础调查，特别是阶级结构，其次才是上层建筑，讲到文化这部分是再其次了。因为当时所处的时代，正好是社会大变革的时期，我们要重点调查社会变革当中民族地区新旧事物的变化，就是所有制改变之后，阶级发生的情况怎么样？老百姓生活怎么样？阶级觉悟和生产力水平提高得怎么样？另外一个是政权的更迭，因为原来是土司制度和原始社会其他的相关制度，少数民族政治制度改变成了人民民主制度后傣族、哈尼族的变化、政权建设、民族干部成长，这些都是需要我们了解和强调的。文化也是作为一部分进行调查的，但是这部分强调的不像前者，不是作为重点调查对象。

李：您能谈一下调查的具体内容吗？

索：基本上是按着这个顺序去调查：一、阶级情况，到了一个村有多少户，有多少贫下中农，有多少上层，先把阶级结构弄清楚；二、生产情况，这是经济基础，当时就叫生产力、生产关系。要了解阶级划分，然后了解他们的生活，解放后有什么变化，这是生产关系；谈到生产力，就是调查解放前一亩地产多少粮食，利用什么生产工具，有什么手工业和副业生产，民主改革后怎么样，我们调查的就是这个变化。总体来讲，就是调查新中国成立以后，一个民族地区由原始落后到新的变化情况。

李：索老师，当时是入户调查吗？你们组成员都去一家去调查吗？

索：我们到一个村寨，一般是两三个人一个小组，不允许太分散了，还配有一个翻译，一块儿去调查，回来汇总。有的时候也有分工，有调查生产情况的，有调查风俗习惯的，还有婚姻、妇女情况等，女同学就是调查适合她们了解的这部分，男同学去调查别的。政治的情况包括上层人物、统治机构、阶级斗争、发生什么重大事件等这些也必须得有调查，这都要分工的。

李：当时吃的情况怎么样？能吃饱吗？

索：1960年正是我们国家的困难时期，当时粮食定量男的32斤，女的30斤，后来下降到26斤。有的时候中午饭吃不到3两，一天不到1斤的粮食，根本吃不饱，生活条件很苦，吃不饱就喝水，当时组里很多同学得了浮肿病。但这个调查对我们来说受益很大，政治上就逐渐成熟，是一个全面的锻炼。

刘：哈尼族当时没有完整的调查报告。

索：西双版纳、德宏在1958年调查前都有调查报告，我们那里没有。那里的调查报告都是我们写的，我们当时也写了一个哈尼族史志合编，当时没有办法，写出来都是用刻蜡版刻印出来，共印有十几本，送领导审看，这个本子到最后我们自己都找不到了。后来写的那个书稿，越写越薄，越写越没劲了，现在我们特别愿意看到最早写的那些书稿。傣族也是这样，有两个最好的最原始的本子，现在在云南都很难找到，当时我手里还有，因为傣族分组我也参加了最后的编写，后来把这些书稿带回来，因为老搬家折腾，"文革"时我觉得那东西将来没什么用了，上干校那阵子就扔了。

杜：当时是什么原因，哈尼族没有出调查报告呢？

索：哈尼族当时没有一点调查，也就是我们之前没有人调查这个族的社会历史，我们要从头调查哈尼族，依据的东西很少，不像有些大民族过去多年都有调查基础，文献资料也比较多，哈尼族的社会历史属于民族学方面的，是从我们调查开始的。现在印的少数民族五套丛书的调查资料丛刊里，哈尼族就有一本，其他族的都有很多。

李：那一本也都是你写的吧？

索：其中的一部分是我写的。最后出的《哈尼族简史》，我参与了编写。

1959年，云南省哈尼族民族调查组全体成员在个旧市合影（索文清提供）

李：调查哈尼族也住在老乡家里吗？

索：我们到了哈尼族村寨，没有地方住，村主任很为难。老乡是睡在火塘旁边的几块木板上，我们没有办法和人家一起睡，人家家里有家属，少数民族妇女不像现在这么开放，来了生人都害羞。有一家有那么一个搁杂草的仓库，村主任让我们在上面睡，我们考虑安全，所以男女都睡一块，女的睡里面，男的睡外边。

李：刘老师，哈尼族调查您去了吗？

刘：去了红河哈尼族彝族自治州的元阳县。

李：调查傣族和哈尼族您和索老师都在一组，是吧？

刘：对。到了红河州我就在元阳，他到红河县，那就更艰苦了，要步行驮着行李爬高山，女的去不了，就他们男的去了，所以我们就分开了。后来我回到个旧写调查报告。

索：后来我接着写，因为这个组最后要写《哈尼族简史》，调查报告是写简史的基础。

刘：我和黄惠焜写调查报告，写完报告我就走了。

索：后期我一直在红河自治州个旧州政府里边写调查报告和编写简史，当时还要完成一个红河哈尼族彝族自治州的概况，这两种书都在一起写，地方概况都是地方干部写，写作组和我们一块儿都住在州政府里边，我们大半年等于基本上成了州里的地方干部了，人家下地劳动，我们要跟着，州里面有什么活动，我们也跟他们的干部一样都参加，在那儿混的都很熟。

白：下去的时候把户口都带下去了？

索：带下去，我现在的户口是从个旧迁来的，海淀区派出所对此感到很疑惑。给他们解释说是20世纪50年代下去调查时带下去的，户口必须跟粮票挂钩，户籍员听了很奇怪，觉得好笑。我在个旧的时候得浮肿病了，粮食每月才26斤，根本吃不饱。

李：在那里主食吃什么？

索：主要吃蔬菜，饭吃得少，中午一大碗菜。因为自己要考虑自己的粮票，每天计算着，早、中、晚各吃多少，一般都是中午吃得多，吃3两，一天8两多。而且我们都是小伙子，还要干活，如果粮票都吃了，下月怎么办？到晚上我们同学一起精神会餐，肚子是空的，忍不住的就喝水，因此我们好多人都得了浮肿病。学校领导看到那种情况不行，就让我们回来了。我们回来是学校叫回来的。

白：您当时调查的时候有没有去过屏边那边？

索：屏边没去，我主要去的是红河南岸的边四县。绿春、红河不通车，只有元阳那条路通车了，那条路简直险极了。元阳当时是云南放卫星的县，是个重点县，"大跃进"搞得最"左"了。天天有记者往那儿跑，因为它还有条公路嘛，其他县根本没有办法去。后来我们4个男的到了红河，不通车怎么办？走两天路也受不了，就雇了两小马给我们驮着行李，我们跟着马帮走，挺有意思，因为我们翻一座高山，走一段路，就问马锅头到了吗？马锅头知道我们太累了，就老是回答下了坡很快就到了。走了两小时还不到，到天黑才到。

李：索老师，调查傣族和调查哈尼族的情况一样吗？刘老师她是提前回去了，是吗？你们都调查傣族和哈尼族了？

索：调查哈尼族的时候有点变动了，第二年学校系里有一些教学工作，历史系要现代史教员，没人，学校要刘老师搞现代史，所以就把她调回学校了，第一年和第二年调查哈尼族应该说比调查傣族更艰苦一点。

李：调查哈尼族多长时间？

索：哈尼族时间长，因为哈尼族调查资料少，我们陆陆续续的调查，人不断地在走，也不断地增加。这当中我回学校一次，还念了几天书，后来1960年我又下去了，前后差不多两年。

刘：学校让我们补业务课和补政治课。

索：两年不是全在下面，中间回到学校一段后又下去了。

李：还是去哈尼族地区？

索：对，第二次这个组我做了分组组长。

刘：我回来，他就是组长了。

索：第二年在哈尼族地区，主要是环境比较艰苦，不像傣族，傣族还富裕一点。哈尼族生活在半山区，四周都是梯田，交通闭塞，生活条件也差，吃的方面差多了，还有社会情况也复杂一点，我们去的有些地方是性病很猖獗的地方。

李：那时候就有吗？是不是跟他们那里的婚姻形态有关？

索：因为我们去的哈尼族那里崇尚婚前性自由，另外卫生条件也很差，所以它传染率很高，我们去调查的时候，有好多医疗部门的卫生队和我们同时到寨子里，他们专门去做普查，因为都是工作队嘛，互相都比较了解，他们就给我们介绍情况，提醒我们，让我们注意，喝水时也要注意。特别是那些女孩子，几乎80%都有性病，情况很厉害，因为医疗队都是女大夫，我们组里面三分之一都是女学生，特别嘱咐要注意这个事。所以那条件挺特殊的。

刘：寨子在半山区，能看见那个寨子，上午7点出发走，下午4点还到不了。

索：下一个坡，再上一个坡，费时很多。寨子在半山区。一般都住在那地方。

李：调查哈尼族也是要到乡下？

索：必须到寨子里去，因为我们的调查点，我们最后写的调查报告，都是以村寨的调查情况为主的，写整个书的时候是利用点的材料。

白：走了多少个寨子？还有印象吗？

索：我们基本选择不同的乡，我在红河调查了两个寨子，两个寨子是两个区的，这个区离另一个区就得走一天的路，调查两个区写了两个调查报告那就很不错了。后来第二年我又到元阳县另一个寨子。现在想去看看那个寨子，因为那里有一个非常有名的土司府，记得叫做猛弄土司府，解放后变成了区政府的所在地，在那里开会、办公，那个地方只有那个土司府盖得特别好，其他的房子都是茅草屋，现在估计都拆掉了，很可惜。

李：您感到调查傣族和哈尼族二者的不同之处在哪儿？

索：傣族、彝族、佤族、景颇族这样的少数民族1956年之前就有人研究调查过，有一些基础。但哈尼族当时还没有人调查，于是就成立了一个新的哈尼族调查组，把耿马调查组整个都调过去了。哈尼族住在半山腰，资料很少，不像傣族和彝族资料很多，所以我们要从头开始，哈尼族的调查应该说是1959年从我们民族学院的参与调查为基础的。

（四）调查报告的撰写

李：你们当时的调查报告是如何完成的？

索：每个点调查完，都要写调查报告，哪怕一个小村子就去俩人，最后回来也必须完成一个东西，拿出来交给上级。当时要求我们得到全方位的锻炼吧，写书也是调查组的成员来做。像我们耿马组都参加了编写，最后写了大概10万字的调查报告，因为这个县有佤族、有拉祜族，是个混合民族县，但以傣族为主，写耿马傣族自治县调查报告的过程，对我们来说是一个全面的考核。为什么？因为我们必须要了解调查方法，就是要具备一定的民族学知识，没这个知识怎么写。这是其一。其二就是写作能力的提高，要求我们要写一个很规范的调查报告，因为有老师、地方干部和一些有经验的人做指导，这样的调查报告我们就是从调查提纲开始研究，然后开始着手写。所以说调查报告也是一个集体的成果。

杜：你们组写报告时，小组成员有分工吗？然后合在一起？

索：有分工，写之前和调查一样，必须有一个提纲，像我们写论文一样，比如这报告前言谁写，第一章谁写、第二章谁写、第三章谁写等等，是根据我们每个人不同的情况分工写的。

刘：写完都要讨论的。

李：索老师，当时你们调查的时候和写调查报告一样也有分工吗？

索：有分工。可是一开始的时候是这样，每个人手里都一个调查提纲，可以调查上层建筑，也可以调查经济方面的综合的调查。回来整理的时候就有分工了，调查到的资料有交叉的部分，我们都互相看。最后写报告的时候又有分工了，是分部分、分人写的。

李：写调查报告时是不是要有主要负责人？

索：基本上一个组的所有成员都参加，但以一个业务方面比较好的为主。当时提倡大部分人都动手写，像我们这个调查组基本上就是这样，大家都写，哪怕写一节也行，所以对我们来说这就是一个全面的锻炼。写调查报告这担子压在身上，这就要求我们每个人都熟悉材料，还要按照提纲去写，所以这样大家写成的东西就变成一个整体。要反复写好多遍，风格、详略也不一样，所以最后还要有一个人来统稿。一边调查一边补充些调查报告需要的材料，基本上就是这样。

李：我看了一些1960年的少数民族调查报告，都没有个人署名。

索：在60年代70年代一开始根本没有个人的名字。我们的调查报告署名就是耿马调查组，具体谁写的都不知道，找不到人，哪个部分是谁写的，都是后来要出版时补的，我们回忆当时参加了调查的还有谁，谁写的哪章，都是追忆补充的。

杜：当时调查报告有署名的特别少。洪俊老师那个独龙族调查组有署名，其他大部分没有署名。

索：我们后来的调查报告也有署名。1963年印的白皮书就是三套丛书，署名都是什么调查组，没有个人的名字，顶多后记上有这个地区谁参加了调查，写着这个组的名单里有谁。有你的名字就不错了，因为当时不提倡个人，只强调集体，现在看来这也是不好的。

李：您现在看当时的调查报告写得完善吗？

索：不可能完善。当时要求我们要拿出"大跃进"的精神来干，就是提倡的"鼓足干劲、力争上游、多快好省地建设社会主义"这口号精神。所以我们一边搞调查一边写调查报告，二者并行，基本上两月我们就可以把调查报告拿出来，时间真是很快。调查来调查去，到了最后写的调查报告就有些问题了，千篇一律，千人一面，为什么？因为都是这个套子了，没有特殊性，所以越写越糟糕。我们现在看起来最有价值最好的部分就是第一稿，第一稿基本上是一个原始的积累，我们调查的资料都在，最后越写越干巴越抽象，就是几根骨头了，丰富的材料被大量删掉了。

李：主要是受调查提纲的限制？

索：因为当时是极"左"路线，就是写人民公社好，食堂好，"大跃进"好，写来写去就三面红旗，现在一看都是废纸。我们当时真是"大跃进"的精神，条件很苦，晚上根本没灯，点蜡烛又太贵，一晚上点好几根，太浪费了，后来就点煤油灯，每天还得去打煤油。我印象很深的是当时没有圆珠笔，调查报告至少要一式三份到四份，怎么办呢？抄写的时候就用复写纸，那时的纸张也不像现在这么好，起码得四张纸，中间得插上三张或两张复写纸，纸张这些东西每个组用的很多。用什么写？用铅笔。字写得很大，晚上干活，写小了人家看不清楚，所以得使很大劲写才行。我们写完之后，手很疼。现在用圆珠笔方便多了，那时候根本没有圆珠笔，完全是铅笔、复写纸这些文具。那些调查报告底子现在都有，拿出来一看，真的很原始，没法看了，所以条件是很苦的。写完之后全组讨论，讨论不行还得改，而且还有时间限制。当时我们这个组受到了表扬，因为我们组干劲十足，天天晚上加班，最后写出来的稿子也比较好，不能光写干巴巴的东西，必须有丰富的材料。经过我们几个点的调查，我们的材料比较充分。后来把我们这个组撤回去到一个新的红河哈尼族自治州调查点，就是因为觉得我们干得很好的。

刘：我们组为什么受到表扬？一个是没出问题，再一个是干得好，去滇西北的独龙组就有一个人掉江里死了，还有吃东西中毒的。

李：对。

索：这个洪俊老师、陈燮章老师都给你们讲了。牺牲的那个是拉祜语班的学生，在学校是很活跃的。我们都是年轻学生，那时候他和班上的一位女同学关系发展得很好，毕业之后就准备结婚了。因为那个小伙子身体很好，就分到了滇西北的独龙组，女的分到了傣族组，男的出事之后，全组都瞒着这个女同学，后来那个女同学因接不到信，觉得有问题，当她知道事情真相后,神经有些失常了。这是很惨的一件事情。

杜:现在你们跟她还有联系吗?

索:我们没有联系了,她后来在云南工作。同学掉到独龙江里边去世了,这件事对我们的震动很大。还有一些中毒的、身体不好的,这种事情太多,因为那时生活环境很差。可是大家都很坚强,努力克服这些困难,没有因为这些事出现很负面的、消极的影响。我们在艰苦的环境下受到一些很好的锻炼。有些敌情、生活环境等就没法说了,那时候爬山,到一个地方也没有招待所,睡觉都是用自己背的被子睡,有的调查组还要睡到山洞或者野外。

杜:老师,您有没有重访过原先调查过的地区?

索:现在有一个遗憾,老是觉得应该去看看,因为后来云南不断有人过来邀我们去。2006年我去了绿春、元阳、红河,2009年我和刘老师在学生的陪同下去了耿马、孟定。旧地重游,感慨万千,40几年,民族地区的变化太大了,真是翻天覆地,换了人间。

杜:您再次去的时候,感触最深的一个变化是什么?

索:怎么说呢?就是面目全非了,只能用四个字来形容。以我去元阳为例,我去的时候还带着我50年代时候的印象,那条山路、整个地貌景象怎么样,我现在还记得非常清楚,并不模糊,虽然现在还是那个地貌,但地貌上的景象完全不一样了,包括民族也已经不是原来我脑子里的民族了,因为服装、人的样子全部都变了。只有梯田没有变,但自然景观与人的和谐看不到了,更雕琢了一些人工的东西,搞成了旅游点,梯田没有变,还是那样雄伟神奇,令人震撼。

李:大调查期间,您还出版了哪些东西?

索:我调查回来后写云南的东西就不多了。完成的有耿马傣族、红河哈尼族调查报告和《哈尼族简史》。还写了一些介绍云南民族的短篇文章。毕业以后,留系工作就转入了藏族的研究和教学工作了。

李:索老师,您现在怎么看待当年的民族大调查工作?

索:20世纪50年代开始的民族大调查,是中央进行民族工作中一项重大决策,是非常英明、正确和适时的。50年代民族地区

1959年,云南元阳县半山区的哈尼族村寨外景(索文清提供)

和内地一样处在社会的大变革时期,因此对各个民族进行抢救性质的社会历史调查就成了一项刻不容缓的任务。当时记得中央提出的方针是:利用4年至7年时间基本摸清各少数民族的历史现实情况,搜集和积累大量进行民族研究的资料,为国家制定民族地区社会改革和社会主义建设的方针政策提供科学依据。中央的决心很大,动员了上千人,包括各个学科领域的研究人员和地方民族工作干部,调查的规模空前,可谓历史上的首次,几年时间取得成果巨大,不仅积累了上千万字的调查资料,在此基础上还写出了各民族的简史、简志和民族自治地方概况。它的影响和取得的丰硕成果直到今天仍有现实的指导意义。这是从国家的层面上讲。

对我们这些亲身参加调查的亲历执行者来说,大调查那是一生无法忘怀的幸事。记得刚入学的时候,历史系给我们安排了一门叫《中国民族志》的课,从这门基础课中对各个民族的感性认识是从他们的衣食住行开始的,大调查给我们进入民族地区的机会,让我们真切地看到少数民族的生活生产面貌和他们的衣食住行是那样生动、新鲜和诱人,从而坚定了我们学习民族学、民族史专业的志向,为民族教育和民族研究事业干一辈子。当时中央提出的调查方针是抢救资料,在民族地区全面铺开,这是非常正确的,我们确实通过这样一个调查做到了拉网式的、对当时50年代那个时期的民族情况有了一个充分的全面的了解,而且这次调查中央提出让大家贯彻三同,深入到最底层去,不是走马观花,而是要求调查人员真正下去同吃、同住、同劳动,跟当地的群众打成一片,跟当地的民族干部打成一片,所以调查对调查人员本身是一个全新的世界观改造;另外一个是对我们能力的训练考察。我们感到这个训练对我们来说是最重要的,这是学校里面课堂无法学到的,表现出全方位的思想和体魄的锻炼,因为我们当时才20多岁,年轻,什么都不太懂,一下子换了一个全新的环境,到了民族地区,而且也不是现在的民族地区,那时候投入到这个环境里边锻炼很苦,从不熟悉到习惯熟悉适应,现在回想大调查对我们来说真是非常好的一个磨炼,我们好多人通过调查不仅增长了好多生产生活和专业方面的知识,而且作为一个年轻人,对我们将来后半生的生活也是一个很好的磨炼,因为将来我们要独立自主的生活工作。有时候分组下去调查时,三两个人去跑,村寨跟村寨离得都很远,很分散。我们这里面还有很多回民同学,他们下去很困难,拿小铝锅小饭盆自己做饭吃,到下边没什么肉,虽然云南气候很好,但是傣族不怎么种蔬菜,顶多吃点野菜和腌的酸菜,吃糯米饭,常流酸水,吃前两顿,挺好吃,天天吃那个米饭就受不了,我们北方学生到南方,没什么菜吃,就吃辣子,吃那么多辣子也受不了,但又没有别的菜,所以生活关我们要过。还有蚊虫咬,毒蛇之类的东西,而且我们下去正赶上成立人民公社的"大跃进"时代,所以我们的调查工作一开始就跟当地的党的中心工作结合在一块搞,我们到地方一边帮助地方成立人民公社,晚上跟老乡一起开大会,一方面我们还得搞调查,所以那时候12点睡觉是保守的说法,根本睡不了,都是1、2点以后睡。都是年轻人,当时困得简直没办法。吃的也不好,还要进行大量的劳动,这样对我们体力上是超负荷付出,要是现在可能早造反了,没人干了。那个时候大家服从领导,这都是组织安排,任务崇高,一定要想尽办法去完成,再大的困难也要克服。所以说当时的调查还是有一定难度的。对社会人际关系的感触和收益也比较大，真正体现了人与人之间的那种关系的重要。

第一，师生之间的关系，那时候师生朝夕相处，林耀华先生当时48岁，因为操劳，头发都有点秃了，我们照顾他，给他拿行李，给他打水，我们是吃睡在一块。彼此之间的性格、喜好等各方面都非常清楚、了解。当时确实是对一个人的人品、工作能力、学习水平的一个综合考察。

第二，学生与学生之间、师生与地方干部之间的关系跟现在也不一样，感情是很深厚的。

所以我觉得民族大调查有很多方面值得我们很好地去总结。对我们民族学、社会学学科事业的发展奠基是一个很好的举措了，但是调查工作中也带来一些遗憾，那时候我们去调查，老乡讲得很精彩，我们好多的记录，写完后交到第二个人手里看时就是一张废纸，根本不知道记得什么，所以这是非常可惜的。当时的指导思想就是消灭小仓库，不允许个人保留调查资料，扼杀个人主义行为。经过分析，对一些事情资料很有兴趣，但不能保留，后来很多个人都是通过记忆写了一些东西，整理出好多材料。但也有一些材料是当时上交了之后，又找回来再参考的。

我们交了调查报告以后就回北京了。1981年我又去云南，因为我们写《哈尼族简史》，我要承担一部分，有一些要补充材料，所以我又去了调查组，把那些材料拿出来翻看，我自己写的能清楚看明白，别人写的我看了没用，记得都是一些符号之类的东西。这个太可惜了。还有一些人调查回来以后就各奔东西了。所以那个时候有一个正确的方针指导就好了，可惜的是属于物质文化这部分东西调查的太少了。还有毁坏了好些文物，当时应该抢救出来，当然"文革"的时候，毁坏的就更多了，那时候已经在毁坏，比如说土司制度下的，他们自己的一些家谱、世系、文档，就不当回事，不重视，当时不是破"四旧"嘛，这些东西就扔掉。另外还有些文物古迹，我们在耿马的时候，耿马土司府建筑当时还在，后来成了县政府，里面的整个土司宅院特大，土司的小洋楼都还有，可惜后来都拆掉了。所以我和刘老师几年前我们一直想回去旧地重游，看一看我们当年去调查的那些地方，原来我们看到的东西，都给毁坏了，后人根本不知道，现在能看到我们当年的调查资料，记录下来的已经很少很少了，很多东西后人也弄不清楚了。当我们这代人都不在的时候，就剩下这些资料说明事情就太有限了。

关于大调查，就我的经历再补充说几句。民族大调查是在国家颁布社会主义时期总路线的历史背景下进行的，所以要调查人员也要以"大跃进"的精神，鼓足干劲，力争上游进行调查和写书。每个调查组的成员都在这种精神的感召下，不辞劳苦，昼夜奋战，不到两年就完成了各点、各组的调查报告和简史、简志书稿的编写。因为急于"放卫星"，搞献礼，急于求成，自然稿子会写的粗糙，在一些框框条条的束缚下，显得一般化没有特点。当时的学术研究和调查，凭的是热情和干劲，却忘了实事求是的科学精神与学术本身的自然规律，以至于出现许多事倍功半、推倒重来、费力不讨好的事情。特别在调查和写书的过程中，领导强调"厚今薄古"，引导大家都在关注三面红旗，大办人民公社、大办食堂、大炼钢铁这些所谓新生事物，却忽视了各民族丰富固有的传统物质文化和精神文化，特别是民族中那些长期保留的优秀科技，民间手工艺术，口传文学、民间故事、宗教节日、习俗等等宝贵的文化资源。因为大家知道，注重这些内容的调查，一是常常会引来自身的麻烦，二是即使搞了这方面的调查资料也写不进书里。所以最终这些物质文化资源未能及时得到抢救，十分可惜的被放弃了。以致最近几年我们不得不花大力气来对少数民族中的非物质文化遗产和物质文化遗产进行大规模的挖掘、整理、弘扬、传承来做补救，这种历史教训应该值得深刻地反省和汲取，不能再走这样的弯路了。

李：索老师，请您再给我们讲讲您对当年的民族大调查的收获和感悟。您现在回头看大调查，您认为这个大调查对您留下的最深刻印象是什么？

索：总的来说，调查对我们特别是对年轻人来说非常重要。我们现在国家形势好了，对于调查实践还应该把它放在一个适当的位置上。如果没有这个体验就体会不到实地的调查对自身的重要性。因为实地调查是一个对个人的全面锻炼和提高。我们国家社会科学是一个应用科学，它应与实践相结合，解决我们的民族问题，解决我们国家的经济问题，我觉得大调查是出自于这个目的去的，我们应该总结推广这个经验。当前我们国家正处在进行现代化建设的转型时期，民族地区在新形势下出现了很多新的民族问题，在这个发展过程中有一些新的问题出现是正常的现象，在新形势下不能用老的方式或者老的观念去处理，但是一个根本的问题是调查接触实践是不能变的。这段时间我参与了你们民族学院和藏学院好多博士生的答辩，我觉得他们写的论文很好，能从实际调查出发发现一些问题。没有调查就没有发言权，特别是处在现在急速发展的过程当中。我研究藏族，藏族现在也面临一些问题，出现了一个"3·14"，不光是国外"藏独"势力插手，还有宗教问题，还有青年培养就业、贫富差距、东西差距这些不平衡问题，这些问题需要我们下去进行实地调查。不下去调查或只是浮光掠影地看看不行。我们老一代的专家注意微观和宏观的结合，他们是去一个点去反复调查。费孝通先生的很多调查都是从乡村调查和民族调查入手，瑶族对我们国家说不上是一个主要的民族，但他搞了那么多年的瑶族调查，对瑶族搞得很深，能举一反三。没有这个调查就没有发言权，1958年的调查对我们的成长很重要，我们很感念国家给我们这么一个去民族地区调查的机会。

李：我们现在作为民社院的学生也是强调实地调查，调查是我们的立身之本，没有调查你是写不出东西来的，或者你写出的论文质量不是很过关。

索：现在调查跟我们那个时候不一样。那时候太死板，太划一，这是很束缚我们自身的思想行为，因为大家都要在这个框架下去做，妨碍了人的能力的自由发挥，将来我们提倡还是以人为本去创新，很多事情以发展的眼光来做，会做得更好，当然一些基本的东西，比如当时吃苦耐劳、搞好人与人之间的团结，这个我们要坚持。因为地方干部很有经验，我们跟他们关系搞得很好。现在我们学生局限于学院这个圈子，人与人之间的交际来往少，而且也没有那个时期的交往氛围和条件，那个时候大家都是很坦诚的，现在的交往有时显得很功利的、虚假的东西多，这个不好。那个时候大家相处的氛围跟现在不一样，我觉得这点挺宝贵的。

李：当时的社会背景跟现在不一样。

索：如果那时候不给我们提供调查的机会，我们也没有这么多的收获。我觉得那时候我们有一个好处，就是师生之间的关系和现在很不一样。天天跟老师在一起，好多学问是在实践中学的，不是在课堂上学的，把课堂搬到实际中去，老师给我们讲民族学好多结构性的东西。像费先生和林先生，都是从国外学的理论，给我们讲理论是很通俗。写书的时候他们讲纵和横的关系，听了也很明白，所以我们在老师那学的知识比较直接。现在学生的实践机会太少了，以后是不是增加一些。但现在到民族地区也没有很多经费。

李：对，现在有什么课题还要申请。

索：不管是从民委来讲，还是从民大来讲，我感到研究一下这个大调查很好，从正反两个方面总结一下60年前的经验，为了将来怎么更好地开展调查活动，我们要从总体上充分地把这个时期的成就回顾好。当然我们有一些年轻的学者，对此有一些说法，好像过去的都过去了，时代不同了，对过去的东西总谈没有意思，有些人甚至说那些都不是真实的，持否定的态度，我觉得这有些偏颇。

（五）难忘师谊

李：索老师，你们那时候都很朴实。我听说您当时跟费孝通先生关系很好，可以说是他的代言人。您能跟我们谈一下费先生的为人、您对他的印象和评价吗？

索：关系很好，但不能说是代言人。我跟费先生接触主要是"文革"以后。我们入学的时候，他是民族学院的副院长，专家局的副局长，中央民族事务委员会的副主任。我们民族学院成立和成立前期的筹备方案、办学方针等，他受周总理和乌兰夫副总理的委托，做了不少工作。我们进校之后，就觉得费先生是专家型、学者型的领导，跟我们距离很远。他一直在云南、广西、贵州调查，后来给我们做了几次学术报告，就在18号楼的小礼堂，一做就是五六个小时，讲好多调查的事。那时候没有多少直接的接触，他是个领导，是个学者。1957年之后，形势发生变化，他被打成"右派"，情况完全变了。一直到了60年代，因为当时历史系的老专家，打成"右派"不在少数，潘光旦、费孝通、吴文藻，还有王锺翰等都在历史系，所以"文革"时，说历史系是资产阶级的大染缸，这些老先生都不能上讲台了，干什么呢？只能做一些资料工作，费先生和吴先生做翻译资料工作，这个时期我跟他们有一些接触，但并不多。当时这些老先生，虽然后来"右派"的帽子摘了，"文革"的时候还是折腾他们，批斗他们，后来他们到了五七干校。这一段刘老师跟他们的接触多，我没到五七干校，当时学校有一个农场在武清县。分的时候，刘老师上五七干校了，我分到武清的农场去了，在那里劳动改造。我们学校的教职工，大部分去了湖北沙洋五七干校。当时所谓的黑五类，有问题的第一批都得下去。"文革"以前我从历史系调出来，因为我们学校来了200名越南留学生，我当时被挑出来教留学生，教了一年汉语，我的编制"文革"的时候算行政部门，所以我们就到武清去了，在那里劳动。

李：刘老师当时也去五七干校了？

索：当时在干校盖房子、打井，还在江汉平原上打农药、摘棉花，活干的多了。

刘：当时队伍是这样的：最老的是吴文藻、谢冰心老两口，然后是林耀华夫妇，还有费孝通先生，这就是年龄大的了，其次就是咱们系的陈永龄，宋蜀华，他们年轻，还有一些不属于历史系的人，这些人组成一个排。后来这个排，还有其他预科的老师，又分出去，就重新组成了一个班，我们还是一个班，住在一起，吃在一起，劳动在一起，谢冰心经常跟我们说笑话开心，这几个人的关系都是师生关系，吴文藻的两个学生，一个是费孝通，一个是林耀华。

李：刘老师，林耀华先生也去五七干校了？

索：去了，当时都去了。

李：很多人都知道费先生去五七干校了，不知道林先生也去了。

刘：他去了，我知道，当时我是班长。

李：刘老师您挺厉害的。

刘：我就跟他们一个班嘛。种棉花、摘棉花、给虫子打药都在一起。谢冰心是外单位的，她为了照顾丈夫吴文藻，也去我们五七干校了。宋蜀华的爱人是咱们学校的，所以她也去了。

李：您跟潘光旦先生有接触吗？

刘：有接触，但不多。索老师和潘先生的接触多。潘先生这个人很好，学问扎实极了，古今中外的东西他都通。和费先生不同，费先生是洋东西多，潘先生是古今的学问都通。

李：您对林耀华先生的印象是怎样的？

刘：林先生是一个很关心学生的老师。因为我们的关系也比较近，从当学生的时候他就给我们讲课，毕业以后他又把我们留在系里边，然后一起工作，从生活到各方面他都是很关心我们的，我们跟他的关系一直到他去世以前都是很好地保持着，所以他们的孩子见了我们都是"叔叔阿姨"的叫，不单认为我们是他爸的学生。

李：吴文藻老师呢？

刘：这个人是平易近人，兢兢业业，搞学问是规规矩矩。我举个例子，他划成"右派"之后，我还是和他有接触，因为我是学生干部，他教给我怎么写卡片，怎么编号，怎么分类，非常细。在干校他每天看报纸，他把那些专门知识都剪了，剪了以后编号保存，非常细致。所以他的学问特扎实，做学问真是勤勤恳恳、老老实实。

李：那谢冰心老师呢？

刘：这个人很风趣，因为她是文联的，是搞文学创作的。他们几个都有一个共同的特点：爱国。譬如费先生为什么被打成"右派"了还要想办法调查，写东西？就是说，他脑子里就是中国，他把学的知识用在咱们中国国内，想怎样让中国富裕起来，如果中国不富裕，就翻不了身，就老受人欺负。我接触最多的就是费先生，其次做学问好的我接触多的是吴文藻先生，他在我们历史系18号楼有个办公室，有时间我就去他办公室。

李：潘光旦老师去五七干校吗？

刘：他没去。潘先生1967年6月就故去了，"文化大革命"他吃了很多苦。

李："文革"的时候他们还是右派？

刘：不是。吴文藻、费孝通、潘光旦三个人是1957年被打成"右派"的，后来就摘了帽，摘了帽还是内部掌握，还是不能登讲台，所以有问题的地主、富农、反革命、坏分子、右派这五类人统统在"文革"的时候又重新被打倒受管制了。

李：刘老师，我听说在"文革"期间，林先生贴过费先生的大字报，有这回事吗？

刘：好像没有。他们俩性格不一样，都是吴文藻的学生。

李：为什么这样说？

刘：一个性格内向，一个性格外向，费先生外向，林先生内向。从关系上来讲，因为费先生一解放就比林先生职务高，民委的领导、专家局副局长、民族学院的副院长等。当时林先生走学术研究教书的路子，我们1956年入校，他1956年入党，在政治上林先生比较严格要求自己。后来1957年费先生又被打成"右派"，费先生他是民盟中央的呀，所以这两个人一个是红色教授，一个是民主人士，费先生被打成"右派"后，所有的职务又被撤了，而林先生又入了党，政治上就这个关系。所以这个关系别人看来很微妙，就是政治上的处境不一样了，反右时，林批判过费先生。"文化大革命"的时候，费孝通、吴文藻都是被打倒的，所以大字报铺天盖地。当时林先生也是被抹黑脸了，挨斗了。所以这个时候，他们政治处境差不多，只能这么说。

（六）学人感评

李：索老师，您和两位陈老师合编了《藏族史料集》，您怎么和他们合作的？

索：我们都是同班同学，刚刚改革开放时，大家都要搞业务嘛，我们因为都搞藏族研究，又是要好的同学，所以我们觉得需要把二十四史里边藏族的史料整理出来，为别人研究服务，有这么一个动机，我们商量了以后，三个人就分头做了这个事，以后连续的出版了4册，1982年出了第1册，我们做的事是从20世纪70年代末开始的，是起步比较早的。

李：您和莫俊卿合作写了有关珞巴族、门巴族方面的调查报告，能谈谈这方面的情况吗？

索：1973年，我们学校民族研究所因为写《中国少数民族》这本书，书中缺门巴族、珞巴族的材料，当时我和莫俊卿老师都到民族研究所工作了，他是研究壮族的，他本身就是壮族。我们本来也是一个班的同学，他年岁比较大。当时"文化大革命"还没有结束，要去西藏调查门巴族、珞巴族的材料，不能派一个人去。那个时候西藏形势挺复杂的，当时规定出差一般不能一个人去，谁也不愿意去西藏，因为当时条件挺艰苦的，莫老师没去过西藏，他要去。这样我们两个人一块搭伴去了。但是他不搞西藏的事情，他完全是为了去西藏看看。当然回来以后必须要写调查报告,我因为是搞西藏研究的,后来门巴、珞巴族我写的东西比较多,他就参加写了个调查报告,因为他也不搞这个,回来继续搞他的壮族。

李：我看您写了一篇《僜人今日》的论文,您能给我们讲一下有关僜人的情况吗?

索：僜人也是西藏的少数民族,这个将来你可以问一下王晓义老师。他做过调查。

李：您和王辅仁合著了《藏族史要》,谈谈您对王老师的印象及评价好吗?

索：王辅仁是早期林耀华先生的学生,燕京社会学系读书,他毕业以后,就去西藏搞调查,从事藏族的研究,一直到历史系成立以后,就在历史系工作,是唯一的一个搞藏族教学的老师。王老师后来做了民族学系的主任,民族研究所的所长。王老师这个人非常开朗,非常聪明,人际关系非常好,待老的也好,年轻的也好,那个时候历史系没有说他不好的,他为人很风趣,很坦率,待人很热情。后来组织上安排我承担藏族的教学、研究,我跟他的接触就很多了。虽然我们是师生关系,但是我们在生活、工作当中就形同兄弟一样。他去世以后,我写了文章,文中说王辅仁老师是我的良师益友。确实是良师益友,他为了培养我,平时跟我的关系很近,教我怎么学习,怎么备课,怎么读书。另外因为急于要我上课,他还专门给我单独讲课吃小灶,我每周都到他家里去。他家里挺困难的,四个孩子,那时候生活条件很差,工资不高,到他家里听完了课,还在他家吃饭。他的夫人非常好,孩子也是叔叔的叫着,我们形同兄弟,跟一家人一样。王老师这个人没架子,特爱开玩笑,没事就开玩笑。我们的关系很协调,很和谐,工作上更没有说的,什么工作他都严格要求我,大胆使用我,让我上课,写文章我们一块儿写,他放手让我写,所以我们合著的《藏族史要》那本书可以说出版得非常早,我们1979年就写出来,1980年就出版了,连续再版了三次。还较早地得了国家颁发的"爱国主义优秀历史读物奖",王老师带着我写,这本书最后看不出来哪里是他写的,哪里我写的,因为我们两个人文笔文风差不多,他放手让我写,写完之后还让我统稿,让我做,这个人心胸很开阔,业务上不保守,所以我们俩人关系很密切,合作很愉快。后来我们俩人又同时进领导班子,他做民族研究所正所长,我做副所长,我又成了他入党介绍人,他因学术上的成就比较多,也是很有名的藏学家。我调到博物馆去之后,我们接触就少了一些,有时一块搞一些课题什么的,联系还是比较多的。

李：索老师,您跟刘尧汉等人合著了《哈尼族简史》,这受大调查的影响吗?谈谈您对刘尧汉老师的评价。

索：刘尧汉先生不是我们历史系的人。后来他调到云南去了,最早期的调查完了以后,我们的书稿也写出来了,可是当时写出来的哈尼族简史的稿子,后来有好多人接手,等我们这些人都撤回北京来了,当时云南调查组怎么办呢?因为刘尧汉本身是彝族,是对彝族历史文化很有研究的老先生,对哈尼族的历史也比较清楚,他当时还在云南工作,所以就把书交给他和他的夫人。当时不仅他们两个人,还有黄惠焜负责。等到这个稿子修订完了快出版的时候,还觉得不行,因为哈尼族调查有好多人参与,于是1981年又把我叫到云南去,又做了一些补充调查,对这个书稿又重新修订。最后由黄惠焜统稿出版。这些事情《哈尼族简史》后记都写着呢,刘尧汉他们参加的比较晚,调查的时候他们一点也没参加,前期的调查都是我们学生做的。我跟刘先生个人没什么接触，是通过业务上认识的，他的夫人严汝娴原来是我们历史系的老师，我们认识，1960年还在个旧一起编写过书稿。

李：刘老师，您什么时候退休的？

刘：我是1990年离休的。

索：我是1996年退的。

李：退休以后，我想您的生活也过得挺充实的？

索：是啊，我退休以后在某些方面说比没退休还忙，出版了好多本书，仅藏学方面的文献、档案、文物图录书目等等书就有七八本吧。我一直在做藏学方面和有关涉藏问题的工作，帮助国家民委、中央统战部做一些课题和专题展览，还有一些台湾原住民研究的事情。

李：谢谢两位老师，让我们了解了我们国家过去发生的一些事情，我们增长了知识的同时，也让我们知道了做人的道理，我们做晚辈的真是受益匪浅！谢谢，你们辛苦了！

洪俊先生

十三、洪俊访谈录

访谈对象：洪　俊
访 谈 者：秦光志、肉苏力
访谈时间：2009年5月2日、5月19日
访谈地点：中央民族大学民族学与社会学学院小会议室
录入整理：秦光志、肉苏力

访谈对象简介

洪俊（1930—），山东潍坊人，1948年考入华北联合大学，毕业后到华北人民政府工作。1949年进入天津任天津市新华区人民政府人事科科长，文教部秘书，1956年考入中央民族学院历史系，参与中国少数民族社会历史调查云南组纳西族傣族哈尼族调查工作。毕业后留校工作，后任汉语系秘书，民族研究所副教授。著有《贡山喇嘛教》《略论元世祖云南碑》《基督教贡山的传播》等40余篇。

[张龙翔按]：这篇文章最早发表于国家民委民族研究中心一个内部刊物，他们是针对各个少数民族学科以及在民族战线工作老同志的采访，洪俊先生当时作为一个重点对象接受了采访。这篇采访稿发表之后，未通知洪俊先生，他不知道发表过这么一篇文章，后经索文清先生2016年初告诉洪俊先生，他才知道。本书选用这篇文章，是由索文清先生推荐的，推荐的原因，不仅由于洪俊先生也是当年亲历过民族调查工作的成员，还由于他曾担任过社会历史调查云南怒族调查小组的摄影师，亲手拍摄了大量如今看来十分珍贵的图片。这篇文章和上篇文章一样，由于体例的问题，和其他的文章有一定的差异。但是其中作者对当年社会历史调查详细的回忆，让我们大开眼界，对他们当时的工作情况有了一定的了解。

秦光志（以下简称"秦"）：洪老师您好。我们从资料中得知您是在天津人民政府工作时考到中央民族学院来的，是吗？

洪俊（以下简称"洪"）：1949年1月15日天津解放，我是中国人民解放军天津市军事管制委员会文教委员会的军代表之一。具体工作是天津市人民政府教育局中学接管组的南区组组长（天津市人民政府教育局接管中学分两个区，即南区和北区）。后来工作多次调动，上大学之前，我任中共天津市新华区委文教部秘书。1956年，国务院向全国发出通知：今年大学招生生源尚差4万人，各单位动员年轻干部参加高考，如果未被录取仍回原单位工作，不受歧视。当时我决定报考大学。报名时工作人员看了我的材料后，在报名单上盖了一个"优"字，我不知道是什么意思也没问，对于在职干部参加高考这件事，天津市委非常重视，把所有报考大学的在职干部集中起来补习功课。我就是1956年考上中央民族大学的（当时叫中央民族学院）。

秦：您是学什么专业的，几年毕业，当时本科有导师吗？

洪：我考的是中央民族学院历史系，五年制，当时本科生没有导师，本科生上大课，我们这个班是历史系的第一届学生，共有94人，没有分专业，约有三分之一是调干生（作为在职干部考来的学生），其余均是高中毕业生考来的，他们年轻，我们是"胡子兵"学生，当时我已经26岁了。

秦：您参加过民族识别工作吗？

洪：我们这一代没有赶上，民族识别工作是20世纪50年代初的事了。我们的老师，如费孝通、林耀华、陈永龄、施联朱等这些老先生都参加了。

秦：您参加过民族调查工作吗？去什么地方调查？咱们学校的学生都参与了吗？

洪：我参加了1958年全国大规模的少数民族社会历史调查。去云南省，当时的中国少数民族社会历史调查，各省都有调查组，共16个。这项工作最初在国家民族事务委员会和中国科学院哲学社会科学学部领导下，后来由中国社会科学院民族研究所具体主持。民族研究所的副所长是民族学院的副院长苏克勤同志，他实际上是具体组织负责这项工作。调查的主要力量是民族学院的师生，历史系的老师、我们班和研究生班全都参加了。其他系科大部分师生也参加了。北大、人大、师大等高校师生和文化部的所属单位也有人参加。当时全国各省有关大学部分师生也在当地参加了调查，这主要任务，一方面对少数民族的社会历史进行全面调查，一方面组织编写各少数民族的简史和简志，我校赴云南调查约有100人左右，由林耀华老师负责，林老师又指定宋蜀华老师带队，后来宋老师又找我协助他做一些具体工作。

（一）回忆调查组的情况

秦：您在云南到哪个地方调查？调查了哪些民族？请老师具体讲讲。

洪：我们是1958年8月从北京出发的，到了昆明之后和云南省的调查工作人员统一编组，叫云南省少数民族社会历史调查组。云南省调查组组长是中共云南省边疆工作委员会书记侯方岳同志，云南大学的方国瑜教授和我校的林耀华教授任副组长，全面负责工作。省调查组下面分若干个分组，分组下面再分小组。我分在丽江分组。丽江分组负责三个地州，一个是丽江地区，一个是迪庆自治州，一个是怒江自治州。丽江分组正组长是中国人民大学的宫振春老师，他和云南大学的几位同学去丽江地区调查纳西族的何开明，中央民族学院的刘达成同志，去迪庆州调查贺龙长征时期在云南的历史，我是这个分组的副组长，和另一个副组长杨毓才同志我们去怒江州调查。

少数民族社会历史调查工作我去云南三次，主要调查怒族、独龙族的社会历史，三次翻越碧罗雪山、高黎贡山、三进怒江、独龙江大峡谷。同时对于其他民族如傈僳族、普米族，也调查了了解了一些情况。

我重点讲独龙族。在昆明分工以后，我去找侯方岳同志要翻译。他见到我说：你就是洪俊，我们在分组的时候，林教授说你是调干生，有工作经验，又是党员，那就让你去最艰苦，最艰险的地方。他又问：工作以前你是高中生吗？我说：高三未毕业就去解放区了，在华北联合大学，华北大学政治学院干训班学习。他鼓励我说，很好，有一定政治经验和文化基础，今后努力学习好好干。他鼓励了我一番后，我便拿着侯方岳同志的介绍信去云南民族学院要独龙族、怒族翻译。学院领导很支持，就将正在学院学习的贡山县的两位干部，一位是怒族鲁占真（男），一位是独龙族木秀芳（女）介绍给我们当翻译和向导。9月初，我们怒江组坐汽车离开昆明,到了剑川后,我们组有的人去找马帮,有的人去买粮食和日用品。我个人去丽江地委报到和请示工作。(因为当时丽江地委领导怒江州。后来丽江和怒江州是平级关系)我从地委回来后,我们组经过简单的整顿后,便向怒江州进发了。

怒江傈僳族自治州成立于1954年8月。州内居住有傈僳族、怒族、白族、汉族、独龙族共15个民族。位于祖国最西南滇西北横断山脉纵谷地带,山势巍峨险峻。西与缅甸联邦接壤,州政府设在知子罗镇,后迁泸水县六库镇。怒江州境内从东到西有云岭、澜沧江、碧罗雪山(怒山)、怒江、高黎贡山、独龙江和中缅北部边界的担当力卡山。这就形成了:"三江夹两山"的地形与切割很深的澜沧江、怒江、独龙江三大峡谷。尤其是神秘的怒江大峡谷闻名于世。山川相间,从北向南纵贯境内。我们这个组的行程,都将是在晶莹雪峰高耸入云与深邃湍急的江河之间行走,可以想像走在这样雄奇险峻的地理环境中是何等心情。这是我们毕生中从未经受过的考验。根据1982年人口普查,怒族有23166人。分布在碧江县、福贡县、贡山县。大都居住在沿怒江两岸山腰台地上。1949年怒江地区解放前,怒族还处在由原始社会末期向阶级社会过渡的历史时期。生产资料私有制已出现,但还有大量原始社会公有制残余。例如存在村社公有、氏族公有和家族公有的三种原始土地公有制。贫富有了分化,富裕户是家族长,村寨头人和蓄奴主,具有家长奴隶制的性质,是阶级分化的初期阶段。由于各种原因,经济成分既有原始公有制,也有封建领主制的残余,还有地主经济因素,形成了一种比较复杂多样的经济结构和过渡形态。

离开剑川的当天,晚上我们露宿野外,因为沿途没有我们能借宿的地方。第二天中午到了澜沧江边,踏上了罕见的铁索桥。想起小时候念的地理课本上写的一句话"人马经过,铁索摇曳",没想到今天身临其境,领略了澜沧江上的雄伟奇观,令人惊心动魄,万分感慨。马帮经过此桥却很顺利,马没有惊恐,我们随马帮安全过了桥。继续向西北方向前行,翻过怒山垭口,来到位于怒江河谷州政府所在地——知子罗镇。我们不顾一路的风尘辛苦,马上去州政府报到和请示工作,州政府的领导对我们的工作十分关心,给予指导。在这里,我们调查组又分为两部分。杨毓才同志等几个人留在当地负责调查福贡县、泸水县、兰泽县的民族情况。我和另外

1959年,独龙江畔悬崖陡壁靠搭"天梯"攀登的独龙族(洪俊提供)

五位同学去贡山独龙族怒族自治县，调查独龙族、怒族、傈僳族等民族的历史。因为前方的路更艰险，马帮过不去，所以州政府给我们找了三个背夫。此时，有贡山县的10位武警战士到州政府所在地领取子弹，正要回贡山县，与我们同路。当时这个地区社会秩序很不安定，情况复杂。原因是在缅甸有国民党残余势力，他们对过去外逃的边疆人民进行反动宣传，造谣煽动，使这些群众不了解新中国的国家性质和党的民族平等团结政策。所以很容易受骗上当，被他们利用，国民党唆使他们打入境内进行骚扰，破坏建筑交通，甚至杀害地方干部。当地人称这些人为土匪、叛徒。我们到达这里时，解放军刚把这些土匪打退。因此州政府安排武警战士一路上保护我们。

我们一行19人沿怒江大峡谷向西北也就是怒江上游方向走。走出福贡县进入贡山县境内。怒江沿边当时正在修公路，狭窄的江边有许多石头挡着去路，遇到小块石头，我们就小心跨过或绕过去，碰到大块石头，就爬上去然后慢慢一点一点蹭着下来。当我们走到布拉崖子前方约100米处有一个10米多高的陡坡。武警班长走在前面先带头爬上去，我和其他三位同学也跟着爬上去了。之后咱们学校拉祜语班四年级学生陈延长同学在距离30米左右的地方，他回头看背夫，不料前脚踩空坠入怒江中。身上背着一支卡宾枪，10发子弹和书包里的伙食账单等杂物也一起掉入江里。他坠江时未曾喊一声，无法浮出江面呼救，就这样不幸牺牲了。我们全队对突然到来的噩耗震惊了，顿时我们全哭了。怒族翻译鲁占真要脱衣服下去救他，武警班长急忙跟我说：告诉他千万不能跳下去，跳下去的人不可能上来。怒江就像一匹骏马在嘶吼，汹涌江水把江中的石头冲洗的像卵石一样滑溜，江水拍击在石头上激起十丈高的水花，像雾云一团团回旋在江面上，令人不寒而栗。这里没有村庄，寻找不到打捞工具，我们束手无策，谁也没有办法，只有痛哭着急，默默地站在原地。时间过去3个小时，夜幕降临，我们打着手电筒怀着沉痛的心情只好依依离去。我记得那是9月30日国庆节前夕的下午4点钟，这是我永远无法忘记的日子。后来，州政府通知沿江各地群众注意打捞尸体。终未见遗体漂浮水面永成憾事。陈延长同志的离去，让我们深深感受到了民族工作的艰辛，不仅要付出汗水，忘我的劳动和工作，有时还要付出生命的代价，陈延长同志是我们队伍中的好同志，一路上勇挑重担，不辞辛苦，他为党的民族大调查事业牺牲了自己年轻的宝贵生命，我们会永远铭记他，怀念他，全队同志都表示要努力完成他未竟的事业，把调查工作进行下去。

我们怀着沉重的心情继续往北走，来到普拉底村。在村公所住下，晚饭我没有心思吃。我要打电话向昆明汇报此事。可是打长途电话必须通过县电话总局。当时县里正在开电话会议，电话总局工作人员说：一律不能接通电话，明天再打吧，我万分着急，只好直接打电话给县委书记寸汝昌同志说明情况。他听完后说：我也很难过，太可惜了。马上让总机给我接通昆明。我向云南省民族调查组组长侯方岳同志汇报了情况。约等了几秒钟后，他低沉的声音告诉我们一定要在安全的情况下，保证工作的完成，我从他的声音中能感觉到他非常悲痛。

第二天是国庆十月一日，我们到达贡山独龙族怒族自治县人民政府所在地丹当。这个自治县成立于1956年10月1日，据1982年人口普查统计，独龙族有4175人，其中3344人聚居于独龙江两岸。他们的村寨有的在山脚下的江边，有的在山腰的地台上，有的则在山顶上。一个村寨一般有十户左右。村寨特点是：村寨虽然固定，住户则经常迁徙，在村寨界限以内自由迁徙。因此，当地一户独龙族在山脚、山腰、山顶都有住宅，形成不定期的隔年流动。这种流动的生活方式是与落后的生产力相适应的"刀耕火种"轮歇耕作的原始农业所决定。20世纪初，这种情况依然存在，还有"人舍山岩中"过"巢居野外"的巢居生活。我曾采访过一家三口人居于山洞之中。

独龙江两岸是我国独龙族唯一的聚居地，是他们长期生息繁衍的摇篮。独龙族是跨境民族，在缅甸北部恩梅开江和迈立开江流域，当时约有二三万人。他们自称是由"太阳升出的地方即由中国迁去的"。其语言、传说、原始信仰、体型、生活方式与我国的独龙族完全相同。他们到中国来常以氏族名称或家族谱系名称互相通报。这一带虽是崇山峻岭，道路艰险，交通不便，可是他们一直保持着密切联系，一年四季人员来往不绝于道，进行各种交易。他们带来的是药材、兽皮，带回去的是衣物、棉毯、盐、茶之类。虽居两国，仍是同胞。解放前夕，独龙族人还过着原始社会末期的生活。虽已经进入父系家族公社为主要标志的发展阶段，但仍有母系制遗迹。如原始的婚姻形态、母子连名制，亲属的称谓和血缘家庭，都反映了母权制时代鲜明的特点。独龙族世世代代身居大峡谷之中。他们热爱自己的家乡，建设和保卫着祖国的边疆。在1840年以后，内受封建土司和国民党反动势力压迫，外临帝国主义侵略。在强大敌人面前他们进行了英勇的斗争。1907年反法国天主教入侵，火烧洋教堂；1913年反对英军侵略，使英军头目坠入独龙江心，被巨浪吞没等等。这些斗争都说明他们手持弩弓，砍刀简陋的武器。以不怕牺牲英勇顽强的精神，用血的代价谱写了反封建反帝国主义的光辉历史。

县政府了解了我们来工作的目的，又派了两位当地干部做翻译，也是我们的向导。原先三位背夫拿到劳务费后就回去了。县政府又找了四位背夫，帮助我们背路上吃饭用的粮食和杂物。政府照顾外来的人，给我们每人两大块红糖，以备爬山时增加热量，增强体能。我们要翻越的山叫高黎贡山，独龙语称"独龙蜡卡"，含义是独龙人居住区域的山或独龙江雪山。高黎贡山北起西藏高原南部，是我国西南部横断山系的大山之一。主峰高有5000多米，在该县境内。海拔4000米以上的山峰有20多座，自北向南交错排列，山势由高逐渐变低。山垭口有30多个。山中茂密的原始森林中有珍贵的林木、珍禽异兽、名贵药材，已列为国家动植物保护区域。高黎贡山太陡峭，如刀割斧劈，不好爬，当地人形容说："山羊无路走，猴子也发愁。"还有的说："老鹰飞不过去，猴子爬不过去。"当时我思想很紧张，和同学们说：咱们走山路爬高山，一定要小心，精神集中，千万别大意。向导在前带路，我们跟随在后小心翼翼地走古人开的山道，走过一段路程，再走上前人走过的山垭口。山垭口道路狭窄，两旁谷深风又大，还真有点心惊肉跳。过了山垭口越走越高，要向山顶爬了。走山道，我借助一根树棍，保持体力。爬山扔掉它，只背一支枪和小件行李用四肢爬山。山上风更大，手紧紧抓住石头，生怕被风吹下去，掉入万丈深渊。我们就这样越过一个山垭口，翻过一座山峰。再越过一个山垭口，又翻过一座山峰。一共走过几个山垭口。翻越过几座山峰，我没有记住它。我们累了就找个避风的地方休息一会，吃点红糖补充体能，晚上睡在山洞里。在山洞里烧木柴照明取暖和辟邪防意外。早晨6点走出山洞，太阳已冉冉升起，一阵秋风扑面而来，寒气袭人，清新空气深深吸一口，伸伸懒腰，全身上下舒展，让人心旷神怡。远处屡屡白雾从密林中升腾，别有一番景致。脚下一片片湖水像一面面明亮的镜子耀眼。湖面四周盛开着五颜六色的鲜花。湖水，山花，郁郁苍苍的古树交相辉映，光彩夺目。令人神往。在深山原始森林中有参天大树，独龙语叫"兴赛"。树粗近两米，高约40米，直冲云霄，它展开的枝叶像一把巨大的雨伞。这种古树有几千年的树龄，它只生长在海拔高的高黎贡山上。山洞里飘出饭香味，该吃早饭了，我们的饭菜素简。因走山路险恶，不易带多种食物；在山上不能吃荤食，太香了怕招来野兽，在原始森林的深处，有金钱豹、老虎等野兽。吃完早饭，个个精神饱满的走上了第二天的行程。经历了三天艰辛的爬山越岭，到了山的西侧，进入了独龙江峡谷。独龙江发源于西藏自治区察隅县。到贡山境内与麻必洛河汇合后称独龙江。流入缅甸后，就是世界闻名的伊洛瓦底江三大源流之一的恩梅开江的上游。它东面是高黎贡山，西面是担当力卡山，两山夹一江形成了深邃狭长的独龙江峡谷。独龙江由北向南倾斜，由下游往上游看极似白练自天飞下，其势壮观，岸边山崖中轻轻飘扬一串串大大小小的瀑布，在阳光的照射下就像一条条挂在崖壁上的彩带，让你眼花缭乱，目不暇接。但是，我们不敢掉以轻心。河谷路并不好走，它蜿蜒曲折，要随时注意脚下不是上坡就是下坡的狭路。有的江岸边路宽只有人两个脚宽，不留心鞋就湿了。走这样的路费劲，危险不说，还要提防天上滚下来的石头，这个地方经常下雨，"天无三日晴"。下大雨，山上往下滚大石头，下小雨，滚小石头。因为风化作用，天长日久，不下雨也会滚碎石头，石头不大可冲力大，所以也能把人砸伤甚至丧命，走这样的路真够揪心的，有时你正走着，突然山脚下喷出一条小溪，吓你一跳，撒你一身水，你要淌水过去，有时走着走着眼前呈现万丈峭壁直插山脚，堵住了去路，我们要攀藤附葛绕过去。这里有一种带剧毒的竹子，又像藤条遍地丛生，它能毒杀死蟒蛇虎豹。它把自己伪装得很好看，浑身有各种斑点。好奇的人无意中摸它一把毒液，就有可能渗透到皮肤里，流入全身中毒而死，山中的虎豹见此竹都得绕道而行。在峡谷中不要轻易采摘，奇花异树太多，无奇不有，我们都小心谨慎，以免发生不幸的事。走在漫长而又步步崎岖的河谷道，让人心神不宁，遇到悬崖绝壁就得攀缘"天梯"攀登上去。"天梯"是当地人的称呼，用一根长粗木砍上几处刀痕，也有的横着绑几根树枝，长木一头插在石缝里固定住，然后攀登上去。如果一根木头不够长，可将两根木捆在一起用。还有的用树枝做成类似梯子形状，都是就地取材极简单原始。由于特殊地理构造，这里垂直气候明显。翻越一座山，等于穿越了一年四季春夏秋冬四个气候带。所以有"一山分四季，十里不同天"的说法，在山脚下沿江行走，挥汗如雨，到了山腰凉风丝丝，山顶则皑皑白雪。因此，我们要根据山的高度随时增减衣服。

　　从县城丹当到巴坡约有300多华里的山路，一般要走4到5天。在我们离开县城时，县领导说：注意安全，不要赶路，7天到巴坡就可以了。可是向导心里有数，走山路很有经验。有时候让我们快走赶路程，有时候又让我们轻松慢点走。一路上时间抓得很紧凑。大家都年轻，体力好，心气足。我们经过三天多的长途跋涉到了贡山县第四区区公所巴坡。

该县当时划分四个区，一二三区均在怒江峡谷，只有四区在独龙江峡谷，这是我们最终的目的地。附近有一所小学。学校有一位老师，一位炊事员，还有20位住宿学生，我们同他们一起吃住，在这里开展了我们的调查工作。

这期间地方出了一件大事，当地人叫做"边民外逃"。解放以前在缅甸的我国少数民族边疆群众，不知道党的各项方针政策，又受到反动势力的煽动，让他们回国鼓励自己的亲属外逃。事情发生在一天晚上，我走出校门看见担当力卡山上有星星点点的火炬，我意识到这是外逃的边疆群众，他们爬上山就到了缅甸联邦所属的克钦邦。我走进校门又听见我们的女翻译在大哭，并说：前几天她的父亲来找她，说他们要离开这个地方。现在爸爸、妈妈、哥哥、嫂子都走了。我和老师商量把男生的砍刀都集中起来以防万一，大家轮流站岗，把前后门都顶好，有来敲门的要问清楚，不认识的人，一律不开门；谁去厕所，要两三个人跟着同去互相保护。怕女翻译出现意外，让女学生陪着她。说着说着就看见三个火把从区公所方向沿独龙江走来。不一会儿，有人咚咚敲门，询问之下其中一人说：他们是区公所的，说前面的藤篾桥被外逃的人砍断了，桥那边（指独龙江西岸）还有几位干部是吉是凶还不清楚，赶紧把桥修好去看看他们是否安全。修桥需要我们帮忙，我跟老师说：你在学校指挥保护学生，我带部分学生去修桥。老师找了3个年龄约14岁左右的男生和我一起跟区公所的干部去修桥了，直到第二天上午才回来。独龙江西岸的干部安全无事。三位男生中有一位叫孔志文，后来到了我们民族学院预科部学习。外逃的边民中有一位是当地很有影响力的巫师叫木拉达斗。与他一起外逃的妻子病了，他陪妻子回来看病。孔志清县长去医院看他，让他说服外逃人员回来，其实外逃的人员到了缅甸遇到很多困难，相比之下还是祖国好，他们逐渐认清了事情的真相，也想回来。约定好集体回来的时间。那一天区公所干部和马帕恰克区长带着做好的米饭和水，在山垭口迎接回归的乡亲与亲人团聚。女翻译的家人也回来了，我还去看望了她的父母，并送了两块茶饼。这是我们调查时，在边境地区遇到的外逃事件。

秦：老师，什么是藤篾桥？

洪：独龙江河谷道路艰险、交通闭塞是古今历史上罕见的。过去没有任何交通工具，要说有，也是天然的原始的。过河的交通工具有两种主要的比较大的桥。一种是藤篾桥，一种是溜索。藤篾桥是在重要渡口架上用很多根藤竹篾竹拧在一起的四根绳索横跨江面上，其中两根绳索平行在上方，中间有一定距离，绳索两端分别拴在两岸边上大树或大石头上部。另外两根平行在下方，绳索中间的距离与上方基本相同。绳索的两端拴在两岸边上大树或大石头低部。下方两根之间联以粗绳，后来有联铁丝的。然后铺上长木板或铺粗竹子，从这岸铺到对岸。再和上方两根平行的绳索分别上下用绳连接。人过桥摇摇晃晃，可以两手扶着上方左右两根绳索，两脚踏在下方铺好的木板上，缓缓步行到对岸。过藤篾桥摇动太大，行至江心晃动的幅度更大，极易头晕目炫，对外来人的胆量是一种考验。另一种过江工具是"溜索"。"溜索"是用三股藤竹拧成一根绳索子，古时只有一股，索绳横跨江面上，索绳两端拴在两岸边大树或大石头上固定死。过江的人要带一个"溜梆",把"溜梆"扣在索绳上捆好,再用绳子把自己的腰部兜住系在"溜梆"上,仰面朝天,脚一蹬,两手攀沿着索绳慢慢渡过去。这两种桥我都渡过。有一次我渡溜索时,一位民兵先将"溜梆"扣在索绳上,把自己捆好在前,另外一位民兵帮我扣好"溜梆"然后用绳子把我腰部牢牢捆在"溜梆"上,再用一根绳子一头绑在我身上,一头绑在我身前民兵身上。这位民兵告诉我"不许往下看,只许往天上看"。他两手把着"溜梆"将腿一蹬带着我一步一步向前渡。民兵的动作轻快潇洒,如履平地。我不敢往下看,可是,我脚下震耳欲聋的江水咆哮之声使我悬心吊胆。我胜利渡过"天险"。对岸有近20名民兵等着我,保护我。我万分感谢民兵同志的帮助,让我尝试了"溜索"的感受,我无遗憾。还有一种过河的船叫独木船,我去独龙江的西岸时坐过这种船。用一根粗而坚硬的大树干,砍掉干上的小树枝和杂物。树木的一面削平为船底部,两端略削尖向上翘为船头船尾,中间部位挖个槽人蹲在里面,有一人用扁平木棍做船桨划船。其形状如猪食槽,故也叫猪槽船。这种船坐的不易人多,也不适合在大风大浪中划。船在江水中飘飘晃晃,让人惴惴不安。据独龙族老人说:他们的祖先没有船,就是用三根竹子将两头捆好为船。独龙族人在高山峻岭、滔滔江水中生存的本领和战胜灾害,克服困难的智慧,随着岁月的流逝不断增强和提高了,独木桥、"天梯""溜索"就是佐证。

秦:老师进独龙江地区之后,怎么开展民族社会历史调查的?

洪:我们拿着介绍信和证明跟地方政府说明我们的任务和来意。和地方领导研究采访的具体事宜。如在什么地方进行采访;什么时间合适,不耽误老百姓生产劳动;访问的对象是哪些人,以及在访问中我们应该注意的问题,并请地方领导随时指导我们的调查工作。地方干部对我们很热情,安排我们在小学校里,与师生同吃,我们付钱给他们。一切就绪,定好时间就请当地老人,人数一般在3人左右,到我们的住处。先给老人泡茶,聊天,逐渐进入有计划的调查提问。有翻译跟着。和我一起参加调查的有云南民族学院的王均老师,云南大学的白瑞祥同学。有时我们带着茶饼约上几位老乡到某一位老乡家里去访问。到了老乡的家,大家围着火塘就座。关于独龙族居住的房屋,最早清朝有一官员夏瑚亲自巡视独龙族地区,在其所写的《怒俅边隘详情》书中记述:"该地山多蕉竹、董棕、藤竹之类茅屋,概以竹构成楼,离地三五尺不等,上覆茅草,聚族而居,中隔多间,每间即属一家,每个大房屋有多至十余间、二十余间的;且多结构房于树以居,如有巢氏之民者。"独龙族孔志清县长回忆,解放前夕独龙族有的人为了防御野兽的袭击和外族的劫掠,在树上搭巢居住。长竹楼一家几代同居,子女结婚加盖一间连接在一起。子女逐渐长大结婚,房间逐渐增多。长竹楼越盖越长。每间都有一个火塘,代表一个小家庭。这只是一个生活单位,经济不独立。长竹楼有两种形式,一种称"皆木玛",独龙语,意为母亲的房屋;一种称"皆木巴",独龙语,意为父亲的房屋。大家庭共同劳动,所有果实按小家庭平均分配。一日三餐由小家庭轮流做。饭熟后由大家庭主妇按人头平均分配,取得食物后,回自己的小火塘屋进餐。这是独龙族原始社会留下的遗风。火塘是独龙族人做饭,吃饭,睡觉,活动,社交的中心,形成了火塘文化。大家围着火塘坐下后,主人请我们喝茶或喝水酒(是用玉米做的酒),一碗水酒传着轮流喝。被采访的有老奶奶、老大爷。水酒碗传到了你眼前，你一定要喝，而且微笑着喝，以表示没有任何嫌弃他们，而且很乐意和他们接近。他们就非常高兴，很乐意回答问题。再说这是用酒回谢你的一种方式，因为你给他们茶饼了。向他们了解的问题很多，例如你们都有什么传说；你们的祖先是从哪里来的，你们的生活情况怎样；在这个地区从前都发生过什么大事情；你们的土地怎么管理耕种，都种什么庄稼；你们有什么工具，连山上有什么花，何时开，何时凋谢都要了解。从政治到经济、婚姻、衣食住行、宗教信仰、民俗民风各个方面全都采访。采访的对象是老人。找年轻人就找地方干部。还有喇嘛、巫师和被管制分子。采访被管制分子组里有的同志有顾虑，怕沾上政治立场问题。我不怕，我想采访他（她）不涉及他们个人问题；另外，他们所说的事，我会去问其他老乡，可以对照核实了解嘛。这些人在地方对某一方面的情况知道的比一般人多，只要掌握好原则不会出问题，实践证明还是有收获的。

独龙族老乡对我们的调查很感兴趣，每次调查会上气氛很活跃融洽。他们就把他们祖先告诉他们的，和他们听来的记忆中的事全都说给你，说什么：清朝有个叫什么名字的大官来过；法国的传教士来过；以前有个保长、公安局长来过，还打他们……；有的老乡还能清楚的说出某个氏族住过的山洞或树穴的名字和地点；还有的老乡说：他们祖先的生活极端贫困，经常缺衣断粮，有时饥不择食。男女一年到头，只披着一块麻布，有的连整块麻布都没有，只能在下身围块"遮羞布"，甚至有的男子用树叶穿成片片在腰下围起来。到了冬天，一家老小围着火塘取暖、睡觉。祖先常感慨地说："烤的胸膛背又冷，烤的后背胸又凉，哪年盖上棉花被，哪年穿上暖衣裳。"现在我们都盖上了棉花被，穿上了暖衣裳，我们比祖先幸福。老乡一个跟着一个说，有的人接连不断地说了好几次。翻译就得赶快解说，我们就忙着记录。有时也插话问，让老乡说得更清楚更具体。因为这是最宝贵的第一手资料，要耐心听，详细记，一句也不能漏掉。

独龙族是喜歌善舞的民族。有时候在调查当中，老乡们高兴起来又唱歌又站起来围着火塘跳舞。我不会跳舞也跟着跳。人家的舞步是有一定步伐节奏的，我是随意瞎跳。你能随俗和他们打成一片，老乡就接近你，什么事都跟你说，一来二去就和老乡搞得很熟，我走在村

1959年，洪俊先生（右一）做中国少数民族社会历史调查时，在澜沧江路上露宿野外（洪俊提供）

里老人和孩子都喊我的名字,我听不清楚,叫我什么洪部长,很有意思。大家见面都彼此挥手打招呼,很热情。

我们白天调查,晚上自己整理调查内容和考虑明天要调查的内容。隔一两天开一次小组会。目的是总结调查经验,讨论一些问题,互相补充调查内容,搞清一些事情的情节和来龙去脉。到民族地区调查,因为语言、口音的关系,在调查中被采访人回答问题时多问几遍,多提几个相关问题,以便于听得准确,记得正确,将来回到城里找资料对照,进行科学分析和考证,准确的对号,对上了就是真实的历史。这些都是原始材料,最早写出的调查报告,写的民族地区各方面的历史文化等部分都是客观的、真实的,不是靠想像写出来的。我们调查除了用访问聊天形式外,有时也拍照片留资料。第二次去调查,还拍了一部纪录片。

第一次进独龙江大峡谷呆了一个多月,到了11月下旬我们要赶紧走出峡谷,翻过高黎贡山。因为这个地方每年从12月初至来年4、5月间高黎贡山被大雪封山,长达半年之久。此时独龙江峡谷与内地隔绝,失去一切联系来往。如冒险过山往往遭到不测。封山期间独龙江地区生活中所需要的盐巴、茶叶等基本物质都无法解决。当地群众生活非常困难。解放后,每年大雪封山之前,人民政府有关部门赶运大量粮食、盐巴、茶叶、糖等生活用品,以保证居民有充裕的物资,愉快无忧过冬。

第一次调查结束,我离开独龙江到了丽江县,在丽江待了一段时间,整理调查资料,开始写《独龙族简史》初稿。1959年的秋天,简史的第二稿也就是复写稿写成。携至北京参加在颐和园举行的全国少数民族简史简志审稿会议。这次审稿由苏克勤同志主持,国家民委教育司司长张养吾同志(后来是中央民族学院副院长),著名历史学家吕振羽教授也参加了会议。

(二) 再赴独龙江

秦:今天访谈请老师您给我们讲第二次去调查的情况,这次比第一次顺利了吧!

洪:第二次去是在1960年4月底,这是一次补充调查。这次去历史系有两届两个班学生,我们班和我们下一届的同学参加了各调查组。独龙族调查组人员也有变动,增加了我们班的陈燮章、温眉虎、刘达成三位同学。研究独龙族必须去独龙江。尽管那里生活条件艰苦,路途艰险也得去。因为独龙族就居住在那里,这一次调查比上一次困难少了。经过第一次的亲身经历,走河谷道有点经验了,对当地环境在思想上有了相应的准备,更主要的是了解这个民族的风俗习惯,就便于接触和调查。独龙族人民单淳朴实,勤劳好客,诚恳实在,私有观念差,有许多朴素的道德观念。对过路和过夜的客人,无论认识与否,只要来到家里就必然热情款待。在他们看来,有饭不给客人吃,天黑不留客人住,用他们的话说就是"害羞的事"。在独龙族社会里,传统的习惯法是维护社会秩序和道德风尚的准则。"路不拾遗,夜不闭户"是独龙族人共同遵守的高尚美德。平时他们把存粮食的仓房建在离住处不远的半山腰上,门上插一根树枝,不用担心他人拿走。若外出远行,为减轻负担,常把口粮和其他食物装在若干小口袋里，把它挂在途中树枝上或住过的山洞里，以便返回时食用。过路人无论多么饥饿，绝不会擅自取用。这些古朴的美德是独龙族原始社会共同劳动、平均分配、互相依存的生产和生活方式在思想观念上的传承和体现。

第一次去调查，我结交了两位年轻朋友。一位是怒族李文华，一位是独龙族李友祥。后来帮助他们到中央民族学院美术系学习。毕业后他们回家乡。李文华任怒江州文化局副局长。李友祥任贡山县政协主席，现在是怒江州政协副主席。他们有时来北京开全国政协会，我们还联系见面。另外和县长独龙族人孔志清交往很多，感情融洽，无话不谈。他还让我介绍他入党。孔县长的父亲深知没有文化受气受骗之苦，决心克服种种困难让孔志清去省立小学读书。1938年5月中国科学院植物学家俞德浚\蔡希陶等四人到独龙江考察和采集植物标本。孔志清因为会说汉语，就做了他们的翻译向导。他勤奋好学，处处关心体贴他人。俞专家很赏识他。转年1939年5月，俞专家资助他路费、学费，介绍他去大理政治分校干训班学习。所以他是独龙族历史上到内地学习的第一人。1945年其家父病逝等原因回家乡。1946年任乡长，德高望重。1949年8月贡山县解放，任命他为贡山县独龙江区区长。1956年10月1日成立贡山县独龙族怒族自治县，当选第一任县长。同时被任命为怒江傈僳族自治州副州长。1964年当选为第三届全国人大代表。多次任云南省人大代表和全国政协委员。

1958年我第一次去独龙江调查。有一天他看见我时，直冲我笑。我说：孔县长今天这么高兴是不是有好事情呀！他兴致勃勃地说：我是个幸运的人，解放后我的好事不断，今天就是和你说说我终生难忘的两件事。1951年，党培养我去云南民族学院学习。学习即将结束时让我们各少数民族代表去北京参加中央民委扩大会议，这是好事，董必武主持会议，我在大会上发了言，历时15天。1952年元旦晚上，我们去中南海，国家领导接见各民族代表。我有幸见到了毛主席、朱德、刘少奇、周恩来等中央领导。当时我激动得热泪盈眶，真想喊一声毛主席万岁！我的座位是三排306号，离主席台很近，可是泪水模糊了我的视线，我多么想和他老人家说上几句心里话：您是我们的大救星，没有共产党就没有我们少数民族的翻身解放，我们永远听党的话，跟着共产党走！接见完了，领导和我们一起参加元旦联欢晚会，观看文艺演出。我一直沉浸在接见时激动幸福之中，还想多看看毛主席慈祥的面孔，晚会演出了什么文艺节目，我全然不知。这是我第一件高兴终生难忘的事。第二件难忘的事是通知我们周总理还要接见各位代表，大家又是欢呼，手舞足蹈。元月3日早上8时我们集中在大礼堂。总理在雷鸣般掌声中向我们走来。因为我是代表少数民族中人口最少的民族之一，把我安排在头一排。总理走到我眼前，热情地紧紧握住我的手，此时一股暖流涌入我的心间，我又流下了热泪。周总理微笑了，并问：你是哪个地区的，是什么民族？我说：我是云南西南部独龙江地区的，旧社会别人把我们看成是野人。汉族称我们是俅子、俅人。傈僳族叫我们俅帕。周总理又问：你们自己是怎么称呼的。我说：我们从来都自称独龙人。总理立刻说：你们就按自己的称呼叫独龙族吧。总理对身边的西南局领导王维舟同志说：老王同志这个民族的族名就按他们自己的称呼叫独龙族。从此以后，任何民族一律不准使用带有侮辱性的称呼。我太感动了，我一个普普通通的代表能和国家领导握手，这是做梦也不敢想的；一个在旧社会被看成是野人的民族，今天受到国家总理的关怀与尊重，亲自给我们民族定下了族名，从此，我们就以独龙族的称谓载入了祖国的史册，这是天大的喜事，罕见的事情，那几天我心情不能平静，像大浪似翻腾，思虑很多，千言万语归结一句话——共产党万岁！我要努力工作，带领本民族父老乡亲加紧生产，发展经济，改变落后面貌，建设好可爱的家园。这才是对党对祖国最好的回报。

我第二次去独龙江地区调查重点访问孔志清县长。他有一定文化、见识较广，会说汉话，他的父亲在解放前曾任独龙族乡保董（保长），他生长在这样的家庭所见所闻一定比别人多。通过他了解独龙族的历史变迁、独龙族的社会形态和组织结构，原始的农业和耕作方式可信度大且方便。特别是要了解党的各项方针政策在该地区是怎样的贯彻落实的，采访他是最合适的。孔县长回忆说：解放前由于各种原因独龙族人过着饥寒交迫的生活，惨不忍睹，人口大量减少，解放初只有1700人，濒临灭亡的境地。新中国成立，独龙族翻身得解放。人民政府进行全面救济，首先扶危救困，先解决吃穿问题。每人发单衣一套，棉衣一件，棉毯一床，还有口粮和生产工具。百姓激动地说：穿在身上，暖在心里。毛主席的恩情永不忘！1950年，中央民族访问团在知子罗召开了怒江区民族团结大会。知子罗是当时怒江区中心。独龙族有三位代表参加。会上传达了毛主席对各少数民族同胞的慰问，并赠送了毛主席、朱总司令、刘少奇、周总理的题词，还赠送了毛主席的像和生活日用品，如食盐、毛巾、棉毯、针线等慰问品。代表们把礼品带回去发给乡亲，有的人感动的流下了眼泪深情地说：过去是统治者向我们要东西，现在是领袖给我们发东西，"人不能离开盐巴，少数民族不能离开共产党"。党的民族政策温暖了各少数民族同胞的心，点燃了他们心中的爱国情怀。

秦：老师你们调查时还拍过电影是吗？

洪：是拍了电影，采用电影艺术实录的方式，如实的把独龙族典型的原始社会形态记录下来。第一次调查完了回昆明见到侯方岳同志。我跟他说：独龙族现在还有很多原始社会特点。如刀耕火种、纹面、刻木结绳记事的原始文化都还残存，是否拍电影记下。他听完后点头说：应该保存，你写个拍摄提纲。当时全国其他地方有的调查组也想拍电影。后来全国人大和国家民族事务委员会决定拍电影纪录片。中国社会科学院民族研究所与北京教育电影制片厂订了合同。1960年我们第二次去云南调查时，同去的有北京教育电影制片厂几位摄影人员。到了贡山县后与县委商量组成一个摄影组。贡山独龙族怒族自治县县长孔志清同志任顾问，刘达成为调查组组员，专职摄影工作。杨光海是摄影师负责编导兼摄影，副组长张文彦和伍远明任摄影助理，黎明义、木尚春、宋桂珍、雪阿洽这四位同志是地方干部，独龙人做翻译；我任组长提供拍摄提纲，组织拍摄群众，协调各方工作。拍摄重点决定在孔县长的家乡孔当。孔当一地原是孔氏族居住的。借助电影技术表现形式，把在民主改革中即将消亡的原始社会拍摄成社会历史科学纪录片电影，在当时有一定难度。无先例可借鉴。但大家表示要齐心协力克服困难，高质量地完成拍摄任务。拍摄提纲要求内容科学，全面和典型。根据提纲要求必须尽可能再现当年独龙族社会历史的真实，记录以往独龙族人生产、生活和战胜自然天险的大场面。为了有更好的效果，拍摄出最佳的电影，要求工作人员必须亲身体验，同独龙族同胞同住、同吃、同劳动。并一同穿越时空，返回到原始社会中，试拍宿岩洞、上山狩猎、砍伐烧山、"卡崔哇"（独龙语）年节剽牛祭天等生产生活习俗。在那段时间里，工作人员过着原始穷困的艰苦生活，有时十几个小时在烈日下拍摄。但是大家无怨言，仍然兴致勃勃。我被同志们吃苦耐劳，任劳任怨的精神所感动，所鼓舞，我更应该吃苦在前，做好各方面工作，减少同志们的困难，早日完成任务。正因为工作者受到同样真实的感受，在拍摄中就能准确、客观再现历史真情。历时半年的奋斗，终于和独龙族群众一起圆满完成了一部最具独龙族父系家族公社的复原历史原貌的电影纪录片。大家也都为此做了一件具有深远学术价值的工作，而欢欣鼓舞，兴高采烈。影片60分钟，最后定名《独龙族》。

后来我听说，周总理看到类似这样一些影片后赞扬说：搞这个工作很有意义，拍这样的片子是对世界的贡献。《独龙族》影片被誉为"亚洲地区独有的父系原始社会的活标本"。1989年5月，在德国举行的《人类学与第三世界》电影研讨会上，放映了《独龙族》《佤族》《苦聪人》等影片后，深受与会各国专家学者的好评。随后，由德国格廷根科学电影研究所瞿开森博士将《独龙族》电影改编为国际通行的普及版，相继在东欧、北美和首届（1995年）中国国际影视人类学研讨会上放映，受到同行们的一致好评。

《独龙族》电影纪录片，被视为中国第一代影视人类学电影作品。在开创中国民族志电影和奠定中国影视人类学的历史地位有着功不可没的学术价值。20世纪80年代具体哪一年记不清楚了。召开全国政协会议。统战部抽调我院部分教师到大会秘书处临时工作我是其中一员。孔志清是全国政协委员也来北京开会。会议休息时，我们不期而遇。老朋友久别重逢非常开心。在此期间，我从中国社会科学院民族研究所将这部片子借出来了，在咱们学校大礼堂给他一个人放映了一场电影。片子里有他的镜头，他看完电影后非常满意。并说：这部电影到贡山县，独龙江放映最好，让独龙族人都看看，他们上电影了一定非常兴奋，定能激发他们的劳动积极性。

关于独龙族电影共有两部。第一部电影与民族社会历史大调查有关，我参与了具体工作。第二部电影与民族调查无关。那是1991年，我离休后的事。当时我在昆明，云南民族电影制片厂要拍一部独龙族电影，想找一位去过独龙江，又了解独龙族历史演变，社会特点和民族风俗习惯等情况的人。有人向制片厂厂长蓝旅推荐我。他派了一位编辑摄影师来见我。我给他讲了独龙族生活的环境、风俗习惯和解放前后的社会发展情况与特点等等。他听后编写了剧本。电影名字叫《独龙族掠影》。剧本第一页写的是顾问洪俊。我看后提了一些意见，并修改了解说词。《独龙族掠影》是《独龙族》影片的补充和完善。它反映了在党的领导下独龙江地区发生的变革，展示了党的民族政策的伟大光辉。

（三）最后一次调查

秦：老师第三次进独龙江主要调查什么？

洪：经过两次调查，《独龙族简史》书稿基本完成了。后来经过"文化大革命"，此项工作停顿了10年。80年代初重新抓。国家民委成立了"国家民委民族问题五种丛书编辑委员会"。1983年我又第三次进独龙江。不是调查时对书稿进行验收，我从县城出发，一路看到一片新情景感到欣慰。这20年，峡谷地区各族人民在党的民族政策光辉照耀下，在政府大力扶持和兄弟民族的帮助下，社会主义建设事业取得了可喜的成就。这里的交通也发生了变化，比过去方便多了。我的行李用马帮驮着。听说早在1965年10月马帮就进独龙江了，这可是独龙江划时代的大事。1976年6月，公路又通到贡山县县城丹当，还修了一座跨怒江的公路桥。公路与通往独龙江的马道衔接在一起，这就结束了独龙族、怒族、傈僳族、普米族、白族等民族地区被高山激流所长期阻隔闭塞的历史，促进了怒江自治州社会经济，文化教育迅速发展，为本州各少数民族与内地兄弟民族之间交流联系创造了便利条件。我把写好的书移交给地方领导、干部和部分群众，请他们提意见进行修订。第三次进独龙江，心情激动，随意吟了一首打油诗：

头上白雪皑皑，
脚下江水滔滔。
仰望瀑布千丈，
俯视万丈深渊。

茫茫雪山照前程，
呼呼北风来欢迎。
一心只为独龙地，
三度贡山谱华章。

12月初我离开独龙江时天空晴朗，一路顺风，快要翻越过高黎贡山时开始下雪了。我和地方一位同志抓紧时间冒险赶路，不敢停歇。一天多的路程半天走完。地方同志说：冬天高黎贡山几乎天天大雪纷飞，冰雪覆盖，又形成了一座座雪堆的山，别说人想过山，就是山鹰也难展翅飞过。我们平安过了山去县城丹当，又赶上修路，有一段路程要渡怒江的支流——普拉河。怒江支流很多近60条，但都很短小，形成羽状。普拉河就在县城附近，过河没有船，只有淌水走过去。地方干部告诉我：普拉河有的地方深，有的地方浅。河里发黑色的地方那是块石头，发白色的地方那是水，你踩石头走。我小心翼翼一脚一脚淌着水踩着石头，手把着河面上从两岸拉的一条粗线，河不宽很窄。不一会就淌过去了。岸上有同志等着保护我们。归途中，两次遇到让人提心吊胆不顺利的事。庆幸我战胜了险阻和困难，又一次锻炼了我的胆量和毅力。这就是收获。离开县城我没有马上回北京。又去泸水县六库、福贡等地进行调研，直到转年9月回校。三次调查经过就谈这些。

关于三次进独龙江进行民族社会历史大调查我有以下三点体会：岁月悠悠，民族社会历史大调查转眼过去半个多世纪了。回忆往事历历在目。有时想起坠江的陈延长同学，心中不好受。如果他还健在，现在也是80多岁的老人了，我永远怀念他；有时想起独龙江波浪汹涌和高黎贡山如刀削斧劈的山崖也有点后怕，但是我无怨无悔，却很欣慰。独龙江开阔了我的眼界，增长了知识，提高了对民族史民族学的兴趣；独龙江考验了我的勇气，锻炼了我的意志，所以欣慰。我还记得调查组到了独龙江四区那天，呈现在我眼前的种种现象遗痕，是我所读教科书中有关原始社会知识的再现，我目睹了它的实体，我了解了它的内涵。暗下决心，再苦再难也要想办法完成好调查。抓住这次大好时机。第二点体会，独龙族社会原来封闭与外界隔绝的状况，是因自然环境和历史原因造成的。可是，现在不同了，独龙族社会经过了民主改革，直接过渡到社会主义社会初级阶段。它会跟随祖国社会主义建设步伐发生巨大变化，与此同时独龙族社会中存在的原始社会解体阶段的活资料，远古文化也会相继变化和消逝。独龙族没有文字，我们去调查，拍电影把那里珍贵的活资料记载下来，对以后再也见不到的原始社会形态进行及时全面"抢救"。实事求是说，民族社会历史大调查意义重大，具有历史性意义。另外我觉得独龙河谷那里是一块科学研究宝地。20世纪60年代，我国地质工作者在云南省元谋县发掘出距今170万年以前原始人，即元谋人活动的遗址。到了80年代，在元谋县的西北部独龙江峡谷一带仍然残留着原始社会生产、生活各方面的痕迹，这可以说印证了那一大片土地是人类文明的发源地之一，另方面它给社会各学科今后的发展提供了宝贵的研究基地。独龙江峡谷远古文化具有深远的广泛的科学价值，应引起国人的重视。中央领导决定开展民族社会历史大调查是有远见的、英明的。

陈燮章先生

十四、陈燮章访谈录

访谈对象：陈燮章
访 谈 者：张龙翔
访谈时间：2016 年 9 月 12 日
访谈地点：民族博物馆办公室
在 场 者：李亚楠、王碧海
录入整理：李亚楠、王碧海、杨 杨

[定宜庄按]：本书第五篇，是 2005 年我们为陈燮章与他的妻子陈乃文先生所做的访谈，时隔九年，当我们这个少数民族社会历史调查的项目启动之后，编辑小组的所有人都认为，有必要再针对当年云南组的调查情况，再找陈燮章先生做一次深入访谈。这次访谈内容与第五篇无论主题、时间和访谈者都不一样，所以未与前篇联结，而是另作专篇。

[张龙翔按]：陈燮章先生是中央民族学院历史系第一届毕业生，他给我最直接的印象就是爽朗，无论什么时候都是有话直说，直问直答，能实事求是地看问题，从来不积极功名利禄，没有一些虚头巴脑的东西，所以采访他不用"绕圈子"去把话题引导到自己想要的方向，打个比方，和他谈话就像是畅饮老北京二锅头一样，爽快通畅。

陈先生参加过当年云南组的少数民族社会历史调查，他文笔极好，当时的报告文字都是他写的，他还参加过西北组的调查，距今掐指一算已经过去 60 年了。在研究方面，他还自费走访全国很多图书馆搜集藏学资料，当别人需要这些藏学资料的时候，他都无偿提供给需要的人士。

我们当时采访完陈先生之后，他似乎有所预感，告诉我们快一点整理出采访稿件给他修改，就在他修改校订完稿件 3 天后，陈先生就大病一场，非常不幸地发音不畅，我至今仍然很难想像那么一个心直口快的人竟会很难与他人沟通了，真心希望陈先生的病快一点好起来啊！同时，我想到的就是我们一直挂在口头上强调的口述历史工作的迫切性，我总把我现在的工作看做是一种抢救性的工作，老先生们都年事已高，我们应该抓住大好的光阴去拜访他们，以给后辈留下珍贵的财产。

张龙翔（以下简称"张"）：好，陈老师，今天我们找您来呢，因为您应该说是 58 年前，我们国家进行的中国少数民族社会历史大调查的参与者，当年的一些教授恐怕他们都不在了，作为你们这些学生也都是垂暮之年了。

陈燮章（以下简称"陈"）：那个时候教过我们，历史系的先生，现在没有几个还活着的，活着的有李文瑾先生，91 岁了，还有一个施联朱先生，96 岁了。这个施先生是历史系的秘书。剩下来的还有一两个人。翁独健、林耀华、傅乐焕、王锺翰全过世了。张锡彤和徐宗元很少被人提起，他们在历史系也是功不可没。

（一）民族学院求学经历

张：你们是 60 年前的 9 月份进入了中央民族学院。

陈：我们报到的时间，我记得清清楚楚，我们几个同学就在当初前门北京火车站。下来以后就在那儿站着等校车。我们那天被接到学校的是 30 个新生，最有意思是我曾经出差到北京，来过北京多少次了，到现在为止 60 年了，我现在还记得，当时迎接新生的一个上海女同学是学藏语的，我们到了天安门，她就告诉我们：同学们这是天安门！好像是我们都不认识天安门一样。我们几个人都坐一个车子，一个索文清，他是北京高中毕业的，一个洪俊，我们三个人都坐一个车子，就拉到学校来了。三个人就笑。

张：很神圣的。

陈：人家一说天安门我们都笑了。

张：你们在这个上课期间，关于民族学也好，叫社会学也罢，当时这种课多吗？

陈：那个时候你们知道，50年代社会学是"反动"的。实际上，社会学是解放前就有的，解放后就把它取消了，就说是资产阶级的，实际上就是民族学嘛，这个就按照苏联的说法，就叫民族学了。解放前我们就叫社会学，费孝通这些人都是社会学（家），非要给它改成民族学。

张：这调查是1958年几月份开始动员的？

陈：夏天。

张：暑假你们不是走了吗？

陈：没走。

张：哦，没走。那谁来给你们做动员的报告呢？

陈：学校的领导。所有学生都一律不放假，不能回家。但是有个什么好处呢，就是学校规定所有的学生吃完饭，每个学生还有五块钱，半个月的伙食费啊，这不一样，还有理发的钱都有的，你像我讲的20几块，吃完饭以后还有五块，一个多月的伙食费，按现在的标准来讲几百块的生活费，那就相当不错了。

张：假期就留在学校了？

陈：一年级不是上了没几天的课，我没走，因为放假以后暑假没多少天，我是调干的。那么到了二年级下来不能回家，在下边呢搞了一年，三年级的时候就一直在下边，回来的时候又上学，所以就回不去。到四年级的时候，不到一年，1960年4月份，又下乡，还没放假的时候又下乡，后来到云南了，到1961年年初，才回来。

（二）西北地区社会历史调查

张：1958年你们是几月份从这儿离开到基层去的？

陈：8月份。

张：你第一次去的哪儿？

陈：那时不像现在交通这么方便，搞田野调查跟公费旅游一样。当时我第一次就到了甘肃。上级领导指定这几个人到哪里，那几个人到哪里。其中有一个党员，他负责很多具体事情，第一次我到的是甘肃，第二次派我去云南调查怒族。

张：甘肃组是谁负责？

陈：少数民族社会历史调查甘肃组，沈家驹负责啊，我的老师。他是解放前燕京大学学社会学的人，解放初院校调整来到了民族学院，解放前他加入了中国共产党，他是地下党，可惜"文化大革命"中害怕自杀了。我1958年为什么到甘肃去，因为定了我是系里边的工作人员，但不是系秘书，系里的工作人员就是又要管学校里的事情，又要管下去调查的事情，又要管调动工作人员，两边照顾着，又要照顾学校的，又要照顾调查组的事情。

张：到过甘肃什么地方？

陈：甘肃我去的是临夏回族自治州。

张：哦，临夏，当年马家统治的那个地方。

陈：调查组里面的工作人员都要下乡。

张：临夏什么地方？

陈：边上，靠近州政府的一个县。

张：当初它的生活情况怎么样？回民一定很多吧？

陈：当然了，因为它就是回族自治州。

张：当初那个地方老百姓的生活状况怎么样呢？

陈：当时那个地方很贫困，1959年就饿死人了。

张：说一说临夏，这个临夏主要搞哪几项调查工作呢？

陈：临夏当时搞的调查啊，有两层，一个呢，上边的任务，专门搞回族调查，我们是回族以外，另外还有一个宁夏回族自治区，他也调查这个回族，就把我们搞的现成的材料收过去，我是临夏调查组的，又兼这个甘肃调查组办公室的工作人员，整个甘肃调查组有什么问题，都要我来处理。办公室组成人员有一个是甘肃省委的，还有一个是地方的，一个是我们自己学校的。

张：您到基层去过吗？

陈：去。

张：那基层当中，回民的生活到底什么状况呢？他们的宗教情况呢？这样咱们先来谈一谈生活状况吧。

陈：临夏呢，这个县经济比较好一点，在州政府的边上。像我们下去搞社会历史调查，主要对象是老百姓，找他们谈话，要预约。有一条，那个时候谈话访问不像现在这样，那个时候给他们记工分。

张：也算一种合理的报酬吧。

陈：对，这算是个报酬吧。

张：找的人都是什么对象啊，都是贫下中农吗？

陈：那当然是成分最好的，要找的人由当地领导选定，我们也不认识的。

张：哦，他们已经选定好的人。

陈：对，我们就是做好调查记录，记好工分。报告写好后是什么内用还是外传，我们就不管了。调查内容这个没有形成文字的东西，就是个手稿。

张：宗教职业者采访过吗？宗教问题采访过吗？

陈：都有，采访后资料都送走，有一条，就是说，调查组有什么问题啊，我在那里是一个双重身份，一个学生，跟大家一样，调查时反正跟着去，作为调查组办公室的工作人员，可以处理一些办公室的事情，譬如组长他要处理我们内部的问题，那就算是调查组的问题。到现在我还记得一件有趣的事情，是甘肃省统战部长啊，是个大老粗，是个军人转业的，1958年啊，我跟他要了一万块钱办公费，那个时候一万块啊是很值钱的。

张：他给您了吗？

陈：给了。一万块可不得了啊，那时候工资一个月56块钱。他一万块钱给了我，我就把这一万块钱拿了以后，用在我们内部工作花，不往社会科学院那边报了。社会科学院不报账了。1959年达赖叛乱，逃走以后，我们大家就发电报，支持中央关于"平叛"的决定。打电报花的这个钱报销，所以我们调查组工作人员都说我这个工作轻轻松松，没有什么事。这个钱，一万块，一年下来花不完，我就到云南调查去了。

张：您在西北待了多长时间？

陈：一年。

张：正好一年啊，有什么难忘的事情吗？在基层做调查的时候有什么难忘的事情吗？留下印象比较深的？

陈：调查呢，第一，是正面的啊，会找找那些材料，第二个，当时是宁夏组要求搞什么调查报告，我们就搞什么。调查完以后就往上送。

张：作为老百姓很欢迎，因为不劳动还给他记工分呗。

陈：有饭吃，跟我们谈话第一个有工分，有饭吃的，不用你自己干活，所以他们是配合我们调查的，我们调查组成员一个月有30几斤粮食，一个月都不成问题。特别是我这种调干的，每个月还有生活费。

张：当初找基层谈话主要内容谈什么？生产问题，生活问题，有没有风俗方面的问题？

陈：不敢。

张：哦，主要是谈这个生产问题多。宗教风俗都不敢谈。

陈：唉，不敢，问多了以后怎么办，多了要出问题。你像这种事情，他们都避开，不谈这个民族宗教问题。

张：比较敏感，那个艺术谈得多，他们的文艺生活谈得多吗？也不谈，主要是这个生产生活问题。

陈：只谈政治，不谈这个民俗的问题，由于当时的政治环境，民俗一般不谈。

张：民俗民风这个都不谈。

陈：因为这个里面很复杂，第一，说这些风俗事情，反映真实情况，那还行啊？那么第二次，我到云南的时候，就不存在这个问题。

（三）云南独龙族社会历史调查

张：去云南那是哪一年，1959年了？

陈：1960年。

张：1960年了，去云南什么地方？

陈：我在丽江啊！

张：丽江，当初那个交通特别不方便，怎么进去的？

陈：走路啊！就到边境这么走。

张：先坐火车坐到昆明，昆明通火车了吗？

陈：我们坐的是汽车。从昆明出发到大理，很慢的，不像现在所想像的。那个时候大理给人的印象很古老很破旧。

张：就那么大点地儿，很小。目的地是哪里？最后落脚点在哪儿啊？

陈：丽江。你知道这个丽江吧，那个地方有一个什么问题呢，那个地方吃饭老百姓就没有定量。

张：就是别的地方发生自然灾害，那边根本就没受到影响。

陈：他根本就没有饿死人这种现象，没有这种事情发生。我们去那个地方就是独龙江，独龙江那个地方本身就是靠粮食自给自足。

张：那这个独龙族地区你们怎么进去啊？

陈：走路啊。遇到江就坐溜索。

张：还记得当时坐溜索的情景吗？

陈：我现在想想非常后怕，你不坐它，到不了对岸。溜索绳当时还不是钢索绳，是竹篾做的，把竹子劈成几片然后拧在一起，从这上面滑过去。

张：底下就是怒江。

陈：那怎么办啊？到了那个地方只有靠它了。得倒过去，不能顺着，顺着"哗"一下就害怕，所以就倒过来。坐了一次，我就再没坐了。

张：那个时候提心吊胆的吧，那滔滔江水，也不敢往下看。

陈：嗯，我还走过藤桥。

张：哦，藤桥是什么桥啊？

陈：乡下的那些竹篾子。

张：竹子，竹篾子。

陈：竹子，大概这么宽（用手比划），做成桥。竹篾子就是我们南方的竹子，捆起来，人走路就在上面颤着。

张：很颤吧。

陈：就下面有三根竹竿子，就这些竹竿子，不敢踩空，一踩空就完蛋。我走过一次。关于怒族的少数民族社会历史调查，其实1956年费孝通教授就来过云南，后来1957年在中共怒江工委支持下进行过调查，1958年又继续进行调查，这一点它和全国其他地方不一样。我参加的是1960年云南民族调查组怒江分组独龙族调查小组。我们这个组大概有洪俊（中央民族学院历史系1961届毕业生）、王均（云南省民委工作人员）、俸万恒（中央民族学院历史系1962届毕业生）、温眉虎（中央民族学院历史系1961届毕业生）、温继铭（中央民族学院历史系 1963 届毕业生）、张瑛（中央民族学院历史系 1964 届毕业生），还有我，我曾经参与起草了《云南省贡山县第四区独龙族社会经济调查报告》《第三行政村独龙族社会经济情况》《第三行政村独龙族社会情况调查》《第四行政村独龙族社会历史情况》。我们的组长是洪俊，他还要负责摄影，这一年来这里搞调查的，除了社会历史调查组，还有电影拍摄组、独龙族语言调查组。我们的调查是非常不容易的，在这次大调查中，我们学校少数民族语文系拉祜语专业四年级学生陈延长，在贡山县布拉岩失足坠江牺牲，当时才 24 岁。

张：当初你们的调查报告分哪几部分？

陈：第一部分是经济状况。当地主要是农业，要把他的生产工具、农作物种类、土地的种类、耕作技术、生产及劳动生产率这些问题挨家挨户去摸底。然后是采集和渔猎，独龙族社会已经进入了初级农业阶段，但是还停留在刀耕火种的初级阶段，生产力很低，收获很少，还要靠收集很多野生植物，还要捕鱼和狩猎。最后是副业和交换，解放前外族商人用很少的盐巴、铁制品、茶叶、土布，换取独龙族的黄连、贝母、兽皮、家畜等，盘剥他们。

第二部分是历史和上层建筑。这里就包括了他的历史、族源迁徙传说，以及历代统治者的残酷压迫、其他民族对他们的侵入、国民党的统治、帝国主义的侵入，和他们对此的反抗。上层建筑包括氏族、家族及家庭、婚丧嫁娶、宗教风俗。

第三部分是衣食住行。

张：调查组进驻后，也是和老百姓搞"三同"吗？

陈：对，白天劳动，晚上调查，吃饭也和老百姓在一起，基本能吃饱，主要是玉米。搞调查时，我们定好时间，主要是请当地的一些老人来座谈，人数一般三四个人，大多数时候是在我们居住的地点进行。被采访的老人来了以后，我们先给老人家上茶，然后开始聊一些家常，家庭情况啊，农作物生产情况啊，老人家的身体状况啊，然后逐步把话题引入调查提问。如果到老乡家，基本是围着主人家的火塘和老乡谈话，主人很热情，请我们喝茶，有的富裕一点的家庭还拿出当地用玉米酿的酒。当地有一个习惯，无论是茶还是酒，都放在一个碗里，互相传递饮用。他们喝过的碗传到你的面前，你一定要愉快地接过来，喝上一口，他们就非常高兴，认为你没有歧视他们，觉得你很尊重独龙人，他们非常高兴地和你交流，回答你提出的问题。独龙人能歌善舞啊，在调查中他们的兴致来了，围着火塘又唱又跳，我们有的调查组成员还能和着节拍，和他们一起跳舞，主人更高兴。他们一感觉到尊重，谈起话来滔滔不绝，互相插话，这可忙坏了翻译，弄得我们也非常忙。虽说有些累，但是有收获，还是很高兴的。

张：他们的农作物主要是什么？

陈：包谷、稻谷、土豆、青稞、豌豆、小米。有些野兽，有野牛、岩羊、猴子，野猪比较凶猛，损坏庄稼比较厉害。

张：他们的副业有什么？

陈：因为这里盛产竹藤，这里的男子都会编织竹器，他们用这些竹藤编制各种精美的器皿，如生产用的竹箩、簸箕等，竹箩是背运货物的主要用具，可以盛放几十斤物品。竹、藤还编成许多生活用品，做工很细致很精良，尤其是他们手工编制的藤盒，上下两个盒子扣住后严密无缝。除此之外，他们当地盛产珍贵的黄连和贝母，他们还熬制黄蜡，这些物产他们除了自用，还去交换其他的物资和其他生活必需用品。

张：他们的商品流通怎么样？

陈：基本处在以物换物的原始状态。他们不懂这些东西的价值，主要听那些外来商人摆布，比如说他们卖黄连和贝母，没有计量单位，就靠手捧。三捧黄连才能换一把斧子，五捧黄连才能换一斤粗茶叶，两张麂子皮换一把砍刀，十碗盐巴可以换一张牛皮，都不是等价交换。外来商人有时也带来银圆和半开（解放前云南自造的流通货币），独龙族不懂它们的价值，把它们当成了装饰品，妇女穿戴在身上。

张：独龙族对外来侵略有什么反抗吗？

陈：在20世纪20年代，英国人曾经由缅甸，沿着独龙江逆江而上，他们沿途拍摄照片画地图，探访很多往西藏的路，其中有英国军官、士兵，他们雇了很多背夫和翻译，他们沿途强行要老百姓的东西，当时西藏的土司早有命令不准把外国人引向藏区，后来他们迷了路，抓本地人当向导，本地人大部分跑掉了，抓住了的人也不好好给他们带路，经常往错的方向带他们，有一次英国人过溜索的时候，有个叫达秋·古鲁的独龙汉子，把溜索放松了，英国军官连人带溜索一起掉进了江中，因为英国人死在这里了，最后他们只好撤走了。三年后，又来了两个英国人，他们这次吸收了上次教训，不敢明目进犯，为了探查独龙地区通往西藏的道路，学会给当地的百姓一些小恩小惠。这两个人后来也不知去向了。再一年后，又来了一个不明国籍的人，叫满巴布，他来这里主要是绘地图，但是因为正好赶上雨季，很多事情做不成。总之，英国人一直蓄意要侵略我国西南地区，但是独龙族都给予了反击，英国人还是没能得逞。

张：你们当时这个独龙族有没有翻译？主要是靠翻译吧，翻译是哪儿的呢？

陈：嗯，那个，云南民族学院的人，主要是云南民族学院的学生。

张：他们来做翻译。您在那待了多长时间？

陈：我待了八九个月吧！1960年的4月份到云南的时候，呃，5月，不是路上走了很长的时间嘛，到了那里以后，到了山区嘛，就是去县政府、区政府，然后就直接到了老百姓聚集的住所，就是老百姓聚集的地方。在这里待了将近半年，11月份必须离开，因为高黎贡山过了11月份就大雪封山了，由于当时条件限制，内地与这里就失去联系。

张：这里搞调查不计工分了吧，这谈话还给计工分吗？

陈：没有了，老百姓吃饭没问题，没有什么定量。

张：那独龙族还有什么其他特点吗？

陈：纹面，据说以前他们没有这个习惯，后来才从贡山怒族地区传来，为什么纹面也说不清楚。很多女子纹面，有些人宣传不纹面就会被汉人抢去。

张：解放以后，独龙族的生活有什么变化吗？

陈：解放前，他们穿麻衣比较普遍，男子用一块麻布由两腿间往腰上一系，妇女多用麻布围在腰间，上身配一块麻布。解放后，人民政府给他们提供了棉布，他们才开始穿上了棉布衣服，结束了披麻布的时代。生产工具在解放前比较落后，解放后给他们提供了犁、锄、砍刀等，提高了生产率。并在村里建立了小学，使很多人走出大山，接触到了外面的世界。那时候当地也建立了供销社，许多日用品和生产工具都可以买到了，因为没有货币流通，实行的等价交换。

张：他这个独龙族和我们其他少数民族有什么牵连吗？是单独的一个还是跟其他民族在血缘上、文字上、语言上、宗教上都有关系。

陈：这个就涉及我们的老师这一辈的知识，他的名字叫独龙，这个音啊就记下来了，就叫独龙族，成了一个民族。实际上调查的时候，他是一个民族，后来搞成两个民族了。什么原因呢。

张：哪两个？一个是独龙。

陈：哎，多得很。

张：不，就这个独龙族，光讲独龙族。

陈：独龙就是现在独龙族咯。

张：哦，他没变。

陈：他独龙跟怒族原来是一个祖宗。下来以后就分布在两个地方。

张：两支了。

陈：比如说现在是一个民族，到另外一个地方又变成另外一个民族了。

张：少数民族问题。

陈：这个问题不能解决啦，现在不能解释啦，已经定下来了。譬如说独龙是一个，怒族和他是同一个祖宗，同一种语言。

张：他们语言相同吗？

陈：也不一定完全相同，但都可以通用。

张：那他们居住地点远吗？

陈：两个山啊！

张：哦，就隔一江。生活习惯呢？基本相同，宗教信仰没有吗？

陈：他都是原始宗教，到现在为止都是这样。

张：调查报告上交以后上级怎么处理的？

陈：独龙到现在为止我这个调查报告出了一本。在60年代，我们几个人当时的调查报告，我主要负责调查报告的手稿，文字的东西，完成后全部上交，后来的事我们就不知道了。据说内部铅印了，叫《白皮书》，不往下发。

张：你写的，印出来以后不发给你。

陈：60年代不知道，到了80年代的时候，国家民委把这些书再铅印了一次，对其中的章节和80年代形势不符的予以删改，印出来一次，就有意思了，目录上出现了很多不认识的名字啊。

张：署名很多都不认识啊？

陈：这是很讨厌的，这是我们自己的调查报告却有许多不相干的人把名字也署上了。

张：等于是你写的，很多不相干的人也署上了名。

陈：二〇〇几年的时候，上级又要重新出版这些书。

张：这是2000年以后的事情吗？

陈：多少年以后又重做，要求我把他们80年代删掉的东西恢复原貌。原来没有的人名都删掉，直接出版，再出版了一次。

张：这本书您现在身边有吗？

陈：有啊！

张：叫什么名字？

陈：《独龙族社会历史调查》。

张：您起草的是哪一个部分？

陈：我是独龙族。

张：是单行本还是成套地出版？这个名字叫什么？

陈：这叫五套丛书办公室。

张：当初为什么要起名为独龙呢？

陈：是他们民族自称，他这个民族，不是我们给他起的，是他自己就称呼独龙，记住了以后记音记下来的。到现在为止，我的一生啊现在我还记着。

张：现在是叫怒江州了？

陈：州，就是一个江河，石头整天在河里滚动。

张：哦，水冲得石头。

陈：石头冲得，整天地霍霍滚，我到现在还记着，我住的那个房子，下边就是怒江，旁边还有一条河。怒江从上往下流到山门口，两个水就要汇合在一块嘛！那个地方就是风景确实很好。上边都是房子，我住在河边上，这个房子都是用毛竹盖的。一个是干干净净那个河里的水，一个是混的江水，这两个水搅动，最后就融合在一起了。没办法，抵不过力大的水啊。

张：对，就融入了这里边。

陈：后来我就讲，一个清的水，一个是混的水，从"泾渭分明"到"同流合污"，那个时候看到，所以我印象很深。这件事，我到现在几十年了，永远忘不了。

张：我再问您一个问题啊，当初您在怒江的时候，那个地点社会治安好吗？有没有什么国民党的残匪啊，过来骚扰啊？

陈：绝对没有。

张：哦，就是外人也很少。

陈：那里都没小偷，就是人也没有几个，你东西放在那里绝不会丢。

张：不存在社会治安问题，那你们住在哪儿呢？

陈：住在老百姓家里。

张：住那种竹楼里头。

陈：没有没有，全是竹篾做的。

张：哦哦，就是竹篾做的房子。当初那个，而且这个很费事儿的，那个你怎么去提出问题，翻译把问题翻译给他，然后翻译再把回答翻译给你，你再做记录。

陈：调查啊就是这么麻烦。

张：这边的调查情况跟甘肃情况一样吗？

陈：那不一样，那里民族干部里边有一些人会汉话，这个地方，一般老百姓当不了干部，当干部必须是（有知识的）。

张：有丰富的社会知识和经验的。在这边的少数民族里边应该来说算比较闭塞的，生活啊交通啊。

陈：生活这些都不是问题，自给自足。

张：还问一个怒族问题啊，他们是跨界民族还是都在咱们国界内居住啊？怒族。

陈：都在。

张：都在咱们国内居住啊，他们那个地方的国境线靠近哪儿，靠近缅甸吧！

陈：这个啊，说透了，现在位置都搞不清楚。实际上，他就是，一个，到现在为止，根本不清楚。很多问题，只能是大体上讲，这么一个民族。

张：他们都是单独住的，跟国外没有什么联系吧！

陈：云南当时有200多种民族称谓，自己报上来很多，国家民委就是说全国56个，这56个已经报批了，就这么定了，就不动了。现在为止，再报了也不批了。那么已经报了批了的有没有相同的，没搞清楚，就比如说怒族，独龙，他本来就是同一个祖宗，就是自称不一样，报批后确认为两个民族。

张：这个名从主人，他说是什么就是什么，没有一个统一的标准。

陈：标准，就是。因为当时不能用这个社会学，只能用民族学。

张：这个问题就是卡在这儿了。

陈：不让你说话，就是你说民族学可以，社会学，社会现象这就是资产阶级，苏联反对的。所以现在，很多问题就是这样，你比如说，西藏那儿夏什么……

张：夏尔巴人。

陈：夏尔巴人，这个属于自己称谓吧，这个有意思。我爱人去西藏调查，调查夏尔巴人，反正你一说话，啊，有人就说分裂我们藏族。

张：你们当初去独龙族是社会历史调查，是少数民族识别啊？

陈：民族识别已经没有了，过了。

张：已经识别完了。

陈：在五几年就结束了。

张：1956年，已经识别完了。

陈：1958年的时候就不叫民族识别了，已经给你识别完了。1960年我进去去补充，就是少数民族社会历史调查，很多东西就是政治上的因素。

张：政治的影响大一些是吧！

陈：很多的社会现象就不要求调查，只谈经济基础，不谈上层建筑。上层建筑中有很多民族问题，不让说。我这个调查报告是由我负责，要我写，那么我就写。60年代不知道，过了20年以后就来找我了，问有没有上层建筑这个东西，有啊，有了以后就写吧。写了以后呢删掉，又给你删掉。所以这一次到了20世纪，21世纪再来找我，我就给他加了万把个字。

张：哦，在原来的基础上。

陈：回过来，原来60年代调查报告上面写的这些现象，你80年代的时候很多都把他去掉。所以我到21世纪又给它改回来。

张：一个是写的不容易，一个是后面产生的这个办事人员也不大讲究。

陈：所以现在这个调查报告里边，社会现象根本不重视，政治上的东西，就像你们（指学生）将来下乡搞田野调查一样。

张：咱们今天就到这吧，辛苦您半天。

徐仁瑶先生

十五、徐仁瑶访谈录

访谈对象：徐仁瑶
访 谈 者：张龙翔
访谈时间：2016年6月17日 9：00—11：00
访谈地点：民族博物馆二楼会议室
在 场 者：沈秀荣、李亚楠
录入整理：李亚楠

访谈对象简介

徐仁瑶（1934—），湖北武汉人。1952年考入北京大学东语系，后因院系调整，转入中央民族学院民语系学习瑶语。1956年进入中央民族学院研究生班学习，1958年中国少数民族社会历史调查任广西调查组瑶族调查分组负责人，撰有关于十万大山、金秀地区瑶族历史文化宗教经济调查报告。中央民族大学民族学系教授。曾任民族研究所、民族学系党总支书记，民族研究所副所长，兼任中国民族学学会副秘书长等职。长期从事苗、瑶民族及少数民族文化、民俗学研究。主要著述有《瑶族》《论瑶、侗文化的关系》《苗瑶文化与越文化的渊源》及《中国少数民族建筑》等。

[张龙翔按]：少数民族社会历史调查距今已过去数十年，很多亲历者或是无法取得联系，或是年事已高没办法再谈出当时的情形，能够接受访谈并清晰地回忆起那段历史的人已经少之又少。因此每一次访谈对我而言都非常难得。而此次访谈中的徐仁瑶老师不仅在当年曾亲身参与了调查，而且是访谈中为数不多的女学者之一，她的回忆对我们而言可以说更具有特别的价值。

作为一名学者，徐先生在访谈中也表现了对学术的严谨和负责。针对目前社会上乃至学术界存在的关于少数民族社会历史调查意义的争论，徐先生也提出了自己的看法，认为学术研究应该在真实调研的基础上进行，学者要对自己负责。而在我将整理好的访谈稿送到徐先生手中后，不久就收到了徐先生修改过的稿子。徐先生对文稿中的错误进行了细致的修正，并且在很多句子旁加上了详细的注释，使原文的意思更加明了。虽然这只是一篇访谈录而非学术论文，但徐先生仍然以严谨的态度对待，展现出学者风范，这令我感到敬佩，同时也感到自身的责任与压力。

事后得知，徐先生的爱人久病在床，离不开人。但是徐先生得知我们要出这本专辑，特地抽出时间来接受我们的采访，在此表示感谢。

（一）民族学院求学经历

张龙翔（以下简称"张"）：徐教授，您是中央民族学院早期的学生，毕业后留校工作。称得上是老民院了。您把您怎么来民院求学的谈一下。

徐仁瑶（以下简称"徐"）：我简单地说一下啊。我是武汉市一女中1952年的应届高中毕业生，参加高考时我报的第一志愿、第一学校是北京大学东语系，为什么要上东语系呢？因为我对南亚方向的语言、文学、历史有兴趣。当时季羡林先生是东语系的系主任，但是他还没有后来的名气这么大，当时我是冲着想学语言、文学、历史，想从这个方向发展。

我荣幸地被东语系录取了，当时高考发榜是登报的，在报刊上刊登的。我被北大录取了以后，恰好碰上 1952 年全国高校的院系调整，所以像林耀华先生、吴文藻先生这一批老专家，燕京大学的刚刚毕业的本科生，还有我们考入北大东语系的新生，有一部分经过院系调整就进了这个学校——中央民族学院。也就是后来的中央民族大学。当时来了以后，我们不懂什么叫民族，多民族国家这个概念也没有，也不知道中国有多少个民族，关于民族的常识全都没有。当时就有一点，我们这代人有个特点：听话，服从组织分配。因为当时我是个青年团员嘛，觉得青年团员你写了服从组织分配，现在面临这样一个大的变动，你要无条件服从，所以就在这样一种思想状况下来到这个学校，来了以后就分配到少数民族语言系。

张：当初你们一起来了几个人呢？

徐：我们年级进入中央民族学院的是 130 多人，但这 130 多人不都是北大东语系的，有的是高考直接录取到这儿的，我们就是从东语系调整过来的。

张：东语系调整过来多少人呢？

徐：大概有十几个人吧，还有从上海复旦调过来的都有的，大学一二年级的学生。

张：他们已经上过大学了。

徐：哎，像那个张公瑾好像就是从复旦调过来的。我们就等于说是从北大东语系调过来的，但是还有一部分是高考直接录取的，我就后来分配到学习瑶语，瑶族的语言。他们分配，当时什么都听组织的话，大家说，徐仁瑶，她的名字就决定了她要学瑶语，她会为瑶族做事的，就分配到那里了。

张：因为这个名字分配到这个专业了？

徐：这是他们后来说笑话时候说的，因为他们在分配的时候我们也不在场，也不知道。这样呢在学习语言的过程中间，我们为了学好这个民族语呢，到少数民族山区整整待了一年。

张：这是哪年？

徐：是 1954 年，待了一年。

张：一年以后您又回到了学校？

徐：1956 年本科毕业，毕业前三个月就把我抽调到系里的党团办公室，因为一百多个学生毕业啊，政审啊分配啊工作很多，工作量很大。我当学生的时候呢比较活跃，他们想把我培养成青年团的工作干部，就提前把我调到系里工作了，但是我还是不想搞这些事情。当时的院长是苏克勤，那都是我们的老领导了。我就直接跟院长讲，我说我想继续学习，学校要创办一个民族学的研究班，还要从各个语言专业里挑一两个学生，1956 年的时候。我说我不要错过这个机会，我想再读研究生，再读三年。那个苏克勤院长对我想法还是很理解，他给系里打

1954 年，徐仁瑶先生穿着瑶族服装（徐仁瑶提供）

了招呼，你们就不要留她了，她还想学习，想继续深造。这样我就进入历史系的研究生班。

张：这个老同志非常尊重学生的意见。

徐：进了研究班，当时没有民族学系，只有历史系里面有一个民族学专业，我是这个专业的首批研究生。

张：当初你们这个专业有多少个研究生呢？

徐：有30多个研究生，有20来个是本校本科的语言专业抽调出来的，还有十个是什么青海啊、广西啊等各个民族学院派送来跟着学习的，一共30多个人。

张：您四年本科再加上三年研究生一定受益匪浅。

徐：在本科阶段，我主要学习了民族语言方面的知识。主攻瑶语，民族语言的学习为我以后田野调查的顺利开展提供了有利条件。1958年在广西瑶族地区社会历史调查时，当地的瑶族同胞，对我一口纯正的瑶语非常认同。他们说你肯定是我们这儿的人。7年的学习我受到了语言学、民族学方面严格系统的训练，为今后工作打下了坚实的基础。

张：在学习期间您对您的恩师留下了那些难忘的印象？

徐：当时教过我的老师太多了。民族学和民族史方面亲自授课的有林耀华先生、费孝通先生、傅乐焕先生、陈永龄先生。语言学方面开课的有马学良先生、傅懋勣先生、罗季光先生，还从北大请来了高名凯先生。我们还系统的学习过人类学课程，中国科学院著名人类学专家吴汝康先生亲自讲授体质人类学。还请了苏联莫斯科大学来的一位教授，叫切波克萨洛夫，他是主讲，就是给我们讲世界民族志，都是整学期很系统的开课。老一辈民族学、人类学家的授课各具特色，以不同的授课风格，将知识悉心认真的传授给学子们。如费孝通先生亲切随和，凭借其丰富的田野调查经验，在讲课时多采用谈话式，课堂气氛比较活跃。林耀华先生则治学严谨，认真系统的传授民族学知识等等。这些大师都已作古。至今我们很怀念他们。

1954年，徐仁瑶先生在大学时期留念（徐仁瑶提供）

我特别想提到的就是傅乐焕先生，傅乐焕先生是历史系的副主任，主任是翁独健，副主任是林耀华、傅乐焕，傅乐焕先生的叔叔是傅斯年，台湾大学校长，两个人长得可像了，因为傅斯年的关系进了中央语言研究所，解放后他从英国回国后调到我们这里是历史系副主任。他亲自给我们研究生主持了一门课，这门课是非常有特点,叫史料学,史料学呢他就是从《二十四史》,特别是《二十四史》里边《四夷传》给我们作介绍,然后呢就把我们学校的各个领域的教授,每人一个专题,给我们研究生开课,这个课我觉得是受益很大的。所以包括历史系的这些老先生啊,刚才我看了20位大师纪念册里面,他们大部分都是直接给我们讲课,他们有的是研究西北少数民族的,有的是研究西藏的,有的是研究蒙古的,有的是研究南方的少数民族,可能在这几个领域里面最精华的部分一个专题一个专题的给我们讲。所以这样子呢,进入到研究生班以后呢,所学到的知识加上苏联专家系统的讲课,当然我们知识面就扩大了。1958年我们研究生的课程学了两年以后,我们全体研究生全部参加到社会历史调查,全都下去了,去新疆的、去青海的、去云南的,我是去广西,还有去广东的,全都分开了。

(二) 少数民族社会历史调查前的准备工作

张:那咱们现在系统地回忆下这四年,我提一些问题。那个1958年这次大的调查工作,出发前都做了什么准备?

徐:出发前……因为这个调查工作的起点实际上是毛主席的指示,毛主席找彭真谈话,必须要摸清全国少数民族是个什么情况,彭真找了国家民委的领导,当时叫中央民族事务委员会,直接是由全国人大布置下来的任务。所以在出发以前,从1956年开始就有系统的培训,我们当时是研究生,1958年才下去,但是1956年开始的重要的报告、重要的讲课我们全部参加了,就是这样的。

1959年广西少数民族社会历史调查组全体成员合影留念(二排左五为杨成志先生,一排右四为徐仁瑶,三排左一为任崇岳,五排左四为莫俊卿)(中央民族大学民族博物馆提供)

张：1956年就开始接触这项工作了。

徐：对对对。包括怎么样做社会调查，怎么样整理资料，还有如何编写调查提纲，都有一个学习的过程。

张：当初讲课主要是由哪些老师来讲呢？

徐：这个讲课的就多了，有国家民委的领导人，有中科院民族所的专家，也有我们自己学校的老师，比如像林耀华先生啊、陈永龄先生啊，他们都是参加到这个工作里面来的。所以我觉得当时作为林耀华先生来讲，第一批民族学专业研究生这种学习的机会他把我们都安排进去了，实际上对我们帮助是很大的。所以我们1958年真的动身下去的时候，我们已经受过很多的训练了，加上系统的课程，大概是这样一个情况。

张：是有准备而发了，走之前有没有什么动员报告或者之类的什么？

徐：有，不仅是1956年开始下去以前，由中央领导出面、国家民委领导人参加，请这些调查人员到中南海吃了一顿饭，那是种荣誉啊，所以我今天把这个东西带来了，《中央首长为我们壮行》，这是当时进中南海的这个同志写的，这本书我不知道你们见到了没有。

张：没有没有，这个同学是谁呢？

徐：他是社科院的，不是我们民大的，当时跟我在一起的是广西调查组成员。这是广西调查组的照片，蹲在地上留着长辫子的就是我，整个去广西工作的人。这本书是非常珍贵的。

张：看来中央领导对这项工作是非常重视的，上至主席，下至具体的办事单位。

徐：重视。当时他们进中南海宴请他们的时候，那是国家民委的主任刘格平亲自接待他们，很隆重，他把这个过程都记下来了。所以这一次社会历史调查，我觉得对于国家掌握整个少数民族地区的情况、制定政策、做民族识别都有很重要的科学意义和历史价值，没有这样的科学调查做基础，你凭什么承认他是一个少数民族，你又凭什么否定他不是少数民族呢，你没有科学依据啊。据我知道的呢，就是在建国初期啊，全国各地报上来要求国家承认他们是少数民族的一共报了四百多个名称，因为参军啊提干啊升学啊，国家对少数民族有照顾，所以都希望我这个小群体啊成为一个民族，报了四百多。国家怎么办？现在说是56个，这56个不是随便确定的，这是在大量的调查论证的基础上，报告给国家民委，国家民委再召开领导人和专家参加的会议，还有地方上有些领导要参加，确定你是一个少数民族，有的就否了。

张：有被否掉的？

徐：有啊，我给你们讲一个具体的例子吧。费孝通先生到贵州搞这个调查的时候，贵州有一部分人他们叫做穿青，穿着青色的服装，有一部分人叫穿蓝。穿蓝这一部分人生活在平原比较富裕的地区，好像生活好一点、社会地位高一点，穿蓝的看不起穿青的。穿青和穿蓝都要求国家承认他们是少数民族，但是经过调查研究、经过专家的论证以后，穿青和穿蓝是在明清时期当时广西、贵州、云南的这个少数民族啊武装起义的很多，因为日子过得很艰苦嘛，那么当时就是从湖北、湖南、江西派了一部分军队，当兵的，实际上去镇压这些少数民族的起义。这一部分当兵的后来就留在贵州成家，但是他们还保留着湖北、湖南和江西老家的语言，他们认为那个语言就是少数民族语言。所以经过科学的论证、识别，再加上跟历史的研究结合起来以后呢，就没有承认，他们实际是明清时期到贵州军事行动以后留下来的汉人。我就举一个例子吧。科学的论证为什么是56个民族，而不是400个民族，也不是200，所以这个里边有大量的工作要做。而这个工作的基石就是对民族地区的调查，没有这个调查，你就是大专家你坐在北京能论证得出来吗？所以要说这个工作没有意义，说这个话的人一点常识都没有，没有常识。所以这本书为什么要叫《伟大的起点》？全部是亲自调查的人执笔写的当时真实的情况，所以它很有价值。

张：当时这个所有的学生都下去了？

徐：我们研究生班的都下去了。

张：当时不需要报名也不需要那什么，就是组织上一动员你们就全去了？

徐：什么都是服从分配嘛，都很听话的，没有现在青年那么活跃、那么有个性、那么强调自我，没有，很听话。

张：当初你们下去分组，是由上面来委派呢还是自由组合？

徐：那跟我们学的语言和研究方向有关系，你比如说我学的是瑶语……因为瑶族主要是在广西，所以我必然是去广西调查，它是跟这个有关系的。有的在研究生期间他的兴趣在新疆方向，他就去新疆。

张：也很尊重个人意愿。

徐：因为它有一个专业选择的问题，特别有意思。

（三）广西基层调查情况

张：你们下去以后要到哪个点去这个是广西已经安排好了的？

徐：那全部是，那叫广西社会历史调查组，广西是壮族自治区嘛，由自治区民委和调查组的领导制定方案，我呢根据专业的基础就是往瑶族这个方向去，去过很多地区。

张：那去哪儿呢？广西？

徐：广西，现在叫做金秀瑶族自治县。这个县呢也有一段故事，就是费孝通先生在燕京大学学社会学，他刚刚结婚没多久，和他的第一个夫人选择的社会调查的这个点就是金秀瑶族自治县，他那个夫人不是最后牺牲了嘛，你们知道这一段故事吗？我分配到这个地方，在这个地方待了一年，整整待了一年，主要是民间文学啊，民间故事啊，口头的这个民歌啊山歌啊情歌啊，因为我们会语言，又受过系统的语言学的训练，收集了很多很多的资料，这个地方这一年对我们来讲也很重要。

张：这一年的学习是直接深入到基层，就住到老百姓家里去？

徐：住在老百姓家里。

张："三同"，基本是。

徐：哎，学生分散了，一家住一个，你不说他的话也不行，睁开眼睛就得打交道，帮他们喂猪啊，帮他们到田里插秧啊。山区春天的时候出那个春笋啊，爬山啊，爬到山上去和他们一起劳动，全都打滚在一起，一个是当时年轻嘛，另外一个又听话，又会语言，和老乡感情融和得很快。

张：看来一年的基层生活您收获颇丰啊。

徐：那可以说是不能忘记的。

张：您都有哪方面的收获您还记得吗？

徐：应该说，去这个山区实习以前，我没有怎么到过农村，也不懂得基层是什么样，就是城市长大的一个女孩子，考大学考上来了嘛，就什么都是新鲜的。可以说是终生难忘，和老乡建立的关系可以说是非常融洽。

张：去广西当初这个领队是谁您还记得吗？

徐：广西谈不上什么领队，我们下去以后就广西调查组他有领导班子，就把我们接去了，接去以后就进入到具体工作。我带来的那本书《民族研究文存》刚才送给馆长了，那个里头有一些当时广西调查组成员的照片。当时我们就是很热情地，投入到这个工作。我1958年下去，整整在广西四年，整整四年。

张：1962年才回来？

徐：1962年才回来还是系里面发了公函要我们回来上课了，我们当时是助教啊，要给我们分配工作广西才放我。

张：哦，就一直在为广西工作着。

徐：这个广西啊和我关系也很多，这一批人又年轻又受过系统的专业训练，都没有结婚，二十多岁的小家伙，多好用啊，又听话，今天给我写这个明天给我写那个，你到这个山区你到那个山区，大量的所有工作都是我们这帮人和广西的同志一起搞的。当时去的除了有我们以外，还有北大历史系的学生，考古专业的这些都有，我们都在一起工作。他们一直不放我们回来，所有的调查组的人都回来了，我们广西的还回不来，干活啊，又年轻又好用。后来学校发了公函，因为有教学任务给我们布置，回来要备课了，这样才把我们放回来，所以我整整在广西是四年。

张：您都去过哪些瑶族地区呢？

徐：去了最南边，在中国和越南交界的上思县，十万大山。湘、桂交界瑶族聚集区，全州、灌阳、都安等地区。

张：十万大山旧社会那里是出土匪的地方。

徐：讲个开玩笑的话，跟我们一起去的一个男同志，结果安排他去住村民家，那一家就是土匪，他很紧张，而且这家男主人是开枪杀过人的，所以后来那个男同志思想斗争，他说我想要求换一家，我怎么住土匪家。后来干部来说，这个村的人全都卷进去了，都是土匪，你怎么选？是不是有个电影叫《十万大山剿匪记》，那些山区的少数民族很朴实的，他也不了解共产党和新中国，他不知道，说拿枪杆子啊一个村都起来了，就这么样的。他说我换一家也没用，都是土匪，就是这么个情况，所以那是很艰苦的。但是我们一直进到寨子里，而且分散开住在群众家里。我觉得我们这个调查有个特点，不像现在，现在物质条件好了，有的少数民族地区开发成旅游点了。所以有的研究生回来说："徐老师我田野调查回来了。""基层生活怎么样啊？""好啊，不像你说的那么艰苦。"我说我们那个时候艰苦。他说嗨，"我们住的是别墅。"当然社会发展了，社会富裕了，山区也在变，但是有很多山区原生态的东西消失了，很可惜。就包括现在的桂林和阳朔我都去过，那个时候的桂林才叫桂林，很朴实，非常自然，没有现在这么喧闹，没有这些高层建筑，灯光闪闪的，但是它是很朴实的一个城市。阳朔安静得你扔一颗石头到水里边，"噔"一声就能听到声音，现在闹成什么样了。我这是老人说老话，我不欣赏这些东西，我说真正的阳朔美在什么地方，我说可惜了你们没能看见。

张：像那个到十万大山的男同学，是咱们学校的吗？

徐：现在是在广西民族大学，他是我的同班同学。

张：他叫什么名字您还记得吗？

徐：他叫范宏贵，现在广西民族大学大概只有两位终身教授，他是其中之一，他做了很多工作。

张：那他这个工作的开展恐怕是太难了，有时间应该采访采访这位老先生。

徐：他在南宁啊，在外地了。

张：当初你们到基层以后，采取什么样的方式去进行工作呢？

徐：是这样一个情况。白天有时候跟老乡下去劳动，但是也不能都劳动，因为我们要工作啊。我们有调查提纲，就是这些村寨的有些老人，特别是有些宗教人士啊，或者是有些文化的在村里像自然领袖这样的，他没有下地啊，我们就对他进行采访，白天可以找这样一些老人。到晚上的时候呢，中年、青年包括小孩子围着你，那就热闹了。那我们今天晚上主要谈什么调查什么，白天找哪个老人是谈宗教，还是谈他这个地方的什么东西，都按照计划来进行的。基本上白天就是采访老者比较多，晚上就是中青年啊。

张：你们下去是不是经常开各种不同类型的座谈会呢？

徐：也不叫座谈会，这个少数民族他讲自己的历史，讲自己的传统，他不叫讲历史，他不懂什么叫历史，他叫讲古，古代的古。群众会说哪一位老人或者说哪一位宗教人士他讲古讲的好，我们就约好，访问他，不采取座谈的方式。当然有时候呢，三四位老人同时来，我们准备一点什么呢，准备一点酒，很便宜的酒，我们那时候行军的水壶里头装的是酒，给老人准备的一大碗，倒上酒。另外他们很喜欢抽这个纸烟，他们觉得这个纸烟好像比他们抽的这个水烟袋还要好。就准备一点这样的东西，老人一喝酒，抽一点纸烟，没完没了的跟你讲。

张：这个同时请三四位老人的话，这个由咱们工作组的人定啊，还是有地方协助我们找这些人啊？

徐：我们在村里摸，摸清楚以后呢就请，有的呢也可以请村干部帮我们请，这个情况也有，就是白天就找这些人。

张：当初你们下去是到基层去做，每次工作前都有自己列提纲吗？

徐：都有。

张：这提纲谁来列呢？

徐：这个1956年在北京培训的时候就出了这么一大本调查提纲，下到省里面或者你要对某一个民族做调查，你要结合这个情况再有具体的方法，没有提纲那没办法工作。你基本上要把调查报告在当地整理好了以后才返程。

张：当初这个宗教问题，还有民族风俗问题，以及他们的这个民俗问题，有没有列入我们的调查提纲里边？

徐：调查提纲里有，但是因为当时民族学这个学科受到了极"左"的影响，民族学受批判，说是资产阶级的学科，所以有些文化、民俗方面的东西也没有列的太多。因为当时整个极"左"路线的情况，他的社会组织啊，他的经济形态啊，这些方面弄得还是比较多，但是这个民歌啊、民间故事啊也收集了不少。

张：你是1962年撤回来的？

徐：1962年回到学校。

张：就是在工作初期，因为你1958年下去的，这四年的经历有没有因为中央政策的变化有一些"左"的迹象？

徐："左"的迹象是肯定有的，因为1957年"反右"斗争以后我们1958年下去的，而且在1957年"反右"的时候像费孝通先生就划为"右派"了。批判费孝通先生就是在我们的校园里边了，我们当时研究生就是参加旁听了，就老师啊对费先生进行批判，这样一个极"左"的东西它对调查有影响。

张：您在这次少数民族社会历史调查中做了大量工作。您谈一下这方面的事情吧！

徐：1958年我们参加这次大调查，我作为一个调查组的组长深入瑶族聚集区湘桂边界及中越边境广大瑶族和壮族地区进行调查工作。我们写的调查报告真实记录了那个时期瑶族、壮族农村所经历的变革及民情、民俗、生产生活等方面情况。我记得我们写过：《广西全州、灌阳瑶族社会历史调查》《广西上思县壮族社会历史调查》《广西武鸣县双桥乡壮族社会历史调查》《广西上思县那荡乡壮族社会历史调查》《广西上思县思阳乡壮族社会历史调查》《广西上思县十万大山南桂乡瑶族社会历史调查》《广西全州县东山地区瑶族社会历史调查》《广西十万大山南屏乡瑶族社会历史调查》《广西都安瑶族自治县三只羊乡瑶族社会历史调查》等。编写了几十万字的调查报告。

张：当初这个你们到底下去进行这些调查工作，以及和老乡"三同"，有没有来自基层的抵触情绪呢？

徐：因为我们去了以后啊，一个我们年轻，另外我们的形象和我们调查采访的内容啊，跟那个村干部、乡干部不搭边，老乡他们没有抵触的。村干部今儿这个政策，明儿那个政策，我们不存在这个问题，比较融洽。另外我们下去的同学也很活泼，晚上有时候也教他们唱歌，那整个村子跟过节一样热闹。我们走的时候，撤的时候，老乡送的都哭，这个不是一般的。中元节，壮族地区的什么糯米粑粑啊，那时候我们在县城整理资料，派孩子背着糯米粑粑给我们送，放在我们桌子上跟小山一样，根本吃不了，这就是感情。我们同学也哭。但是实际上我们在那个地方生活很苦。我不知道你们吃过没有，红薯叶，南瓜叶，带毛刺的。

张：因为那时候粮食不够。

徐：那就是我们的菜。最近我一个朋友给我发那个微信，说番薯叶怎么怎么好，我说我吃得多了，番薯叶。现在跟养花似的栽在那儿，我说我早吃过了。

张：您在广西搞社会历史调查时正赶上三年自然灾害，广西山区的生活恐怕更艰苦吧。

徐：当时全国情况差不多，都处在"困难时期"，在日常工作中经常遭受饥饿的困扰。这个是没有办法的。当时我所在的地区连碗都没有。我们用一种很粗糙的瓦罐盛玉米糊糊。

张：有副食和其他的蔬菜吗？

徐：哪里有呀，连点油花都没有。光喝玉米糊糊不挡饥，没有菜我们就敲点盐巴放在里面，每顿就喝它。还要坚持工作。走山路时饿得腿发软。

张：在广西那几年哪儿的生活条件最艰苦？

徐：那个在十万大山调查的时候，煮一铁锅的芋头啊，往地上一搁，大家围着就剥那个芋头吃，那就是吃饭，没有馒头，没有米饭，没有面条这些东西，就吃芋头。吃着吃着狗也来了，家家都有狗，狗也在那锅边。我就说了，我们这是同吃啊，它也吃，就到这个地步。另外老乡家里菜是什么呢？泡的酸笋，那个酸笋已经有点臭了，有时候把那个酸笋煮一煮就让我们当菜吃。

张：广西瑶族聚集区交通非常不方便，你们怎么到各处去开展工作呢。

徐：我在广西都安县三只羊乡搞社会调查。那里生活环境很恶劣，有一次我和另外一个女同志到另外一个县去路上走了9个小时。连一个人都碰不着。山里呀还经常有野兽出没。有的地方要过河可是没有桥。我们只能淌水过去，水深过腰对于一个女同志来说困难是可想而知的。

（四）关于"瑶民起义"的调查

张：就是这个村寨大部分是广大的少数民族群众，就是当初有一些出身不好的或者什么，他们也还在村子里吗？你们接触过他们吗？

徐：在金秀我们待了一年，就是说有文化的、有点威望的，我们也接触过，他们对我们也不反感，因为我们去访问他老叫他讲故事。过去这个寨子和那个寨子打仗，过去叫械斗啊，两个村子发生矛盾，你怎么判案啊，你怎么办啊。他很爱讲这些事情，讲得有声有色。因为我们这个队伍和当权的干部队伍不一样，他不太戒备我们，他肯讲，反正这样的人我们也访问他们。

张：可以说你们深入到村寨方方面面的人都进行采访。当时在你们采访的时候，他们的社会地位怎么样？

徐：我给你讲一个突出的例子吧。就是在1933年广西、湖南交界的瑶族地区爆发了武装起义，几个县呢，连湖南都裹进去了，叫"1933年瑶民起义"。后来为了调查这段历史，恢复它的本来面目，我跟着谁啊，跟着领导这次起义的领导人去调查。起义失败后他隐藏下来，解放以后当了桂林地区民委的副主任，凤福山，当时起义的时候他是大总统，他带着我们沿着起义的路线调查，这个太难得了。

张：你们太幸运了，找到了当事者当向导，您还记得你们调查组有那些同志吗？

徐：记得呀，有范宏贵、李干芬、项美珍等人。

张：谈谈你们对这次瑶民起义调查作了那些具体工作。

徐：我们首先对它的历史背景进行了调查。它起义的原因主要还是瑶族内部阶级分化比较明显。还要受到汉族地主阶级的剥削，他们仗着威势大量霸占瑶村山场和土地。沉重的经济压迫、政治压迫使广大瑶族人民难以忍受。这是这次起义的重要因素。我们走访了很多参加起义的人员，他们还保存着起义时制作的旗子、大刀和土枪。甚至起义领导者用的指挥刀群众都保存下来。1933年瑶民起义失败后被迫领取自新票，我们也看到了实物。

张：这次起义事前有没有准备？

徐：在国民党黑暗统治下，加之封建地主阶级和官僚资本的剥削，瑶族人民受到极大的歧视和压迫。迫使瑶民起义反抗。这次规模是很大的。首先从全州、灌阳开始扩大到桂北及湘南十几个县。这次起义和历史上农民起义一样通过宗教迷信和传说，号召动员群众。起义前他们到处散布关于出"瑶王"和"法宝"的传说。所谓"法宝"就是"刀枪不入"。使许多瑶民相信了传言，加入到起义队伍中来。

张：这次起义还有领导机构？

徐：起义队伍有领导和组织但是很松散。武器就是鸟枪土炮和大刀。给养靠大家捐助他们，还有番号，有的地方用红布或绿布做番号，上面有各种不同的图案。他们的领导机构有大总统、总统、元帅、大元帅。起义失败后，他们都被通缉。就拿凤福山来说，起义失败后，他到处躲藏，直到解放后才恢复真名，得到党和人民妥善安排和照顾。

张：他在群众中看来有很高的威望。

徐：他在群众里面的威信很高。到60年代我们跟他一起去调查的时候，群众见了他都下跪，而且跟着他在一起我们是最享福了，只要他一发话，那干部没有不干的。另外呢，那村里头挨家挨户轮流的杀鸡，就说请他去吃饭，他当然要把我们带上，哎呀吃的我们都受不了，那是我们调查最享福的一段。就是因为他不是一般人，他有威望，他领导那次起义，那次起义影响很大。

张：那次起义和党派没有任何关系？

徐：那就是因为贫穷、贫困，民族矛盾，阶级压迫，由于这个原因引起的起义，这个都有很多很多资料来说明这个问题。但是这一次摸清这个起义的全面的情况就是我们去搞的，去做的调查，回来全部整理成文字的东西，这个现在都是有案可查的。所以那次就是跟着

"大总统"走。

张：他在 1933 年从事的是什么工作呢？

徐：他就是个农民，但是他有见识有眼光。当时他们提的口号也非常朴实，就是说"到大地方去"，就是要打翻身仗，打到大地方去，瑶族要出瑶王，而且传说出了瑶王，然后用一些农民起义的宗教活动的手段，把这个周围的群众都煽起来了，农民提着酒、挑着米、挑着肉，来拜这个瑶王，这个越煽越大越煽越大，这个事情就闹起来了。

张：这个瑶王和这个总统没关系吧？

徐：这个总统和当时起义领导的这些人都是有关系的，在现代史里面是个很大的事情，连国民党当局都震动了。

（五）瑶族当地社会情况

张：当初那里是不是生产队？

徐：那个没有。

张：还没有，不存在记工分问题。

徐：那个金秀瑶族自治县，我在那里待了一年。1943 年还是哪年，国民党政权的力量才打进那个山区，在这个以前他谁的领导都不接受，他自己管理自己，有一套民间的法规，叫石牌，就是在大的石头上刻上字，乡村公约啊什么的，种田怎么样，放水的时候应该怎么样，走路的时候应该注意什么，都有规定。但是当时国民党政权的力量并没有进去，进不去，被他们抵制；一九四几年我记不太准确了，才打进去的。

张：就是当时这些石牌，乡规民约，在当地来说作用大吗？

徐：作用大。

张：人们能遵守这个的约束？

徐：能，石牌头人是很有威信的，大的纠纷、大的案件的话要去请石牌头人来判案，那都要服从的，石牌说了话。民间有一个说法，叫"石牌大过天"，大家必须遵守。所以这个民族地区自己管理自己，是有一套法规的。

张：他也不是瞎闹的。在群众中有一定的震慑力。

徐：比如说小偷小摸啊，占人家小便宜啊，一次两次警告你，头人找你谈话，最严重的石牌法有权力处死他，那是很有权威的。在广东一个瑶族地区调查的时候，就是碰到一个惯偷，惯偷最后确定了，是把他身上捆上石头，丢到山岩底下去。他们自己管自己还是管得很严的。

张：比如说这件事情的发生，他由自己定出来的规范来管理地方，比如说我们工作组去了之后，对以前的事情追究吗？

徐：没法追究。因为你知道在 50 年代这个汉族地区大规模的推动土地改革的时候，实际上也有阶级分化，也有相当于地富这样的，在少数民族地区、在南方进行的是叫和平土改。

张：和平土改是怎么进行的？

徐：他这个土改都没有怎么样，就是作为调解内部的纠纷啊，调节各个阶层的利益啊，比较缓和地来解决这个社会问题。像在云南的傣族地区也是搞和平土改，不搞地主富农斗争，不搞这个，因为为了要稳定，边疆出了问题也不是小事，所以他是一种和平的方式。

张：这四年当中，给您留下最深刻印象的您能举一个突出的例子吗？现在还能回忆起来吗？就工作当中或者和少数民族具体的调查当中。

徐：刚才我也谈到了一些，给我们的感觉就是，你想我们五六十年代民族地区没有经过很大的社会变革，他们的社会、经济、文化和生活方式都保留得很原始，这一点是现在再去看不到的。另外给我留下最深刻印象的就是人都很朴实，比方说瑶族山区去劳动、去干活，他要用那个很宽的南方的叶子包上大米饭，中午回不来的，这个干粮带了以后他就挂在附近的树上，绝对没有人偷的。他甚至到几十里地以外跟汉族接界的地方要买一些生产工具啊或者什么东西，他在半道上把东西挂在那里都没有弄丢。夜不闭户，道不拾遗，真的是那样的。

张：即使很落后很穷，但是偷盗这样的事是绝对没有的。

徐：即使有，也是很严格的把它处理掉的。人的状态都比较封闭。

张：当初瑶族妇女的社会地位怎么样？

徐：瑶族妇女她是这样，如果说是女方嫁到男方去的话，那这个在男方的家庭绝对是主宰地位。但是瑶族地区还有一个特点，就是上门的女婿。他有一个姑娘，他不让这个姑娘走的，因为他的房子、他的田地，都是他的财产啊，这样的话甚至还有附近村寨比较贫穷的汉族去上门的也有，这个家庭地位就比较低，女方在家里是起主导地位的。

张：比方说这个女方是瑶族，男方是汉族做了上门女婿，那他们的孩子算什么民族呢，在当时？

徐：当时我们去的时候，少数民族已经很受照顾了，所以一般他都要跟他妈妈的民族成分，明显地我们感觉男人的地位要低一点，上门的，是这么个情况。

张：在当时1958年的时候，办教育的情况怎么样？

徐：那个时候，真正偏远的山区小学都没有，这个半山区或者是平原地区就是孩子能受到小学教育，真正偏远的高山地区文化教育谈不上。女孩子从八九岁开始主要要学习刺绣，挑花刺绣，真聪明。她们20岁或者十八九岁出嫁的嫁衣都是自己挑花挑出来的，女孩子要学这个。男孩子身体发育到一定程度的时候就要出去劳动，那就无所谓读书不读书了。

张：他们的宗教界人士有吗，在当时？

徐：从瑶族来讲主要是道教，宗教人士呢叫师公，有，村子里都有。

张：这个师公参加劳动吗？

徐：参加，师公参加劳动，还懂得一些经书，老乡请他还能够做一些宗教仪式，人家最后也要回报他，送给他鸡啊，什么猪腿肉啊，这些都要报答他的。

张：他本人还要去参加劳动，必要的时候进行一些宗教仪式活动，有一定的报酬。

徐：另外还有一些民族的节日的时候，他有一些宗教活动，那就是老百姓都要来的，对他们会有一点报酬。

（六）关于调查报告

张：当初你们到下面是采取记录的方式，有没有录音设备？

徐：那是什么时候？那时候要有现在的手段的话，不知道要拍出多少好东西来。我们完全是听他们口述，靠手记，恐怕连当时的原始照片现在都不好找了，因为学校没有给这么多经费，设备都不行。

张：咱们先谈谈这个调查报告，比如说一个村寨一般要进行多长时间呢？

徐：这个有十来天的，有调查完了以后回到公社，因为公社起码有个桌子你可以写东西嘛，整理完了以后，不够再返回去补充资料，然后再回来，基本上可以了就可以离开了。

张：交到哪里呢？

徐：广西调查组啊。

张：这个满意不满意由他们来定？

徐：有什么满意不满意的，我们干完了写完了，给他一本一本装订好，他看都看不过来。就是我们这些人干吗，要走了领导说你们把目录都给我们整理好，什么都给我们搞好，装订成册给他们，然后我们走了。

张：您知道不知道这些资料后来落到什么地方了？

徐：这个，很大一部分出版了。这个是由全国人大常委民族委员会他有经费保证的，出版了很多东西。

张：当时这些东西恐怕现在还能找得到。

徐：当然找得到。后来这些东西没有销毁，都出版了，出版了以后，后来有些专业人士在这个基础上修修补补，又重新出了一次。有，都找得到。

张：有的变成他们的东西了，就是著作权的问题改变了，所以这个问题有些同志做得非常不道德。

徐：这个事老同志意见很大，甚至有些人修改又没有去过那个地区，对那个一无所知，就叫他整理。他怎么整理啊？有的打电话打到我家里，"徐老师，这段这个是什么意思啊"。然后就改名换姓，就成了他们的东西了，实际上你都没有踏上那块土地，你凭什么去改人家的东西？我说什么知识产权，什么产权，他们唯一理由就是你们当时干这件事情不就是国家拿的钱。是国家拿的经费，但是是人家的劳动，没有人家劳动，没有人家爬山，你搞得回来吗这一些？

张：做很艰苦的基层工作，有的甚至冒着生命危险，打到土匪窝里去了。

徐：你这个话算说的（轻的），还有死掉的。

张：你们中间还有牺牲掉的同志？

徐：语言专业有的在云南边疆调查，下乡的时候就是因为水流很急，有一个男同学就掉到澜沧江里边，尸骨都找不到。人家是怎么弄出来的？你们现在换上自己的名字，改头换面，你们也是拿国家的经费出版啊，你们也不是拿自己工资出版。这些东西全都变了样。但是现在老同志呢都这个岁数了，他们不清楚吗？现在（做学问的）都很少往基层走，我这是说大白话，往哪儿走？到美国去交流，访问学者。看起来很热闹，你们在基层待了几天啊？你不扎根基层的话没有你自己的东西，你怎么做啊，是不是。

张：现在很多学者是东摘西抄，刚才徐教授讲得非常对，没到过基层，没在那个土地上工作过，你没有这方面感情，所以没有直接的知识，很多他没有这样的感受。所以只是道听途说，他再加以发挥而已。

徐：所以我们虽然年轻的时候去过很多基层，时间很长，吃了苦，但是对于我们的影响是很大的，这个事情不能否定。人家为什么出书叫《伟大的起点》？全部是调查人员自己写的东西。我一个学景颇语的同学，那在山寨里夜里睡觉都有人拿着枪值夜班的。上海的一个女同学很有意思，有一次枪走火了，夜里头"嘭"，枪走火。她吓坏了，她虽然拿着枪她不会用，她说哎呀，她就以为她的头没了，说的我们都笑死了。每天晚上大家睡觉以后，必须有人拿枪值班，人家的材料是这么调查的。

张：冒着生命的危险。这个少数民族调查工作已经过去五十八年了，现在是是非非还有争论。首先您作为一个亲历者来说，您谈一下您对它的看法。

徐：我觉得这个工作要说它的起点是毛主席的指示，另外一个是全国人大常委布置的一个工作。最高峰的时候参加的人数超过千人，据我知道的可以说民族大学投入的力量很大，有民族大学，有社会科学院民族所，有北大，有人民大学，有高级党校。还有中央音乐学院，他们也汇集到这个调查的队伍里面，但是他们待的时间不多，他们比如说搞音乐的会收集音乐方面的东西。但是整个这个社会历史调查组最多的时候超过一千人，很庞大，而且是吸纳了各方面的专业人才。我觉得是对于摸清全国的少数民族的基本的社会经济文化情况，打下基础就是这一次。以后出的专家，什么这个那个，你最后你都没去，你论文都出来了，不知道的不知道，知道的心里有数。

张：我们学校以前也搞过一些访谈，但是没有下文了。

徐：我们每一个人采访以后，我是搞了一万多字的东西，哎呀我们要出书，最后不了了之。我说这种不了了之的事情。他们要这些资料，这些资料你不是亲身经历你谈不出来的。我今天和他们说，你们辛辛苦苦找我那么多遍，然后搞了这么多东西，书在哪儿呢？

张：徐老师，那些材料您改完了还都留着吗？

徐：那我不留行吗，那也花了我的心血啊。这个学术界学风不正啊，老的人说的话他们都不爱听。

张：有些心里有数，哪些东西该留，哪些东西该产生模糊认识，我觉得他们有些人也能认识到这个东西的重要性，但是呢如何变成自己的这是他们的关键。他并不是注意说做学术也好啊,还是作为历史事件也好啊。

徐:他把你这东西拿去了,成了他的,他还把你这个说的一钱不值呢。

张:社会历史调查已经过去快60年了,由于时间的推移,人们对事物有了新的看法和新的理解,但这段历史确实发生过,有其自身的意义,您作为一个亲身参与者,您对这段历史的看法就显得很有价值。

徐:作为民族学院来讲,这段历史早就应该有很好的记载了,再过几年我们这些人也都不在了,再想搞这件事谈何容易。

张:现在找搞调查的这些人,这个没有了,那个说不出来了。我们应该是抢救性的工作,如果我们再不去抢救吧,通过你们把这些真相说出来,就……

徐:有的活着的现在已经患痴呆症了,什么都说不出来了。我长达四年多的社会历史调查工作,不仅仅留下那些艰苦生活的记忆,还有山里人民,当地少数民族同胞的淳朴与善良。民族学工作者应该深入到民族聚集区,切身体验生活,才能更理解他们。此次调查有一定的社会意义。功不可没,不是可以随便否定掉的。

莫俊卿先生

十六、莫俊卿访谈录

访谈对象：莫俊卿
访 谈 者：张龙翔
访谈时间：2016年9月6日
访谈地点：中央民族大学家属院
在 场 者：宝阿咪丽
录入整理：宝阿咪丽、周甫翰

访谈对象简介

莫俊卿（1928—），壮族，广西融安人，新中国成立前，曾参加进步学生活动，解放后曾任当地小学教员，校长，剿匪工作队队员，1951年考入中南民族学院，1956年考入中央民族学院历史系，1958年中国少数民族社会历史调查任广西调查组壮族、仡佬族调查分组负责人，撰有大量调查报告，毕业后留校任历史系党总支副书记。长期从事少数民族历史文化研究，著有《壮侗语民族历史文化研究》《岭外壮族汇考》（合著）等。

[张龙翔按]：莫俊卿先生是中央民族学院历史系的第一届毕业生。当年莫先生29岁入学，是班级里面年纪最大的，所以其他同学都称他为老大哥，正是由于他阅历丰富，在少数民族社会历史调查中他被任命为广西柳州、桂林分组的领队，带队到地方进行调查工作。

我们采访到莫先生的时候，当年意气风发的老大哥已经变成了徐徐老人。莫先生是一个极其认真的人，他如今年事已高，记不清很多事情了，但是听到我们要采访他有关历史调查的事情，他热情的招待了我们。采访之后，我们把采访稿的初稿交给他修改整理的时候，由于老先生不会用电脑，他就用钢笔一点一点地修改，在整个过程中更是几易其稿，当我们认为稿子修改到可以的地步时，莫先生还是要反复的思量校订，这种一丝不苟的学者精神很是值得今天的年轻学生学习。

（一）参加少数民族社会历史调查前的情况

张龙翔（以下简称"张"）：莫俊卿老师，今天我们来向您做一次访谈。我们今年要出一本书，就是关于1958年全国进行这个少数民族社会历史大调查的口述历史。听说您当时是广西组的，还有一个是徐仁瑶。

莫俊卿（以下简称"莫"）：哦，对。我们俩人当时都是广西少数民族社会历史调查组的。

张：你们两个是熟人吧？

莫：熟人，对。徐仁瑶你们找到了吗？

张：找到了。

莫：找到了好，她不住在民院家属院里，她住在外面。

张：对对。莫俊卿老师，请您先谈一下您的家世。您怎么会来到北京读书的？

莫：我是壮族人，老家是在广西融安县，现在属于柳州市融安县，泗顶镇吉照村寨。家里呢，原来也是个大家族，有四兄弟姐妹。我呢，是最小的。

张：哦，您是个老小。

莫：对。今年我已经89岁了，父母兄弟姐妹都不在了。我大姐，现在要是在的话，可能也100岁了。我的外甥女，都比我大一个月。我的二姐呢，就是他的母亲（指着身旁的一位男士名叫韦恒山），现在是靠他来照顾我。所以他是最小的一个。二哥呢，是这样子，也是跟我一起长大，比我大五六岁。他是在国民党打内战时期，被国民党地方当权派抓去当兵，因半途逃跑而被打死在长沙一带。家里只剩下他的一个女孩和我父母住在一起。也因为我最亲密的哥哥是被国民党兵野蛮地用棍棒活活的打死。从这时起，我就对国民党反动派恨之入骨。加之那时我正在初中读书，当班会主席、年级黑板报主编，接受地下党的教育。曾经带领全班进步同学参加全县学生游行队伍，反对国民党反动派发动内战及贪污腐败行为。不久，我就被迫停学。接着，我们那个村寨又被国民党残匪划为"共匪"，到处抓捕所有年轻人。于是，我被迫逃离家乡到解放区参加革命了。先后接受解放区党组织和人民政府分配当小学教员、校长、剿匪工作队员、小乡乡长等职，后到武汉、北京学习工作。参加革命后，我就再没回过我的家里住过。直到"文化大革命"前，父母先后都去世了，我才回家看过一次。今父母及两个姐姐都已去世，我也就在北京落户了。

张：您怎么来的北京啊？

莫：对啦。那这个过程就很复杂了。首先呢，我是在家里初中毕业以后，就响应共产党的号召，逃到共产党领导的地区参加革命，参加革命打土匪。我们扛过枪，跟解放军一起吃、住、生活、打土匪。当时跟解放军打土匪，我是搞地方工作。我就参加新民主主义青年团。那融安县（与今融水合在一起称融县）就全部解放了。解放以后呢，当地因为参加革命的青年不多，尤其是有知识的青年。当时有初中毕业文化程度就算知识分子了。

张：您当时初中毕业了吗？

莫：实际上，我还未毕业，就因家里缺乏劳动力，回家当农民种田耙田去了。后来参加革命了，也算个革命知识分子了。因为参加革命的人不多，组织上就特别爱护我们并且把我保送到武汉，到当时刚刚成立的中南民族学院政治训练班学习。

张：这是哪年啊？

莫：这是1951年。我到武汉，在武汉学了两年，毕业后，留我在武汉中南民族学院工作。

张：您是壮族？

莫：我是壮族。当时是1952年，1952年正值抗美援朝（时期）嘛，我就报名要求去参加抗美援朝。

张：当时这是进步青年的一个标志。

莫：对的。当时是青年一个进步与不进步的标志。但是，后来学校考虑啊，当时领导中南民院的是中共中南局，考虑到我是少数民族知识分子，又当过中南民族学院学生会主席、院团委委员，不批准我参加（抗美援朝）。学校就留我在那里工作了。工作大概到1956年，党中央又号召青年知识分子考大学。

张：向科学进军了。

莫：对的，党号召向科学进军。我当时已经是共产党员了。

张：共产党员应该响应党的号召啊。

莫：响应党的号召去考大学。考大学，我没读过高中怎么办？学校就送我去附近中学读高中，补习高中功课，（参加）补习班吧，夜校补习班。

张：上夜校吧？

莫：嗯，是夜校。

张：白天还不能用时间读书吧？

莫：白天还要工作，要拿工资。不是拿工资，是供给制，没有工资。只是够吃饭，有点零用钱。当时大概反正有吃有穿就行了。又补习高中课程，以后又来考，可能还考得不错。我们从中南民族学院来的那帮人10多个人里面，不是所有的人都考上中央民族学院历史系，当时叫中央民族学院。历史系为新建的系，余为政治系、预科等。我考了历史系，从武汉来的那帮人中，我考了第一名。进校后，学校看我又是中南民族学院的学生会主席，又是考了第一名。当时校领导就找我谈话，让我当民院学生会主席。我说："哎，我没有能力啊，我是少数民族，我说汉话都说不准确，不清楚。"后来想既然领导信任嘛，我又是共产党员，当吧。于是经过选举，我就当院学生会主席有好几年。以后当党支部委员。大概在校学了两年，学校就派我们去参加全国的少数民族社会历史调查。

张：当初，你们在这个阶段，学校对你们进行过思想动员报告之类的吗？

莫：有，对了。不仅学校报告，因为当时我是学生的小头头，还到外面听过报告。当时被派到广西去，到广西去当党支部书记，还有两个支部委员，徐仁瑶当宣传委员。还有个谁当组织委员，是政治系的学生，名字记不清了。还有个北大的，好像也当党支部委员，这就算是领导班子了。当时有教授啊，还有教授参加，名义上他们是调查小组组长，我们都是小组副组长。真正领导工作与生活，是党支部领导一切。这样呢，我就不仅在学校参加动员了，刘春啊，来学校作动员报告，我也去听。在外面的动员，也要我去听。

张：刘春，国家民委副主任。当时的实际领导人，兼任民院院长。

莫：嗯，就是到我们大礼堂来进行动员报告。

张：进行这个思想动员。

莫：我自己，当时还有几个人去，我记不清了啊。我还到人民大会堂听彭真当时做的动员报告。彭真同志当时是北京市市长，兼人大秘书长……

张：哦，中央派他抓这个事儿。

莫：他抓这个事儿，是人大、民委一起抓。

张：彭真同志主要讲什么呢？

莫：他主要讲全国少数民族社会历史调查的重大意义。搞这个调查呢，是中央决定的，中共中央毛主席亲自点头的，他来具体抓的。他当时是中央政治局委员。他说这个工作意义相当大啊！当时我们中国呢有多少个少数民族都搞不清楚，即使知道有这个民族，但知道不完整。例如哪个民族居住在哪个地方，有多少人，包括哪些地区？哪些地方应该成立自治区，自治州，还是自治县，自治乡。知道得很不具体，没有一本具体的民族史的书。

张：因为当初中央对这个问题没有底。

莫：没有底。

张：只有靠你们去做具体工作。

莫：我们去以后啊，才刚刚成立广西壮族自治区。哎，当时有自治州了。自治州，州下面有县，县下面还有自治乡。彭真同志当时特别强调：你们到少数民族地区最基层搞调查研究，一定要遵照毛主席指示，"实事求是"，调查报告要"有根有据"。彭真还说：我们中央的政策就好比"出兵打仗"一样。要"兵马未动，粮草先行"！这个粮草就要靠你们喽。粮草是什么呢？就是全国少数民族社会历史调查报告。

张：就是现在已经出版了的五套丛书。

莫：根据中央的一系列报告，我们的民族社会历史调查是为共产党的政策"先行的"，所以这项工作重要得很啊！彭真、刘春、苏克勤（中央民院副院长）等同志的动员报告中，还提出调查组的任务是：对我国除汉族以外的50多个少数民族的社会历史、语言文化，包括民族来源，社会、经济、政治、军事、民族关系等等做最深入全面的调查，并撰写调查报告；第二阶段就分别写出《三套丛书》。这是有史以来，从古到今，前人没有做过的事情。这是一项多么重要多么伟大的历史任务啊！后来又丰富了许多资料，编撰成五套丛书。

（二）回忆调查过程

张：听了动员报告，你就被分到广西调查组了，我们就详谈广西调查组吧！

莫：好的。当时同时被调来广西组的还有本院历史系、政治系、研究部、文物室的师生、专家、学者以及北京大学历史系、中央美术学院的师生。混合组织在一起，前往广西加入"广西少数民族社会历史调查组"，在广西民族事务委员会的具体领导下，进行了一年半的工作。约两个月的时间内，我首先被分配到由12人：莫俊卿、韦文宣、严英俊（女）、沈端发、任崇岳（以上为民族学院历史系学生）、何谊（女，民语系毕业生）、王天奖（北大研究生）、徐萱玲（女，北大历史系本科生）、谈琪（广西师大历史系毕业生）、李伟信（云大历史系毕业生）、张介文（中山大学历史系毕业生）、唐兆民（广西调查组老专家）等组成的调查组。后来这个组里最初还有宋兆麟（北京大学历史系），到罗城后，没几天他就奉调到别的一个调查组去了。县委统战部又派来两人组成的"仫佬族①社会历史调查小组"，我被指定为小组长。在北京时，好像由杨成志教授当组长。副组长哪个忘了，队伍中有石钟健教授。我们到广西后，全部归属于广西民族社会历史调查组领导了。我们从北京去这个组啊，后来分开了。也仅剩一部分在了。我们的党支部改属由广西民委组成的民族社会历史调查组领导。

---

① 55个少数民族之一。

张：民委这个组的头头是谁啊？

莫：这个组，哎哟，这个名字我一下子想不起来了。是个侗族的。

张：哦，是个侗族。

莫：这个侗族的同志是广西民委办公室的主任，不是民委主任。广西民族社会历史调查组的副组长，负责日常工作的实际领导人叫做黄钰。他是个龙胜县的瑶族。解放初成立了龙胜县，他是副县长之一。把他调来当副组长，组长是广西政协副主任，叫陈什么，我忘了，也是个学者，是个教授，广西一个民主党派的头头。

张：有点来历。

莫：有点来历。广西民族学院的一个院长，还是副院长，也是当副组长。我们这些人都是调查组之下的小组长。

张：队伍很庞大。

莫：很庞大，总人数多达百数十人，我去后被选为党支部的委员。

张：您负责哪个组，那个民族呢？

莫：第一阶段我任仫佬族调查组组长，兼管调查毛南族的调查工作。（由唐兆民等二人前去调查写调查报告，我也去过短期的）

张：当时你们都自己背着行李走路吗？

莫：是的。不论你是教授、老师还是学生，每个人一出门都背着自己的行李。背包及自己的洗涮、穿戴、睡觉等一切用品都是自己背带着。晚上如果是在县镇机关，就借用当地机关食堂、礼堂；如果到农村，就在农民堂屋，或者临时腾出的空地，男女分开打地铺睡觉，一切用具包括床上一切用具，都是自己带来的。

张：那就请谈谈你们是怎样从南宁到罗城县农民家里落户搞"三同"，进行社会历史调查吧？

莫：从南宁到宜山，当时已有火车坐，没有什么谈的。我们是到宜山下车。马路还没有通到罗城呢。虽然当时已经开工了，但是还没有竣工，我们就只好走小路。在宜山住了一个晚上，第二天，天刚亮，我就叫大家起床，吃早点，然后各人就背起行李上路。沿着河边走，还是平地的，大家有说有笑。不久，就开始上山了，沿着山坡小道走。我们一行人上山，爬山坡。当地天气多变，有时被雨淋，有时冒着火热的太阳晒，好辛苦呵！我记得很清楚，我们当时从中央民院去的有我、韦文宣（广西壮族，后来当民大《学报》主编，今已去世）等，还有民院政治系，语文系的同学，还有广西师大毕业生、云南大学毕业生。年龄最大的是唐兆民老师（他当时已有50岁左右，曾经当过广西桂岑师范学校校长，当时算是老知识分子了）。从北大来的那几位同学，宋兆麟是当头的，其中有个年纪最小，生得很娇嫩的一个女同学徐萱玲（后来与宋结婚）在山顶上走不动而哭起来了，搞得我们很着急。怎么办？我就向大家建议：就地休息一会，然后大家就在山坡一棵大树底下把背包放下来，就地睡一觉。她就睡了半小时，我一直不敢合眼，大概过了20分钟还是半个小时，就叫大家："醒了啊，咱们走！不然晚上半夜在山上怎么过？"这个女孩呢，哭了以后起来擦擦脸，身体好了一点又背着背包走。在路上，同志们发扬了互助精神，身体强壮的帮着身体瘦弱的同志拿东西或者背行李，好像宋兆麟同志替她背了一半行李。一直走到天黑才到县城。虽然说天黑了，但是县长、副县长、县委书记、县委副书记都在那里等着我们。在罗城。我们又分成了两个组。一个组在本地调查，一个组跟徐仁瑶到金秀搞瑶族社会历史调查去了。

张：来迎接你们了。招待你们吃饭吗？

莫：不仅招待，可说是特殊的招待。中央派来的人啊，开玩笑。他们真的这么说：中央派来的调查组，要吃好饭啊，酒啊菜啊早就做好了放在那里等我们，一直等我们。县领导致欢迎辞后叫我"你讲两三句话"，我说不讲了，我也不能讲了，吃饭吧。吃完饭到农民家里落户，搞"三同"（同吃同住同劳动）。就地铺床睡觉，一觉起来。第二天，天一亮，就分配下去。

张：哦，在县城附近吗？怎么个"三同"呢？

莫：我们这个组到罗城来的主要目的是要全面调查仫佬族的社会历史。第二天，我们全组就在县城听取罗城县委统战部给我们介绍仫佬族在罗城县的分布状况及其最特点的村寨地点。然后我们就分成许多小组，分别下去蹲点，与农民"三同"，白天与农民一起到田间地里搞生产劳动，晚上召开座谈会和写调查报告。留一人（北大研究生王天奖）在县城档案局等单位翻阅抄写文献、历史、县志资料。下乡村的点很多，例如在县城附近的有大罗村（全部或大部分是仫佬族罗姓人家）石行乡大梧村的吴屯（吴姓仫佬族人户）、谢屯，四把乡的新村谢屯、覃村；还有下里乡、怀集乡山居村屯仫佬族村屯等等许多点面结合。一个点两三天不等，调查清楚一点，又换下一个点。我首先在大罗村，再到怀集，再到银村，并且经常到各点检查。此外，我还抽时间到环江县毛南族集中居住地区了解情况。

张：哦，白天得去参加劳动。

莫：得去参加劳动，跟当地农民一样去参加劳动。

张：但是作为一个年轻知识分子，这个太累了。

莫：哦，是太累了些，休息、睡觉的时间都不够。

张：作为北京的大学生，城市里成长起来的到那里去生活恐怕是很艰苦的，坚持不下来吧！

莫：很艰苦的，刚才我不是讲吗，徐萱玲，是最典型的。她是上海人，回来几年就生病去世了。小徐和老宋在广西就建立了感情。她回京后来和宋兆麟结婚，不久还生了一个女孩，女孩长大后去美国留学了。

张：那么一个上海长大的姑娘到了那么一个地方去三同劳动，他们干什么呀？

莫：劳动嘛，当时主要同农民一起，就到地里干活儿，男的跟男的一起干，女的跟女的一起干，锄地种红薯、芋头样样都干。出身于农村的同学好办，来自城市、没干过农活的，这道关是很难过的，很艰苦的。我讲个笑话给你们听：我到各个落户点去检查时，问当地农民，我说："我们这个调查组来你们这里搞'三同'，特别下地干活，表现怎么样啊？吃得了苦吗？"他们说："不好讲啊！"，我进一步说："请你们不要客气，实事求是地讲。"他们说:"大多数表现得很好,干活很勤快,吃得苦,耐得劳,与农民关系也很好!个别同学主观上也是努力的,可能由于缺乏农活知识,出点笑话也是有的。"我细问他们这个笑话怎么讲?他们说:"昨天我们与几位同学一起到地里去锄芋头苗,芋头苗刚刚长起来,那个小姑娘在锄草翻土的过程中,把芋头苗子连同杂草都锄光了。我们只好笑个不停。又不好当面讲她,怕她难过呗!我说:"对不起,我们是来向你们请教学习的,不但可以讲,而且你们要手把手地教我们干活,向我们讲知心话。"总的说来,我们这个组在罗城县同仫佬族农民关系搞得很好,劳动表现得也很好。刚来时大家的脸都是又白又黄,几天后大家都红光满面,手脚都是红彤彤的了。

张:那上山砍柴这个事去不去呀?

莫:我是去了,他们去没去我没有问,锄地我是问了。

张:当初那儿的社会治安还可以吧?

莫:社会治安可以,社会治安没有问题。可以说"夜不闭户,路不拾遗"。

张:那就轻松多了。

莫:轻松多了,这个刚刚解放,毛主席领导尤其是地方政府民兵都搞得很好。

张:您作为壮族和这个仫佬族交流语言上有障碍吗?

莫:不行,虽然语法相同,但是语句、基本音、发音点不一样,刚开始去呢,不懂。但是从我来讲呢,去两周以后可以听得懂,但不能交流。我讲的人家听不懂,他讲的我可以明白个大意,可以记录,因为仫佬语跟壮语相近,同属于一个语族,起源和初期发展都是相同的,后来才逐步分化为不同的语支,基本词语的发音都近似。连起来就听不懂,相处两周以后就慢慢听懂了一些,可以记录大意。韦文宣又比我强点,因为他老家(忻城县)跟罗城仫佬族更近。

张:你们的调查成果如何?个人的笔记本、访问记录、个人调查等都上交了是吗?

莫:回到南宁后,个人手上的记录、调查报告等等都上交,都不保留,按当时规定办。当时我们都有严密的管理制度,每个人都必须遵守。

张:那么,你们的社会调查成果是什么呢?能保留至今,并永远留存后代的学术成果是什么呢?

莫:呵!说起调查成果,我至今依然很自豪地告诉你们,成果很丰硕。当然,这不是说我们那几个人多么能干!而主要是说党和人民群众的力量真大,一切归功于党的英明伟大,归功于集体的力量。说实话,我们调查组的每个成员和被调查访问的各民族群众、老年知识分子和谐相处。每个调查点的群众住户对我们的关心与帮助,我到今天还记忆犹新。回到南宁后,调查组又重新找参加过调查的笔杆子较强的成员,来根据人家的报告、手抄文件、碑记、记录综合写成五篇正式的调查报告。有的篇章的编撰者写上了参加调查的全部成员的名字,如第二篇写十个人名字;有的只写综合整理人的名字,如第三篇只写整理人唐兆民;第四篇整理人唐兆民、韦文宣。其实这两篇的材料也是由大家调查得来的。后来,我们又把这五篇文章合订在一起,名曰《广西仫佬族社会历史调查》共50余万字。今存有1958年打印本，1985年铅印本，1986年8月间（记不大清楚）又调莫俊卿去对全书进行了批改，加注，然后交给北京民族出版社正式出版发行，永存于国家档案馆和各个图书馆，民间的个人也可以购置。

（三）广西壮族社会历史调查研究

张：回南宁后，广西调查组又分配你去调查哪些民族，做些什么工作？

莫：回南宁后，广西民族调查组就解散罗城仫佬族调查组，所有组员都重新接受分配，参加新的小组从事新的工作。我就被分配去搞壮族社会历史调查和写作了。

张：那你就谈谈后来你是怎样搞这个工作的吧！

莫：呵，要放开谈这个话题，恐怕三天三夜也谈不完。因为我从此就从事壮族社会历史调查研究了。教书、讲学、带学生实习、写文章、翻译写书等等，走遍了广西、广东，云贵各地，一辈子都与壮族社会历史结缘了，分不开啊！

张：那就拣点重要的事谈吧！

莫：好的！大约1958年10月，我从罗城回到南宁。刚回来，调查组领导就叫我去接受新任务，担任《壮族简史》编写小组小组长。当时在广西调查组中，这个小组长的人数最多，任务最重。曾经在这个小组工作过的先后（有的固定，有的来来往往）有刘介（广西著名作家，民主党派人士）、石钟健（中央民院老教授，我的老师）、汪明瑀（女，社科院老教授）、王天奖、莫俊卿、范宏贵、韦文宣、郭再忠（社科院民研所）、杨策（中央民院政治系教师）、杨拯（中南民院教师）、唐兆民、李干芬（广西大学毕业生）等等二三十余人。我的老伴儿陆红妹（已去世），也曾在这个组工作过。当时我们是夜以继日地上图书馆、档案馆、资料室翻遍古书，方志调查、手稿打印稿，然后做笔记，起草写书稿。多次主持召开讨论会，研讨壮族历史上有疑点，有不同意见、有争论的问题。

张：都是些什么问题？

莫：主要是以下问题：第一，古代铜鼓是否是壮族先民最先使用的？有的说是白族，彝族先民，有的说是苗、瑶族先民，有的说是壮侗语族先民最先使用。最后，多数主张说壮侗民族先民，更具体说是古称"骆越人"最先使用。第二，壮族先民在左江流域绘画的"花山崖壁画"，最早年代在何时？有说是明代的农民起义，有说是唐代的"西园蛮"首领黄乾曜（壮族先民，居住广西左江流域）反抗中原王朝的斗争图。第三，宋代初年，广西左右江上游一带，古称"侬峒"的群众（今壮族）起兵反抗交趾郡的李德胜一帮踞交趾称王，并向北不断侵扰侬峒地区。侬峒傥犹州（今广西靖西、越南北部天等一带）首领侬承福、阿侬、侬智高起兵反抗交趾王侵略及北宋王朝的对外卖国，对内加强统治压迫政策，史称"侬峒起义"事件。第四，明代女英雄瓦氏夫人的"抚倭"战争（倭，史称"倭寇"，日本海上强盗也）的历史意义。

张：你们队这些问题讨论过几次？规模多大？

莫：小的讨论会，即在小组或在大组范围内讨论会很多，次数已记不清。凡遇到这些问题搞不清楚，写不下去了，我就发动大家放下笔，大家讨论、争论一番再写。小组讨论不明白，就请求大组出面，请求在南宁市的高等学校如广西民院、广西大学、南宁师专及政府、政协部门的领导、专家、学者、老师、学生等都来参加讨论、争论。这样的大会，大约开过两三次。仍有争论的涉外问题，广西调查组就提交北京来讨论。当时，中央民院负责人苏克勤曾在颐和园召开过一次讨论会，在民院也召开过这样的讨论会。由全国人大常委会民族委员会主任委员谢扶民（中央委员，壮族，红七军长征老干部）主持的壮族社会历史小型座谈会，有全国最著名的专家学者吕振羽、翦伯赞等来参加，广西派人来参加，我作为学生也参加了。

张：在编写书稿过程中还去农村调查吗？

莫：是的。在写书过程中，不断地进行讨论，还不断出现短缺材料，不准确的地点、地名、人名，必须随时派出调查组下农村补充调查。我也经常随同调查组或单独下乡调查。上上下下，写写停停，忙得不亦乐乎！大概没有多久，《壮族简史》一书的书稿就写出来，着手去打印了。不知经过多少次打印，多少次修改……这个工作没有做完，大约是1960年夏，我突然接到学校函件，调我回北京，提前一年毕业，留在中央民院历史系当教员，兼任系党总支副书记。广西调查组《壮族简史》编写的工作就暂不管了。

张：以后呢？

莫：以后我就在历史系教课和从事党的工作。党的工作不说了。教课嘛，主要还开"壮族史"或与壮族历史有关的课程，如《壮族史》《壮侗语族民族研究》《中东南地区民族研究》《中南半岛各国民族概论》《我国南方民族问题专题讲座》等课程。大约在1974年、1975年（记不完全准确），广西民委又函调我到南宁去从事《壮族简史》的修改订正工作，时间有数年之久。于是，我又上上下下，停停写写，重走广西、云南、贵州、海南的壮族或与壮族史有关的山山水水、村村寨寨。对壮侗语族各民族包括境内的壮、布依、傣、侗、水、仫佬族、毛南、黎族，对跨境的越南、老挝、泰国、柬埔寨、缅甸等国属于壮侗语族的各民族历史情况也进行研究。并且学会越南字，傣文也略懂点。回校以后，又带领学生到边疆少数民族地区进行实习的机会，再三对壮侗语族各民族的社会历史进行调查研究。接着，又教学，写文章。退休以后，还写书，写文章，都与壮侗语民族的社会历史有关系。

总而言之，我这辈子，年轻时，浑身都是劲儿，党组织一声令下，我扛起铺盖就走。踏遍我国南部边疆村村寨寨，为着民族团结和祖国的统一事业，奉献一切！看今朝，白发苍苍，热情不减。回首往事，有人说不值，我说："值，很值！"关于我的科研成果，可以参阅我拙作《壮侗语民族历史文化研究》。①

---

① 莫俊卿：《壮侗语民族历史文化研究》，中央民族大学出版社，2010年8月。

任崇岳先生

十七、任崇岳访谈录

访谈对象：任崇岳
访 谈 者：张龙翔
访谈时间：2016 年 10 月 25 日
访谈地点：河南省郑州市某酒楼
在 场 者：唐　涛
录入整理：李亚楠、王碧海

访谈对象简介

任崇岳（1938—），河南临颍人。1956年考入中央民族学院历史系。1958年中国少数民族社会历史调查中参与广西调查组壮族分组。1961年分配到中国科学院兰州分院工作。1978年考入中国社会科学院研究生院，师从元史专家翁独健教授。河南省社会科学院研究员。著有《庚申外史笺证》《宋徽宗传》《韩愈传》《谢安评传》《台北知府陈星聚评传》《中国社会通史·宋元卷》《中国文化通史·辽西夏金元卷》《中原移民简史》《河南通史·宋辽金元明清卷》《中原地区历史上的民族融合》（与白翠琴合著）、《中国北方游牧民族源流考》（与白翠琴合著）、《河南古代史话》、长篇章回体历史小说《李后主》等17部。

[**张龙翔按**]：当年亲历少数民族社会历史调查的学生和老师，在多年后的今天从事着不同的工作，分散到全国各个地区。为了尽可能多的找到当时的亲历者进行访谈，去往各地拜访老先生们也就成了我们访谈的一个重要环节。经索文清先生多次联系，我们顺利找到了任崇岳先生，有幸对任崇岳先生进行了访谈。

任先生学生时代参加了国家组织的少数民族社会历史调查，和同学们一起赴广西开展调查。任先生在当时调查组的成员当中，是年纪最小的一位。调查工作结束后，任先生又几经波折，最终进入河南省社科院从事研究工作至今。因此为了能够与任先生进行访谈，我们专程前往河南郑州见到了任先生，这次访谈便是在郑州的一家饭馆里进行的。由于访谈者乡音较重，文章中语言颇具河南风格。

少数民族社会历史调查开展时正值三年自然灾害时期，广西作为经济欠发达地区更是受灾严重，任先生在调查工作中也因此遇到了很多困难，不仅路途遥远，而且物资匮乏。但在当时"三同"的指示下，调查组要和普通老百姓共同吃住，在艰难的环境下继续开展调查工作，这对任何人来说都是不易的。此外，他还提到了中央民族学院经历的"反右"运动。"反右"运动中形成的一些错误思想对此后的社会历史调查产生了一定影响，我们在研究这段历史时是应该对这一背景引起重视的。

不过，由于任先生在调查结束后便逐渐脱离了民族研究的领域，而是主要进行有关河南移民史的研究，加之调查工作已年代久远，因此关于这项调查中的很多细节，任先生未能在访谈中清晰回忆，这也是较为遗憾的一点。我对任先生对这次访谈的大力支持，以及访谈中涉及的一些珍贵内容，表示由衷的感谢。

张龙翔（以下简称"张"）：任崇岳先生，我们学校（中央民族大学）博物馆正准备出版一本关于1958年全国少数民族社会历史调查的书，我们走访了很多当年的亲历者，他们都回忆了当年的工作情况。今天我们特地来到郑州，来采访您，请您谈一下当年参加这项调查的情况。

（一）回忆曾经一同参加调查的同志

任崇岳（以下简称"任"）：我们历史系成立已经60年了，当年教我的老师像施联朱先生、李文瑾先生、朱宁先生、吴恒先生等老先生还在不在？

张：施联朱先生已经96岁了，李文瑾也90了，朱宁先生也年近90了，吴恒先生去世了。

任：李文瑾先生教过我们世界史。张锡彤先生也上过世界史。徐宗元先生也教过我们，都是非常好的老先生。要问少数民族社会历史调查，你们去请教施联朱先生好了。他参加过多次这项工作。

张：我们已经向施先生请教过了很多问题，他身体非常好，记忆力难得。

任：他是福建畲族社会历史调查小组组长。

张：咱们因为现在呢，学术界有一个争论，就是说1958年的少数民族社会历史调查值得不值得。有一种观点认为，花了国家钱，但意义不大；有一些人认为这是一个非常有意义的工作，对一些少数民族的文化、历史、风俗习惯以及其他方面进行调查并且写了一些报告，其中有一些是受了当时极"左"的影响，但是大部分还是可用的。我们不久前采访了徐仁瑶先生，她谈了一些广西组的情况。

任：啊，当时和我一块儿去的广西调查组。

张：她还提到了您。我们这本书呢，主要是要采访中央民族学院毕业的，参加过中国（少数民族）社会历史调查的，已经找到出版社了。

任：民族出版社？

张：不不不，是学苑出版社。

任：哦哦，这个出版社出版过好多好书啊。

张：我们答应它今年年底11月份以前初稿给它。现在初步定的被采访人基本都采访完了，就差您一个了。

任：徐仁瑶最早是我们的组长，她调查瑶族去了，我参加到了莫俊卿那个小组，主要调查壮族。

张：对，那咱们就开始谈吧。

任：我们这里还有我的一个同班同学，他在附近中学教书。

张：他参加了哪个调查？

任：他好像是参加了东北调查组。

张：哦，东北组的。这次主要是广西、云南，以这两个组为主。

任：除了我们历史系的，徐仁瑶他们研究生班有好多也参加了，像范宏贵。

张：范宏贵现在了不得，那是终身教授。

任：你们找他了吗？

张：现在他很忙，别看他退休了，也很忙。

任：他现在80几了，我们一个调查组的。他每年都给我打电话，在"反右"运动中，他当时定为"准右派"，在学校时很多人都歧视他，在广西那个组，几乎没人跟他接触，就我天天跟他在一起。

张：当初您还敢跟他接触？

任：我和他接触。他很感激，现在每年都给我打电话。提起当年，他经常说当时没人搭理我，就你和我在一起。

张：那确实也需要胆量的，那时候学生恐怕躲这个事还躲不过来呢。他在学校里谁给定的"准右派"呢？

任：因为他是越南华侨，所以没定"右派"，当时"右派"帽子由领导掌握，根据你的表现随时戴帽。

张：你们班有几个"右派"？是不是还有一个内蒙古的蒙古族同学？

任：对对，有这么一个。

张：蒙古族，中央民族学院附中毕业的。

任：情况是这样的，当时系里"右派"名额少一个，党支部讨论定不定，后来说不定，让他在团内做个检查，他拒绝了。后来就定上"右派"了。

张：最后还是给定上了。您多少年没去北京了？

任：我今年四月份还去了。开那个关于西夏的研讨会，李范文也参加了。

张：这个人也是"右派"。

任：李范文也是"右派"嘛，范宏贵就是受他的牵连，李范文是咱们那个党委书记苏克勤决定给他定的。

张：你们系里的书记是谁？

任：我们系里是王克，不是王克，是苏冰。

张："反右"时候是苏冰。

任：那个苏克勤把潘光旦啊，吴文藻啊，费孝通啊都定为"右派"。当时李范文是吴文藻的研究生，苏克勤叫他揭发吴文藻的"罪行"和"右派"言论，他认为吴先生没什么"右派"言论，结果认为他和吴文藻划不清界限，他也被打成"右派"。

张：当初他们为了完成这个指标，不顾实事求是的原则。

任：毛泽东定的"右派"不超过百分之五，但是你得弄到百分之五，不到百分之五你就（张：对不起领导），哎呀你就官都保不住，可能降级降职啊。所以他拼命地完成这百分之五。

张：总之得完成上级布置的任务。

任：王炬堡身体不是很好。他还在吗？

张：去世了。还有一个苗族的可能去的比较晚，石建中啊。

任：石建中和我一个班。

张：石建中先生现在语言不清楚了。

任：莫俊卿先生现在怎么样？

张：莫俊卿身体还行，思维比较好。

任：我们班还有个项美珍你没去找她？

张：基本找的都是院内的。

任：她就在院内啊，好像还有个叫胡启望，是项美珍的老公。

（二）在民族学院的生活与学习经历

张：咱们就进入正题吧，1956年您是在什么情况下进入民族学院历史系的呢？

任：1956年我是在许昌一中毕业，为什么报考民族学院呢？主要是因为我看到费孝通、吴文藻、潘光旦这些教授的名气很大，就想在这里学习，这是一个因素。另外一个因素是那时候民族学院吃饭不要钱，其他学校好像还要申请助学金。但主要是因为这几个人名气太大，我就想去那里读书，跟着他们读书。

张：当初您进入历史系，您回忆一下历史系的状况。

任：我那年不够18岁，那年还没有选举权，我们班，那一届就那一个班，大概有90来个人吧。

张：95个，您是最年轻的。

任：大部分都是调干，比较有社会经验，开会讨论发言呢都是他们发言。我们高中毕业去的大概只有十几个，才离开学校的娃娃，不像他们那样会说。但是我们有我们的强势，一考外语他们就不行了，主要是他们年龄大记不住，所以外语他们没有我们高中去的那个程度好。

张：当初老师的状况您回忆一下，给您留下很深印象的有哪几个老师啊？

任：一个是我读研究生的那个导师，翁独健先生。他不常来，但是我听过他几次报告，我觉得他口才很好。他讲元朝的历史发生在我们中国，但是搞元史出名的是在日本，这个事情让他心里不平衡。他说他读书的时候，陈垣都说元史研究的中心必须得夺回到中国来，所以他年轻时就下决心搞元史，要搞出个名堂来。翁先生最早留学美国，是哈佛毕业的，哈佛的博士。我们在学校那几年，说是学了五年，也没有分啥专业，大家课程都是一样的。林耀华、张锡彤、王锺翰都给我们上过课，我觉得他们学识非常渊博，所以读书那几年是我最好的时光。那时候图书馆的书很多，也很全，生活也很好。我在读高中时候，那时候生活费是一月九块，其中包括笔，书本等。剩下四块五我省着吃，也只能在食堂吃半个月。当时伙食也不好，那就是一般的饭，那个煮白菜、煮萝卜。

张：谈不上其他的了。

任：谈不上其他的了。那半月我就在家往学校背馍，我的学校离家60里。星期六下午放学就回家走，走到家月亮都上来了。第二天吃了中午饭，然后背馍到学校去，又是60里路，走到上晚自习了，那生活非常苦。所以到北京一看，那时候伙食是十二块五啊，其他的高校都是十块，那是非常好。学习环境又好，吃的又好，所以那几年最愉快，就那几年读了点书。"反右"期间还发表了篇论文，咱们学校历史系有个老师，他"反右"的时候提意见，他提的意见也不中，他说共产党要倾听民意，不听那民意、不让老百姓说话，那就要垮台。他还说了其他一些话。当时我也很年轻，就写了篇文章投到开封社科院刊去，那篇文章就登出来，那是我大二时候发表的第一篇论文。

张：当初，刚才您谈到的这个问题，范宏贵他们当初为什么弄成"准右派"呢？

任：范宏贵是这样，范宏贵、李范文、徐仁瑶都是历史系研究生班的，他们班的导师大概就是吴文藻、潘光旦。费孝通有时候也去讲点课，因为他是副院长，他事儿多，主要就是吴文藻和潘光旦他们两个讲课。就刚才我和你说的，就苏克勤要把吴文藻、潘光旦打成"右派"，而李范文是吴文藻的研究生，他叫李范文揭发他，李范文说没啥可揭发的，苏克勤就很是恼火，把他也打成"右派"。在论证是不是"右派"的过程当中，他们研究生班的那个班委也在开会，范宏贵大概是他们班的那个，不是班长，是班委之类的，他们正在开会呢，李范文过去了。范宏贵说李范文你出去，有事我们顶着，他就说这话。

张：嚯，有点侠气。

任：范宏贵知道李范文他不是"右派"，非定他"右派"那勉强了。

张：太牵强了。

任：对，太牵强了。他就顶嘛，他就这一句，后来还受批判，定为"准右派"了。之所以是"准右派"是因为他是归国华侨，他从越南回来的。他有个哥哥叫范宏科，范宏科在北大东语系当讲师，大概就是因为有这个原因，没给他戴上帽子，但是已经知道他是"右派"了。很玄的，他要不是归国华侨那就定成"右派"了。

张：班里这课上的怎么样啊？在进行社会历史调查之前，这一段上课都正常吗？还是因为"反右"影响了一些上课。

任："反右"弄了两个月吧，稀里糊涂，那时候我年龄小，没人把我当回事。河南农村来的，年龄小，个子小，光着头，穿着一个土布衣服，所以当时没人把我当回事。所以我也没发言了，系里要求每个人都要写大字报，我也只好贴了张大字报，我说楼道的灯泡不亮，换个新灯泡。我没有其他言论，所以也没人注意我，都是生活上的事儿。那有的"右派"定得离奇，我们班有个叫杨庆镇的，后来在辽宁社科院，退休了。那个苏冰是个老革命，她很蛮横，说话说一不二，没有商量的余地。那个杨庆镇给她贴了张大字报说她是"骄傲的女皇"，对她个人提意见。结果变成对党的攻击了，就成了"右派"。

张：这学生可能就是一两句话不太适当，或者激烈了一些。

任：那时候你对党员个人提意见，那就是攻击党，这个非常荒诞。

（三）赴广西参加少数民族社会历史调查

张：当初经过这段"反右"以后，在参加少数民族社会历史调查之前，有过什么动员报告之类的吗？

任：大概说过，这是第二次搞少数民族社会历史调查了，好像1956年还是五几年搞过一次了，这次是把上次没有搞完的问题彻底搞清楚。上面动员过，然后就让大家报名嘛，你看你愿意到哪个地方去，因为分着好多组。

张：哦，这个是采取自愿报名还是组织统一分配？

任：自愿报名。当时我知道广西桂林山水甲天下，我没去过桂林，我很想去那个地方看一下，于是就参加了广西调查组，就这样去了广西。

张：从北京走之前经过一段时间培训吗？

任：没有啥培训。

张：哦，就是我去那儿调查就完了。

任：嗯，就是下去调查就完了。

张：你们怎么离开北京的呢？

任：那是集体坐火车去的嘛。

张：呃，你们第一站到的哪里？

任：那我都记不清了，反正是……跟着徐仁瑶、莫俊卿。

张：你们那个组都有谁？

任：徐仁瑶、范宏贵、项美珍，还有我。这都是民族学院的。李干芬、唐兆民、李维新、黄永贞、颜宝仪、黄钰等人是广西民委，和其他地方抽调出来的。陆红妹是民族学院民语系的。还有我们班的严英俊。

张：当初你们去的哪里调查？

任：去的是广西全州和灌阳。他们都在广西北部，灌阳县位于湘桂两省之间。我们主要搞全州东部的瑶族聚集的地方。他们多居住在深山老林，交通不便，用现在的话说就是原生态。

张：我看这个资料，您去的是全州。

任：对对对，去过全州，去过灌阳。

张：对，还有灌阳。现在谈谈全州，当初去全州是从南宁走的？是从柳州走的吧。

任：去全州的时候记不清楚了。反正是坐一段汽车，走一段山路，路不通就走山路。背着背包，我记得过一条河的时候，但不知道是啥河，我突然滑到里头了，不知道谁把我拉出来了。

张：这个时候你们是不是和莫俊卿还在一起啊？

任：到了南宁以后就跟莫俊卿他们不在一起了。我跟严英俊那会儿，跟范宏贵啊，老是在一起，因为在一个组。

张：你们下去主要也是"三同"，同吃同住同劳动。

任：1958年下去的都是大食堂啊。全国都是食堂啊！

张：那他们的食堂办得怎么样？

任：办得不咋样。那时候已经经常吃不上饭了。

张：哦，已经是露出自然灾害的端倪了。

任：吃得不够好。那时候就是有粮票了嘛，当时从北京出去的，每个月32斤，所以我们还能吃饱。就是吃得不怎么好。

张：你们副食供应紧张吗？

任：副食供应很紧张的。我们在那里还炼了一段时间的钢铁。

张：正赶上大炼钢铁，参加了当地的炼钢运动。

任：啊，全国正在搞大炼钢铁，我们在广西参加了一个多月。

张：炼出来的钢铁质量怎么样？

任：质量不可能好，好锅好盆都拿去，炼出来的铁都是渣子，不能用。

张：然后到了全州，你们当初主要调查的是哪个民族呢？是瑶族啊，还是苗族啊？

任：最初调查的是瑶族。

张：你们下去都要进行什么样的工作，您回忆一下。

任：当时住在老百姓家，他们那儿广西的少数民族地区住的房子都是两层的，下面是养牛的，上面是住人的。他们给我们找的房子，上级给不给他们钱我不知道。

张：吃饭呢？一块儿吃。

任：吃饭都是在他们搭的那个棚子里吃。

张：白天呢，参加劳动还是调查呢？

任：也去参加劳动，他们除草我们就跟着除草，有时甚至跟他们上山砍柴，在参加劳动的时候问他们一些问题。

张：您下去的时候有没有提纲啊，比如我今天下去要询问几个问题，是要达到什么目的，关于这些组织上有没有交代啊？

任：有有有，没有手写提纲，都是铅印的。领导交代我们做什么我们就做什么。

张：当初有录音机、照相机这类的设备吗？主要是围绕哪几种情况呢？问些什么问题呢？

任：哪儿有。主要是调查他的风俗习惯，比如吃啊，穿啊，信仰啊，喜好啊，服饰啊，就这些。他们大多都是农民，太专业的答不上来。那些都是考察资料，我们询问的大部分都是日常问题。

张：这个宗教问题问得多吗？他们有没有宗教信仰啊，当初这个山里头？

任：宗教问题也涉及，但问的不是很多。很多人没啥信仰，它这个山也很偏僻，有时候一个山村它就是没有几户人家，有的山村就是十几户。他们山很大，你隔几里再到一个村子,他们和那个村子语言就不同啦。所以我们到那儿还得找个翻译。

张:像每个村之间距离这么长,途中是不是很危险?因为有时候要过河过山之类的。翻译找的是本地人吗?

任:找本地的。他那儿有至少是中学毕业的人,我们找的都是懂汉语的。有时候在山上爬呀,爬了很久,才爬到山顶上,等你下了,才发现你这边喊声那边都能听见。爬山得爬半天。

张:光是路就得走半天。那从这个村儿到那个村儿转移的话,是组里进行人员分配吗?

任:没有,有时候到一个村子里,如果村子很小的话,一般就是两个人一起。

张:那一般进行几天调查呢?在一般的小村子。

任:小村子也得两三天吧!调查完成之后再转移到下一个村子。

张:你到下一个村那还得带着行李。

任:背着被子,带着行李嘛。上级给我们发了一块雨布,把行李一包就上路了。

张:这个问题就复杂了。那儿主要是山区,行路很难。

任:都是山区。经济非常不发达,那时候我们也穷,就一个被子,绳儿一捆,就搁背上去,去哪儿就带到哪儿。

张:解决路上的问题了。当初这个调查,就是我到您家去调查,那被采访者有没有补偿呢?是给工分还是给钱啊?占用你的时间有没有补偿?

任:那不清楚。应该是有补偿,有时候出去采访他们半天,他陪你聊啊,可能回头上级让他们队里补偿他们工分。

张:当地人民对你们欢迎吗?

任:有人欢迎,有人不欢迎,那时候生活都比较困难呐。我记得有一次到一个农民家里,我是个学生嘛,学生嘛过得也不好,但过得比他们农民好。他们就说我们不种谷子吃好米,不种棉花穿好衣。有几个老头这么说我。

张:这是当地农民对你们的一种看法,也不能说他说得不对。

任:他们对我们的调查不反感。我们还给他干活,刚才我说的那两句话就是"不种谷子吃好米,不种棉花穿好衣",也有一点开玩笑的意思。

张:因为互相都熟了嘛。你们当初采访的对象是什么人,当时那个地方也有贫下中农之分吧?

任:有有有,他们那儿阶级很分明啊,他给你找来的都是贫下中农。

张:他们那儿有没有宗教职业者,专门从事宗教工作的人啊?

任:有,我没采访到。我住的这个村子里,有个晚上我看到十来个人在那"跳大神"呢。因为缺少文化科学知识,得病啊或者一些自然灾害他们都举行一些活动。当初上级没有布置我们,所以我们也不过问。

张:这是他们本地的一个习俗吗?

任:这可能是他们本地的一种习俗。

张：去灌阳以后，和全州有什么区别吗？

任：没啥区别，没啥区别。

张：您都去了几个地方啊？

任：全州，还去过灌阳。最先的时候到的环江，环江那是毛南族聚居地。

张：谈一谈毛南族的调查吧。

任：那里尽是山，一个村子大概有十户八户人家。他们那儿没法儿骑自行车。没有平路，都是山坡，去这儿爬坡，去那儿也爬坡。那个地方，耕地都在坡上，也比较穷。

张：就出产不太丰富。自然条件怎么样啊，那地方？

任：自然条件也差，那边水田很少，就都是坡地。种点红薯种点玉米之类的。长不好，靠天收，所以呢，生活不是很好。

张：你们去了以后，恐怕更艰苦了吧，那得跟老百姓同吃了吧，那儿没法办食堂。

任：不，他那小村子……也有食堂。

张：还有食堂？

任：也有食堂，在食堂吃。那时候他们那食堂的米饭，硬，不咋软和，因为他们那收成大概就是很普通的米和杂粮。

张：就很糟糕。

任：对，很糟糕，交了公粮以后，大概剩的东西就不多了。吃白米的时间很少，一般都吃杂粮，吃玉米呀。

张：他们那儿主要调查也是这些东西。

任：对对对。我们下去调查的好像都是……

张：这毛南族是在广西什么地方？

任：广西环江县。

张：环江。

任：它那儿出菜油，就是榨完籽之后用来烧饭。

张：去那儿以后，您就去了这三个地儿。

任：大概就是去了这儿个地方。

张：您都参与写了哪些调查报告啊？

任：写了毛南族的调查报告，几个人合写的，我就写了一部分。我们一般在晚上整理笔记，回到县上整理成文章上交，自己不能留有底稿。我还参加过广西武鸣壮族调查。

张：他们那儿是不是以前有过农民起义啊？

任：是曾经有过，但啥名儿我记不清楚了。

张：环江，还有最后的这个武鸣，您一共在那里待了多长时间？

任：和调查组一起回来的。

张：您在那待了多长时间？您是毕业前回来的？

任：不，不是，那时候正上二年级嘛，二年级上完去的嘛，那会儿该上四年级了。

张：待了多长时间？

任：待了一年多吧。

张：就撤回北京了。

任：嗯。

（四）赴湖南参加少数民族社会历史调查

张：回学校以后您又参与了哪些调查？

任：回学校以后，1960年我跟着王炬堡去了湖南土家族调查组，因为王炬堡是（湖南组）负责人嘛。

张：王炬堡，去湖南搞土家族社会历史调查去了。

任：对对对，在土家族苗族自治州，在那儿住了很长时间。

张：一直跟着王先生？

任：对啊，王先生是组长嘛！

张：您是帮他文字整理呢，还是负责到基层去调查呢？

任：当时我们总共两个人一起去调查了。

张：您跟谁？您跟王炬堡。

任：呃，王炬堡是组长，我是跟他们研究生班的一个叫陈文瑾去的。他后来在那儿教中学，跟范宏贵他们一班的。我跟陈文瑾一块儿去。

张：土家族的情况是不是比广西要好一些？

任：那时候啊是1960年……

张：哦对，那时候更糟了才对。

任：对对，更糟了。那时候就已经吃不饱了。

张：那你们去调查，农民还有这个心情跟你们一起谈吗？

任：他们都吃不饱饭，不愿意配合。那你先找到公社嘛，再找到大队嘛。大队吃饭的时候找他们去，但是配合得不是很好。

张：这一段好像出现问题了。

任：嗯，饭都吃不饱，他哪儿还有心情在那儿跟你聊。

张：在土家族那儿，您遇到过什么事情吗？比较难忘的事情，或者给你留下比较深刻印象的事。

任：这……记不清了。

张：记不清了。那土家族调查回来以后呢？就毕业了？

任：对，1961年回来就毕业了嘛！

（五）考入社科院后至今从事研究工作

张：毕业就分配到河南来了，回老家了？

任：那不是，那年毕业以后分配我留校读研究生了，读研究生我很高兴。后来开学了嘛，回到学校书记就换成王克。王克找我，她说："你出身不好，有人'咬'你了。你不能留在北京了。这样吧，把你分到兰州，中国科学院兰州分院。"

张：那你跟陈燮章不是一单位？

任：陈燮章他到新疆了。

张：哦哦，陈燮章是新疆，您是兰州。还近点。

任：啊啊，中国科学院兰州分院。我就在那儿刚工作一年。（因为自然灾害）饿死人了嘛，当地有个政策，精简人员，（新参加工作的人员）家在农村的都要返乡，参加农业生产，组织上发放20%的工资，讲明等经济好转以后再回原单位。我是被精简的人员之一。

张：回乡的话给多少工资？

任：那时候还没转正，试用期嘛。给我工资的20%，也就20多块钱吧，于是我就回到我们县里。

张：这种保留工资是一次性给还是以后每月都给啊。

任：先给了半年的，后来是按月给。

张：到哪去领呢？到县里？

任：他会给你寄来，大概有半年左右时间吧，我看家里情况不太好，就应聘到县里教书了。因为有了新的工作，他们就不给我寄钱了。

张：您又怎么到的社科院呢？

任：1978年以前一直在教书。

张：您教什么呢？

任：我在县二中教高中语文哪！

张：也算个重点学校。

任：1978年那年调工资，当初规定30%的人员可以享受工资调整这个政策，具体人员是领导来决定的。我觉得，按我工作的时间和工作业绩，我也该涨一级，可是他没有给我涨。我就生气了，我就跟他请病假，县医院里给我开病假条。后来开学了，我的班是重头戏啊，我是要考研究生的，但班里有准备高考的考生啊。后来他们一查，年龄限制，35岁，那我不能考，那算啦，我只好放弃了。又隔了10天，组织上又放宽研究生报考年龄了，宽限到40岁。我那年刚好40岁，就到北京来参加考试了。我当时报考的是中国社科院，录取过程中民族学院的宗群啊，施联朱啊就给我说好话了。

张：帮了忙。

任：哎，帮了忙。翁独健先生见到我就说我是"神经病"，他说1961年我让你留校读研究生你不留,你要工作去,过了十几年呢又回来读研究生。

张:当初我想留,你不留啊。

任:是啊,他不知道我离开学校的详细情况。复试以后,让我们去天安门广场瞻仰那个毛主席遗容。我离开北京17年了,北京也发生了很大变化,陈燮章告诉我坐22路公交车就到了。我到了新街口那儿坐22路坐反了,应该往南结果往北去了,坐到北师大门口了。

张:哦,方向坐反了。

任:后来,翁先生开玩笑就说你在北京上了这么多年学,坐公交都能坐反,说这个学生"智力"肯定很差。

张:就到社科院了。报的什么专业呢?

任:文学硕士,学蒙元史。

张:现在很缺这种人才啊。

任:我搞了元史,也搞了地方志。

张:一直干这工作。有什么著作吗?

任:我出过17本书了。有这个河南出的,也有这个中央党校出的,有在陕西出版社,也有新华出版社,哪个地方的都有。

张:那您这个著作颇丰啊,可以说是。

任:大概有150篇论文,17本书。

张:一直没干自己专业,一直在搞民族史。

任:我现在还在搞《河南史丛书》,本来我都不想承担这个事,领导多次找我,我后来决定参加了,社会上的事,我基本都谢绝了,有人来找我谈事就耽误半天,思路都乱了。

张:现在准备写什么呢?

任:河南"移民史",移民。

张:移民到哪儿,往哪儿移?

任:有外边的移到河南的,有河南的移到外边的。

张:到陕西去的多吧?

任:陕西的是往河南移,河南的移民大部分是往南去的。经过大的变乱,老百姓南逃的多了,就这样。

张:那您这么大年纪还坚持写作。

任:我的身体很好。

张:在郑州待了不少年了吧?

任:我1981年就来了,30几年了。我都在这边住,我不出来开会,就在家。

（六）对社会历史调查的评价

张：您认为1958年的这个中国社会历史调查有什么意义吗？

任：非常有意义。1958年那一次，是费了不少工夫的。

张：潘光旦他们那一次。

任：潘光旦1957年又去了一次。所以1958年这次调查很有必要，我们搞这个社会历史调查，有很多情况你要不问清楚、不讲究，到若干年以后，那很多东西你都问不出来了。我问那个政府机关啊，那个村子的收获情况啊，那些情况到了若干年以后都不是那个样儿了。所以后来国家民委出了五套丛书，有必要，非常有必要。

张：一是要维护国家统一和民族团结。这是为边疆奠定这个基础，尤其是非常敏感的地方，西北、西南、西藏、新疆问题上，我们都进行了方方面面的调查，留下很多资料，这是功不可没的。但是你们当初正在大二，等于是放弃了大三以后的学习生活吧。

任：哦哦，对，大三基本上……

张：没上过学。

任：没有上过。

张：都到基层去实践了。

任：对对对。

张：您觉得实践中能取得什么成果呢？您自己觉得在中间得到了什么呢？

任：这个收获还是很大的，受益终生啊！我觉得我这辈子干的最有意义的事儿就是去广西、湖南搞的这两次社会调查。锻炼了人生的经历，增长了阅历，也促使我读更多的书，搞更好的学问，把有关社会民族的历史弄清楚。虽然说自己没从事少数民族工作，但是年轻时曾参与过，是很难忘的事情，也觉得很值得。

张：从宏观来看，您觉得它的历史意义在哪儿？

任：呃，那对于民族团结、维护中国的统一、加强民族融合、加强中华民族的凝聚力都是非常必要的。我们每个少数民族都一样，都是我们这个中华民族大家庭的一员，少了哪个都不行。

张：都是我们中华民族大家庭不可或缺的一分子。

任：对。

张：所以您通过社会历史调查的亲身实践，自己参与了这个工作，认为它是非常必要的，也非常及时。

任：非常必要。

张：如果当时中央没有这样的决策，恐怕很多东西都要流失了。

任：对对对。很多当事人已经不在了，如果只能去听二手三手的人去谈这件事，恐怕里面的水分就太大了。无论是对国家还是对我个人都是非常有价值的。

张：这件事情应该说是中央的一个重大工程，这个工程为今后社会的发展，民族的团结，还有国家的统一都起到了功不可没的作用。它是有非常高的价值的。您作为一个亲历者，跟我们谈了这么多，我们感到非常高兴。非常不好意思耽误了您的时间啊，今天我们能找到您呢，我们也非常幸运。那就不打扰您继续写书了啊！

任：那没事儿，哈哈！

赵映东先生

十八、赵映东访谈录

访谈对象：赵映东
访 谈 者：张龙翔
访谈时间：2016年6月21日9：00—11：00
访谈地点：博物馆二楼会议室
在 场 者：沈秀荣、宝阿咪丽、杨子琦
录入整理：宝阿咪丽、杨子琦

访谈对象简介

赵映东（1931—），白族，云南大理人，解放后任白族小学校校长，教师联合会秘书长，1956年进入民族学院政治系学习，1958年中国少数民族社会历史调查参加内蒙古自治区调查组达斡尔族调查工作，毕业后留校。长期从事少数民族研究。

[张龙翔按]：社会历史调查工作是一个大工程，它需要组织的协调，更需要成员之间的分工和相互配合。与其他采访对象不同，赵映东先生在内蒙古和东北社会历史调查团中除了协助调查之外，主要负责文件的起草和调查报告的撰写。他为本书提供了一个完全不同的视角。从小组总结者的角度出发，他相对更宏观和全面的审视了一支社会历史调查队伍的成果，填补了我们采访的缺失之处。

（一）与中央民族学院的渊源

张龙翔（以下简称"张"）：赵老师，您是哪年来到我们中央民族学院学习的呢？

赵映东（以下简称"赵"）：1956年8月。

张：您怎么来的呢？因为什么情况呢？

赵：是咱们国家那时候，党中央发出来"向科学进军"嘛，所以要抽调一部分干部进大学学习。我是那个时候来的。

张：您当时在云南的时候从事什么工作呢？

赵：我原来是万泉小学的校长。后来，在1954年，搞了一个小学整顿，改进小学教育学习，增强学生学习意愿。后来我被评为优秀教师。结果呢，要成立分宜县，那时候我在大理专区的分宜县，那个县是省的重点县。后来整顿改进小学教育以后，各个县要成立教师联合会。结果呢，县里边就把我调到教师联合会去任秘书长。然后，到1956年要抽调干部，那个时候在县里边都学习嘛，我又是白族，那个时候又要成立白族自治州，我还被选为成立白族自治州的"高知高见"代表之一。正在开会，8月初开会，会没有开完就来了。

张：哦，突然就被调走了？

赵：开代表会，县委书记问我"让你去学习，你去不去？"我说去哪儿啊？说北京中央民族学院。我说让我去，那我就去。就这样，过了十来天就走。我本来去开代表会，突然通知去学习，那就走了。

张：这样就来到了北京。

赵：到北京来了。那来的北京路上时间很长。我现在告诉学生啊，你们现在一天就可以回家，我们那时候折腾了半个月啊。

张：走15天。

赵：下关到昆明就3天，"两头黑"，现在汽车4个小时。下关到昆明4个小时，够了。

张：您当初是怎么从下关到昆明呢？

赵：坐汽车。汽车是什么汽车？大卡车。大卡车烧的什么油呢？不是柴油，是木炭。实际还要"哗哗哗"烧火，烧木炭。路是土路，坑坑洼洼的没有办法走。而且爬两个坡，一个是胡伟坡，一个是天竺庙坡。那个天竺庙坡高啊，上个坡就要三五个小时啊。上到顶啊，现在改道他不经过这个了。胡伟坡从地下打个洞就过来了。不爬了嘛，是吧。走了3天。一走啊，下车全是泥，自己坐在自己行李上。然后呢，到昆明，县委书记跟我说到昆明还考试。一考试，那我没有学历这个就说不准了。到昆明以后呢，我也考。而且呢，民委主任还来欢送我们。

张：你们来北京是一批学生吧？

赵：就来了7个人，从云南省来了7个。在本科的5个，在专科的2个，就7个人一共。坐了小火车，从昆明到霑益，那火车小，是窄轨。

张：到民院之后您被分配到哪个系啊？

赵：我在政治系，读本科。

张：当时的系主任是谁啊？

赵：系主任是浩帆。蒙古族。

张：书记呢？

赵：书记也是他。

张：一个人都兼了。

赵：后来呢，浩帆走了以后呢，是吴子服，后来呢是李志密，李志密之后就没有（其他人）了，（我）就接替她了。我是分出干训部以后啊，跟李志密一起被分到干训部。国家那时候重点搞培训干部嘛。

张：那在1956—1960年之间，你们主要学习什么呢？

赵：第一年学的多，语文、历史还有民族志。民族志他不是搞民族学，作为重点。只是找几个人讲座。吴文藻啊，朱宁啊，施联朱啊。这样来讲课。讲座也是一个（大课）吧，它（更多）是讲座。来讲几个民族，讲五六个民族，讲了大概十来个民族，没有全讲。

张：挑重点的讲了讲。

赵：还有什么呢？政治课。学了几门政治课，经济学、科学社会主义、哲学，我们后来就成为哲学专业毕业的。学了十几门课吧。毕业以后呢就留下来了。留我的时候，我跟吴子服说我还有家。后来他就说，共产党员听党分配。

张：这就没有话说了。

赵：没有话说了。后来就说以后再解决，就留在这里，听从分配。到人民大学哲学系见习吧。我们留了几个，一个在学院，一个学经济学的，一个是搞党史的。他们都办了大学教师见习班。就是学了一年回来可以讲课，回来再讲课。我在那儿待了一年，人还没回来呢，就给我排课了。

（二）少数民族文化历史调查与当地社会情况

张：您在哪个期间，参加了中国少数民族文化历史调查工作的？

赵：是在1958年去的。

张：您把这段历史跟我们谈一下。

赵：1958年8月。

张：您那年是大二吧。

赵：大二完了，进入大三的时候，就是9月份进大三嘛，8月份走的。

张：在那之前给你们做过什么动员报告吗？

赵：有啊。这个讲的是由全国人大民族事务委员会，国务院民族事务委员会还有民族研究所，下面主要是民族研究所负责的。这个调查呢，在我们之前（有一批人已经开始了调查），我们1958年去的，他们1953年就开始调查了。我们那个时候呢，就是组织学生去的，民族学院的政治系和历史系。

张：这两个系，就是政治系和历史系。

赵：这个还有北京大学的历史系学生，据说还有师大的，有没有我不清楚，因为我那个组没有。

张：您分到哪个组呢？

赵：我是分到内蒙古和东北，这是个大组。

张：这个组的负责人是谁你知道吗？

赵：民族研究所的副所长，秋浦。我记得的。他不在了，他是研究所的副所长。他原来也是研究几个民族的，（写了专著和一些论文）。

沈：和您同在这组的，还有谁啊？

赵：同在这个组还有谁？蒙语系的就还有个苏格。苏格死了。他比我年轻，还死了，走了十多年了。当时不让我回云南参加少数民族社会历史调查，为什么呢？因为你回云南也轮不到你去搞白族，你们白族知识分子多，轮不到你到那里去。所以呢，到东北我也很喜欢去。我说那正好啊。能够参加东北少数民族社会历史调查了，就更了解那里的民族，更深入了嘛，我也很高兴啊。

张：您主要去的是东北的什么地方？

赵：内蒙古调查组，内蒙古调查组是一个大组，负责几个民族，蒙古族、达斡尔族、鄂伦春、鄂温克，四个民族。我是分在达斡尔族这一组。

张：哦，莫力达瓦。

赵：哎，莫力达瓦那个是达斡尔族，负责这个组嘛。我们有6个人吧，我们组很多人也"走"了。现在我们那个组的那两个人也没联系，这么多年，也不知道。那个学生，他叫吴玉扎，还有楼安。

张：他是什么族？

赵：汉族。

张：你们到那儿踩点以后，下去主要做什么工作呢？

赵：第一就出发到内蒙古，就到黑龙江。在哈尔滨待了3天，后来呢，下放到调查点。我们达斡尔族组，主要是调查达斡尔族的几个点。一个是齐齐哈尔郊区的哈拉屯，后来完了以后呢，还到莫力达瓦旗，我就去过这两个点。在哈拉屯儿调查了2个月，9月、10月。在那儿调查了2个月。那个时候冷倒是学生有准备，皮靴子、皮帽、皮大衣，还有皮裤呢。因为那个时候零下30多度，坐公交车脚都是冷的啊。

张：你们在齐齐哈尔主要是住在哪儿啊？第一站。

赵：第一站就是在哈尔滨待了3天。联系我们直接到齐齐哈尔。

张：到了黑龙江以后，黑龙江省有没有派人跟你们在一起？

赵：没有。

张：还是我们自己人？

赵：自己。我们去了几个人，我们组，这个组的组长叫珠荣嘎，达斡尔族人。他是内蒙古的。

张：你们到了当地以后是找的当地民委还是统战部啊？

赵：民委，统战部都有啊。都管我们的，都管。

张：方方面面他都给管起来了。

赵：都管，联系好以后我们直接到哈拉屯儿。

张：直接到哈拉屯儿去。

赵：哈拉屯就是调查住了2个月。

张：主要是做什么工作呢？这2个月。

赵：调查，下去调查，一家一户了解。从吃得到生产工具。生产、耕种的种类、品种，各个方面的都了解，都调查。

张：当时对他们达斡尔族的民俗、民族风情和宗教信仰各方面的东西调查了吗？

赵：这个我们倒没有调查。他们前一波已经调查过了。

张：你们是第二波。

赵：在我们的前面几年，1953年开始有了调查。后来呢又停了。停了以后，中央呢又抢救，要抢救少数民族的（文化）。后来就拍了几个片子嘛，拍了关于几个少数民族的片子。那几个片子是抢救式的，以后就没有了，看不到了。

张：当时还是原生态。您去的时候，达斡尔族的生活状态还处在原生态状态。

赵：那个郊区跟牧区不一样啊。我们在路园区，那个哈拉屯儿实际就在路园区，它那个地大，都是平地，适合耕种。一家子一二十亩地，他是垧①不是亩。不是多少亩，是多

---

① 垧：东北地方一垧地为15亩。

少坰。

张：肯定很多了。

赵：哎。那个地大。但是呢，广种薄收。那个时候主要种土豆。我们去顿顿都是土豆。每一次都是炖土豆。做那个土豆挺好吃啊，一个个那么大一个，锅里面闷出来，很香，又好吃。但是你不能天天吃啊，照顾我们调查组呢，给我们吃一顿白面，两顿土豆。

张：当时你们调查的形式是什么形式呢？是挨家挨户去做工作？

赵：挨家挨户去调查嘛。

张：去登记。

赵：挨家去调查嘛，每一家去走访。这不是开会，自主调查，调查了解。

张：这个村子大吗？哈拉屯这个地方？

赵：不太大。不大。但是当初全是达斡尔族。

张：都是达斡尔族。他们是以畜牧业为主吗？

张：农牧业。

赵：农业，主要是农业。

张：他们当初那个语言已经改变了吗？

赵：都说汉话。

张：已经汉化了。

赵：都是说汉语，不然我们怎么调查啊。都说汉语。

张：语言上有障碍吗？

赵：没有障碍。因为它在齐齐哈尔郊区啊。

张：深入到下边以后，有过座谈会之类的形式吗？

赵：这个没有。就是调查嘛，就是找几个，三五个人了解，这种情况有。开大会这种情况没有。

张：这三五个人是由你们工作组来定呢，还是由村里给你们定呢？

赵：也有开会的。我想起来了。因为我看一开会一屋子人，男男女女都抽烟。然后我说怎么那么多人抽烟？后来一看呢，都是拿纸卷的。

张：这是关东三大怪嘛，都叼个大烟袋。

赵：告诉他们这里边的（需要），然后

1958年10月，赵映东先生在齐齐哈尔市郊区哈拉屯做达斡尔族社会历史调查时于农户家中写调查笔记（赵映东提供）

他们给你组织起来。别的地方，我们是一家一户去啊。一家一户调查，这种。

张：他们本地的达斡尔族老百姓啊，对我们下去的工作人员到他们家乡去工作，他们欢迎吗？

赵：欢迎啊，每天给我们吃一顿白面。

张：他们以农业为主，牧区的生活特点好像没有多少啊？

赵：那个地方虽说是达斡尔族聚居区，但以农业为主，没有奶茶什么的。那个齐齐哈尔郊区啊。原来东三省划成了9个省，齐齐哈尔是省会啊。它是齐齐哈尔的郊区啊。所以说生活习惯都不一样。

张：每家做完调查之后，这个记录怎么来汇总呢？你们几个人都下去……

赵：回来以后自己整理啊。

张：谁记录的谁整理。

赵：按照记录的整理啊。自己整理啊。整理完以后就集中汇总啊。

张：整理的时候已经撤出了哈拉屯了。

赵：后来完了以后呢，撤出哈拉屯，回内蒙古，在呼和浩特。

张：又到了呼和浩特了。

赵：还经过北京啊，直接到呼和浩特走不过去。

张：绕了一圈子。

赵：在那儿搞编辑整理。后来，到了1月份。完了以后呢，我们还到莫力达瓦旗。

张：又杀回来了。

赵：是杀回去，这一次我们就去了两个人。我和满都尔图。民族研究所的，他是达斡尔族人。

张：咱们学校的？

赵：满都尔图，民族研究所的。

张：这回剩你们两个了。

赵：我们两个去的。从这儿到莫力达瓦旗，又去补充调查。他以前去过。他去过，后来又去补充调查。那个时候我们两个下到莫力达瓦旗首府在的地方，80里路。到那个地方去。有一个大圈子，在那边调查。我们两个在莫力达瓦旗待了1个多月吧。待了1个多月又回到内蒙古去。

张：1个多月的调查，主要是他做翻译，您记录啊？

赵：不是。老百姓都能听懂汉语，都能交流。因为我们还没有到那个，（语言不通的地方去），在莫力达瓦旗都能交流。

张：这儿的调查情况和前面齐齐哈尔郊区的基本都一样。

赵：这次不是下去调查，这次是调查大的，像后面成立人民公社啊，搞以后这一段调查。解放以后这一段儿，这一段调查的多一点。我们去的时候正好那个村子成立人民公社。成立人民公社要开代表会啊，热闹。吃饭，一定要参加吃饭。成立人民公社啊，他们开庆祝会啊，那个很热闹。后来我说今天跟他们吃饭肯定要喝醉了。我一看那个架势啊，那么大水壶，他们吃饭要喝酒啊，拿过来就倒着喝。后来到桌面上我就摸到诀窍了。10个人一桌，拿一个大碗。然后传过去，一个人喝一口然后传过去。这一次我就可以逃过去了。我可以不喝啊，可以沾一点就过去了。他也不强迫啊，感觉很热闹。那个正好是"大跃进"成立人民公社那个时候。

张：他们在人民公社成立以前成立过合作社吗？

赵：有啊。

张：通过调查啊，他们的生活比以前改进多不多？你们去调查的时候啊，那是1958年吧？比50年代初，1954至1956这段时间，老百姓反映，他们的生活水平是不是提高了。

赵：提高了。

张：经济收入情况也提高了。

赵：提高了。

张：在莫力达瓦旗那个地方，他们的农作物主要是什么呢？

赵：莫力达瓦旗啊，那个就跟哈拉屯就不一样了。哈拉屯全是土豆，莫力达瓦旗呢，种那个玉米啊，高粱啊，高粱多。吃饭也是吃高粱米饭。其他作物也有。像那个大豆啊这种也有。他们地多，一家人有几十垧地，他们不说几亩地，说几垧地。

张：这时候采访的时候对民俗这方面也没怎么调查吧，关于达斡尔民俗的东西。

赵：民俗的这次我们没有调查。

张：宗教也没有调查。

赵：以前调查过。

张：都是以前搞过。

赵：在我们前面那一波，那几年已经调查了。

张：你们主要是搞经济。

赵：搞农业搞经济，一起发展。

张：就是当初你们到那儿的时候整个达斡尔族人的精神面貌还是比较积极的吧，您举一些这方面的例子，就是他们如何进行生产的。

赵：挺积极的，我们下去的时候搞人民公社化，准备搞人民公社了嘛，那个时候它的生产组织比较都是浅的，没有机械化，都是跟以前那个差不多的耕种。

张：耕作方法和以前没有变化。

赵：差不多，没有多大的改进，机器还没有进入土地，还没有进入呢，是吧，现在它当然都是机器耕种了，因为地都是好地啊，都是平地，一看都是。吃得饱的，像哈拉屯那一边莫力达瓦尔旗不一样，他们吃的作物多一点，高粱啊，米饭啊，地多人少。

张：这样你们回到内蒙古以后整理什么呢，回到呼和浩特。

赵：又回到呼和浩特，回到呼和浩特以后就没有车了。一直在师范学院，师范学院给我们（住的地方），因为我们50多个人啊，因为四个民族的组加上内蒙古组的人一共很多，所以说蒙古组的人多，四五十个人呢，在师范学院给我们腾了一栋楼，就在里面整理材料，搞编写，搞三套丛书，编写《民族简史》《民族简志》，《民族区域自治地方概况》这三套丛书，后来这三套书基本搞完以后呢，像达斡尔族我们弄完就搞蒙古族的。

张：您还搞了一段蒙古族的。

赵：蒙古族的我们是得看历史材料，比如说，看《清实录》，清朝的实录，看《清实录》关于东北几个民族的，这里面有反映记录下来的都载入，那个《清实录》啊每一天它都记得清清楚楚啊，皇帝的每一天（的活动）都记录的。这个字也多了，那么厚一本，看完了就载入，有关东北几个民族的有记载的都摘录出来，搞了一段。

张：当初几个人搞这个的，就您一个人吗？

赵：好几个人呢。

张：您还记得都有谁啊？

赵：那个是个我们这个组的好几个人呢，像珠荣嘎啊，包鹤亭啊，这些都参加，参加搞这个。

张：这个工作太繁重了，而且每天得从这里摘抄。

赵：摘抄，就帮助整理。因为我们这个整理完了后来编写校稿了，还没有完，我们就是8月去8月回来，正好一年，8月去8月回来。

张：等于1958年的8月份走的，1959年的8月份回来的。

赵：就是一年嘛，一年我们就回来了，我们学生回来了，他们干部还在那里留着，还在弄啊。

张：回来以后您就脱离这个工作了。

赵：后来我们那个达斡尔族的简志，那个在1958年，1964年出了，这个调查报告呢，我们达斡尔族调查报告是1984、1985年才出的。

张：这个时间跨度就大了。

赵：因为它中间停了啊，这个没有人管，后来呢到了1985年以后才又开始搞，那个时候满都尔图他们两个负责把它（完成）。

张：您有参与这个工作吗？

赵：没有，我没有，那时候他们搞完了以后呢给我寄了一本来，还寄了一点稿费，这个那时候政治系都不全在了，都分支分解完了，后来一问我们这个政治系原来那个管生活的万人濮还在政治系啊，所以说呢寄来就给我拿来了，他到收发室一看有这个（书），就给我拿来了。

（三）对于少数民族社会历史调查的看法

张：中国少数民族社会历史调查已经过去58年了，回忆起来，您觉得它当初的重要性在哪里？

赵：咱们是多民族国家，这个是很重要的，那个时候国家抓得比较及时，那个时候叫抢救啊，往后那些搞民族的那些人走了以后你到哪里找去啊，没有办法调查了啊，抢救呢，那时候我们那个组还搞了一个鄂伦春的电影，鄂伦春原始游牧民，搞了个影片。

张：这个很珍贵了。

赵：那个可珍贵啊，到哪里去找啊，原始社会，原始的那个游牧民打猎啊，在大兴安岭打猎啊，这个我们那个大组录了一个片子，后来我们调查完了回来，一共有好几个片子啊，藏族的农奴制，彝族的奴隶制，鄂伦春族的原始游牧，云南佤族的这些片子，后来没有再放了，以前学生来，给学生了解了解，给学生放，后来不放了。到了八几年，到了 70 年代 80 年代，都来这儿拍片，调查比如说民族这方面的宗教问题什么的，但是晚了，过几年到了 80 年代那时候人都死了，咋调查出来了，所以那个时候叫抢救。

1959 年 2 月，赵映东先生（右）在内蒙古莫力达瓦达斡尔族自治旗做达斡尔族社会历史调查时坐马车赶往农户家调研（赵映东提供）

张：当初这个词定的好，叫抢救。

赵：就是，后来搞五套丛书，不是说都迟了嘛。

张：作为一个多民族的国家民族的历史都搞不清楚，这个少数民族社会历史调查是必要的。

赵：而且那个社会发展史啊，这些民族里面就都表现出来了，从原始社会奴隶社会，一直到封建社会资本主义社会它都有啊，对吧，活脱脱的社会发展史啊，活的社会发展史。所以说现在你去哪里弄啊，就是这个社会发展史。

张：这一年给您留下了很深刻的印象。

赵：反正我从云南，从最南边到最北边，印象很深，专门发了一套皮衣服啊，都穿过，骑上马，坐大轱辘车，我从莫力达瓦旗到下面走了80里路，我们两个人，他们派一个大轱辘车送我们到那个村子去，这个大轱辘车实在是太难受了，在里面坐当当当响，轱辘高啊，大轱辘车是木头做的啊，那大轱辘车坐中间，我受不了，我说我走路，你们两个坐吧，反正它走得慢，我走路（速度）也差不多，我自己走。很冷啊，零下30多度，40多度，那个时候穿那个皮大衣还冷……

张：您是经历了四季在那儿，春夏秋冬。

赵：我们去这个哈拉屯的时候，刚来的时候还可以游泳的，过一二十天就进不去了，冷啊。

张：你们当时去莫力达瓦搞调查的时候住在哪里啊？

赵：住在老百姓家里面，那个家里面搞得还不错，他们都有炕，那个火炕啊屁股都烫，做在小桌子旁整理材料，那个屁股坐的烫，坐在被子上面，都烫啊，很暖和，在屋子里面，和外面就是两个天地了。他那个房子三面是炕，侧面有小炕，就是三面。这里面有灶台烧火啊，几个炕都铺东西。

张：你们的调查工作是白天开展啊还是晚上啊？

赵：是白天，有时候集体的晚上开会，那个时候开十多个人的会啊，开大点的会啊就是晚上。所以我不说一个屋子炕上都是抽烟的吗。

张：这个当初每天做完调查之后需要每天汇总吗？

赵：自己汇总，调查完了之后自己弄，弄完以后呢到最后交到上边集中。

张：交到哪里？

赵：交到组里面汇总啊，原始材料呢是到了内蒙古呼和浩特才汇总的，集中到呼和浩特。后来就是，满都尔图他们两个把以前我们调查的都汇总在一块儿了，我们汇总的那个和以前他们调查的那个都汇总到一块，搞了一个调查报告，那么厚一本啊，那么大的。

张：那个调查报告没有出版吧？

赵：出了，我带来了一本我给你看看，他给我寄来了一本啊，1985年出的。1985年出的这么一本，达斡尔族你看他写的是1986年6月2号，他写的字在里面。（赵教授展示出版的调查报告）

张：你还留着呢。

赵：五套丛书那个时候出的啊，咱们学校五套丛书都有。

张：当初您觉得1958年的时候少数民族社会历史调查是不是也受到了一些"左"的政策的影响呢？因为当时"左"的东西已经抬头了，您调查的时候有没有受这个影响？

赵：没有。没有碰到这个情况。

张：基本上还是按照正常工作来做的。所以说通过您的回忆啊使我们更加认识到，当初中央要进行这样一个工作是非常及时的非常有必要的，为我们以后的民族工做研究工作，文化历史总结，方方面面留下了非常重要的资料。现在我们要进行这项工作就没法进行了，因为经济生活发生了变化，人也发生了变化，所以说再找那些原生态的东西无从去寻找了，你作为一个过来者，您非常有这方面的体会。

赵：就是，现在没法弄了。

张：工作是艰苦的，交通情况、居住情况、交通条件，但是你们都克服了这一点。

赵：很艰苦啊，那时候我们回内蒙古，回内蒙古去没有座位啊，站了一个昼夜啊，站到呼和浩特啊。

张：好在那时候年轻，有革命激情。

赵：我们那个组还去了一个翁独健，历史系的主任也到我们那个组去了，到内蒙古组啊，那时候年纪大啊，他跟我们吃饭开玩笑，他说我这个名字啊很自私，我一个人健康，翁独健，实际上他是瘸子啊，他不健，不健康，一只脚瘸子，不健，他是一只脚走路拐到左边。

张：您在他身边也工作过一段时间，他是组长是吧

赵：不是组长，组长是民研所的副主任秋浦。

张：翁独健负责什么呢？

赵：他别的组也去过，我们那个组也去过。

张：也深入到下面去了，到基层去过没有？

赵：内蒙古哪个地方去过我不知道，我们去的那个地方他不会去，他去不了，因为他的脚不方便啊。

张：事情已经过去60年了，很多人不是很了解1958年的少数民族社会历史调查的意义和价值。

赵：为什么啊？

张：可能他觉得这个做的没有意义，因为他们不懂这个东西。

赵：（那些人的意思是）老祖宗的历史就不需要，那都否定，老祖宗历史都不需要还得了。哪一个民族都要有自己的历史过程啊，你说那么大的一个国家那么多民族，他哪一个民族都要有自己的历史啊，怎么不能抢救呢，是吧，所以说这个否定它是不可能的。你说学历史的，你这个对过去的原始社会奴隶社会不了解，把那几个片子拿来给他们看一看就知道了，这个是活的社会发展史啊，那个还全在啊。这些东西你不能说是没有意义啊，我是说这个是一个很大的贡献。很英明的决策，对我们来说我们那时候是下去锻炼，但是呢，也是做了一些有意义的事情啊，是吧。

张：所以国家的统一、民族的团结，这都是十分重要和必要的。

赵：很重要的，你对这个民族不了解，你怎么帮助他改善？提高他们的文化素养，要将

这方面的教育顺利的发展上去。我不经过那几个一般的社会发展，不经过原始社会奴隶社会，我怎么从原始社会和直接过渡到社会主义来啊？过去不行啊，现在在咱们国家就实现了啊，有些原始社会比如说鄂伦春族一步就到了啊，你看过去的鄂伦春族是没有货币的，他那个民族都是拿了盐，拿了针线，拿了盐巴，拿了他需要的东西去给他一斤盐把虎皮拿来了，两个针就把人家农奴换来了。后来解放以后，国家就采取了措施，在那边搞一些店，这些东西摆在里面，你要什么你拿，交换的东西都交在这儿，你要的东西都可以拿，你需要的都拿走，开始是经过这么一段时间。后来才慢慢用人民币的啊，（最开始）他不需要钱啊，拿来就换是吧，原始社会的模式啊是不是，所以国家是根据民族的情况帮助他发展起来的，你不了解他你怎么去帮助他发展啊，怎么帮助他跳跃式的发展啊，就没有办法啊是吧。

张：这是您的亲身经历，亲身的感受。谢谢您能够接受我们的采访。

附　录

（一）50—60年代全国少数民族社会历史调查机构简表

调查队	组　长	人　员
内蒙古	队长：翁独健 副队长：秋浦	蒙古族调查分组：组长萨嘎拉扎布（蒙古族，来自内蒙古），副队长朱风（蒙古族，来自内蒙古），组员孙尚清（中国科学院经济研究所）、贾敬颜（中央民族学院）、额尔德木图（蒙古族，来自内蒙古）、哈丹布和（来自内蒙古）、楚哈莫夫、奥登、奇日格夫、艾和圭夫、曹都（均为蒙古族）、路锦云 达斡尔调查分组：组长珠荣嘎（蒙古族，来自内蒙古），副组长额尔登泰（达斡尔族，来自内蒙古），组员满都尔图（达斡尔族，来自黑龙江）、包鹤亭（蒙古族，来自辽宁省）、赵映东（中央民族学院） 鄂温克族调查分组：组长郭布库（鄂温克族，来自内蒙古），副组长吕光天（中央民族学院），组员乌云达赍（蒙古族，来自内蒙古） 鄂伦春族调查分组：副组长布林（蒙古族，来自内蒙古）、赵复兴（来自内蒙古），组员敖乐绮（蒙古族，来自黑龙江省）、莫金臣（鄂伦春族，来自黑龙江省） 赫哲族调查分组：组长风明嘎（蒙古族，来自黑龙江省），组员刘忠波（来自黑龙江省）、尤志贤（赫哲族，来自黑龙江省）、何景山（赫哲族，来自黑龙江省）
新疆	组长：冯家昇 副队长：谷苞、乌依古尔·沙依然	阿布都瓦衣提、程溯洛、阿布都艾尼、吐尔逊、阿布里米提、刘永谦、那孜尤夫、王玉笙、董文芳、陈桂兰、华生木、黄继坤周宝钰、赵德安、刘志霄、库尔班、定正清、罗致平、郭平梁、纪大椿、王秀文、周用宜、郭蕴华等。
西藏	组长：张增文 副组长：刘忠	王辅仁、陈流（西藏工委干部）、丁慈、刘可夫、张光宇（西藏工委）、莫洒、索囊、李有义、郭冠忠（西藏工委研究室）、扎措、冯士钵、柳陞祺、王森、常风玄、姚兆麟、吴从众、张向明、韩子芳、吴健礼、毕玉龙、刘仁培、翟连级、王兴恒、单贞旺甲、从龙、车如龙、陆莲蒂、韦镭、周琳珠、汤池安、张兰、敏吉·索朗多吉、郭毅、曹自强、尼龙、群配（藏族）、郭慕予、罗秉芬、陈金钟、王尧、舒介勋、沈瑞芝、阳俊、陈践、仁钦、布穷、多吉此仁、多里、韦镭、李荣泉、张兰、邓蓓蕾、扈石祥、李荣泉、冯继业、连有祥、袁树华、陈乃文、李冀诚、吴碧云、孟庆芬等。

调查队	组 长	人 员
云南	组长：费孝通 副组长：方国瑜、侯方岳、刘冠英	林耀华、宋蜀华、杨堃、张公谨、江应梁、马曜、徐志远、莫扬、谭碧波、杨光海、郑治国、宫振春、韩淑芳、杨毓才、许鸿宝、朱宝田、刘达成、和发源、朱家祯、刘敏江、邹汝、邱霞飞、龚佩华、王叔武、刘敏江、周裕栋、龚荫、王登祥、石钟健、徐宗元、李文瑾、梁冠凡、王国栋、杨慈丰、周沛礼、郑俊秀、白耀天、俸万恒、杨汝灿、高俊松、杨定康、熊志亮、段家鹏、赵开宏、赵宽仁、王叔武、吴乾就、王懋程、赵适然、邹汝为、周祜、周鸿瑾、索文清、刘晓、洪俊、陈燮章、缪鸾和、方玲贵、张正彪、王纯、唐明、张乃华、黄宝璠、李绍明、杜玉亭、黄惠焜、田继周、罗元基、韩公仟、邵献书、张清、李扬庆、周泮池、赵玉池、匡世昭、薛裕源、雷婉妍、张秋生、黄瑞碧、马铁群、张蓉兰、木芹、桑耀华、沈湘君、尤中、李健、宋思常、施惠珍、刘尧汉、严汝娴、王寅生、温眉虎、王恒杰、陈延长、白先经、何润、郑振峯、李应川、李宗铭、文饶、金立勤、杨钊、许大龄、张传玺、赵廷光、詹承绪等。
贵州	1956年 组长：吴泽霖 副组长：仇复荣 1958年 组长：仇复荣 副组长：陈衣	罗时济、黄安森（中国人民大学）、耿杰（中央民族学院研究部研究员）、杨自翘（中央民族学院研究部研究员）、余富文（中央民族歌舞团）、张宗和（贵阳师范学院）、程尊杰（省民委会）、蒙昭（水）（省民委会）、李中浩（省民委会）、聂淑荣（省民委会）潘国藩（苗）（贵州民族学院）、龙济国（苗）（贵州民族学院）、田绍连（苗）（贵州民族学院）、王勋（布依）（贵州民族学院）、宾竞泉（贵州民族学院）、熊水富（贵州省博物馆）、汪禄（贵州省文联）、胡延明、蒋诗英、廖耀南、吴永清、李知仁、雷广正等 贵阳地区：莫健（布依）、廖耀南、密宪臣； 都匀专区：张民（侗）、吴学高（苗）； 镇远专区：张文杰（苗）、顾华（苗）、杨通儒（苗）； 安顺专区：卢征辉（布依）； 毕节专区：赤日摩岭（苗）学生：刘绍励、玉克钧（布依）、张启扬（苗）等 1958年分为5个组 　　苗族组：组长田治、副组长梁英明； 　　布依族组：组长耿杰、副组长王汉中； 　　侗族组：组长张民、副组长向零； 　　水族组：组长成钟岗、副组长李淇； 　　仡佬族组：组长田曙岚、副组长何家礼等。
四川	组长：夏康农 副组长：周全杰	马长寿、王平贞、王宗维、王晓义、玉文华、冯肇伯、刘廷壁、刘炎、刘敬远、张大鹏、张俭、张嘉言、李文胜、李必忠、李仲舒、李志纯、李绍明、李忠勇、陈可畏、陈吉元、陈永龄、陈汝聪、陈依黎、肖远煜、郑观卫、郑次腾、罗运达、杨向奎、胡庆钧、胡宜柔、施修霖、秦运、程贤敏、洪涛、沈纯、余重良、王序、孙代生等。

调查队	组长	人员
广西	组长：黄现璠	1956年设2个分组 　　壮族组分组：组长黄现璠 　　苗族组分组：组长杨成志，后为黄钰 1958年设5个分组 　　南宁地区分组：组长徐仁瑶，下设杨成志、石钟健、郭在忠小组； 　　百色地区分组：组长黄昭，下设汪明璃、胡起望、曲军锋小组； 　　柳州桂林分组：组长莫俊卿，下设王昭武、韦文宣、宋兆麟、陈维刚、阮甘璧、严英俊、丁焯华等小组； 　　资料分组：杨成志、刘介、华祖根、韦振辉 　　调查组成员：苏云高、李干芬、李景正、李维信、范宏贵、颜宝怡、任崇岳、项美珍、黄恩慧、廖梅举、沈端发、李隆安、韦世明等。
广东	组长：岑家梧，后为李子明	黎族调查分组：组长岑家梧兼任 瑶族调查分组：组长黄朝中 组员：王子学、孔季丰、云博生、区惠芬、冯普仁，许宁英、刘耀荃、孙振海、朱涵康、李子明、李风、杨中强、陈风贤、陈丕交、陈枢雄、陈宗群、沈瑶华、张寿祺、张昌懋、吴楚春、易谋远、林金昆、施惠珍、黄乐天、黄克珊、钱榆圭、符日照、符史雄、曹其敏、傅剑章、赖才清、詹慈、虞明英、廖宝昀、谭仁生、潘雄、薛金度、阮大荣、陈登才、周光大、韩锦春、吴凤斌、黄朝中、廖宝昀、李风、林金昆等。
甘肃	组长：沈家驹	杨建新、沙里士、包海龙、马忠义、杨瑛、蓝铣、朱国炤、沙占君、张道立、李廷萱、马廷荣、唐敬业、钱旭焘、李光天、李含英、李培江、李世泽、马克文、马重良、张复、黄元吉、陈学梅等。
青海	副组长：陈永龄	张德元、姚乃青、李明澎、李克玉、何成勋、田生兰、麻宝珠、徐传益、陈明猷、林生早、冯端邻、钟子林、郭炎、戴可来、刘庆荣、杨继显、李成基、吴承义、陈连开等。
宁夏	组长：李微冬 副组长：白寿彝、韩道仁	马寿千、李起民、马恩惠、马雪莲、玉质瑛、吉书时、陈守静、李铁城、张健之、朱希淦、黑伯理、丁毅民、陶伟、石健、丁国伟、马才顺、马钊、朱崇礼、白玉身、王钰欣、刘绍川等。
辽宁	组长：晏露沙 副组长：傅乐焕、李秉连	王俯民、王驹、白辰文、任麟阁、关乃如、关景坤、阎万章、安文溥、佟济生、李燕光、李培浩、余鸿才、郑川水、哈斯巴图、徐乃弟、高连任、孙兆奎、常兴民、郭志宪、王锺翰、孙文良、鄂世镛、赵展、杨学琛、曾庆祥、阙勋雾、罗继祖、李登第等。
吉林	组长：崔采 副组长：曹龙浩、沈瑶华、池喜谦	金世钧、申铉武、全龙宽、朴昌昱、汤正方、许大镇、宋朴、李铁录、高永一、韩俊光、唐成运、黄龙国、梅旭华等。

调查队	组　长	人　员
黑龙江	组长：王炳煜	风明嘎、王冠倬、齐文心、冯安生、刘忠波、何景山、尤志贤、刘庆喜、哈丹布和、章炳良、程延庆、王玉欣等。
湖南	组长：王炬堡	刘孝瑜、施正一、胡克瑾、龙友鸣、包涵芬、韩恒煜、魏启文、何杰、罗小琼、郭礼明、李忍、徐云龙、刘志述、石建中、陈问丁、郑伯浓等。
福建	组长：施联朱	白子文、陈国强、雷恒春（畲族）、陈元煦、蒋炳钊、叶文程、陈佳荣、白滨、王钟琦、王非、章以淦、袁钟秀、吴家林、顾海、张善诚、郑小瑛、郑锡炎、陈自昭、胡琳、林玉山等。

（注：由于资料缺失的原因，以上人员名单尚未完整，遗漏之处还望见谅）

（二）少数民族参观团

1950年	共组织了7个代表团，即西北、西南、中南、华东、东北、内蒙古自治区和中央直属省市各民族代表团。代表团由43个民族（含支系）的159位代表组成，另外还有少数民族文工团222人，共有381人。少数民族代表大部分是少数民族中有威望、有代表性的人士。其中有王公、贵族、土司、头人、山官、王子、千百户长；有宗教上层中的活佛、喇嘛、堪布、教主、阿訇、毛拉等，还有一些各少数民族中的领导干部。
1951-1954年	中央民委直接接待或协助中央有关部委接待的少数民族参观团共有6500多人，平均每年1600多人。
1956年	1956年组织23个少数民族团体，共2000人来内地参观，有的省区安排3个批次，达到了历史巅峰。

团体名称	人数	参观的城市
西藏地区参观团	240	哈尔滨、延吉、吉林、长春、沈阳、抚顺、鞍山、大连、天津、南京、上海、杭州、景德镇、广州、南宁、武汉
西藏妇女参观	68	呼和浩特、天津、南京、无锡、苏州、上海、杭州、景德镇、广州、南宁、武汉、西安、兰州、西宁
新疆各民族参观团	151	南京、杭州、上海、武汉、西安、兰州
川、甘、青边境各民族参观团	117	哈尔滨、海拉尔、长春、延吉、鞍山、大连、沈阳、抚顺、天津、西安
青海省各民族参观团	80	大连、鞍山、沈阳、抚顺、海拉尔、哈尔滨、长春、天津、南京、杭州、上海、西安、兰州
广西省各民族参观团	54	沈阳、抚顺、哈尔滨、南京、杭州、上海、武汉
四川省各民族参观团	67	武汉、重庆
云南省各民族参观团	88	长春、延吉、哈尔滨、鞍山、大连、沈阳、抚顺、天津、武汉
广东省各民族参观团	50	武汉
甘肃省各民族参观团	85	西安、杭州、上海、济南、青岛、天津

中央民委在1950年至1965年之间，共接待395批少数民族参观团，计26373人。平均每年接待26个团，人数约1700人，每团平均人数60余人。"文革"后停办。

（三）50 年代中央民族访问团

西南访问团	团长：刘格平 副团长：费孝通、夏康农	一分团去西康，刘格平兼任团长。	分组北赴甘孜、玉隆、西至理化，东至昭觉（大凉山内部），南至德昌，访问了全省大部少数民族地区外，并帮助筹备兴建立了藏族自治区，西昌专区民族民主联合政府，西昌县红毛麻姑彝族自治区，及大山凉山彝族调解委员会。
		二分团去贵州，费孝通兼任团长。	访问了镇远等 5 个专区，到达了 21 县，做了 9 处的典型调查，开办了 4 次民族干部训练班，并帮助建立了铲山县凯里苗族自治区及帮助省人民政府先后召开了全省少数民族代表座谈会和全省民族工作会议。
		三分团去云南，夏康农兼任团长。	访问了宜良、楚雄、大理、丽江、保山、武定、普洱、蒙自、文山等 9 个专区 42 个县。配合各专署召开了 4 次民族代表会议，开办了两次民族干部训练班，接触了分居在 60 个县内的少数民族，并做了 20 个村和 10 余个专题的典型调查。
中南访问团	团长：李德全 副团长：费孝通、曹孟君、马杰、熊寿祺	一分团赴广西，由费孝通负责。	赴广西、广东、湖南三省，访问地区计 8 市 48 个县；接触壮族、瑶族、苗族、土家族、黎族、侗族、京族等各少数民族人民 80 万人左右，约占中南少数民族总人口 10%。
		二分团赴广东，由马杰负责。	
		三分团赴湖南，由曹孟军、熊寿祺负责。	
西北访问团	团长：沈钧儒 副团长：萨空了、马玉槐、朋斯克	赴陕西、甘肃、宁夏、青海、新疆五省共访问 30 多个地方，行程约 3 万余里，访问了藏、回、维吾尔、哈萨克等 17 个兄弟民族	
东北内蒙古访问团	团长：彭泽民，副团长：萨空了、朋斯克	前往内蒙古、绥远和东北等少数民族地区访问。历时两个多月，访问了蒙古、朝鲜、回、满、锡伯、赫哲、柯尔克孜、鄂伦春、鄂温克、达斡尔等少数民族，分别举行了 50 次慰问大会	

（四）人名注释

FrancisCleaves，美国著名汉学家、蒙古学专家，哈佛大学教授。

阿沛·阿旺晋美（1910—2009），藏族，西藏拉萨人。曾任全国人民代表大会常务委员会副委员长，中国人民政治协商会议全国委员会副主席，中国西藏文化保护与发展协会会长。1951年2月，达赖喇嘛和噶厦任命阿沛·阿旺晋美为西藏地方政府首席全权代表，同中央人民政府进行和平谈判。于1951年5月23日阿沛代表西藏地方政府与中央人民政府签订了《中央人民政府和西藏地方政府关于和平解放西藏办法的协议》（简称《十七条协议》）。1955年被授予中将军衔。2009年12月在北京逝世，享年100岁。

阿英嘎（1922—2002），蒙古族，曾长期担任辽宁省民委副主任职务。

白滨，中央民族大学历史系第一届毕业生，后调入中国社会科学院民族研究所，研究员，研究西夏专家。

白崇禧（1893—1966），字健生，广西桂林人，中华民国陆军一级上将。军阀新桂系中心人物，与李宗仁合称李白，两人多年一路合作无间，最初一同加入孙中山在广州的革命阵营，又联手驱逐广西的旧军阀。北伐战争时，率广西军队攻至山海关。北伐成功后，和蒋介石及其他地方势力多次开战，抗日战争爆发后，二人动员广西的军队抗击日军，合作指挥多场大战，屡有胜果。在抗日战争胜利后，担任中华民国国防部长。中国共产党解放中国大陆后，白崇禧前往台湾，于1966年在台北病逝。

白寿彝（1909—2000），回族，河南开封人。著名史学家、教育家、社会活动家，《光明日报》的创办者之一。中华人民共和国成立后，曾历任中国民盟北京市盟委常委、中国史学会理事、中国教育学会历史分会会长、中国民俗学会会长。改革开放后先后担任北京师范大学学术委员会主任、校务委员会顾问、历史系教授、《北京师范大学学报》主编、《史学史研究》主编等职，创建了北京师范大学史学研究所和古籍研究所。

白先经，白崇禧之侄，1962年中央民族学院历史系毕业生，1988年曾任广西民政厅厅长。

白振声（1940—），满族，宁夏银川人，中央民族学院历史系毕业生，民族学系教授。

博大公（1926—2001），满族，博尔济吉特氏，新疆伊犁霍城人。1949年参加革命，同年进入北京大学东语系学习。1952年赴新疆伊宁鄯善等地参加土改，1953年调入中央民族学院干训部。曾任中央民族学院干训部主任、海淀区人大代表。

蔡希陶（1911—1981），浙江东阳人，上海华东大学毕业。历任昆明植物研究所副所长、所长，兼任云南省科委副主任、中国科学院昆明分院副院长。蔡希陶在西双版纳的葫芦岛筹建了中国第一个热带植物园——中国科学院云南热带植物研究所，创建了中国第一个热带植物研究基地。

曾应峰，陕西人，早年参加革命，1947年任吉林省延吉县委副书记，后调入吉林省党校任教务长。

陈伯达（1904—1989），原名陈建相，字仲顺，福建泉州惠安人。1937年赴延安，在马列学院、抗大执教,后任中央研究院副院长兼任毛泽东政治秘书。1945年中共七大上当选为中央候补委员。中华人民共和国成立后,任政务院文教委员会副主任、中国科学院副院长、中共中央马列学院副院长、中央宣传部副部长、中央农工部副部长、《红旗》杂志总编辑、国家计委副主任,当选中共第八届中央委员会委员、政治局候补委员。1966年任中共中央"文化革命"小组组长。成为实际负责全国开展"文化大革命"运动的主要负责人之一。1970年被中共中央隔离审查。1973年在中国共产党十届一中全会上被永远开除出党,撤销党内外一切职务。1981年被最高人民法院特别法庭认定为林彪反革命集团主要成员,判处有期徒刑18年,剥夺政治权利5年。

陈凤贤(1928—),女,广东东莞人。研究员,中国人类学学会首届和第二届理事会理事,1949年广州岭南大学社会系毕业,1952年北京燕京大学研究院民族学专业毕业,1952年至1989年在中央民族大学工作。

陈高华(1938—),浙江温岭人,1955年至1960年就读于北京大学历史系,1958—1959年参加中央民委组织的全国少数民族社会历史调查,分配在新疆组,调查哈萨克族。毕业后分配到中国科学院哲学社会科学部(中国社会科学院前身)历史研究所工作。曾任历史所宋辽金元研究室副主任、所长,中国社科院研究生院历史系主任。主要研究领域为元史。

陈国强(1931—2004),福建厦门人。中国著名的人类学家、民族学家,中共党员。

陈佳荣(1937—),福建泉州人,厦门大学历史学系毕业,后任教于中央民族学院历史学系及研究部。

陈克进,中央民族学院历史系毕业生,民族学系教授。

陈雷(1917—2006),黑龙江桦川人。1936年加入中国共产党。曾任中共中央顾问委员会委员、中共黑龙江省委副书记、黑龙江省省长,著名书法家。

陈连开(1933—2010),1961年中央民族学院历史系毕业生。湖南攸县人,中央民族大学历史系教授。

陈乃文(1931—),女,安徽人,早年随父在拉萨生活6年,对藏族文化及宗教有所了解。1952年考入中央民族学院历史系,1958年在中国少数民族社会历史调查中参与西北藏族调查,1961年分配到中国科学院少数民族研究所工作,任研究员。

陈培生(1943—),浙江诸暨人。云南省政协委员,在中国科学院云南天文台工作,任研究员博士导师,云南天文台台刊主编,中科院光学天文联合实验室昆明基地主任。

陈锡璋,生卒不详,1944年任驻藏办事处主任秘书。1947年原驻藏办事处处长沈宗濂辞职后,被任命为驻藏办事处副处长兼代理处长。1949年,国民政府垮台后,陈锡璋从西藏撤离,1950年回京。

陈燮章(1933—2017),浙江余姚人,中华人民共和国成立后在太原铁路局工作,1956年考入中央民族学院历史系,1958年中国少数民族社会历史调查中先后参与宁夏回族、云南怒江地区怒族调查工作,撰有多篇调查报告,1961年分配到中国科学院新疆分院民族研究所工作,1979年调回中国社会科学院,同年到中央民族学院历史系任副教授。

陈延长(?—1958),云南人,拉祜族,1958年在中央民族学院学习。

陈毅（1901—1972），四川乐至人，1919年赴法勤工俭学。1921年因参加中国留学生爱国进步活动，被武装押运回国。1923年到北京中法大学文学院学习，加入中国共产党。1927年参加南昌起义。中国工农红军（初称工农革命军）第四军师长、军委书记、政治部主任、前委书记。抗日战争时期曾任新四军代军长。解放战争时期，曾任第三野战军司令员兼政治委员。中华人民共和国成立后，曾任上海市市长，外交部部长。1956年授予元帅军衔。

陈寅恪（1890—1969），字鹤寿，江西九江人，现代著名历史学家、古典文献学家、语言学家，著有《隋唐制度渊源略论稿》《唐代政治史述论稿》《元白诗笺证稿》《金明馆丛稿》《柳如是别传》《寒柳堂记梦》等。

陈永龄（1918—2011），江苏淮阴人。1947年毕业于燕京大学社会学系，获法学硕士学位。任燕京大学民族学系副教授。1952年调入中央民族学院，任历史系民族志教研室主任、系副主任、民族研究所副所长，北京市社会学学会副会长，国际影视人类学委员会委员及《影视人类学》杂志副主编。

楚哈莫夫（1934—），蒙古族，内蒙古土默特旗人。中央民族学院历史系毕业生，曾任内蒙古自治区史志办主任。

程思德，生卒不详，广东省海南岛人，苗族首领。

寸汝昌（生卒不详），云南人，中华人民共和国成立后，任县委书记、云南省文史馆馆长、党组书记。

丹彤（1918—1995），回族，山东冠县人。1938年加入中国共产党，抗日战争和解放战争中积极参加救国宣传活动。中华人民共和国成立后，1950年调任中共河北省委研究室科长、省财委办公室主任，1961年调任国家民族事务委员会副主任、党组副书记，继而兼任机关党委书记、中国伊斯兰教协会副主任、中华全国青年联合会副主席。系第三届全国人大代表，第五、六、七届全国政协委员。

第十四世达赖喇嘛·丹增嘉措（1935—），青海湟中县祁家川人（今青海省平安县红崖村），乳名拉木登珠。1938年，拉木登珠被原西藏地方政府遴选为第十四世达赖喇嘛的唯一转世灵童。

定宜庄（1948—），女，北京人，满族，额莫托氏。1978考入北京师范大学历史系，1982年本科毕业，同年考入中央民族学院历史系并获硕士学位、博士学位，是我国第一个满族史女博士，曾任中央民族学院历史系讲师、副教授，1993年调入中国社会科学院，现为社科院历史所研究员、中央民族大学满学研究所兼职研究员，博士生导师。

范宏科，生卒不详，归侨，广西龙州人。北京大学毕业，长期在北京大学教授越南语。

范宏贵（1934—2015），归侨，广西龙州人，中央民族学院研究生班毕业，东南亚民族文化专家。现任广西民族大学资深教授，学科带头人，云南大学西南边疆少数民族研究中心兼职教授，广西社科院特约研究员。

方伯龙（1928—），傣族，云南潞西人。1949年毕业于云南大理国立师范学校。1950年任中国人民解放军某部傣文翻译，1951年赴中央民族学院军政干部训练班学习，1952年留校语文系任教。1980年起任中央民族学院民族语言研究所壮侗语言室副主任。

方龄贵（1918-?），吉林省前郭尔罗斯蒙古族自治县人，蒙古族，云南师范大学历史系教授。1938年在国立西南大学历史系学习，期间选修姚从吾教授讲授的"辽金元史"和邵循正教授讲授的"元史"，引起研究蒙古史的兴趣。毕业后考入北京大学研究所史学部，在姚从吾和邵循正教授指导下，专攻蒙古史和元史。历任云南大学文史系讲师、昆明师范学院（今云南师范大学）历史系讲师、副教授、教授兼系主任等职。侧重蒙古史、元史文献学和史料学。曾任中国蒙古史学会理事，中国民族史学会顾问，西南民族研究会顾问，云南史学会顾问等职。

方国瑜（1903—1983），字瑞丞，纳西族，教授，当代著名社会科学家、教育家，九三学社成员。云南省丽江市古城区五一街人。历任编辑、教授、系主任、文法学院院长和云南通志馆的编审、审定、续修委员及云南省民委委员、全国人大民委委员、省博物馆筹委会副主任、云南省民族研究所副所长、云南省少数民族社会历史调查组副组长、九三学社云南省工委副主任等职。

费孝通（1910—2005），江苏吴江人，著名社会学家、人类学家、民族学家、社会活动家，中国社会学和人类学的奠基人之一。主要从事社会学、人类学研究。1952年至1957年任中央民族学院副院长。1957年任中国科学院学部委员。1957年任中央民族学院教授。1980年至1982年，任中国社会科学院社会学研究所所长。1980年任北京大学社会学教授。主要著作有《江村经济》《内地农村》《乡土中国》《乡土重建》等。

冯家昇（1904—1970），字伯平，山西孝义人，民族史学家。1927年考入燕京大学历史系，后在燕京大学、北京大学、东北大学等校历史系任教。1937年，应美国华盛顿图书馆邀请，在美国哥伦比亚大学中国历史研究室任研究员，担任辽史研究工作，同时在该校人类学系进修。1947年春回国，任北平研究院史学研究所研究员。1949年后任中国科学院民族研究所研究员。1952年调入中央民族学院研究部任教授。1958年调入中国科学院民族研究所任研究员兼少数民族社会历史研究室副主任。

冯玉祥（1882—1948），安徽巢县（今巢湖市夏阁镇竹柯村）人，生长于直隶省保定府（今河北省保定市）。民国军阀，西北军领袖。曾任陆军第十六混成旅旅长，第十一师师长，陆军检阅使。1924年10月23日在第二次直奉战争中发动"北京政变"，将其所部改组为国民军，任总司令兼第一军军长，后任国民军联军总司令，参加北伐，任国民革命军联军（后改国民革命军第二集团军）司令。1927年7月7日，冯玉祥礼送共产党出境。1933年8月3日，冯玉祥辞去同盟军总司令职。后因与蒋介石集团发生利害冲突，举兵反蒋，自美回国乘船途经黑海时，因轮船失火于1948年8月22日遇难。

凤福山，桂北现代史上最大的一次瑶民起义的主要领导人。解放前，瑶民在政治、经济、文化上遭受统治阶级和汉人中反动阶层的重重压迫和剥削、生命财产毫无保障，瑶民为反抗压迫和剥削，举行了多次起义，其中最大的是1933年凤福山领导的桂北瑶民起义。解放后，凤福山先后任灌阳县第七届至十三届各界人民代表会议常务委员会委员、桂林专区民族事务委员会副主任、自治区政协常务委员会委员

傅乐焕（1919—1966），山东聊城北门里人，辽、金、元史学家。1936年毕业于北京大学史学系。曾任中央研究院历史语言研究所副研究员。1950年获英国伦敦大学哲学博士学

位。回国后，历任中国科学院考古研究所研究员，中央民族学院教授、历史系副主任。擅长辽、金史研究。1958年，参加了达斡尔族、满族的民族识别和社会历史调查。著有《辽史丛考》《捺钵与斡尔鲁朵》，主编《满族通史》，校点《金史》。

傅懋勣（1911—1988），语言学家。曾用名傅兹嘉，山东聊城人。1939年毕业于北京大学中国文学系语言文字组。1948年赴英国剑桥大学攻读语言学，1950年获英国剑桥大学博士学位。1951年在中国科学院语言研究所（1977年改名为中国社会科学院语言研究所）工作。先后任语言研究所研究员，少数民族语言研究所副所长、研究员，民族研究所副所长、研究员，《民族语文》杂志主编，中国民族语言学会会长，中国民族古文字学会会长等多种职务。

傅斯年（1896—1950），初字梦簪，字孟真，山东聊城人，著名历史学家、古典文学研究专家、教育家、学术领导人。五四运动学生领袖之一，中央研究院历史语言研究所的创办者。傅斯年曾任北京大学代理校长、台湾大学校长。他所提出的"上穷碧落下黄泉，动手动脚找东西"的原则影响深远。

高名凯（1911—1965），福建平潭人。著名理论语言学家、汉语语法学家和文学翻译家。曾任燕京大学国文系教授、北京大学中文系教授、语言研究所学术委员会委员、《中国语文》编委等职。

宫振春（生卒不详），时任中国人民大学教师。

顾祝同（1893—1987），字墨三，江苏涟水人。保定陆军军官学校第六期步科毕业。辛亥革命爆发后，曾参加革命军。后毕业于保定陆军军官学校。1921年冬，到桂林投奔孙中山，任粤军许崇智部军事教导队区队长。1925年参加东征后，历任国民革命军师长。1927年后，历任第九军军长，第一军军长，第十六路军总指挥，国民政府警卫军军长，国民党四大中央执委，江苏省政府主席，五省"剿匪"北路军总司令，重庆行营主任，贵州绥靖主任、省府主席，西安行营主任等职。抗战时任第三战区副司令长官，1941年发动皖南事变。抗战胜利后，任陆军总司令，国防部参谋总长。去台湾后，任代"国防部长""总统府"战略顾问等职。1987年1月17日在台北逝世，享年94岁。

关山复（1915—2010），满族镶黄旗人，讷殷瓜尔佳氏，吉林伊通满族自治县人。曾任共青团北平市委宣传部部长、中共北平北区区委书记兼东北大学党支部书记、武安县委书记、晋冀豫区委副秘书长。1942年入延安中央党校学习。中华人民共和国成立后，历任中共中央东北局统战部副部长，东北行政委员会委员、民委主任，中共吉林省委书记处书记，中共中央东北局委员、宣传部部长，中国科学院哲学社会科学部副主任、党组书记，最高人民检察院秘书长、副检察长、顾问。

关向应（1902—1946），辽宁省大连市金州区人，满族，满姓瓜尔佳氏，是中国共产党早期军事领导人。

郭松义（1935—）浙江上虞人，1960年北京大学历史系毕业，中国社会科学院荣誉学部委员，历史研究所研究员、博士生导师。研究领域为清史、经济史、社会史。

郭毅生（1926—2016），四川威远人，1952年毕业于北京大学，1955年于中国人民大学研究生毕业。历任中央民族大学教授、博士生导师，复旦大学、南京大学、北京大学、汉城京畿大学等校兼任教授。长期从事中国近代史研究与教学，尤重太平天国史，著作300万余言。

郝时远（1952—），内蒙古呼和浩特武川人，蒙古族，蒙古名沙力克。现任中国社会科学院院长助理、学部主席团秘书长，民族学与人类学研究所所长。主要研究方向为世界民族、民族历史、民族理论、

浩帆（生卒不详），蒙古族，内蒙古自治区土默特旗人。早年参加进步学生运动，1941年赴延安，入延安民族学院学习，在此期间加入中国共产党。中华人民共和国成立后，任中央民族学院预科主任，后调入内蒙古自治区任党委秘书长、社会科学院院长。

何炳松（1890—1946），字柏丞，浙江金华人，历史学家和历史教育家。擅西洋史研究，一生在史学研究方面颇有建树，著述甚丰。他著有：《通史新义》《历史教育法》《西洋史学史》《中古欧洲史》《秦始皇帝》《近世欧洲史》《近世欧洲史》《浙东学派溯源》《程朱辩异》等十多部专著，其他零篇散幅，为数更多。

何干之（1906—1969），中国历史学家。原名谭毓均，学名谭秀峰。广东台山人。1934年参加中国共产党。1950年中国人民大学成立，何干之先后任研究部副部长和历史系主任、一级教授。同期被聘为中国科学院专门委员。1958年被聘为国务院科学规划委员会历史组委员。先后写了《中国现代革命史》《毛泽东论中国革命和建设的几个问题》《中国民主革命时期的资产阶级》等著作；主编的《中国现代革命史》，被高等教育部规定为全国高等学校教材，并译成俄、英、越等国文字，在国外发行。

贺致平，时任中央民族学院党委副书记。

洪俊（1930—），山东潍县人，中央民族学院历史系毕业生，后在文物室、预科一部、文艺所任副教授。

侯方岳（1915—2006），四川广安人，1937年加入中国共产党，自1938年起历任中共四川省乐山、绵阳、三台、仁华等地委书记及成都市委书记、中共云南省工委委员，长期担负党的重要领导职务，为党的解放事业做出了重要贡献；中华人民共和国成立后历任中共云南省委第一任秘书长、办公厅主任、中共云南省边疆工作委员会副书记、云南省历史研究所（云南省社科院前身）所长、云南大学副校长、中国东南亚研究会理事长等职务。

胡德煌（1907-1968），江西新建人，1933年毕业于北京大学历史系，曾任中正大学、中山大学、四川大学副教授，中华人民共和国成立后任南京华东军政大学历史教员，后调入北京师范大学任副教授，辅仁大学任教授。1952年调入中央民族学院研究部，1956年调入历史系任教。

胡嘉宾（1908—1985），曾用名胡承亨、陈先桂、胡佳宾、胡家实，江西省赣州市兴国县东村乡东坪村人。1928年加入中国共产党。曾任中央民族学院人事处长、秘书长、教务长、总务长、院党组副书记、院党委书记，中央民族事务委员会委员、机关党委副书记、国家民族事务委员会副主任。

胡启望，毕业于中央民族学院历史系研究生班，后任民族学系教授。

胡先骕（1894—1968），植物学家和教育家。中国植物分类学的奠基人。与秉志联合创办中国科学社生物研究所、静生生物调查所，还创办了庐山森林植物园、云南农林植物研究

所。发起筹建中国植物学会。继钟观光之后，在我国开展大规模野外采集和调查我国植物资源的工作。在教育上，倡导"科学救国、学以致用；独立创建、不仰外人"的教育思想。与钱崇澍、邹秉文合编我国第一部中文《高等植物学》。首次鉴定并与郑万钧联合命名"水杉"和建立"水杉科"。提出并发表中国植物分类学家首次创立的"被子植物分类的一个多元系统"和被子植物亲缘关系系统图。

胡岩（1955—），生于北京。中共中央党校科社部民族与宗教理论教研室教授、博士研究生导师。长期从事中国民族宗教理论政策、西藏历史的教学和科研工作。现为中国民族理论学会副会长，中国西藏文化保护与发展协会理事。

胡振华（1931—），又名穆哈麦德，回族，山东青岛人。中央民族大学少数民族语言文学学院教授、博士生导师，中华人民共和国诞生后成长起来的第一批民族语言知名学者，享受政府特殊津贴的有贡献的专家。兼任中国突厥语研究会副会长，中国少数民族双语教学研究会、中国史诗《玛纳斯》研究会顾问，北京市伊斯兰教协会副会长。

黄光学（1927—），朝鲜族，吉林延边人。1946年加入中国共产党。曾任延吉县平安区副区长、代区长。中华人民共和国成立后，历任延吉县政府民政科科长、中央民族事务委员会政法司科长、财经司副司长、国家民委政法司司长、国家民委副主任、中国民族研究团体联合会理事长。

黄淑娉（1930—），女，祖籍广东台山，人类学专业博士生导师。毕业于燕京大学社会学系。1952年调入中央民族学院研究部、历史系、民族研究所工作，后调入中山大学人类学系。曾任中央民族学院民族研究所副所长、中山大学人类学系主任、中国民族学学会副会长。

黄钰（生卒不详），瑶族，广西龙胜人，1958年任广西壮族自治区龙胜县副县长。

黄铸（1921-），云南勐腊人。1948年北京大学毕业。曾任国家民委政策研究室副主任、中央统战部研究室主任、统一战线研究所所长。主要从事统一战线、民族、宗教问题的研究，参与过不少这几方面重要文件的起草。曾出版《新时期统战民族宗教论文集》《社会主义与民族问题》等著作。

季羡林（1911—2009），山东临清人，字希逋，又字齐奘。国际著名东方学大师、语言学家、文学家、国学家、佛学家、史学家、教育家和社会活动家。历任中国科学院哲学社会科学部委员、聊城大学名誉校长、北京大学副校长、中国社会科学院南亚研究所所长，是北京大学的终身教授。

贾敬颜（1924—1990），河北束鹿人。1949年毕业于北平中法大学文史系。先在中国科学院考古研究所任助理员，1952年调入中央民族学院，1956年历史系建系后调至历史系任讲师、副教授、教授。主讲历史文献学、蒙古史等课程。

翦伯赞（1898—1968），维吾尔族，湖南常德桃源人。著名马克思主义史学家。中华人民共和国成立后，历任中央人民政府政务院文化教育委员会委员、中央民族事务委员会委员、燕京大学社会学系教授、北京大学历史学系教授兼系主任、副校长，以及中央民族学院教授，中国科学院哲学社会科学部委员，中国史学会常务理事兼秘书长，第一届全国政协委员、第一、二、三届全国人民代表大会代表。

江平（1920—），山西商洛人。中华人民共和国成立后，历任中共中央西北局统战部处长、办公室主任，中共中央统战部处长，中共新疆维吾尔自治区委员会办公厅主任、副秘书长，国家民委常务副主任，中共中央统战部副部长、顾问。

柯立夫，美国著名蒙古学学者。

孔志清（？-2000）云南贡山人，独龙族。大理边疆师范学校毕业。建国后，历任贡山县第四区区长，贡山县县长怒江傈僳族自治州副州长和州政协第五、六届副主席。是第三届全国人大代表、第四至六届全国政协委员。

邝平章（1908—1991），女，四川泸县人，早年毕业于燕京大学，后赴美国费城宾夕法尼亚大学，抗日战争胜利后，回国任职于燕京大学，1952年调入中央民族学院研究部、历史系任副教授。她还是杰出的翻译家，其著作《世界史纲》《六次危机》《世界史》《JB0005美帝国主义的扩张》等在学界均有巨大反响，她还对隋唐史有一定的研究，曾做《唐代和亲吐蕃之公主》《唐代公主和亲考》等论文。

老舍（1899—1966），原名舒庆春，另有笔名絜青、鸿来、非我等，字舍予，北京人，满族正红旗人。中国现代小说家、作家、语言大师、人民艺术家，中华人民共和国第一位获得"人民艺术家"称号的作家。代表作有《骆驼祥子》《四世同堂》、剧本《茶馆》。

雷关贤（1923—？），畲族，浙江遂昌人，1938年加入中国共产党，长期在浙江遂昌做地下工作，中华人民共和国成立后，任华东局华东军事行政委员会民族科长、浙江省民族处负责人。

雷洁琼（1905—2011），祖籍广东台山，广东广州人。著名的社会学家，第一、二、三、六、七、八届全国人大代表，第六届全国人大常委会委员、全国人大法律委员会副主任委员，第七、八届全国人大常委会副委员长。第一届全国政协代表，第五届全国政协常务委员，第六届全国政协副主席，北京市社会学学会会长，中国婚姻家庭研究会会长，北京大学教授。

李德全（1896—1972），女，蒙古族。北京通州草房人（现属朝阳区）。中国第一位卫生部女部长，第四届全国政协副主席，中华人民共和国中央人民政府第一任卫生部部长。冯玉祥先生夫人。1972年4月23日因病在北京逝世。

李范文（1932—），陕西西乡人。1959年毕业于中央民族学院，后分配至中国社科院历史研究所。1960年，为了研究西夏，志愿来到宁夏银川。是享誉海内外的西夏学大家，研究涵盖西夏语言、文字、历史、文化、考古等诸多领域。治学60年间，专著、合著、主编、参编数十部著作，发表学术论文80余篇，以《同音研究》《夏汉字典》《宋代西北方言》《西夏陵墓出残碑萃编》《西夏通史》《西夏研究》（1—8辑）等为主要代表作。

李干芬（1931—），广西扶绥县人，1951年1月在南武师范毕业后到南宁市粤华小学任教，曾任副、正教导主任。1956年8月广西师范学院（今广西师大）历史系毕业后参加黄现璠领导的广西少数民族社会历史调查组工作，随后参与建立广西民族研究所。

李化民，史图博的研究生。

李培浩（1934-），河北隆尧人。1959年毕业于北京大学历史系，后留校任助教、讲师。1981年任中央电大中国通史课程主讲教师，著有《中国通史讲授提要》《中国通史讲稿》

及《中国古代史纲》(下)。

李世振(1932-),河北徐水人,1950年到中央民族学院工作,曾任工会办公室主任。

李松茂,时任历史系副教授。

李维汉(1896—1984),又名罗迈,湖南长沙县人。中国共产党和国家在统一战线和民族工作方面的著名理论家和卓越领导人。1916年考入湖南省立第一师范学校,与毛泽东、蔡和森等校友结识,并一起创建了新民学会。1919年赴法国留学,后参与中国共产党欧洲支部的筹建工作,成为中国共产党最早的党员之一。八七会议后,李维汉一度进入中共中央政治局常委,成为主要领导人之一。中国解放后任中共统战部部长。

李文华(生卒不详),云南人,怒族。60年代毕业于中央民族学院美术系。任云南省怒江州文化局副局长

李文瑾(1925—),女,北京人。早年毕业于辅仁大学历史系,后考入燕京大学研究生部,毕业后留校任教。1952年由燕京大学并入中央民族学院,历任中央民族学院讲师、教授。

李雪峰(1907—2003),山西永济人,1933年10月加入中国共产党。历任中共山西省工委宣传部部长,领导和组织青年学生参加抗日救亡运动。1947年11月至1949年9月,随刘邓大军转战大别山,参加了淮海战役和渡江战役。先后担任中共中央中原局常委、组织部部长、副书记,受命组建了第一届中共河南省委,兼任省委第一书记、省军区政委。中华人民共和国成立后历任中共中央华中局常委,中共中央中南局副书记兼组织部部长,中南行政委员会副主席、中共中央华北局第一书记兼北京军区党委第一书记、第一政委。1965年1月当选为第三届全国人大常委会副委员长。1983年6月李雪峰被选为第六届全国政协常委会委员。1985年9月在党的全国代表会议上被补选为中央顾问委员会委员。

李友祥(生卒不详),云南人,独龙族。60年代毕业于中央民族学院。任云南省贡山县政协主席、怒江州政协副主席、全国政协委员。

李有义,(1912—?),山西清徐人。1927年考入太谷县铭贤中学。1931年李有义考入燕京大学新闻系。1936年毕业,留在校内任助教。1981年,接受美国洛杉矶南加州大学邀请,前往担任该校人类学客座教授,1985年退休,2001年回国。

李志密,女,抗日战争时期参加革命,中央民族学院老干部,曾任预科、政治系党总支书记。

梁多俊,中央民族学院历史系毕业生,云南大学教授。

林耀华(1910—2000),福建古田人,著名的民族学家、人类学家、历史学家、社会学家和民族教育家。中央民族大学博士生导师、终身教授。1935年在北平燕京大学获硕士学位。1951年,林耀华任中央文委西藏工作队社会科学族进入西藏,进行了为期两年的西藏民族社会调研。1953年,林耀华受中央民族事务委员会的派遣,到黑龙江省龙江、内蒙古等地,完成了达斡尔民族识别调查。

刘春(1912—2002),江西吉水人,1936年加入中国共产党。抗日战争时期,历任党中央组织部干事。解放战争时期,历任内蒙古自治运动联合会常委、秘书长、政治部长、内蒙古自治区政府委员、民族委员会委员长、内蒙古军政干部学校政委、内蒙古工委组织部长、

副书记。中华人民共和国成立后，任中共八大代表，全国人大一、二、三届代表，第五届全人大常委会法制委员会委员、第一届中国人民政治协商会议代表，中央民族学院副院长、燕京大学兼职教授、中国科学院民族研究所所长、中共中央统战部副部长、少数民族历史研究指导委员会主任、中央民族学院副院长、院长。

刘锷（1925—），陕西固县人，1954年调入中央民族学院政治系，任教授。

刘大年（1915-1999），湖南华容人。1936年毕业于长沙湖南国学专修学校。1938年8月间到陕北抗日军政大学，同年加入中国共产党。抗日军政大学第五期毕业，抗大毕业后他被分配在冀西和冀南抗日根据地工作。中华人民共和国成立后历任中国科学院近代史研究所研究员、中国科学院编译局副局长、近代史研究所副所长、中国科学院哲学社会科学部学部委员、中国社会科学院近代史研究所所长、社会科学院研究生院教授、博士生导师。

刘格平（1904—1992），回族，河北孟村回族自治县大堤东村人。1949年9月，作为少数民族的首席代表，参加了中国人民政治协商会议第一届全体会议，并当选为中央人民政府委员。中华人民共和国成立后，刘格平历任中央人民政府民族事务委员会主任，中央统战部副部长、中央民委党委书记、中央民族学院院长、宁夏回族自治区主席、山西省副省长等职。

刘介（1885-1968），号锡蕃，广西百寿县西门上（今永福县百寿镇寿）人。宣统三年以最优等成绩毕业于广西优质师范学校。中华人民共和国成立前，先后任罗城县政府科员，柳州中学教师，庆远中学校长，广西省立第一师范和第二师范校长，《教育日报》总编辑，广西省视学员，省政府秘书，三江、庆远、融县三县县长，广西省修志局分纂，广西特种师资训练所所长。中华人民共和国成立后，历任桂林民族师范学校校长，广西文史馆副馆长，区政协常务委员。著有《广西壮族文人文学史概要》。1968年，在"文化大革命"混乱之中，被人挟仇杀害。

刘铭传（1836—1896），字省三，自号大潜山人，安徽合肥人。清朝台湾省首任巡抚，洋务派骨干。在台任职期间，进行了编练新军、修建铁路等一系列洋务改革；开煤矿，创办电讯，改革邮政，发展航运事业，促进台湾贸易，发展教育事业，促进了台湾近代工商业的发展，是推动台湾现代化建设的先驱者。

刘仁（1909—1973），原名段永鹬（段永强），土家族，重庆酉阳人。1927年加入中国共产主义青年团，同年加入中国共产党。抗战时任中共晋察冀中央分局委员、秘书长等职。中华人民共和国成立后，历任中共北京市委组织部部长、市委副书记、第二书记，中共中央华北局书记处书记，是中共第八届中央候补委员。

刘晓（1932—），女，江苏丰县人，1944年参加革命，1949年调入北京市工作。中央民族学院历史系毕业生，留校先后任历史系、民族学系教师。民族学、历史学教授。1958年参加全国少数民族社会历史调查云南组，参与傣族、哈尼族调查工作。1990年离休。

刘孝瑜，中南民族学院教师。

刘尧汉（1922—2012），彝族，无党派人士。1947年毕业于云南大学社会学系。中国社会科学院民族学与人类学研究所研究员，楚雄彝族文化研究院终身名誉院长。学术专长为民族学与民族史。中华人民共和国第一个彝族教授。

鲁占真（生卒不详），云南贡山人，怒族，1958年在中央民族学院学习。

陆志韦（1894—1970），别名陆保琦，浙江吴兴人。语言学家、心理学家、教育家、诗人。先后担任南京高等师范学校、国立东南大学（现南京大学）、燕京大学教授，系主任、校长等。曾任第一届全国政协委员、中国科学院心理研究所筹备委员会主任、中国文字改革委员会委员、汉语拼音方案委员会委员等。

路易斯·亨利·摩尔根（Lewis Henry Morgan，1818年11月21日—1881年12月17日），美国民族学家、原始社会史学家。

罗秉正（1929—2009），壮族，广西武鸣人。曾任国家民委政治司、文教司秘书，副处长，处长，民委党组秘书，专业民族政策和理论研究员，中国民族理论学会副理事长、中国少数民族经济研究会副会长。曾于中央民族学院任副院长、党委副书记、书记。

罗常培（1899—1958），字莘田，号恬庵，笔名贾尹耕，斋名未济斋。北京人。满族，萨克达氏，正黄旗人。北京大学毕业。语言学家、语言教育家。历任西北大学、厦门大学、中山大学、北京大学教授，历史语言研究所研究员，北京大学文科研究所所长。中华人民共和国建立后，筹建中国科学院语言研究所，并任第一任所长，中国文字改革委员会委员。毕生从事语言教学、少数民族语言研究，方言调查、音韵学研究。与赵元任、李方桂同称为早期中国语言学界的"三巨头"。其学术成就对当代中国语言学及音韵学研究影响极为深远。

罗季光（1917—1978），又名罗良锐，语言学家。湖南长沙人。1932年毕业于湖南私立明德中学，接着考入国立北京大学国文系学习，师从著名语言学家罗常培教授。1936年北大毕业后，曾到四川成都自学过一段时间的彝语，以后断断续续地在湖南一些学校和中学教书。1946年受聘为国立湖南大学副教授，在文学院讲授音韵学。1952年到中国科学院语言研究所任副研究员。1954年任中国社会科学院语言研究所壮语工作队第一副队长。1956年初任由中国科学院和中央民族事务委员会组建的7个少数民族语言调查工作队第三工作队队长。1962年任少数民族研究所语言研究室副主任、主任。罗季光主要从事我国南方少数民族语言调查研究，尤其在瑶语上投入的精力更甚。发表专著：《中国少数民语言简志·苗瑶语族部分》；论文：《斯大林论语言学的著作给研究少数民族语言的指示》《广西瑶语》《汉语在瑶族语言丰富发展中的作用》等10篇。是《辞海》（民族卷）的主要编写和修订人之一，创办《民族语文》杂志的积极倡导者。

吕光天，毕业于中央民族学院历史系研究生班，后任社科院民族研究所。

吕振羽（1900—1980），湖南邵阳人。著名马克思主义史学家，中国马克思主义历史科学的重要奠基人之一。1936年加入中国共产党。中华人民共和国成立后，历任大连大学校长兼党委书记、中国科学院哲学社会科学学部委员、考古研究所和历史研究所学术委员，第三届全国政协委员，全国人民代表大会民族委员会委员，国家民族事务委员会委员，民族历史指导委员会委员。

马步芳（1903—1975），回族，甘肃临夏人。民国时期西北地区军阀马家军重要人物。1938年—1949年，任青海省政府主席，作为一支独立的军阀势力盘踞在青海地区。

马戎，辽宁沈阳人，祖籍上海，北京大学社会学系、社会学人类学研究所教授、博士生导师。

马学良（1913—1999），字蜀原，中共党员，山东荣成成山卫镇四村人。著名语言学家、民族语言文学家、民族教育家、中央民族大学民族语言文学学科奠基人、博士生导师、终身教授。1938年毕业于北京大学文科研究所。曾在西南大学、中央大学、中央民族学院任教授，并兼任少数民族语言研究所所长、研究员、会长等职。

马曜（1911—2006），云南洱源人，白族。1940年西南联合大学中学教师晋修班毕业，从事教育、民族工作和学术研究60年，是中国现代教育家、历史学家、民族学家和诗人。云南民族学院原院长、名誉院长、教授。曾撰写《云南古代史》《白族简史》《云南简史》等。

马寅（1919—1991），回族，1936年加入中国共产党，长期从事民族工作和民族理论研究，中华人民共和国建立后历任《民族研究》《民族团结》杂志主编，1979年主编《中国少数民族》一书。

孟森（1869-1937），字莼孙，号心史，江苏武进人，清史学科奠基人。早年受聘于上海南洋公学任教，旋至译学馆主持翻译事务。1902年赴日本东京政法大学学习，译有日本维新后的政法类书籍。回国后主编《东方杂志》，武昌起义后，为程德全指挥的江浙联军进攻南京起草宣言。民国临时政府成立后，任黎元洪为首的共和党执行书记。1913年4月，当选为国会参议员。从1929年起，孟森就聘于南京中央大学历史系为副教授，开清史一课。1931年，孟森北上应聘北京大学历史系教授，讲授满洲开国史，并印发《明元清系通纪》讲义，迄至1937年夏，先后又印《明史讲义》与《清史讲义》。孟森致力于明清断代史研究，成绩斐然，多有精湛之处。

满都尔图，生卒不详，达斡尔族，曾任中科院民族研究所研究员。

茂敖海（1921—2007），蒙古族，内蒙古扎赉特旗人。毕业于扎兰屯国民高等学校。曾任内蒙古社会科学院民族研究室主任、研究员。研究民族问题理论多年，从1953年开始在《人民日报》等报刊上发表了30多篇论文。把一生著作汇编成《民族问题理论探索集》，于1995年由三联书店出版。2007年6月28日在呼和浩特逝世。

孟尊贤（1930—），傣族，云南盈江人。1952年在云南民族学院学习，同年转入中央民族学院新汉语班学习，毕业后留校语文系任教员。

芈一之（1925—），河南安阳人，青海民族学院民族研究所历史研究室主任、教授。1949年毕业于南京政治大学政治经济学院政治学系。1949年7月担任华东人民革命大学教务干事等职。1958年支边到青海，任青海大学师范学院历史系教员。1980年后任青海民族学院民族研究所副教授、教授。主要侧重于青海民族史等的研究。主要著作有：《青海地方史略》（中共青海省委统战部，1979年）、《青海历史概况》（青海省文化厅，1980年）、《撒拉族简史》（青海人民出版社，1982年）、《青海少数民族》（副主编，青海人民出版社出版）、《青海民族史入门》（青海人民出版社，1987年）、《青海蒙古族历史简编》（青海人民出版社，1991年）。

木秀芳（生卒不详），云南贡山人，独龙族，1958年在中央民族学院学习。

侬智高（壮文：NungzCigaoh，1025—1055），是中国北宋中期广西广源州（今靖西、田东一带）的民族首领，侬智高起事的发动者。作为一名民族首领，侬智高领导当地人民反抗交趾的掠夺骚扰。

潘光旦（1899—1967），字仲昂，原名光亶，又名保同，笔名光旦，江苏宝山人。著名社会学家，优生学家，民族学家，研究中国现代教育的代表人物。1941年加入中国民主同盟，历任民盟第一、二届中央常委，第三届中央委员。中华人民共和国成立后，曾先后担任政务院文化教育委员会委员、政务院文化委员会名词统一委员会委员、全国政协第二、三届委员。1952年调入中央民族学院，主要从事少数民族历史的研究。

朋斯克（1905—1991），又名包凤岐、陈治忠、陈斯冷，蒙古族，哲里木盟科尔沁左翼前旗（今辽宁彰武）人。1925年加入内蒙古人民革命党，并被派往莫斯科东方劳动大学学习。1928年加入苏联共产党。1929年在莫斯科，由中国共产党驻共产国际代表瞿秋白宣布他为中国共产党党员。1946年参加中国共产党。历任内蒙古自治区公安部部长，中央民委办公厅副主任、翻译局局长，内蒙古自治区政协副主席。

彭冲（1915—2010），原名许铁如，福建漳州人。1934年加入中国共产党。中国共产党第十一届中央政治局委员、中央书记处书记，中国人民政治协商会议第五届全国委员会副主席，第五届、六届、七届全国人民代表大会常务委员会副委员长。

彭泽民（1877—1956），字锦泉，广东四会人。早年漂泊到马来西亚吉隆坡，后参加中国同盟会，1930年参与创建中国农工民主党。中华人民共和国成立后，曾任中央政治法律委员会副主任、中央华侨事务委员会委员、首都归国华侨联谊会主席、全国侨联副主席、中国红十字会副会长、中医研究院名誉院长等职务。1951年起任农工民主党副主席，1954年被选为第一届全国人民代表大会常务委员会委员。

彭真（1902—1997），原名傅懋恭，山西曲沃人，曾任中共中央政治局委员、全国人民代表大会常务委员会委员长等职。1997年4月26日在北京逝世，享年95岁。

溥杰（1907—1994），满族，北京人，清朝末代皇帝溥仪同母弟。曾任中国书法家协会名誉理事、全国人大民族委员会副主任委员。

溥仪（1906—1967），满族，北京人，清朝末代皇帝，也是中国历史上最后一个皇帝。字耀之，号浩然。1911年辛亥革命爆发，1912年宣布退位。九一八事变之后，在日本人控制下，做了伪满洲国的傀儡皇帝，年号康德。日本投降后，被苏联红军俘虏，被带到苏联。1950年8月初被押解回国，在抚顺战犯管理所学习、改造。1959年接到中华人民共和国主席的特赦令并成为全国政协委员。

齐燕铭（1907—1978），曾用名齐振勋、齐震、田在东，笔名齐鲁、叶之余等。蒙古族。北京人。中国近现代著名国学大师吴北江的弟子。1935年起参加革命。1938年加入中国共产党。1940年后任延安中央研究院研究员。1945年后任中共中央城市工作部、统战部秘书长。中华人民共和国成立后历任中央人民政府办公厅主任，中共中央统战部副部长、文化部党组书记、副部长等职，1974年后复出，是第一、二、三届全国人民代表大会代表，中国剧协第二届理事会理事、常务理事。

启功（1912—2005），字元白，号苑北居士，满族人，清雍正皇帝的第九代孙。中国当代著名书画家、古典文献学家、诗人。曾任北京师范大学副教授，全国政协常委、国家文物鉴定委员会主任委员、中央文史研究馆馆长等职。

启骧（1935—），满族，雍正第九代孙，书法家，中国书法家协会会员，长白书画研究会副会长。

　　秋浦（1919—）江苏丹阳市人，1938年6月加入中国共产党。1949年后历任《内蒙古日报》党组书记、副社长兼总编辑，中国科学院内蒙古分院副院长，内蒙古哲学社会科学部主任，中国科学院民族研究所副所长等职，并担负中国民族学会会长、中国人类学学会执行主席等多项社会工作。

　　饶宗颐（1917—），广东潮州人，著名国学大师，香港中文大学、南京大学等学校名誉教授。

　　任仲夷（1914—2005），原名任兰甲，曾用名任夷，河北邢台威县人。1936年加入中国共产党，1937年任北平市中共西北区委书记，中华人民共和国成立以后，历任中共哈尔滨市委第一书记、中共黑龙江省委常务书记等职。1972年以后，历任中共黑龙江省委书记、中共辽宁省委第二书记、第一书记等职。

　　萨空了（1907—1988），蒙古族，四川成都人，原籍内蒙古昭乌达盟翁牛特旗，记者、新闻学家。擅长艺术理论。曾任第一、二届全国人大代表，第二届全国政协委员，第三届至第六届全国政协常务委员。负责主编《中国大百科全书·新闻出版》卷。著有《科学的新闻学概论》《科学的艺术概论》《宣传心理研究》等。

　　沈家驹，（1924—1966），江苏南通人。早年毕业于燕京大学社会学系。1952年调入中央民族学院研究部、历史系工作，任研究部部务秘书。1958年，任甘肃社会历史调查组组长。曾任中共民族学院统战部副部长。"文革"初期，自杀身亡。

　　施正一（1932—2015），安徽桐城人，是我国著名的经济学家、民族经济学的开创者。1948年参加中国人民解放军，1954年入中国人民大学经济系学习，1958年自愿到中央民族学院（今中央民族大学）任教。期间担任少数民族经济研究所所长、中国少数民族经济研究会常务副会长兼秘书长。

　　石建中（1934—），苗族，湖南乾州（今吉首市）人。1961年毕业于中央民族学院历史系，先后在中南民族大学和中央民族大学从事民族博物馆学、苗族史、土家族史等方向的科研及教学。系中国民族学会、中国民族史学会、中国博物馆学会、中国自然科学博物馆协会及北京市文物保护协会会员，中央民族大学副教授。

　　石钟健（1913—1991），浙江诸暨人，出生在河北省保定市，曾用名石钟，1939年就读于武汉大学历史系，师从吴其昌先生，1941年转学于昆明市的西南联合大学历史系。1951年赴四川，先后执教于川东教育学院、四川师范学院历史系。1955年调中央民族学院任教，先后任副教授、教授、壮族史百越民族史硕士研究生导师。主要从事古墓及石碑等方面的考证研究工作，曾发表有论文《段氏世系考》《滇西考古报告》《邓川访碑录》等文稿叙述当时的情况。

　　史图博，德国生理学家。1885年6月生于德国，1924年应邀到上海同济大学任教，任生理学教授、生理学馆主任。同时也是文化人类学家。1931年和1932年，他先后两次到海南岛做调查，撰写了《海南岛的民族志》一书，是研究黎族的权威著作，开拓了现代科学意义上研究黎族的先河。

司马义·艾买提（1935—），维吾尔族，新疆策勒人，1953年8月加入中国共产党，1952年3月参加工作，中央高级党校新疆班毕业，大专学历。曾任中共中央委员，国务委员、国务院党组成员，第七届全国政协副主席，第十届全国人大常委会副委员长。

宋日昌（1903—1995），一度用名秉铎，安徽颍上人，辛亥革命烈士宋吉生之子。中国共产党优秀党员，中国人民政治协商会议上海市第五届、第六届委员会副主席，上海老龄问题委员会原名誉主任，上海市人民委员会原副市长，中国书法家协会上海分会原主席。

宋蜀华（1923—2004），四川成都人。1946年毕业于燕京大学社会学系，获学士学位。同年考入澳大利亚悉尼大学研究院，师从 A·ρ·埃尔金攻读人类学专业，获硕士学位。1952年起在中央民族学院从事教学与科研工作，1981—1986年任副院长。1985年被聘为国务院学位委员会学科评议组成员。1988年当选为英国皇家人类学会荣誉会员。1993年受聘为全国博士后管委会专家组成员。曾任中国民族学学会会长，名誉会长。多次应邀赴墨西哥、澳大利亚、日本、美国、韩国等国进行学术交流；多次深入偏远少数民族地区进行田野工作，撰写调查报告数十万字；长期从事教学工作，培养出一批批民族学和民族史专业人才。主要著作有《中国民族学理论探索与实践》《原始社会史》《中国少数民族》（与人合著）等书。此外参加《辞海》等权威性工具书的编撰，并担任《中国大百科全书·民族卷》编委兼民族学分科副主编、《民族辞典》副主编等。在国内外发表学术论文数十篇。

宋兆麟（1936-），辽宁辽阳人，民族考古学家。毕业于北京大学历史系考古专业，中国国家博物馆研究员，中国民俗学会首席顾问，古代造像专家。长期从事考古学、民族学、民俗学研究，侧重史前文化和民间文化的研究。

苏冰，女，曾任中央民族学院历史系总支书记，后调入宁夏回族自治区工作。

苏克勤（1915—1998），民族工作者、教育家。生于河北顺平，1937年参加革命，1938年入党。抗日战争期间，历任徐水县委副书记、书记，徐定联合县委副书记、书记。曾参加百团大战、解放张家口等战役，多次受到中央领导的表扬。解放战争时期，历任中共察北地分委书记，兼察北支队政委，中共察盟工委书记，锡察（锡林郭勒、察北）军区副政委、政委等职，为察北地区、察蒙地区的解放事业，及其蒙汉民族关系的发展作出贡献。中华人民共和国成立后，历任政务院民族事务委员会委员，华北局统战部秘书长，国务院民委委员，中央民族学院（现中央民族大学）党委书记、副院长，1957年任国家民族事务委员会副主任，后因"四清运动"于"文革"期间牵连下放，任西北民族学院党委书记、院长。

孙雨亭（1911—2001），山西夏县人。1927年加入中国共产党。先后担任山西运城县团委书记，中共夏县县委书记、隰县地委书记兼军分区政委等。1949年后任西南军政委员会民政部副部长、党组书记，西南民委副主任、党组书记，中共西南局民族工委副书记。

索文清（1936—），黑龙江东宁人，1961年中央民族学院历史系毕业，曾任中央民族大学民族学系副主任、民族研究所副所长、民族博物馆馆长、民族文化宫博物馆馆长。中央民族大学教授、研究生导师、民族文化宫研究员。本书有对索文清的专访。

天宝（1917—2008），原名木尔加·桑吉悦希，藏族，四川阿坝马尔康人。1935年秋加入中国共产党，参加二万五千里长征。中共西藏自治区原党委书记，西藏自治区人民政府原主席，西藏军区原第二政委，西藏自治区革命委员会原主任、中共四川省委原书记，四川省人民政府原副省长，四川省革命委员会原副主任。中国人民政治协商会议第一届全体会议委员，第一届全国人民代表大会民族委员会副主任委员。中国工农红军中的第一批藏族战士和中国共产党第一批藏族党员。

田心桃（1930—），女，土家族，湖南永顺人。最早向中央提出土家族为单一民族的土家族人。曾任九三学社河南省委委员、九三学社新乡市委秘书长、新乡市人大常委、市政协委员。

王炳煜（1924—），山东德州人。中央民族大学马列教科部教授。1950年参加中国共产党，1952年中国人民大学马列主义教室研究生毕业，毕业后留校任教。后来调至中央民族大学任教，1956年晋升为讲师，1978年晋升为副教授，1986年晋升为教授。专著有《马克思主义民族思想史》。

王铎（1912—1997），又名王振铎，辽宁海城人。1937年12月加入中国共产党，1938年8月到延安，任中共中央西北工委少数民族问题研究员。中华人民共和国成立后，历任中共中央内蒙古分局组织部长兼纪律检查委员会书记，东部区党委书记、行署主任，中共中央华北局委员，内蒙古自治区革委会副主任，内蒙古党委常务书记。1983年任中共内蒙古自治区顾问委员会主任。是第五届全国政协委员，第四届内蒙古政协委员。

王恩茂（1913—2001），江西永新人，1930年加入中国共产党。曾参加长征。抗日战争时期，任八路军120师359旅政治部宣传部教育科科长、旅政治部副主任、旅副政治委员，八路军南下支队第一支队副政治委员，湘鄂赣军区副政治委员。解放战争时期，任中原军区三五九旅政治委员，吕梁军区政治部主任，晋绥野战军第二纵队政治部主任、副政治委员，第一野战军第二军政治委员。中华人民共和国成立后，任南疆军区政治委员，新疆军区司令员兼政治委员，兼新疆生产建设兵团第一政治委员，中共中央新疆分局第一书记、新疆维吾尔自治区委员会第一书记，南京军区副政治委员，中共吉林省委第一书记兼沈阳军区副政治委员，中共新疆维吾尔自治区委员会第一书记兼乌鲁木齐军区第一政治委员兼新疆军区第一政治委员。

王辅仁（1930—1995），河北滦南人。1948年入北平朝阳学院学习，后转入燕京大学。1952年毕业后到中央民族学院研究部任教。1956年调至历史系。1961年后任历史系研究生导师。1976年在该院民族研究所任副教授、教授。1990年起任博士生导师。先后担任中央民族学院民族研究所所长，民族学系主任，民族文化交流研究所顾问，中国少数民族文学艺术基金会学术委员等职。

王国兴（1894—1975），黎族，广东海南白沙人，1942年曾组织黎民起义，曾任白沙县抗日民主政府副县长，1949年参加全国政协会议，当选为中央民族政府民族事务委员会委员，1955年当选为海南黎族苗族自治州州长。

王建民（1957—），陕西韩城人。毕业于中央民族学院，后任中央民族大学民族学人类学理论与方法研究中心副主任，教授。主要研究领域为文化人类学理论与方法、中国人类学民族学史、艺术人类学、新疆民族历史与文化等，代表著作有《新疆史话》《中国民族学史》等。

王炬堡（1932—2015），陕西西安人，毕业于西南财经学院、中国人民大学马列主义研究班研究生，后调入中央民族学院历史系任教员、党总支书记、中央民族学院院刊编辑部副总编、党委宣传部副部长、历史系主任。详见本书下文对他的专访。

王克（1921-2010），女，四川平昌人，1933年参加革命，1936年加入中国共产党，长期在晋察冀工作，中华人民共和国成立后1950年参与筹建中央民族学院工作，历任任人事科副科长、中央民族学院附属中学校长、历史系任党总支书记、组织部副部长、人事处处长。

王天奖（1933-），浙江黄岩人。1955年7月、1959年7月，先后毕业于北京大学历史系本科和中国近代史研究生班。长期在河南省社会科学院历史研究所工作，任所长。1995年，受聘为河南省文史馆馆员、省五届政协委员、六届全国人大代表。其在20多年间主要攻研中国近代史，对太平天国时期和辛亥革命时期用功尤多。其全面研讨近代中国民间秘密会社的论文，全面系统评介"中兴名臣"左宗棠的专著等等，也产生了较大的影响。如今继续从事河南史志的研究，参与并担任执行主编《河南通史》等重点科研项目。

王维舟（1887—1970），原名王天桢，四川宣汉人。青年时代参加辛亥革命和四川的护国、护法战争。1927年加入中国共产党，在川东组织武装斗争，后参加川陕苏区反围攻和长征，到达陕北后，任中央军委四局局长，抗战时期任一二九师三八五旅副旅长、旅长兼政委，担任保卫陕甘宁边区的任务。1946年4月调重庆任中共四川省委副书记。1949年任解放西南的西路军副司令员，12月29日，随贺龙率部进成都。1950年2月到达重庆，任中共中央西南局常委、西南军政委员会副主席等职。1956年选为全国人大常委。

王晓义，（1931—），山东蓬莱人。1947年考入燕京大学社会学系。毕业后分配到政务院文化教育委员会西藏工作队工作。1954年调入中央民族学院研究部、中国科学院民族研究所、中国社会科学院社会学研究所。1986年调回中央民族学院任教授。

王又民，不详。

王钟琦（1939—），女，天津人，中央民族大学历史系第一届毕业生，后调入中央民族学院附中任教。

王锺翰（1913—2007），湖南东安人，主要研究领域为清史、满族史。1938年、1940年分别获得北平燕京大学历史系学士和硕士。1946年，赴美国哈佛大学进修两年。回国后，在燕京大学历史系任副教授，兼任哈佛燕京学社引得编纂处代副主任。1952年，调至中央民族学院任教，1956年起在历史系担任教授。历任中央民族大学历史系及民族史研究所教授、博士生导师、终身教授。主要论著有《辨纪晓岚手书简明目录》《清世宗夺嫡考实》《胤禛西征纪实》《清史新考》等，主编《中国民族史》《四库禁毁书丛刊》等，参与点校《清史稿》，独立点校《清史列传》。

威黎勤，达斡尔族，曾任中央民族学院干部。

韦国清（1913—1989），壮族，广西东兰人。1931年加入中国共产党，同年12月参加著名的百色起义，参加了二万五千里长征；抗日战争时期，为建东北和巩固发展津浦路东地区抗日根据地发挥了重要作用；淮海战役中参加了围歼杜聿明集团的作战；中华人民共和国成立后，曾任中国人民解放军总政治部主任，中共中央军委常委，主持全军的政治工作。1955年被授予上将军衔。曾荣获二级八一勋章、一级独立自由勋章、一级解放勋章。1988

年7月被授予一级红星功勋荣誉章。

翁独健（1906—1986），原名翁贤华，福建福清人，著名史学家、教育家。1928年入北平燕京大学历史系学习。1935年赴美留学。1938年获哈佛大学博士学位，同年入巴黎大学深造。1939年回国后，先后担任云南大学、北平中国大学、燕京大学等校教授。中华人民共和国成立后，翁独健曾当选为全国政协第三、四、五、六届委员，历任燕京大学代理校长，北京市教育局局长，国家民族事务委员会委员，民族历史研究工作指导委员会副主任委员，中国民族研究学会副理事长，中国民族研究团体联合会顾问，中国社会赞赏院民族研究所研究员、副所长、顾问，中国社会科学院中国边疆史地研究中心主任，中央民族学院历史系主任（1956—1966）、研究部主任，中国史学会常务理事、理事长，中国蒙古史学会理事长、名誉理事长，中国元史研究会名誉会长，中亚文化研究国际协会副主席等职务。

乌兰夫（1906—1988），曾用名云泽、云时雨，化名陈云章。内蒙古土默特左旗人，蒙古族。1925年9月加入中国共产党，上将军衔。曾任中华人民共和国副主席、全国人民代表大会常务委员会副委员长，中国人民政治协商会议全国委员会副主席，中共中央统战部部长等职。1950—1954年任中央民族学院院长。

吴晗（1909—1969），浙江义乌人。中国著名历史学家、社会活动家、现代明史研究的开拓者和奠基者之一。1934年毕业于清华大学，1957年加入中国共产党。曾任云南大学、西南联合大学、清华大学教授，北京市副市长，中国科学院历史研究所学术委员，中国科学院哲学社会科学部学部委员，北京市政协副主席等职务。1958年当选为民盟中央副主席，是第一至三届全国人大代表，第一届全国下政协委员，第二、三届全国政协常委。

吴恒，毕业于燕京大学历史系，1952年院系调整后调入中央民族学院研究部，曾参与历史系教学工作，教授。

吴汝康（1916—2006），江苏武进人。人类学家、古人类学家。他曾经发表关于蓝田公王岭和陈家窝、周口店、和县、南京、梅铺、淅川等处发现的直立人化石，马坝、丁村、资阳、柳江、来宾、河套、建平等处发现的智人化石以及开远、禄丰、大兴、柳城等地发现的古猿和猴类化石的多篇论文。他还主编关于中国古人类学与旧石器时代考古学、周口店综合研究文集；关于丁村古人类、资阳古人类、南京古人类等的综合研究文集。他提出中国猿人体质发展的不平衡性，人类特征在从猿到人演变过程中出现的辩证过程和顺序，并提出创建"今人类学"这一新学科。

吴文藻（1901—1985），江苏江阴人，中国著名社会学家、人类学家、民族学家。1923年留学美国，入美国哥伦比亚大学社会学系。1928年获博士学位。1929年回国在燕京大学任教授、社会学系主任、文学院院长。抗日战争时期，任云南大学社会系主任、文学院院长。抗日战争胜利后，曾任国民党政府蒙藏委员会顾问和驻日本代表团政治外交组组长兼盟国对日委员会中国代表团顾问。1951年辞去国民党一切职务，与夫人谢冰心回国。1953年任民族学院教授、研究部国内少数民族情况教研室主任和历史系民族志教研室主任。主要著作有《社会科学与社会政治》《中国少数民族情况》《现代法国社会学》《德国系统社会学》等。

吴英恺（1910—2003），辽宁新民人，满族。医学家，中国胸心外科的开创人之一。

1984 年，任北京安贞医院院长。

吴玉章（1878—1966），原名永珊，字树人，四川荣县人。吴玉章历经戊戌变法、辛亥革命、讨袁战争、北伐战争、抗日战争、解放战争、中华人民共和国建设，而成为跨世纪的革命老人，与董必武、徐特立、谢觉哉、林伯渠一起被尊称为"延安五老"。吴玉章从参加同盟会到参加中国共产党，从参加孙中山先生领导的旧民主主义革命，到参加中国共产党领导的新民主主义革命、社会主义革命，为社会进步、民族解放和社会主义建设、党的事业奋斗一生。吴玉章是中共六届、七届、八届中央委员。中华人民共和国成立后，被选为第一、二、三届全国人民代表大会常务委员。任中国人民大学校长十七年，兼任国务院文字改革委员会主任、全国教育工会主席、中国自然科学普及协会主席等职。

吴子服，中央民族学院老干部，曾任政治系系主任。

伍精华（1931—2007），彝族，四川冕宁人。1949 年 9 月参加革命工作，同年 11 月加入中国共产党。先后担任中共普雄县工委委员，普格县委副书记、县长，昭觉县委第一书记，凉山彝族自治州州委书记处书记、副州长，四川省民委副主任，四川省委常委、省人大常委会副主任，国家民委副主任、党组副书记，西藏自治区党委书记、西藏军区政委、西藏军区党委第一书记等职。

谢飞（生卒不详）。

谢冰心（1900-1999），女，原名谢婉莹，福建长乐人，中国民主促进会（民进）成员。中国诗人，现代作家、翻译家、儿童文学作家、社会活动家、散文家。1919 年 8 月的《晨报》上，冰心发表了第一篇散文《二十一日听审的感想》和第一篇小说《两个家庭》。1923 年出国留学前后，开始陆续发表总名为《寄小读者》的通讯散文，成为中国儿童文学的奠基之作。1946 年在日本被东京大学聘为第一位外籍女教授，讲授"中国新文学"课程，于 1951 年返回中国，长期在作家协会任职，"文革"中一度到中央民族学院工作，改革开放后又调回作协。

谢扶民（1911—1974），壮族，广西田东人。1929 年参加红军，同年加入中国共产党。1946 年后历任东北民主联军吉东军区政治部主任，警备一旅政委。中华人民共和国成立后，任一届、二届、三届全国人大代表，中共广西省委第二副书记，广西桂西壮族自治区党委书记，全国人大民族委员会主任，第二届全国人大民族事务委员会主任委员。

谢鹤筹（1908—1988），原名仑恩，又名谢翱，壮族，广西同正人。1928 年加入中国共产党。抗战时期任中共香港市工委组织干事、区委书记。中华人民共和国成立后，曾任中央民委政法司司长、中央民委副主任、国家民委副主任，一、二、三届全国人大代表，中共八大代表。

谢华（1895—1987），湖南衡南人。1925 年加入中国共产主义青年团。次年转入中国共产党。曾任中共西北特别支部书记、陕西省委组织部副部长、八路军延安留守兵团秘书长、陕北公学大学部主任、中共中央统战部处长。中华人民共和国成立后，历任中共湖南省委统战部部长，湖南省民委主任，省历史考古研究所所长，湖南省第一至四届政协副主席、省地编纂委员会副主任。

徐宗元（1918—1970），字尊六，祖籍山东寿光化龙桥。出身于商人家庭，出生于奉天省（今辽宁）凤凰城。新中国成立后，历任福建协和大学历史系代理主任、史地专修科主任、福州大学、福州师范学院历史系副教授、史地专修科主任、中央民族学院历史系、副教授、代理中国史教研室主任等。一生著述宏富，有《逸周书正义》《小尔雅正疏》《尹文子校注》《韩诗外传校注》《帝王世纪辑存》《春秋后语辑存》《尊六室甲骨文字》《古史考》《榕城杂著》《尊六室杂文》等多种，此外，曾为翦伯赞、齐思和等主编的《中国历史年表》起草殷商和西周部分的初稿，而其遗著残编，待整理出版者尚有多种。

牙含章，（1916—1989），藏族，化名康明德、马尔沙，笔名章鲁、子元等，甘肃和政人。主要著作有《达赖喇嘛传》《班禅额尔德尼传》《无神论和宗教问题》等。主编《中国无神论史》。1938年7月入陕北公学分校学习，10月加入中国共产党，后长期从事藏学研究和民族宗教问题研究工作，曾任中共中央调查研究局四分局少数民族研究室副主任。中华人民共和国成立后，任临夏专员公署专员、中共甘肃省委统战部副部长，中国科学院民族研究所副所长、所长。

严景耀（1905—1976），浙江余姚人。中国著名社会学家、犯罪学家、社会活动家，北京大学国际政治系教授，中国民主促进会（"民进"）的创建人之一，第一、二、三届全国人民代表大会代表，中国民主促进会中央第一、二、三届理事会常务理事和中国民主促进会中央委员会第四、五届常委会常务委员。

晏路莎，女，早年参加革命，中华人民共和国成立后曾任辽宁省民政局、民委负责人。

阎万章（1922-1996），辽宁义县人。1943考入北京大学文学院。毕业后，任沈阳长白师范学院史地助教、私立辽东学院中文系讲师、北京长白师范学院中文系助教。中华人民共和国成立后任沈阳东北文物管理处职员和东北博物馆（今辽宁省博物馆）助理员、东北博物馆副研究员、辽宁省博物馆副研究员。改革开放后长期担任辽宁省博物馆学会顾问、辽宁省历史学会常务理事。1992年，享受国务院政府特殊津贴。

杨成志（1902—1991），字有竟，中国民族学家、人类学家。原广东海丰县汕尾镇（现为汕尾市）人，1923—1927年就学于岭南大学，并主编《南大青年》《南大思潮》和《南风》等刊物。1927年任中山大学助教。1928年受中山大学和中央研究院指派，赴云南调查少数民族情况。以后杨成志深入四川大凉山彝族地区，调查研究奴隶社会结构及彝族生活情况、风俗习惯、语言文字、宗教信仰、文化特征，写出《云南民族调查报告》《罗罗族巫师及其经典》《罗罗太上消灾经对译》等专著。这是中国较早的民族学田野考察著作。同年返校后，由中山大学派往法国留学，获巴黎人类学院高等文凭和巴黎大学民族学博士学位。

杨东昇（1918—1982），四川金川人，藏族。1935年参加中国工农红军，参加两万五千里长征。1938年入党，长期在华东地区任报话队长和电台台长，旅情报总站政治教导员。1950年入藏，任西藏工委组织部部长、工委副书记、自治区党委副书记、自治区人大常委会主任、国家民委副主任、政协全国委员会委员。

杨静仁（1918—2001），甘肃兰州人，回族。1937年，加入中国共产党。1941年，杨静仁到达延安，入陕北公学民族部学习，并担任第一班党支部书记。同年8月，中央派他到回民骑兵团任党代表和团政委。中华人民共和国成立后，历任中国人民政治协商会议筹委会委员、全国青联副主席、中共中央统战部四处处长、中国伊斯兰教协会副会长、中央民族事务委员会委员兼办公厅主任、宁夏回族自治区政府主席、党委第一书记、国家民委主任、党组书记，以后又兼任中央统战部副部长、全国政协副主席、国务院副总理。

杨堃（1901—1998），河北大名人，著名民族学家、民俗学家、人类学家、社会学家、教授。1954年，参加云南省的民族识别工作，写有总结报告。1956年参加云南少数民族社会历史调查工作，撰写了调查报告。"文革"后，调到中国社科院民族研究所工作，兼在北师大、中央民院授课。

杨圣敏，回族。教授，博士生导师。1982年毕业于西北大学历史系，获历史学学士学位；1985年毕业于中央民族学院民族研究所，获历史学硕士学位，后留校任教；1997年获法学博士学位。研究领域为中国西北及中亚民族。

杨易辰（1914-1997），辽宁法库人。1936年加入中国共产党。抗战胜利后，任辽宁省铁岭中心县委书记，辽吉省第一地委书记，辽北省第二地委书记。1948年后历任辽北省人民政府副主席，辽西人民政府副主席、辽西省委副书记辽西省人民政府主席、辽西省委书记。1956年7月至1967年1月任黑龙江省委书记处书记，副省长。1977年至1979年任任黑龙江省委第一书记、省军区第一政委。

杨毓才（1924—），云南剑川人，云南省经济研究所研究员，中国少数民族经济研究会理事，云南省人口学会理事，美国东西方中心研究会员。

姚乃青（1929—），女，浙江绍兴人。1952年毕业于北京大学，同年考入燕京大学就读研究生，后因院系调整，调入中央民族学院研究部、历史系任教。

雍文涛（1912—1997），贵州遵义人。1935年参加中国共产党，1940年赴延安。1946年2月任中共吉林省延吉地方委员会书记、吉林军区延吉军分区政治委员。中华人民共和国成立后，曾任广东省书记、国家林业部部长，任五届全国人大代表。

余心清（1898—1966），安徽合肥人。美国哥伦比亚大学毕业。号称红色牧师。早年任冯玉祥部育德中学校长，开封训政学院院长。后任冯玉祥的秘书长，曾代表冯玉祥参加福建事变，任中华人民共和国经委主席。抗战初期任第三集团军政训处长。1946年奉冯玉祥、李济深之命携100万巨款到北方策动国民党将领起义，任保定绥靖公署设计委员会中将副主任等职。1947年，因联络美国领事馆，策动国民党第11战区司令孙连仲起义，遭到国民党逮捕。1949年获释。中华人民共和国成立后，曾任中央人民政府办公厅副主任，典礼局长，人大常委会副秘书长，国家民委副主任，民革中央常委，北京市政协副主席。

俞德浚（1908—1986），祖籍浙江绍兴，出生于北京，园艺学家、植物分类学家、植物园专家。中国科学院学部委员。长期从事植物学考察、采集及分类研究。编著出版了《中国果树分类学》，为果树种质资源的开发利用及引种栽培奠定了基础。主编出版了《中国植物志》36、37、38卷，记载了已发现的中国全部蔷薇科植物，是国内外著名的蔷薇科植物分类专家。他创建了北京植物园，参加了国内10多个植物园的建园规划设计，为我国植物园事业做出了重大贡献。

载涛（1887—1970），字叔源，号野云（一说夜云），满族，北京人。满洲正黄旗人，和硕醇贤亲王奕譞第七子，过继为钟郡王奕詥嗣子，光绪帝同父异母弟，宣统帝溥仪之叔父。中华人民共和国成立后，被毛泽东主席任命为中国人民解放军炮兵司令部马政局顾问。

还历任总后勤部民政局顾问、国家民委委员、北京市民委副主任、民革中央委员。是第一至三届全国人大代表，第二、三届全国政协委员

张崇根（1938—），江苏溧阳人。历史学硕士。1962年起，进行台湾史和高山族研究。主要著作有：《临海水土异物志辑校》（1981年）、《台湾历史与高山族文化》（1992年）、《台湾文化卷》（1997年）、《临海水土志》辑注（1998年）、《台湾世居少数民族研究》（2002年）。另有关于民族学理论研究著作（或合著、主编）10多部；在国内外学术刊物发表论文数十篇。主要社会兼职有：中央民族大学民族学与社会学学院客座教授，全国台湾研究会理事、特邀研究员，台湾少数民族研究会副会长兼秘书长。2001—2003年被聘为海峡两岸关系研究中心驻会研究员。

张龙翔（1949-），满族，北京市人，满洲右翼正红旗瓜尔佳氏后裔。1966年毕业于中央民族学院附属中学（今中央民族大学附属中学）。1968年分配到黑龙江生产建设兵团4师34团，1977年调回北京，在北京橡胶机器厂及其他企业工作。80年代拜昆曲名宿周铨菴先生为师学习昆曲，受其影响开始收集满族及北京民俗资料。2011年出版《最后的皇族》（合著，北京大学出版社出版）。2012年，应邀到中央民族大学附属中学撰写《和美岁月——中央民族大学附属中学百年校史》，负责其中蒙藏学校时期校长小传、名师介绍、杰出校友小传、去台人员简介、1913—1968学校大事记等。2014年应邀到中央民族大学民族博物馆搜集整理口述历史资料。

张锡彤（1903—1988），河北青县人。1922年，毕业于天津南开中学。1929年，毕业于北京大学法学院政治系，其后入燕京大学研究院深造。历任燕京大学、北京政法学院教授。1956年，调至中央民族学院历史系，并担任世界史教研室主任。1966年调至民族研究所任研究员。其间，1958年-1962年，在新疆调查组参加少数民族社会历史调查，并编写有关丛书。

张养吾（1905—1995），陕西西乡人。1938年加入中国共产党。曾任陕甘宁边区教育厅秘书主任、西安市教育局局长、解放军第一野战军司令部秘书主任。中华人民共和国成立后，历任西北军政委员会办公厅主任，西北民族学院党委书记兼院长，中央民委文教司司长，中央民族经济研究会第一届会长，中国教育会少数民族教育研究会、中国民族理论研究会理事长。是中共八大代表。长期致力于少数民族高等教育和科学研究工作。编有陕甘宁边区高级小学《算术》教材，参加校点《柳宗元集》等。

张正明（1928—2006），上海人，1952年毕业于清华大学社会学系民族学专业，分配在政务院民族事务委员会，1954年冬调至全国人民代表大会民族委员会法案组。1956年夏至1958年夏，兼任全国少数民族社会历史调查研究办公室业务秘书。华中师范大学历史文化学院教授、博士生导师，中国民族史学会副会长，著有《契丹史略》《楚文化史》《楚史》《长江流域民族格局的演变》等重要学术著作，为楚文化和长江文化研究做出了开拓性贡献。

张正琴，中央民族学院初期工作人员。

张执一（1911—1983），湖北汉阳人。1926年在汉阳参加农民协会。次年加入中国共产主义青年团。1929年转入中国共产党。曾任中共武昌区委宣传委员、武昌农民行动委员会

书记。1935年后在上海从事学运、军运工作。1939年后任新四军豫鄂挺进纵队政治部联络部部长、第五师旅政治部主任，中共中央上海局外县工作委员会书记等职。中华人民共和国成立后，历任中共中央中南局统战部部长，中南军政委员会秘书长，中共中央统战部副部长，国家民委副主任，全国政协副秘书长，中共中央统战部顾问。曾任全国人大代表、全国政协常委。

赵展（1930—），满族，黑龙江宁安人，20世纪40年代参加革命。1951年考入东北人民大学，1956年分配至中央民族学院。历任中央民族大学民族学系教授、博士生导师。1958年参与辽宁少数民族调查组，参与编写了《满族简史》和《满族社会历史调报告》。

郑小瑛（1929—），汉族客家人，福建永定人。中华人民共和国第一位交响乐女指挥家，爱乐女乐团的音乐总监和创办人之一，任职厦门爱乐乐团艺术总监兼首席指挥，中国音乐家协会常务理事，中央音乐学院指挥系原主任，中央歌剧院乐队原首席指挥等。1978年以来经常担任国家重要演出活动的指挥，并指挥演出了中外歌剧《护花神》《第一百个新娘》《茶花女》《夕鹤》《卡门》等；还曾与中央乐团、上海交响乐团、中央歌剧院等十多个交响乐队合作，举行音乐会。其出色的指挥多次获得国内外大奖。

钟学钦，畲族，浙江平阳人。毕业于中央民族学院，曾任国家民委机关党委纪委书记。

周定一（1913—2013），当代语言学家。笔名周因梦、尹梦华等。湖南酃县人。1935年入北京大学中文系，1939年在昆明西南联合大学毕业。中华人民共和国成立后，1950年6月中国科学院语言研究所成立，从北大调入该所工作。曾任《中国语文》杂志常务编辑委员、《现代汉语词典》编审委员。

周小舟（1912—1966），湖南湘潭人。1931年8月湖南大学预科班毕业，后入北京师范大学文学院国文系就读，1935年毕业；在校入党，为"一二·九"运动领导人之一；后曾任毛泽东秘书；中华人民共和国成立后，任湖南省委书记，庐山会议中他支持彭德怀的观点，被毛泽东定性为"走资派"和"彭德怀反党集团"分子，撤销职务，被贬至浏阳县大瑶公社任党委副书记；1962年6月调任中国科学院中南分院副院长；"文化大革命"期间遭到批斗，1966年12月26日逝世。1979年2月15日，中共中央恢复了他的名誉。

朱德海（1911-1972），朝鲜族。吉林延吉人。原名吴基涉。生于俄罗斯远东双城子，1920年3月随父迁到我国吉林省和龙定居。曾任黑龙江省宁安县东京城于家屯共青团特别支部书记、密山县锅全村党支部书记、东北抗日联军第四军第三团后方留守处党支部书记、延安朝鲜革命军政大学校党委委员及总务处长。1949年6月参加全国政治协商会议筹备会议，并当选为第一届政协全国委员会委员。1952年9月延边朝鲜族自治区成立，当选为中共延边朝鲜族自治区区委书记、自治区主席。1955年12月延边朝鲜族自治区改为自治州，任州委第一书记、自治州州长、延边军分区第一政委、州政协主席等职，同时任吉林省副省长。1956年9月，在中共第八次全国代表大会上，当选为中央候补委员。"文化大革命"受迫害至死。

朱宁（1929—），女，江苏苏州人，1947年考入燕京大学，50年代初被借调到中央民族学院军政干部训练班任教，1952年调入中央民族学院教务处、历史系、民族研究所任教授。

朱早观（1903—1955），苗族，湖南凤凰人，1938年3月加入中国共产党。1945年3月，成立湘鄂赣边军区，任军区参谋长，兼边区党委统战部长及军政干部学校校长；10月成立中原军区，任军区参谋长兼敌军工作部部长、中共中央中原局统战部副部长。1946年调回延安，任陕甘宁晋绥联防军区参谋长、西北军区副参谋长。中华人民共和国成立初期，任全国政协一届委员，中央人民革命军事委员会办公厅副主任，国防部办公厅副主任。

索　引

（一）人名索引

A

阿侬　266
阿沛·阿旺晋美　97，112，302
阿英嘎　119，302

B

白滨　19，38，57，299，302
白崇禧　24，82，302
白寿彝　21，54，298，302
白先经　24，297，302
白振声　25，302
包鹤亭　291，296
博大公　73，302

C

蔡希陶　224，302
陈伯达　93，99，100，102，105，112，302
陈凤贤　15，16，47，52，146，303
陈高华　93，303
陈国强　49，299，303
陈佳荣　24，299，303
陈克进　25，303
陈雷　73，303
陈连开　24，26，111，147，154，298，303
陈牧原　10
陈乃文　37，88-90，108，110-112，230，296，303
陈培生　49，303
陈文瑾　278
陈燮章　38，88-90，92-112，147，203，223，229，230，279，280，297，303
陈延长　217，228，235，297，303
陈毅　47，304
陈寅恪　120，304
陈永龄　19，33，34，44，101，102，154，209，215，244，246，297，298，304
程思德　32，304
楚哈莫夫　25，296，304
寸汝昌　217，304

D

达秋·古鲁　236
丹彤　159，161，304
邓小平　31
第十四世达赖喇嘛·丹增嘉措　304
定宜庄　2，39，40，58，59，75，76，88，89，107，113，114，120，122-125，131-133，137，138，230，304

F

范宏贵　249，252，266，270，271，273，274，278，298，304
范宏科　273，304
方伯龙　175，304
方国瑜　215，297，305

方龄贵　190，198，305
费孝通　10，17，22，26，28-30，33，35，36，47，64，80，94，102，118，132，159，169，171，187，207-210，215，231，234，244，246，247，250，271-273，297，301，305
冯家昇　163，296，305
冯玉祥　10，47，305，309，322
凤福山　252，305
俸万恒　234，297
傅乐焕　19，22，23，45，48，107，119，120，129，132-134，141，146，159，160，163，169-171，230，244，298，305
傅懋勣　127，132，244，306
傅斯年　160，244，306

G

高岗　69
高名凯　244，306
宫振春　215，297，306
顾祝同　3，306
关山复　119，306
关向应　135，306
郭佈库　9
郭松义　93，306
郭毅生　140，160，306
郭再忠　266
郭志显　134

H

郝时远　111，307
浩帆　160，169，285，307
何炳松　3，307
何干之　63，307
何谊　262
贺致平　26，307

洪俊　24，203，213-216，222，226，231，234，235，297，307
侯方岳　180，215，217，225，297，307
胡德煌　23，160，307
胡嘉宾　26，170，307
胡锦涛　60
胡钧　75，76，79
胡启望　33，272，307
胡先骕　23，307
胡岩　59，76，77，90，308
胡振华　21，308
黄光学　2，34，58-60，67，71，74，76，82，139，167，168，308
黄惠焜　198，200，211，297
黄淑娉　15，18，22，47，48，52，308
黄永贞　274
黄钰　263，274，298，308
黄铸　308

J

季羡林　118，242，308
贾敬颜　111，161，170，296，308
翦伯赞　21，44，54，267，308，321
江平　77，80，81，309，324

K

柯立夫　116，309
孔志清　220，221，224-226，309
邝平章　24，48，309

L

老舍　129，135，309
雷关贤　16，309
雷恒春　52，299
雷洁琼　44，309
李德全　10，11，47，301，309
李德胜　266

李登第　107，122-125，134，135，298
李登辉　36
李范文　271，273，309
李干芬　252，266，274，298，309
李化民　15，309
李培浩　130，134，298，309
李世振　174，310
李松茂　24，310
李维汉　6，7，12，13，21，30，41，43，63，65，72，77-79，83-85，117，120，310
李维新　274
李伟信　262
李文华　224，310
李文瑾　24，48，230，270，297，310
李雪峰　83，310
李燕光　129，134，298
李友祥　224，310
李有义　48，85，163，169，296，310
李长春　70
李志密　285，310
梁多俊　25，310
林彪　47，303
林耀华　5，7，8，10，13，18-20，22，23，28，34，40，41，44-46，50，64，101，102，116，141，160，169，170，180，187，195，206，209，211，215，230，243，244，246，272，297，310
刘春　7，21，44，77，78，83，94，120，138，159，163，166，261，262，310
刘达成　215，223，225，297
刘大年　35，311
刘锷　34，311
刘格平　78，84，94，246，301，311
刘介　266，298，311
刘铭传　23，35，37，49，311
刘庆华　120

刘仁　5，296，311
刘少奇　31，224，225
刘晓　24，186，187，192，297，311
刘尧汉　79，211，297，311
鲁占真　215，217，312
陆红妹　266，274
陆志韦　5，312
罗秉正　26，31，312
罗常培　175，312
罗雕　164
罗季光　244，312
吕光天　33，296，312
吕振羽　21，138，152，166，223，267，312

M

马步芳　96，312
马杰　10，11，47，301
马戎　312
马学良　127，174，175，244，313
马曜　79，297，313
马寅　33，80-83，313
满巴布　236
满都尔图　289，291，293，296，313
毛泽东　101，271，303，307，310，322，324
茂敖海　6，7，42，313
孟森　119，120，313
孟尊贤　175，313
芈一之　105，109，313
摩尔根　99，126，312
莫俊卿　210，245，258，259，262，266，267，270，272，274，298
木秀芳　215，313

N

侬智高　28，266，313

努尔哈赤　133

P

潘光旦　17，22，26，27，29-31，33，35，64，118，148，149，154，157－159，164，168，169，171，208－210，271－273，281，314

朋斯克　13，301，314

彭冲　16，51，314

彭泽民　13，301，314

彭真　18，63，78，94，126，140，188，245，261，262，314

溥杰　69，314

溥仪　84，91，114，115，117，120，126，129，314，322

Q

齐燕铭　77，83，84，314

启功　117，118，314

启骧　117，315

秋浦　93，286，294，296，315

R

饶宗颐　36，315

任仲夷　68，70，315

S

萨空了　13，301，315

沈端发　262，298

沈家驹　5，6，10，19，21，42，44，47，102，161，170，171，231，298，315

施联朱　1-4，8，9，11，14，15，19，33，39，40，46，47，49，53，57，59，60，82，139，140，146，163，215，230，270，279，285，299

施正一　164，299，315

石建中　148，163，167，271，272，299，315

石钟健　148，262，266，297，298，315

史图博　15，309，315

司马义·艾买提　81，316

斯大林　28，29，31，32，79，141，148，149，312

宋日昌　16，52，316

宋蜀华　29，33，132，195，209，215，297，316

宋兆麟　262-264，298，316

苏冰　23，271，273，316

苏克勤　7，19，21，26，27，35，46，127，141，163，215，223，243，262，267，271，273，316

孙雨亭　177，316

索文清　24，37，48，186，187，191，192，196，197，199，204，214，230，269，297，316

T

谈琪　262

唐兆民　262，263，265，266，274

天宝　28，83，316

田心桃　27，30，317

W

万人濮　291

汪明瑀　266

王炳煜　19，299，317

王铎　83，317

王恩茂　68，70，317

王辅仁　44，48，85，116，211，296，317

王国兴　32，317

王建民　66，317

王炬堡　19，137－139，162，163，168，271，278，299，317

王均　221，234

王克　10, 47, 174, 271, 279, 318
王天奖　262, 264, 266, 318
王维舟　224, 318
王湘云　116
王晓义　48, 211, 297, 318
王又民　148, 318
王钟琦　19, 57, 299, 318
王锺翰　22, 24, 25, 41, 46, 48, 60, 107, 113, 114, 118, 120, 124, 125, 132-134, 146, 163, 169, 208, 230, 272, 298, 318
威黎勤　20, 318
韦国清　83, 318
韦文宣　262, 263, 265, 266, 298
温继铭　234
温眉虎　223, 234, 297
翁独健　4, 5, 19, 21-24, 32, 41, 48, 54, 93, 102, 136, 141, 160, 163, 169, 170, 230, 244, 269, 272, 279, 294, 296, 319
乌兰夫　6, 7, 69, 83, 84, 117, 120, 208, 319
吴晗　119, 120, 160, 170, 171, 319
吴恒　195, 270, 319
吴汝康　244, 319
吴文藻　22, 64, 132, 169, 171, 208-210, 243, 271-273, 285, 319
吴英铠　135
吴玉章　63, 320
吴子服　285, 320
伍精华　80, 81, 320

X

习仲勋　66, 67, 71
项美珍　252, 272, 274, 298
谢冰心　35, 209, 319, 320
谢飞　63, 320

谢扶民　61, 267, 320
谢鹤筹　26, 31, 320
谢华　22, 26, 31, 63, 148, 163, 166, 320
谢肇华　123, 125
邢庆兰　175
徐仁瑶　241-245, 259, 261, 264, 270, 273, 274, 298
徐萱玲　262-264
徐宗元　23, 24, 195, 230, 270, 297, 320

Y

牙含章　54, 141, 163, 321
严景耀　44, 321
严英俊　262, 274, 298
阎万章　134, 135, 298, 321
颜宝仪　274
晏路莎　128, 321
杨策　266
杨成武　130
杨成志　18, 245, 262, 298, 321
杨东昇　321
杨静仁　20, 35, 68-71, 77, 80-85, 321
杨堃　297, 322
杨庆镇　273
杨圣敏　55, 322
杨学琛　124, 125, 129, 131, 132, 134-136, 298
杨易辰　322
杨毓才　215, 216, 297, 322
杨拯　266
姚乃青　46-48, 298, 322
雍文涛　61, 62, 322
余心清　84, 322
俞德浚　224, 322

Z

载涛　84，85，114-117，120，126，128，322
曾应峰　62，302
詹绪先　134，135
张本寅　71
张崇根　20，323
张公瑾　172-177，188，243
张介文　262
张龙翔　1-3，39，40，59，138，162，163，172，173，187，214，229，230，241，242，258，259，268，269，283，284，323
张锡彤　23，24，48，159，230，270，272，323
张养吾　81，223，323
张瑛　235
张正明　323
张正琴　174，323
张执一　47，323
章嘉　116
赵展　107，124，125，129，134，139，143，146，151，154，298，324
郑成功　53
郑小瑛　19，57，299，324
钟学钦　15，21，324
周定一　175，324
周恩来　79，85，224
周小舟　31，324
朱德海　62，324
朱宁　21，33，48，146，195，270，285，324
朱早观　77，325

(二) 族名、地名及其他名词索引

A

阿坝　316
阿拉善旗　69，73

B

巴东　158，167
巴人　66，67，158，168，239
巴彦　70
白马藏族　66，67
白皮书　80，135，152，180，203，237
白族　182，195，216，227，266，284，286，313
摆手舞　164，165，167
摆夷　78
班禅　91，321
卑南族　50
被管制分子　222
本溪　68-72
布拉岩　235
布农族　50

C

察隅　66，219
朝鲜族　59，61-63，67，69，70，86，134，308，324
陈巴尔虎旗　9，44，46
赤木山　15
崇礼　92，298
穿蓝　30，194，246
穿青人　29，30，65
慈利　167

D

达赖　90，91，96，97，163，233，302，304，321
达斡尔族　45，146，284，286-293，296，306，313，318
大取灯胡同　63
大跃进　103，127，135，157，165，176，195，196，200，203，205，206，290
傣族　78，94，103，173，175-177，180，182，187，190-193，195-205，214，254，304，311，313
疍民　18
刀耕火种　18，99，218，225，235
僜人　66，67，211
迪庆　215
东乡　95
独龙江大峡谷　215，223
独龙族　92，96，100-103，147，203，215-218，221-228，233-239，309，310，313
敦煌莫高窟　34

E

俄罗斯族　67
鄂伦春族　292，295，296
鄂温克族　166，296
恩施　118，142，148，149，167
二二八起义　4

F

放卫星　177，184，200，206
丰宁　72
封建领主制　179，216

凤城　71，128，133

G

改土归流　141，144，153，167
高教部　25
高坎　128
高黎贡山　92，215，216，218，219，223，227，228，236
高山族　20，22，23，33，35，36，49，50，53，104，323
侔兜　31
耿马　187，190－193，196－198，202，204，206
供给制　174，261
贵州罗甸县　175
国教　50，302，320，323

H

哈拉屯儿　287
哈萨克族　27，303
韩国临时政府　60，61
赫哲　2，296，301
鹤峰　167
黑衣　28
红河　187，198，200，201，203，204
呼伦贝尔盟　7-9，42，44，47，73
花裤苗　92
花山崖壁画　266
化隆县　95
回族　5，6，23，27，42，43，63，64，69，83，84，89，95，153，166，232，302－304，308，311－313，316，321，322

J

吉首　142，164，166，315
极"左"路线　203，250

交趾郡　266
剿匪反霸　145
金秀　242，247，251，253，264
京族三岛　34
景颇族　94，130，195，202
军政干部训练班　174，304，324

K

克鲁伦河　8，10，46
克钦邦　220
客家人　17，18，324
宽甸　60，71，72

L

拉哈尔镇　70
拉祜族　188，195，202，303
喇嘛　12，90，91，96－98，163，174，214，222，300，302，304，321
黎族　11，13，32，126，141，267，298，301，315，317
丽水学院　20
傈僳族　215-217，224，227
林芝　67
临夏　232，312，321
溜索　220，221，234，236
龙山　26，142，143，149，164，167
龙岩　19
隆安　28，298
罗源　15，20，52，55，56
骆越人　266
珞巴族　67，187，210，211

M

满堂　128，133
满族　25，29，40，43，48，54，55，59，60，64，68-73，76，78，83-86，89，91，92，96，103，105－110，114－

120, 123-130, 132-136, 138, 139, 143, 145, 146, 154, 163, 169, 180, 302, 304, 306, 309, 312, 314, 315, 318, 319, 322-324
毛南族　263, 264, 277
门巴族　89, 187, 210
蒙藏委员会　90, 319
孟连　190
民革　98, 305, 306, 313, 314, 322, 323, 325
闽南漳平　16
莫力达瓦旗　287, 289, 290, 293
仫佬族　262-267

N

那曲　66, 67, 95
纳西族　214, 215, 305
纳雍　65
内地生活习惯特殊之国民　82
农奴制度　102
侬峒侲猶州　266
怒江　20, 89, 92, 215-217, 220, 224, 225, 227, 234, 238, 303, 309, 310
怒族　89, 92, 96, 214-217, 224, 225, 227, 231, 234, 236, 237, 239, 303, 310, 312

P

排湾族　50
盘瓠　16, 17, 51
剽牛祭天　226
普米族　215, 227

Q

旗县并存　5, 6, 9, 40-43
青龙　72
青州　73, 84, 112

清原　72
驱梅站　8, 9, 40, 43, 45, 46

R

人民公社　96, 109, 157, 184, 195-197, 203, 205, 206, 289, 290
融安县　259, 260

S

萨普善提　180
三面红旗　135, 203, 206
三同　98, 109, 144, 176, 179, 191, 192, 195, 205, 235, 247, 250, 263, 264, 269, 275
山哈　16-18, 57
畲族　15-22, 29, 30, 32, 33, 35, 36, 40, 45, 49-57, 80, 82, 166, 270, 299, 309
社会科学院民族研究所　79, 96, 114, 123, 132, 215, 225, 226, 302
思茅　178
四川凉山　13, 163
四大林　97
肃慎　134

T

太鲁阁族　50
泰雅族　50
藤蔑桥　220
天宝　28, 83, 316
天梯　216, 219, 221

D

调查提纲　93, 94, 101, 123, 130, 133, 189, 196, 197, 202, 203, 246, 249, 250

T

跳丧 149, 150, 165
铜鼓 266
僮 22, 33, 85
头人 13, 94, 216, 253, 300, 304
土地改革 143, 145, 253
土佬 28
土默特旗 5, 6, 10, 25, 42, 304, 307
吐蕃 309

W

佤族 103, 130, 181, 187, 190, 191, 195, 197, 202, 226, 292
外和睦 128
围场 72
维吾尔族 27, 82, 94, 100, 103, 118, 130, 163, 308, 316
巫师 220, 222, 321
五常 68, 70
五套丛书 18, 33, 54, 79-81, 105, 114, 132, 156, 157, 199, 238, 262, 281, 292, 293
五指山 11
武陵蛮 17
雾社起义 53

X

西园蛮 266
西直门 114, 115
锡伯族 29, 134
锡林郭勒盟 42
新宾 71, 72, 120, 128, 133
岫岩 71, 128
宣恩 158
循化县 95

Y

雅美族 50
延边民主大同盟 61
延吉东盛 61
伊克昭盟 42, 63
伊通县 68
以夷制夷 5, 6, 42, 43
挹娄 134
英华中学 3, 4, 40
雍和宫 12, 174
永吉县 68, 70
永顺县 164
酉水流域 149
元阳县 200, 201, 204
越 3, 17, 18, 20, 33, 34, 50, 54, 69, 86, 90, 177, 182, 199, 203, 208, 215, 218, 219, 221, 226, 227, 242, 248, 250, 253, 266, 267, 271, 273, 304, 307, 310, 315
云南边疆委员会 177

C

长毛瑶 10

Z

昭乌达盟 42, 73, 315
哲里木盟 42, 73, 314
浙江景宁 15
蔗园人 28
织金 65
中央民族学院研究部 79, 132, 297, 305, 307-309, 315, 317-319, 322
驻藏办事处 90, 303
驻藏大臣 91
庄头 134
自新票 252

邹族 50

祖图 51

民大记忆
历史文献

中国少数民族社会历史调查（下）

文献资料选编

中央民族大学民族博物馆 编

学苑出版社

图书在版编目（CIP）数据

中国少数民族社会历史调查. 下册，文献资料选编/中央民族大学民族博物馆编. —北京：学苑出版社，2018.1
ISBN978—7—5077—5406—3

Ⅰ. ①中… Ⅱ. ①中… Ⅲ. ①少数民族—民族历史—社会调查—中国 Ⅳ. ①K28

中国版本图书馆CIP数据核字（2018）第010549号

封面设计：汤建军　　　排版制作：李红权

出 版 人：	孟　白
责任编辑：	洪文雄
出版发行：	学苑出版社
社　　　址：	北京市丰台区南方庄2号院1号楼
邮政编码：	100079
网　　　址：	www.book001.com
电子信箱：	xueyuan@public.bta.net.cn
联系电话：	010—67601101（销售部）67603091（总编室）
印　刷　厂：	三河市灵山芝兰印刷有限公司
开本尺寸：	787×1092　　1/16
印　　　张：	20.25
字　　　数：	429千字
版　　　次：	2018年1月北京第1版
印　　　次：	2018年1月第1次印刷
定　　　价：	168.00元（上下册）

目 录

全国人民代表大会民族委员会《社会性质调查参考提纲》（1956年）

原始社会调查提纲 3
 一、经济 5
 二、社会 19
 三、生活与习俗 30
 四、精神文化 39
 附录一　黑龙江边、兴安岭里的鄂伦春民族（摘录） 45
 附录二　鄂伦春人（初稿） 50
奴隶社会调查提纲 70
 一、经济 70
 二、阶级和阶级斗争 81
 三、上层建筑 85
 四、家庭生活与习俗（或社会习惯） 91
 五、自然科学与语言文字 94
 附录　西康省大凉山彝族的社会经济制度调查报告 97
封建社会调查提纲 111
 一、经济 113
 二、政治和法律 127
 三、生活、习俗、文艺及其他 130
 四、宗教 134
 附录　墨玉县夏合勒克乡的农奴制度 136
 附录　关于人们共同体的说明 151

I

相关文献

关于少数民族社会历史调查研究的十年	苏克勤	161
民族研究工作中的两条道路的斗争问题	汪　锋	166
研究少数民族历史也要贯彻"厚今薄古"	潘梓年	171
谈谈少数民族调查工作如何与当地中心工作相结合的问题	秋　浦	175
民族语文调查实习的几点经验	中央民族学院语文系	179
关于研究祖国各民族历史的几点意见	贾敦芳	185
批判少数民族社会历史调查工作中的地方民族主义倾向	定正清	187
两年来少数民族社会历史调查工作的基本总结	谢扶民	192
从内蒙东北组的工作经验看少数民族社会历史调查方法	朱　风	204
编写傣族简史、简志和西双版纳傣族自治州地方概况的几点体会	李德云	209
在党的领导下发动群众审查民族史、志初稿的经验	广西少数民族社会历史调查组	213
潘光旦先生关于畲族历史问题的设想	费孝通	216
访问湘西北"土家"报告（1956年）	潘光旦	219
湘西北、鄂南西、川东南的一个兄弟民族——土家（1957年）	潘光旦	234
关于黔西民族识别工作的参考意见	费孝通	241
关于民族识别问题的意见	费孝通	246
开展少数民族地区调查研究工作	费孝通	249
中国民族学当前的任务	费孝通	252
新中国第一所培养少数民族干部的高等学府——中央民族学院	刘　春	271

学术动态

中国科学院民族研究所在京成立	277
记民族研究工作科学讨论会的经过	279
民族研究工作的跃进规划	281
新参加少数民族社会历史调查组的五百人员已分批离京前往各民族地区	286
少数民族社会历史调查组工作情况	287

少数民族语言研究所的国庆献礼 …………………………………………… 291
民族研究所的国庆献礼 ……………………………………………………… 293
少数民族社会历史调查组工作情况 ………………………………………… 294
少数民族社会历史调查组的工作动态 ……………………………………… 300
辽宁组关于"编写满族史、志的中心思想问题"的讨论 ………………… 305

全国人民代表大会民族委员会
《社会性质调查参考提纲》
(1956年)

原始社会调查提纲[①]

目录

一、经济
  说明
  问题
    (甲) 采集、狩猎和捕鱼
      (1) 采集
      (2) 狩猎
      (3) 捕鱼
    (乙) 农业
    (丙) 畜牧
    (丁) 手工业
    (戊) 交易
    (己) 其他
      (1) "牧工"
      (2) 奴隶
      (3) 高利贷
      (4) 地租
      (5) 解放后的情况
二、社会
  说明

[①] 全国人民代表大会民族委员会发布。

（甲）家族、氏族与亲属
    （1）婚姻制度（见生活与习俗部分）
    （2）家族与氏族
（乙）氏族与部落
    （1）氏族、部落的民主会议
    （2）氏族、部落的关系
    （3）"政治领袖"
（丙）社会组织
    （1）性质与成员
    （2）影响和关系
（丁）军事和武装冲突
    （1）平时的军事活动
    （2）武装冲突的过程
    （3）停战与善后
（戊）原始习惯法和裁决
    （1）原始习惯法的种类和解释
    （2）裁决
（己）解放后建政及其他有关问题

三、生活与习俗
说明
（甲）物质生活
    （1）住居
    （2）饮食
    （3）衣饰
    （4）交通
（乙）婚期
（丙）丧葬
（丁）节庆、礼仪、禁忌及其他

四、精神文化
说明
（甲）科学知识
（乙）宗教与巫术
（丙）艺术与民间口头创作

附录一　黑龙江边、兴安岭里的鄂伦春民族（摘录）
附录一　鄂伦春人（初稿）

一、经济

说明

  在人类历史上第一个社会形态是原始公社。原始公社的生产力水平十分低下，发展非常缓慢，因此，人们的生活条件十分贫乏，对周围自然界的依赖性很大。由于使用极其简陋的劳动工具和底下的生产力水平，人们无法单独同自然力和猛兽做斗争，就产生了共同生活、集体劳动、土地和其他生产资料及劳动产品公有制。他们没有生产资料私有制的观念，但是，某些纯粹由个人使用的生产工具和武器是归个人所有，因为人们必须随时随地携带他们以保护自己。原始人以简单协作的方式进行集体劳动，平均分配劳动产品，他们相互间是平等的，没有阶级亦没有剥削和压迫，这就是原始公社生产方式的特点。

  概括说来，原始公社制度的基本经济规律："在生产资料公社所有制的基础上，利用简陋的生产工具，通过共同劳动和产品的平均分配，来保护人民极端必需的生活资料。"（政治经济学教科书，1955年俄文版第二版）。

  原始游群是原始社会发展最初的一个阶段。游群的人类已经知道用火，使人们能支配一定的自然力。这一时期的主要生产工具是粗劣的石器工器（手斧、手槌等，）以及木质的棍棒。在游群里人们部分性别和年龄，都从事采集植物和捕捉小动物为生。原始游群没有固定的人数（每群不超过十人），时而分散，时而组合。为了寻求食物，经常从一个地方游荡到另一个地方，原始游群的这些特点，正是反映了当时极其低下的生产力水平。

  生产力的进一步发展、劳动工具的种类不仅增多而且逐步专业化，各种工具有了进一步的分工，出现了复合工具和复合武器，石器制造应用了新的琢磨技术，猎取巨兽也有了重大发展，这些劳动工具和生产技术的进步，使人们能比较可靠地获得生活资料，也就使相对定居的生活有了可能。这一生产力的发展反映到生产关系上就是产生了新的、固定的社会组织——氏族公社。

  氏族公社的发展分为两个阶段，即母系氏族和父系氏族。早期的母系氏族在生产上主要是采集、狩猎和捕鱼。这些生产活动都是采拾自然界的现成食物，即采集经济。这时有了性别和年龄的分工，妇女从事采集、男子从事狩猎，捕鱼则视不同情况而由两性分工，妇女的采集工作，在整个经济生活中起着重要作用。随着劳动工具和生产技术的不断改进（粗制的石器逐渐进化为经过研磨的精细石器）、投矛器和弓箭亦相继发明并出现了初级形式的锄耕农业，劳动生产率有了提高。锄耕农业大抵上由妇女发现，因为它是从采集生产发展而来的，它使妇女在社会生产上处于重要地位，男子狩猎生产多少是带有偶然性的，妇女的农业生产比狩猎能获得较可靠和经常的生活资料来源，这样的物质生产条件决定了妇女在公社那个地位和领导作用。等到动物的驯服和驯养出现的时候，母系氏族迎来了繁荣期。

  继母系氏族之后的是父系氏族时期。生产力进一步发展，天然金属开始用作工具。这时犁耕农业逐渐普遍起来，动物的驯服、驯养亦逐渐向畜牧业过渡，由于农业和畜牧业的发展，狩猎生产已不重要，男子愈来愈多地参加到农业生产中来，逐渐成为生产中的主导力量。锄耕农业逐渐为犁耕农业所替代，女子优越的地位亦逐渐为男子所替代，从而母系氏族就逐步让位给父系氏族。

随着向农业和畜牧业的过渡，产生了社会分工，起初是不同公社从事不同生产活动，随后公社内的不同成员从事不同生产活动中，终于使农业和畜牧业分离，这就是第一次社会大分工，结果引起了公社间进行产品的交换，也促进了劳动生产率的提高。到父系氏族后期也就是原始公社的末期进入了金属器工具时代，各种金属制品和手工业品愈异繁多，手工业生产逐渐专门化与农业分离，又产生了社会第二次大分工，使生产力又获得了进一步的发展。原始公社制度的生产关系就不再适合这时先进生产力的发展了。公社所有的狭小范围、劳动产品的平均分配开始阻碍新生产力的发展，以前耕地必须几十人共同劳动，在那种条件下生产是公共的事，私有制不可能出现，但随着生产工具的发展和劳动生产率的提高，一个家庭已能耕种一片土地，并能保证自己必需的生活资料，这样，共同劳动和平均分配的公社经济就愈来愈不重要了，与共同劳动转变为个体劳动相适应，同时也就要求由生产资料的公有制变为私有制，私有制的产生与社会分工和交换的发展，也有着不可分割的联系，最初交换由氏族首领（酋长族长）进行，他们代表公社进行交换，交换的东西还是公社的财产，随后氏族领袖逐渐把公社财产看作自己的私产。最先成为私产的是牲畜，因为它是主要交换的产品，随后是一切生产工具也就变成了私产，公有制保持最久的是土地。

个体劳动和私有制的产生，瓦解了氏族公社。氏族先分解为父权制大家庭，以后在父权制大家庭内部又分化成一个个小家庭，生产工具、稼具、牲畜等也随之成为各个家庭的私有财产，个体家庭逐渐成为社会的基本经济单位。家庭和私有财产的产生削弱了氏族的联系，不同氏族的人到处杂居起来，地域关系，经济关系和比邻关系代替了氏族的血缘关系，氏族公社便为农村公社所替代。农村公社具有两重性质：（1）私有制各个家庭—个体经济的形式经营着生产，农具、牲畜、房子旁边的土地，房屋以及院内建筑都是各个家庭私有财产；（2）公有制——森林、草地、水流、耕地仍是公社财产。

私有财产的发展，使公社内部逐渐出现了贫富不均的现象，担任公职的人们往往利用职权侵占公社财产，日益致富，成为世袭的氏族贵族，而氏族的其他人员则处于依附的地位。

由于工具和技术的进步，分工和交换的发展社会生产力发展到了这一时期，人们的劳动已经能够提供剩余的生产物，这就提供了剥削别人劳动的前提，奴隶劳动的应用，标志着新的生产方式的出现，从而不可避免的原始公社制度的生产关系趋于瓦解灭亡，并让位给适合于生产力性质的新生产关系——奴隶占有制。

问题

（甲）采集、狩猎及捕鱼

（1）采集

（一）对象、工具、技术、知识

1. 采集的野生动植物有哪些名称和品种（植物根、浆果、树果、贝壳类、爬虫和小动物的）分布情况，占全部食品来源的比重。
2. 是否每日有专门采集的时间，还是随时外出随时采集？每年不同季节采集的不同动植物的情况。
3. 采集使用什么样的工具（包括挖掘和盛装的）铁制的还是木制的或是竹制的？绘图说明。谁制造工具？
4. 他们对于采集的动植物的习性特点的知识如何？哪些是能吃的，哪些是不能吃的，他们怎么可以分辨出来？
5. 对于有毒的东西，他们是否也加以利用。经过怎样的处理。这毒性消失或减弱？
6. 对于采集来的东西，他们用什么方法保存下来（如晒干、烤干、研磨成粉末。）有没有特别的设备用作储藏所？由谁负责保管？
7. 他们用什么方法保护这些野生动植物的繁殖，使之不受人为的破坏？
8. 他们是否想过怎样把这些野生的动植物加以有意识地培育、繁殖、种植？

（二）组织与占有关系

1. 采集时是有组织的集体进行，还是单独的个体进行，如是有组织的集体采集，是由何人负责组织、指挥，什么人负责采集的劳动（妇女、老人、儿童）？
2. 如果妇女负责采集之责，在家族中妇女可以完全支配采集物吗？男子可以得到同量的分配吗？
3. 如果集体外出采集，采集人是否可以随意吃掉采集的东西，还是必须将采集物中集中后统一等待分配？
4. 采集回来的食物是由采集者个人所有，还是由家族、氏族共用，采集回来以后是否将食物集中起来？由谁来分配？分配的原则是什么？没有参加采集的人是否也可以分得一份，采集多的和采集少的是得同样的分配品，还是有所差别？
5. 采集地区各部落氏族是否有固定范围，不得侵越地界，如有侵越与如何处理？各氏族、部落的采集地区是怎样区分的？
6. 采集的工具归谁所有？是采集者个人所有，还是氏族公有个人使用？

（2）狩猎

（一）概况

1. 猎获禽兽的种类及进行狩猎的季节、狩猎时期的长短、狩猎的区域、方向。
2. 狩猎的主要目的在于获得食物及其他生活资料，还是在于获得贵重毛皮作为交换物品？是否因地区不同而有不同目的，具体表现在哪些方面？
3. 各种野兽的用途肉皮骨（肉、皮、骨、角、毛、血、茸、胎等），哪有自用？用作什么？哪些输出作为商品交换？
4. 外出狩猎，必须携带的装用具食品是什么？
5. 将外出狩猎的生活与留家的生活不同情况做一比较
6. 他们现在的狩猎生产与过去十几年以前的狩猎生产有什么不同？
7. 现在野兽比以前是增多了，还是日渐减少，在目前他们狩猎生产的前途如何看法？有专业的思想吗？他们是怎样想的？
8. 她们对待畜牧农业等生产的看法怎么样？是否认为比狩猎好？
9. 狩猎在整个经济中的比重。

（二）生产力（工具武器和技术）

1. 狩猎需要的工具和武器有哪些？什么是主要的？这些工具和武器由谁来制造和修理，怎样制造和修理，如外来的，从哪里来的？
2. 打猎用不用枪？一般使用什么枪？最远射程是多少？何时才开始用枪？怎样传入？
3. 除狩猎所用武器以外，还有没有其他武器（进攻或防御的武器），有专门的工匠制造武器吗？各种武器使用的方法，射程及穿透力，并附图说明。
4. 行猎时猎人带除武器外，还带什么东西，做什么用途？
5. 简述工具和武器的演变情况。
6. 详细说明各种狩猎的方法：陷阱、潜伏、围猎、火攻、伪装、捕机、伏弩、引诱鸣声、毒药……发展与进步的情形和普遍的程度。
7. 春夏秋冬四季狩猎对象有何不同？对于哪些野兽在不同季节采取不同的狩猎方法？
8. 猎人对于各种野兽习性的知性即熟悉的程度。
9. 狩猎的技术方法，对于也是野兽习性的知识如何传送下去？是否在本族中都是公开的传授？还是秘密的传授？氏族或个人的特有技术和知识有没有隐秘不公开的？对于改进传统的狩猎技术他们有什么措施？
10. 一个优秀的猎人应具备什么条件？他们有什么特别标志？从哪些方面看出他们受人重视？
11. 有没有驯服或驯养动物（除犬、鹿外）的出现？有哪几种？由谁来驯服或驯养？这些动物被用来作什么？
12. 行猎时是徒步还是骑乘牲畜？对乘骑的养护情况如何？

13. 行猎时对鹰和猎犬的使用情况，平日的训练和饲养。

（三）生产关系

1. 生产资料，占有关系

　　各氏族部落如何分割？猎区各氏族部落占有猎区面积的大小，条件的好坏以何为标准，是否按各部落氏族的人口多寡而有所不同？猎区的分割是绝对的吗？是否完全不许越界，如果越界追捕野兽，如何处理？伤兽逃到其他氏族部落的猎区以后，如何处理？

2. 猎区分配在部落间是否通过协商？怎样协商？是否定期再分配？多少年分配一次？每次分配都协商吗？氏族酋长和部落酋长再分配猎区中起什么作用？在使用猎区上各氏族部落有什么需要共同遵守的条例？由谁来监督执行？有没有轮歇猎区的办法？有什么原则？他们怎样区分好猎区和坏猎区？

3. 枪、猎犬、猎鹰、马、刀箭等是归氏族团体公有还是使用者个人所用？如属公有在私人使用时，要通过什么手续？是否有手令按需要分配，如属个人所有，是否只是使用者经常有使用权，而有时并不排斥其他氏族成员的借用，私人占有者对工具和武器的支配权限究竟有多大？他可以自由转让吗？如果公有的工具或武器，私人在使用时有所伤损或遗失，如何处理？赔偿呢，惩罚呢？还是听任之？如属私人占有，其他氏族成员借用时，有所伤损或遗失，怎样处理？赔偿呢，惩罚呢？还是听任之？公有或个人所有的工具和武器有没有标志，由谁来做？生产资料在氏族内部与氏族间、是否可以有无相互借用，如可借用，在归还时是否附有报酬，报酬量多少？采取什么形式？是否因分配关系或工具、武器占有关系而有贫富之分，贫富的分化，主要表现在哪些方面？富人是否在狩猎技术上比较先进，平时猎获品较多？

（四）人们在生产中的地位及相互关系

1. 猎人集体狩猎的组织情形——分工、合作，领导指挥与被领导的关系如何？
2. 老人、儿童、妇女参加狩猎的活动情况与青壮年和男子的工作有何不同？
3. 氏族部落的首领是否也一同参加狩猎活动？他们与其他人员的工作，有什么不同？
4. 集体狩猎由谁来召集指挥，领导？用什么方式？这些指挥领导权的范围，内容是什么？它的建立是根据氏族部落首领的领导权还是根据指挥人的狩猎技术出众？指挥人是由群众推选的，还是指派的？指挥人士是每次换？还是长期固定？
5. 在外出狩猎时负责指挥领导的首领，在狩猎完毕后，他是否仍然具备一些特别的权力？
6. 集体狩猎时是自愿结合还是由首领指定？自愿结合和首领指定的根据是什么？这种集体是临时性还是长期性？这种集体大多是什么关系的人？
7. 集体狩猎是为了什么？是因为分工精细，必须多人紧密合作？还是为了互相保护？为了减少寂寞？集体狩猎时，大家都做同样的活动还是有计划地进行分工？
8. 单独狩猎与集体狩猎有规定吗？在季节、方法、地区、武器等方面有何不同？
9. 对于优秀猎手或技术低下的猎手（包括长期没有野兽的猎手），集体对他们在分工和对待上有何不同？

（五）分配

1. 狩猎品如何分配，对于男女老幼，指挥者，追捕者等，在分配方面是否有所不同？这种差别他们如何解释？
2. 狩猎品由谁来分配，权限有多大？如果分配不合适，群众是否可以提出意见，用什么方式提意见，有没有重新改变分配猎品的事，对于不同的野兽是否有不同分配的办法？
3. 获得猎物的分配，是否必须在固定的地点和固定的时间？猎手们在分配前可否在森林中大吃一顿？
4. 对鳏寡孤独及未参加狩猎活动的人（老幼病弱），如何分配？怎样解释？
5. 每次出猎，一个集体单位平均能猎得多少野兽（最多时能得多少，最少时得多少），是否能维持他们的最低生活，如发生恐慌，如何解决？如有了剩余，如何处理？如果当作商品进行交换以后，所得的日用必需品，如何分配，根据什么标准来分配？由谁分配？

（3）捕鱼

1. 出产哪些鱼类？年产量、产值多少？
2. 捕鱼的季节，季节性的长短，捕鱼地区和范围。
3. 捕鱼用些什么工具？是否都是自制的？还是交换来的？这些工具归谁所有？私有和公有的工具在使用权上有何不同？
4. 从事捕鱼的是哪些人？他们的社会地位如何？
5. 鱼产品如何分配？为自己消费的多少？当做商品出售的多少？出售与自用的比例？
6. 捕鱼和其他生产部门是怎样结合的？结合的程度如何？
7. 在捕鱼过程中有没有分工协作的情况？怎样分工协作？
8. 捕鱼生产的历史演变情况。

（乙）农业

（1）概况

（一）耕地

1. 耕地面积（耕地面积的计算方法：如亩、垧、石地种子地等）和种类（山地、坡地、平坝、水田、旱地、园田等）。各种耕地的面积比例。各种耕地每年收获几季作物？产量如何？
2. 耕地选择的标准如土壤性质、地形、水利、距离住所远近等。
3. 由荒地变为耕地的劳动过程：在森林、山坡、平坝、沼泽、沙滩等不同地带的不同处理情况。男女老幼在开荒劳动中的分工情况。
4. 一片土地连续用几年以后就抛荒了？抛荒几年以后再加以利用？不同地形和土壤的

土地利用和抛荒的年限是否有所不同,为什么?他们怎样区别?

(二) 农作物

1. 农作物的名称(土著名称和科学名称),种类(种子作物、纤维作物、球茎块根作物,菜蔬作物以及烟、茶、瓜、果、药草等),单位面积及总产量,单位产量价格。
2. 各种农作物生长的季节性,一年种几造田,作物间杂怎样计划?
3. 关于农作物的栽种,收获及储藏的历史发展及演变。
4. 关于某些农作物从野生采集到有意识的种植的一些传说故事。
5. 群众认为哪一种作物是最古的,有关它的传说和故事。

(2) 生产力

(一) 生产工具

1. 农作工具(包括整地工具,种植工具,收获工具,调制工具,附属工具等)的名称、种类制造、使用方法并绘图说明(或摄影)。
2. 铁制、木制、竹制工具的比例及价格如何?
3. 铁器是自制还是从外地输入?如系从外地输入,输入的是成品还是半成品?需要本族工匠加工吗?铁器从哪一族地区运来?
4. 锄和犁,在耕作中哪个是主要的农具,质量如何?
5. 研磨的类型和使用方法,研磨的制造、来源。
6. 工具的来源和演变情况(是自己本族创制的还是自外地输入进来的)。

(二) 技术

1. 一年中农业生产活动如何安排?为什么这样安排?编出农作日历。
2. 从整地到收获之间有哪些耕作阶段、耕作技术进步的程度如何(如开地、耙土、播种、灌溉、施肥、除草、收割等的技术和知识),详细描述各个工序的劳动过程、技术、使用的工具。
3. 哪些部分还是保持砍倒——烧光的耕作法?哪些地方已进入锄耕或犁耕?他们还记得耕作方法的变化过程吗?怎样变化的?
4. 用什么工具和方法来清除林区的土地?普通一个劳动力每日能清除多大面积的土地?每年一个劳动力能开多大面积的林地?
5. 如果用放火烧林的方法来开辟林地,他们怎样能按预定计划面积来烧,而不使火蔓延?
6. 对于作物的轮更制有没有规定?农作物互植的次序如何?他们的理由是什么?
7. 耕作上应用畜力的情况,耕畜的种类,使用的范围和方法。
8. 农作物是否施肥?施些什么肥料?怎样施法?单位面积施肥量多少?施肥与增产的关系如何?肥料的价格多少?
9. 有无水利设施(沟渠、水井、涝坝、引泉灌溉)?利用程度如何?如何管理?

10. 对于优良品种的选择标准如何？种子如何保留？

11. 农作物的储藏方法和知识——仓库、晒干、窖藏？仓库的构造和使用方法与储藏的关系。

12. 防害虫、害鸟、害兽的知识和方法，有什么特别工具？如何用法？（绘图或摄影）

13. 遇有旱涝灾害时，有什么传统方法来抢救作物，用何工具？

（3）生 产 关 系

（一）生产资料的占有关系

1. 土地的占有情况是否都是各部落、氏族的公有地？平均每户劳动力使用多少土地？是否有私人占有土地的现象？是些什么人？他们与其他们人的关系如何？

2. 对于氏族或部落的公有土地如何利用？谁可以利用？有没有管理规程？有没有界碑来区别土地的所有权？

3. 氏族或部落公有的水流、山林、湖泊、草场如何利用？谁负责管理？有没有个别家族私有水利设备，氏族内部可否借用？

4. 部落或氏族内部的土地是否常常重新分配？几年重新分配一次？有否规定？还是由于特别原因才引起重分土地？谁领导重分土地，分地的方式如何？根据抽签还是根据协议？

5. 有没有专门用作打场的空地？面积大小？是家族私有还是氏族部落公有？打场地的开辟、使用和保护，由谁来负责支配？

6. 各家族在自己住所的周围有没有自己消费用的菜园，面积有多大？是否按人口不同分配大小？

7. 个别家族的土地是否均是份地，他们关于份地的支配使用的范围有多大？可以把份地出租、出卖吗？谁出租出卖？出租出卖给谁？

8. 如果家族的劳动力少，无力耕作全部份地，他们对于自己的多余份地如何处理？

9. 耕畜的占有情况，平均每几户可有一个耕畜，如属氏族公社公有，由谁来负责管理饲养？饲料由谁来负担，分配使用权由谁来管理？如系家族私有，其他氏族成员可否借用耕畜使用？给报酬吗？多少？什么形式？

10. 用作运输的车辆，牲畜挽具、舟船、雪橇等归谁所有？如何保管？分配使用的办法如何？

11. 工具的占有情况，有哪些工具是个别家族可以占有的？有哪些工具是公有的？使用的分配情况如何？使用公有工具时有所损毁，个人应负什么责任，是否需要赔偿？公社成员对于使用自己的工具和使用公有工具的不同态度？

12. 各家是否已畜养家畜、家禽？名称、种类、数量？是否完全作自己消费，还是用以作交换的商品？平时由谁来照料？

13. 是否已知养蜂？蜂箱的制造和占有？平时谁来照顾蜂箱？蜂蜜是否只用作自己消费还是有用以作交换的商品？蜂蜜如何分配？

（二）人们在生产中的地位及相互关系

1. 劳动力组织的情况——在各种作物、各个工序上男女老幼如何分配合作？由谁来领导耕作，领导人参加具体的农事劳动吗？

2. 领导农业生产的人要具备哪些条件？他们是因自己是生产的能手还是因自己是政治的领袖才成为领导生产的人？

3. 他们进行耕作时是否集体劳动？这个集体有多少人？以什么为单位？他们在进行劳动时是大家都作同样的工作（简单协作）还是有较细分工？怎样分法？

4. 有没有传统的变工和换工的习惯，具体的内容如何？人工换人工和人工换畜工有哪些不同？

5. 建筑水利设备时，由谁召集？分摊建筑资金和劳动力的规定如何？

6. 农作物收获以后的分配原则如何？由谁来分配？有没有定额保留为公益事业的用量？在荒年时，氏族部落内部的互助办法如何？

（丙）畜牧

（1）概况

1. 牧畜的名称、种类、数量

2. 各种牲畜和畜产品（肉、乳、皮、骨、角、粪等）的用途。有哪些是专为自用？有哪些可以当作商品来交换？

3. 牲畜除作为食用之外，是否还有其他非消费性的用途？（如作牺牲献祭、嫁妆、命价、赠礼等）

4. 牲畜每年的繁殖率和成活率有多少？过去与现状是否有所不同？为什么？

5. 有没有驯养野生物与畜牧工作一同进行的，规模如何？驯养的目的何在？

6. 他们中间有哪些关于驯养动物和牧畜起源的传说故事？他们认为最先被驯养被牧畜的动物是什么？

7. 畜牧业在该族经济生产中的地位——纯畜牧，半农半牧，半牧半猎或其他。收入比例如何？

8. 一般来说，牧场的大小与放牲畜数目相关比例是多少（例如一平方公里的牧场可以放牧多少牲畜）？

9. 牧场的地形和牧草的种类适宜于哪一种牲畜的放牧，适于哪种季节的放牧，有什么标准？牧民对于春季牧场和冬季牧场的重视是否有所不同？原因在哪里？

（2）生产力

（一）生产工具

1. 放牧的工具、马车、车具及使用方法（如套马杆、缚足皮条，仓库车，大轿车等）。

2. 放牧工具由谁来制造，从何处取材？价格多少？
3. 放牧工具的历史演变情况。

（二）技术

1. 游牧（全年游牧或季节游牧）还是定居放牧？
2. 季节性迁移的规律，时间的分配，路线和范围的划定是否固定，还是年年更换？
3. 对各种牧畜的放牧方法是否各有不同？
4. 如何解决牧场缺水问题。
5. 对于各种牧畜生活习性的知识（如哪种牧畜喜吃哪种草，对季节变化的适应等）？
6. 对于牲畜的交配、阉割、过冬、接羔、饲养、屠宰、治病、防疫等知识和技术。
7. 放牧方法和技术的传授方式如何？
8. 对于孕畜的照顾方法。
9. 种畜的选择标准和饲养方法。
10. 对于牧畜的灾害（风、雪、干旱、野火、狼灾等）的防治方法。
11. 有没有栏、圈、棚、厩的设备？
12. 有没有储备冬季饲料的习惯？冬季饲料有哪几种？需要量由什么决定？
13. 牧畜有病，由谁来治疗？

（3）生产关系

（一）生产资料占有关系

1. 放牧工具的占有情况，是否由各家族自己支配，还是由氏族公有，家族个人使用？这些工具，可以自由转让吗？
2. 对于牧区、牧场、草场的分配情况——按家族、氏族、部落的不同，如何分配？这样分配由谁来决定，是否永久性的分配，还是定期（如每年）分配？分配时是否各家族氏族平均分配，还是按人口多少，牧群大小，贫富不同而分配面积不同？遵守分配制度的情况如何？如有越界事件如何处理？有一定的规定么？有谁来处理？
3. 各家族、氏族对牧场和草场是否只有使用权？他们可以互助自由转让或调换吗？如果可以，必须通过什么手续？
4. 警犬归谁所有（个别家族所有，还是氏族或部落公有）？饲养，训练，使用由谁来负责？
5. 牧场上的井由谁来管理？是否各家族、氏族、部落均有固定的井？汲水时可以互相借用吗？
6. 天然的水流（如小河、泉水、小湖、水池）大家可以自由利用吗？有什么特殊规定？怎样保护这样的水流？
7. 畜群占有是以家族为单位，还是以氏族为单位？如果畜群大小与牧场占有比例不适当怎么办？是扩大牧场范围还是限制畜群繁殖？扩大牧场范围时如何与其他部落、氏族取得协议?

8. 各家族、氏族、部落的牲畜用什么记号来识别（烙印、剪耳、涂色等）?

9. 牧群占有情况，可以典型区域统计，平均每户占有多少牲畜（大牲畜多少？小牲畜多少？）贫富之分是否明显？最大的和中间的牧主，最贫的牧民各占有多少牲畜？

（二）人们在生产中的地位及相互关系

1. 在放牧时男女老幼的分工如何？在迁移和定居时，男女老幼的分工如何。

2. 放牧时是整个氏族在一起，还是只有一部分家族在一起？游牧群的结合时根据什么原则？牧群是混合的还是分开的，如果合群放牧，是否氏族人员轮流担任放牧，还是用其他办法？畜群大的家族和牧群小的家族合群放牧是否按牧群大小分担劳动力？

3. 在放牧时，牧人有没有分工，分工细致的程度如何（如专门放牛群、羊群、马群、驼群等）？每一劳动力能放多少只牛、羊、马、驼，是一个人单独放，还是数人组成小组放牧？组成小组是自由组合，还是有一定的规定？

4. 挤奶和奶制品加工的工作由谁来做？

5. 在放牧工作上。过去有没有传统的互助习惯？它的内容如何？范围如何？是氏族间还是部落间的互助？在换工互助上有没有物资报酬？对于牧放不同牲畜的工作是否比价不同？

6. 部落、氏族在自然灾害中如何互助（特别是有关牧场使用的调剂）？

7. 最贫的牧户如不能依靠自己少量的牲畜维持生活，怎么办？是靠氏族内部帮助？出卖劳动力？作副业？其他办法？

8. 在畜产品上，特别是羊毛、肉、乳、油，氏族内部是否可以互通有无？借食或借用以后是否必须归还？归还时给不给报酬？

（丁）手工业

1. 手工业的种类——纤维、纺织、皮革、木材、制陶、冶金、竹器制造等。从事各种手工业生产的人数及产量。

2. 手工业的性质——是为自己消费还是作为商品销售，或者有多少部分是为自己消费，多少部分当作商品出售？

3. 手工业与其他生产（狩猎、捕鱼、畜牧、农业）结合的程度如何，怎样结合？与哪些生产部门关系最密切，有哪些已逐渐脱离？

4. 手工业使用的工具的来源、演变及占有情况。个别家族私有的工具是否可以提供为全氏族使用？

5. 手工业原料的来源及利用情况如何？原料的占有情况如何？

6. 观察各种手工业从原料采集到制成产品，这一系列生产过程如何？

7. 详细了解各种手工业产品的分配，和作为商品出售的一系列过程。

8. 各种手工业分工合作的程度，哪些手工业还是个体劳动或简单协作？哪些手工业已经进入分工细致的阶段?

9. 有哪些手工业是在家庭内部进行的?有哪些是在家庭以外专门的地方进行的?

10. 在家庭中,哪些人从事哪种手工业(男女老幼的分工合作的细节),平均每年有多少时间从事这些手工业?有没有完全脱离主要生产专门从事手工业生产的人?这些人有多少?他们从事哪些手工业生产?产量产值多少?他们必须具备什么样的条件,工匠在社会上的地位?受人尊敬还是受人轻视,表现在哪些方面?为什么?

11. 哪些手工业技术是家族世袭的,怎样传授?对于外人可以传授吗?必须通过什么方式?

12. 有没有手工业的生产和销售的专门组织机构?

13. 各种手工业的季节劳动的分工,有哪些是季节性的,是由于劳动力间的关系,还是由于原料来源或其他方面的关系?

14. 各种手工业在社会上的地位。哪些受人重视,哪些受人轻视,表现在哪些方面?为什么?

15. 为什么某几种手工业在这个地区特别发达,它具备了哪些条件?

16. 现在和过去各种手工业的发展和变迁的原因如何?

(戊) 交易

(1) 种类和方式

1. 注意本族内部的交易情况和方式(由于分工不同的关系)和与外族交易的情况和方式(如狩猎,牧畜、农业三种不同生产地相互依赖的情况)。

2. 不同产品(如农产品、畜产品与渔猎品)的交换比价如何?根据什么来规定比价?由谁来规定?

3. 外地输入和本地输出的主要商品种类、数量、特点、规格、用途、季节、来源(哪一地区和哪一族),输出输入物品历年增减情形及原因。

4. 有没有以物易物的方式,如何争价论价?

5. 有没有以礼物交换作为交易的形式,有什么特点?是经常的还是偶然的?要求交换的价值是相适应的还是有高低的不同?为什么?

6. 这些交易是靠资源物产的不同,还是靠工资基数与产品的不同?

7. 交易的媒介是什么?有几种?哪种是主要的?交易双方以什么来计算价值标准?有没有统一的货币?

8. 注意考察一下货币的发生发展的历史情况及其与商品经济和高利贷的关系和作用。

9. 对于交易媒介本身(货币以外)的估价标准如何?(如按面积、重量、花样、技术、稀罕、习惯等)

(2) 市场与商品

1. 有初级市场出现吗？几天一次？交易额大小？所联系的区域范围有多大？
2. 初级市场的管理情形、由谁来主持？
3. 哪些商品在本族中流动最广？为什么？
4. 商品中哪些是生活必需品，哪些是装饰品、艺术品等？二者比重多大？
5. 商品价格的变化情形。
6. 度量衡的制度。
7. 有没有旅行商队的组织？它的规模、组织机构、成员的关系、领导、路线、防御、利润的分配办法。
8. 有专门从事商业的人吗？是本族人还是外族人？他们主要经营哪些商品？
9. 本族人民在交易中得到利润后，在其本氏族中如何分配？交易人本身是否可得到多一些？
10. 氏族和部落的领袖也参加交易活动吗？他们在这方面有什么特权？是由他们代表公社进行交换吗？外地人来此地交易，要送给他们一些物品做礼物吗？

(己) 其他

以下几点并不属于原始社会范畴，但由于我国民族地区社会经济结构复杂，特别列出以下各项问题，供调查时参考。

(1) 牧工

1. 有没有替牧群多的人家作牧工的人？这种"牧工"分成多少种（如牛倌、马倌、羊倌、剪毛工人等）？每种"牧工"的具体工作内容是什么？待遇是否有所不同？过去和现在的对比如何？同一工种的"牧工"是否有不同等级的待遇，标准是什么？如果根据技术好坏来决定，有什么具体要求？这种雇佣关系是否带有部落内部互助性质？表现在哪里？
2. 如果牲畜有损失（如遗失、跌死、狼咬死、瘟疫传染等）"牧工"是否担负赔偿责任，如赔偿，有一定规定吗？在哪些情形下可以不负赔偿之责？
3. "牧工"与"牧主"是否在一起生活，在衣、食、住、行、工作等各方面，"牧主"给予"牧工"的待遇是和对待自己家人一样还是有差别，表现在哪里？
4. 一般来说，"牧工"与"牧主"是同一氏族或部落的吗？如果没有血缘关系，"牧工"是从哪里来的？
5. 待遇上，同一氏族的"牧工"和外族来的"牧工"是否一样？还是有差别？差别在哪里？

（2）奴隶

1. 有些家族中出现了奴隶吗？奴隶是本氏族的人还是外族人？他们的人数多少？占全族人口比例多少？他们怎么会变成奴隶的？详述奴隶所做的工作（田野的和家庭的）种类和比重。奴隶的待遇和自由程度。主人如何虐待奴隶？奴隶有逃亡的吗？有被卖、被转送或被杀的事吗？奴隶可以赎身吗？要通过什么手续？哪些事不让奴隶做而由主人自己做？
2. 在给地区的整个经济生产中，奴隶是主要的劳动力么？还是自由民占主要地位？

（3）高利贷

1. 放高利贷的是些什么人？社会地位如何，这种人有多少？这些人过去的社会地位如何？是做什么的？怎样成为高利贷者的？
2. 借高利贷的是些什么人？社会地位如何？这种人有多少？这些人过去的社会地位如何？为什么要借高利贷？
3. 放借高利贷的手续怎样？如何计息？是否要抵押品？如到期不能偿还，后果怎样？
4. 注意考察高利贷的产生和发展的历史演变，特别注意考察高利贷在促进贫富的分化和公社制度的瓦解中的作用。

（4）地租

1. 是否有土地的租佃关系？出租的是些什么人，租入地的是些什么人？租地要押金吗？是否可以自由退佃？
2. 详细考察地租的形态和剥削制度。
3. 对佃户的超经济强制表现在哪些方面？

（5）解放后的情况

1. 解放后合作化（生产合作，功效合作，信用合作）在本区推行的情况，历年来互助合作运动发展的情况。
2. 生产互助组和生产合作社内怎样处理生产资料？怎样改进生产技术？有些什么效果？怎样进行组织和分工？生产物如何进行分配？劳动生产率提高的情况如何？
3. 党和政府的民族政策在发展本区经济上有哪些作用？国营经济和合作社经济对本区经济发展的影响。
4. 解放后经济生活中发生重大改变的典型事例。

二、社会

说明

原始游群是人类最早的社会组织形态。当时人们的生产力水平极其低下，各个游群之间彼此孤立，人们为了生存，不得不共同进行劳动生产。游群本身是公社的性质。在游群的内部除了共同进行经济生产外，男女性的关系也是共同的（由杂交到群婚）这种原始游群在今天的世界已不存在了。

随着生产力进一步的发展，人们的生活资料到这时已经有了一定的保障，从而稳定的生产集团也有产生的可能，人们根据自然的血统关系，结合起来，这就产生了氏族。

最早的氏族是母系氏族或母权制氏族，妇女居于领导地位，当时妇女在生活中起着主要作用，世系关系是按母系来计算的，在家族和氏族中妇女掌握大权，男子及其子女通常都是居住在女方。氏族公社的范围是狭小的，它的全部成员就是一个妇女的子孙。

在母权制发展的时代，整个母系氏族中掌握经济权的是一位年事最长的妇女，但氏族酋长多半是由男子来担任，不过由哪位年长的妇女提名由谁来做酋长，然后交付氏族成员通过。

以后生产力进一步发展，当男子从事的畜牧和较发达的农业开始在生活中起决定作用时，男子地位逐渐提高。世系关系也改为按照父系来计算，妇女及其子女也随着男子居住在男方，于是父系氏族或父权制氏族代替了母系氏族或母权制氏族。

在父系社会里仍然有反映母权制原则的若干残余形式被长期保存下来，如已嫁的女子常要返回母家小住一个时期，回到母家分娩等。此外"舅父权"也是这些残余形式之一。舅父与外甥间具有若干特殊关系，舅父是外甥的最近的保护人，外甥是舅父在工作中的助手；外甥有权享用并继承舅父的财产，舅父有权过问外甥及外甥女的婚事，以及其他。

在父权制的社会里，从家族到部落的管理也是建立在民主原则上的。家族的首脑由选举产生，例如年事最长的男性"长老"当选，比较年轻的男性有时也能够当选。"长老"不过是家族生业的组织者和指领者，在一切活动上，他总要慎重考虑家族以内所有成年人的意见，此时男"长老"的配偶女"长老"（有时是其他年长的女性）对于本家族的妇女们及本家族的男性青年都有支配权。扩大到父系氏族公社，在管理方面的民主性质也是很明显的依照通例，各氏族以本氏族内最老的家族的"长老"为首，和其余家族的"长老"组成氏族会议，本氏族所有的成年人在公共事务的处理上都可以发生影响，遇有特别重要的问题，就召开氏族大会加以解决。一般来说，氏族酋长并没有特权，如果不称职，人们就可以罢免他。

在氏族内部，千百年来形成的惯例和规则发生着作用。大家都严格地遵守这种秩序，多年的习惯被固定下来，世代相传，终于形成一定的体系，这样就出现了习惯法。长老们掌握了解释和确定习惯的职权，也掌握了裁判的职权，对于破坏习惯、秩序的人所采取的约束办法是讥笑、劝诫、谴责，对于怙恶不悛的人，则采取更严厉的措施——逐出氏族以外或处死。（在当时的条件下，个人被逐出氏族以外也就很难活下去）。在这种制度下面，原始公社制最显著的特征是：代表权力的乃是年长的，有经验的，以及在任何方面有卓越成就的人们的威信。

若干氏族组成一个胞族，两个或两个以上的胞族组成一个部落。一般来说，部落拥有本部落的土地，被一个由氏族首领组成的部落会议管理着，并由年事最长的或具有其他特定条件的人充作部落的酋长。在原始社会中，居于部落以上的任何其他权利是不存在的。

部落间的关系通常是和平的，友好的，有对同一或不同部落的集团互相聘问的习惯，也就是彼此进行友谊访问的习惯，是广泛存在的。这种相互的聘问和作客是他们彼此间经济和文化交流的方法和手段。人们常把访问安排在被访问者正有丰富的食品的时节，安排在果实恰好成熟的时节，安排在收获的季节。

部落间有时也发生冲突，最早的原因是部落边界受到侵犯。部落疆域的不可侵犯，边界的保护是两个极为古老的原则。随着社会经济的发展和部落之间关系的发展，当然也出现一些比较细微的引起冲突的原因，边界不可侵犯原则的违反以及其他对于部落尊严的损害，不仅会引起自卫，并且也导致对于敌人的进攻。他们一旦占了上风，对于敌人是绝不宽容的，通常是杀掉一切敌人，把妇女带回当俘虏，后来也得了男性俘虏，常被当作义子，顶替损失的劳动力。一般来说，面对面的大规模的战争还是比较少的。

由于生产力的发展，如金属农具在农业生产中的应用，使得集体劳动成为不必要，个体家庭甚至单独个人也都能进行农业生产。同时动物经过长期驯养，已经变为家畜。不需很多照顾，也能很快繁殖起来。所有这一切，就使得社会生产逐渐由集体劳动过渡到个体劳动。其次，生产力的发展产生了社会分工和交换，这样就又加速了私有制的产生，从而加速了原始公社制度的瓦解。这首先表现在氏族的解体上面，氏族最先分解为父权制大家庭——是由几代最近的亲属组成，他们住在一起，进行共同劳动，消费也是集体的。以后，生产力进一步发展，在父权制大家庭中又分化出一个个的小家庭——由夫妻和子女组成。生产工具，家具，牲畜等也由氏族公有财产变为父权制大家庭财产。以后，又变为各个家庭的私有财产。这些小家庭是在生产力发展到个体家庭经济可能存在的时候产生的。遗产继承有力地增强了私有制和小家庭制度。依继承习惯，父亲的财产要传给他的子女，而按父权制原则，主要是要传给他们的儿子们。

随着家庭和私有财产的产生，氏族的联系就被削弱了，由于财产的不平等。产生了贫富的分化，到这时，真正酋长职位完全被富有者代替了。在这期间，蕴蓄着多方面的矛盾，氏族内部的贫富矛盾及旧日氏族酋长和新的富有贵族之间的矛盾，氏族之间的矛盾（贫富和新老氏族之间），这种矛盾也常采用复仇的形式出现。但是，随着交换的发展，血族复仇也可为赎金所代替。赎金的负担是加在全氏族之上，这就更加深了氏族社会的财产分化，穷人意味着破产，以后发展成为债务奴隶的来源。

在氏族公社内部以及在部落内部形成的矛盾，使氏族血缘的纽带废弛了，一个个的家族不断地从氏族中分离出来，移居到新的地方。不同氏族的人到处杂居起来。这样一方面破坏了氏族在地域上的完整性，另一方面造成了不同氏族的人民所组织的杂居村落。

纯氏族血统的统一和氏族地域性的统一消灭了。同时，若干情况——共同居住，对某几种土地和土地附属物的共同利用，集体完成某些公共工作的必要等等——又以共同的经济利益把住在一起的各集团，特别是定居在一个村落以内的各集团联合起来，使它们结成一定的统一体或某种组织。这样，地域关系，比邻关系，经济关系代替了血统关系。因而产生了新的，比邻公社。比邻公社中的一种，就是农村公社。

随着私有财产的产生，无论是在大家族中，还是在家族中，一种新的劳动力开始发挥其日益重要的作用。这就是奴隶，奴隶的最初来源是部落之间，冲突中被俘的俘虏。过去，俘虏的命运只有被杀一途。现在，随着生产力的发展，随着商业交换的发展，随着作为经济单位的家庭的确立，已有可能利用沦为奴隶的俘虏的劳动力了。但是，这一时期的奴隶制究竟还没有形成一种经济体系，它还没有变成特殊的生产方式。所以马克思称这一时期的奴隶制为家长奴隶制，以与后来在历史上出现的那种奴隶制相区别。

就是这样，在瓦解着的原始公社制内部，孕育着未来阶级制度的生机，出现了第一次的阶级区分。

私有财产的发展，氏族公社制度进一步地瓦解，在社会上出现了下列一系列的现象：

1. 最先成为富人的是在公社担任公职的人，像酋长军事领袖，宗教领袖等他们利用职权逐渐致富，并且侵占公社的财产，他们为了保护自身的利益，便把他们所担任的职务由选举变为世袭，并且逐渐脱离群众形成为公社内部的特权集团，成为氏族贵族。氏族贵族的家庭，同时也是氏族内部最富有的家庭，它用各种方法使氏族成员逐渐对他们处于依附的地位，此时年龄的大小也不是掌握权力的决定因素，而财富成为重要的因素了。

2. 部落之间的冲突，已经具有严重的性质，起因由于经济的矛盾，就是追求他人的财物和渴望致富，掠夺战争发生了。以后陆续出现军事首领和亲兵群获得特权，亲兵们也获得在地方上代表首领的职位，并把它变为世袭的，由此产生了世袭的军职阶层。

3. 部落间的关系发生了显著的变革，善战的强大而富有的部落，在能力卓越的首领的领导下，征服其他部落，使得自己的地位逐日上升，此外，若干部落的利益一致也常促成持久的部落联盟的建立。

4. 宗教领袖的权力重要性日益增长，"政治领袖"也要利用宗教增强自己的影响，所以教权，一方面和政权力量竞争，一方面也十分积极地帮助政权力量的确立和巩固，特别是积极促进它的神化。最高的僧侣成为酋长最亲近的合作者。

问　题

（甲）家族、氏族与亲属

（1）婚姻制度（见生活与习俗部分）

（2）家族与氏族

（一）世袭与权威

1. 该族按照血缘关系把群众划分为几个部落？每个部落下面有没有（对偶组织）（即结婚组）或胞族，每个胞族下面有多少氏族，每个氏族下面又有多少家族？详细记下各氏族或家族的谱系。

2. 在他们传说中，有哪些氏族是过去的两个氏族或两个氏族以上合并而成，合并已有多少年？为什么？为什么合并？（相反的，有哪些氏族是由原来的一个氏族分化出来的）

3. 每个部落，胞族、氏族、家族的名称、含义、标志及有关的传说。

4. 在氏族部落内部，有没有妇女团体的组织，他们的活动和目的是什么？谁来领导这种组织？男子对这种组织的看法如何？

5. 夫妻在家族中的权力地位表现在不同方面是否平等，如掌握家族中的财产，不同的生产部门的领导权，处理家族事务中的决定权，分配食物，日用品等的权利。

6. 子女的姓名称号是继承父亲的氏族名号还是继承母亲的氏族名号，还是各代世系祖先，视具体情况采用父系或母系？

7. 一个人的名字和氏族的名字有什么关系？与图腾信仰有什么关系？

8. 在一个家族或氏族中，谁是族长？是最年老的人吗（不论男女）？男女族长的权力相同吗？如果年老的族长逝世，族长的地位由其配偶继承，还是由成年子女继承？

9. 族长的权力有多大，有哪些事可以由族长个人决定，哪些事必须通过民主讨论？方式如何？

10. 族人对于族长及老年人尊敬的程度如何？表现在哪里，他们有什么特权？

11. 家族中的男女儿童是分别教育吗？由谁来教育？

12. 舅父对于外甥及外甥女有什么特权？如起名字，幼年抚养，最近的保护人，决定婚姻，教育生产技术，个人遗产给外甥等等？

13. 舅父母（伯叔父、姑丈）在什么场合之下可以代替父母？

（二）家族、亲属关系和亲属称谓

1. 同居的家族单位的大小，同居家族人员间彼此的权利和义务——男女老幼的地位。

2. 一个家族内部成员，谁和谁必须分居在不同屋中？为什么？男女儿童到什么年龄就必须分居？

3. 把各种亲属系统称谓表详细记录（包括父系亲属称谓表，母系亲属称谓表，妻系亲属称谓表，夫系亲属称谓表，儿女亲家称谓表）从亲属系统称谓表上看有关世系、族属、辈分、年龄、性别的意义。

4. 按照他们自己的意见，把他们亲属关系按照亲疏远近排列一下。

5. 记述他们有关亲属关系的俚谚、俗语、歌谣等等。

6. 族外婚除在婚姻上的关系外，其他社会生活上彼此还有什么关系？在生、老、病、死、葬、节期、赛会、迁移、宗教活动等的参加和协助，具体的内容如何？

7. 有没有什么特别的方法与住在远地村镇的亲属联系，有没有特定的节日，远亲都要回来参加？

8. 他们居住的村镇堡寨是否是按照亲属划分的？有的地方是几个不同氏族共居的？这几个氏族有什么样的关系？

9. 待客礼仪——对本部落客人，行商、访客、其他部落、氏族越境者的待遇有何不同？

10. 男女到底有多大才算为成年，成年时经过一定的庆祝仪式吗？对即将成年的男女有何特殊的教育和举动？由谁来主持？详细叙述这一切的经过。

11. 对于成年的少女，氏族和家族有没有给予特别的住屋，它的形式和设备？少女是住在里面还是只在里面工作和接待朋友？

12. 氏族内部对于孤儿如何处理？从对孤儿抚育的责任来看亲属关系的亲疏程度。

13. 氏族内部有没有过继和收养的人，过继和收养的范围是否有限制（本氏族的人，外族人，俘虏等）养子养女与亲生子女的地位是否相同？权利和义务如何？

14. 在什么情形下才有过继和收养的事？养父母与亲生父母之间的关系如何？养父母对亲生父母之间是否需要给予一定的物质补偿？以后该儿童与亲生父母的关系如何？

15. 妇女死后，她的财产转移给谁？给她的父母的家族还是留给自己的丈夫和儿女？

16. 家族中有没有积蓄的方式？积蓄的财物由谁来管理？积蓄是个人的还是家族的？在使用积蓄上有什么规则？是否必须通过全体成员讨论？

17. 个人，家族和氏族对一些工具和武器的所有权的标记印章，在什么地方记上，由谁来记，标记印章的种类，他们如何能分辨出来这些印章标记的所属？

（三）血族复仇

1. 血族复仇的具体内容如何？本族人在什么情况下，被外族人杀害才进行血族复仇，如果是无意的伤害，也要进行血族复仇吗？

2. 血族复仇的规模有多大？是否因死去的人的地位或死亡原因不同而有所不同？

3. 本氏族、家族的成员对血族复仇所担负的具体义务和享受的权利，如本氏族成员被杀，是否其他成员都组成武装力量后备力量进行复仇战争，具体安排如何？是否死者本家族的人要担负更多的义务？如果复仇战争结束，本族得到对方赔偿的命价如何分配？是否死者家族得最多，其他氏族成员是否都可得到一部分？比例如何？反之，凶手的氏族成员是否也有义务来分担支付的命价，分担的比例如何？

4. 命价的数量是否固定的？还是视死者的地位不同而异，还是视凶手的动机而异（有意或无意）一般最多的命价是什么人，价值多少？最少的命价是什么人，价值多少？命价的多少由谁来决定？是经过双方协商吗？有仲裁者吗？

5. 氏族和部落酋长在血族复仇中的地位和作用？他们有决定和战之权吗？还是必须通过民主会议决定？

6. 血族复仇时，如甲氏族中的某甲为乙氏族中的某乙杀死，是否甲氏族成员在复仇时必须杀死凶手本人某乙才算复仇，还是只要杀死了乙氏族任何一人就算复仇了？在地位、年龄、性别各方面因素是否都要考虑在复仇的对象之列（同态复仇）？

7. 血族复仇一般要连续多久？在什么条件下才能得到和解？和解要经过什么手段？和解时是否要算总账（如甲氏族死过十人，乙氏族死过十二人，是甲氏族需赔偿乙氏族二人的命价？还是不赔？）有没有最终以相互通婚为血族复仇的结束？

8. 对血族复仇中受伤或残废的人，或财产遭受严重损失的人，是否也有所赔偿，具体内容如何？

9. 血族复仇中，在什么情况下必须以人命抵人命，在什么情况下可以财物（命价）来抵偿人命？

（四）财产

1. 财产的观念除了物质财富以外，是否还包括有其他内容？

2. 对个人财产的转让或售卖上是否有一定的条件？接受对方转让财产的人，应该具备什么条件？

3. 注意个人与家族、氏族、部落、社会组织等集体单位在不同财产上所做的标记，区别为何？

4. 关于个人或家族的财物，亲属可以借用吗？以后必须归还吗？有没有利息？有些消费品怎样归还？哪些财物只限于一定亲属关系的人可以借用，而排斥其他成员借用，为什么？

5. 他们对于拥有较多的个人财产的看法——为了生活舒适？为了社会地位？为了宗教活动？为了更多的安全？

6. 女子在婚前婚后的个人财产有何不同？她能处理到什么程度？

7. 对财产的处理有没有遗嘱之俗？

8. 在财产继承的分配上，各亲属所得的比例是多少？是均分还是有所差别（特别注意长子、幼子间的差别）有没有特别物品有特别规定的继承人？如果没有合法的继承者，这些个人的财产怎样处理？

9. "政治领袖"、宗教师对个人财产和公有财产有什么权利来处置？在什么情况下可以处置？

（乙）氏族与部落

（1）氏族、部落的民主会议

1. 过去有没有类似民主会议的组织？氏族的部落的？这些民主会议的成员有多少人？都是什么人？他们怎样产生的？要具备什么样的条件？多少时期召开一次民主会议，由谁召集，民主会议都讨论些什么问题？民主会议的权限有多大？民主会议的决定由谁来执行？

2. 有哪些问题可以由氏族与部落酋长决定？有哪些问题必须由民主会议决定，（如决定和战，分配土地，调解纠纷、执行法律等）其中的原则是什么？

3. 氏族会议多少天举行一次？在哪里举行？有什么仪式？有没有列席的人员？列席人员可以在会上发言吗？怎样才算通过决定，有明显的手续吗？

4. 什么样的重大事件才召开全氏族的会？是否每人必须参加？由谁来主持大会？有什么仪式吗？怎样才算通过决定？有明显的手续吗？

5. 部落会议都包括哪些成员，主要做哪些事？决定哪些问题？部落会议的决定对于氏族成员的约束力量与氏族会议相较如何？氏族会议在行动上是否必须服从部落会议？

（2）氏族、部落的关系

1. 过去几个氏族或几个部落有没有联盟的举动？在什么情况下促成这几个氏族或部落的联盟，联盟时所举行的仪式？在联盟中的氏族和部落间的关系，有什么具体的权利和义务（如在军事行动中进攻和防守的同盟互助，在经济上的合作，互通有无）？这种联盟的期限多少？权利范围？在平时和在战时的具体关系怎样？

2. 联盟的组织形式如何？联盟的领袖如何产生？联盟的领袖对下面所属的部落，氏族具有什么样的权利？

3. 在什么情况下联盟的成员可以扩大或缩小？氏族和部落可以随便参加或退出联盟吗？要通过什么手续？

4. 部落内部各氏族间和不同部落之间有没有互相聘问的习惯？是经常的吗？一般说来都是哪些部落和氏族，他们有通婚的关系吗？是因为生产不同的东西吗？因土特产不同？是因地域邻近吗？是因战争的利益一致吗？这种相互聘问一般在什么时节？参加范围有多大？在对方居留多少时期？详述聘问过程，从事之中的一切活动内容、仪式和禁忌，他们彼此交换或互赠什么东西，用什么方式？在这期间，"政治领袖"可以得到什么好处？这种友好聘问的习惯在什么情况下才会被破坏或中断？在什么情况下才可以恢复？

5. 在什么情况下，人民可以自由脱离本部落的管辖而投向其他部落？

（3）"政治领袖"

1. 过去的"政治领袖"怎样产生的？他们必须具备什么样条件？年长是否很重要？他

们在社会上的地位职责特权和作用。

2. "政治领袖"的日常生活与群众有什么不同？

3. "政治领袖"与群众的关系——权利和义务——在战争时与和平时有什么不同？

4. "政治领袖"在领导生产上、分配食物用品上、交换财务上，以及在战争中要做哪些事？

5. "政治领袖"经常征询本氏族人员的意见吗？通常用什么方式来征求意见？一般来说，"政治领袖"比较重视哪些人的意见？（长老、妇女、工匠、壮年战士……）在哪些事上哪些人的意见特别具有影响？举实例说明。

6. "政治领袖"可以罢免吗？在什么情况下才罢免他？要通过什么手续？

7. "政治领袖"的亲属享有什么特权？

（丙）社会组织

（1）性质和成员

1. 解放前的一些旧社会组织（包括地域性组织、年龄级组织、生产性组织、宗教迷信的组织、秘密会社等的组织）——它们的名称、组织形式和内容、目的、性质和成员、规模、活动、地位、作用和影响。

2. 有关这些组织的历史起源和神话传说。

3. 成员的资格、入社的手续、条件和仪式、对成员的要求。

4. 每个组织的成员人数，占全部人口的百分比多少。

5. 组织对成员所加施的各种训练，具体过程如何？由谁来训练？

6. 各年龄级组织的成员具有哪些社会及经济的关系——如帮助工作、由借用财产、帮忙选配偶等？这些年龄级组织的成员关系与一些亲属关系的人有什么不同？

7. 组织内部哪些部分可向组织以外的人公开的？哪些只限组织成员知道？为什么？

8. 各种组织的条理和守则，以及如何贯彻到每个成员的思想中？他们重视的情况如何？表现在哪里？

（2）影响和关系

1. 这些组织对成员起什么样的作用？具体关系如何？

2. 组织内部已有阶层分化么？分化的程度怎样？组织的领导人怎样产生的，他们要具备什么条件？他们的权力有多大？群众对这些组织的领袖必须服从么？要承担什么样的义务？组织内部有没有升迁的可能？什么条件才能升迁？由谁来决定一个人的升迁问题？

3. 年龄和社会地位的关系如何？到了什么样的年龄才能在社会上享有一定的待遇和地位？他们对于各社会组织有怎样的影响（如居指导、顾问等的地位）？

4. 各不同阶层的人对于各种组织的看法评论如何？

5. 这些组织对于本族经济生产的发展和政治、文化、与他族关系等方面的影响如何（最好具体说明它是阻碍了还是促进了发展，怎样阻碍的或促进的）？

6. 不同性质的社会组织同时存在，他们彼此的关系怎样？是很密切么？还是很疏淡或是敌对？原因何在？

7. 解放前后，各种组织的变化的情况。

8. 有哪些组织在形式上虽然还没改变，但是在内容上已经有所改变？

（丁）军事和武装冲突

（1）平时的军事活动

1. 平时有什么军事性的组织？由谁来领导？参加军事组织的成员及其训练，训练的内容。军事组织中有等级吗？怎么分法？上下级的关系如何？

2. 平时的军备如何？有什么进攻和防御武器？其他军事设备。

3. 在住居上有什么军事防御的特点：寨堡、沟渠、障壁、棚栏，以及水上建筑、卫城、战塔等等。

（2）武装冲突的过程

1. 在什么条件下发生武装冲突（如越界、血族复仇、争夺野兽、掠夺财物牲畜）？
2. 战前认为什么征象是凶兆和吉兆？
3. 有没有作战的跳舞和战歌，内容是些什么？鼓舞的力量如何？
4. 战场的选择、布置如何？
5. 如何宣战，如何挑战，具有宗教性的仪式么？
6. 战前战时对边界封锁的情况，对于越界事件的处理是否与平时有所不同？对于行商贸易的人是否也封锁？什么人可以允许通过封锁线（调解者、送信者……等）？
7. 武装冲突的性质和规模如何？规模大小是否随武装冲突的性质而异？举实例。
8. 参加作战的都是些什么人？组织工作如何？有没有分工合作的布局？
9. 作战是由谁来指挥？是原来的酋长吗？还是有军事专职领袖？指挥者的权力有多大？
10. 在作战时，指挥者有没有亲兵群，怎样挑选的？有什么特权？战胜后亲兵群可以得到什么样的奖励？
11. 宗教师在战时的作用，战前战时和战后有什么样的宗教仪式？
12. 战时对于战斗者和非战斗者，男女老幼的不同待遇。
13. 通常采用什么样的战术？详述各种震惊敌人的方法。战士们采用涂身和面具等方法吗？各代表什么意义？
14. 平时和战时有哪些军纪？这些军纪由谁来制定？群众遵守的情形如何？如有破坏军纪的，如何处理？谁来处理？

15. 有没有作为勇敢和光荣的物质标志的胜利品，都是些什么东西？怎样取得？
16. 有没有武装人民大会？在战时它是否高过原来的氏族，部落民主会议？
17. 这些武装冲突表现在农业民族之间，或牧畜业民族之间有什么不同的特点（如在武器、准备、成员、战术、掠夺财物、防御、流动、善后……等各方面）？

（3）停战与善后

1. 怎样才算战胜？怎样才算战败？
2. 投降的办法如何？失败者的酋长要有什么表示？
3. 战争的和议是怎样决定的？由谁来出面调解？调解过程如何？
4. 和议的条件是些什么？战败者对于战胜者要负担一些什么义务？
5. 为了保证和议，有没有通婚或者交换人质之举？
6. 战时所俘获之武器财产，停战后如何处理？
7. 停战以后，征服者是否长期占领失败者？失败者是否需纳税？战胜者派什么人来管辖？
8. 军事占领期间，战胜者的特派人员具有什么权力？他的职位能够世袭吗？
9. 战胜者对于俘虏怎样处理（对不同性别、年龄、地位及有技艺的工匠的不同处理）？
10. 俘虏如留在战胜者的部落氏族中，他的待遇如何？在生活上和工作上与战胜者的氏族成员有何差别？
11. 对于战死者、受伤者、残废者如何处理？对于他们的家族如何表示？（在战胜的部落中和战败的部落中又有何不同？）
12. 和解以后双方还计前嫌吗？表现在哪里？
13. 请他们详细描述一次战场上武装冲突的前前后后的情况，从准备到结束，从进攻、埋伏、防御不同的方面来叙述

（戊）原始习惯法和裁决

（1）原始习惯法的种类和解释

1. 本族传统的习惯法（不成文法）的内容是些什么？这些习俗法的形成的历史如何？演变的情形如何？
2. 习惯法靠什么传留下来？是否已有所改变？是哪些方面？他们认为改变的理由是什么？
3. 有没有人特别熟悉本族的习惯法，他们在社会上的地位如何？
4. 氏族部落内部由谁来解释习惯法？
5. 在什么条件下可以产生新习惯法和废除旧习惯法？请他们举例说明
6. 在他们的观念中，怎样算作合法？怎样算作非法？请他们举几个具体实例来说明，

特别是有关所谓侵犯财产权的习惯法，内容如何？

（2）裁决

1. 对于各种不同的纠纷（氏族内部、氏族之间、部落之间、政治的、军事的、经济的以及个人的纠纷）在成文法或习惯法中有没有作为裁决的根据？
2. 对于氏族、部落之内或之间的纠纷，裁决的形式和机构、成员如何？要召集群众大会宣布吗？生效的程度怎样？有什么强力的组织来保障裁决的执行？
3. 注意裁决生效的基础是什么（是社会舆论、强制组织、宗教信仰）？他们怎样认识？
4. 审问和囚禁有固定的所在吗？采取什么形式？
5. 有没有"神判"的仪式来解决纠纷？用什么方式来表示"神判"？群众对"神判"的看法。由谁来主持"神判"？
6. 有禁猎时期或其他类似的保护法吗？如何监督执行？对破坏狩猎禁例的人如何惩罚？
7. 秋收季节有没有偷盗农作物的事？如何防止？有什么组织和条例？
8. 对于破坏共同劳动纪律的制裁办法是什么？由谁来监督执行？
9. 犯什么罪才被逐出氏族之外？被逐出的人如何生活？他的家人可以接济他吗？通过什么办法？在什么条件下才允许他重返氏族？
10. 对什么样的罪犯实行死刑或伤残身体某部分？怎样执行？由谁来执行？
11. 在裁决纠纷时，负责裁决的人与当事人亲属关系的因素会不会影响裁决？他们对这个问题怎样看法？
12. 对于犯罪者的家属，氏族的看法如何？

（己）解放后建政及其他有关问题

1. 本族是否已经成立了民族自治地方？如已成立，在成立自治地方的过程中遇到哪些政治方面的问题？
2. 在成立民族自治地方以前，本族的政权组织形式是什么？
3. 有关旧政权演变的历史
4. 原来旧政权的领袖人物有多少人参加了新政权的工作？他们是否还保留了一些过去的权力？放弃了哪些权力，为什么？
5. 在基层政权组织上，现在的政治领袖是否就是氏族或部落的领袖？如果不是，现在的村长、乡长和氏族长、部落长的关系如何？他们有亲属关系吗？哪些事情村长、乡长必须通过氏族长、部落长来进行工作？
6. 从适合管理领导与便利生产的原则出发，试将新建立的民族自治机关和旧政权组织作一比较
7. 人民过去对旧政权纳税的名称、种类、数量、标准，人民对于纳税负担轻重的看法如何？纳税额数由谁来决定？

8. 税款（或实物）由谁来管？如何使用？使用的范围和数量由谁来决定？用在哪方面比较多一些？

9. 本民族有无成文法律，内容是什么？

10. 成文法律写在什么地方？形成的历史如何？演变的情形如何？

11. 在什么情况下可以修改成文法律？由谁来修改？

12. 中华人民共和国宪法公布后，对他们原有成文法和习惯法的影响如何？

三、生活与习俗

说明

原始社会生产力的水平十分低下，生产工具简陋，所以原始人的生活非常困难。在饮食方面，原始人生吃植物、野兽和鱼类，自从知道利用火以后，开始有了熟食。火被人类所掌握，是很早的事情，火的发现及其使用，使人们能支配一定的自然力，使人类物质生活条件发生了重大的变化。

在最早的时期，人类在游动中度日，不过，他们却不是永远漫无规律地从这里游到那里，他们的游动往往局限于一定的区域，而且是根据野兽的生活状况为转移，随着狩猎、采集和捕鱼的发展，生活资料有了较可靠的保证之后，人们便过渡到相对的定居生活。

原始人的住所，最初是天然的岩洞，后来逐渐发展，出现了最简陋的人造风篱、地穴窝棚和土窑等。最后，有墙和屋顶的出现，这标志着住所重要的改变，这种住所已经具有了永久的性质。

在旧石器时代后期的遗物中，有骨针的存在，这说明了缝纫是人类很早的一种发明。

衣服首先出现于寒冷的地方，在气候较暖的地方，衣服的出现较晚，原始人制造衣服所用的原料是多种多样的，最早用来制造衣服的原料除了兽皮以外还有植物的叶、谷物的秆、芦苇和鸟类的皮等，到了最晚的阶段，人们才知道利用植物的纤维和动物的毛。

除衣服外，原始人又利用兽骨、鹿齿、贝壳和象牙等制成项圈、串珠佩符和头饰等类的饰物。

差不多整个原始时期，人们只能徒步行路，最普通携带的工具是木棍、筐、篮和网袋。最初人们利用狗，后来又用牧牛、骆驼、鹿、驴、山羊、象和马等来驮载和拖拉，至于牲畜的乘骑是很晚的事情。车也是很晚的一种发明，水上交通最初广泛使用木筏，后来发明了独木舟和皮船，最后并出现了木船。

总的来说，原始人的物质生活水平是极其低下的，不过，它却随着生产力的提高而逐步发展。

原始社会的婚姻制度是和当时的社会物质生活条件相适应的，在原始游群时代，两性间不存在任何限制或规则，因此两性间的固定关系也是不可能存在的，这时是杂交、群婚。

由原始游群游园逐渐过渡到母系氏族社会时，原始性的关系形式改变了，出现了新的婚姻关系，那就是由两合组织的婚姻组逐步发展到氏族外婚制（从部落着眼则是部落内婚制），但是这一阶段的婚姻，还是一群男子和一群女子结合的群婚，群婚的性质，决定了当时的人只知有母，不知有父，这时氏族便是完全由妇女的后嗣组成的，血统的关系也是按母系来计算。

随着母系氏族社会进一步的发展，婚姻关系亦逐渐向新的形态过渡，即由群婚逐渐向对偶婚过渡，这时，婚姻是一双比较难确定的两性的结合，最初这种结合仍然是短时期的，不牢固的和容易离散的，并且，对偶双方都各自住在自己的母系家中，后来随着对偶婚的发展，丈夫便迁到妻家居住。

在对偶婚时期，氏族外婚的一些习俗和群婚的一些残余，仍被保存下来，这些习俗和残余有着各种各样的形态，如交错从表婚姻、一妻多夫制、妻姐妹婚和夫兄弟婚等，其中若干形态保存得很久，并且散布得很广。

在对偶婚制度下，离婚的手续是比较简单的。

随着社会生产力的发展，母系氏族社会向父系氏族社会过渡，对偶婚两性关系的不巩固和父系氏族社会的经济制度发生矛盾。这时家事的发展要求夫妻间有持久的结合，需要把妻子长久地固定在丈夫的家族之内，这样，对偶婚便逐渐被一夫一妻制所替代了，夫方居住代替了妻方居住，一夫一妻制的婚姻和家族也逐步地巩固下来。

随着婚姻制度的发展，成婚的礼节也逐渐复杂，在一夫一妻制下，出现了比较烦琐的结婚礼节和仪式，但这一切礼节和仪式都是真实地或象征性地表现妇女如何脱离了自己的亲族和家族，转移到一个陌生的家中来，受她的丈夫及其亲属的支配。

此外，原始人对于生活中的重大事件也有一定的礼节和仪式，例如：原始人有他们自己一套的葬仪，这些葬仪的产生，是以对于死后世界的信仰为基础，又如，对于果实的成熟、生产品的收获、婴儿的诞生、狩猎，或出征等的胜利完成等等，也有一套仪式，因此，节庆是在原始时期很早就出现了的。

原始社会的风俗习惯，由原始社会的物质生活条件所决定，而且，它随着社会物质生活条件的变化而变化。但是，风俗习惯是文化的一部分，由于文化有一定的继承性，所以当社会物质生活条件已经发生变化时，风俗习惯却不一定立刻就全部跟着改变，而在一定程度上仍然被保留下来，有时甚至保存得很久，直到今天在我们进行社会调查时，根据风俗习惯的考察，能够帮助我们了解原始社会的一些情况。

问题

（甲）物质生活

（1）住居

（一）建造和使用

1. 居住地的自然环境，选择居住地的标准（如方向、近水、避风雪、便于防守的）。
2. 住宅的构造形式，材料、工具及一般庭院的设计，绘图表明。
3. 有专门建房的工匠吗？还是本族内的男子或女子互相建造？
4. 房屋的设计对于野兽的侵袭如何防御？对于敌人的进攻如何防御？
5. 住宅的使用——永久性、暂时性、季节性，这些住宅的使用怎样规定的？在什么情况下才使用？什么人在什么场合下才住在各种不同性质的住宅中？
6. 一个住宅中住些什么人？有什么关系的人才住在一起？
7. 住在同一个村落、堡寨的人是同一氏族的人，还是包括有其他氏族的人？不同氏族的人杂居的情况是为了生产的联系？还是为了亲属的关系？
8. 有没有氏族部落公用的建筑物？是否大家共同建筑的？管理、组织和使用的情况。哪些活动才到这些公用建筑物中举行？
9. 有没有专门作为"男子社"或"女子社"的住所（即未婚成年男女分开的集体住所）由谁来管理？
10. 用水的来源（自然的泉水，河流，和人工的井渠），水源的使用权和所有权的情况如何？
11. 房屋使用的分化情况——客房、厨房、经堂、仓库、卧室、起居室、产房、厩房、厕所等，如果没有分化的情况，只有一间屋，则在一间屋中，哪部分位置是专为某一部分工作使用？冬夏住宅有什么变化和特点？

（二）内部设备和规则

1. 住宅内部的一切设备情况，日常用具的用法。
2. 注意房屋装饰及用具上的纹饰名称和意义。
3. 家族中具有回避关系的人（如翁媳和伯娣）在住屋分配上如何安排，表现在什么地方？如房屋狭小，如何解决这个问题。
4. 灶在房屋的哪部分，燃料是什么？
5. 火的保存——在使用火柴以前，他们知道保存火种或取火的办法吗？怎样做？
6. 关于火的发明的神话。
7. 对火的看法（除供炊事、取暖以外，是否还有宗教关系，如驱邪、扫除不洁、死亡、血和罪恶）

8. 家中司火人的地位及其应守的规则。
9. 晚间点灯或火把吗？用什么原料照明？
10. 猎犬、牲畜（特别是小牲畜）是否也住在屋内？怎样住法？
11. 贫富的家族或不同地位、职业的家族，在住宅形式和内部设备上有哪些不同？
12. 有关房屋奠基、建筑期间、建设完成以及进入新房时的一些习俗。
13. 他们的住房上面或内部有"图腾"的标志吗？什么样的？摆在什么地方？由谁来制造的？

（三）所有权
1. 住宅旁边的小块园地的使用权和所有权的问题？
2. 房屋中的家具饰物是否都属于族长还是属于个人，还是属于全体成员公有？
3. 房屋的所有权问题——全部房屋由谁来负责支配、管理？房主死后，房屋如何处置？房屋的所有权及其占用的土地的所有权是否统一的？如土地为氏族公有而房屋为家族私有，他们怎样看待房屋的所有权？
4. 房屋可以自由转让或出租吗？通过什么手续？转让或出租的对象是什么？
5. 个别家族如愿多建房屋，是否可以自行动手建造？是否必须通过氏族领袖？

（2）饮食

（一）制法和规则
1. 食物的种类、食法和季节性的关系（主食和副食）。
2. 有哪些食物是用火来制作的？有哪些食物是生食或半生食的？
3. 选择食品的传统习惯及有关营养价值的知识。
4. 他们认为哪种食品是本民族固有的，哪些是外来的？
5. 每日饮食的次数，时间和质量。地位和职业不同的人是否有所不同？
6. 饮料的种类、原料和制法（如茶、酒、果汁、奶等），饮用季节和规则，谁来制造？
7. 兴奋剂和麻醉剂的吸饮——种类、制法。对于不同年龄、性别、宗教、社会地位的人吸饮兴奋剂和麻醉剂，有没有限制？有什么限制？
8. 一年之中有哪些节日举行宴会？是以氏族为单位，还是以部落为单位举行宴会？宴会的准备和进行情况怎样？宴会所需的一切食品由谁来负担供给？负担量是按各氏族的人口比例还是平均分配？

（二）家用工具的占有和食物的分配
1. 一切作食物的工具和盛器的使用权和所有权问题——归全氏族公有，还是个人占有自己所使用的一切饮食器具？或者，哪些器具是归氏族公有，哪些则归属家族或个人所有？界限如何划分？
2. 平日吃饭时，分配食物由谁来主持？如果是氏族共食，各家族所得食物是按人口分配吗？不够时，是否可以自由往取？如果尚有余食，是否可以在家族中储存起来？还是必须把剩余食物交给氏族?

3. 鳏寡孤独的困难户所得食物的数量和质量是否与其他的人相同?如有差别,表现在哪里?

(3) 衣饰

(一) 制造和意义

1. 衣服、饰物、靴帽的名称、样式、颜色、材料、制造——性别、年龄、氏族、部落、贫富、职业、宗教的区别。
2. 上述衣饰的区别是否显著、严格,有法律规定吗?还是习俗如此?
3. 衣饰形式,制造与本地自然环境气候条件的关系。
4. 衣饰中哪些是本族固有的,哪些是外来的,普遍情形如何,变化发展的过程如何?
5. 衣服饰物的不同意义——保护身体、遮羞、礼仪、美观、宗教动机、巫术、社会区别等。
6. 哪些饰物被认为是有特殊的性能:如带来幸福,保护健康,防止"凶眼""诅咒"等一类的护身符?怎样解释它们?
7. 儿童身上佩带的具有护符性质的饰物?怎样解释它们?
8. 衣饰上的纹饰刺绣图案等的样式及意义。
9. 衣饰上有关图腾、社会团体的标志。
10. 过去近百年间,可以记忆到的衣物的演变。演变的原因是什么?

(二) 支配权

1. 个人对于自己的衣饰,可以支配到什么程度?可以永久穿用佩戴吗?可以自由转送交换或出卖吗?氏族或部落在什么情况下可以征用个人的衣饰?
2. 个人的衣饰是由个人制造吗?还是有一部分由近亲制造?制造的人对于这个衣饰有什么权利?在什么情况下可以向对方要回来所做衣饰(如离婚、死亡时)?
3. 人病或死时,对于他自己的衣饰如何处理?

(4) 交通

1. 在什么情况下步行、骑乘或驾车?每日能行多少里?骑乘或驶车时使用的动物的类别、挽具、车辆、雪橇等的质量、构造及使用效率。
2. 水上的运输:工具(小艇、独木舟、帆船、木筏等)名称、质量、构造,及使用效率。在何种情况下用何种工具?
3. 交通工具的所有权问题:属个人所有还是氏族部落公有,如个人所有,氏族、部落在何种情况下可以征用,平时谁负责保管护理这些交通工具?
4. 居民对于远行旅客的态度,对族内族外人的区别?对旅客、商人、干部、越境者的不同接待方式和接待的细节。

5. 旅行者身边必须携带什么东西，各代表什么意义？

（乙）婚姻

（1）婚制

1. 最普通的婚姻制度是什么（一夫一妻制、一夫多妻制、一妻多夫制）？
2. 如不同的婚制同时并存，哪些条件形成同时并存的局面？
3. 一夫多妻一妻多夫制一夫一妻制中夫妻的家庭地位是否平等？
4. 有没有入赘婚，方式如何？赘婿的权利和义务。
5. 有没有夫兄弟婚？兄死后弟娶其嫂，还是弟死后兄娶其弟妇？还是二者都可以？这样，妯娌同夫后，她们的地位是否平等？表现在哪里？他们的同居如何安排？如果丈夫没有兄弟，寡妇应嫁给哪个族人？根据是什么？
6. 有没有妻姐妹婚？是否姐妹同时嫁给一夫，还是先后？如系先后，到了什么情况（年龄或其他），妹才嫁给姐夫？姐妹同夫后，她们的地位是否平等？表现在哪里？她们的同居如何安排？

（2）配偶关系

1. 找出每个氏族的婚姻配偶范围——是否在同一部落之内的其他氏族（名称）？还是在不同部落的其他氏族？
2. 婚礼配偶的选择有没有优先婚配的规例（即鼓励哪些人发生婚姻关系）——如交错从表。
3. 在婚前有哪些亲属关系的人有亲属的特权？具体内容和程度，他们是不是优先婚配的人？
4. 配偶对象除了排除排斥同氏族的成员以外，对于辈分、年龄、贫富、地域（村落）民族等不同的条件有没有特别的限制？

（3）结婚过程

1. 男女在婚前通过什么方式接受性教育和知识，由谁来教导？
2. 男女在婚前婚后恋爱和性关系自由到什么程度？对于男女是否有所区别？
3. 对女子贞操的看法？有一定的仪式来宣布吗？应该通知谁？
4. 求婚、订婚、结婚的详细过程如何？
5. 父母、家族、氏族对青年男女婚姻关系决定与干预的程度，表现在哪里？
6. 宗教在决定婚姻中的地位与作用如何？
7. 如果男女对自己的婚姻不满，坚决拒绝结婚时，氏族或家族对这事如何处理？
8. 男女因某种关系不能结婚时，在何种情形下及何时可以发生非婚性关系？

9. 有没有男女私奔的情况,在什么条件下才会私奔,如被抓获,后果怎样?经过什么手续才能重返本族?

10. 男方必须履行哪些义务才能娶到女子?彩礼的数量、标准、方式(金钱、土地、牧畜、实物、服劳役等)服役的年限、工作性质、待遇等等,彩礼价值的多少?根据什么决定?有没有讨价还价性质的举动?通过什么人?

11. 女方在结婚时必须履行哪些义务?妆奁的方式和数量的多少?

12. 有没有媒人?一般说来具体什么条件可以做媒人,是否必须有一定亲属关系的人才能做媒人?

13. 男女在结婚期间是否要大宴宾客,宾客都是些什么人?除亲属外,是否还有本部落其他地方的人?

14. 结婚宴会的一切费用估计需多少,由谁来负担?用什么方式分担?

15. 贺喜的宾客赠送贺礼吗?礼物有哪些种类(粮食、牲畜、饰品、衣物)?哪些亲属必须送礼?礼物的轻重应该有所区别吗?

16. 新婚夫妇是否回赠宾客一些礼物,这些礼物由谁来准备?回赠的礼物是否视亲属象不同应有轻重的不同?有定规吗?

17. 结婚后是女子住在男子家中,还是男子住在女子家中,还是女的先住自己家中,经过一定时期(如怀孕后或生胎子女后)再迁回男家?是否这几样情况同时存在,为什么?哪一种最普遍?

18. 有短期的或试验性的结婚吗?有掠夺妇女或同类的风俗吗?在什么条件下这样做?

(4)离婚与再嫁

1. 离婚事件的多寡,一般由于什么原因?男女双方何者主动?
2. 离婚事件由谁来判决,如果一方不同意离婚,怎么办?
3. 离婚后,有没有赡养费性质的支付?习惯的规定多少?
4. 离婚的妇女可以分得一部分财产吗?她的妆奁如何处理?
5. 离婚后子女属于何方?
6. 离婚妇再嫁的情形,社会上一般的看法如何?
7. 寡妇的地位和待遇如何?家族、氏族对她有什么安排?寡妇的前途如何?如再嫁、返母家、孀居、夫兄弟婚、留居夫家依靠夫家亲族生活等。

附:孕产过程

1. 有没有非人受孕的神话?具体内容是什么?
2. 对于妇女怀孕的生理知识是否清楚,表现在哪些说法上?
3. 妻子在孕期及产期时丈夫有何举动,要做些什么?表示的意义是什么?
4. 妻子在孕期及产期中,与男子分居期有多长?

5. 孕妇及产妇的待遇如何？
6. 妇女婚后地位的改变情况：生头胎子女以前和以后、婆母在世和去世、丈夫在世和去世、子女长大成年以前以后、子女结婚以前以后、孙子孙女出生以前以后有何不同？
7. 社会上对于非婚生子的看法以及非婚生子在家庭中的地位如何？

（丙）丧葬

1. 本族都有哪些丧法（如土葬、火葬、水葬、天葬、崖葬、塔葬……）？它们的原因和意义？（因年龄、性别、社会地位、财富或死因不同而有所不同么？）
2. 他们都用怎样的棺材？棺材的样式如何？怎样制造的？
3. 有哪些东西（如生活用具、武器、衣饰、牲畜等）随着死人陪葬？其余的衣物如何处理？死人的财物需要陪葬的或留给亲属的二者之间的区别原则在哪里？殉葬物是否因人的性别、年龄、社会地位和财富等而不同？他们认为殉葬物的意义是什么？
4. 有无固定的葬地？葬地选择的条件？葬者排列的次序如何？
5. 死后有无祭祀的仪式？有固定日期么？有何具体活动？要继续多少年？守孝的期限、服饰因死者地位不同而有所不同么？表现在哪里？
6. 男权在丧葬上的表现（守孝、析产等）
7. 对舅父要服丧吗？

（丁）节庆、礼仪、禁忌及其他

（1）节庆

1. 一年中有哪些节期？其中哪些是比较重要的？每一个节期有什么意义？
2. 哪些节期是本族原有的？哪些是受外族影响的？
3. 怎样过节——吃什么东西？是否穿戴特殊的服饰？有什么娱乐节目？哪些人参加节日？

（2）礼仪

1. 食餐礼仪——饭前、饭后及进行中间的仪节，男女老幼的分席情况，日常进食及宴客时不同的礼仪（如洗手、谢饭、献羊头等）
2. 求婚、订婚、结婚的礼节。
3. 在订婚、结婚的整个过程中，有哪些方面具有宗教和巫术的仪式？表示什么意思及由谁来主持？
4. 宗教及巫术有什么仪式？
5. 丧葬的仪式怎么样？是否因年龄、性别、社会地位、财富和死因不同而有不同？
6. 文身画体的仪式怎样？

7. 原始人走近生疏的住地或人家时，对主人有什么礼节？

8. 婴儿的诞生有什么仪式？

9. 在进行农业活动的各个耕作阶段（如播种、收割、打场等）有什么特殊的宗教巫术或庆祝的活动仪式？内容如何？谁参加？由谁来主持这些仪式？

10. 狩猎时、出征时等等胜利归来时，有什么仪式？

11. 有没有求雨的特殊仪式？

（3）禁忌

1. 猎人行猎前及行猎时，对于食物、行动、语言等须遵守一些什么禁例？

2. 有关畜牧生产、分配、交换、消费的各种巫术，宗教信仰、规则和禁忌等（如给牲畜定期放血、禁止把奶洒在地上等），如果违犯了这些禁例如何处理？对于本族人或外族人有没有区别？

3. 在进行农业活动的各个耕作阶段（如播种、收割、打场等）有什么特殊禁忌？由谁来监督大家遵守规则，不犯禁忌？

4. 在氏族和部落内部，有哪些亲属关系的人绝对禁止婚配？这种禁例严格到什么程度？如果违反禁例，给他们什么惩罚？对男的和女的处理有是否有所不同？

5. 家族、亲属、氏族人员间有哪些有互相回避的规矩？为什么？如果必须当面对话的时候，双方采取什么形式？

6. 各种会社组织、规则、禁忌的内容，违反规则、禁忌的，会社组织怎样来处理？对于领袖和一般群众在处理上有所区别吗？为什么？

7. "政治领袖"在什么时候必须遵守一定的禁忌？什么样的禁忌？

8. 对于说名字的忌讳范围——死者、政治和宗教的领袖，有回避关系的亲属等，必须谈到这些名字时，用什么字来代替？

9. 旅行者在离家时、旅途中、投宿时以及返家时要遵守什么禁忌？

10. 专门作为"男子社"或"女子社"的集体住所中，有什么规则和禁忌？

11. 住房中的起坐规则和禁忌—女子社—如封神位、主宾关系、男女老幼尊卑的关系等。

12. 对于灶的禁忌如何？

13. 本族人对于住房上面或内部的图腾的标志有什么禁忌？

14. 禁食的种类、季节、人物与规则——图腾动植物、宗教限制、宗教节期、性别年龄的限制，孕期、产期、行经期、酋长、宗教师、巫师、病人、守孝人以及特别会社组织等的限制。他们认为建立这种禁例的理由是什么？特殊禁忌规则（如不食动物的某部分如内脏，不得将剩奶泼倒在地上）解除禁忌的仪节，违反禁例者的惩罚。

15. 有没有禁忌不许伤害某些动植物？不许吃它，或不许吃它某一部分。有没有一定的日期可以杀吃它？在杀食时要举行什么仪式？由谁来杀？

16. 有没有规定不许本氏族与某几个氏族通婚的禁例，为什么？
17. 妇女在孕期及产期中与男子分居的期间，夫妇有什么禁例？
18. 生产及社会活动方面对于孕妇的限制和禁忌如何？
19. 丧葬中有没有要回避的人、事、物等禁忌？
20. 守孝的禁忌如何？
21. 在节庆中有什么特殊的禁忌？
22. 进行宗教活动的建筑或场所及寺院堂庙，有什么禁忌？
23. 对神位或偶像的禁忌。
24. 雕刻、绘画、编织等手工艺品，它的图案、颜色所象征的意义与他们的禁忌有什么关系？
25. 生活上的各种禁忌，是否因性别、年龄等的不同而有不同？怎样不同？

（4）其他

1. 一人一生要有几个名字，每个名字的来源是什么？名字的变换是否有一定时期的规定（如成年、病时、生子女以后，家人死亡、社会地位有变动，有突出的功绩和才能等）？它的具体内容是什么？
2. 男女老幼的名字有何区别？不同职业和特征的人有什么名字？
3. 一般的名字含义是什么？从哪些方面采借来的（如动植物、物件、地方等）？
4. 纹身画体的习俗——身体部位、技术、颜色、所用工具式样、仪式、来源传说、有关纹身画体的意义解释（美观、勇敢考验、入社条件、氏族标帜、宗教等），各种样式的各种意义——不同性别，年龄，社会地位，氏族部落的区别。
5. 有关保留或拔剃鬓毛的习俗和意义。
6. 有没有以某种人工方法或饰物（如项圈、包头巾、木板）来改变身体的形状的习俗，具体情形如何？是为了美观，还是有其他原因？
7. 牙、指甲、发、皮肤，有没有染色的习惯，染色用什么颜色，代表什么意义，原料的来源如何？
8. 对于颜色的看法，哪种颜色代表什么意义？哪种颜色是神圣的？
9. 对待老人的态度怎样？
10. 在播种和收获季节有没有关于男女性关系的一些习俗（放纵或节制）？意义如何？

四、精神文化

说明

原始社会的精神文化反映了当时的生产力水平。最初他们对于自己以及自然界的认识是模糊的。由于集体生活和劳动实践的结果，人们的知识领域不断地扩大起来。由于这些知识完全被生产力的发展水平制约着，并在颇大程度上反映着人们在一定阶段中及在一定发展条件下的生活需要，所以是具有局限性的，但是他们的知识绝不是贫乏的，而且从当时的条件看，它们的确有着丰富的内容，工具和武器的制造、食物的采集、狩猎、捕鱼、农业和牧畜——所有这些都是在长期生产劳动过程中所积累的知识的基础上发展起来的。

首先，原始语言有着相当丰富的具体定语和人物称谓，然而缺乏综合的概念。此外，他们也借助于一定的符号或物件来传达思想或消息，文字的出现常常是经过一些图画示意的演变而成。

由于现实生活的需要，迫使他们要首先熟悉自己的乡土，自己生活地区周围的自然界以及动植物群，在这方面他们有惊人的才能。

原始医学有广泛的发展，原始人并不纯然靠巫术治病，他们一般都发现了多种物质的医疗性能，知道用一些药物。他们也知道一些有关卫生及个人保健的切实易行的规则，他们善于从生活实践中预测自然气候的变化和识别各种各样的踪迹。

教育具有两个基本特征：它是社会性的教育，同时对于儿童的独立发展有广阔的场所。"成人礼"（或"入社式"）就具有教育的性质。在连续几年期间，男女青年受到整套的、有着不同程序和仪式的训练和考验。训练和考验的目的，一方面在于使青年们得到他们今后作为部落的成年成员所必须具备的知识，另一方面也在于测验他们的劳动技术和对危险进行斗争的能力等。

宗教出现于氏族制阶段。原始没有把自己同自然界分开，而把自己与自然界的现象和力量混为一体。这种原始的复合概念就是所谓的万物有灵论——他们在自己的想象中使周围世界布满了超自然的存在物、神灵和魔力，他们认为自然力是灵魂的，从人们关于自己和外界的这些蒙昧观念中产生了原始神话和原始宗教。这些神话和宗教反映了社会制度：原始平均主义，他们在现实生活中不知道阶级区分和财产不平等，所以没有把任何类似的情形放进幻想的神灵世界中去。他们把神灵分为自己的和别人的，友好的和敌对的。到了原始公社制度瓦解的时期，他们又把神灵分为高等的和低等的。

图腾主义、巫术、自然崇拜、灵物崇拜以及祖先崇拜，都是原始宗教的表现形式，并且出现了成套的禁例——禁忌。

巫术在原始宗教的发展和实践上起了巨大的作用，也在原始社会中占据重要地位，他们逐渐构成一个特殊的等级，有着师徒的制度。

神灵和精灵的性别也是随着母权制向父权制的过渡而引起变化，女性的神和精灵变为男性的神和精灵。

各种原始艺术和所有观念形态的共同根源是劳动，是人们的劳动实践。艺术的最早的内容完全决定于人在集体中的劳动实践，以后随着社会和社会关系的发展，极其多样复杂的认识、情感、思想等也表现到艺术中来了。在此应特别提出：宗教对于原始艺术有着很大的影响，但整个艺术却不是随时随地被宗教制约着。

音乐、跳舞也都是源起于劳动，原始舞蹈常具有纯粹锻炼、操演或鼓动的性质，当然也与巫术和图腾崇拜相联系着。

人们的口头创作在原始时期有着广泛的发展。形式有神话、童话故事、歌谣叙事诗、谜语和谚语。神话的主题是关于宇宙和整个世界的起源和人类的起源、本族的起源（为图腾主义所渗透）。其他口头创作的内容也是多种多样，大多是有关生产劳动的、狩猎的、战斗的、爱情的，以及其他富有教育意义的内容。以后，由于军事斗争、军事征伐、英雄人物的陆续出现——这一切引起了颂扬英雄和歌颂英雄历史的各种创作。

问题

（甲）科学知识

（1）对生产、自然、地理环境、动物植物习性等的知识如何？

（2）对于附近地区的地形、气候、山川、土壤、水流等等情况的熟悉程度，有没有类似地图的东西？准确性如何？

（3）对于时间、方向、潮汐、季节和星座的知识、对于自然现象变化的知识。

（4）注意他们对于疾病和医药的知识。对于病源和人体构造、预防和医疗的知识，有没有职业医士？如何学习的？对于各种不同病症的不同疗法？药物是就地取材吗？还是经过一定炮制？

（5）关于毒物的知识和使用方法。

（6）对于卫生健康的知识，如处理月经、洗澡、理发、除虱、存贮清水、排除垃圾粪便、防止蝇蚊虱以及传染病的隔离和扑灭。

（7）计算和度量的知识——对距离、面积、重量、容量、时间等的计算标准和用具，准确程度。谁来制造并监督这些度量衡的使用。

（8）儿童和青年、成年的各种游戏、运动的名称、性质和活动的内容。参加的人数和意义（如许多游戏具有军事性质或学习劳作的性质等）、对于年龄、性别、社会地位的一些限制。

（乙）宗教与巫术

（1）万物有灵信仰和图腾崇拜

1. 他们相信自己的氏族与哪种东西（动植物或自然现象——图腾）有密切关系？有什么神话说到本族的来源与这种东西有关？

2. 有没有信仰一个"图腾"以上的情况？哪个"图腾"为主？哪个为副？表现在哪里？

3. 在言语上、行动上有没有回避"图腾"的习惯？

4. 他们认为死的原因是什么？与图腾的关系如何？他们对死后的另一世界的看法如何？

有什么神话来描绘死后的世界？

尤其注意死后世界的所有制和社会组织、阶级分化的关系等的观念。

5. 关于轮回重生的观念如何？与"图腾"的关系如何？

（2）自然崇拜

1. 他们对于一些自然现象如风、雷、雨、雪、春夏秋冬季节的变化等等怎样看法？
2. 他们对于一些高山大水巨石怪树以及其他一些生物怎样看法？是否认为它们都有灵魂？按他们的看法，哪些自然物最有力量？
3. 他们所崇拜的一切自然物和鬼神是否有男女性别之分？是男性多还是女性多？为什么？有什么传说吗？形象如何？他们能描述吗？
4. 从事不同生产的人（如狩猎、牧畜、农业、手工业）是否崇拜不同的神？或偏重不同？为什么？表现在哪里？

（3）祖先崇拜

1. 有一定的神位或偶像吗？放在何处？何时祭祀？
2. 崇拜的祖先是只限于氏族部落的领袖或英雄勇士，还是所有死去的人？这二者有区别吗？
3. 他们信奉的鬼神的名称，都是管什么的？谁的神通最大？哪些是善的，哪些是恶的？哪些是保护本氏族部落的？哪些是保护敌人的？有关的神话传说如何？
4. 他们认为祖先是否确能庇护本氏族的成员？请他们讲一下他们深信不疑的事例。

（4）巫术

1. 有没有什么通行民间的一些"咒语"？为了保护自己安全的或其他目的的"咒语"的含义是什么？
2. 有没有护身符、辟邪物等？是什么东西做的？谁做的？他们相信这些东西有什么用处？从哪里得来的？这些东西怎么会有这种力量？
3. 他们对于自己的身体皮肤特别是头发、指甲以及接触自己身体的衣服、饰物怎样保护？是否认为这些东西可以被敌人用来作巫术伤害自己？如何防御和破除？
4. 请他们讲一些他们认为以巫术害人确会生效的实例。
5. 有没有他们认为是以巫术谋害人的人？他们从哪些现象中查看出来的？对于这样的人，如何处置？谁来判定确有其事？谁来执行惩罚？
6. 对吉兆、凶兆的区分，破除和预防的方法。
7. 他们对梦怎样认识？怎样解释？由谁来解释，有规定吗？什么梦主吉或凶？
8. 在他们的日常生活及生产各阶段中，哪些活动要有宗教或巫术参加，哪些活动就没有宗教和巫术，他们怎样解释？

9. 详述一次宗教崇拜或巫术活动的仪式细节、过程，并说明每个细节所代表的意义。

（5）宗教寺院

1. 外来宗教和本族的原始宗教有什么关系？
2. 有没有专门进行宗教活动的建筑或场所及寺院庙堂？名称、组织、规模和内部设备，由谁来管理？有什么禁忌？在群众中的影响如何？
3. 宗教上所用的经典的种类、内容概要及性质如何？
4. 法器、符咒的种类，性质和用途。
5. 神像的雕塑以及有关宗教上用品的艺术性和价值。
6. 寺院庙堂的经济来源和财产估计。由谁来掌握经济权？经济收入的分配原则。
7. 在同一宗教内有没有教派之分？来源及内容如何？彼此的关系怎样？表现在哪里？
8. 本区如有多种宗教并存，它们彼此之间的关系如何？哪种宗教占优势？为什么，具体表现在哪里？这些不同宗教传入的渊源如何？

（6）巫师和宗教师

1. 有没有巫师或宗教师？他们的名称是什么？性别，年龄，有没有分工？他们是专业的还是业余的？他们也参加劳动生产吗？是与其他劳动者一样，还是指挥生产活动？平均每年要做多少日子的宗教活动？他们成为宗教师或巫师的过程，需要什么条件？要受什么样的训练？由谁来训练？他们在社会上的地位如何？他们认为有哪些"法力"？宗教师和巫师有等级吗？上下级的具体关系如何？有升迁制度吗？是世袭的吗？如不是，怎样挑选巫师、宗教师的候补者？
2. 宗教师、巫师在社会上有什么特权，他们的人数有多少，占本族的人口总数百分之几？
3. 宗教师、巫师的日常生活与一些群众有什么不同？他与家族成员的关系有什么特殊之处？
4. 宗教师巫师在群众生产（从生产-分配-消费）和生活中（在生婚病死葬以及日常生活）所起的作用和影响如何？具体表现在哪里？
5. 宗教师和巫师给人治病吗？是用药物治疗还是用"跳神赶鬼"的办法？两者的具体内容如何？（如用药物治疗时，详述他对于病源的分析和有关药物性能的知识，具体治疗过程等。如用"跳绳赶鬼"，他对病源的分析，行法术时的具体过程，每个过程的意义是什么？）
6. 宗教师、巫师在政治上的地位如何？他们与政治领袖的关系怎样？什么时候政治领袖必须服从宗教师的决定？什么时候宗教师必须服从政治领袖的决定？为什么？
7. 巫师、宗教师的宗教收入丰裕吗？群众给他们报酬吗？什么方式？有什么一定之规吗？

8. 宗教师和巫师是独自进行工作还是有他们自己的秘密会社的组织？

（7）解放后的变化

1. 解放后宗教和巫师对社会影响的变化，具体表现在群众的生产和生活中宗教因素的变化情况如何？群众的认识有哪些转变？表现在哪里？
2. 党的宗教政策在本区执行的情况，经验和教训。

（丙）艺术与民间口头创作

（1）艺术

1. 雕刻、绘画、编织等手工艺品的美术性。哪些是纯为审美的艺术作品？哪些是为了社会生活的需要（如装饰品）？哪些是与宗教巫术有关（如图腾信仰）？其中一些图案、颜色所象征的意义与他们的信仰、规则有什么关系？哪些是以劳动生产以及日常生活为题材？还有什么内容？艺术家在社会上的地位如何？
2. 音乐——声乐和器乐。器乐的名称和演奏方法，与劳动生产、宗教崇拜、战争、恋爱等的关系。歌词的内容、题材，音乐在本族普遍的情况，音乐师在社会上的地位。
3. 跳舞的种类、性质、动作、服装、舞具等。参加的人数有多少？年龄、性别、社会地位是否有排斥？宗教性和社会性的跳舞内容、规则有何不同？
4. 戏剧与音乐、舞蹈密切相关的情况，所用的布景、道具、面具等。戏剧的内容（民间传说、历史故事、日常生活事件等）。群众熟悉这些内容吗？什么时节演剧？演员是些什么人？对于宗教性或教育性的戏剧、悲剧或喜剧，群众的态度如何？

（2）民间口头创作

1. 民间口头创作的形式和种类，在本族中的影响如何？有没有突出的公议为本族杰出的民间创作？详细记录它的内容。
2. 关于起源的神话（有关宇宙、万物、人类和本族）。
3. 关于本族英雄的传说故事（注意他们歌颂的是什么样的品质条件和道德标准）。
4. 关于本族历史上重大事件的描述故事（如斗争、迁移等）。
5. 记录一些谚语——找出该族的行为原则、道德标准、思想方法。
6. 是否专有讲神话和故事的人？他们的社会地位如何？影响如何？
7. 某些故事、传说、神话对某些人有排斥性（限制流传）吗？为什么？
8. 创作的艺术品、音乐、舞蹈、戏剧，以及民间创作，被视为财产的一种形式（如近代的版权一样）吗？是算作创作人的个人财产还是算作氏族或部落的集体财产？如果别人要引用要有什么手续？通常是欢迎吗？还是反对？

附录一 黑龙江边、兴安岭里的鄂伦春民族（摘录）

（鄂伦春人是怎样一种民族？他们的生产、生活、社会是什么样子？）

杨英杰

鄂伦春人，是世居黑龙江及嫩江流域间，兴安岭数千里山林中的一种游牧民族。大部分是使马的，这也就是现在我们所研究的鄂伦春人。最北部（在漠河山中）有少数使用"鹿"，实际上是使用"四不像"（兽名、鹿角、牛蹄、马耳、虎身，故名四不像，不使用时则放之山林中，使用时则敲铜盆，它们就会自己走回，喂点盐，可以驮物约六十斤），这是一部分说俄语的鄂伦春人。这部分人是帝俄时代被赶过江的，现约有四十人，有两百多只"四不像"。我们主要研究使马的鄂伦春人，而不是研究使"四不像"的鄂伦春人。鄂伦春人游猎为生，在一段山林游猎。因而没有长久居处，常常迁移，到处搭盖窝棚，他们名之曰"撮罗子"。还有用皮帐房的，一个人出去打猎，就用一个狍皮口袋，人睡在里边，旁边生起一堆火，防范野兽。栖息山林中，故亦称之为"栖林人"。主要食肉，今天多数鄂伦春人还是如此。打住野兽，用刀子（匕首）把皮割掉，用叉子架在火上烤，或用锅煮，七八分熟就吃，有时蘸些盐面。七八十岁老人与几岁儿童，都是如此。现在吃用粮食部分，逐渐增加，但与肉食比较，粮食仍处在副食品地位，只有没法行猎而存肉吃完的时候，或在已经从事农业地方，才主要吃粮。他们的生产工具：主要是枪、马和猎犬。枪是主要的生产工具，很早以前是弓箭；后来较早使用火枪，清代，他们会被调去征服新疆，因为用火药枪，所以打了一些胜仗；约在四五十年代，即使用单响枪，俄国造的"别拉弹克"枪，约在1920年的时候就大量使用各种步枪，在1935年后则大部分使用步枪；在"八一五"事变时，他们曾经弄到少量机枪、手枪等。总之多年以来，枪就是他们的武器，同时也是最主要的生产工具。他们的枪法颇为纯熟，十中七八。十岁以上小孩，就一枪一马，从事猎取皮张，十五六岁以后，就和成年人一起出去行猎了。其次主要生产工具是马匹，马匹同时也是唯一的交通工具。无论男女老少都善骑马，每人一匹，八十五岁的老太婆，也是骑马。马的身形较小，能爬上高山，穿过茂密树林，走过低湿洼塘和塌头甸子；不必喂它，冬天吃雪和雪底下的草和雪上面的小树尖子。

再其次重要生产工具是猎犬，各家都驯养猎犬。每逢出猎是骑着马带着猎犬前去，如果受伤野兽逃逸，猎犬就追踪寻找。有出去找寻三两天而最终将野兽寻获的。因而好猎犬，有价值两三匹马的。呼玛一队孟庆泰，一只好猎犬。1950年一个冬天，它自己就咬住三十多只黄鼠狼（元皮）。鄂伦春人特别喜爱吃生的鹿肝、狍肝，目力敏锐，看得远，看得准确。以上是他们的生产工具。其生产方法：是按季节在山中行猎，按一定季节出猎，名叫"红围"。每次红围约为一个月左右，第一季为"鹿胎期"，时间在二月至三月；第二季为"鹿茸期",时间在五月至六月;第三季为"叫鹿围期"(这是鹿的交配时期),时间在五月至落雪。主要是猎获鹿尾、鹿便、鹿皮、鹿筋。此外,冬季落雪为"打皮子期",还有随时上山打猎。打猎对象是各种走兽、飞禽,如鹿、熊、野猪、犴(像牛大小)、狍、狼、猞猁、獾子、貂子、倭刀、水獭、狐狸、獐子、山狗、灰鼠、香鼠、黄鼠狼(元皮)、兔、飞龙、乌鸡、树鸡、天鹅、大雁、水鸭、野鸡、沙半鸡以及其他各种飞禽走兽,其中特别以鹿为最贵重。打鹿茸、鹿胎时期,往往在冬季或春初烧除林旁沿水一片草地。如此,新草生长得特别早而且茂盛,目标清楚,容易引诱鹿群前来。鹿性机敏多疑,视力嗅觉发达,跑得快,不易猎取,它们嗅到一点异样气味,听到一种特别响动,看到一些生疏东西,就迅速急驰跑开。因而即使鄂伦春人,在猎鹿时期,也是特别小心,特别辛苦,藏在树后,伏在草中,尤其是夜晚伏在碱沟中(鹿要吃碱),待鹿走近,举枪射击。还有穿着狍皮、犴皮,好像野兽一样,以便接近野兽。狍子、野猪、犴,比较容易猎取,而且这是鄂伦春人的肉食和皮衣主要来源。打熊打狼,颇多危险,因为熊很"皮拉",打他一两枪,往往死不了,而且抓人伤人。去年打熊,有两处人受了伤:一处是打倒了熊,跑过来把猎人打倒,不久死去;一处一老一少打熊,熊被击中,未死,跑过来抓人,这两人赶快上树,青年臂膀被咬伤,老人上树快,但鞋子被"黑小子"(对熊的称呼)拉掉。他们制作狍哨,用桦皮做的,专门学狍子叫;制作鹿哨,用直径寸许的圆形木头钻成小孔,专门学公鹿叫,以便招骗鹿群前来;这两种用具,用处颇大,即使耳聋眼花的老人,他们借着此种工具,亦能进行打猎。对于各种枪刀用具,自己能够修理。他们的生产关系:是每个人都参加劳动,基本上是共同的平均分配。当在行猎时期,上至佐领,下至群众,都骑马携枪,入山打围。每次"红围",即自愿结合,三四人一起,五六人一起,组成小组,一起出猎,而且有的还有严格分工:用马驮上搭"撮罗子"的皮张和其他必要用具:如吊锅子、皮被、皮褥、洋火、盌、碗(多用桦皮制,亦有少数瓷碗)、盆(多为桦皮制,亦有铁的)、斧子、刀子、蒙古刀(即皮口袋)等;入山行猎时,有的寡妇也一同前去,也有枪马,是去帮助做饭晒肉干。猎到野兽割取皮张,特别是鹿胎鹿茸等贵重东西,要割下来带上。剩下兽肉,由专人或妇女割成条条,挂在树上晒干。打猎完毕,平均分配猎物。凡参加的人不分男女,每人一份;而对于虽没有参加劳动但是鳏寡孤独以及困难户,也都分给一些皮张和肉类(但不给贵重的鹿茸鹿胎),以为他们衣食来源。妇女很能劳动,在家从事家务、晒肉干、熟皮子(这是很重的劳动)、缝制衣被和鞋帽、打蚊烟(山中蚊、虻、小咬太多,如不熏烟,则人马受不住,有被蚊虻吮咬而死的)、探集山菜(如老山芹、山韭菜、汗葱、山葱、江葱、黄花菜、百合叶等)、养马喂马,为男子出猎准备好一切行装等等。由此可见:鄂伦春人妇女是与男子一同,是十分能干而勤劳的。生产关系是共同劳动、平均分配。只是工具(枪、马、犬)都归各家族所私有,已经有贫富之分,但其内部压迫和被压迫,剥削和被剥削的关系则不显著。没有奴隶式的关系,没有封建地主与农奴的关系,没有资本家与工人的关系。有时也借出马,用者猎后给点皮子,但一般是不给任何东西,这是氏族社会生活,后来与前进的社会,与农业特别是商业相接触。而已经多少发生了变化。他们自清代以来,行政、军事、生产就是同一组织。在清代是佐为单位；在旧中国也是佐，同时以佐为单位组织游击队；在伪满是佐，同时以佐组织山林游击队；现在仍以佐为单位，其中青壮年组成防火护林队。佐，是清代的名称，但这多少年来看，它确是一个最基本的行政、军事、生产单位，其先大概就是一个氏族。过去各佐负责人是有威望的人，或有技术的；清代则成了上级委任的，但此种委任，也多照顾到此人威信，或者善骑射、大家族、富足的，有的是由下边慢慢升上来的，有的还有父子世袭的。一般讲来，人民对于佐是很尊敬的。当然，二百多年来，佐领有了权，也往往个人说了算，可是在犯罪裁判上看，也还保留许多氏族社会遗迹：当某人犯法时，如杀人或偷东西，就有佐领为主，组成"临时法庭"，请许多人参加，征求大家如何处理的意见。实行处理，如对于有些犯罪，打一顿树条，称为索利棍（妇女打手板）完事。没有监狱，对于因酗酒过失杀人的，也往往调处完事。

在现在，由于人民政府领导，凡重大事情，皆经佐内民主会议决定。而且他们行之很是自然习惯，比汉人的村人民代表会议还自然的多，可见这种制度，对于鄂伦春人并不生疏，即使这二百年来是由封建等级制度去统治鄂伦春人，但仅仅给予鄂伦春人某些影响，并未根本取消其氏族社会内部民主决定问题的习惯，因而人民政府加以提倡，他们就很易接受。如1950年呼玛某队佐领，由于失火，被民主讨论撤职。他们自己没有成文的法律甚至不成文的法律，许多事情是遵照习惯，这些习惯而且多为社会上的事情；如酗酒杀人，事后可由调解解决。有些鄂伦春人说："如果由酒后的事而记仇报仇，现在我们就都死绝了"；如各佐打猎地区，亦多从祖宗规定：各有境地，互不侵犯；如姓氏间结婚，规定很严，大家亦能遵守；如打围的劳动与分配，能遵守共同劳动与平均分配原则。在清末，特别是旧中国时代（1911年至1931年）的二十年间，他们打猎，除了肉类和一部分皮张（狍、犴、熊、狼）主要为本身衣食之用外，其他皮张（如鹿皮、元皮、水獭、灰鼠、狐皮、猞猁等）及鹿茸、鹿胎、鹿尾、鹿便、熊胆、熊掌、犴鼻、飞龙等贵重物品，都成了出卖的商品；而且买自外边的东西也日益多了：如布、盐、洋火、铁锅、斧子、枪支、子弹等。但在人民政府以前，鄂伦春人出卖东西与买进东西，是一个很不等价的交换，鄂伦春人吃亏很大。因此富贫日益分化，甚至有由于汉人奸商放债剥削，而掠其妻女偿债的。由于私有财产的发展，有了富者贫者（主要表现在枪、马、犬上），特别由于1925年以来，奇克和瑷珲一部分鄂伦春人定居从事农业生产，有个别大家族甚至种一百坰地，且开始发生了有雇用两个长工的现象。在鄂伦春人内部虽有佐领等人，但统治压迫关系不明显。主要还是满清康熙二十二年鄂伦春人被征服后，他们成了被统治被压迫的少数民族，满清的统治者、旧中国的统治者，只是在日本投降后中国共产党领导的人民政府时代，才能彻底改变这种关系，打掉了鄂伦春人头上的枷锁，为鄂伦春人带来了广阔向上发展的光明前途！

在生活方面：绝大部分是以狍肉、犴肉、鹿肉、野猪肉为主食，在1917年后，提倡农业，于是逊克、瑷珲一带，才逐渐增加吃粮的比重，南部现在达到吃粮吃肉各占一半，而呼玛以上（鄂伦春人的主要部分）至今仍以肉食为主，早上多为狍肉粥，午间多为肉食（或烤或煮），晚上亦多肉食，只是当没有肉食或不出猎时，才主要吃粮食。每逢客来，即先端上一盆兽肉敬客，如果贵客，就给狍子骨头肉吃，没有筷子，每人一把匕首刀，边割（向上割）边吃，蘸上少许食盐葱花。平素儿童吃肉干，像汉人小孩吃饼子或瓜子。在1945年人民政府成立以前，一切冬夏衣服，主要是兽皮制成。在1947年以后，布类才逐渐增加，现在许多人穿上布衣；但至今为止，入山行猎或冬衣，主要还是兽皮。皮衣表面和边沿，都刺上颜色花纹，以狍筋为线，缝制皮衣，特别是妇女外衣，多刺上鲜艳彩色和美丽花朵。被子是狍皮的，缝成圆筒；夫妻二人合盖一床大被，很暖和，铺的多是熊皮、狍皮，也很暖和。人民政府成立以来，已逐渐使用毛巾、肥皂，个别的人已经刷牙了。住所：现在瑷珲县和奇克街上，他们住上了房子，用木头垛成正方形房子，用木杆搭成三面炕床（如蒙古人的炕，但不生火），一面是门，炕上垫上桦皮树皮一角设锅台做饭，房盖是桦树皮遮蔽风雨，冬天室内中央设一火炉取暖。而绝大多数鄂伦春人，却住在"撮罗子"中，这是类似北方农民圆草帽形状的帐篷，当中有一火坑，顶上开孔通空气通烟，吊上一口子带耳子的小铁锅，煮肉或在火中烤肉。三面是炕床，一面是门，外皮有用兽皮或布装饰的，一般人家蒙上桦皮，每一"撮罗子"，可住六人。这种住处每隔十里八里有三四家，住在山麓沿水地方现在有二三十家住在一处了。

风俗习惯：男女婚嫁，由父母包办，但多数青年自己都互相见过面了。用酒马为礼，有用二、三、四匹马订婚，同时送酒三四桶（每桶三十斤），野猪一口。女人嫁过来，带来一两匹马（其他马匹留给父母家）和一些服装首饰。有十五六岁结婚的，也有个别招婿的。一般都是一夫一妻制，而且习惯上丈夫死了不赞成女人改嫁，如改嫁时，就把小孩财物（除了女人由娘家带来的马匹）留下，一个人出去。不过近年来，寡妇改嫁的逐渐多起来。鄂伦春姓氏太少，现在只有六姓：即关、吴、魏、葛、孟、莫，同姓严禁结婚。而且关、魏、葛三姓之间，孟吴两姓之间禁止互通婚姻，只有莫姓可以与其他五姓结婚，这是最明显的氏族社会的遗迹。如此，大大妨害了鄂伦春人的生育与发展。喜爱认义父子，拜干兄弟。人死以后，用柞木钻洞，死尸装在里边，长期挂在树上，掉下地去也任其自然；有的挂在树上三年，然后埋葬的；也有少数鄂伦春人死了就埋葬的。当一个人死去，其所用的武器（男的弓箭，女的矛头）用具，依着一般都要同时装入棺中，过去还把他的骑马杀死把马皮马肉挂在树上的，并把马具烧掉，现在杀马已大大减少了。宗教为多神，万物有灵论。崇拜祖先，呼玛一带称之为"父亲的父亲"，将祖宗牌位或画像，放在一个桦皮匣中，放在"撮罗子"墙角屋顶或外边正后面百步外的大树上。有些人家，同时供两个。一个木刻的挂在屋后百步外的树上，一个纸画的放在屋内墙角，以为这样可以处处受到祖宗保护。每逢出外"红围"或回来，或到过年，必要给祖先上供叩首祷告，还用兽血抹祖先画像口唇，任何人，特别是妇女，不得触动祖先，决不可到屋后去便溺。他们崇拜各种自然物，看到奇异山形，怪况石头，出众大树以及特别景象，就要跪拜叩头，有的还要上供，过去还有人不打狐狸。患病之时，多用火烤；病重了就请大神跳神，披头散发，身带铃铛，边跳边唱。此种跳神，过去许多佐领都会。

后来专门跳大神的多了起来，佐领跳神倒成了例外，这也是首领与宗教合一的遗迹。妇女生小孩必须在离原住处百步外，新建一个小"撮罗子"中去生，决不允许在原屋生产，有的甚至在屋外生的，过一个月后始回住处，冬季风雪大，婴儿死亡率很大，妇女极易生病。妇女给小孩制成摇车，迁徙时背在背上，五六岁儿童即与母亲同骑一马；小儿玩具一般是用野兽爪牙骨头制成，串一大串，挂在身旁或摇车旁边，使之摇摆作响，逗引婴儿不哭。嗜酒很厉害，大概天气寒冷有关，成了恶习，所狩皮张，卖钱以后，很大部分消耗在酒上，吃酒必众人聚饮，酒后也常发生打架事件，甚至动刀动枪。因吃肉关系，脑力也颇发达，记忆力很强，眼力也强，对于山中大小道路，很是熟悉，好像城市中人熟悉街道一样。现在说汉话与鄂伦春话两种语言；但鄂伦春话缺乏很多现代语汇，不够应用，因此鄂语中也夹杂许多汉语，如毛主席，共产党，苏联，飞机，电灯，电话等等，鄂语都没有，因而用鄂语讲这些话的音调的意义，完全和汉语相同。鄂伦春人没有自己的文字，满清时代少数鄂伦春人用满文，至今懂得满文的已经寥寥无几，远不如使用汉字的人多。他们原有的道德是爱劳动，平均分配，尊敬长者，扶持贫困者，后来有许多地方由于经济发展，特别由于封建统治而带来等级，片面贞节等一些封建性的东西。他们最大节日就是过年，还有男婚女嫁或者死了老人。结婚时候，大家都去饮酒作乐，席间大家唱着多年以来传下来的鄂伦春歌曲；翻译全文如下："好好过日子，男女都好！不要打架，不要骂人，好好过日子，要发财。男子努力打围，女人好好熟皮子，好好缝衣服，要勤俭，不要懒。男子上山打围，妇女在家好好做饭，好好喂马。"在山中打猎，当着一天劳作完毕，背着猎物回来的时候，也都是唱着他们古老的韵调抑扬的山歌如"出去打一趟围，十天半月；打围打得好，回家以后，四家五家，都乐了。"当两亲家见面高兴时候，也是用唱歌表示："咱们老在一起，不要离开太远，离得太远你想念我，我也想念你，我们互相团结，互相送礼，我感谢你，你感谢我，咱们一辈子要好好保持亲家关系。你的东西，我的东西，不要分，我使你的，你使我的，不要客气。"也能即席作歌，我和他们一同宴会过几次，他们即席起来歌唱过去生活的痛苦，今天的生活的快乐，歌唱共产党，人民政府为他们带来光明。

  总起来讲：鄂伦春人在满清康熙二十二年被征服前，还是一个游猎的氏族部落。在被征服后二百多年以来，他们的生产、生活、社会变化得很慢，但确实在变化，特别是清末以来的五十年来：经济还是游猎经济，但是生产工具已使用了新式枪支；因而生产力提高了，生产品有了剩余。生产品除了直接解决衣食之外，主要部分变成商品出卖，以便买进需用的生产生活资料，如枪支、子弹、布、盐、酒、火柴、部分粮食等。在生产关系上，一方面是共同劳动，以三四人，五六人为一小组，前去生产打猎，结果也是平均分配，而且照顾鳏寡孤独；但是另方面已发生了贫富，特别是一小部分已从事农耕，个别人家发生了雇佣现象，这在目前虽然是个别现象，但是确实发生过。在本民族内的佐领等，过去为大家族，富有者，技术高明者，他们当了权；但是氏族制度许多遗迹遗风还是在习惯上起着作用，内部的统治与被统治，压迫与被压迫的关系还不十分明显。可是大民族对他们的压迫与剥削则是显而易见的；在满清，在旧中国，在伪满都是如此，以致促使这一民族，日益走上灭亡，人口日益减少；只是到了人民政府时代，才终止了他们灭亡的趋势；帮助他们走上光明发展的康庄大道。

（摘自《黑龙江、兴安岭里的鄂伦春民族》，东北人民出版社，1952年。）

附录二 鄂伦春人（初稿）

范文

兴安岭里的游猎民族

在我们伟大祖国的东北角，在内蒙古自治区和黑龙江省接壤的地方，大兴安岭紧连着小兴安岭，绵亘数千里，密布着原始的丛林，就像一片深绿色的海洋。兴安岭的南部，是辽阔无边的松辽大平原，嫩江、松花江流经其间，滋润着这一块肥沃的土地。东面、北面和西面，像一个巨大的弧形似的，被我国第三大河——黑龙江的上游之一（注一）——额尔古纳河所环绕着。江和河的那边就是我们伟大的盟邦苏联，这很自然地形成了中苏两国之间的界河。

就是在这样一个地方，有山有水有森林，四周环境是这样的美好，然而离开祖国心脏却是遥远的边疆，世世代代居住着一个具有勇敢、坚强、淳朴、机智等性格的游猎民族——鄂伦春人。与鄂伦春人同样居住在这一地区的，还有雅库特人，这也是一个从事游猎的民族，很长时期以来，他们之间就有了接壤，并和睦共处，变成了一个好的邻居。

鄂伦春人是通古斯族的一支，是我国境内少数民族之一。在长期的历史发展中，对于我们伟大祖国的缔造和发展，也曾经有了自己的贡献。许多历史书籍上所记载的"棲林""乞麟""赤林"等，就是指的鄂伦春人。这和"鄂伦春"一说含有山岭的意思，大体上是接近的。关于鄂伦春人的起源，根据不少老年人的传说，最早是由黑龙江北岸迁移过来的，迁移到兴安岭，不愿继续向南走，所以就留在山里了。满清时代把鄂伦春族人叫作"敖哈"满洲，意思就是说逃亡到山里的满洲；是和这种说法有关的。唯这些仅是传说，难以完全置信，有关鄂伦春人的起源和历史，尚有待于历史学家作进一步的研究。

鄂伦春人的全部认可，据1954年的调查材料，共为二二一四人。其分布情况是这样的：

内蒙古自治区九五三人

鄂伦春自治旗七九七人

布特哈旗八零人

莫力达瓦旗四四人

阿荣旗一六人

索伦旗九人

喜桂图旗四人

海拉尔市一人
通辽县一人
呼和浩特市一人
黑龙江省一二六一人
呼玛县（注二）六七一人
逊克县（注三）三零六人
瑷珲县二零八人
佛山县七六人

人口很少而分布的地区很广，特别是分布在与外界几乎隔绝的山林地带。这是鄂伦春人在地区上的一个特点。由于这一情况和历史上的种种原因，这就造成了长久以来各民族之间正常往来的缺乏，而有关鄂伦春人的真实情况，也就很少为其他民族所了解，甚至由于缺乏了解而产生了一些误解。如在一些出版物上，我们就看到往往把生产与生活方式基本上和鄂伦春人相同、但却是使用驯鹿（注四）而不是使用马的雅库特人，说成也是鄂伦春人，人工地把鄂伦春人分为两大部分，一部分为"使马鄂伦春人"，另一部分为"使鹿鄂伦春人"，显然，这是既不符合历史也不符合现实情况的。也有些人承袭历代反动统治阶级的民族偏见，竟是把鄂伦春人称作"野人"，那更是带有侮蔑歧视的意思了。

实际上，鄂伦春人并不是什么"野人"。从近代民族所必须具备的四个特征（共同语言、共同地域、共同经济生活、表现在共同文化上的共同心理状态）来衡量，它是在基本上都是具备了的。只是由于社会发展比较迟缓，在人类由原始公社经历了奴隶社会、封建社会、资本主义社会的种种变革，并且在苏联已经建成了社会主义社会，正在胜利地向着共产主义社会过渡，我国也正在为逐步实现社会主义社会而努力奋斗的今天，它还在许多方面保存着原始公社的遗迹。而原始公社在每个民族的发展初期，原都是必须经过的阶段，是并不值得奇怪甚至加以嘲笑的。只有荒谬绝伦别有用心的资产阶级学者，才企图证明人类自有历史以来就是阶级社会，而私有财产仿佛是人类不可动摇的根基。

但这毕竟是破产了的论调。这种论调不但早就遭受了马克思列宁主义理论上的驳斥，而在这次访问鄂伦春人期间，无论是跋涉在被冰雪覆盖着的山野，是穿行在茫茫无边的原始森林里，是围坐在熊熊燃烧着的篝火的旁边，还是住宿在极其简陋的"仙人柱"（注五）里，每天，我们所接触的许许多多的鄂伦春人，我所看到的、听到的许许多多的事物，也足以证明，这种论调是毫无事实根据，完全站不住脚的。

这里，为了便于对鄂伦春人的社会发展能有一个正确的了解，我们不妨先把鄂伦春人的生产和生活关系等方面的情况，作一概括的叙述。

鄂伦春人的生产，真如众所周知的那样，是一种比较原始的狩猎生产。这种生产是并没有固定的场所的。从事这种生产，就要经常的出没山林，过着游动的生活，鄂伦春人即世代相传的依靠着这种生产，来维持他们的生活和子孙的繁衍。他们从事狩猎的主要生产工具是枪、马和猎犬，三者是缺一不可的。有了这几样生产工具，则不管山多高，林多密，路多远，他们也可以猎获到窝藏着的野兽，充作生活上的资料。确实，鄂伦春人主要的生活资料，是几乎都来自于野兽的。吃的是兽肉，不必说了，穿的是兽皮，也不必说了，即使住的"仙人柱"，冬季在上面覆盖着的，也大部分是兽皮，只有在夏季才换上了桦树皮之类的东西。其他有些日常用的东西，也有使用兽皮兽骨缝制而成的。长期以来，鄂伦春人所从事的这种生产，就一直是一种自给自足的自然经济。只是在近几十年来，由于商业资本的侵入，由于生产工具的改革而引起的生产力的提高，每次狩猎的猎获品，除了解决生活上的需用外，其剩余部分，已在很大程度上商品化了。除了狩猎生产以外，在近几十年来，农业生产和手工业生产在鄂伦春人中也有了萌芽。耕地面积有逐年都在扩大的趋势。鄂伦春妇女已学会了缝纫技术，能够以狍筋为线，缝制皮衣、皮裤、套裤、皮手套等衣物，并能在皮衣、皮裤或皮手套的表面和边沿，刺绣上各种美丽颜色的花纹。个别地方已有把这种手工制品用以出售的。但完全依靠农业生产和手工业生产为主的还为数极少。

鄂伦春人的生产关系，基本上是共同劳动，平均分配，它和原始公社时期人与人之间的生产关系，基本上是相同的。在这方面所发生的显著的变化，是作为主要生产工具的马匹和猎犬，已有公有制逐渐变为属于私有，开始有了贫富之分，而贫富之间最显著的标志，则是马匹的多寡。至于枪支，由于大都是人民政府发给的，虽然由个人自由使用，还不能算是属于私有。但应该指出，鄂伦春人中这种贫富之分的出现，在鄂伦春人中集体参与劳动的习惯则仍继续着，每次出猎，都是三五人或七八人的自愿组成小组，共同前往狩猎地点，几乎很少有例外的。当然，这种集体的狩猎习惯还带着比较浓厚的原始性质，他们最主要的目的，并不是为了提高与发展生产，而是由于人多了，深入深山密林可以不感到寂寞，同时也可以防止猛兽的侵害。而正是如马克思致维·伊·查苏利奇信初稿所说的那样："这种原始类型的集体生产或合作生产显然是单个人软弱的结果，而不是生产资料公有化的结果。"因之及时在生产资料改变为私有的现在，仍然需要把这种劳动习惯维持下来。与此同时，在鄂伦春人男女之间，也继续实行着一种劳动上的自然分工。男子多外出从事狩猎生产，妇女则多在家从事家务，如做饭、抚养孩子、熟皮子、晒肉干、缝制衣物，采集山药等。在男子每次出猎之前和出猎归来，妇女还必须替男子准备好行装和卸下马背上驮着的猎获物，在这种情况下，男子尽管闲着没有事干，也并不前去帮助的。鄂伦春人由于在狩猎生产上保持着集体活动的习惯，在猎物分配上，也仍然是保持着平均分配的习惯。就是每次出猎，不管是谁打了多少，都一律由共同出猎的人平均分配，毫不偏袒。如果有随同出猎的妇女，也被同样分给一份。对于同一氏族或部落中的鳏寡孤独和困难户，即使没有参加共同劳动，也照例是要分给他们一部分猎物，以作他们生活资料的来源。甚至有些鳏寡孤独和困难户，由于同一氏族或部落中所有出猎的人都分给他们一份，他们所得的猎物反而比出猎户还要多的。

在鄂伦春人内部，氏族制度的痕迹还是比较明显地遗留着。每个氏族或部落，都分住在兴安岭中黑龙江、嫩江和额尔古纳河的各支流。如黑龙江流域的呼玛尔河、毕拉尔河，嫩江流域的诺敏河、奎勒河、甘、古里河，额尔古纳河流域的根河等等都是。每个氏族或部落内部的团结一般是很强的，但各个氏族或部落之间，则往往存在着隔阂。在氏族或部落内部，一般都还保留着民主决定问题的习惯，虽无成文法律和司法机关，每有重大问题，却照例都有氏族或部落首领邀请老年人和有关人员来共同研究解决。解决的办法，多数情况下都是打一顿桦树条了事，即使对于因酗酒而杀人也往往如此。而每个鄂伦春人对于氏族或部落首领和老年人的尊敬，坚决服从他们的命令，那几乎是一种绝对的义务。

在鄂伦春人内部，婚姻制度上基本上是一夫一妻制，但因袭着同族不能通婚的成规。鄂伦春人的氏族为数很少，仅分何、白两个氏族和几个附属氏族，如孟、吴、魏、葛、关、莫、杜、陈、佟等。按照这一成规，属于何氏氏族的孟、吴两姓间，和属于白氏氏族的魏、葛、关三姓之间，都是严禁结婚的。这对于鄂伦春人的人口繁殖，当然是发生着重大的影响。民国初年时，黑河道尹在致库马尔协领的照会中就有这样的记载："查呼玛尔佐领刚通治下，计分关、葛、佟、吴、孟五姓，其中以孟姓为大户，孟姓占关、葛、佟、吴四姓五分之三。彼族因恪守古礼，同姓不能通婚，故孟姓之怨女旷夫相继盈庭，沿传既久，已成牢不可破，实为种族上的一大隐忧……"除了历史上流传下来的这个严格限制以外，鄂伦春人在婚姻关系上受了封建社会的影响也很大，一般都是由父母做主，很少听取男女双方的意见，特别的女方的意见。一个女子出嫁以后，如果男人死了，只要生下男孩子，就不能随便改嫁，即使她是二十多岁的人也必须寡守一辈子。因此男女双方，特别是女方在婚姻问题上是很不自由的。在鄂伦春妇女编唱的民歌中，就有这样伤感的词句：

　　双鹤不能落在榆树上，
　　双鸟哩不能落在杨树上；
　　父母双亲违背了女儿心意，
　　嫁给一个不相亲的人。

至于鄂伦春妇女与其他民族的自由结婚，那更将受到全体鄂伦春人的反对。在甘河流域就发生过这样一件事：一个达呼尔人入山打猎，与当地一个鄂伦春中年寡妇发生了爱情，生下一子且已三岁。男方要求女的下山去住，女方也坚决同意，但是附近的鄂伦春人却不答应。他们所持的理由是：鄂伦春人中有许多没有结婚的男子，你为什么不嫁？鄂伦春人人口本来就少，若允许女的自由外嫁，鄂伦春人就会绝种。

鄂伦春人信奉的宗教，是一种原始的萨满教。他们拜祖先，崇拜各种自然物，万物有灵，是一种多神的宗教。他们日常供奉的神有"毛木台"神（注六）、"吉亚齐"神（注七），打猎请上神"达赖尔"保佑，祭祀请中神"敖吉敖尔"，人病了则请下神"叨劳博尔"撵鬼。此外还有所谓"哈达阿尔"神（注八）、"折尔格"神（注九）、"珠勒喜奇"神（注十）和"温古"神（注一一）等。神的种类之多，连萨满本人也并不完全知道，而这一萨满与那一萨满之间，又往往说的互不一致。萨满的来源，有世袭的，有久病不愈的人，请萨满来跳神，如果不因此病情加重死亡，反而痊愈的时候被指定为萨满的，也有氏族或部落首领本人即兼任萨满的，这是首领与宗教合一的遗迹。鄂伦春人对于宗教信仰是很虔诚的。平常都在"仙人柱"内设一神龛,在已经定居了的地方,也在房后供养着神。虽然他们谁也没有看见过神,但在他们质朴的信念中,如果没有的话,是不可能有那样的传说的。

鄂伦春人的风俗习惯,也大都是很原始的。如人死以后,须先将尸体装入棺内,运到"仙人柱"以外约四五百米的北方,死者的头朝南,置放于约一米半高的木棚上,由萨满诵读经文及亲属祭典以后,葬仪才算结束。这种葬仪称之为风葬或空葬。因为他们相信人死后灵魂不灭,可以被太阳召去而升天,化为天上的星辰,所以便在棺材的两端,插上两个木片,以备灵魂飞天时使用。葬后一两年内不落地时,他们就认为是生前的罪恶未被消除不能升天,需再请萨满祭奠祷告。如在三年后已落地者,则认为是大吉大利。鄂伦春人在生活中的各种忌讳也很多。如看见狗耷拉着尾巴走路时,就认为家人必有病灾;瞄准打有角的动物两次,就认为不会再得到鹿一类的动物;以小刀拨弄炉火,就认为一定会惹起神怒;乌鸦夜啼,就认为必有死人等等。其他就不必一一列举了。

从上面这些概括的叙述中,我们可以清楚地看到,在人类社会已经进入了20世纪60年代的今天,鄂伦春人的社会发展还是多么的迟慢。虽然由于历史社会变革的影响,而使它不可避免地发生了一些变化,这种变化还在继续地深刻化,但在很多地方,它仍然是很顽强地保留着原始公社的一些遗迹。

由于这种情况,也就向我们指出了一个重要的问题,就是如何引导鄂伦春人从比较原始的社会发展阶段,不必经过剧烈的阶级分化与对立,直接地过渡到社会主义发展阶段。从原始公社到社会主义的过渡,这不是一个平常的发展,而是一种质态变为另一种质态的巨大的历史性飞跃。在1882年,马克思和恩格斯在《共产主义宣言》的俄文版序言中,就曾经预言过如果当时俄国革命成为西方工人革命的信号而双方互相补充的话,那么俄国农民公社就有可能成为共产主义发展的起点。当时俄国的农民公社没有能够赶上这种条件,但以后由于伟大的十月社会主义革命的成功,却使苏联境内许多少数民族都赶上了这个条件,避免经过资本主义的发展道路,而直接过渡到社会主义。今天我国各民族所处的情况,基本上是和苏联各民族在十月革命以后所处的情况相似的。由于我国已经取得了人民革命的伟大胜利,和已经建立了以工人阶级为领导的、工农联盟为基础的人民民主专政,这也就保证了我国各民族一定能够像苏联各民族所曾经走过的道路一样,避免经过资本主义的发展道路,直接过渡到社会主义。我们有一切理由可以相信:在直接地过渡到社会主义以后,鄂伦春人将不仅是在法权和政治上与其他民族一律平等,而且也将在事实上与其他民族一律平等,即有了自己民族的高度发展的经济和文化,并使自己的民族发展成为社会主义民族,与其他民族一起共同享受社会主义的幸福生活。

实地考察一下鄂伦春人的情况和它的社会发展,对于我们更多地了解鄂伦春人,对于我们更多地了解人类社会发展的历史,都是有帮助的。鄂伦春人就像是一座生活的学校,在那里,对于我们每一个人,特别是对于从事民族工作和历史研究工作的人,有着许多可以学习的地方,可以从那里受到生动而又深刻的教育,可以从那里发掘出无数新的问题,把它提到历史日程上去加以解决。

（注一）黑龙江的上游有二。一为额尔古纳河，为中苏两国之间的界河，另一为石勒喀河，在苏联境内。

（注二）现在的呼玛县，包括原来的呼玛、鸥浦和漠河三个县。

（注三）逊克县为新设县，包括原来的逊克、奇克和乌云三个县。

（注四）驯鹿，俗称四不像，是一种头似马、角似鹿、身似驴、蹄似牛的动物。性驯善走，能负重百余斤。

（注五）"仙人柱"，鄂伦春语，意思为挡阳光的房子，是一种原始的住屋。附近汉人多称它为"撮罗子"。

（注六）"毛木台"神，据说是一种掌管风雨的神。

（注七）"吉亚齐"神，据说是一种主宰人间命运的神。

（注八）"啥达阿尔"神，据说女人由娘家所带来的神。

（注九）"杜尔格"神，据说是保护家族的神。

（注十）"珠勒喜奇"神，据说是保护生活的神。

（注一一）"温古"神，据说是保护马的神。

比较原始的生产方式

狩猎生产，是鄂伦春人现在主要的一种生产，在较早以前，则是鄂伦春唯一的一种生产。鄂伦春人世代相传的从事这样一种生产已经是由来已久了。

提起狩猎生产，人们就会很自然地联想到那是一种原始的生产方式。是的，那确是一种原始的生产方式。在人类最早有了活动的时期，在原始公社时期，我们各民族的祖先，就曾经是从事这种生产，借以获得生活必需的资料的。它比起以后处于萌芽状态的原始畜牧业和原始农业来，都有更为单纯，而又带着更大的不稳定性。特别是由于人类社会发展到今天，许多先进民族都已经历了种种历史变革，踏上了工业化的道路，而鄂伦春人却从历史上继承了这种生产方式，直到今天仍然是依靠狩猎作为解决生活资料的主要来源，这之间是有着多么遥远的距离呵。这些都是客观存在毋庸置疑的事实，是应当加以肯定的。

但在另一方面，也绝不应因此而得出结论，认为现在鄂伦春人所从事的狩猎生产和原始公社时期的狩猎生产就毫无区别，仍然是一种原封不动的原始生产方式。而如果那样，我们就会对这一问题的认识，犯了形式主义的错误。正如同把我国各民族人民现在所从事的农业、畜牧业，来与原始公社时期的原始农业、原始畜牧业等量齐观，是一样的错误。这是一个十分浅显的道理。事实上，随着人类社会的不断发展，鄂伦春人所从事的狩猎生产，也并不是完全停滞不前，而是有了发展和变化的。尽管在漫长的道路上这种发展和变化是显得多么的迟慢。

鄂伦春人在长期的历史发展中，在狩猎生产上的发展和变化，主要的表现在生产工具的改革上。这就是说，狩猎生产虽然仍然是以前的狩猎生产，而由于生产工具的改革，生产力已经比以前大大地提高了。

鄂伦春人从事狩猎的生产工具主要有三，枪支、马匹和猎犬。枪支除了作为自卫武器外，又是在所有生产工具中最主要的一种生产工具，也是改革最大的一种生产工具。原始公社时期，人们开始狩猎野兽是使用笨重的石斧、石矛和石刀，以后才逐渐地使用了弓箭。在早先，鄂伦春人许多民间传说中，就互相地谈论着当时鄂伦春人射箭技术的纯熟，特别是赞扬了一位名叫魏卡哈克的鄂伦春人，如何冒险地闯进了北京城，一箭射死了正在阅兵的大臣，之后在被审问时，又如何在满清皇帝的跟前，连射三箭都从铜钱眼中串射过去，而使满清皇帝大惊失色的英勇气概。但不管技术多么纯熟，弓箭毕竟是一种较原始的工具，不可能进行远距离的射击。因此当以后有了火枪的出现时，鄂伦春人就迅速地抛弃了弓箭，改用了火枪；约在四五十年前，又改用了从帝俄国流传来的"别拉弹克"枪，即所谓单声枪。这种火枪和"别拉弹克"枪，虽然比起现在广泛使用的步枪来说要逊色得多，但比起弓箭来，显然是前进了一大步，对于狩猎野兽更有把握的多。鄂伦春人在狩猎生产上开始使用步枪，时间并不久，离现在只有三十多年，以后才逐年增多，在鄂伦春人中被普遍使用起来。现在鄂伦春人中用于狩猎生产的，已有步枪五八四支，几乎每一个人都有了一支，火枪、"别拉弹克"枪倒反而成了罕见之物了。

作为重要的生产工具之一的猎犬，长期以来虽然不可能大量发展，但由于鄂伦春人精心饲养，每次出猎都要随身携带，却锻炼的比过去更加机警了。它真不愧是鄂伦春人在狩猎生产上的一个好帮手。每逢受伤野兽逃跑，鄂伦春人不必亲自去捕捉，猎犬就会自动地跟踪追寻，甚至一直追到百里之外才把受伤的野兽捕捉归来。据说猞猁最怕的就是猎犬。猎犬一见到猞猁，就会疯也似的跟踪追下去。猞猁也逃跑不脱，往往是慌慌忙忙的爬上树干，以求逃避。在这种情况下，猎犬就一面守在树下，困住猞猁，一面等待猎人前来猎取。这真是别有风味的狩猎场面。由于猎犬在狩猎生产上作用很大，因之鄂伦春人对于猎犬也都非常珍惜，甚至一只好猎犬，需要用等于两三匹马的价值始能换来的。

比起枪支和猎犬来，鄂伦春人另一生产工具，也是唯一的交通工具的马匹，则在长时间以来不特没有什么发展，且有日益减少的趋势。从前，鄂伦春人中会有过成群的马匹，最多的户有过上百匹的马，一般的户也有二三十匹。现在最多的户只有二十三匹，贫穷的户则仅有二三匹。马匹不断减少的原因除了历代反动统治阶级和奸商们的掠夺之外，还由于鄂伦春人每次狩猎归来，就任它们自由自在的流放山中，没有专人喂养，因之遭受狼害很多。如据鄂伦春自治旗托扎明努图克1953年10至1954年7月间的调查，遭受狼害的马匹就有一百六十八匹，占托扎明努图克全部马匹的百分之二十八点五。在甘奎努图克，根据一个不精确的统计，三年来遭受狼害的马匹达一百七十五匹，损失数占甘奎努图克全部马匹的百分之三十五。这应该说是一个很惊人的数字。但鄂伦春人对此并不介意。因为他们私有观念并不很深，除在特别困难时需要出卖自己的马匹外，在一般情况下，只要每次出猎有马可骑，他们也就不再追问自己究竟是有多少马匹繁殖了多少马匹，或者是又损失了多少马匹了。当然按照这一要求来衡量，鄂伦春人中现在还共有马匹二三四二匹，是足够满足他们狩猎生产的需求的。

正由于鄂伦春人在长期的历史发展中，在生产工具上有了改革，特别是在狩猎用的枪支上已完全采用了新式的，比起弓箭来有了带有根本性的改革，马匹和猎犬基本上也都能满足狩猎生产的需要，因之鄂伦春人在狩猎生产上每年所生产的总值，并不是很低的。以黑龙江省黑河地区为例，在1954年内，鄂伦春人在狩猎生产上的总收入为二十八万三千三百九十九元，按照从事狩猎生产的二百八十六个劳动力计算，每人每年即平均收入九百九十余元之多。但别的如逊克县新鄂村关树江狩猎生产小组，全组五个人，在1954年间，在狩猎生产上的收入则达六千九百五十元。每人每年平均收入为一千三百九十元。这种比较高的生产能力，不仅超过了以弓箭为主要生产工具时的能力，而且也远远地超过了现时小农经济的一般生产能力。由此可见，把现在鄂伦春人所从事的狩猎生产，仍然视为一种原封不动的原始生产方式，显然是不符合实际情况的。

当然，鄂伦春人在狩猎生产上所表现的较高的生产力，除了由于生产工具的改革是一个重要的原因之外，也是和鄂伦春人在长年累月所积累起来的丰富的狩猎经验是分不开的。

根据鄂伦春人狩猎的习惯和经验，鄂伦春地区的狩猎生产是带有季节性的，大抵春天二月到三月为"鹿胎期"，夏天五月六月为"鹿茸期"，秋天由九月到落雪以前为"鹿围期"（注一），冬天落雪以后为"打皮子期"。鄂伦春人则按照一定的季节外出狩猎，并把这叫作"红围"，这是很明显地包含着吉祥的意义在内的。除了"红围"期外，一年四季还可随时打猎，猎获四季不掉毛的水獭，猎获一些可供肉食的兽类。不过有经验的猎人，多抓紧在"红围"期间远出狩猎。因为他们明显地知道，鹿是山林猎物中很重要的一种，鹿胎、鹿茸、鹿鞭、鹿尾都是最昂贵的药材，如果在"红围"时期能够猎获到这些贵重的猎物，那是不知比打狍子、灰鼠等胜过了多少倍！而这些贵重的猎物，季节性都是比较强的，错过二月到三月这个时期，鹿胎就不容易打着。鹿茸在五月到六月期间成熟，血多毛长，错过这个时期，到七八月时期则已变成吃干角，没有什么价值了。

但抓紧"红围"时期，不使这一狩猎上的黄金季节错过，并不等于在狩猎生产上就得到了丰收。要在"红围"时期获取更多的猎物，还必须要对于周围山形地势，需要像一个大夫对于人身脉络那样准确地掌握，对于射击技术，需要像一个士兵那样的熟练。而鄂伦春人在这一点上却是充分体现了他们卓越的才能。他们由于从小喜欢吃生的鹿肝、狍肝，脑力发达，记忆力强，眼光敏锐，看的深远，同时也由于从小就习惯过着游动的生活，学会了怎样瞄准，怎样喂猎犬，怎样射击，怎样寻找野迹，打下野兽以后怎样用刀切，怎样背在马鞍后边，怎样喂猎犬，怎样让马喘气后卸下鞍子，……经受着严格的打猎锻炼，因之他们都具有丰富的狩猎经验，对于猎获在山林潜藏着的野兽，在一般情况下都是非常有把握的。他们真不愧是名副其实的游猎民族。

在离开鄂伦春自治旗前夕，我们就曾亲自遇到了这样的事情：合作社主任葛德鸿好意地邀请了我们，一定要去他的家里尝一尝野肉的风味，我们怀着感谢的心情，也都欣然允诺了。可是在谈话中才进一步了解到,当他做出这个邀请的时候,野兽还不知道在什么地方藏着呢。这就使我们于惊讶之余,不禁为他暗地里担忧起来:这并不是到肉铺里去买肉那样方便呀,万一猎获不到野兽,又将如何结局呢?事实证明,我们的这种担忧完全是不必要的。不到半天工夫,葛德鸿就已浩浩荡荡地从几十里之外的山林中狩猎归来,在马背上驮着刚被猎取到的三只肥大的狍子了。他为了猎取这三只狍子,一共射了五颗子弹,每一粒都打中了目物,其中仅有两次没有射中要害,所以才需要补射两粒子弹。而这两粒子弹,在他认为,已经是有点浪费了。

事实上,像葛德鸿这样百发百中、弹不虚发的有经验的猎人,在鄂伦春人中并不是偶别的,而是有着很多很多。不仅是老年人中有,就是在青少年中也涌现了不少。年轻的是罗克绰日,在九岁时拿起了猎枪,到十八岁时就已经锻炼成为一名杰出的猎手,能在三四十步以内也不使猎物警觉。有一年,光他个人狩猎的野兽,就有熊两只、鹿八只、犴十五只。野猪八十来口,狍子八十只,灰鼠四百只。这是一笔极其可观的数字。二十岁的小猎手只介,由于从小学会了一手打猎的好本领,一次,他就曾在极其危险的情况下,独自战胜了恶熊,救活了他父亲的生命。他的这种英勇事迹,就像森林中出现了什么奇迹一样,很快地就在甘河流域的鄂伦春人中流传开来,鼓舞着人们向大自然做斗争的勇气和信心。这些,都是人所其知的一些事实。

当然,绝不仅仅是这些事实。在我所接触的鄂伦春人中只要攀谈起来,他们几乎无例外的都会告诉过我一些亲身经历的狩猎经历。他们告诉过我:从事狩猎生产,没有野兽,没有狩猎工具是固然不行,但是有了野兽和生产工具,能否用生产工具获取了野兽,最主要的关键还是决定于猎人。在这种情况下,眼睛、耳朵、腿的健全,则是决定了猎人能否胜利的三个先决条件。任何一个猎人如果不具备这三个条件,那就不可能有效的战胜野兽。他们告诉我:一般野兽躲藏的地方,冬季多在向阳地,夏季多在背阴地,他们只要觉察出野兽在三天之内走过的足迹或是卧倒的痕迹,他们就能推测出野兽躲藏的地方。他们告诉过我:他们常常是当着清晨或黄昏的时刻,用桦皮制作的"狍哨"吹奏出尖细的像小狍子一样的叫声,以引诱母狍子前来,一举而击中之。他们告诉过我:为了在狩猎时能够更接近野兽而又不至于惊动野兽,他们常常需要穿着带有保护颜色的服装,例如冬天多穿黄色服装,夏季多穿绿色服装,有时甚至需要穿上狍皮、犴皮,打扮成野兽一样,以便较容易地接近野兽。他们告诉我:野兽中比较难以猎取的要算是鹿。因为鹿性机敏多疑,官觉发达,其跑如飞。它只要稍微闻到一点异样的味道,听到一点特别的动静,还不等见到人影,就已逃之夭夭了。并且它的出没也不同于一般野兽,清晨人静时才出来吃草,等到白天别的野兽出动时,它早已吃饱,躲到与自己颜色相仿而又不易被人发现的地方去休息了。到了夜晚万籁俱寂时,它才又出来到泉水边饮水,偷吃土碱。因此,即使富有经验的猎人,也要早起贪黑,痛下一番功夫,才能将它猎获。他们告诉过我:野兽中危害最大的主要算是熊,因为它性格暴躁,如果一两枪打不死它,它就会反过来扑人,因此大家给它一个外号叫"黑小子",他们对付这样危害很大的野兽,常常是在霜降以后,等熊潜伏在山洞里的时候才去打它,那时由两个人持枪站在洞口上面，一个人抱着碗口粗的树干向洞口里硬塞，一直塞到熊在洞里存不下的时候，熊就会设法挤出洞来，这时站在洞口的两个人，就可以居高临下，用枪向熊的背后射击。这种打法既不会发生什么意外，又可以逗引熊在洞里发怒，使它的胆很快膨胀，而获得比平时多的熊胆。他们还告诉过我有关这一方面许多极其有趣的经验。总之，每一个鄂伦春人都有着他自己成功的狩猎经验，而从这无数的经验中，我们不难看出鄂伦春人世世代代是付出了多么大的劳动，同时也不难看出鄂伦春人在这一方面所显示的机智和勇敢。

应该提及的，是鄂伦春人的狩猎生产一直到现在都继续保持着集体活动的习惯。所谓共同劳动，平均分配，这就是鄂伦春人基本上的生产关系。这一现实情况也就向我们提出了一个新的问题，就是如何的使鄂伦春人从它的社会发展中，避免经过资本主义发展道路的问题。解放以来，党和人民就直密切地关怀和注视着这一问题的，并通过组织起来生产这一具体措施，作为领导鄂伦春人逐步向社会主义过渡的一个重要步骤。而鄂伦春人对于这一点，由于有着原有的习惯，也是比较容易接受的。所不同的是，现在党和人民政府所提倡的组织起来，其主要目的，是为了发展和提高鄂伦春人的狩猎生产，更有效地防止鄂伦春人的阶级分化，因之在组织起来的形式内容上，也就与过去不大相同，有着很多的改变。过去鄂伦春人的自愿结成小组进行集体狩猎，都是临时性的，现在鄂伦春人中这种原始的互相合作虽然仍然是比较普遍的，但已有可能根据鄂伦春人的觉悟程度，经过若干必要的工作，并在鄂伦春人自愿互利的基础之上，逐步地把它提高到比较定型的常年互助组织，进而组成生产合作社一类形式的互助组织（目前鄂伦春人中常年猎业生产组已经建立起了三十余个，猎业与农业生产相结合的生产合作社一个）。过去鄂伦春人进行集体狩猎，除了做到共同行动互相照顾而外，没有更多的内容，现在则要求按组订立生产计划，定期检查生产计划的执行情况，有组织地进行分工，逐渐地积累一些公积金，添置一些公共的生产工具，提倡合理的使用猎场，组织组与组之间的红旗竞赛，特别是由于组织起来，更有利于护林防火工作的开展。这些比较重要的改变，鄂伦春人在开始时确是感到很不习惯的，但久而久之，也就习以为常，并且觉得这确是一个好办法了。就拿订立生产计划来说，在有了生产计划以后，猎人们就普遍的感到有了奔头，生产情绪高涨起来了，均为完成和超额完成计划而积极努力。如瑷珲县新生村吴福柱、关泉水、吴克寿等三人，在一次出猎中，就积极设法打了一只价值千元的老虎；刘本站一天没打着野兽，很不愉快，脑子里老在盘算着如何能在第二天多打一些，以补偿这一天的损失；整个新生村的狩猎生产都是搞得比较好的，仅在1954年11月份内，就超额完成原定生产计划的百分之六十。这些都是极为明显的事实。

但在生产分配问题上的改革，遇到鄂伦春人的思想抵触就比较的多，有些同志在这方面急于求成，忽视鄂伦春人的特点，没有坚持少数民族地区慎重稳进的工作方针，也会碰到一些钉子。譬如有些同志总觉得平均分配不如按劳分配合理，不能很好地刺激生产的发展，于是就过早的企图把这个习惯一下子就加以改变。并订立了许多繁琐的条例让鄂伦春人遵照执行。结果呢？除了个别的有条件的生产合作社可以基本上执行以外，在大多数鄂伦春人中，由于在思想认识上没有改变，执行起来还是共同劳动，平均分配。后来有些地方把这种改革办法变通一下，基本上仍然是保持平均分配的办法，只是另外再加上一条奖励的办法。这就是说，每次出猎所得，绝大部分还是按人平均分配，只在总的猎获物中抽出百分之几（例如百分之二十到三十），作为对猎获野兽最多的人的一种奖励。这样既尊重了鄂伦春人的传统习惯，又在一定程度上刺激了狩猎生产的发展，鄂伦春人也就比较容易接受得多。事实证明，只要根据鄂伦春人的觉悟程度和接受程度，稳步地进行这种改革，是有可能把生产分配办法做到更合理的。

（注一）"鹿围期"，为鹿的交配时期。猎获鹿便、鹿尾，主要是在这一时期进行。

多重经济的出现

鄂伦春人在长时期以来都是一直的从事着狩猎生产的，对于狩猎生产不仅已经积累了极其丰富的经验，而且也已培植了十分深厚的感情。但现在却有着一个新的问题摆在了鄂伦春人的面前：既然过去是，现在是，是否从今以后仍能是世世代代的从事这样一种生产？

这一问题是这样的被提起的：

近几十年以来，特别是解放以来，由于鄂伦春人在最主要的生产工具上有了不断的改革，因而曾经促进了生产力的发展，这一方面的情况，以前已经是叙述过了。另一方面的情况是：作为狩猎生产主要对象的山林中潜藏着的野兽，随着时间的推移，不是越来越增多，而是越来越减少了。许多年老的鄂伦春人都还清楚地记得，在早先，每次狩猎是不必远出的，因为到处都是密密的森林，到处都是窝藏着的野兽。"棒打獐子瓢摇鱼，野鸡飞到锅里来"这两句谚语，虽不免夸张一点，却是有着事实根据的。可是自从1898年兴安岭的原始森林中开始响起锵锵的伐木声以后，随着一队队的采伐工人和筑路工人，像潮水一样越来越多地涌向兴安岭，随着滨州铁路和白阿铁路的先后通车，一条条森林铁路无止境地向着兴安岭的腹地延伸，在人迹经常到达的地方，野兽们不易继续躲藏下去，就只得怀着奇异和警觉的眼光，向着远远的地方逃去了。同时由于鄂伦春人是以狩猎生产作为唯一的或者是主要的生活来源的，每逢遇见野兽，不管是幼兽还是母兽，就从不轻易放过猎取的机会，甚至有专门找寻价值较高的母兽（如怀胎的鹿等）而使山林中的野兽在总的趋势上不得不越来越减少。

这样两方面的情况，从表面上看来似乎是很矛盾的情况，在实际生活中，是不难获得正确的理解的。而且我们正应该这样去理解：过去由于山林中潜藏着的野兽很多，鄂伦春人即使使用的是较落后的生产工具（如火枪等），甚至是较原始的生产工具（如弓箭），也能够获得生活所必需的资料。但是随着野兽的日渐减少，仍然使用较原始的和较落后的生产工具，就不易获得生活所必需的资料的时候，鄂伦春人也就很自然地要求着有一种更有效的生产工具来代替它，以适应生产上的需要。步枪由外地输入很快地就被鄂伦春人接受作为狩猎生产的主要工具，正是有着这样一个内在原因的。这是一。其次，鄂伦春人采用步枪作为主要的生产工具以后，生产力之所以显示出有了提高，并不是意味着猎获的野兽逐年都在增加，而是指同一时期与火枪等的生产效率对比而言的。这就是说，在山林中的野兽逐渐减少时，同一时期内用步枪狩猎比用火枪等狩猎要容易得多，猎获的野兽也要多得多，在这个意义上说，生产能力是大大地提高了一步的。但是野兽减少的趋势是一直在继续着，即使使用步枪狩猎，在一个相当长的时期内，猎获的野兽，也是感到后一个时期要比前一个时期减少得多的，也是不容易得多的。虽然这种变化在今年和明年这样一个短时期内比较起来是多么的不明显。第三，我们所以说鄂伦春人的生产能力比较高，还表现在产品的价值上。过去由于奸商的残酷剥削，鄂伦春人尽管在打的野兽上要比现在多，却是不值什么钱的，因之收入很少，生活过得很苦。现在由于执行了公平合理的价格政策，鄂伦春人在打的野兽上尽管要比过去减少，收入却比过去增多，生活也比过去改善得多。这就显示出鄂伦春人在劳动生产中所创造的价值，不仅比过去高，也比现时一般个体农民在劳动生产上所创造的价值要高得多。

问题就是这样错综而复杂地存在着的。

问题的被提起不仅由于上述情况，还由于护林防火工作与狩猎生产确是存在着一定的矛盾。这种矛盾的存在，并不在于"烧荒引兽、放火寻角"旧习的改革，这种改革在鄂伦春人中，现在已经是完全做到了。矛盾主要的表现在鄂伦春人在改革了狩猎旧习以后，为了保护好国家的森林财富，杜绝一切火源，已经遍地出现了草木丛生的现象，这就使潜藏着的野兽不仅不易发现，几年后人马也将难以行动。并且由于几年来未烧草场，春季陈草高，青草露不出来，夏季蝦虻多，马吃不上膘，大部马匹瘦弱不能使用，有的甚至死亡。同时由于草木茂密，随之狼害也就日益严重起来。

这些新的情况的出现，都是在一定程度上影响着狩猎生产的继续发展和提高的。而且随着国家社会主义工业化的进展，国家对于木材的需要也就越来越迫切，森林采伐量会逐年增多，铁路会继续地向原始森林里修筑，护林防火工作会日益加强起来，这种情况也将会继续有所发展。在这种情况下，鄂伦春人从今以后是否能世世代代地从事狩猎生产这一问题的被提起，那原是一件极其自然的事。

当然，就鄂伦春人对于狩猎生产的深厚感情说来，他们是什么时候也不愿意去考虑离开枪和马，从事另一种生产的。即使是在这种新的情况出现以后的今天，在鄂伦春人中也还有相当一部分人并没有意识到这一问题，他们只不过是把猎获少的原因归结到自己的命运不好。但是客观存在的现实，却已引起了鄂伦春人中的一部分人，特别是参加工作的干部和青年的关怀，强迫着他们不得不去认真地考虑这一问题，考虑着今后如何办的问题，转什么业的问题。

这是一个实际存在的问题。这对于鄂伦春人说来，虽然是一个比较痛苦的过程，却是必不可免的需要逐步加以解决的问题。及时地注意到这个问题并把它提出来认真地加以考虑，是完全有必要的。问题是在于这方面存在着许多分歧的意见，并没有得到澄清，而有的地方就已开始行动起来了。这种不顾群众的觉悟程度和接受程度，不顾客观条件是否已经具备的急躁冒进的做法，显然是不符合少数民族地区实际工作的发展规律的，因而也是一定要碰钉子的。实际情况的发展，正是充分地说明了这一问题。

在黑龙江省黑河地区的一部分地区，就曾经发生过这样的问题：那里的一部分干部认为鄂伦春人将来的发展方向应该是农业生产，狩猎生产是没有前途，迟早要被淘汰的，于是他们就把农业生产看得很重要，而对于狩猎生产则不加过问，甚至有的还认为既然要淘汰，那就迟淘汰不如早淘汰。在这样一种思想认识的支配下，那里的农业生产从表面上看来确是轰轰烈烈地搞起来了。但是结果是怎样呢？由于绝大多数鄂伦春人在思想认识上并没有取得一致，由于在一系列的组织工作特别是技术准备工作上做得很不够，这就产生了一些离奇的现象。例如在播种时，有的鄂伦春人就拿苞米楂子当作种子往地里乱撒，有的把没有切成小块的土豆一个挨一个的摆在垅沟里，有的则把小麦种子一步一把地撒在地里，造成稠稀不匀。这种离奇的耕作方法虽并不普遍，一般说来耕作方法也都是极其粗糙的。这样当然不会带来好的收获。逊克县新鄂村鄂伦春人从事农业生产的，最高的劳动力每日只分得九分五厘，就是有关这一问题极其生动的说明。这种在急躁冒进情绪的支配下，不但没有使鄂伦春人搞好农业生产，反而在农业生产上赔下了很多的钱。

与此基本上相同的另一种情况，也曾在鄂伦春自治旗发生过。那里的一部分干部，认为鄂伦春人将来的发展方向应该是发展畜牧业，同样认为狩猎生产将来是没有什么前途。在这样一种思想认识的支配下，他们就在1953年内发放了一笔二万五千元的牧业贷款，从遥远的海拉尔地区买回了八十五匹马，另外还买回了一百头牛，一并贷给诺敏努图克的鄂伦春人饲养。他们原来的用意，是想通过这一措施，来有效地帮助鄂伦春人从事和发展畜牧业生产，为在鄂伦春人中进一步地发展畜牧业生产打下良好的基础。但是他们完全忽略了这一现实：鄂伦春人虽然原来就是有着马匹的，却一直都是散放在山林中，没有专人来加以饲养。而且他们在进行这一工作时，并没有考虑到鄂伦春人的情绪，使鄂伦春人在思想认识上取得一致，在各种准备工作上也都做得很差。这样贷放下去的牛马，不仅没有得到繁殖，相反的还遭受了极其严重的损失。在短短的期间内，由于水土不服和不会饲养等等原因，就在原有八十五匹马中死亡了三十五匹，原有一百头牛中死亡了七十头，损失一万一千一百八十五元，加上为了饲养牛马而雇人打草所支出的一千八百元，两者合计则损失了一万二千九百八十五元，即损失整个牧业贷款的一半以上。而以这样大的损失所换来的是什么呢？是大大地挫伤了鄂伦春人的劳动热情，博得了鄂伦春人这样辛辣的评语："如果要再贷给我们牛马的话，连它的被褥也都一块发来吧，不然我们算是养活不了的。"

由此可见，任何不顾群众的觉悟程度和接受程度，不顾客观条件是否已经具备的急躁冒进的做法，都是脱离实际的，也是行不通的。

但是是否就意味着农业和畜牧业一定不适合于鄂伦春人的发展需要呢？答复是否定的。在我实地考察过的地方，也曾经有过另一种情况。例如鄂伦春自治旗诺敏努图克，就是从事农业生产已经有了一定基础的地方。那里在没有定居以前，鄂伦春人也是完全依靠狩猎生产来维持生活的需要的，根本就不懂得农业生产是怎么一回事。可是自从定居下来以后，由于和达呼尔人杂居在一起，日子一久了，也就慢慢地受了达呼尔人的一些影响。达呼尔人会种地，从地里生长起来的蔬菜和粮食，比起兽肉来，也是饶风味的。鄂伦春人初次尝到这些食品，感到极其新鲜，也都希望着自己能够拥有这些食品，于是他们就向达呼尔人请教，请达呼尔人帮助着他们种地。开始种的当然是小块的土地，以后才渐渐地把耕地面积扩大起来；开始种的是些蔬菜、土豆之类的东西，以后才渐渐地扩大到种起稷子一类的食粮；开始是达呼尔人帮助的多，以后才渐渐地做到不单纯地依靠这种帮助。而到现在，当地的鄂伦春人都已自觉自愿地学会了种地，并把农业生产作为整个生活中不可缺少的一部分了。

在逊克县的老西地营子，鄂伦春人中出现的第一个生产合作社——先锋农猎业生产合作社，自1954年3月间成立以来，在农业生产上也是搞得比较好的。先锋农猎业生产合作社共有社员十六人（包括女社员三人），分为狩猎生产和农业生产两个生产队。农业生产队经营着三十七垧六亩三分土地，在1954年内即打下粮食五万八千一百二十斤，除留下自己足够的粮食外，还卖给国家余粮一万斤。该社农业生产收入之多，在逊克县十八个农业生产合作社中竟占第二位，而其他十七个农业生产合作社，则都是在农业生产上较有经验的汉族农民组织起来的。先锋农猎业生产合作社在农业生产上得到这样大的成绩，当然并不是突然的，一蹴而就的，而是一个逐渐发展的过程。特别是由于老西地营子是一个鄂伦春人与汉人杂居的村屯，当地汉人经营农业生产已有着较久的历史，这就在长期的接触中，不可避免地会给予住在一起的鄂伦春人以影响，正如同鄂伦春人的狩猎生产也曾经影响到周围的汉人和达呼尔人是一样的。同时，在合作社的组成人员中，除了绝大多数是鄂伦春人以外，还有两个汉族农民。这种民族之间在生产上的互相影响互相帮助，显然是促使鄂伦春人在农业生产上能以较快地学会和获得一定成绩的一个重要因素。

就整个鄂伦春人在农业生产上的情况看来，不断发展的趋势也是十分明显的。以黑龙江省黑河地区为例，1951年时，在鄂伦春人中还只耕种三十六垧八亩地，到1952年时就增长为四十八垧二亩，1953年时增长为一百二十五垧六亩九分，1954年时增长为二百零九垧四亩四分，1955年时更增长为二百八十二垧八亩。四年之内增长了七点六八倍之多，这是一个极快的速度。若再加上鄂伦春自治旗鄂伦春人中现有的耕地面积四十一垧，则全部鄂伦春人中已有了耕地面积三百二十三垧八亩。鄂伦春人在农业生产上的这种发展趋势，由萌芽状态发展到具有一定的规模，当然不是完全用简单的强迫命令办法所可以奏效的。

实际生活中这种极其生动的事例，向我们指明了只要根据鄂伦春人的特点，根据客观存在的条件，和客观生产上的需要，根据鄂伦春人的自觉自愿和互利原则，采取各种稳步前进的办法，在今后特别是通过国家帮助采取典型示范的办法，来实际地影响和教育鄂伦春人，是可以领导鄂伦春人从比较单一的狩猎生产中解脱出来，逐步的从事其他一些生产的。

这样说，当然并不是说鄂伦春人长期从事的狩猎生产，从现在开始就可以逐渐淘汰，为其他生产来加以代替了。不是的。这不仅是实际上不可能做到，而且也无此需要。其所以是实际上不可能做到，是由于狩猎生产不仅在今天是鄂伦春人的一种主要生产，是鄂伦春人获得生活资料的主要来源，就是在今后一个相当长的时期内，狩猎生产仍然会是鄂伦春人的一种重要生产，是鄂伦春人获得生活资料的重要来源。虽然兴安岭的原始森林在不断采伐，野兽在总的趋势上是逐渐减少，不可避免地会给狩猎生产带来了影响。但另一方面，新的林区也在不断成长，可以作为野兽新的窝藏地，加上在狩猎方法上能以不断改进，兽源枯竭的现象，在一个相当长的时期内，是不至于发生的。其所以在实际上也无此需要，是由于狩猎生产是社会生产上的一种分工，鄂伦春人从狩猎生产中所获得的猎物，有的可以作为重要的药材，有的可以供作御寒的很好的原料，有的则是出口的贵重物资，都是社会生活中所需要的东西，是其他生产所不可代替的。如果停止了这种生产，那就意味着永远不能够满足社会生活中在这一方面日益增长的需要。因之，那种把狩猎生产看作完全是一种落后的生产，没有发展前途的生产，是一种把问题简单化了的错误看法，是完全不切合实际的。

由此我们可以得出这样比较接近实际的看法：狩猎生产在今后一个相当长的时期内，仍然应当而且可以继续作为鄂伦春人的一种重要生产。除了狩猎生产以外，为了适应鄂伦春人经济生活的要求，还应该在有条件的地区，有组织有领导地发展一些农业、畜牧业，或者其他副业，并使之互相结合起来，发展成为多种结合的经济。这样就可以逐渐改变狩猎生产的不稳定性，而使鄂伦春人在经济上具有一定的基础。鄂伦春人在今后的狩猎生产上，应使之在现有基础上继续提高一步，成为先进的有计划的狩猎生产。譬如打鹿茸最好的时期是在五月到六月之间，在其他时间即使打住鹿茸，价值也很小，那就不要在其他期间去打。特别要注意的，是在狩猎生产中一定要注意培植兽源，不要轻易地伤害幼畜母畜。而要做到这一点，就势必使鄂伦春人的生活来源不能唯一的或者是主要的依靠狩猎生产，而能够从其他生产中取得一些生活来源。这就是必须发展多种经济的重要原因。在这个前提之下，鄂伦春人除了继续从事狩猎生产以外，究竟是发展哪一种生产更为合适，各种生产的发展比重又应该怎么样，那要由各个地区不同的具体条件来决定，不能强求一律，也不应强求一律。例如在发展农业生产已经有了一定规模，而鄂伦春人也愿意从事这样一种生产的地方，提出了"大力发展狩猎生产，在有条件的地区搞好农猎业生产结合"的方针，就是适合于那一个地方的情况的。在搞副业生产已经养成习惯并取得了一定成绩的地方，就可以继续的组织各种副业生产。在具有发展畜牧业条件而鄂伦春人还不愿意饲养牲畜的地方，也不妨有重点的试办一下，以取得经验。如果一个地方同时具备着多种经济的条件，就同时的经营多种经济，也是可以的。在这一方面，前面提到的先锋农狩业合作社，已给鄂伦春人在发展生产上提供了一个范例。该社所经营的生产，就是多种多样的，除了狩猎生产和农业生产，还同时经营着各种副业生产。这样多种生产结合进行的结果，是全社在1954年内从各种生产中收入了一万两千五百元，比起1953年合作社未成立时收入增加了百分之五十。特别是这种多种结合的生产，是在组织起来的情况下有计划进行的，这就可以做到发挥每个人的专长，根据各个不同的生产季节，合理地使用劳力，从而使生产效率大大提高，全社收入增多，社员生活变不断改善。而这一切，也就有力地说明了鄂伦春人组织起来的第一个生产合作社，以在发展各种生产中显示了极大的优越性。先锋农狩生产合作社的女社员李水花说得好："组织起来的前途真是多么美好呵！你看黑龙江那边的苏联人都已经使用拖拉机，都已点灯不用油、种地不用牛呢。"

定居

  为着从事狩猎的方便，同时也由历代反动统治阶级残酷压榨所造成的贫困，长期以来，鄂伦春人是一直习惯于过着并且也是不得不过着分散游动的生活的。那里有着好的水草，那片森林里窝藏着野兽，那里就变成了鄂伦春人的家，"仙人柱"也是会很方便地由这里移动到那里。

  鄂伦春人这种经常分散游动的生活，从表面上看来，那确是自由自在，毫无约束的；但是实际上对于鄂伦春人各方面的发展，却不可避免地带来严重的影响。拿解放时的情况来说，居住在黑龙江省黑河地区的三百余户鄂伦春人，即分散在五十一处，每一处和每一处之间的距离都是相当遥远，由几十里至几百里不等。并且这五十一处也不是固定的，而是随着季节在游动着的。这种极端分散和不断游动的情况，对于举办与鄂伦春人密切关联的建设事业，当然都造成了极大的困难。这是一。其次，正由于经常处于极端分散和不断游动的情况，在居住和生活的条件上，也就不得不因陋就简。而这对于鄂伦春人的生存和发展，显然是不利的。

  正因为如此，如果改善这种分散游动的生活方式，也就成为摆在鄂伦春人面前急待解决的一个重大课题。

  事实上，早在好多年以前，在一部分鄂伦春人中，就曾经有过这种要求，并且是已经逐步改变了这种分散游动的生活方式的。鄂伦春自治旗诺敏努图克所在的南屯，就是这样一个地方。

  诺敏努图克位于鄂伦春自治旗的南部，是鄂伦春自治旗所辖三个努图克之一，也是定居较早的地方。在村中到处都是排列整齐的房屋，"仙人柱"的影子已经是再也看不到了。而在其他地方，鄂伦春人的生活方式，可以说还大体上没有改变。

  为了了解鄂伦春人生活方式生的这种改变，我曾经怀抱着极大的兴趣，专门访问了诺敏努图克的所在村屯，与熟悉情况的鄂伦春老人德兴德谈话约两时许。德兴德老人已经六十八岁的高龄了。现在他正和他的一群儿孙们，住在一所充满阳光的朝南的房屋里，度着他的幸福的晚年。他的精神仍然健壮，并且很健谈，只有额上刻画着的一道道皱纹，才标志着他已经经历了无数的风霜。德兴德老人在和我谈话中，唤起了许多的回忆，这些回忆起来的遥远的事情，对于一个远道而来的陌生的人，了解鄂伦春人在生活方式上的如何演变，是有极大启发的。

  根据德兴德老人的记忆，诺敏河流域的鄂伦春人，在1932年以前，还一直是住着"仙人柱"的。这种"仙人柱"和其他河流域鄂伦春人居住的"仙人柱"，大致相仿。那是一种形状类似半撑开的雨伞的原始的房屋，是用二三十根像手臂一样粗细的白桦，相互支撑在一起，周围再搭盖一些桦树皮，松树皮而成的。进入冬季，上面则覆盖一些兽皮之类的东西。"仙人柱"内部的直径约四米，高约二米至三米。正面和两侧都是炕，炕上铺着狍皮或獐皮,是用以就寝的。在一般的情况下,正面的炕为家长席(遇有来客为客人席)两侧的炕为家族席,如人口较多,妇女则占据着门口的席位。在炕与炕之间的空隙,摆着神龛和各式各样的家具,如用桦皮制作的碗、盒子、水桶等等。"仙人柱"的中央,安置着一个围炉,用于取暖和熟食。围炉中升腾起来的黑烟,则由"仙人柱"顶上留下的空洞冒出去。

很明显,这样一种极其简陋的"仙人柱",是不可能很好地遮蔽风雨和抵御严寒的。内部卫生条件之差,那更是不待说了。在这种情况下,在鄂伦春人居住区域中,就慢慢地出现了一种所谓"土窑子",有的地方叫"马架子"。那大概是1932年间的事。这种"土窑子"的建造并不复杂,利用山坡地形,向下挖进去一米多深,就成为一凹字形的三面是土壁的房框,这样再在上面用树枝乱草和泥水抹上一个房盖,在正面安上门窗,就成为一所完整的"土窑子"了。"土窑子"的内部也有炕,摆设和"仙人柱"内部也大致相同。它和"仙人柱"比较起来,最大的优点是比较暖和,但是里面阴湿,卫生条件依然很差。

由"土窑子"继续改进一步,从1936年起,在鄂伦春人居住区域中,就出现了现在定居的房屋。这种房屋的构造,基本上和北方农村的茅屋相似。所不同的是,在鄂伦春人居住的房屋中,除了进门的缺口以外,差不多三面都是火炕,这正像"仙人柱"中的正面和两侧都是炕的情况是一样的。另外不同的是,在鄂伦春人房屋的屋顶上,有不少依然是覆盖着桦树皮,屋内的家具,也仍有很多是桦树皮制成的。我想这些都是属于生活方式虽然改变,而在生活中却仍然是保留着很多原始的痕迹,而不愿加以抛弃的缘故吧。

从德兴德老人的一席谈话中,我了解到鄂伦春人生活方式的这种改变,并不是偶然的和突然的,而是经过由"仙人柱"到"土窑子"到房屋的演变过程的。这种演变过程虽然由于是自发的,因而也是缓慢的,但并不是停滞不前的。而且据我了解,这种演变过程,不仅是诺敏努图克一个地方如此,在鄂伦春人其他地区,也大致上都是这样,这仿佛是一个规律似的。只是由于各地具体条件不同,在改变的时间上并不是完全一致的。

我常常这样思索:为什么在整个社会发展极其缓慢的鄂伦春人中,在近十年来,生活方式也会有这样的改变呢?我会以此问题反复思考过,也实地作过考察,我发觉:鄂伦春人在长时期以来,虽然已经习惯于过着分散游动的生活,对于世世代代居住的"仙人柱"有着较深厚的感情,可是另一方面,他们对于"仙人柱"的过分简陋。也并不是感到满意的。只是由于除"仙人柱"而外不知道有其他,加上生活的日益贫困,也就把这当作命运里注定的事了。但在近几十年以来,他们由于和农业经济发生了日益增多的联系,和附近的汉人,达呼尔人有了日益密切的接触,他们看到了许多新的事物,看到汉人、达呼尔人居住的房屋和看场用的窝棚,感到这些比起"仙人柱"来,显然是要进步得多的,于是他们也就慢慢地模仿起来,由简单的"土窑子"到复杂的房屋。这完全是一种很自然发展过程,这也就是为什么这种生活方式的改变,首先发生在兴安岭的南部,发生在一部分与汉人,达呼尔人有了接触的鄂伦春人中的真正原因。

应该指出的,是鄂伦春人生活方式的改变,虽然早在几十年以前就已经在一部分鄂伦春人中开始了,但在历代反动统治阶级的统治压迫下,却并没有也不可能在全部鄂伦春人中得到普遍的推行。历代反动统治阶级对于鄂伦春人所关心的是如何的敲诈掠夺，至于帮助鄂伦春人的发展问题，那是和他们毫不相关的。而由于敲诈掠夺的结果，鄂伦春人的生活日益贫困化，当然他们自己也就没有力量去普遍进行这种生活方式的改变。这样一直到了解放，当时绝大多数的鄂伦春人还依然不得不过着一种分散游动的痛苦的生活。

真正使鄂伦春人的生活方式起了普遍的和根本上的改变的，那不是在过去，而是解放以后的事，最近几年内的事。解放后，党和人民政府对于鄂伦春人所遭受的生活上的痛苦，就给予了特殊的注意和关怀，并采取了一系列的具体措施，来改变这种不合理的状况。这些具体措施是：（一）通过许多具体事例，向鄂伦春人广泛深入地进行了宣传教育，以解除他们可能存在的某些顾虑，提高他们的认识水平，使他们真正认识到分散游动的生活对于鄂伦春人是不利的，历代反动统治阶级是不可能帮助鄂伦春人来解决这一问题的；使他们真正认识到只有改变这种生活方式，实行定居，才可以使鄂伦春人的生活得到根本的改变，使鄂伦春人人口兴旺，经济文化得到发展，逐步改变历史上所遗留下来的落后状态了。（二）分批组织参观团，进行实地教育。这是一种极生动的教育方法，比单纯地从道理上讲还更收效得多。在黑龙江省黑河地区，人民政府几乎每年都为鄂伦春人组织一次参观团，吸收各方面的人物，到沈阳、哈尔滨、旅大等城市进行参观；在鄂伦春自治旗，也会适当地选派过代表到北京等地观光。通过这种参观活动，鄂伦春人由于亲自看到了祖国工业化的远景和汉族人民在各方面的先进作用，从而在内心里出现了这样的要求："必须跟汉人老大哥一样定居下来，不然我们就得落后一辈子。"（三）在向鄂伦春人普遍进行宣传教育和实地教育之后，又召开了鄂伦春人各氏族或部落的领袖人物会议和人民代表会议，进行充分的酝酿协商，取得一致意见，并具体地商定了选择定居地点的四个条件：便于狩猎；水草丰美，具有发展农牧业的条件；交通比较方便；距离汉人村屯较近的地方。这就使定居工作真正成为鄂伦春人和其领袖人物的自觉自愿的工作。（四）在具体进行定居工作时，还认真贯彻了在自力更生的基础上，国家给予适当帮助的方针。这就是说，定居所需的资金，一部分来自于鄂伦春护林队员的工资，其余不足部分则由国家投资。其中仅黑龙江省黑河地区的投资，即达五万一千元。

经过上述一系列的具体措施，鄂伦春人中普遍要求定居的愿望是大大高涨了，定居的各项条件也已成熟了，乃自1953年春季开始，着手进行这一工作。到这一年的秋季，在黑龙江省黑河地区，分散在五十一处游动的鄂伦春人，就已全部离开了"仙人柱"，有领导有组织地搬到十个定居地点来集中居住了。这十个定居地点是：呼玛县的下渔亮子、十八站、白银那、新立屯，瑷珲县的新生村、哈尔通，逊克县的新鄂村、老西地营子、杜鲁滨，佛山县的鄂族村。这十个定居地点，建造的都是房屋。房屋的样式，根据各地具体条件的不同，大致分为两种。一种是房屋的墙壁是用原木垛起来的，房盖也是用木板铺成的，这大抵都是紧靠森林的地方。另一种是房屋的墙壁用木桦和泥堆砌而成的，房顶是用草铺成的，这大抵都是距离森林稍远的地方。这些房屋在修盖以前，都曾经有计划地划成街道和院套，并都计划有火炕、火炉子、砖烟筒、锅台、玻璃窗等设备，个别还有用白灰粉刷的。这种舒适的居住条件，和"仙人柱"以至"土窑子"比较起来，简直是不可同日而语。很显然，鄂伦春人在有了国家的帮助以后，生活方式的改变，已经不必再拘泥于往日那种由"仙人柱"到"土窑子"到房屋的演变规律了。

在鄂伦春自治旗，有领导地组织鄂伦春人实行定居，是自一九五四年的秋季开始，比黑龙江省黑河地区稍晚一些。现在在甘河流域的乌如布台和龙头、额尔何其等地，已经实行了定居，在其他河流，这一工作还正在大力进行中。预计再过两三年以后，还没有实行定居的一小部分鄂伦春人，也将全部定居起来，到那时候，整个鄂伦春人地区，就将再也看不到"仙人柱"的踪影，而"仙人柱"也将完全变成老人们的一种谈笑资料了。

在短短的几年中，鄂伦春人的生活方式就起了如此普遍的和根本上的改变，远远地超过了过去几百年的改变，这种改变不能不说是一种奇迹。许多搬进新居的鄂伦春人，都怀着极其欢乐的心情来谈论着这种奇迹。下面一首流传在新鄂村的民歌，就充分地表达了这种欢乐的心情：

> 毛主席他像那正午的太阳，
> 照在兴安岭高山顶上；
> 晒化了千年的古冰寒霜，
> 给鄂伦春带来了幸福和希望。
> 解放了的鄂伦春，
> 再不散居满山冈；
> 要去那最好的地方，
> 建筑起我们的村庄。
> 新村庄建筑在兴安岭上，
> 紧紧地靠在占河河旁，
> 前边靠河后边又靠山，
> 松树桦树长满山冈，
> 万里好风光。
> 新房子盖的是新样，
> 平整的街道长又长，
> 村中开办了合作社。
> 还有鄂伦春的小学堂。
> 我们搬进了自己的新村庄，
> 我们住上了自己盖的新房，
> 我们从此安下了家，
> 扎下了根，
> 我们还要上山去开荒。

……

确实，由于实行了定居，改善了居住的环境和卫生，鄂伦春人的房屋里才不再需要升起又冒烟又不暖的篝火，不再需要忍受严酷的寒冷，老人、妇女和儿童不再需要过着经常迁徙的生活，被病魔所纠缠，被死亡所威胁。定居已经给鄂伦春人带来了一种安定、舒适的生活。是由于实行了定居，才有可能在鄂伦春人定居的地点，兴办起了许多过去从来没有过的事业，办起了学校，办起了卫生所，办起了合作社，为鄂伦春人各方面的发展，提供了必要的条件，也为今后的发展，打下了基础。是由于实行了定居，和由于定居所带来的变化，鄂伦春人所从事的已不再是一种单纯的游猎经济，而是在定居地点，已经有了农业经济的萌芽，提供了组织起来经营多种经济的可能性，这预示着鄂伦春人将从长时期的一种不稳定的经济基础，由此逐步过渡到比较稳定比较可靠的经济基础上。

很明显，由于实行了定居，已给鄂伦春人带来了一种新生活。

但伴随着定居而来的，也出现了另一种新的值得注意的情况，这就是在一部分鄂伦春人由于劳动力不足而产生的雇佣关系。此种雇佣关系之所以产生，是由于在没有定居以前，每一家鄂伦春人在男的外出打猎时，家中的烧柴、吃水等问题，就全靠留在家中的妇女来解决，而这些问题在那时是比较容易的，差不多一跨出"仙人柱"就可以得到解决。而现在比较集中的在事先选择的地点定居下来，情况就不同了，烧柴、吃水等问题，往往要奔走一段路程才能得到解决，而且有的鄂伦春人家中，还耕种着小块的农田，开始饲养着马匹。这样，每当男的外出打猎，家中的这些事物光由留在家中的妇女来负担，就会感到忙不过来。在这种劳动力不足的情况下，鄂伦春人开始是临时找一些熟人来帮忙，以后也就慢慢地由帮忙而形成为雇佣关系。根据不精确的统计，现在在定居的鄂伦春人中，这种雇佣关系已达十余起之多。虽然这里面的剥削与被剥削的关系并不显著（一般被雇佣的人每月的工资有十五元以上，劳动并不繁重，饮食起居都和鄂伦春人一致，鄂伦春人对待他们也像家里的人一样），但如何避免资本主义因素在鄂伦春人中滋长，如何防止鄂伦春人的阶级分化，却已经是提到议事日程上来的一个急待解决的重大问题。

（摘自《内蒙古日报》1955年11月1日、8日、9日、11日）

奴隶社会调查提纲[1]

目录

一、经济
  （一）生产力
  （二）生产关系
二、阶级和阶级斗争
三、上层建筑
  （一）政治观点和政治制度
  （二）法权观点和法权制度
  （三）军事
  （四）道德
  （五）宗教
  （六）文学和艺术
  （七）哲学
四、家庭生活与习俗（或社会习惯）
五、自然科学与语言文字
附录　西康省大凉山彝族的社会经济制度调查报告

一、经济

奴隶制是历史上第一个剥削形式，也是一个最粗暴的剥削形式。

---

[1] 全国人民代表大会民族委员会发布。

奴隶占有制度的产生主要具备二个条件：

（一）生产力提高到一定的水平使得人们的劳动能够提供剩余生产物。

（二）要有私有财产的发展，造成人们之间财产上的不平等。

在原始公社末期，以上两个条件已经具备因而就产生了奴隶制。

奴隶制在最初的时候具有父权的家庭的性质，因而称为父权奴隶制。

父权奴隶制的特点是：

（1）奴隶的数目比较少。

（2）奴隶在生产中不起主要作用，奴隶只是主人的助手，在生产中起辅助作用。

（3）奴隶主不能仅仅依靠对奴隶的剥削过生活，奴隶主和他的家庭成员还需要参加劳动。

（4）奴隶主经营的目的是为了满足家庭的需求，几乎不进行交换。

（5）奴隶主对奴隶具有无限的权力。

在父权奴隶制的时候，奴隶制尚未成为整个社会占统治地位的生产关系。

父权奴隶制过渡到奴隶占有制度是生产力的进一步提高以及社会分工和交换进一步发展的结果。

原始社会末期，生产力得到了进一步的发展。人们发明了坚固而锐利的铁制生产工具如铁斧、铁犁等。人们有了铁斧就可以把林地开辟成为耕地。有了铁犁，就可以耕种比较大块的土地，同时农业的耕作方法和畜牧方法有所改进，并且产生了许多新的农业部门如种植亚麻、油料作物等部门。由此可见，铁制生产工具的使用就推动了农业的发展。

铁制的生产工具的使用和制造也促进手工业的出现和发展。手工业原来是农民和牧民的副业，现在农业和畜牧业发展起来了，农民和牧民需要愈来愈多的人手去耕种土地和照料牲畜，因而需要有一部分人专门从事手工业，结果产生了第二次社会大分工即手工业离开农业而分立。

社会分工的发展是生产力进一步提高的反映，同时社会分工又促进了生产力的发展。这时候，人们的劳动所提供的剩余生产物日益增多，在生产资料私有制已经出现的条件下，必然引起财产上的不平等现象的加深，富人愈富，穷人愈穷。富人扩大了对奴隶的使用，这时候，奴隶已经不再是主人的简单的助手了，大批的奴隶被强迫担负沉重的劳动。

社会分工的发展又引起商品生产的出现以及货币的产生，商品—货币关系发展起来了。

商品—货币关系的发展的重大意义在于它大大加速了父权奴隶制变为奴隶占有制度的过程。

首先商品—货币关系的发展就引起了第三次社会大分工，即商人分化出来。商人用不等价交换的方式剥削农民和手工业者，即低价收买农民和手工业者的产品，同时又把农民和手工业者所需的生产资料和生活资料按照高价出卖给他们，这就日益加深了财产上的不平等现象。商人依靠中间剥削而发财致富，农民和手工业者却日益走向贫困和破产。

商品—货币关系的发展又引起了高利贷的产生。正如上面指出，农民和手工业者日益走向贫困和破产。这些穷人不得不经常向富人借贷，忍受富人的剥削。如果债务人还不清债务，那么，就会失去土地，甚至还把债务人及其子女卖为奴隶来偿清债务。

以上就是奴隶占有制度的形成过程。

奴隶社会生产关系的基础是奴隶主完全占有生产资料和生产者——奴隶。奴隶主不仅残酷地剥削奴隶，而且可以买卖奴隶和屠杀奴隶。在父权奴隶制条件下，奴隶还被奴隶主当作家庭成员看待，但在奴隶占有制度下，奴隶被降低到生产工具的地位。反映奴隶主思想的罗马作家瓦龙把奴隶称为"会说话的工具。"

奴隶主用惨无人道的暴力强制奴隶劳动，从而实现对奴隶的剥削。

奴隶劳动所创造的全部产品完全被奴隶主所占有。为了使奴隶继续为奴隶主劳动，奴隶主才供给奴隶极少的生活资料。由此可见，奴隶主不仅占有奴隶创造的全部剩余生产物，而且往往占有相当大的一部分必要生产物。

保证奴隶的来源对于奴隶占有制度的存在和发展具有重大的意义。如果奴隶来源得不到保证，那么奴隶占有制度的存在和发展就成为不可能。在父权奴隶制条件下，奴隶的数目比较少。最初的奴隶是战争中的俘虏，随着奴隶制的发展以及财产上的不平等现象的加深，富人开始把本部落的穷人变为奴隶。在奴隶占有制度的全盛时期对奴隶的需求量很大，这是由于奴隶劳动被扩展到各个生产部门，从而引起对奴隶需求的增长。另方面由于对奴隶的残酷剥削，很快就摧残了奴隶的身体，因而需要经常补充奴隶。奴隶的主要来源是战争中的俘虏，抢劫来的居民，以及把破产的农民和手工业者变为奴隶等。在奴隶占有制度下，大奴隶主经济利用廉价的奴隶劳动以及在一定限度内利用简单协作的优越性，因而就提高了劳动生产率。农民和手工业者的劳动生产率比较低，又加上繁重的兵役负担和捐税，因而小生产者日益受到大奴隶主经济的排挤，大量小生产者破产变为奴隶或流氓无产者。大奴隶主经济和小生产者之间的矛盾日益加深。

奴隶占有制度的初期，生产关系是和当时的生产力性质相适合的，因而推动了生产力往前发展。在古代希腊，奴隶占有制度的初期是生产力发展比较迅速的时期。奴隶占有制度的中期，生产力仍然往前发展，但是发展速度已经逐渐缓慢下来。

奴隶占有制度的比较原始社会的进步性在于：

（1）农业进步了，生产工具以及耕作方法和畜牧方法都有了改进。

在古代罗马，奴隶劳动被广泛地用于农业。罗马的奴隶主占有广大的土地——奴隶主在那里集中了成百成千的奴隶进行劳动。这种大规模的生产就可能利用简单协作的优点。当时生产工具有了改进，使用了比较完善的铁制生产工具，如铁斧、铁犁等，这一切都促进了劳动生产率的提高。此外，由于奴隶劳动被广泛地用于农业，这就使在奴隶主的大领地上，可以建立起各种农业部门，例如，各种园艺作物，酿酒，各种畜牧业部门等。

（2）手工业大大发展了，手工业工具有了相当的改进。

奴隶劳动也被广泛地用于手工业。奴隶占有制度的初期，手工业得到了很大的发展。到了奴隶占有制度的全盛时期，手工业已经相当发达。根据古代罗马的材料，当时已经有各种各样专长的手工业者如织布匠、纺羊毛匠、木匠、铁匠等。当时还有大量的各种行业的手工作坊例如烤面包、制革、造纸等。在我国殷墟王宫遗迹的周围发现有石工、骨工和铜工的场所。在奴隶主的作坊中，奴隶的数量通常有二十人至三十人。手工作坊中的技术十分落后，主要是利用简陋的手工业工具。当时还有一些起着辅助作用的水车、水磨等。

（3）社会分工和交换的进一步发展。主要表现在：

1. 农业和手工业的社会分工的进一步发展

2. 城乡的分离

在当时城乡的分离是一种进步的现象，它促进了生产力的发展。

在奴隶占有制度下，城市剥削乡村是城乡对立的经济基础。城市的大土地所有者、商人和高利贷者无情地剥削乡村的农民，财富不断流入城市供剥削者享受，而乡村的人们却生活于饥饿贫困与愚昧中。

3. 体力劳动和脑力劳动的分离

在劳动生产率极低的情况下，体力劳动和脑力劳动的分离是科学和艺术发展的前提。奴隶担负了全部体力劳动，少数奴隶主和其他自由民从事科学和艺术的活动。

在奴隶占有制度下，体力劳动者受脑力劳动者的剥削，因而两者处于对立的关系。

以上说明，奴隶占有制度下，社会分工得到了进一步的发展。

奴隶社会的经济基本上是自然经济。在奴隶占有制度的初期，商品交换已有一些发展，在奴隶占有制度的全盛时期，在许多生产部门中，相当大的一部分劳动产品是为市场而生产。当时国内商业和海外贸易已经有了相当的发展，国内商业大部分集中在城市市场上，至于海外贸易方面，古代希腊输入大宗粮食、牲畜、毛皮等，输出手工业品、奢侈品、葡萄酒等。

（4）科学、文学和艺术的成就

当时自然科学已有相当发展，但是科学的成就几乎没有应用到生产上。某些技术发明只是应用在军事和建筑方面，例如力学方面的发明，广泛地被应用在军事方面。古代已经有了规模较大的建筑物及科学和艺术、文学作品，如埃及的金字塔，古代伟大的思想家柏拉图、亚里士多德的哲学著作及经济著作等。

可是尽管生产得到了发展，但在奴隶占有制度下，生产力的发展是有限度的，主要原因是：

（1）生产是靠生产率极低的奴隶劳动进行的

奴隶对于自己不自由的劳动非常痛恨，对自己的劳动成果毫不关心，同时奴隶也不满意自己被降低到生产工具的地位，奴隶往往破坏生产工具以表示自己和生产工具的区别，因而给奴隶使用的工具，只是一些不易破坏的和粗笨的工具。

（2）科学和技术的成就几乎完全没有应用到生产中，而是用于军事和建筑方面，因而科学和技术，对于促进生产的作用不大

依据以上的分析，可以把奴隶占有制度的基本经济规律简述如下：

在奴隶主完全占有生产资料和奴隶的基础上，用掠夺式地剥削奴隶的办法，用使农民和手工业者破产而变为奴隶的办法，用征服和奴役其他国家人民的办法，来生产剩余产品，以满足奴隶主的需要。

在奴隶占有制度的全盛时期，特别在奴隶占有制度的末期，随着商业和海外贸易的发展，奴隶主阶级的生活日益奢侈和豪华。为了满足这种奢侈豪华的生活，他们就加强对奴隶的剥削，加强对小生产者的掠夺，以及不断发动掠夺式的战争，这一切引起奴隶占有制度的矛盾尖锐化。

奴隶占有制度的矛盾尖锐化首先表现在奴隶主和奴隶阶级斗争的加强，奴隶制对奴隶的残酷剥削，使大批的奴隶很快就断送了生命。这就摧毁了这个社会的基本生产力——奴隶。奴隶反对残酷剥削的斗争日益采取武装起义的方式。

其次还表现在奴隶主和小生产者间矛盾的增长上。

农民和手工业者面对以廉价奴隶劳动为基础的大生产的竞争，另外兵役负担和捐税负担日益加重，商业资本和高利贷资本的更为残酷的剥削，这一切造成了农民和手工业者的纷纷破产。

农民的破产又影响奴隶主国家经济力量和军事力量的衰落，因为奴隶占有制社会军事力量的基础是社会自由小生产者——农民和手工业者群众，他们除服兵役外，还要负担进行战争所必需的主要赋税，于是战争由进攻改变为防御。这时候依靠战争取得奴隶就困难了，必然后果就是奴隶价格的昂贵以及大量剥削奴隶已不可能。这时候，利用奴隶劳动在经济上已经无利可图。这一切说明奴隶占有制度的关系已经不适合于生产力的性质。生产关系一定要适合生产力性质的规律就要求以新的生产关系代替奴隶占有制度的生产关系。

由于大奴隶主经济已经无利可图，奴隶主不得不被迫释放一部分奴隶。这些奴隶变为隶农，这是封建关系的萌芽。

虽然奴隶占有制度已经过时了，但是它不会自动走向灭亡。奴隶的起义，对于奴隶占有制度的灭亡起了决定性的作用，奴隶的起义和农民的起义往往交织在一起。

无论农民起义和奴隶起义都遭到失败，因为这些起义都带有自发的性质，没有明确的斗争纲领，奴隶和农民都不是新的生产方式的代表者。

罗马帝国的奴隶占有制度是在内部革命（奴隶和农民的起义）以及外部的打击（日耳曼人，高卢人，斯拉夫人等的进攻）下灭亡的，封建制度代替了奴隶占有制度。

问题

（1）生产力

一、生产工具

1. 冶炼设备

（1）冶铸设备：包括冶炉、鼓风器、冶铸用具及燃料等

（2）锻炼设备：包括炼炉、鼓风器、打炼用具、浸水设备及燃料等

这里还要注意矿料来源问题，如本地所产，须结合了解采矿情况及探矿的人（阶级地位）。如由外地运来，须了解其料质、运销量、运销者。如本地出产，外地也输入，须了解两种矿料的具体用途和比例。

2. 农业生产工具

（1）耕具：犁和锹等

注意铁质部分的形状、尺度、和柄的安装方法。如构造复杂，需注意整件工具的构造方法，组成部分（如犁，有的是铁尖木犁，有的是铁铧木犁，有的铁铧木犁还带翻土器。）并注意入土深浅。

（2）播种工具

    1）播种管；

    2）耧犁（形如犁，附有播种器，在犁地时，就附带播种。这种工具一般在封建社会才出现，但在发达的奴隶社会中，也能制造）。

（3）整地和中耕的工具：

    1）整地工具：用以碎土的如耙、打土器，平土的如排，凿沟和起垅的如锄；

    2）中耕工具：如耘锄（注意是铁口锄或是全铁刃锄）、耕锄（注意有无曳力）。

（4）收获工具：收割用的如镰刀、割穗刀，打禾用的如连枷、打谷箱、压禾砘、扇车、齿耙等。

（5）碎谷工具：如碾、磨、杵臼等，注意是用人力、畜力或水力。

（6）灌溉工具：如水车、戽斗等，注意种类和使用风力、水力、畜力、或人力。

3. 手工业生产工具

（1）一般工具：如斧、锤、刀、锛、剥削器、刮削器等。

（2）纺织工具：如纺织用具、织布机等。

（3）制革与成衣用具。

（4）榨油和制糖酿酒用具。

（5）建筑与交通运输工具：如车船，背架、驮架等。

4. 林牧渔猎工具

（1）伐林用具

（2）牧畜用具

（3）捕鱼用具

（4）打猎用具

（5）制陶用具

上列用具均须注意：

1. 构造、形状、尺寸、质料、种类
2. 产量，储有量和使用损坏量
3. 对生产上和生产技术上所起的作用
4. 工具的来源，本地制造或外地输入。注意二者各在工具总量中所占的比重，如果工具是本地制造，还应该注意是属于本族生产者所制造，或他族生产者在本地所制造，并注意二者各在本地制造的工具在总量中所占的比重。

二、生产技术：生产经验和劳动技能

奴隶社会由于金属工具的使用和推广，农业和畜牧技术都有了改进。产生了一些新的农业部门，如种植油料作物等。用施肥和人工灌溉来保证农业的收获。对牲畜有一定的保护方法，知道选择甚至培植牧草。织布业、金属加工、陶器制造和其他手工业逐渐完善起来，产生了作坊和简单的劳动协作。下面仍按生产类别，列举一些项目：

1. 冶金技术

包括冶金、银、铜、铁、锡、铅以及合金及琉璃、料子、金饰品等的制作技术（注意火力、风力的使用、冶铸的技术）

2. 农业技术：详细了解当地的各种农耕技术

1）耕作技术：

（1）刀耕火种

（2）交耕方田及漫播（先直耕后横耕，中间有未耕到的小方块）

（3）条耕漫播

（4）条耕条播

（5）先耕后播

（6）先播后耕

（7）刺土点播

（8）偶耕（两人合作，一耕一播）

2）耕耘技术：

（1）如何松土、培土、除草、整垄、通风

（2）曳犁用几头牛、如何驾驶

    (3) 掌犁的人数和技术
    (4) 播种前耕几次、如何耕法
    (5) 中耕次数
    (6) 梯田的开辟和耕种方法
3）如何使用土地
    (1) 轮耕：分定期的轮耕（如三年一轮或两年一轮）和不定期的轮耕两种
    (2) 轮植：轮种不同植物以养地力
4）灌溉
    (1) 用沟渠引水灌溉
    (2) 引河水、池水灌溉
    (3) 打井水灌溉
    (4) 田畦浇水
    (5) 畦沟浇水
    (6) 田埂放水
5）施肥
    (1) 以草木灰肥田（火种）
    (2) 以水蓐草为肥料
    (3) 用人粪畜粪肥田
    (4) 用禾草根肥田（即翻土肥田）
6）收割和脱粟碎粒技术
    (1) 收割技术
    (2) 脱粟技术：如用人畜踏，用工具打等
    (3) 脱粒和碎粒的技术：如磨面、碾米的技术

3. **畜牧和渔猎技术**
1）畜牧技术
    (1) 牧草的培植和选择
    (2) 牲畜的保护和繁殖
    (3) 奶、肉、皮、毛的取得和用途
    (4) 牧场的休养与保护，如何迁移牲畜，牲畜迁移与气候有无关系
2）渔猎技术：枪、矛、钩、纲、阱、箭等的用法

4. **手工业技术**
1）金工技术：作装饰品的金、银、铜、锡等的制造技术和其他成品的制造
2）铁、铜生产工具成品的制造技术
3）纺织技术
    (1) 棉、毛、麻纺成线的技术

　　　　（2）织布的技术
　　　　（3）成衣的技术
　4）染料的配制和染法
　5）皮革制造技术
　6）制陶技术
　　　　（1）素色陶：如瓦罐、砂锅
　　　　（2）彩色陶：上釉和釉料的配制
　7）木、竹和其他质料日用品制造的技术
　8）制糖、榨油、酿酒和制漆的技术
　9）建筑：如房屋、桥梁、砦、垒、栅、墓等
　10）舟车制造的技术：应注意车轴制造技术
技术与工具应密切结合叙述，尤应注意：
（1）产品的数量与质量
（2）有多少人，分工如何
（3）技术如何传授
（4）生产者对技术所起的作用
（5）生产经验和劳动技能方面所受到其他民族特别是汉族的影响

（2）生产关系

一、生产资料和奴隶的占有情况
1. 奴隶主占有生产资料的情况
奴隶主占有土地，牲畜，生产工具，作坊等的数量和质量
2. 奴隶主占有奴隶的情况
奴隶主占有奴隶的数量。在奴隶总量中，男女老幼的比例以及不同民族的比例。
3. 奴隶主占有生产资料和奴隶的变动情况，即增加或减少，注意其变动趋势

二、奴隶主和奴隶在生产中的统治和服从的地位和关系
1. 奴隶主亲自监督和强迫奴隶劳动
2. 奴隶主利用监工对奴隶劳动进行监督和强迫
3. 奴隶每日的劳动时间
4. 奴隶的劳动强度
5. 奴隶主采用哪些暴力的手段强迫奴隶劳动
　　1）肉刑、2）鞭笞、3）牢窨、4）锁链、5）其他

三、奴隶主和奴隶的分配关系
1. 奴隶所生产的产品数量（最高量、最低量、平均量）
2. 奴隶主和奴隶各在上述产量中所分配到的比重

3. 利用超经济强制的手段对奴隶掠夺的情况

为了了解奴隶占有制度的生产关系，应特别注意收集有关上述的资料，此外还应该收集有关下述问题的资料

四、奴隶来源及奴隶的买卖

1. 来源——注意哪些是主要来源，为什么？

（1）战俘

（2）抢夺

（3）买卖

（4）负债者

（5）犯罪者

（6）逃亡来的

（7）赠送和物品交换来的

（8）强征硬调

（9）奴生子

（10）赘子

（11）其他

2. 奴隶的买卖

（1）官市，私市或私人交易

（2）奴市所抽的税

（3）奴市上经常保持的奴隶数目，现在和过去的情况

（4）男女老幼和有技能的奴隶的价格

（5）奴商出租奴隶的价格

（6）奴隶的一般价格

五、商品生产和商品交换，以及奴隶占有制度形成时期

在原始社会末期，已经有了农业和畜牧业的分工，以后，手工业又从农业中分离出来，由于手工业离开农业，由于私有制的产生，因而产生了商品生产。

1. 在各个生产部门中，为了交换而生产的商品在总产量中各占有的比重

2. 商品的种类

3. 商品交换的场所

　　1）场权

　　2）交易额

　　3）场税和包税制度（包税人和包税权的情况）

　　4）场坊租金

　　5）物品交换的价格

　　6）奴隶市场

4. 价值形式的发展情况
   1）简单价值形式
   图式：一把斧＝两张兽皮 或
   　　　一只羊＝二袋谷物
   在这种价值形式下
   （1）直接的物物交换
   （2）交换带有偶然性
   （3）交换的量的比例关系是偶然的
   2）扩大价值形式

   图式：$\left.\begin{array}{l}\text{二把斧}\\\text{四把刀}\\\text{一只羊}\\\text{二张狐皮}\end{array}\right\}$ ＝一袋小麦

   在这种价值形式下
   （1）直接的物物品交换
   （2）交换已经比较经常
   （3）交换的量的比例关系，已经比较固定
   3）一般价值形式

   图式：$\left.\begin{array}{l}\text{二把斧}\\\text{四把刀}\\\text{一袋小麦}\\\text{二张狐皮}\end{array}\right\}$ ＝一只羊

   在这种价值形式下
   （1）间接的物物交换
   （2）出现了一般等价物，但一般等价物仍未固定在某种商品上
   4）货币价值形式

   图式：$\left.\begin{array}{l}\text{二把斧}\\\text{四把刀}\\\text{一袋小麦}\\\text{二张狐皮}\end{array}\right\}$ ＝一分黄金

   在这种价值形式下
   （1）物物交换已被商品和货币的交换所代替
   （2）一般等价物已经固定在贵金属身上，调查时注意哪一种价值形式是主要的，了解货币种类以及是否从外来的

六、借贷关系

1. 高利贷者的阶级地位
2. 高利贷的对象
3. 高利贷的利息率（最高的、最低的、一般的）
4. 是否存在被迫借高利贷的情况

七、城乡关系和脑力劳动与体力劳动的关系

1. 本族地区是否有自己的城市
2. 城市和乡村的统一和对立
3. 本族地区哪些人从事脑力劳动，在哪些方面进行
4. 脑力劳动者对体力劳动者进行剥削的情况

八、自给自足的大土地占有者和小生产者之间的矛盾——这是奴隶社会中重要的阶级矛盾之一

奴隶社会中期以后，这个矛盾日益尖锐。奴隶社会末期，它和奴隶与奴隶主间的矛盾交织在一起，扩大了反抗奴隶主的队伍，促进了奴隶占有制度的崩溃。

在调查时应注意以下几点：

1. 奴隶社会在生产上的矛盾主要是奴隶制大农业和小农经济的斗争
   （1）大地产制下的奴隶劳作是协作制还是分任制
   （2）奴隶主的大地产制和平民的小农制的对比，如田地、产量和劳动力等方面
   （3）二者的演变并追寻历史情况
2. 奴隶社会里，农民和平民手工业者等小生产者逐渐破产对军事和税收的影响
3. 大土地占有者和小生产者的斗争中，高利贷起着很大的作用。贫民因负债可成为债务奴隶，因盗窃、反抗可成为犯罪奴隶，也可因破产而变成流亡无产者
4. 土地的典当和买卖的情况，注意霸占和掠夺式赎买

二、阶级和阶级斗争

说明

奴隶制社会是人类史上第一个阶级社会，在奴隶制社会中，有两个基本阶级即奴隶主和奴隶，此外还有农民、手工业者、小工商业者、隶农等。

奴隶社会的基本阶级矛盾就是奴隶主和奴隶的矛盾，此外小生产者和奴隶主的矛盾，也是奴隶社会的重大的阶级矛盾。

在奴隶社会的各个阶段都充满了尖锐的阶级斗争，阶级斗争是奴隶社会发展的动力。

奴隶为了摆脱非人的牛马生活，为了摆脱受压迫受剥削的悲惨命运，因而，经常和奴隶主进行不调和的斗争。在奴隶社会的初期，奴隶反对奴隶主的阶级斗争的形式往往采取怠工、破坏生产工具等形式。外在奴隶占有制度的全盛时期，随着奴隶主对奴隶剥削的加深，

奴隶生活状况的更加恶化,就引起奴隶反对奴隶主阶级斗争的尖锐化,这时期的阶级斗争,往往采取武装起义、逃亡等形式。在奴隶占有制度的末期,奴隶反对奴隶主的阶级斗争,如古代罗马的奴隶占有制度国家,就是在内部革命——主要是奴隶起义,以及外来打击即在日耳曼人、高卢人、斯拉夫人的进攻下而趋于灭亡。

小生产者和奴隶主之间的阶级斗争,是小生产者面对奴隶主经济的竞争。还负担苛捐杂税以及繁重兵役负担,又加上商人和高利贷者的残酷剥削,使他们日益贫困和破产,因而,小生产者和奴隶主之间的矛盾日益尖锐化。小生产者和奴隶主之间的矛盾引起自由民的民主运动。这一运动的目的是要取消债务盘剥,重分土地,废除土地贵族阶级的特权,把政权交给平民(即人民)。

此外,小工商业者、隶农等和奴隶主的矛盾也极为深刻。奴隶主阶级内部也是充满重重的矛盾,但是奴隶主阶级内部,存在共同的利益即剥削被压迫阶级和镇压他们的反抗。

在罗马帝国的无数次奴隶起义中,斯巴达克所领导的起义(公元前74年—前71年)是特别大的一次。斯巴达克建立了一支十二万人的军队,这支军队给予罗马帝国以沉重的打击,可是这次起义失败了。

在古代罗马,小农反抗大奴隶主的斗争,最著名的是由格拉古弟兄(公元前2世纪)所领导的自由民的民主运动。格拉古弟兄提出一个法案,主张没收被大奴隶主占有的国有土地,重新加以分配,除了把一定数量的公地分配给贵族家族以外,其余的公地分成小块出租给小农。这个法案受到大地主占有者的反对,但是却获得了农民的拥护。格拉古弟兄所领导的自由民的民主运动给予罗马帝国以重大的打击,但是结果仍然被奴隶主阶级镇压下去。

随着奴隶起义运动的高涨,许多农民加入到奴隶起义的队伍中,奴隶起义和农民起义交织在一起。

无论奴隶起义和农民起义,都不可避免遭受失败,因为这些起义都具有自发的性质,没有明确的斗争纲领,奴隶的幻想是要恢复国家长制的氏族关系,农民的幻想是保护小生产,这些都不适合于新的生产力的要求,因而无法实现。新的生产力要求建立封建制度的生产关系。

尽管奴隶起义和农民起义都失败了,但是他们动摇了奴隶占有制度的基础,这些起义具有巨大的革命意义。

(一) 阶级

1. 奴隶主

  (1) 奴隶主的各种名称(名称的含义)
  (2) 奴隶主阶级内各阶层的名称,职务
  (3) 奴隶主的来历
  (4) 奴隶主内部的等级升降
  (5) 奴隶主阶级内各阶层之间的关系和矛盾

(6) 奴隶主各阶层的数目及其全人口的比例

2. 奴隶

所谓奴隶就是没有人身自由，可以被主人买卖甚至屠杀的会说话的生产工具，是主人财产的一部分。在家长奴隶制时代，奴隶还被当作家庭成员看待，可是在奴隶占有制生产方式的条件下，奴隶就不再当作人看待了。奴隶有不同的种类：例如一种是雅典与古罗马帝国时代的奴隶，另一种是斯巴达的黑劳士，可能还有其他种类。

1）雅典的奴隶——在古希腊时代的雅典，使用奴隶劳动不但作为劳动力，而且作为劳动工具，因此，亚里士多德称奴隶为有生命的工具，或称能说话的机器。从当时法律的观点来看，奴隶是绝对没有权利的，不仅没有任何政治权力，并且奴隶不是被当作人而是当动物来看待的。因之奴隶主可以随意为所欲为地处置他的奴隶。奴隶主的专横所受到的唯一限制，只是不得杀害奴隶而已，但这在古希腊并不是随时随地这样的。按照雅典的法律，主人是不能剥夺他的奴隶的生命的。由于法律上不承认奴隶是人，因此奴隶没有自己的本名，只有称呼。称呼奴隶往往用他的原籍的国土名字，或者因其生理上和心理上的特点，而给予一个称呼。奴隶没有家庭，但是可以与女奴同居。同居所生的孩子就视若畜群的繁殖。假如抗命、偷懒、无礼，或者企图逃走，奴隶便要受到极残酷的处罚：拷打、吊打、罚做苦工、黥面刺臂等。

2）斯巴达的黑劳士——黑劳士是希腊奴隶的一种，这种奴隶有下列几个特征：

（1）他们原来是聚居在一处的氏族，由于斯巴达的征服，全体降为奴隶。

（2）他们是不属于奴隶主个人，而属于奴隶主全体的国家奴隶。因为不属于个人，所以个别奴隶主不能自由处置他们（如杀、卖等），但在战争时他们就被勒令充当战卒与奴隶主的卫士。

（3）他们不是家内奴隶，而主要是生产奴隶。他们附着于个别奴隶主的土地上从事耕种，向奴隶主缴纳一定的土地生产物。

总的来说，黑劳士是奴隶主整个阶级的财产，他们的生杀大权掌握在整个奴隶主阶级的手中。埃弗尔司即奴隶主统治的一种机构，可以随时杀死他们，勒令他们充当战卒。他们虽然附着于土地，但并不占有生产工具，与农奴的地位不同。

1）奴隶的名称，（名称的意义和字源）

2）奴隶的阶层（按当地具体情况仔细分类）

3）奴隶总数及其与全人口的比例关系

4）奴隶阶级内部各阶层的人数及其在总人口中所占的比重

3. 庶民：原为公社成员，派代表参加议政，参加军队；可以为小奴隶主；有家传世系或谱录；有土地使用权或占有少量土地，占有生产工具的小生产者；向大奴隶主交纳贡税，出劳役；奴隶主不能买卖它们，它们可以分得份田使用（由于农村公社残余）。

有的庶民（荫庇户）投靠奴隶主受其保护，租佃奴隶主的土地或自己私有土地；负担劳役多，可能受奴隶主还通过各种超经济强制的手段加强对庶民的剥削。

4. 小工商业者：原为公社成员，后来专门经营工商业，略同自由民

5. 隶农

隶农是一个介乎自由民和奴隶之间（指在奴隶社会）的小生产者阶层，他们是中世纪农奴的前身。到了奴隶社会末期，奴隶占有制大生产在经济上已无利可图了，因为奴隶的劳动已经不能提供收入。于是奴隶主开始大批释放奴隶，奴隶主将大地产划成小块土地，再根据一定的条件交给已经获得自由的奴隶或者交给原来的自由民，但他们必须为主人缴纳一定数目的货币或相当大的一部分收获物，并服劳役。他们被束缚在小块土地上，主人可以把他们连同土地一起出卖。但必须指出：隶农基本上仍是奴隶，不如中世纪的农民，不过比奴隶稍许有一些自由罢了，例如，可以有一定限额的财产和生产工具，有一部分时间可以自由支配。

6. 流亡无产者：平民丧失了生产资料和生活资料，靠奴隶主的赈济，或作乞丐。他们不服兵役，不纳税，不从事生产，专靠社会救济生活。他们完全不同于以自己劳动养活社会的现代无产阶级。到封建社会后，他们被安置在土地上耕作生产，就以自己的劳动养活地主和个人家庭。

7. 客户：外来居民，可以占有奴隶。他们为大奴隶主允准或被邀来，没有庶民的那些义务，多为奴隶主的附庸。他们可以随时离境。包括：

（1）侨居户：不生产的奴隶主

（2）客商

（3）被雇佣的外来工匠

（4）被雇佣的教学先生

上述各阶级的区分也就决定了等级的区分，即他们在国家中的特殊法律地位，他们社会地位高下的次序大致是：

奴隶主

自由民、庶民、小工商业者、隶农

流亡无产者

奴隶

客户则处于一种特殊地位

调查时应注意上述各阶级详细的人口数字，具体工作和权利义务的差别，以及改变阶级或不改变阶级的原因，并应特别注意到目前阶级分化的情况。

（二）阶级斗争

1. 阶级斗争在哪些方面进行

1）在经济方面如何进行阶级斗争，通过哪些途径或采取什么形式，如怠工，破坏工具等

2）在政治方面如何进行阶级斗争，采取了什么形式，如起义、暴动等

3）在思想方面如何进行，采取了什么形式
4）上述三方面的阶级斗争的相互联系
2. 解放前，解放后，和民主改革前阶级斗争发展的形势

三、上层建筑

上层建筑有下面的特征：

（一）每一个基础（基础是社会发展在每一阶段上的社会经济制度，即生产关系）都有适合于它的上层建筑。奴隶制度的基础有它自己的上层建筑，即自己的政治、法权等的观点，以及适合于这些观点的制度。

（二）基础之所以创立上层建筑，就是为了使它替自己服务，即帮助自己的基础形成和巩固，并且采取一切办法帮助新制度来摧毁和消灭旧基础与旧阶级。因此，阶级社会里的上层建筑是具有阶级性的。每一阶级都有它自己的政治的、法律的、道德的、艺术的、哲学的和其他的观点，但是在阶级社会里，占统治地位总是那些在物质生产领域中占统治地位阶级的观点。在奴隶社会里，占统治地位的奴隶主阶级的政治、法律、道德、艺术、哲学和其他的观点，他们并且按照代表自己阶级利益的观点来建立国家制度、法律制度和其他制度，以保卫他们的利益和镇压敌对的阶级。如在古代希腊，奴隶不是人（中国殷代则称为畜民），而是主人的财产，奴隶生存的目的就是为了供给奴隶主以生活资料。奴隶是没有任何政治权利的，而奴隶主则享有无限的权力。奴隶社会的法律是保护富人、贵族、奴隶主和土地占有者的产权和个人权力的，如巴比伦汉谟拉比法典规定凡留藏在逃奴隶者处死，无力偿还债务或缴纳地租的农民，必须将妻子或儿女交给债主或土地占有者做奴隶。宗教也反映了统治阶级的观点，并且是为他们的阶级利益服务的。奴隶社会的国家完全是镇压奴隶及其他被剥削人民的暴力机关。

（三）上层建筑既是社会发展某一阶段上的社会经济制度的上层建筑物，因此它的生是不长久的。例如在罗马帝国，当奴隶制的基础发生变化和被消灭时，它的上层建筑也就随着变化和消灭。

（四）上层建筑既是基础的产物，因此它跟产业并没有什么联系，它是通过基础的中介来与生产发生联系的。例如在罗马帝国的末期，出现了土地大量集中的现象和隶农，这就是说，封建主义生产的两个主要前提已经具备了，但是直到罗马帝国灭亡为止，上层建筑却依然是奴隶制的上层建筑，只有当封建主义生产关系已经完全确立并且占统治地位时，封建主义的上层建筑方才出现。因此，上层建筑不是直接立刻反映生产力发展水平的改变，而是在基础改变后，通过生产改变在基础的各种改变上的折光来反映的。有时生产改变了，但是上层建筑还没有改变。

我们还必须注意，上层建筑有它自己的特殊发展规律，虽然它是由经济基础产生的，但是它具有某种程度的继承性，例如，剥削制度更替了，但是人压迫人的国家机器仍然保留

着，同时在奴隶制国家中，后期的奴隶国家机器要比早期奴隶制国家机器完善得多。不仅如此，往往上层建筑的性质改变了，但是它还保留着旧的躯壳，如在奴隶社会中，国家往往保存着氏族组织的形式，共和时代的罗马帝国，我国四川大凉山，仍然保留着许多氏族组织的形式。

在一种经济制度向另一种经济制度过渡、消灭旧的上层建筑与建立新的上层建筑时，旧的上层建筑的个别要素并不立即消失，而可能在一个相当长的时间内作为旧基础的残余和遗迹在新社会中存在着。另外，还有新的上层建筑的萌芽。在历史上，从来没有过一个纯粹的社会形态，而在社会中往往是三种同时并存：（1）社会中占统治地位的经济制度产生的观点和制度；（2）旧的经济制度遗留下来的观点和制度；（3）发生于旧制度内部的新的经济关系所产生的观点和制度。在奴隶社会里，不仅有奴隶制度的上层建筑，而且还有原始公社时代的残余和封建主义的萌芽。因此，我们必须把这三种上层建筑区别开来，不要把社会中一切政治、法律、宗教、艺术、哲学等的观点以及它相适合的政治法律制度都看作是那个社会中占统治地位的经济基础的上层建筑。

前面讲过，在每一个社会中，不仅有统治阶级的观点，而且有被统治阶级的观点。在奴隶社会中，奴隶及其他被压迫的人民，针对当时的情况，提出反对奴隶制度的口号，特别是到了奴隶社会的末期（如在罗马帝国），人们发出了谴责奴隶制、宣布人类平等的呼声。

调查时应注意：

(1) 不同阶级的不同观点（如政治法权的观点等）

(2) 上层建筑对奴隶社会经济基础的作用

(3) 其他民族的影响，如在政治观点、政治制度等方面受到其他民族的影响

（一）政治观点和政治制度

1. 各个阶级对政治的观点（对政治的认识，赞美与反对及讽刺、理想的政治如何）
2. 有无统一的政治组织——国家的形式
3. 各级政府的组织和各部门的职务（名称及意义）
4. 各户官吏的财产与职务的承袭条件
5. 执行政权的情况和效能

（二）法权观点和法权制度

1. 对法权的观点
2. 法权和刑罚（成文的法律与习惯法、刑罚种类）
3. 审判和执行机构
4. 法律对不同阶级的不同待遇

（三）军事

1. 有无专门的军事组织
2. 参加军队的成员是些什么人
3. 武器的来源制造及其修理
4. 发生战争的原因
5. 战争时期的动员情况、战役的规模、战略与战术、奖惩办法
6. 战前的准备工作
7. 战争的结局与抚恤办法
8. 战争的主要负担落在哪个阶级身上

（四）道德

1. 个人道德（个人与个人之见）朋友，师徒，少长
2. 家庭道德

父母与子女之间、夫妇间、姑媳间、翁媳间、兄弟姊妹间、叔嫂伯婶间、嫡庶间、男子地位、女子地位

3. 宗教道德

对族的义务与权利、大宗小宗的地位、贵族和平民的宗族道德的区别、宗法与法律的关系、宗法与婚配的关系

4. 社会道德

公认的善恶、荣辱和正邪（对社会）

公认的忠奸（对民族）

（五）宗教

宗教是一种意识形态，它是现实在人们意识中的荒谬的、虚幻的、歪曲的反映。在奴隶社会里，宗教成为统治阶级统治人民的工具。另一方面要注意奴隶起义时是否也利用宗教的旗帜。因而要注意宗教和政治的关系。

一、宗教信仰

1）不同的宗教信仰及其内容
2）各种宗教的相互关系
3）不同阶级对宗教的信仰情况、何种宗教的影响较普通和深刻

二、宗教制度

1. 机构

1) 祭所（或寺庙）
2) 祭器
3) 经咒
4) 仪式

2. 组织

1) 教士（巫士）
2) 教徒（巫徒）
3) 人数和职务
4) 附设科目
5) 经济来源
6) 传授
7) 与初步科学工作的关系（如医药等）
8) 宗教领导者的地位和力量
9) 宗教与政治的关系（如宗教领袖兼政治领袖）

（六）文学和艺术

注意文学和艺术所反映的阶级要求以及文学和艺术作品的内容是否具有人民性，文学艺术中的民族形式

一、绘画

1. 静物、动植物写生
2. 神怪幻想画
3. 山川自然、风景画
4. 人物肖像
5. 游猎图
6. 农作图
7. 战争图
8. 素描画
9. 彩绘画

10. 油彩画（或漆彩，在建筑上或器物上）
11. 图案画
12. 画法
    1）构图方式
    2）阴阳明暗法
    3）远近大小法
    4）线条分勾法
    5）墨色深浅法
13. 画具
    1）颜料（类别和质：矿质，植物质和其他）
    2）用具（笔盘等结构）
14. 绘画的用途（使用地方，如在用具上、墙壁上、衣服上、门窗上、经典上等）
15. 绘画者
    1）副业或专业
    2）身份
    3）一个画家小传
    4）外来画匠
16. 今古画家和作品

二、雕塑

1. 雕刻

1）全雕、透雕和浮雕
2）金、石、牙、骨、竹木雕
3）雕刻的题材（对象）
4）雕刻的用途
5）雕刻的方法和用具
6）雕刻者（副业或专业、身份，或外来等）
7）雕刻者小传
8）古今雕刻家及其作品

2. 塑造

1）种类
2）塑造体材（即对象）
3）方法和用具

4）用途

5）塑造家

6）古今塑造家与成品

三、铸造、烧制和其他

1. 铸造工艺（详细项目同上）

2. 烧制工艺（同上）

3. 蜡染

4. 刺绣

5. 其他手工艺

四、音乐

1. 乐律（五音、七音，或九音等律）

2. 单音或复合音（单声乐或合声乐）

3. 单奏或合奏（指乐具，同一种乐具虽多，仍为单奏，合奏指不同种乐具合奏而言）

4. 复奏（不同乐具的前后、交叉、复合演奏，但不是交响乐）

5. 乐具

6. 音乐家（身份、职业和小传）

7. 传授

8. 古今音乐家与作品

五、歌唱

1. 单唱（种类）

2. 单调合唱

3. 复调合唱

4. 歌唱家（身份、职业、一个小传）

5. 古今歌手及传授

6. 用途

六、舞蹈

1. 种类（和那种活动——生产，宗教仪式等相结合的）

2. 内容和题材

3. 与音乐、歌唱的结合

4. 舞蹈家（身份职业和一小传）

5. 与阶级的关系

6. 古今著名舞蹈家与创作

七、百戏

1. 雏形戏剧
2. 各种游戏
3. 竞技
4. 其他技艺

八、文学

1. 民间口头文学
    1）诗词
    2）歌谣
    3）谚语
    4）传说故事
    5）史诗
    6）笑话
    7）其他（如神话，寓言）

（七）哲学

哲学的根本问题是关于意识思维对存在，精神对自然界的关系的问题，在阶级社会里它可以表明阶级的世界观。

1. 各个阶级的世界观
2. 有无自发的辩证观点
3. 哲学和宗教的关系
4. 哲学和科学的关系
5. 在宗教经典中的哲学思想
6. 哲学家辩论家的情况，派别斗争

四、家庭生活与习俗（或社会习惯)

（一）物质生活

1. 饮食
2. 居住
3. 衣着

4. 其他

（二）交际礼仪

1. 相见与辞别
2. 宴会与馈赠
3. 结盟与背盟
4. 称名与谦词
5. 共行与客居
6. 喜庆与慰问
7. 其他

（三）婚姻

1. 制度

1）族外婚制或其他
（2）多妻与多夫
（3）转房
（4）寡妇再嫁
（5）妻与妾姓名称谓（妻和妾有无姓名、妾若系掠夺来，则无姓名）
（6）媵嫁（一个女子及其同辈姊妹、甚至上辈姑母，全嫁于一人）
（7）落夫家或不落夫家
（8）其他

2. 礼仪

1）婚前礼俗
2）婚时仪式
3）婚后礼俗
4）离婚礼俗
5）其他

（四）家庭

1. 组织

1）大家庭（多辈）或小家庭（三辈以内）
2）家长权力（父子或其他）

3）居住情况
4）其他

2. 礼节

1）长幼及辈分
2）男女
3）饮食
4）劳作
5）其他

（五）丧葬

1. 种类
2. 礼俗
3. 其他

（六）节庆

1. 节令
2. 庆祝仪式
3. 庆祝赛会
4. 非节令集会与赛会（如族社等）
5. 其他

（七）教养（教育及养育）制度与习惯

（八）凡上情况，应考察原始公社残余的影响、阶级及经济条件

（九）其他

五、自然科学与语言文学

（一）自然科学

科学是一种社会意识的特殊形态，是关于周围世界，关于自然界和社会的发展规律的知识体系，这些知识的可靠性、真理性和客观性乃是在不断的由实践加以检验和证实的。

一、天文和气象

1. 日月星辰的知识
2. 天体运行
3. 天气现象和气象变化的解释（如日蚀、月蚀、风、雨、电、霜、雹、霞等等）
4. 方位和方向的辨认
5. 观象师与传授
6. 与宗教的关系

二、时令和历法

1. 时令、季节
2. 历法的推算
3. 与农牧的关系
4. 与行动、举动、战争的关系
5. 历算家与传授

三、地文和土壤

1. 地理现象
2. 山川泉海矿的认识
3. 改造土壤的知识
4. 沟渠池井的水利知识
5. 堪舆与迷信

四、动植物

1. 分类
2. 利用
3. 消灭与培养

五、医药卫生

1. 医
2. 药
3. 防病方法
4. 医生
5. 古今名医验方和良药

六、初步理学和化学（如滑车、炼丹、烧石灰等）

七、数学

1. 算术（加、减、乘、除的单式和复式）
2. 算学（比例、开方、初步几何、测量等）
3. 筹算与珠算
4. 进位法
5. 其他

八、其他（凡在生产力内列入者，不再详举）

（二）语言和文字问题

下列只是应注意的主要问题。

一、语言是生活现象，它是交际交流思想、互相了解的工具，如果没有全社会都懂得的语言，没有社会成员共同的语言，社会便会停止生产，便会崩溃，便会无法继续生存。所以语言又是社会斗争和发展的工具，它既不属于上层建筑，又不属于基础，和生产力的生产工具性质又不相同，它只是社会现象之一。

二、在一个氏族，部落，部族以及民族的共同体中，各有共同的语言，在许多部落形成部族，许多部落、部族形成民族的各过程中，也可能有不同语言暂时存在，但这些不同的语言，在部族或民族形成后，将为此中的主导语言所吸取，在服从主导语言词汇构造规律，音韵规律与语法规律，丰富了共同语之下，将逐渐消灭或衰微。

三、共同语言可以在一定条件下分化为许多独立语言，共同语言可以有许多地方方言、方言的词汇和语法、均可以有一定程度相应规律的出入，甚至于难以交谈，在部族时期，表现更为突出。

四、一般地来说，出现了阶级，也就出现了文字。（在中国少数民族中这个问题比较复杂,因为有许多已出现了阶级而还没有文字的。) 文字是语言达意的记录、符号;可以自发,也可以借用;可以有图画文字,会意符号,以至于表音符号或字母,在奴隶社会中,都会存在过,但多为上层人士所使用。

附录　西康省大凉山彝族的社会经济制度调查报告

张向千

一、序言

自中华人民共和国成立以后，我国各民族进入了一个新的历史时期。党在民族问题方面的任务和基本国策是：巩固祖国的统一和保障各民族在一切权利方面的平等；实行民族区域自治；逐渐发展各民族的政治、经济和文化，帮助落后的民族提高到先进民族的行列共同过渡到社会主义社会。

四年以来，由于正确的执行了上述任务与基本国策，民族工作获得了巨大的成就，我们的祖国已经成为一个各民族友爱团结的大家庭。但在各地区执行民族政策中仍然发生了不少缺点，其中比较普遍存在的是急躁冒进和机械搬用汉区经验的现象。造成这一缺点的原因是在工作中没有充分地估计到各少数民族的社会特点。

我国各少数民族的情况是极端复杂的，不但各民族间甚至同一民族的不同地区在政治、经济和文化情况上也有所差异。中华人民共和国民族区域自治实施纲要第三十一条曾明确指出说："上级人民政府应该足够地估计各民族自治区当前发展阶段的特点和具体情况，使自己的指示、命令既符合于中国人民政治协商共同纲领的总道路，又适合此种特点和具体情况。"为此，必须对各少数民族的社会情况进行系统的周密的社会调查研究，以便针对其当前发展阶段的特点进行工作。不是基于周密社会调查所决定的政策必然带有很大的盲目性，结果会使工作陷于被动。这就是毛主席一再教导我们说没有调查就没有发言权的道理。

二、彝族的社会经济基础与阶级结构

彝族是我国西南区最大的少数民族之一。约有三百万人口分布于四川、西康、云南、贵州等省。其中以西康省大凉山为其中心聚居区。

大凉山在习惯上是指西康省东南部与四川交界的一个横断山脉，这个山脉北起大渡河南至金沙江，山岭与河流相间，地势起伏很大，海拔在一千五百至四千公尺左右。由于常年河川冲击的结果，在大凉山中也有一些很小的盆地——俗称坝子。

在大凉山聚居的彝族约有六七十万人，尚保持着比较落后而复杂的社会经济制度。

大凉山彝族社会是以农业为主、畜牧业为副的农业经济社会。在农业方面由于耕作技术及生产工具的落后，土地的贫瘠，农作物一般每年仅能种植一次，且大部分耕地需要实行间歇耕作，故农作物收获量极低。

农业生产工具从形式上看与汉区所用者相似，但因为彝族不知冶金术，铁的来源全靠汉区，同时历代反动统治者对彝区的经济封锁以及汉商任意提高铁价，使彝族铁的来源陷于极端的贫乏，因而工具尺寸小、质量差，如犁的铧口长仅六寸，入土十六公分，较汉区入土二十四公分的铁犁差了三分之一。加之大部分生产工具掌握在统治阶级手中，故生产的发展受到很大的阻碍。

从农业主生产技术上来看，彝区虽已知用畜力犁田，但耕作尚极粗放，如下种采取撒播，一般不施肥料，对虫害及旱涝均无法克服等。

在畜牧业方面由于营养不良，牲畜繁殖率很小，加之每年因治病大量屠杀牲畜，因而牲畜尚需自汉区输入。

彝族手工业尚没有从农业中分离出来，手工业者主要靠农业收入为生，从事手工技术只是副业性质。

根据调查，大凉山手工业稍具专业性的有铁器、银器、木器和石器的制造。此外尚有家庭纺织等。

大凉山虽然有着丰富的矿藏，但因彝族尚未掌握冶金技术，除个别有利用自然铜者外，一般没有加以采掘。金属工具的原料如铁、银等完全依赖汉区输入。因此，彝族铁匠，仅能使用熟铁制造简单农具，如犁头、锄、镰刀等。铁匠的数目很少，个别的散居各地，他们每年主要时间是进行田野耕作，仅在农闲区应雇主之请打造工具。工具的原料系雇主自备，以实物（谷物和酒肉）作为酬劳。所以这种生产属于加工的性质，而不是商品性的生产。

木匠可以制作木碗、木勺、木柜等。由于彝族不知制陶术，因而木器应用甚广，但木器生产亦多系预约定制，很少以成品出售者。

纺织为家庭妇女的操作。因大凉山不产棉花，故仅有羊毛和麻的纺织，纺毛（麻）是用木制小纺锤以手搓捻成线，再以极原始之纺机纺成毛（麻）布制成衣服。制成一件毛布衣服从剪毛、捻线、织布到裁缝，共需一个妇女的三个月的全部劳动时间，由此可见其生产力之落后了。

在贸易方面由于手工业的不发展，交换限于个别家族间以传讯方式寻求买主和卖主，买卖物有土地（限于本氏族和本民族间，近几十年来这种限制已受到破坏）牲畜、枪械、奴隶等。尚未出现脱离农牧业的商人，没有市场和城市。用于支付商品价值的是一般等价物，金属货币——银锭在彝区虽然很多，但却主要用作财产的贮藏工具。通常银子虽也作为衡量商品价值的标准，但实际上却往往折合成实物来支付。

根据彝族不知冶金术这一点，我们可以肯定彝区的银锭是由汉区流入的（反动统治时代，汉商以银锭换取彝区鸦片）。正因为金属货币不是从彝族经济发展的客观要求上产生的，所以它也就得不到充分发挥其职能的场所。

关于彝族商品生产、交换不发展的原因，在没有正确的历史资料以前，我们仅能作如下的推测：

（1）彝族社会发展本身的限制：从上述农、牧及手工业生产的情况及其生产的目的主要是满足家族消费，手工业的产品也没有获得商品的意义来看，目前彝族经济仍然滞留在小规模生产的家长经济。

（2）彝族内部冤家的对立，掠夺战争的频繁，严重阻碍了民族内部的经济交流，交换被限制在极小的地域范围内。

（3）汉区商品的输入：在地理上大凉山是处于汉族的包围圈内，汉族的先进经济所提供的廉价商品的输入就必然障碍了彝族社会商品生产的发展。反转过来，正是由于彝族生产的落后，使彝区没有更多的经济力量容纳汉区商品，因而也就缩小了彝汉之间的商品交换范围。

根据上述情况，我们可以看出彝族社会的经济特点：第一，农业与畜牧业已获得发展，手工业和农业尚未分工，交换仅是个别现象，城市、市场和商人都没有出现，不懂得制陶和冶金术，脑力劳动亦未发展。第二，与上述情形同时存在的是铁器如铁犁、镰刀等已得到广泛的使用，畜力亦被应用到农业生产上，犁地等技术已被掌握，广大面积的田野耕作占据了生产的主要地位。第三，生产活动主要是供给家族的消费。因此，彝族经济是一种没有超出家长制经济范围的一种自然经济。

与上述经济情况及外来各方面影响相适应的彝族社会生产关系是错综复杂的，不是某一种生产关系的占统治地位而是几种生产关系的综合。

彝族社会除去对荒地、森林和牧地尚保持着公共所有制，即氏族的公共制外，其他如耕地、牲畜、农具等均已确立了家族的私有制。

在这种生产工具和生产资料私有制的基础上建立了两种基本的剥削方式：生产资料与生产工具的所有者，一方面迫切买到的并且可以任意屠杀的奴隶进行劳动并全部占有他的劳动生产物；另一方面出租土地，以赋役和实物地租的形式占有土地承租者的全部剩余劳动。这就是彝族社会生产关系的简单情况。为了进一步弄清楚彝族社会的生产关系，我们现在来看一下彝族社会的阶级结构。

从形式上来看，彝族可分为黑彝和白彝两大阶级，如果从他们对生产资料的占有与分配关系及其在生产中的地位来观察，则黑彝特别是白彝有着显著的阶级分化。一般可分为黑彝、锅庄、安家、曲诺等几个阶级与阶层，兹分述如下：

黑彝——黑彝为大凉山彝族社会中的"天生"贵族，占有大部分耕地、牲畜好和生产工具并占有可以买卖、屠杀的锅庄和不同程度地占有安家与曲诺。黑彝本身不参加任何劳动（包括脑力劳动），而靠剥削锅庄的全部剩余劳动物，收地租、放高利贷为生活。他们轻视劳动，认为劳动是可耻的下贱工作，正如恩格斯所说的额那样："用自己的劳动来取得生活资料，被认为是只该由奴隶去做的事，这种行为甚至比抢劫还更可耻些。"（《家族私有财产及国家的起源》）黑彝所关心的除去管辖自己的白彝外，还有骑马、打枪，特别是关心进行掠夺性的战争。黑彝男子以善于骑马或勇于作战来博取英雄称号。日常监视白彝劳动多由黑彝妇女担任。

根据黑彝对生产资料的占有情况及其在生产中所占的地位来看，他们具有奴隶主与封建主的双重属性。

锅庄——彝语称"呷示呷卢"意即围着锅转的人,从这一语的含义里说明了他最初的工作范围。

锅庄均为未婚的男子或女子,他们与主人同居一室并被迫进行劳动,劳动的产品完全归主人所有,主人对其有生杀予夺之权并且可以随时将其出售。

锅庄的工作包括田野劳动及煮饭砍柴等家务劳动,但他们所得到的待遇是极其菲薄的,主人对事物进行着严格的管理,往往用不准吃饭或不给吃饱的办法对待怠工的锅庄。锅庄逃亡如被捉回则被主人施以毒打,但一般不将锅庄打死,因为锅庄是主人的重要财产之一。

锅庄可以随时买卖,其价格因年龄大小、体力强弱和性别而有所不同。青壮年锅庄可卖到五十两银子;容易管束的女锅庄或幼儿可卖到一百两银子;有手工技术的锅庄则可售至二三百两银子;年老的锅庄仅值二十两银子,因此一个锅庄的价格恰恰等于一匹马或一头的价格。

锅庄娃子的来源有四。最主要的来源是俘虏大凉山外围的汉人卖为锅庄,在解放前因彝族内部存在奴隶制度和为了报复国民党反动派的欺压,常常以武装俘虏汉人出售,据估计被卖入大凉山的汉人有数万之多。解放后由于民族政策的正确推行,这种情况基本上消除了。

汉族锅庄在彝族中的地位最为卑贱,因此解放前"汉人"这一词在大凉山中又会被当作"最下贱的人"或"娃子"(即奴隶)来解释。

锅庄娃子的第二个来源是民族内部掠夺战争——打冤家——中的俘虏,但仅仅限于白彝俘虏才被卖为锅庄,而黑彝俘虏则被优待并不出卖,由其亲族赎回以维系整个黑彝阶级的高贵地位。

锅庄的第三个来源,也是比较重要的一个来源是锅庄被允许所生的子女。

最后一个来源是因债务关系被降为锅庄的曲诺或安家。

根据上述情况,锅庄可以说是一种典型的奴隶,但这种奴隶的性质尚属于奴隶的最初形态,即这种奴隶是家庭的,或者说是东方式的奴隶,因为其特征是他的劳动剩余产品主要是供给主人家庭的消费,而投入市场则只是偶然的事情。虽然彝族社会对锅庄的剥削已经发生在私有的土地上,但这并不改变其为家庭奴隶这一特征。

安家——为了补救锅庄来源的不足以及提高锅庄的劳动兴趣,男女锅庄可以在主人的允许后结婚,结婚后的锅庄即上升为安家。"安家"一语的意思是"在主人居室旁边的小屋"。安家不能随便迁徙而必须在主人住室的一旁另筑小屋居住,以备主人的随时召唤。

主人租予一小块土地(如果主人没有多余的土地则被允许租种其他黑彝的土地),这样安家就与主人(或租予土地的黑彝)成立了租佃关系并以土地收获物的一半缴纳地租。此外,主人并给予几只牲畜喂养,但这些牲畜仍为主人的财产,唯所生的小畜由双方均分。因此,安家已经开始获得财产权,但其人身仍受主人的支配,随时听主人召唤去承担无偿的劳役,其所生的子女一般说仍然是主人的锅庄。安家较锅庄已在生活中取得了某些自由,并能从劳动中取得一点利益,虽然就其阶级地位来看仍没有脱离奴隶的范围,但他已经开始向农奴的方向迈进了。

锅庄和安家都没有自己的姓，仅有主人授予的名字。

曲诺——曲诺（白彝）中的大部分是本民族经过阶级分化演变而来，彝族中有一句很流行的传说说"乌哥子迷，你葛尔吉"，意思就是说哥哥当了官，弟弟当了百姓。此外，彝族曲诺和黑彝按家谱追溯上去，至三十余代前就追成一个祖先，从这里我们可以推想到曲诺是由破产的自由民演变而来；另外一小部分是由安家经赎身后成为曲诺的，这种曲诺追溯其祖先多半是被俘入大凉山的汉人。本民族的曲诺社会地位较高，他们绝不与由被俘汉人演变来的曲诺通婚。

曲诺的人身是较为自由的，对自己的财产具有完全的所有权，对其子女亦具有亲权，但他仍然必须依附原来的主人以求得保护，否则任何人均可将其掳去卖为奴隶。曲诺对主人承担一定的义务，如每年向主人缴纳半个猪头和二斤酒，承担赔命金，应征兵役以及每年三至五天的无偿劳役等。

富裕的曲诺可以占有土地和锅庄甚至安家，但一般是没有土地。他可以与任何人订立土地租佃关系，如果土地出租者并非其主人时，则他们之间仅是一种纯粹的租佃关系并不因此承担其他附加义务。

曲诺又可根据经济情况的好坏分为也木、也触、也撒。也木通常占有小块土地和少数的锅庄以及富裕的农具与牲畜。也触没有土地和锅庄，有够用的农具与牲畜。也撒既无土地和锅庄又缺少耕具与牲畜，生活困难。但也撒在曲诺中却占着显著的多数。

曲诺被划分为也木、也触、也撒主要是便于主人征收摊派，遇有赔偿命金或其他的场合即按五、三、一的比例征收财务。

由于曲诺对于自己的子女具有完全的亲权，因此经过长年延续之后也可形成自己的家族，并可产生自己的领袖，但这些领袖往往成为黑彝主人进行统治的助手。

曲诺一般没有迁徙的自由，但为了逃避主人的残酷剥削或主人无力保护其生命财产的安全时，他可以背叛主人另投其他新主人，并为新主人承担一切义务。这种人被称为"名投娃子"。

即使曲诺的财富超过黑彝也不能因此改变其社会地位，黑彝与白彝间有着严格界线。

曲诺的地位可以说是世袭的农奴，如果严格地分析起来，其中富裕而拥有土地和锅庄的曲诺实际已侧身为农奴主或封建主了。

以上便是大凉山彝族社会阶级结构的大概情况，至于他们的人口比例，目前我们还只能一般地提出一个估计数字，即黑彝占百分之十五；曲诺占百分之四十五；安家占百分之二十五；锅庄占百分之十五。但必须特别注意的是中心区的锅庄占较大比重而边沿区则安家、曲诺较多。

总的来说，大凉山彝族社会的阶级结构具有以下几个特点：

第一，奴隶主与封建主之间没有明确的界线，每一个奴隶主又是封建主。中心区奴隶制占主要成分，而边沿区则封建制占有优势。

第二，不但曲诺可以占有锅庄和安家，而且安家也可以占有锅庄和安家。因为安家赎身为曲诺较为困难，所以他便购买锅庄以代替自己的劳役并对其进行剥削，很显然的是愈下层的锅庄其所受的剥削也愈残酷。

第三，锅庄、安家、曲诺可以同时分属于数个主人，这是由于继承、合资共买、不同主人的男女锅庄结婚后所生的子女等因发生的。

第四，各阶级与阶层之间严禁通婚。白彝永远不得上升为黑彝，黑彝亦绝对不会下降为黑彝。

关于大凉山彝族社会的阶级斗争从形式上来看比较缓和，实际上被剥削者阶级中间蕴藏着极大的反抗力量。根据一般的了解，被压迫者主要的反抗形式是逃亡，但这种逃亡并不能冲破奴役的桎梏，其结果仅仅是换一个主人而已。因为在大凉山彝族社会中除去黑彝外任何白彝均必须依从一定的主人，否则谁都可以将其掳去卖为奴隶。至于集体暴动的情况是较少见的，其主要原因是：阶级与阶层划分复杂，他们彼此间的利益各有不同，被剥削者诸阶级难以形成统一的力量；居地极为分散，联络不易；氏族间掠夺战争及解放前彝汉间的民族矛盾暂时缓和了阶级矛盾。

三、政治制度

大凉山彝族在解放前没有统一的政治组织，统治的形式是以每个拥有白彝的个体家族实现的。家长对所属的锅庄、安家、曲诺进行着直接的经济剥削，并为了巩固这一剥削而对他们实行着政治上的统治，主人向所属的白彝直接发号施令而不需要向任何人请示或批准，对违抗命令的娃子亦采取直接的惩罚。由于这种狭小的管理范围和经济与政治密切结合的原始统治形式而不需要脱离生产的政治管理组织或专门的行政官吏。一切重要的事情均由主人裁决，细小的问题则通过主人所信任的不脱离生产的白彝去办理。

个体家族又以父系血缘关系组成"支"，统一祖先的"支"又组成为"家"（即氏族的形成），如姑基家、阿候家、罗洪家、八且家等等。每"家"均有自己的地域，家与家之间以高山、河谷或森林等天然标志划分势力范围。此种血缘组织多限于黑彝，而白彝——曲诺、安家、锅庄——则分属各个黑彝的个体家族之中，个别地区的曲诺以人口的长期繁衍亦有构成"家"者。

以父系血缘形成的"支""家"在经济上除牧地、荒地、森林尚属公有外，至于耕地、牲畜等已成为各个体家族的私有财产。在政治上并没有统一的领袖或固定的机关。领袖人物在一"家"中可能有数个，领袖产生的先决条件是拥有雄厚的财富，其次是善于排解是非，作战勇敢。这样，人们遇事前自动前往请求处理，久而久之自然形成威望而成为领袖。领袖人物的大小取决于威望的高低。但领袖人物之间并不因威望高低而彼此从属，同时任何领袖人物除去管辖自己家庭所属的白彝外，并无权利对其他人直接发号施令，只有在人们自愿去找他解决问题时，其领袖的职权才被体现出来。彝族谚语说"鸡蛋鸡蛋一般大"就是谁也管不着谁的意思（当然是指黑彝之间）。领袖都不是世袭的。

凉山彝族的"家"或"支"间的内部联系已局限于极小的范围，一般情况下彼此往来很少，仅在发生打冤或外族进攻的时候结成为统一的力量一致对外。用以联系和解决"家""支"间共同的事务的组织形式是蒙格制度，即会议制度。

蒙格（会议）根据其所解决事务的大小及出席人数之多寡划分为四种：

1. 阿约蒙格：到会一千至二千人，讨论出兵作战等大事，全"家"黑彝和曲诺男子均出席。会议在全"家"地域分布的中心区举行，由"家"的领袖们或当事人召集。

2. 约巴蒙格：参加人数为七百至八百，讨论娃子被他"家"抢走或打死；大量财富被偷等事件的对策，由当事人的近亲"支"的黑白彝男子出席。

3. 玉川蒙格：到会一百至二百人，讨论子女被拐，娃子抢走等问题的处理，近亲家族的男子出席。

4. 子耳尼铁：是规模最小的会议，到会二十到三十人，讨论并解决有关家族内部的小纠纷。

各种会议一般由当事人或当事人商请领袖人物来召集与主持，会议主持人称"蒙格索诺"。阿约蒙格等大型会议须于半月前以口头通知与会人，如遇紧急情况则于山顶喊叫通知，一山传一山速度甚快。中型会议于周前通知，而子耳尼铁可以临时召集。各种会议均无定期而是临时性的。开会时当事人及其亲房必须用酒招待，与会者亦均携酒饮用。

各种会议所讨论的事项必须反复研究至与会的领袖们及具有代表性的人物一致同意方能做出决定，因此，会议经常拖延时日达五六天之久。决议对所有与会人及家属具有约束力，遇有重要决议每举行喝血酒等仪式来保证其执行。对不执行决议者视为敌人并立即与之断绝来往。

这种蒙格制度显然是原始公社氏族部落制的一种残余，因为他所解决的主要是有关统治阶级利益的问题，而参加会议的人员也往往限于统治阶级——黑彝及曲诺的上层。大多数人——曲诺、安家、锅庄以及妇女被剥夺了参加会议的权利；曲诺虽被允许参加大型会议并可发表意见，但其用意却在于动员他们参加战争。由此可见，这种民主本质上是属于统治阶级内部的民主，因为奴隶主专政并不排除奴隶主之间所享有的民主。

综上所述，我们可以看出在大凉山彝族社会中的个体家族是一个经济剥削与政治统治的基本单位，它是整个社会的缩影，因为它不仅包含着奴隶制而且包含着农奴制。它通过以父亲为首的家长实现着全面的统治。而以个体家族为基础按照血缘关系组成并已产生了地域界线的"家"，在实际上除去发生冤家战争时取得统一行动外已没有更多的作用了。因此，"家"这一组织已经保存其氏族的外形，而实际作用已被与之相抗衡的个体家族所代替了。此外，由于自然经济的全面统治以及氏族间或氏族内部冤家战争的频繁，使大凉山彝族的社会局面呈现四分五裂的局面。

解放前大凉山彝族经常发生冤家战争，黑彝和曲诺上层多握有作为政治统治的重要工具之一的武装力量。根据了解大凉山彝族拥有现代化武器如步枪等数万只（多系反动统治时期以鸦片所换得），然无脱离生产的武装组织。遇有掠夺战争，所有黑彝及曲诺的成年男子均成为士兵,而锅庄安家做后勤工作。作战前召集全氏族的动员及制定作战计划的会议——阿约蒙格,并在会议上推选临时的军事领袖"莫德祖果"和分配各"支"参战人数。作战时双方既无队形亦不构筑防御工事,仅于一定距离相互作跳跃式的射击。

黑彝对作战具有极大的兴趣,往往亲身冲锋陷阵,因为作战可以使他们掠夺财富和俘虏对方为奴隶。

冤家关系的复杂使人们的活动仅限于极狭小的地域内,这就严重地妨碍了经济与文化的交流,战争并使彝族社会生产遭受到极大的破坏,大量财富被用于购置枪弹,冤家交界地方的土地荒芜了,经常的防御使生产不能安心,加之直接毁于战火的人力物力都影响了经济的发展,并使广大群众陷于贫困和沦为奴隶。

彝族冤家战争之所以如此频繁,正如恩格斯在《家族私有财产及国家的起源》一书中所指出的那样:"掠夺在他们看来是比辛苦劳动更容易甚至更荣耀的事情,以前他们进行战争,仅仅为报复侵犯或为了扩大感觉不够的领土,现在他们进行战争,只是为了掠夺,战争成为经常的职业了……"

四、彝族社会的习惯法

凉山彝族社会唯一的法权渊源是习惯法,但彝族的习惯法按其来源和内容来讲,仅仅是一种具有原始意义的习惯。习惯法之所以长期作为唯一的法权渊源,一方面是受社会发展的限制,另一方面是这种习惯法便利于统治阶级的所作所为,因为统治阶级可以随时根据自己的意志加以补充和修改。习惯法是体现彝族统治阶级意志并维护、巩固和发展有利于统治阶级社会秩序与社会关系的行为规则的总和。

由于彝族社会分割局面,各地区在习惯法的具体问题上虽有所不同,但从总的本质来看,大凉山彝族社会习惯法包含以下两个基本内容。

第一,黑彝对于锅庄的完全占有,锅庄被公开当作牲畜出售或屠杀。锅庄被剥夺了一切权利,因此它不是权利主体而是权利客体,安家虽由于其不断的使用土地以自己的劳动挣得一些财产,因而有可能与主人订立契约来取得曲诺的地位,但它实际上是被主人当作锅庄再生产的工具。所以他在法权地位上与锅庄并无多少区别。

第二,黑彝已不能完全占有曲诺,但习惯法仍确认曲诺人必须依附一定的主人,主人有强制其进行无偿劳役和缴纳公积金的特权,曲诺被束缚于土地上并为土地出租者缴纳巨额地租,兹将一般情况叙述如下:

所有权——大凉山彝族社会中除去荒地、牧地、森林仍为家长制氏族所共有外,其他如耕地、牧畜、锅庄、枪械、农具等均成为私有的对象,而以父亲为首的家长制家族则是私有权的主要体现者。

所有权的保护是极为严密的,对于偷盗本"支"或同氏族财产者都给以很重的惩罚,譬如偷一只母羊要赔偿十二只羊。对无力赔偿之偷盗者则可以将他扣留以候其亲族来赎回,否则即可将其出售为奴隶。但对为报仇而偷盗冤家的财产则是可以的。

债——由于彝族社会货币、商品诸关系的不发展，民事流转极简单，因而债的种类亦不多。一般仅有买卖、借贷、担保等（尚无雇佣关系）债的缔订均采取口头的形式。对债务纠纷的处理上具有显著的阶级差别以及用人身权利偿还债务的制度。

借贷契约的特点是在订定时并不明确契约的期限，双方关系人往往杀鸡为盟以保证权利义务的执行。借贷一般有利息，货币借贷年利率百分之十三，谷物借贷年利百分之十五。由于货币职能在彝族区主要是贮藏，贮藏是不会带来收益的，故利率低，而谷物在彝区感到缺乏的必需生活资料，故利率高。利息的计算是按复利的形式。

无力偿还债务可经调解延长还债期限或没收债务人的财产抵债。如债权人为黑彝债务人为曲诺或双方均为曲诺时，债务纠纷可循下列方法解决：1. 如果借款达四至五锭银子，（一锭为十两）时，债务人可至债权人家中为安家，进行无偿劳役，然仍须另行筹款偿还债务，至清偿全部债务后可恢复其原有身份，否则将终身为安家。2. 若债务在十五至二十锭银子以上，债务人可将自己之子女卖与债权人为锅庄以抵销债务（少年作价十五锭，青年作价二十锭）。

在租赁方面，彝族除土地租佃外无其他租赁关系。土地租佃契约的缔结没有特别限制，因此安家与曲诺不一定必须租种主人的土地。土地租佃契约无确定期限，土地所有人可随时借任何理由取消租佃关系。地租系实物，绝大部分是均分制（收获物的三分之一），亦有少数的定租制（收获量的三分之一缴租）。

在彝区流行的债中，尚有一种人生与财产担保之债。由于解放前彝族内部冤家关系错综复杂，以及彝汉之间的民族矛盾，因此彝人经过别家的辖地或汉人进入彝曲均需觅取有力之领袖为保头，否则生命财产无所保障，故解放前彝区保头制度甚为盛行。这种人生财产与财产担保之债除口头协定外，尚须举行杀鸡为盟的仪式，以保证承保人在契约生效期内负责被保人的生命财产不受损失，否则照价赔偿及被保人按协定支付保证金。

家庭婚姻与继承——大凉山彝族以个体家族为其社会的基本组成细胞，父亲或丈夫——家长在家庭中具有最高权威。亲族关系是按父亲来计算的，男子有权娶第二个妻子以至第三个妻。妇女、子女处于从属地位。家族成员包括父亲、妻子及其晚辈，安家和其妻子儿女以及锅庄等。子女婚姻完全由父母包办，儿子结婚后即分居他室并给予部分财产，但仍作为一个家族存在。穷苦之曲诺为经济所迫亦有权出卖子女为奴隶。

彝族婚姻基本为一夫一妻制，但多妻的现象普遍存在于统治阶级中。（1）结婚：彝族为阶级内的族外婚，即不同阶级和同一氏族的男女不能结婚，特别是黑彝与白彝之间严禁婚姻关系以保障黑彝之特权。彝族婚姻属于买卖婚，即按双方之社会地位决定彩礼之多寡，高者达数百锭银子，低者亦需四至五锭银子（均以实物折付）。此外，抢婚的情况仍然存在。（2）离婚：离婚权操在丈夫手中，在双方自愿离婚的情况下须经过家族的讨论。丈夫提出离婚问题容易解决，但若妻子提出离婚时只有在获得母家支持并以原收取彩礼之二至十倍退还男方始得离婚，如母家不支持过或无力支付此款时，则男方可任意处罚提出离婚的妻子直至其屈服为止。(3) 通奸：对通奸之处理按当事人之社会地位不同而不同，如白彝男子与黑彝女子通奸双方均处死刑，如黑彝男子通奸或强奸白彝女子，男子因此丧失名誉或被开除出族。同一阶级已婚的男女通奸，视双方实力之大小决定处理办法（多系赔礼），乱伦者处死。(4) 重婚：富有者往往取第二个妻以至更多的妻作为扩大本家族势力之手段，在娶第二个妻至时需赠第一个妻一部分财产以及妻的兄弟姊妹彩礼各一份以维系岳家的实力。再娶更多的妻时即不必履行此种手续。(5) 转房：大凉山彝族盛行转房制度，一方面是视女子为财产不轻易外溢，同时是为了保持婚姻关系以巩固本家族之势力。转房的办法是夫死后妻须转嫁胞弟，此外尚有个别的转嫁给胞兄或叔侄、堂兄弟、堂叔侄……转房是具有强制性的，这种强制力来自丈夫以及母方的家族。

在继承方面，女子一般无继承权，财产主要继承人是幼子。如无后嗣（包括女儿）黑彝遗产由家门分得，曲诺财产由主人获得，但大部分地区曲诺无子嗣时的遗产亦由家门分获。

刑事法规——在彝族的刑事法规中，残存着原始公社以血复仇的习惯，但以血复仇的习惯已因社会敌对阶级的存在而被曲解了。因为原始公社的以血复仇的习惯是一律适用于社会全体成员，并一律平等地保卫着他们每一个人的生命，而彝族流行的血仇习惯虽然也是近亲家族的共同义务并采取了以血还血（偿命）或用金钱赔偿的形式，但偿命与否或赔偿金的多寡却决定于人们的社会地位。习惯规定杀死一个黑彝是赔偿一百二十锭银子的"搓却知"（赔命金），若凶手系白彝除赔命金外尚须抵命，杀死一个曲诺支付六十锭银子的"搓却知"；杀死一个安家除支付其家属七至八锭银子外尚须偿付其主人九至十锭银子；至于杀死一个锅庄则仅赔偿其主人四至十锭即可。过失杀人"搓却知"减半支付。此外主人杀死自己的锅庄则不须任何赔偿。"搓却知"的支付通常是由犯罪者的近亲家族共同负担，如犯罪者为黑彝则此项"搓却知"主要担负者是他的属下白彝。

对偷盗的处理，可以体罚或赔偿，也决定于犯罪人的社会地位。

在刑罚方面有死刑（沉水、分尸等）、"替斯"（以木桩凿槽将脚钉入槽内）、"洗咀牢咀"（以铁链将手足缚于一起）、"式霍"（锁住项子）以及吊打等。这些刑罚主要是对待反抗主人的白彝及不贞妇女的手段，如果没有严重的违犯统治阶级的共同利益是很难加之于统治阶级本身的，因此体刑不适用与于黑彝。

裁判——彝族没有法院组织也没有诉讼程序。纠纷的调解，案件之裁处，根据不同的情况由领袖人物或白彝的主人担任裁判人。在本氏族内发生的重要纠纷须由当事人之一方或双方邀请较大的领袖前来处理，如案情不大，则仅由近亲族中的头人即可处理。如案情重大而复杂并牵涉两个以上氏族（家），即必须邀请其他氏族最有威望的领袖前来解决。领袖们对案件的处理保留了说服的形式，但他们的意见往往具有决定性的作用，裁判人由案件当事人双方赠予报酬。

在处理嫌疑犯时尚盛行神明裁判，常见的方式有：(1) "勒克铎"：在笔目（巫师）念经后使嫌疑犯于手掌上垫以笔目所用之木棒七根，然后置以烧红之铁犁头向前走九步，若手掌并未灼伤即认为清白,否则即是罪犯。(2)"伊哥郁":在巫师念经后使嫌疑犯手伸入沸水锅中取出鸡蛋,以手是否被烫伤而决定犯罪与否。(3)嚼米:在巫师念经时使嫌疑犯于口中嚼米一把,在巫师念完经后吐出以米中有无血丝断定是否犯罪。上述三种仪式均由当事人邀请头人主持,在仪式进行前由告诉人及嫌疑犯各拿出与构成此案之客体相适应的银子交付裁判人,仪式举行后,嫌疑犯如被确定为罪犯时,除履所付负义务外,此项银子由告诉人与告密人与按三与一的比例分获;反之则由嫌疑犯独得。

综上所述,我们可以看出彝族社会习惯法的特点是不论形式或本质上均公开确认阶级与阶层间的不平等,法权对于黑彝、曲诺、安家、锅庄各有不同的态度。列宁曾说过,这种不平等是"……与居民底阶层划分密切相关地结合着,在一个国家内它与规定每一个阶级的特别法律地位是同起同落的"。其次,法权成为统治阶级甚至个人的特权,这表现于主人对白彝的直接裁处上。另外,在大凉山彝族社会中尚公认以武力解决利害关系或纠纷——打冤家是最后的合法手段,这就是法权带上了武力法权的特征。最后,彝族习惯法中存在着原始公社习惯的残余。但这些习惯在内容上显然已被统治阶级加以歪曲了。

五、彝族社会性质的商榷以及解放后的大凉山

根据大凉山彝族社会的经济基础、阶级结构、政治制度以及习惯法等情况都说明了彝族社会经济形态是比较复杂的。

现在我们主要从其生产关系来分析一下。上面已经谈到大凉山彝族社会同时存在着奴隶制和封建制的两种生产关系,而在研究这两种生产关系并存的原因时,一方面要注意彝族本身的发展情况,同时还要注意外来影响,因为我们知道彝族本身不懂得金属冶炼,而金属工具的使用又是社会生产力发展的决定性因素,那么铁器已在彝区广泛使用及与此所带来的后果显然是受了汉族先进生产技术的影响。这些影响主要是通过下列方式进入彝区的:

(一)汉彝贸易:汉区铁器及其他金属生产工具的输入。

(二)大批汉人被俘卖为锅庄,而这些汉人大部分是农民或手工业者,通过他们把先进的生产技术带进的彝区。

(三)彝汉两族人民长期的文化交流。

根据生产工具的变化必然引起生产关系改变的规律,我们便不难了解彝族社会奴隶制与封建制经济并存的原因了。

这里我们还应注意到汉族先进生产工具与生产技术必须是通过彝族社会的内在因素才能引致彝族社会生产关系的改变。

这一内在因素就是奴隶来源的缺乏。因为大凉山彝族是处在汉族的强大包围圈内,大批的俘虏汉人为奴隶并不是什么容易的事,而彝族内部各氏族间姻亲相联系彼此形成均衡势力,虽然掠夺战争频繁亦难因此获得更多的俘虏。由于奴隶来源的贫乏使奴隶制经济的发展受到严重的障碍,而汉族先进生产工具与生产技术的传入使劳动生产率获得了提高,由而提

供了采取比奴隶制高一级的生产方式的可能,通过奴隶来源缺乏这一事实就使这种可能变为现实。

为了增加奴隶来源及提高奴隶的生产兴趣,黑彝允许锅庄结婚,结婚后的锅庄即变为安家并开始获得一定的财产权,与主人成立了土地租佃关系,从而向农奴近了一步,在其积得一定财产之后就可以赎身为成为曲诺了——农奴了。这样与奴隶制生产关系存在的同时便产生了封建的生产关系。

如果这一假定可以成立的话,那么问题就在于外来影响开始于彝族社会发展的那一个时期了。

若是外来影响开始于彝族社会已经发生私有财产的原始公社末期,那么先进生产工具及汉族封建经济的影响将可能造成越过奴隶制而直接进入到封建制。然而彝族社会却存在着大量的家庭奴隶和从奴隶开始向农奴走的安家,并且从彝族社会的阶级分化即锅庄变安家、安家变曲诺这一次序来看,也说明了奴隶早已大批存在并个别地逐渐地解放为奴。这样我们可以暂且确定外来影响开始于彝族社族社会已经出现奴隶的时候。

由于彝族交换的不发达及没有出现商人、市场和城市这一事实,我们又可以进一步推断外来影响是开始于彝族奴隶制繁荣时期以前。因为奴隶制社会是从家长蓄奴制开始的,这时的经济活动主要是满足家庭消费为目的的家长经济。而分工的发达,以交换为目的的商品生产的发展,商业的发生和繁荣就必然要求突破家长蓄奴制和家长制经济这一狭小范围,并要求消除家长制经济所维护的氏族制的一切残余。而到达于奴隶制大规模的发展时期——奴隶制的繁荣时代。这时代家长奴隶主而是的是新的显贵——大奴隶主阶级。既然彝族社会没有发展到商品生产,没有出现商人和市场,并且家长制的自然经济占着全面的统治,因此,可以说彝族社会的奴隶制不可能达到过繁荣时代。此外,从彝族社会存在着严重的氏族组织的残余以及掠夺性战争的频繁……等一系列现象也足以说明其奴隶制初期的特征。至此我们可以得出这样的推论:

外来影响(汉族生产方式的影响)对彝族社会的发展巨大的作用。外来影响开始于彝族奴隶制最初时期,通过外来影响在彝族社会奴隶制繁荣时代以前产生了封建的生产关系,保存着原始公社残余的奴隶制经济与封建制经济间发生着斗争。虽然在中心区与边沿区二者比例不同,但从总的来看,封建制经济显然在排斥着农奴制经济。所以彝族社会不是一个什么单纯的形态,而是一个几种社会经济因素(原始公社、奴隶和封建的)同时存在并相互斗争的变态社会。

综上所述,我们可以看到大凉山彝族社会尚处于极为落后的奴隶制与农奴制阶段。造成这种落后状态的原因,一方面是由于彝族社会发展的本身所决定的,但历代反动统治者特别是国民党反动派对彝族的压迫也起着重要的作用。历代反动统治者以大渡河与金沙江为南北天然的封锁线,东西两侧择高处碉堡,屯驻重兵,把彝族困于深山老林之中,更其恶毒的是制造一系列的血腥镇压和挑拨离间等事件,如武装进攻大凉山,挑拨彝族内部打冤家;逮捕彝族领袖人物关入监狱以勒索赎金、宣传反动"理论"——"要过太平年除非蛮杀蛮""彝性犬羊威威不怀德""见蛮不整三分罪"——以煽动民族仇恨等等。历代反动统治者就这样披着民族关系的外衣来榨取彝汉两族劳动人民的血汗，使彝汉两族长期在蒙骗中相互仇视，甚至残杀。

由于大汉族主义者长期的罪恶统治，彝族大部分人力物力被用于防御外来侵略和进行内部掠夺战争上，不但与外界隔绝了往来，即民族内部活动也限于极其狭小的范围，生产力受到严重破坏，得不到发展，整个社会长期停滞与落后状态中。

随着全国的解放，大凉山彝族开始了新的历史时期。彝族社会情况起了重大的变化。

1950年10月大凉山工作队把毛主席的伟大民族政策的光辉带进了大凉山，在民族政策的宣传，民族纠纷的调解等工作的基础上成立了专署级的凉山彝族自治区人民政府和七个县级的自治区人民政府。选举了自己的政府主席、副主席、县长和副县长。此外并有成百的彝族干部在政府各部门中担任了工作。彝族人民在党和上级人民政府的领导下开始享受着当家做主的权利。

三年以来，在自治区人民政府和彝族人民的共同努力下，进行了各方面的工作，并取得了一定成绩。

彝汉两族的关系已经开始走向团结的道路，汉族人民已改变了歧视彝族的态度；彝族俘虏汉人为奴隶的现象也大大减少了。民族内部的关系经过大力调节冤家纠纷之后也得到了改善，冤家战争基本上已经消减。由于贸易公司在公平合理的价格政策下大力供应了彝族人民的日用品并收购了一些土特产，因而人民生活也有了初步提高。此外，过去根本没有过的医院和民族学校现在也在主要地区建立起来了，成万的彝族人民享受着免费治疗的待遇；儿童们也获得了以彝族文字读书的机会。

尽管大凉山彝族社会已经开始变化，但从总的情况来看，彻底改变彝族社会的落后状态仍然是一个极其严重而复杂的问题。

帮助彝族提高到先进民族行列的工作，必须针对彝族社会的特点逐步进行，反对机械搬用经验和急躁冒进的倾向，为此应该对彝族底社会经济制度以及历史情况作深入系统的调查研究。斯大林同志曾经指出："根据某民族所处的经济、政治和文化条件便是解决某一民族研究怎样布置本族生活……这一问题的唯一关键。"（《马克思主义与民族问题》）所以违反这一原则就必然使工作无法进行并陷入盲目状态。例如大凉山昭觉县曾根据汉区经验推行了农业生产的互助组，由区乡干部主观地把彝族按户数与人数机械编组，却没有充分考虑阶级关系和自愿两利等问题，结果，由于黑彝不从事劳动和锅庄、安家没有人身自由的情况下使互助组除去政府所掌握的数字之外便什么也看不到了。又如在农业生产上存在着奴隶制与农奴制的前提下来单纯号召深耕细作，改善耕作技术（多犁、多耙、勤除草等），无疑只是凭空增加奴隶和农奴的劳动负担，而不可能得到他们的支持。此外在贸易和农贷等问题上也存在类似情况。造成这些缺点的主要原因是没有充分估计彝族社会发展阶段上的特点，同时把个别先进地区当成了一般情况，在某种程度存在急躁冒进的倾向。

目前应集中力量来解决以下几个问题：

一、彻底肃清潜藏在大凉山内部的土匪特务,揭露其利用某些民族隔阂进行挑拨造谣破坏民族团结的阴谋。

二、大力消除历史上所遗留的深刻的彝汉隔阂。这是一件长期而细微的工作,除去通过各种生动的事例进行宣传教育外,同时要以具体可行的物质帮助,如开展广泛的救济、放宽农贷条件、无偿发放新式农具及修小型水利等来改善彝族人民的生活,根据目前实际情况应集中人力物力搞好几个主要地区的工作,巩固这些地区的工作基础,逐步扩大影响,以改变某些个别地区对人民政府的敌视态度。否则将顾此失彼而陷入被动。

三、加强队对彝族内部冤家的调解工作,设立和扩大调解冤家纠纷的专门机构,积极主动地了解情况并及时加以处理。

总之,今后在一个相当长时期内所有政权建设、生产、贸易、民生等工作必须围绕民族团结工作去进行,并注意各地区情况的差异和团结上层的问题。

改善民族关系和逐步改革生产工具的过程也就是提高群众阶级觉悟的过程,因为目前大凉山彝族广大阶层的视线仍然是在民族关系问题上,但民族关系一经得到改善,那么群众便会开始按照阶级标准来观察事物,要求改变现有的生产关系。这就是为什么说消除民族隔阂是首要任务的原因。只有消除了民族隔阂,才能导致民族问题的根本解决——即通过群众的自觉,进行自上而下的社会改革,与此同时逐步增加社会主义影响(如开办国营农场、牧场及工矿企业,发展现代化交通等)使彝族政治、经济和文化得到迅速提高并由而与全国各族共同过渡到社会主义社会。

1952年8月至11月参加《中央民族事务委员会西南民族工作视察组》调查,1953年12月写成

(摘自《西康省大凉山彝族的社会经济制度》,《教学与研究》1954年3期)

封建社会调查提纲[1]

目录

一、经济
    说明
    问题
    （一）农业
        （甲）生产力及有关情况
            （1）土地情况与农作物
            （2）生产工具
            （3）劳动力
            （4）耕作技术
            （5）农业灾害与防治
            （6）注意农业在生产中所占的比重
        （乙）生产关系
            （1）生产资料占有情况
            （2）租佃关系
            （3）借贷关系
            （4）雇佣关系
            （5）其他的封建压迫与剥削
            （6）所有制中的农村公社和奴隶制的残余
    （二）手工业

---

[1] 全国人民代表大会民族委员会发布

（甲）生产力及有关情况
  （1）经营性质和范围
  （2）冶金与金属加工
  （3）纺织
  （4）建筑
  （5）其他手工业
  （6）注意手工业在本族生产中的比重
（乙）生产关系
  （1）生产资料的占有情况
  （2）行会
  （3）劳役和负担
（三）商业
 （甲）市场与交易情况
 （乙）商品种类与经济联系
 （丙）寺院及其他宗教机构经商情况
 （丁）牧区商业交换情况
（四）渔猎、运输、林业、采集及其他生产
（附）牧区
 （甲）生产力及其有关情况
 （乙）生产关系
  （1）阶级情况与占有情况
  （2）剥削关系
  （3）氏族公社制与奴隶制的影响

二、政治和法律
 说明
 问题
 （一）等级
 （二）统治机构
 （三）法律
 （四）宗教与政治的关系
 （五）统治阶级间的关系
 （六）阶级斗争
 （七）帝国主义侵略

三、生活、习俗、文艺及其他
 说明

问题
    （一）婚姻、家庭、丧葬
    （二）上层和平民间的礼节
    （三）衣饰
    （四）居住
    （五）食
    （六）馈赠
    （七）节日
    （八）文艺
    （九）文教卫生
    （十）科学知识和哲学观点

四、宗教
  说明
  问题
    （一）宗教的种类、仪式
    （二）宗教组织、制度与机构
    （三）宗教集团的经济情况
    （四）宗教对社会的影响
附录　《墨玉县夏合勒克乡的农奴制度》
附录　关于人们共同体的说明

一、经济

说明

    封建社会生产关系的基础首先是封建的土地所有制，在封建社会最发展的时期，全部土地或至少还可耕的土地都成为封建主的财产。封建主除握有重要的生产资料土地外，还不完全地占有直接生产者。在封建制度下，直接生产者是由农奴、依附农民（原为自由农民，投靠封建主请求"保护"而丧失土地，遭到封建主的奴役）和人身上算是自由的农民所组成，他们在不同程度上依附于封建地主。在封建制度的整个时期中，农奴制度是它的主要形式。农奴制度的彻底建立，使生产者几乎都变为农奴。农奴制度的建立有些采取公开立法的形式，有些虽不采取公开立法的形式而实际上却存在着。

    处于极度残酷境遇下的农奴，几乎就和奴隶无甚区别。但就一般来说，农奴和奴隶的区别就在于封建主虽仍可以把农奴随时买卖或赠让，但已不能任意屠杀。在封建制度下，农民有个人经济，农民可以用自己的生产工具、耕畜在封建主分与或租与的土地上从事耕作。尽管劳动生产品大部被封建主拿去，但他自己的人身和部分劳动产品，仍在某种程度上归自己所有，因而农民的劳动积极性要比奴隶为高，从而保证了封建制优于奴隶制，保证了在奴隶制下不可能有的那样高的生产力的发展。当时的生产工具和技术发展，是改进了并大量使用了耕作工具中铁制的锄头、铲子、犁铧以及木楼等农具；耕作技术方面，农民逐渐知道轮作、间耕和三圃制；水利灌溉和利用上，更技巧地筑渠、筑堰、引水灌田，使用水车、吸筒等。同时苗圃、纺织、酿酒、榨油、饲畜禽等技术有很大的进步。在手工方面：使用风箱来冶炼金属、发明了火药、指南针、印刷术，改进了兵器、烧砖瓦、染织的技术；出现了手工业的独立化、专门化，手工业生产向手工工场过渡，城市的兴建，商业交往的频繁等现象，最后商品经济日益排挤着自然经济，国内外市场日益扩大。

以上就是封建制统治时期生产力发展的大致情景。

列宁指出，封建经济劳役存在有四个前提和特点，同时也可说是整个封建经济的前提和特点，有如下述：

一、自然经济占统治地位：农业生产为主，手工业一般是作为农业的副业。封建主为了满足自己的需要，除迫使农奴进行粮食生产外，还迫使农奴为他们经营果园、菜园、牧畜和从事磨坊、油坊、酒坊等加工工作。封建主的日常需要上基本不需要交换而能得到满足，农民则吃的是自己收获的粮食，穿的是用自己种的棉花和麻、羊毛纺织成的衣服，贸易关系是很少的。至于城市中手工业，主要是为封建贵族服务，生产的东西不多，所以虽有商品交换，但不起多大的作用，在封建社会的早期更是如此。以小农为基础的庄园地主和小农的自给自足，闭关自守的经济生活，正是从自然经济中产生出来的。

二、封建制基础是取得份地并束缚于份地的小农个体经济：为了榨取剩余劳动或剩余产品，封建主把土地划成"份地"，分给农民去耕作，这是对农民实行经济上的强制。份地是束缚农民的手段，而不是为了保证农民有足够的生活资料；小农有一定的生产资料（耕具、耕畜、自己茅屋旁的一块土地）耕种地主的土地，这和资本主义、和奴隶制都截然不同。在奴隶占有制下，奴隶没有私人经济，奴隶是奴隶主的财产；在资本主义下，被雇佣者工人和生产资料完全脱离。封建主占有了大块土地，小块土地由小农经营，这是封建制度所独具的特征。

封建主对农奴的剥削，采取三种地租形态：农民在地主所给他的土地上替自己工作一部时日，而另一部分时日要在地主的土地上替地主工作，这是劳役地租，它在封建社会初期、中期存在；由于生产力的提高，由于农民在地主土地上工作消极，后来地主就不再保留土地，将土地完全租给农民，剥削农民的剩余产品，于是劳役地租逐渐过渡到实物地租。这时农民就不像从前那样分出那些是为自己劳动，那些是为地主劳动，也就是说，必需劳动和剩余劳动在时间和空间上都无法截然分开了。同时地主用定租（规定实物租额）或活租（按产品比例收租）来剥削农民，使农民感到只要产量增加，自己就可以多得一些，刺激了农民劳动情绪，促进了生产的提高。但地主却利用农民的生产积极性加强了剥削。到了封建社会的末期，封建关系解体的征兆已经出现，社会分工的扩大，商品经济的发展，于是又促使实物地租逐渐过渡到货币地租，主奴的隶属关系也逐渐为货币的契约关系所代替了。在历史上，三种地租形态的更替是复杂的，上面所叙述的也只是一般的递进顺序，有时他们可能同时并存，甚至有时会从实物地租又返回到劳役地租。

三、超经济强制：地主除了对农民有着经济上的强制外，还有一种不是经济的强制，其中主要指暴力。封建主用一切政治权力、军队、法庭和监狱等，强制农民在地主土地上工作（劳役地租），或者强迫农民缴纳部分的劳动产品以代替劳役地租（实物代役租、货币代役租），同时并用以强迫农民尽一定的封建义务。这些封建义务十分繁杂，成为农民的沉重负担，其中农奴制是封建压迫的最典型、最残酷的形式。

四、墨守成规和极端低下的生产技术：农民受着无穷尽的剥削，终年为贫困所压迫，再加上生产上的狭小性和分散性，生产工具和技术的改进都很保守；长期使用粗笨的工具，无力改进生产；所以在封建制度下生产的发展是缓慢的，往往在相当长的时期内，很难有什么显著的进步。

在封建制度的整个历史中，封建土地所有制的两种形式始终并存，有时是"私人占有制"形式占优势，有时是"条件占有制"形式占优势。条件占有制是这样：政府把土地交给服兵役、尽义务的人暂时使用，当使用者死去或者当他一旦不再履行义务时，政府就可以收回土地，并交给另一人使用。在这种形式下，土地不是作为使用者的世袭财产，事实上，封建主总是想把土地变成私人所有。私人所有制和条件占有制相比，往往占有很大优势，在封建早期和中期，它取得胜利，会造成更为严重的政治上的割据局面。而条件占有制（在一定条件下才许享用国家封地）的盛行却又总是和中央政权的暂时强化相联系。我们应该看到，有时一个国家（中国汉族情况可能如此）虽然土地私人所有制占优势，但却由于其他原因，政权却仍相当集中，如为了镇压农民，为了抵御外族侵犯，封建主在某种程度上就需要中央集权。此外经济上的水利灌溉，资本主义商品经济的发展，民族开始形成，大城市的出现，也会促使中央集权的产生。

确定新旧两种社会形态的更替时间，是比较复杂的问题，因为封建制度的建立和奴隶制的彻底摧毁是一个逐渐的过程，封建制一方面是原来奴隶制社会的生产方式解体的结果，另一方面又是野蛮部落入侵奴隶制国家后，采用了原始公社氏族中一些传统的方式（如按人数多少分配土地的农村公社形式）而建立的。

在摧毁了奴隶主政权的地方，封建的生产关系开始迅速发展，原来在奴隶制末期出现的隶奴（介于奴隶和农奴之间的一个小农阶层，最初不占有生产资料，地位不稳定，无公民权，自己独立地进行经营，承担主人规定的赋役）这时的遭遇虽一度有所改善，农村公社普遍恢复和建立起来，同时公社农民分得了土地，作为自由农民而存在。这时期，公社所有制、奴隶制、封建制等的经济成分并存，农民人身依附程度不一，这就给封建化提出两个内容，一个是强占农民土地把它变成封建（第二页）主财产，一个是把公社农民等变成农奴，逐渐形成农奴制度。封建化的逐渐完成是封建社会初期的第一个特征；其次，与农奴制度建立相联系的是劳役地租的普遍使用；第三，农民反对封建化和奴隶制复辟的斗争，是这一时期阶级斗争的内容；第四，尽管当时生产者的劳动兴趣已较奴隶较为高，但是当时经济的发展，尤其商品经济的发展，还远未达到奴隶制鼎盛时期的水平；第五，在政治上，等级制形成中央集权和地方分权的斗争，有时前者获得胜利，有时后者获得胜利。

封建化的彻底完成，标志着封建制度进入高度发展时期，亦即封建社会中期，这时期的主要特征是：第一，封建制到处以农奴制度的形式表现出来；第二，由于农业、手工业、商业的发展，城市纷纷兴起，形成各个地区的经济中心，它削弱了中央集权；第三，封建主经济和政治实力的增长造成了重要的封建割据局面；第四，随着生产力的增长以及农奴反对农奴制的结果，劳役地租过渡到实物地租，并在最后迫使封建主取消了农奴制，但是由于农民耕种地主土地因而仍在一定程度上担负各种封建义务，有时封建主只是形式上废除了农奴制。

封建制度最发展的时期，表现出比奴隶制较高的生产力。商品生产和贸易进一步发展了，这时封建主的贪欲也更大了，他们不再满足于农民所供给的衣食了，因而对农民的压榨加强了，并进而采用了货币地租的剥削方式。农民常常以起义回答封建主的压榨。起义打击了各霸一方的封建主，促使中央政权的巩固、统一市场的形成，从而有助于资本主义的发展。

农奴制的废除和实物地租向货币地租的过渡，这是向封建制解体方面前进一步。到了封建社会末期，这时它的主要特征是：第一，在封建制内部资本主义因素产生了和发展了；第二，作为手工业和商业中心的城市的发展，结果形成了更大的经济中心；第三，民族形成过程开始了，这时出现了较以前坚强的中央政权。应该注意，资本主义产生的前提，即农民大批丧失或脱离土地，资本在一些人（如包买商等）手里积累起来，这种过程的开始应该早于资本主义的生产。因此深入研究封建主义末期农民脱离土地的原因和结果，是很重要的。

确定封建社会性质和发展的程度，不能拘守于上述各个特征，必须注意以下三点：第一，必须分出那种经济成分占主要地位，那种是残余的或新生的经济成分，以便确定其社会性质；第二，由于历史条件和地理环境的不尽相同，即使处于相同发展阶段的民族，也可能在社会面貌上有其特殊性，如中国的封建制度和欧洲的就具有许多不同的特点；第三，不可忽略汉族对少数民族社会发展的影响。

<h1 style="text-align:center">问题</h1>

（一）农业

（甲）生产力及其有关情况

(1) 土地情况与农作物

1. 耕地有几种？耕地面积的单位怎样计算（亩、工、岗、籽种面积量）？折合多少市斤？如附近有其他民族，试比较各民族所占土地的好坏。

2. 农作物有哪些种类？每年可收几季？以何种作物为主？各种作物的单位面积产量如

何？各种作物播种面积的大小以及产量的比例如何？为什么这样安排播种面积？

3. 当地居民兼营养畜业吗？饲养着那些牲畜？各种畜产品的产品率如何？

4. 当地居民经营果木园艺吗？经营那些种类？有什么特产？

(2) 生产工具

1. 有哪些生产工具？本族话怎么称呼？各种工具的用途、质量、特点和来源怎样？

2. 有哪几种耕畜？使用情况如何？各种耕畜各有多少？

3. 有无用于农业生产方面的运输工具？有专用的车辆吗？注意这种车辆的质量、特点和来源。

(3) 劳动力

1. 农业劳动中男女老幼如何分工？为什么这样分？劳动力过剩或不足时怎样解决？

2. 劳动力组织情况如何？为什么这样组织？怎样进行生产？

3. 一个劳动力可以耕种多大面积的土地？在总产量中，他们自己要吃去多少？耕畜的饲料需要多少？种子用去多少？各占总收获量的百分比如何？

4. 一个人要种多少土地，生产的粮食才够生活？如不够生活，用什么办法解决，租田地、出卖劳力或搞副业？用那种方式解决的最多？为什么？

(4) 耕作技术

1. 一年中农业生产如何安排？为什么这样安排？注意编出农作日历。

2. 附近各民族中那几个民族的庄稼做得最好？为什么？那个民族做得最差？为什么？

3. 如何耕作各种农业土地？对性质不同的土地（水田、旱地、山地）有无专用的农具？

4. 有没有下列的耕作方式

   1) 休耕制——在一块土地上一连若干年都栽种一种作物，直到地力耗尽，才转到另一块土地（封建初期很普通）

   2) 三圃制——把土地分成三块，轮流地一块土地种秋播作物，另一块种春播作物，第三块作为休间地（较发展）

   3) 轮作——每年种植不同的植物

   4) 间作——同一土地上种植不同的植物

还有无其他方式？是否采用刀耕火种的办法？

5. 田地里是否施肥？如不施肥，为什么？如施肥，主要用什么肥料？用不用人粪？单位面积的施肥量多少？有没有选种、耙地、中耕除草，秋翻地等的习惯，有没有采用条播的？收获打场的技术怎样？

6. 当地有哪些水利建设？有没有管理水利的组织？如何管理？有没有用水的规定？用什么灌溉方法（如畦灌：把地分成畦，逐畦溉灌、漫灌；没有做畦，使水自流灌地等方式）？

(5) 农业灾害与防治

农业中有哪些灾害？有什么的治方法？

(6) 注意农业在生产中所占的比重

（乙）生产关系

(1) **生产资料占有情现**

1. 当地居民分舞那几个阶级？各多少户？多少人？当地人民习惯上是怎样划分的？应该怎样划分？为什么？各阶级对生产资料（如土地、农具、耕畜、房屋等）占有的情况怎样？各阶级解放前后的变化怎样？

2. 本村、本寨或更大的范园，有属于公共的土地吗？那种土地（如森林、荒地、牧场等）才为公有？为什么？在这些土地上从事开荒、放牧、伐木、採集、打猎、种植时有什么规定？外人可利用这些地区吗？在什么情况下才可利用？

3. 公有土地有没有人管理？是什么人？他们有什么要权利和义务？他们和一般人有什么关系？他们是怎样取得这些地方的管理权的？如何管理？

4. 本族统治上层（如贵族、土司、土目、头人等）都占有大量土地吗？他们的土地是怎样的来的？

5. 当地有典当、买卖土地的情况吗？在什么情况下才卖地？在多少年代以前才出现买卖土地的情况？演变的过程及影响怎么样？

6. 本族中有一般地主及占有少量土地的自耕农吗？他们是多少年代以前出现的？他们怎样得到土地的？

7. 寺院或其他宗教团体也占有土地吗？土地是怎样得来的？他们怎样处理这些土地？

8. 统治上层、一般地主、自耕农、宗数团体等占有土地面积的百分比怎么样？

9. 还有其他的个人或团体占有土地吗？土地是怎样得来的？

(2) **租佃关系**

1. 农民向封建领主与一般地主等租地用什么方式？劳役、实物、货币三种地租，那种是主要的？历史上演变的情况怎样？要具备什么条件才能向领主和地主等租地？有讨地、顶地、当地等方式吗？

2. 隶农

    1）农民能自由离开土地或退地吗？如不能，为什么？

    2）种领主地的农民，有没有被买卖的情况？他们有自己的家庭吗？他们的子女属领主所有吗？领主可以出买他们的子女吗？

    3）他们怎样给领主服劳役？做什么工作，家内劳动或农业生产劳动？

    4）领主及其下属头人等怎样对待这些人？可任意侮辱打杀他们吗？

    5）这种人可以取得自由吗？要什么条件？他们的子女的地位又怎样？

    6）这些人过去是作什么的？他们的社会地位和奴隶有什么区别（工具和其他财产占有情况，地位的稳定情况）？

3. 劳役地租

1）有无按劳役地租形式耕种地主土地的农民（即由主人租给他一小块地，他有自己的家庭，有自己的生产工具，要靠这块地的农产物维持全家生活，这块地的出产并不交给地主；但一年中须为地主服大量的无偿劳役，耕种地主的土地或服其他劳役）？

2）有没有由领主（土司土目等统治上层）给农民一小块土地维持生活，农民世代相传，替领主服某一种特定的无偿劳役的现象（贵州彝族土目有这类人，土地名称随劳役来定，如上马田、下马田、奶妈地、祭祀地、拉驮魂马地等，这种人的地位一般是很卑下的）？

3）平均说来，一年中他在自营的一块小土地上劳动有多少天？在地主土地上劳动多少天？在那种土地上工作时劳动情绪较高？具体表现在那些方面？为什么？

4）自营土地的农产量是不是比较地主的土地的产量为高？为什么？

5）他们不到地主的土地上去劳动吗？他们在地主土地上劳动时受到监督吗？地主如何监督他们？

4. 实物地租与无偿劳役

1）有没有这种情况：由地主租给农民一些土地，农民要把出产的粮食的大部分交给主人，此外还得给主人作农业劳动或非农业劳动的无偿劳役；如果有这种情况，那么每年农民向主人缴多少粮食（百分比）？作多少天劳役？劳役有哪些种类？地主自留与出租两种土地的比例如何？

2）除缴粮食和服劳役外，他们还有其他实物负担吗（贵州彝区农民除向土目负担劳役、实物地租外，还缴纳山租——猎物租、鸡租、猪租等）？

3）有没有地主出土地及部分生产投资，农民出全部劳动力及部分生产投资的（颗种地）的情况？生产的粮食及副产物是按什么比例进行分配的？

4）有没有（活租）与（定租）的实物地租？如为（活租），农民所得与地租各占收获物的比例是多少？在（活租）与（定租）两种形式中，农民比较愿意接受哪一种，为什么？

5）地主占有的土地上应负担的差役是否也由农民承担？

5. 货币地租

1）有无货币地租的形式？单位面积的租额是多少？等于实际产量的百分之几？租额与地价的比例怎么样？货币地租是何时实行的？为何采用货币地租？

2）农民租地时，地主向农民索取高额押金（有些地方成为顶银）吗？是否地主利用各种借口或以撤佃威胁，经常增加押金？农民如退佃，能否收回押金？

3）农民租种地主的土地有没有永佃权，有永佃权土地的租额相当于一般土地租额的多少（百分之几或几倍）？出卖永佃权的情况怎么样？

6. 寺院的土地怎么经营？有多少出租？有多少自营？自营的土地是怎样进行耕作的？寺院的剥削方式和领主、一般地主是否相同，如不同，为什么？

7. 有没有自耕农（自己有少量土地的农民）为了求得政治上的保障，二请求寺院或其他统治上层保护的现象？如果有，要接受什么条件，他的地位及其土地权受到什么影响？

8. 如果是多民族地区，各个民族占有、使用土地的情况有哪些特点，地主的剥削方式对于本民族的农民和其他民族的农民都一样吗？如不同，为什么不同？有哪些不同？

（3）借贷关系

1. 那些人放高利贷，高利贷有哪些种类（粮食、钱、其他）各种高利贷怎样计算利息？放高利贷的有多少户？

2. 那些人借高利贷？为什么借？借时有什么手续？要抵押品吗？通常用什么东西做抵押品？借高利贷的人多吗？

3. 有没有人利用权力强迫人借高利贷？如有，是什么人？

4. 借了高利贷的人到期不能偿还怎么样？会遭到什么后果？

（4）雇佣关系

1. 地主雇人劳动吗？给什么报酬？报酬如何计算？有无克扣工资的现象？有没有一人当雇工，而全家均给地主无偿劳动的情况？那种地主雇人劳动？为什么？

2. 哪种人给地主做雇工？有什么类别（长工、短工等），各类的报酬怎么样？社会地位怎么样？他们为什么去做雇工？他们过去是做什么的（注意阶级分化情况）？这种人占的比例数多少？

3. 有没有富农？富农从什么时候开始出现的？他们的剥削情况怎么样？

4. 土改前当地地主、富农，以那个民族的人最多？

5. 从调查的地区及邻近地区能够了解到定额工资雇工之间的发展线索吗？

（5）其他的封建压迫与剥削

1. 地主家的婚丧大事或逢年过节，农民需送礼吗？送些什么东西？不送可以吗？

2. 农民家有婚丧大事，地主过问吗？他有什么特权？

3. 农民对地主有特殊的礼节以表示其隶属关系及被统治的地位吗？（贵州彝区土目的佃户称土目家为官爷爷，官太太，土目生子要去叩头，拜主认主）

4. 地主用强暴的方法强迫农民劳动，并备有牢房、刑具等以审判和惩罚他们吗？

5. 农民对自己的财产有保障吗？被地主看中的东西，可否不付代价，任意拿走？

6. 农民除受地主各种形式的剥削外，还承担统治机构的赋税徭役吗？

7. 属于寺院的农民除向寺院负担各种赋役外，还对统治机构担任赋役吗？

8. 农民给地主等有当兵的义务吗？怎样当法？

9. 地主在出卖、转让或赠送土地时，耕种这些土地的农民是否也随之被出卖、转让、赠送或交换？

10. 是否地主有权对农民抽地、夺佃、而农民无权自由退佃？

11. 除以上各点外，地主对农民还有那些经济外的强制？

（6）所有制中的农村公社和奴隶制的残余

1. 有没有这样的人：他们以一村一寨为单位，世代相传的占有并使用某一片土地，但是，他们却必须以村寨为单位向土司或土目等每年缴纳一定赋税，并担负徭役？村寨农民，有自己领袖（如村长或寨老）吗？村长或寨老是村寨选出来的、是父子相承的传下来的、还是统治阶级派来的？领袖的任务是什么，有什么权利和义务？什么人才有资格作村长或寨老？

2. 这种村寨的土地最初是从哪里来的？这些土地可以买卖吗？如不能买卖，为什么？村内每家都有权使用这些权利吗？为什么？同村的人可根据情况重新分配土地的使用权？

3. 如村内有些人家因某种原因（如死绝、绝嗣、缺乏劳动力等）不能继续使用自家的土地时，这块土地怎么处理？

4. 同一村寨的人具有什么关系？是亲属、婚姻关系吗？还是其他什么关系？彼此间有什么权利和义务？

5. 这种村寨是从何时开始向统治者担负赋役？是什么原因迫使他们担负的？（黔西有些地方的苗族传说他们是该地最早开荒扩土的人，后来请来了彝族土司，才受他统治，向他交纳粮赋。）他们的统治者是本民族还是其他民族的人？如果有的人因感粮赋过重无力负担而全家逃亡，他这份粮赋怎么办？由全村共同负担吗？为什么？

6. 有没有这种人：他自己没有地，整年给地主作无偿劳动，而地主只是给予少量生活所必需的东西？这种人在地主家都做些什么工作？地主允许他们有自己的私有财产和自己的家庭吗？地主能将他随便出卖或转让吗？能随便打杀他们吗？

（二）手工业

（甲）生产力及其有关情况

（1）经营性质和范围

1. 有无不从事农业生产的手工业者？有哪些行业？

2. 有无家庭世袭的手工业？它是怎样生产的？他的具体情况怎样？社会地位怎样？哪些人从事农村副业的手工业，有哪些种类？生产能力怎样

3. 手工业者的原料如何取得？有无一定的工作场所？有无分工合作或其他劳动组合？他们工作的规模怎样？劳动力来源如何？有无年龄和性别分工？

4. 这种手工业者是分散经营抑或是有专用的集中地点？为什么这样？他们的产品出卖吗？拿到那里去卖？

5. 他们受什么人管理或统治？具体情况如何？他们有什么负担或义务？对什么人？为什么？

（2）冶金与金属加工

1. 本族内有无采冶铁矿及其他金属的人？是那种人经营？组织、技术及劳动动力来源怎么样？

2. 本族内有无专业铁匠？他们会做这些什么东西？所用的铁从何处来？他们的生产是

加工、订货、还是为了出卖而生产？他们用什么方法取得劳动报酬？什么样的报酬？

3. 他们生产的能力怎么样？会铸铁铧吗？从哪里学来的技术？做一把锄头或做一个铁铧要花多长时间？

4. 还有什么金属手工业？具体情况怎么样？

(3) 纺织

1. 纺织业是家庭副业或专业手工业？用什么原料纺织？怎样取得原料，赎买、用实物交换，或自己生产？

2. 从纺线到织成一匹布需要多长时间？一匹布可换多少粮食？

3. 生产是为了加工、订货、一般出卖抑完全自用？

4. 织布机的来源怎样？是否从外族传入？本族有工匠制造吗？如无，是否请外族工匠来做或向他族赎买？

(4) 建筑

1. 本组有专业的石匠、木匠、泥水工匠吗？技术上有什么特点？社会地位如何？

2. 有什么巨大的建筑工程（道路、桥梁、城堡、房屋、水利工程、坟墓及其他）？这些工程所需的劳动力是怎样来的？由什么人组成、领导？怎样组织、领导？在修建过程中使用了些什么特殊的技术或带有民族特点的技术？

(5) 其他手工业

1. 用什么方法进行谷物加工？有臼、手磨、兽磨、水磨吗？那一种最普遍？没有这些工具的人家怎么办？

2. 有什么榨油的工具？有无专业的榨油者？是本族人或外族人？

3. 染色技术怎样？本族无染坊及专业染匠？他们都染些什么东西，用什么染？用什么方式获取报酬？

4. 还有其他较重要的手工业吗？（如蜡染、挑花、刺绣、竹器等）？

(6) 注意手工业在本族生产中的比重

（乙） 生 产 关 系

(1) 生产资料的占有情况

1. 手工业这中间已产生了阶级分化现象吗？手工业行业中有哪些阶级或阶层（如作坊主、工匠、学徒等）？它们各占比例如何？不同阶级或阶层生产资料占有的情况怎样？不同阶级或阶层的经济生活状况怎样？

2. 家庭手工业这所占的比重如何？他们怎样进行生产？具体情况如何？

3. 手工业这可以自由改变职业吗？如果不能，为什么？具体情况如何？

(2) 行会

1. 这些手工业者有无行会的组织？叫什么名字？为什么要组织？在什么条件下出现这种组织？各行会公约的内容如何？参加这些组织要具备什么条件？有什么权利和义务？不参

加行吗？

2. 手工业者各行业之间及各行业内部的竞争情况怎样？行会组织能够限制它们的竞争吗？行会组织在生产和经济活动上起什么作用？

（3）劳役和负担

1. 手工业者服不服劳役？给什么人服？为什么服？一年要服多少天？占全年劳动时间的百分比如何？不服行吗？有没有代替的办法？

2. 纺织、打铁等手工业者有在自己家内为别人进行服劳役的现象吗？

3. 在本族中这些手工业者的社会地位怎样？他们可以随意行动而不受拘束吗？

4. 如有其他民族的手工业者在本区工作，他们也有服劳役吗？为什么？他们的遭遇怎样？

（高利贷剥削手工业者的情况可以参阅农业方面借贷一栏）

（三）商 业

（甲）市场与交易情况

1. 在从事商业的人们中，已经产生了阶级分化吗？有那几个阶级或阶层（如财东、代理人、店伙与驮运主、脚户、包税商、包买商等）？各有多少户、多少人？他们的阶级出身和生活状况怎样？

2. 农民和手工业者的农产品和手工业产品到那里出卖？有没有定期聚集出卖产品的地方？他们的产品主要卖给谁？

3. 本民族分布区有没有出现场集或城镇？场集上或城镇上的居民以那个民族的人最多？他们都从事何种职业？和农业生产有没有关系？如没有关系，他们的生计来源是什么？在城乡间产品价格交换是否合理？在场集上与城镇上有多少户行商与坐商？资金有多少？一年中贸易额多大？

4. 附近主要的场集上，赶场的人属那些民族？那个民族的商人最多？场上最通行的是那个民族的语言？为什么？

5. 场集上以那个民族的商人的资金为最大？经济上的领导权掌握在那个民族商人的手中？本民族在商业活动中占什么地位？起了什么作用？

6. 这些场集多久赶一次？有多远的人到这里来赶场？一般说来，农民多久赶一回场？在场上农民卖什么出去？买什么回来？卖出去的多或买进来的多？

7. 交易时用什么货币（银锭、银圆或纸币）？有没有物物交易的方式？农产品和工业品的比价怎样？

8. 本族中有无专门经商的人（如包买主）？他们是那一阶层的人？经商的规模怎样？社会地位怎样？他们和地主、土司、头人等发生什么关系？他们和手工业者有什么关系？他们通过什么方式来控制手工业者？

9. 商人是否有自己的组织？这组织有些什么制度和活动？

(乙) 商品种类与经济联系

1. 市场上有哪些主要商品？都是从那里来的？
2. 注意观察农产品商品化的种类、程度、普遍性。
3. 注意观察小生产者，商人对农产品的依赖程度。
4. 注意城市、场集与农村的经济联系的紧密程度，是通过那些主要商品联系起来的？
5. 日常生活中的食盐怎么解决？自行解决或依靠其他民族地区运入？具体情况怎样？

(丙) 寺院及其他宗教机构经商情况

1. 寺院或其他宗教团体也经营商业吗？通过什么样的方式经营？它的商业势力和宗教势力发生什么关系？
2. 寺院的商业力量在本地区商品经济上起了什么作用？占了什么地位？

(丁) 牧区商业交换情况

1. 牧区商业交换的情况如何？到哪里去买卖物品？最畅销的商品有哪些？
2. 商人是哪族人？农产品及手工业品间的比价怎样？
3. 一个普通牧人在日常生活中自给自足的程度如何？依靠商业交换的程度如何？
4. 农民与牧民之间，农牧产品之间的交换情况怎样？

(四) 渔猎、运输、林业、采集及其他生产

少数民族居住地区多为山区及草原地区，因此，他们除了经营农业、养畜业与手工业外，适应山区经济的特点，他们还经营着其他的生产，这些生产部门往往是他们经济生活中重要的组成部分，调查中必须适当地加以注意。

1. 渔猎、运输、林业与采集等生产各有那些主要的工具，这些工具的特点及效率怎样？这些工具是买来的，还是自制的？
2. 进行上述各项生产的技术水平怎样？是常年进行的，还是季节性的？它们与农业生产的关系怎样？主要的生产对象（如各种兽皮、鱼类、药材、野麻等）是什么？
3. 在进行上述各项生产时，从业人是单独进行的呢？还是合伙进行的？传统的习惯对于进行这些生产有些什么规定？合伙经营时如何分配收益？
4. 从事上述各项生产的人家共有多少户、多少人，其中专业的有多少户、多少人？他们的经济地位是怎样的？在这些生产中生产资料的占有情况是怎样的？有没有雇工经营与出租生产工具的？如有，具体情况怎样？
5. 从事上述生产的人，对于土司等封建主有什么特定的义务？对他们进行生产的地区有何限制？

6. 上述各项生产中有多少是自用的,有多少是出卖的,一年中收入有多少?对当地居民的经济生活有何影响?

7. 从事上述各项生产的有哪些民族?有没有某一民族特别擅长于经营其中某一种生产的情况?为什么?

（附）牧 区

我国的牧区基本上都在少数民族居住的地区,畜牧业经济和农业经济具有不同的特点,因而对于牧区的调查研究,必须注意下面的问题:

（甲）生产力及其有关情况

(1) 牧场、打草场与畜群的情况

1. 四季牧场的分布情况怎样?质量、面积与载畜量如何?

2. 有没有天然打草场与人工培植的打草场?面积各多大?每年能够割储多少冬草?够不够过冬度春之用?

3. 农田饲料基地有多少?种植何种饲料?产量若何?

4. 马、牛、绵羊、山羊、驼、驴各多少头?生产哪些畜产品?产品率怎样?以经营哪种牲畜为主?原因何在?

5. 牲畜的繁殖率与成活率如何?

(2) 生产工具与基本建设

1. 有哪些农业、牧业、副业的生产工具?哪些是自制的?哪些是买来的?

2. 有没有棚圈设备?能容纳多少牲畜?

3. 有水井、渠道的设置吗?能不能完全解决人畜饮水的问题?

(3) 放牧与饲养整理

1. 是定居放牧还是游牧?定居的过程怎样?牧民的家庭是否有一部分老人、小孩、妇女常年定居,一部分青壮年成员常年随畜群游牧的现象?为什么?游牧中转移牧场的情况怎样?

2. 对于接幼育幼、剪毛抓绒、分群放牧（根据不同季节有:大小分群、公母分群、健弱分群等）、养夏膘、抓秋膘、定期交配、选种选配、保膘保胎、按时转移牧场等生产活动有何传统的知识?怎样进行?

3. 适应季节的变化,在各季节生产上有何重要的措施?为什么要采取这些措施?

4. 自然放牧与舍饲的情况怎样?

5. 保护与培植牧场、打草场的工作做得怎样?

(4) 自然灾害、疫病等的抗击

1. 历年来疫病、兽害、风雪、饥荒对畜牧业生产危害的情况怎样?有什么抗击的办法?每年死于各种自然灾害的牲畜有多少?占牲畜总头数的百分之几?

2. 打狼防狼、割储冬草、修搭棚圈的工作做得怎样？
3. 有没有防灾保畜的组织？怎样组成的？做些什么工作？

（5）农牧结合与多种经营

1. 兼营农业及其他副业生产吗？农牧业生产怎样结合？怎样相互支援？有哪些副业生产？是怎样进行的？
2. 耕种土地多少？其中有多少是种植饲料作物的？
3. 劳动力是怎样组织的？怎样解决农牧矛盾（农忙季节也是畜牧业生产繁忙的季节）？

（6）畜牧业生产在牧民总收入中所占的比重有多大？

（乙）生产关系

（1）阶级情况与占有情况

1. 当地居民有那几个阶级（如牧主、中等牧民、贫困牧民、牧工等，牧区现行政策是不划分阶级的，不划分阶级并不等于没有阶级，划分阶级只能内部掌握、不能公开划分，划分阶级的标准应征询当地党委意见）？各多少户？多少人？各阶级占有牲畜、牧场、打草场与耕地的情况怎样？
2. 牧场、打草场与耕地属于部落或氏族公有的有多少？私有的有多少？它们由公有转变为私有的过程怎样？

（2）剥削关系

1. 部落、氏族公有与私人占有的牧场、打草场与耕地的租佃情况怎样？租额及支付的办法怎样？租额及支付的办法怎样？对于本部落氏族的人和对于外部落氏族的人有无不同的对待办法？
2. 有无放羚羊的办法（内蒙称为苏克鲁，新疆称为铁羊）？寺院（或牧主）与牧民分益比例怎样？仔畜、毛绒与乳畜怎样分配？过去和现在因自然灾害造成的损失由谁承担？
3. 有无专门出卖劳动力的牧工、牧工的工资是事先由牧工、牧主双方议定的，还是由牧主随意给的？有没有克扣、勒欠工资的现象？是否牧工一人受雇，全家都要给牧主进行无偿劳役？牧工有权能够随意离开牧主吗？牧主有哪些虐待牧工的行为？
4. 牧主、寺院、商人对贫困牧民放高利贷吗？有哪些形式？怎样支付利息？负债人无力偿还时怎样？
5. 有没有牧奴？有多少？牧奴及其子女可以被牧主买卖、赠送吗？他们是怎样成为牧奴的？
6. 有没有牧主强迫牧民服劳役、献贡纳的情况？牧主对牧民有哪些经济外的强制？

（3）氏族公社制与奴隶制的影响

1. 部落、氏族的组织系统怎样？在生产与社会生活的各方面有什么作用？与邻近农业区比较起来，牧区的部落氏族制度是否保留地比较完整？原因是什么？是否和游牧经济的特点有关系？

2. 当地牧区的封建制度是否可以称为宗法封建制？部落氏族制度是怎样被保留下来适应并服务于封建制度（例如：牧场在氏族公有的名义下，实际上牧主独享公有的利益，在近亲相助的传统与借口下无偿使用牧民的劳动力等)？

3. 阿吾勒（类似自然村庄，五、六户至二、三十户牧民聚居在一起，一同转移牧场，互相协助进行生产）是怎样组成的？阿吾勒长与阿吾勒居民的关系怎样？阿吾勒长在生产与社会生活等各方面有什么作用？如有，表现在什么地方？

4. 有没有奴隶制的残余？如有，表现在什么地方？

（4）当地有没有氏族部落间与牧民私人间的牧场纷争？情况怎样？怎样解决的？

二、政治和法律

说明

封建社会生产关系的特征是占有土地的封建主剥削、压迫直接生产者的农民和小手工业者的关系。作为统治阶级的封建主与被统治阶级的农民是构成封建社会的两个基本阶级，因而，农民与封建主间的阶级斗争就贯串着整个封建制度时代。土地是封建社会中最重要的生产资料，封建主凭借占有大量的土地，并借助于超经济强制，剥削、压迫农民。封建主为了巩固自己的统治地位，建立了一套为自己服务的政治制度和法律。

在封建国家内，最大的封建主国王或皇帝占有全国的土地，由于受当时生产力的限制，他不能集中大量财富直接供给部下生活，同时要直接统治全国农民也有困难，于是把土地分封给亲属和大臣，受封者就变成大封建主。大封建主直接统治很多农民也有困难，于是他们同样又把土地一层层地分配给各种等级的领主。封建主愈大，占有的土地及附属于土地的农民也就愈多。没有土地的农民及手工业者社会地位是最低下的。所以封建社会的一个特点是有严密的等级制度，政治上所区分的公、侯、伯、子、男的等级制，也就是占有土地多少的反映。较低的等级服务于较高的等级，这样层层而上，最终集中在皇帝手中。皇帝通过各种等级的封建主对全国人民进行统治。

由于封建经济具有自给自足、分散、闭塞的特点，各地区的封建主又具有统治自己地区的政治权力，这就形成封建割据的局面。根据欧洲的情况，严格说来，封建社会中所形成的中央集权并不是十分巩固的。

封建法律的特点就是把封建主强加于被统治阶级的各种束缚做出条文的规定，予以"合法化"，在法律上确定等级的划分，以及各等级所具有的地位。因此，"封建法权，按照马克思的说法，是'武力法权'，是'特权法权'，也就是建立在封建特权上的强者的法权。它认为对于劳动者加以经济外的强制是合理的，认为封建主对劳动者的专横和武断是合法的。它巩固了社会底等级制度，即将社会分成在权利和义务上不平等的孤立集团，并使等级的隶属时代相承。"（苏联司法部全联盟法学研究所编《国家与法权通史》第二分册，第221页，中国人民大学1955年出版）司法权力掌握在封建统治者手中，法庭、监牢、刑具也都成为统治的工具。作为上层建筑的封建政治制度和法律，就是为封建制度的经济基础服务的。

问题

（一）等级

（1）本民族统治者的上层中是否分有不同的等级？各个等级的人是怎样产生的？要具备什么条件？

（2）这些等级有特定的名称吗？本族话怎样称呼？是什么意思？各等级的人有特定的名称吗？本族话怎样称呼？是什么意思？

（3）如是民族杂居区，别的民族对他们怎样称呼？是什么意思？

（4）各等级的人彼此间在经济上、政治上、日常生活上具有什么样的关系？各有什么权利和义务？对每个等级的人的行为是否有特定的制度加以控制？

（5）他们占有土地的多少是不是和他们等级的高低有关系？为什么？有什么样的关系？

（6）他们的等级可以改变吗？为什么？在什么条件下可以改变？

（7）他们占有的土地随等级的改变而改变吗？怎样改变？

（8）他们的土地是怎样来的？能自由处理自己的土地吗？在什么条件下他们会失掉土地？

（二）统治机构

（1）统治上层的统治机构是怎样组成的？辖区多大？组织体系怎样？怎样进行对人民的统治？本族内有统一的最高的统治机构吗？最高统治者是怎样来的？本族话怎样称呼他？

（2）全部统治机构分了若干部门，各等级的人是怎样配备到这些部门中去的？参加统治机构的人怎样得到报酬？

（3）除本民族原有的封建统治机构外，封建王朝（如清朝皇帝）会派遣官吏驻在当地吗？封建王朝对本地的统治上层如土司采取何种政策？互相间的关系怎样？

（4）当地民族会受过外来民族的统治吗？是怎样进行统治的？

（5）当地的政治、军事制度，哪些是本民族旧有的？哪些是从其他民族传入的？

（6）统治机构的武装力量是怎样组成的？有专业的军队吗？哪些人才有当兵的义务？军费由谁负担？怎样负担？本族有传统的兵法（行军、布阵、出击、防御、军律等）吗？有什么兵器及装备（注意民族特点）？封建王朝会在当地征过兵或派过军官吗？

（7）有民兵吗？作用何在？组织怎样？由谁领导？在何种条件下征调民兵？民兵和专业军队的关系如何？民兵在平时掌握武器吗？民兵的武器自行准备或由统治阶级发给？

（8）当军官的是否有一定的资格上的限制？农民士兵可升为军官吗？在升级方面有没有一定的限制？

（三）法 律

（1）本民族有用文字写成的法律吗？是那个时代写的？是谁写的？他们是什么身份的人？这个法律具体内容如何？在不同时期有过那些改变？

（2）本民族内的人如果犯了同样的法，如杀人致死，是否都受相同的法律裁判？如果不同，为什么？有哪些不同的地方？

（3）本民族的法律中有哪些是采用封建王朝的法律？有哪些是其他民族的法律？封建王朝对当地有什么特殊的法律？在民族歧视方面有什么特殊的法律？

（4）如果有杀人后赔偿命价的风俗，是否每人的命价都一样？如果不同，为什么？赔偿命价的办法怎样？

（5）主人打伤仆人算犯法吗？仆人由于自卫而还手算犯法吗？

（6）什么是偷盗行为？仆人暗中拿走主人的东西算是偷盗吗？主人如看上了仆人的一匹马，暗中或明目张胆地骑走算是偷盗吗？

（7）不同阶级的人通奸算犯法吗？主人强奸仆人的妻女算犯法吗？仆人与主人的妻女通奸算犯法吗？

（8）同一阶级的人发生债务关系，到期不能偿还，如何处理？不同阶级的人发生债务关系到期不能偿还，如何处理？

（9）财产继承权在法律上是怎样规定的？男女都有财产继承权吗？长子和幼子的财产继承权是否平等？

（10）本民族的人与其他民族的人涉及法律问题时，由谁解决？用什么法律解决？

（11）有无起誓和神明判断如油锅抓石、手拿红铁等办法？内容怎样？对所有的人都适用吗？适用于那些人？

（12）成文的法律对各种案件的审讯和判决是怎样规定的？具体处理案件的情况怎样？

（13）本族传统的习惯法和用文字写成的法律是一样的吗？有些什么差别？为什么会有这些差别？民间对这两种法律的看法怎样（详细记录习惯法的内容）？

（四）宗教与政治的关系

（1）寺院和宗教集团有统治人民的权力吗？如有，这种权力是怎样来的？他们用什么方式来进行统治？

（2）寺院和宗教集团与其他统治上曾发生什么样的联系？他们在经济上和政治上发生什么关系？他们之间有矛盾冲突吗？是怎样引起的？

（3）寺院有武力吗？是怎样组成的？寺院的武装和军队的作用有何不同？

（4）属于寺院的农民受统治机构的管理吗？他犯了法，怎样处理？

（五）统治阶级间的关系

（1）本族统治阶级与外族统治阶级发生什么关系？和哪个民族的统治阶级发生关系？为什么发生关系？对本族有什么影响？

（2）本族统治者吸收外族人参加其统治机构吗？吸收哪族的人？做什么工作？

（六）阶级斗争

（1）本族人民曾发生过反对统治者的起义斗争吗？是怎样引起来的？规模如何？具体过程怎样？

（2）起义者是些什么样的人？领袖是什么样的人？

（3）起义者有什么口号？群众对他们的反映怎样？他们怎样号召群众来参加斗争？

（4）起义者斗争的对象是些什么样的人？这些人受到其他统治上层的支持吗？怎样支持他们？

（5）统治者怎样镇压起义的群众？他们对于群众提出的要求有什么反应？

（6）在和统治者斗争中，人民采取过个人搏斗、毁坏地主生产资料（工具、田庄等）、组织会团、宣传反抗思想等各种活动形式吗？

（七）帝国主义侵略

（1）有那一国人曾来过此地？何时来过？住了多久？

（2）他们和那些人接触来往？有无商务联系？成立过教堂吗？吸收入教，用什么办法？他们的直接目的是什么？是否用武力屠杀过当地人民？有什么活动？盗窃了什么资料（地形调查，文物等等）？

（3）他们的活动对当地发生了什么影响？当地人对他们的观感如何？

三、生活、习俗、文艺及其他

说明

人们之间的生活关系是一种及其复杂的现象。一方面，它和一定的生产关系是紧密联系在一起的，并依存于它。因而人们的生活关系就具有其时代的特点。马克思在1846年给安年科夫的信中写道："有一定的生产、交换和消费发展阶段，就会有一定的社会制度、一定的家庭、等级或阶级组织……"正说明了这一关系。在阶级社会中，统治阶级为了维持自己的私有制度和政治上的统治，除采用政治、经济手段外，还定制了清规戒律，来笼络、限制、欺骗人民。例如汉族的封建统治阶级，很早就制定了一套《三纲五常》的道理。制定一套宝塔式的封建等级制度；根据这一制度，人们的日常生活如婚、葬、嫁、娶、衣、食、住、行均有一定的规矩，不可随便僭越，否则就要收到道德与舆论的谴责和法律的制裁。当然这种等级制度是以统治阶级的特权为前提的。和这种等级制度相适应，还制定了一套宗法制度；对财产、职位的继承，对祖先的祭祀都有一定的规定。所有这些制度、伦理纲常都是封建统治者所制定，并用来作为巩固其统治的手段。这就说明，每个民族的生活特点和习俗是和一定的经济生产紧密结合在一起的。

另一方面，还应注意到，很多生活特点和习俗，是某一民族广大劳动群众在长期生产斗争和阶级斗争过程中，逐渐形成起来的，具有深远的历史根源和悠久的历史继承性。也就是说，它具有深厚的人民性和历史传统。因此，我们调查民族生活特点和习俗，不但可以帮助我们了解一个民族现阶段的社会性质；探讨他们过去的社会状况；还有助于各族人民认识这些习俗和特点的糟粕和精华。

关于文艺、文教卫生、科学、哲学等，都和一个民族的生产活动和生产力发展水平有着密切关系。并对一个民族的发展有着一定的影响，不过性质不同，所起的影响作用也不一样。所以在调查时也要区别其精华与糟粕。

问题

（一）婚姻、家庭、丧葬

（1）统治上层中不同等级的人可彼此通婚吗？在什么情况下可以通婚，在什么情况下不能通婚？属于统治上层的人家一般都彼此有婚姻关系吗？

（2）统治上层家的姑娘能嫁给平民（农民、手工业者、商人）吗？平民的姑娘能嫁给统治上层吗？

（3）男女婚姻自主，还是父母包办？可以和其他民族的人通婚吗？

（4）在婚姻习俗中统治上层和平民之间是否有差别？各有什么特点？哪种婚姻形式最普遍，一夫一妻、一夫多妻、一妻多夫？

（5）选择配偶的范围是否有严格的规定（如甲氏族男子只能娶乙氏族的妇女等）？

（6）婚后丈夫住到妻子家里？还是妻子住到丈夫家里？妇女的社会地位是否与男子平等？妇女参不参加劳动？

（7）家庭中一般包括哪些成员，是大家庭，还是小家庭？谁的权利最大？

（8）养老育幼的职责是由谁负责的？亲属间有哪些权利和义务？

（9）一般人对寡妇再嫁的看法如何？如再婚，哪些人有优先和她结婚的权利？

（10）对非婚生子的看法如何？为什么会产生这种看法？他们的社会地位怎样？

（11）本民族有几种埋葬死人的风俗（如天葬、火葬、土葬、水葬、塔葬等）？农民采用什么方式？土司、土目等采用什么方式？活佛、喇嘛、和尚、巫师等采用什么方式？有传统规定吗？为什么这样规定？

（12）关于结婚、生孩子、成年和丧葬、祭祀等风俗，各阶层有何区别？何以存在这些区别？

（二）上层和平民间的礼节

(1) 统治上层和平民有来往吗？在什么情况下才有来往？

(2) 平民见到土目、头人或活佛、大喇嘛等人时要遵守什么样的礼节？不遵守可以吗？

（三）衣饰

(1) 对各阶层的人所穿戴的衣饰的样式、颜色及材料有无一定的规定？如有一定的规定，是何人所规定？为什么这样规定？如有人穿戴不合规定的衣饰会有什么后果？

(2) 一年间换几次衣饰，各次在什么时节，换什么衣服？这一天要举行什么仪式？各阶层都一样吗？

(3) 临终或死亡后，男女各穿戴什么衣饰？表示什么意义？为死人穿衣时有何仪式？有何禁忌？各阶层有何区别？为什么存在这些区别？

(4) 不同职业者（各种工人、商人等）有其特殊衣服吗？有什么意义？

（四）居住

(1) 各阶层的人所住的房子样式相同吗？各有什么特点？高矮大小有规定吗？在同一地区内的各阶层的人，他们的房子是怎样分布的？有一定的规定吗？

(2) 大门普通开于何方？有何特殊设置或装饰？有何特殊意义？各阶层都一样吗？

(3) 祖先神主安置在什么地方？安置用什么器物？有何意义？

(4) 牧区中帐幕如何布置？统治上层与普通牧人的帐幕各有一定安置的地方吗？

(5) 统治上层的帐幕有特殊标志吗？

（五）食

(1) 食物的种类有哪些？哪些是日常食用的？哪些是最珍贵的？有哪些别致的食物？

(2) 进餐的方式如何？共食或分食？在何处进餐？座次如何排法？各阶层的方式都一样吗？

(3) 进餐时有何规矩与禁忌？对于哪些食物有禁忌？为什么？

(4) 有什么事才请客，客人的座位如何安排？对客人有什么礼节？

(5) 普通男女共席吗？若平常是男女分席，在什么情形下男女可以共席？男女共席时有何特殊的规矩？

（六）馈赠

(1) 在什么时候，为什么事才馈赠礼物？最常用的馈赠品是什么？

(2) 各种馈赠的关系间，哪几种是对等的？哪几种是由一方面送的？哪几种是分先后送的？其关系如何？

（七）节日

每年有些什么节日？有专属农民的节日吗？有专属统治上层的节日吗？各有什么特殊的内容和意义？

（八）文艺

（1）本民族有什么民间传说、故事、戏剧、音乐、舞蹈？它们有什么特点？有什么主要内容？有没有反映阶级斗争、历史传说、本族起源、人类起源等的内容？

（2）诗歌中有没有提到附近其他民族的？提到哪些民族？有没有反映民族友好和民族压迫的内容？

（3）有没有职业歌舞者？他们是什么身份的人？社会地位怎样？他们是怎样来的？师徒相承或父子相承？

（4）本族的绘画、雕刻、建筑有何特点？有哪些最常见的图案？代表什么意义？

（九）文教卫生

（1）本地区（包括该民族）有哪些疾病？如何治疗？由什么人来治疗？有什么药物？治病人的社会地位怎样？如何学得技术？如何取得报酬？

（2）有学校或其他受教育的地方吗？这些机构是由谁设立的？

（3）哪些人才有受教育的机会？学些什么东西？有本族文字吗？如本族没有文字，学习什么文字？为什么学这种文字？

（4）有专为某一阶层设立的学校吗？要具有什么资格才能进去？学什么东西？学生毕业后做什么？

（5）家庭中对儿童进行什么教育？由谁负责进行这一工作？

（十）科学知识和哲学观点

（1）本族有什么传统的天文、气象和地理的知识？和生产有什么关系？和宗教有什么关系？有专人掌握这方面的知识吗？如何传授？这些人的社会地位如何？

（2）本族有自己的历法吗？如何确定时令季节？每年分多少个月？每月多少天？时令、节气和生产、日常生活、出猎、旅行、战争、婚嫁、葬埋等活动有关系吗？有无专人掌握历算的知识？如何传授？这些人的社会地位如何？

（3）本族有些什么数学知识？如何传授？有专人掌握吗？用于那些生活和生产实践中？

（4）本族人民对周围一些事物和现象如何解释？

四、宗教

说明

宗教是封建制度的有力支柱。封建主把政治权力和寺院僧侣的神权结合起来,以统治劳动人民,维护封建社会的秩序。封建主利用宗教迷信欺骗人民,使他们接受宿命观点,相信人的命运由神支配,应顺从神的意旨,忍受今生痛苦,祈求来世幸福,借此转移被压迫者的阶级仇恨。另一方面,宗教又把统治者说成是神或神的代理人,为统治阶级的封建特权辩护。

由于宗教对封建统治有利,宗教不但得到封建主的支持,并且两者有时合二为一。寺院在取得一定的政治权力后,又利用这些权力和民间的信仰,通过布施、捐献等方式集中大量土地、财产,成为封建主。寺院不仅在经济上奴役农民,同时文化生活,除封建贵族外,也被寺院僧侣所垄断。广大的劳动群众整日辛勤劳动,生活贫困,没有接触文化知识的机会,长期处于愚昧状态。他们的思想意识、日常生活、婚丧节庆都深受宗教迷信的影响。宗教迷信是维护佛教统治的最有力的工具之一。

同时也应注意宗教和政治的复杂关系;在各民族反抗异族的压迫时,常用卫教的旗帜;在农民运动中也常以宗教口号来动员群众,采取宗教的形式来组织群众;反封建运动中也有许多利用原有宗教的教义进行宣传,各种秘密结社更常有宗教形式。宗教运动中所反映的阶级斗争一般是不简单的。我们对于宗教问题必须实事求是地进行分析,不应当简单化。

问题

(一)宗教的种类、仪式

(1) 本族最早信仰的宗教是什么?现在如何?

(2) 本族现有那些宗教?来源如何?相互有什么关系?这些宗教和当时社会经济生活的关系如何?

(3) 这些宗教的教义如何?有什么中心思想(如对宇宙、人生的看法)?不同等级的人,对教义的看法、解释有什么不同?有什么仪式、特征?

(4) 这些不同的宗教分布在什么地域?不同地域、不同阶级、不同职业的人,是否有不同的宗教信仰?

(5) 这些宗教信仰的盛衰变迁如何?什么原因促成的?

(6) 那个宗教或那个宗教的流派受本族最普遍的信仰?什么理由?

(7) 各种宗教、信仰和外族发生什么关系?

(8) 有巫师吗?有什么巫术(如卜卦、治病、赶鬼、咒术等)?他们的社会地位怎样?

(9) 各种宗教之间,互相有抨击、斗争和有教义的斗争吗?

（二）宗教组织、制度与机构

（1）宗教的组织系统怎样？各级的宗教机构都有一定的教区与所属的教民吗？

（2）僧侣（指广义言，包括各种宗教中的职业人员，如执事、和尚、喇嘛、阿訇、牧师、司仪等等）的阶级出身怎样？

（3）需要什么条件或通过什么程序方能成为僧侣？僧侣对寺院有什么权利和义务？

（4）僧侣组织有哪些职别和等级？各等级的人数比例如何？相互关系如何？他们有什么进修或升迁的制度？

（5）僧侣必须遵守那些教规、戒律？

（6）僧侣可以结婚吗？他们的财产、地位如何承袭？

（7）寺院内有非宗教性质的组织吗（例如武装）？

（8）寺院组织有哪些机构？它们相互间的关系如何？

（三）宗教集团的经济情况

（1）寺院的财产有哪几种？数量和来源如何？

（2）寺院在农、牧、手工业、商业等方面的一切经济活动和收支情况如何？

（3）寺院财产的所有制如何？各级僧侣对寺院财产享有什么权利？对寺院应尽什么经济上的义务？

（4）各级僧侣的物质生活情况如何？主要靠什么维持？

（5）寺院集团对本区经济的影响，以及对本区以外的联系和影响如何？

（四）宗教对社会的影响

（1）寺院与世俗佛教封建主的关系如何？有没有矛盾？表现在哪些方面？为什么？

（2）寺院和劳动群众的关系如何？

（3）宗教对生产劳动和社会生活起什么作用（如节日大量屠宰牲畜、封斋影响生产等）？

（4）宗教对文化、技术、知识的传播起什么作用？

（5）本族有什么宗教节日？节日的起源？每年的庆祝节日占多少时间？

（6）人民在宗教迷信上的费用，占每人每年生产和收入的多少？

（7）宗教集团和帝国主义侵略势力的关系如何？

（8）解放后，本族人民对政府执行保护宗教政策的反应如何？

附录　墨玉县夏合勒克乡的农奴制度

中共中央新疆分局宣传部研究室

一、为了学习的调查

墨玉县夏合勒克乡是1951年7月和阗地委减租试点乡，在减租前，这里存在着完整的农奴制度，或者说是封建社会初期的庄园经济。经过减租，成千成百的男女农奴，团结起来，用自己的双手把这里黑暗的制度推翻了，把这种落后的经济摧毁了。从此，新的制度开始代替着旧的制度，新的经济开始代替着旧的经济，古老的夏合勒克乡开始新生了。为了研究解放前农奴制度在新疆的演变，1951年12月3日我们来到了夏合勒克乡，访问解放了的农奴，请他们用自己痛苦的经历来帮助我们学习和认识新疆这部生动的历史。

二、"和加"的由来

一到夏合勒克乡，首先引人入目的就是在所有矗立天空的白杨树叶下，都有着一座深宅大院，围绕着他的周围就是仓库和各种手工业作坊、磨面坊、榨油坊等，再外面就是农奴和仆从居住的简陋破烂的小房以及家畜的棚圈。每个深宅大院的左侧或右侧，都有一个专用的清真寺。深宅大院是每个庄园的中心，居住在这深宅大院里面的就是曾经占有了这一切的农奴的主人。这些农奴的主人几百年来把自己称呼为"和加"，几百年来所有的人们也都这样的称呼他们。"和加"译成汉文就是贵族的意思，按照和加自己的解释就是"贵族"，就是"圣人的后代"。

关于和加的历史，在和加的后代中和农奴中间，会有着多种的传说。比较普遍的有三种：第一种是和加的祖先从麦加来和阗的途中，遇到一个圣人给他们做祈祷，说他们手里的手杖插到哪里发了芽，哪里就是他们的田园。于是他们走一处，手杖插一处，都不见发芽。走到离夏合勒克乡二十华里的喀拉喀什河旁，一天他们把手杖插在河边，并在手杖旁小便了一次，顿时手杖发了芽，并变成一棵极高大的树，由此这附近几百华里的地方都成了他们的田园。第二种是很早以前和加的祖先会到北京去见了清朝皇帝，皇帝说你从这样远的地方来有什么要求，他说："我要求皇帝赐给我一块牛皮大的土地"，皇帝答应了他们的要求，并给了他一张正式的文契，他回到家寻觅了最大一头牛，把牛杀了，把牛皮割成如线一般的细丝，把丝接起来，牛皮丝拉到哪里，哪里的土地就属于他们的。第三种说他们的祖先二百多年前从中亚安集延来和阗，最初来的一些人到夏合勒克乡时，这里是一片广大的戈壁，仅有几家人居住着，他们没法糊口，有个叫玉素甫的便冒充大毛拉，说他是圣人的后代，欺骗当地农民，他领着同来的人在这一代传教糊口。后来他们的后代牙和雅（买买提伊敏汗的四世祖）给墨玉县大阿訇管印，他乘大阿訇睡觉时在纸上偷盖了一个印。恰好当时从莎车至和田的一个"大人"尼孜项伯克从这里经过，他们搭了一个彩门迎接，并向那个"大人"请求："我们的祖先是圣人的后代，来这里后，把戈壁变成了田园，我一时不慎，将祖先的地契遗失，请大人设法。"那个"大人"便在他所拿的大阿訇的证明书上盖了一个印。这样他既有了宗教的证明，又有了"官府"的证明，便勾结当地政权，将东至牙瓦，西至塔瓦克，南至考克特莱克，北至枯赌克，从横约二四零华里的土地与戈壁完全占为己有。

这些传说共同的说明了一个问题：这就是和加的祖先利用宗教欺骗人民，和清朝皇室授予的政治上的特权，垄断和占有了广大无边的土地和土地上的人民，而使自己成为大量土地和农奴的主人。

他们占有了这样一片土地和在这土地上的农民之后，又继续招纳四处农民来开荒，当时周围的农民，因农奴制剥削残酷，有许多便抱着新的希望逃奔到这里来开荒，于是又变成"和加"的奴隶。在"和加"的地狱中，一代代地度过牛马般的生活。

"和加"利用这些农奴开荒的方式有两种。

一种是给农奴一块份地，这块地能够耕种的仅一两亩，其余都是荒地，一两亩地上的收入，不能维持农奴全家人最低限度的生活，便不得不在这一两亩熟地周围的荒地上，一块块的开出许多熟地来，三年、五年、十年、八年，农奴流尽了血汗，将这些荒地辛辛苦苦的施肥后，和加便即时把全部熟地夺去，又指给农奴一块荒地去开垦，务好了，又夺去，这样十次八次抽换着农奴的份地，一年一年大批的增加了和加的耕地。如四区区长会主任塔里浦的父亲尼牙孜，是和加宰凯尔汗的农奴，他的份地被抽换过六次之多。一百二十岁的老农奴肉孜司马义，给买买提力汗和加做木匠，和加指定给他一块荒戈壁作份地，他利用晚上的时间，开出二十多亩来，压了苜蓿，种了各种果树和葡萄，和加的老婆沙拉汗看见葡萄长得好，红了眼，将他全部夺去，另指给四亩最下的地。1942年买买提力汗和加指给帖木儿二十亩荒地种，帖木儿卖了两头牛，修了两间小房，第一年在那块地上开荒种了瓜，和加看到长得好，强拿去了三百秤苞谷的租子，过年压了苜蓿，第三年苜蓿刚能收了，和加便将地夺去，将帖木儿的房子一把火烧了，全家人被赶了出来。

另一种是集体开荒，农奴加重了和加的份地，整年带着自己的工具，食粮给和加无偿劳动。除代耕土地、做家务等工作外，最残酷的就是开荒，冬天挖渠、筑堤、背土……夏天放水、放泥……成群的农奴在戈壁滩上被和加的皮鞭殴打着，给和加开荒。买买提力汗和加每年要开出六十亩荒地来，和加买买吐尔逊汗每年要开出四十亩荒地，和加外拉汗每年要开出二十亩荒地来。老农奴肉孜司马义说："我一个人就给买买提力汗和加开出二百亩荒地来。"

农奴的双手，开拓出了大片肥沃的耕地，三十年前买买提力汗的父亲死时，仅留给他四百亩耕地，现在已成四千一百亩了。六十年前和加买买吐尔逊汗，在三区仅有十七亩熟地，截至1949年，已成四百二十亩熟地了。

就是这样，经年累月，农奴的血汗灌溉了和加们日益增加的田园，到1949年为止，夏合勒克乡十五个和加在本乡占有的土地已经达到一万二千四百三十二亩了（他们在外乡占有的一千二百四十六亩地不在此数之内）。夏合勒克乡全乡共有耕地一万七千零五十六亩，居民六百八十户，二千二百八十四人。十五户和加（占全乡总户数百分之二点二一），六十口人（占全乡总人数百分之二点六三），占有的土地为全乡耕地总面积的百分之七十二点八九。富农二十户（占全乡总户数百分之二点九四），六十八人（占全乡总人数百分之二点九八），占有耕地约一千三百亩，为全乡耕地总面积的百分之七点四五。占全乡总户数百分之九四点八五，总人口百分之九十四点三九的贫农、雇农和中农，和占有极少数土地的农奴，仅占全乡耕地的百分之十九点六六。

和加霸占了大量的土地，同时他们又霸占了更多的水利，全乡十三昼夜水中，和加占去十一昼夜，为总数的百分之八十四点六二。每当灌水时，十五户和加，赶出他们的全部农奴，在管家的监督下，有的浇水，有的巡逻，把守着每一个水口，过路的人想喝渠中的一口水解渴也不会被允许的。除富农占有的水外，农民使用的水仅仅一昼夜。但也经常被和加任意占用，使农民的禾苗常常干死在田中。

三、庄园经济中的农奴主与农奴

夏合克勒乡的和加在霸占了全部荒地、戈壁和占有了大量耕地的基础上，迫使毫无土地的农民完全依附于他们的土地，他们与农民的关系，就是农奴主与农奴的关系。直至1949年，十五户和加还占有二百七十二户农奴，占全乡总户数的五分之二。买买提力汗和加和阿合买提汗和加是全乡两个最大的农奴主，买买提力汗一人就占有六十六户农奴，阿合买提汗一人占有四十八户农奴。

这些和加，把自己的土地分为两部分：大部分是自营的庄园，小部分作为农奴的份地。1949年全乡十五户和加共占有耕地一万三千六百七十八亩，除间歇地一千一百九十一亩，租出地三百二十亩外，给农奴的份地为三千五百七十四亩，其余八千五百九十二亩（其中二百十五亩为和加给管家的地，由农奴代耕）土地是属于农奴主自营庄园的土地。农奴的份地只占农奴主所有土地的四分之一。买买提力汗和加占有耕地四千四百六十五亩，除租出地四十七亩外，给农奴的份地为九百五十八亩，庄园土地为三千四百六十亩，农奴的份地只占农奴主所有土地的五分之一。阿合买提汗和加占有耕地一千七百八十六亩，给农奴的份地为五百六十七亩，庄园土地为一千二百十九亩，农奴的份地只占农奴主所有土地的三分之一。农奴为了耕种这一小块份地，不得不向农奴主负担一系列的义务，无止境的给农奴主做无偿劳役，完全失去了人身的自由，完全陷于人身隶属的关系。这里的和加就在这种土地关系的基础上，进行对农奴超经济的残酷剥削。

在这里，按照习惯，农奴被分称为"扑通底项""伯石空奇"，或"伯石空利克""苦尔"三种。

"扑通底项"译意为"全农"。这种人一般能得到十亩以上的份地，农奴自种自收，和加不分粮食。但每户农奴每年至少要有两个成年男女，不分白天黑夜在和加家里给和加做无偿劳役，份地多一点的甚至每户要有四个成年男子整年给和加做无偿劳役。这些成年男女农奴在和加家里劳动，除了随份地给予七秤或八秤苞谷外，不给任何其他报酬。并且只要和加需要，或农忙时，农奴全家男女老少都得在和加的田地上做无偿劳役。自己的份地只能留给年老的父母或年幼的儿女来耕种。

"伯石空奇"或"伯石空利克"的译意为"干五天活的人"。这种人一般能得到五亩以上的份地，由农奴自耕自收，和加不分产量。但名义上规定，每年一男一女十天中有五天要在和加的田地上做无偿劳役，五天在自己的份地上工作。实际上十天中有八天要在和加的田地上做无偿劳役，有两天在自己的份地上工作。有的甚至每户要有两个成年男子整年在和加家中做无偿劳役。同样的这些成年男女农奴给和加干活时，除了随份地给每户农奴三秤或四秤苞谷外，不给任何其他报酬。同样的只要和加需要或农忙时，全家男女老少都得在和加的田地上做无偿劳役。

"苦尔"译意为"奴仆"。这种人没有份地，和加每天发给二至四个苞谷馕，每年可得到几件破烂衣服。但本人整年得给和加无偿干活。截至1949年，十五户和加还有十九个"苦尔"，内五个男子，十四个女子，有的还有卖身契约持于主人手中。但这十九个人，多数不参加生产劳动，只是做和加家庭杂事，他们的生活地位，近于奴隶，但和奴隶不同的地方，他们已被允许有其自己的私有财产和自己的家庭。所以他们基本上还是属于农奴范围之内。

根据我们的调查统计，1949年，二百七十二户农奴给十五户和加做无偿劳役的人数为五百四十八名，内三百四十个成年男子，二百零八个成年妇女。这二百七十二户农奴家中五百四十八名成年男女，每年要给和加无偿耕种八千五百九十二亩熟地，收获七万七千三百余秤（每秤合十六市斤）粮食（各种粗细粮食在内）以及棉花、苜蓿和葡萄瓜果等。耕种这些土地时，和加除出种子外，其他一切，如农具、牲畜、肥料等都由农奴自出。给和加做工时，和加不管吃喝，均由农奴自带。因此，每年冬天，农奴就要为和加积肥。当初春来临时，农奴就要赶着自己的瘦驴，把粪驮到和加肥沃的田地里，喂养不起驴的农奴，只好把一口袋一口袋的粪背到和加的田里。开犁时，成群的农奴，扛着自己的砍土镘，吆着自己的耕牛，携着自己的犁铧，带着自己的干硬的苞谷馕，走向和加的庄园。除草、收割、打场时，除了带着自己的小砍土镘、镰刀、木耙、木叉、木锨、粗细箩筛等农具，还要带着自己的老婆以及全家男女老少，在火烧般的太阳下为和加辛勤地工作。总之，农奴必须带着自己的农具和牲畜，在和加的管家的监视和鞭答下，走向和加广漠无边的田野里，从日出工作到日落。一直到把和加的粮食收割下，晒干扬净，一颗不落地装入和加的粮仓内。农奴不得不到一颗粮食，就是连一根麦草也得不到手。留给农奴的是继续做无偿劳役。

这二百七十二户农奴家中的五百四十八名成年男女，不仅每年给和加无偿耕种八千五百九十二亩熟地，并且每年还要给和加无偿开垦两百余亩荒地戈壁，开垦荒地戈壁时，同样的是农奴自带农具和粮食。和加为农奴所准备的只是一片坚硬难垦的高沙梁和石块地。每年冬天，农奴穿着千洞百孔的袷袢，补丁加补丁的皮袄子，用冻裂了的双手，高举起砍土镘，开掘着渠道，把戈壁滩上的每一块大小石头，都用抬把抬走或用口袋背走。等到夏天，山里来了洪水，把高沙梁平平后，放水把沙子冲走，而后到几十里外去抬土来把石头坑填平，以后就要放无数次的水和无数次的泥，把沙子吹走，使地面上的泥土厚起来，这样才能种植粮食。在开荒期间农奴是吃不到热食的，吃饭时，只能吃一口苞谷馕，用手捧一口凉水喝，没有苞谷馕时，就以沙枣、桑子充饥。

此外，农奴还要负担和加无数种类的无偿劳役，最主要的是家庭杂役。农奴必须给和加挑水、砍柴、打馕、做饭、锄草、添料、喂牛、饮马、洒扫房院、浆洗、缝纫、捶背、捏腿、洗澡、穿衣、铺床、叠被、烧水、架火、端茶、端饭、挠痒、梳头、修脚、装烟、借马、打杂、跑腿等。和加家里的一切大小事情都由农奴代做，和加及其家属是从不动手的。

夏合勒克乡所有和加的房院，都是巍峨而又宏大的，内有大敞厅、小客厅、卧室、套间、几重门的若干大小内室，还有大小厨房、粮仓、马厩、牛羊圈、油房、磨房、鸽子房……将近上百间，墙壁和门窗上的雕刻也是很精致的，这是耗尽了多少农奴的血汗才造成的啊！七年前，阿合买提汗和加修建房院，要自己所有的农奴到几里以外的戈壁滩上去驮石头打墙基，规定每人每天三百个大的，小的三个算一个，还要扁圆的；如果有一个人没有去驮，或者少驮了一个，就吊起来打。有一次艾以提帕下尔，因为老婆生小孩，没有人照顾，驮了二百五十个石头之后，就回家去看老婆，等他到家时，婴儿已经死了，阿合买提汗和加不让他埋葬就抓来打了几个嘴巴，打掉两个牙齿，还要他去驮石头。石头驮够了，又叫一部分农奴到几十里以外的山里去驮石灰，规定每人一次二十秤。每次来回要三天，没有牲口的，就用口袋背回来。另外一部分农奴就替他脱土块，规定每人每天脱五百块，脱完土块还要替他烧砖。砖烧好，就到五里地外去扛木料，木料又大又粗，至少要四五个人才能抬得动，但阿合买提汗和加非要两个人抬不可，因此有些农奴如牙生阿不都拉因抬木料受了重伤，成了残废，至今尚未好，这造房子的一切材料都准备好了，阿合买提汗和加的管家就拿着鞭子，赶着农奴家里的男女老少去挖土填地基，把八亩地填高五尺。以上这些活都是在冬天做的，因为夏天农奴们要给阿合买提汗和加种地开荒。房院五年才修好，农奴们就带着牲畜、工具、吃粮整整干了五个冬天。阿合买提汗和加的房院修好了，有些农奴的牲畜累死了，有些农奴同牲畜一样的变成了残废！

除修建房院外，农奴还要为和加纺织，和加规定，每户农奴每年必须为和加纺一秤至二秤棉花的线，有织布机的，还要把线织成布。

此外有专人为和加畜牧、打猎、猎取各种野兽；专人为和加弹弦子取乐；专人给和加看店、看果木园子、榨油、磨面、从事商业；专人从事制造庄园内所必需的一切手工业品。

总之和加为了自己各种需要，农奴所服劳役种类是各种各样的。以买买提力汗和加为例说明。买买提力汗和加共有六十六户农奴，做无偿劳役的人数是一百三十七名，内九十五个成年男子，四十二个成年女子。1949年，一百三十七个成年男女们的分工如下：

种地、开荒、培植园艺从事农业劳动的七五人

浇水四人	看稻田一人
看苜蓿地一人	看果木园子二人
放羊二人	放马放驴二人
放骆驼二人	喂乳牛料牛一人
裁缝一人	靴子匠一人
织地毯织布匠二人	木匠二人
铁匠一人	挖金矿四人
榨油一人	磨面一人
看店一人	吆车一人
挑水砍柴一人	剃头一人
看门二人	打馕二人
专用厨子三人	洒扫房院三人
喂鹰训练鹰三人	陪和加打猎三人
谈弦子唱歌一人	随身仆从七人
跑腿打杂二人	专用买曾（宗教职务）一人
无固定职务五人	

为了统治和驱使农奴工作方便起见，每个专员内都设有总管家一人，副管家二至四人。总管家负责出入账目，管理仓库，计划种些什么庄稼，决定缩减或增加份地，抽换份地和夺地等事宜。副管家一人跑腿收账，收田赋粮、宗教粮、出外交涉一切事宜；一人管理农奴，监督做工。在农奴中，根据土地远近，十户或五户中指定一个工头带头做工。买买提力汗和加因为庄园大，农奴多，所以有四个副管家，其中三个副管家是管理农奴的。每天东方刚发白，每个庄园中的专用"买曾"（喊做礼拜的人），就站在清真寺的高楼上，发出号召农奴做礼拜的喊叫声，所有的农奴，都带着农具，把两个苞谷馕都塞在腰带里，匆忙走向各人所属主人的清真寺里，做完礼拜向和加请安问好之后，就被和加的管家赶往田野及各处劳动。

四、"父亲遗留下来的动产"

夏合勒克的和加，在占有了大量土地与占有了大量农奴劳役的同时，野蛮地向他们的农奴进行了经济上的掠夺，人身上的蹂躏与政治上的压迫和残害。农民不但负担自己田地上的田赋粮、宗教粮及一切杂差和摊派，同时还要负担农奴主庄园田地上的田赋粮以及一切杂差和摊派。每年并额外的向农奴主缴各种贡物，依照各个和加的嗜好而定，比如买买提力汗和加喜食两条腿的飞禽，农奴们就得经常不断地把野鸭、野鹅、鸽子、家鸡等献给买买提力汗。

和加有权征用和霸占农奴家中的一切财产和农奴全家的人,农奴不得拒绝违抗。例如十二年前,吐尔逊艾依提有一头两岁口的牛娃,买买提力汗和加牵去用了十二年,此次减租反霸后才归原主,但已经老掉牙了。有一次,阿合买提汗向一个老农奴要柴火,恰巧这个老农奴家里没有,砍又来不及,只好把自己家里的门和床都劈开给加和送去。五年前,买买提力汗和加的女儿一胎生了两个孩子,恰巧农奴的妻子黑力其汗也生了一个孩子,买买提力汗和加的老婆强迫黑力其汗替她的女儿奶孩子,不准黑力其汗回家,黑力其汗的婴儿就活活地饿死了。

和加给予农奴的份地,有权随时抽换和夺回,还要农奴给他具结。例如毛拉尼牙孜的儿子托合提尼牙孜,开垦同村买买提力汗和加的一块荒地,已盖房子,并将荒地变成良田,地上产量归自己使用,具结上这样写道:"只要我们生存在世,和加派我们任何险地(冰山火壁),我们要不顾一切地去完成,不能有不满之行为,无论在任何险地摔死、淹死、烧死、冻死、饿死、病死,那是我们的运气,和加不负死亡之责任。我们给和加无偿工作是不要工资的。我们所开出之地,假如和加需要,无论昼夜收回时,我们不回言地交出,不管在冬夏,叫我们腾房子,我们就马上腾出来。"

和加有绝对权力随时使用或赶走农奴,但是农奴却没有丝毫的权利要求脱离和加。二百七十二户农奴,多数是三四辈子的农奴,多的有当了七辈子农奴,最少的也是做了四、五十年农奴。司拉木买买托合提因忍受不了残酷的剥削,连续偷跑了四次,每次捉回来都被吊打一顿,左手背上的骨头都被打得凹进去了;吐尔逊尼牙子汗的后父熟以木,因忍受不了买买提力汗和加的酷刑逃跑了,被抓回来后,把十个脚趾甲打的全部脱落,还把两双脚的脚心全部打烂。农奴库万艾沙种了十二亩下等份地,成天替阿合买提汗和加干活,没有时间耕种自己的份地,所以份地上收不到粮食,肚子吃不饱,挖不断砍土镘,经常挨打受气,没办法带着老婆偷跑了;阿合买提汗和加找不到库万艾沙,就把库万艾沙的岳母抓来,用大头棒当场打死,并把尸体扔在涝坝(即水塘)里。在水塘边上放个水葫芦第二天说是打水不小心,掉在里面淹死的。

夏合勒克乡的和加有权买卖和分配农奴的儿女,或把她们当作嫁妆品陪送;或者当作礼物赠送。

农奴因成天给和加家里干活,没有时间耕种自己的份地,收不到粮食,还要交田赋粮、宗教粮及一切摊派,拉下了饥荒,无法归还,不得不贱价将自己的儿女出卖给和加。例如扎衣提把自己儿子卖给买买提力汗和加三十年,卖身契约是这样写的:"具结人扎衣提,我有五岁之男孩名乌修尔,卖给买买提力汗和加三十年,价洋(银币)五十两,在这三十年期间,无论任何事情都要做到,如果在这三十年期内,有逃跑时间发生,我扎某负完全责任。并在这三十年期内,被火烧死,被水淹死,从树上摔下来跌死或病死,买主不负责任。"又如衣子土拉把自己的儿卖给买买提力汗和加,卖身契约是这样写的:"结具人衣子土拉,因欠债无法归还,将我八岁的男孩吐尔买买提永远卖给买买提力汗和加,已收到卖价五两文银归还了我的债务,我儿应给和加常年劳动,无论任何原因死亡,那是我儿的命运,与买主无关,假如我儿逃跑,我负完全责任。"

和加外拉汗的曾祖父,曾经把巧尔祥的父亲和吐尔逊的父亲出卖给和阗的米孜克来伯克,米孜克来伯克又把这两人卖给一个大骆驼客,后来两人又回到和加外拉汗的祖父手里。

十几年前,和加外拉汗的父亲死了,和加外拉汗分到一千五百余亩土地,随着土地,分到三十四户农奴。三十几年前,和加买买吐尔逊汗的父亲死了,和加买买吐尔逊汗分到一千六百余亩土地,随着土地,分到四十六户农奴。

夏合勒克乡和加的姑娘出嫁,多数都要把买入的男女农奴陪送一二个。如那曼汗和加的女儿艾依尼沙汗出嫁,那曼汗把家里买来的女奴塔吉当作嫁妆陪送男家。后来塔吉年纪大了,做事不灵巧,艾依尼沙汗的娘家又把年青的女奴尼培业送去。新疆解放后不久,艾依尼沙汗的丈夫逃往印度,去年肉孜节她搬回娘家居住,把尼培业又带回娘家去了,这个女奴直到减租反霸后才离开她。

农奴成了和加的动产,还可以从另一方面的材料来证实。买买提力汗和加曾经作证释放了一个奴仆,释放的文契上是这样写的:"具结人买买提力汗和加作证,释放了布比在乃甫汗的奴仆吾修尔,吾修尔是布比在乃甫汗的父亲遗留下来的动产,六十二岁的老头子从布比在乃甫汗的动产中除去,并将他释放了。"

列宁把农奴的依存关系叫"农奴的奴隶制度",在夏合勒克乡的调查中,使我们深深地体会到这一点。这里的农奴完全依附于和加。和加对于其隶属的农奴享有最广泛、最高度的特权。在六七十年前,夏合勒克乡农奴的女儿出嫁时,所属和加有"初夜权"。

在这样野蛮的制度下,农奴的一切都是和加的,而和加的财产一丝一毫农奴都不能侵犯。这也有农奴的具结,例如:"我们没有得到和加的许可,到戈壁滩上去砍红柳,是违法的行为,戈壁滩是和加的祖先留下的,不是我们的,这次把砍下的红柳全部归还和加,以后和加许可我们砍就砍,不许可就不砍,我们概不发怨言,如果我们不遵守我们自己所出的字据,愿受严厉的处置。"

为了维持对奴隶的统治,夏合勒克乡的和加们尽量把自己装扮成神圣不可侵犯的样子,尽量细心在农奴面前维护自己的尊严。为此他们强迫农奴履行以下一些礼节:(一)每早做完礼拜,农奴都要去给和加请安。给和加请安之前,先要向和加的管家问好,由管家禀告和加,和加允许后才能进门见和加,见了和加,每人要磕七个头,请安时若有人不到或迟到了,都要遭受鞭打。(二)所有农奴应唤来到和加面前,先要磕一个头后才能开始工作。如买买提力汗和加想听音乐时,就把弹弦子的人叫来,弹弦子的人应唤来到他面前,向他磕一个头之后才能弹弦子或唱歌。(三)和加路过农奴面前时,农奴都要退至一旁,弯腰迎送。(四)所有农奴要通过和加跟前时,不能从和加面前走过,必须要从和加的后面,还一定要弯着腰走过。(五)和加所用的碗、盘、勺、壶,所有农奴概不能动用。(六)所有农奴用的碗勺,不能放在和加私用的锅台上,不能和和加私用的碗勺放在一起,或在一起洗涤。(七)和加坐过的地方,所有农奴不能再坐。(八)所有农奴步行路过和加住宅的大门和围墙时,都要向大门和围墙行礼,以示尊敬。骑马骑驴路过时,必须要下来,行礼后才能行路。

在这些繁文缛节的另一面，就是和加对农奴残暴的统治。为了镇压农奴的反抗情绪，和加都有自己的法庭和监房，都有审讯农奴的各种刑具，对其所属农奴施以酷刑和拷问。例如买买提力汗和加，在他卧室外面敞厅房楔上有两个滑轮，就是为了专门吊打农奴而安置的。他通过采用以下六种刑罚来惩治农奴。第一种两人按肩两人按脚，在"罪犯"的肚子下面填一个大木枕，再用大头棒轮打屁股。第二种是两脚用绳捆紧，两腿之间穿一根长木棍，两人抬起，头朝下，脚朝上，专打脚心和脚趾甲。第三种脱去上衣，双手反绑吊起，头朝上，脚朝下，用两个头的鞭子抽。第四种是两脚捆紧吊起，脚朝上，头朝下，不打也不准吃饭。第五种是不准吃饭不准睡觉，关在买买提力汗和加的私用厕所里闻臭气。第六种是白天照例服各种劳役，剥夺晚上睡眠时间。土提是买买提力汗和加的随身奴仆，有一次因为买买提力汗和加的妹妹和一个非和加的后代相好，买买提力汗和加责骂土提没有向他作报告，土提低声说了一句"不知道"，就被买买提力汗和加吊打了三天三夜，一直吊到满嘴流血时才放下来，不久土提就死去了。像这样被买买提力汗和加吊打致死的就有十一人之多。吐尔逊艾依提是给买买提力汗和加放鹰和训练鹰的人，几十年来，每早照例做罢礼拜就去给买买提力汗和加请安，有一次为了找鹰食，破例未去请安，被买买提力汗和加叫去拳打脚踢了一顿。

阿合买提汗和加因为吸麻烟，把家产都卖光了，后来成了一个小偷，他勾结伪政权的官员，占有了赴麦加朝罕的阿米尔汉和加的一千七百余亩土地和四十余户农奴。农奴们都反对他的统治，他就把反对他的农奴哈斯木抓来，哈斯木进一道门，他便锁一道门，直锁到第六道门里。把哈斯木的双脚捆起，吊在房梁上打，把哈斯木的十个脚趾甲都打得脱落，两腿也打得皮破血流，才解下往驴圈里一丢。又把反对他的农奴库万买合木提当场打死。他常常跑到一座冬天放草夏天乘凉的楼亭上去骂："老鼠想死向猫跟前跑，看看谁厉害。我是石头，你们是核桃，我什么时候想吃，就什么时候砸碎。谁要反对我，我就打死谁。"有一次他派吐尔逊去嬞羌修公路，临走的前一天又叫吐尔逊背了一夜苜蓿，第二天早上吐尔逊想回家吃点东西再走，他就把吐尔逊吊起来，先用几根拇指粗的柳条编起来打，后用大头棒打，打过后又用脚踩，吐尔逊的一根脊骨被打断了，又在马厩里押了三天。阿合买提汗和加霸占了全村的水，不准农民引水灌田，把农民的禾苗都干死在田里。有一次阿合买提汗和加指定了五个农奴看守水口，他们偷偷地放了点水给农民，被阿合买提汗和加知道了，让五个人并肩趴在渠旁，依次在每人的屁股上打了几十板。又一次，托克提买买托克提自有的六亩苞谷地，快要干死了，偷偷地浇了些水，阿合买提汗和加知道了，就把他按倒在地，拳打脚踢，身受重伤，一直病了两年才死了。

夏合勒克乡的农奴，人身和生命是没有任何保障的，和加可以任意审判他们和用刑拷打致死。

五、尖锐的对比

夏合克勒乡的封建贵族阶级，拥有广大的耕地和树林，充足的水利，无数的荒野和戈壁。同时他们占有了成群农奴和牲畜，凡为他们土地以内天之下地之上的一切东西都是他们的，他们是自己地区内天下地上一切财富的主人。当他们积累了大量财富之后，一方面他们更加野蛮疯狂地剥削和压榨他们的农奴，另一方面则耽于奢侈享乐的生活。

过去，夏合勒克乡和加的"邸宅"的建筑都是古老的，现在，有些和加已修起了欧式新颖的"府第"。如和加买买吐尔逊汗本人居住的一座房子内装有地板，高大的玻璃窗，棚顶是用三合板搭起的。南疆所有的农村住户都没有窗户，只在房顶上开一孔天窗，房内全系黄土地，连砖地都没有，房内不设任何家具，连最简陋的木制的凳子、桌子都没有，但和加买买吐尔逊汗的房内却设有餐桌、圆桌、方桌、立橱、躺椅、写字台、靠椅、折椅、床等家具。房前是一个花园，内有刺梅、牡丹、鸡冠、黄菊、红菊、粉莲、灯盏、夹竹桃、兰草等花坛。春天淡红色的刺梅花顺着木架爬上屋顶，又芳香又好看。花园前是一座几十亩地大的果木园子，内有杏子、小红果、樱桃、香梨、酥梨、毛桃、石榴、柿子、无花果、葡萄、巴丹仁、酸梅等数十种之多。除冬季外，春夏秋三季都是香气扑鼻，院内洒扫得连一粒尘土都没有，掉一根绣花针在地上也能一目寻得。

封建贵族社会在如此舒适的环境中，他们完全过着寄生和享乐的生活。如买买提力汗和加，每早未起床前，照例有三四个人静候房外，只要房内一有声音，不等呼唤，农奴阿外汗就要急忙地轻步走到床前，磕头请安后，把他们夫妇两人扶起来，但他们嫌阿外汗母子两人的手粗硬，所以阿外汗母子两人扶他们起身时，都必须衬着棉花，起身后第一件事就给他们洗澡，洗完澡给他们穿衣服，给他老婆梳头，连裤带都是别人给绑，自己是从不动手的。晚上有人给他们洗脚、修脚、铺床、脱衣、盖被子。半夜上厕所时，两人架着他走路，一人端灯，一人提壶为他冲洗下身，大便后若他懒得动，农奴就得给他擦屁股。即使他们睡着了，仍有三四个人守在房外，随时听候吩咐。冬天，必须有一女孩或年轻女人整夜为他们架火，不能回家睡觉。冬天的早上，还要把他们的衣服烤热了才能给他们穿上，冬天的晚上，还要把他们的被褥烤热了才能把他们放下睡觉。

伊斯兰教的教规，每天做五次礼拜都要净身，和加们的奴仆就要温五次水，给和加冲洗五次。遇到外出时，都有专人备马，至少都有二三个人在马前马后侍候，大和加外出时，总有一人跑在最前头，告诉路旁的人：某某和加要来了！于是所有在田里工作的人都停止工作，静候一旁弯腰等候，待和加人马过去后才能继续劳作。和加到达目的地后，一人捶背捏腿，一人遛马，没有主人的命令是不敢牵回马，有时主人忘了命令，也只能牵着马，溜了一圈又一圈，若在严冬，连进屋烤一下火也不会被允许，若马肚不圆，就要挨皮鞭或吃拳头。和加每到一村，全村居民都要出来迎接，如和加买买吐尔逊汗的父亲司马益汗和加每到一地，当地不仅给他预备了一切所需，就连晚上陪他睡觉的人也得预备妥当。

维吾尔族农民的饮食是很简单的，南疆的农民能整年吃上苞谷馕，生活就算不错了。偶尔吃一顿白面馕和抓饭，就是最上等的饭。但是这里和加的饮食都非常鲜美，例如买买提力汗和加，每天定例三顿饭，早上喝奶茶，吃烤肉和油馕，中午和晚上是抓饭、水饺、包子、凉面等调换着吃。因为他喜欢吃野味，所以肉食中必须有野鹅、野鸭、野羊、斑鸠、鸽娃子、雪鸡、呱啦鸡等，每餐必须要有糖果，糖果中还必须有沙糖、方块糖、纸包糖、蜂蜜、饼干、各种果子酱、各种鲜水果。吃饱后，就把内地、阿山、和阗的金子、玉石拿出来玩赏，比成色。夏天，就躺在树荫下的躺椅上，一人给他扇扇子，一人给他捶背捏身，一人给他端茶端水端瓜果，一人给他弹弦子唱歌，一人训练鹰给他看。吃得过饱时，他就到院墙后面的河岸上去崖石，河岸离他的"邸宅"只有十几步路，但他不愿意走时，要农奴背着他去，背着他回来，吃饭时，若遇到他懒得动手，农奴还要喂给他吃。

现在，读者们，我们从和加的"邸宅"走出去看看农奴所过的生活，这是一幅多么悲惨的画面啊！

矮小、狭窄、破烂、肮脏的房子，星棋一般的罗布在和加的"邸宅"的周围。所有这些小房的墙壁，都是用柳条编起的，上面只薄薄的抹了一层泥，房内没有窗户，只在房顶上开了一个小天窗，这就是农奴在和加所指定的地方盖起的全家老少唯一的房屋。在这些小房内，除了一二条破毡，一把壶，一口锅，几个木碗木勺，一把砍土馒之外，再没有别的东西了。好一些的则多一头老牛，或一头瘦驴和几双瘦羊。

农奴种着和加一块份地，也都是最坏的地，加上全年中绝大部分的时间全家男女老少都要给和加做无偿劳役，尤其是农忙的时候，等收割了和加的庄稼，自己份地上的庄稼都被风吹落了，或者只能收一点粮食，除了向和加缴纳田赋粮、宗教粮，及一切负担和额外贡纳外，留给农奴的只是一把谷糠。农奴无粮经常以杏子、毛桃、沙枣、桑子充饥，农奴们整年都被贫病死亡纠缠着。

区长会主任塔里蒲尼牙孜七代以来都是农奴，祖父库尔班是塔日汗和加的农奴，和加给的六亩份地是戈壁地，全家三人整年给和加做无偿劳役。六亩份地仅能收种八秤苞谷，但仍要向和加缴田赋粮、宗教粮等负担。因无法度口，向和加借了十秤麦子，把一个儿子卖给和加六年；六年期满，没有钱粮赎身，就在和加哪里苦干了一辈子。当塔里蒲尼牙孜的祖父六十岁那一年，因给和加挖窖，被土块压死在窖中。父亲尼牙孜是塔日和加的侄子的农奴，夏天给和加种地开荒，冬天除给和加喂牛外，每天从雪野中将骆驼刺背到牛栅下沤肥。和加给的六亩份地，经过自己几年的辛勤耕种而肥沃了，便被和加夺回，又另给一块荒地开垦，像这样被夺回的地有五、六次之多。他父亲有一次被和加派往和田送粮，被山水冲走，塔里浦尼牙孜亲自去找了十几天，才找到父亲的尸体。但父亲的双眼已被乌鸦吃掉了。和加给了一个半大布，吩咐赶快埋葬，当把父亲埋葬后，和加又强迫塔里浦尼牙孜买了一个半大布还给和加，这就是几代农奴的下场。

买买提吐尔逊是和加买买吐尔逊汗的农奴，全家九口人，除老夫妻两人外，还有四个儿子，三个媳妇，大儿子三十岁，二儿子二十五岁，四儿子九岁。和加给了十五亩份地，其中五亩不能种庄稼，连种子都收不回来。全年四个成年男女给和加做无偿劳役，本人给和加挑水劈柴，洒扫房院和送粪。老婆浆洗衣服，架火烧水，做饭打囊。大儿子种地开荒，二儿子放牲畜。份地是三儿子和三个媳妇种。农忙时，全家人都在和加地里拔草和收割。1949年十亩份地收三十三秤苞谷，十二秤麦子，给和加交了六秤麦子的田赋粮，二秤麦子二秤苞谷的宗教粮，给和加送的鸡鸭折合二秤子苞谷，还给和加的管家送了二秤苞谷，一秤麦子，自己只剩了二十七秤苞谷，三秤麦子，不够全家人四个月的口粮，全家人其余八个月的口粮只能打沙枣拾桑子吃了。

卡司木卡司库且也是和加买买吐尔逊汗几辈子的农奴，每年和加给六亩份地，夫妻两人和一个儿子在和加地里干活，名义上自己是干五天活的人，十天中有五天可以在自己的份地上劳动，实际上父子三人一年总要给和加做八个月以上的无偿劳役。1949年六亩份地种了三亩苞谷，收十六秤，三亩小麦，收十秤，给和加交了三秤半小麦的田赋税，一秤半小麦二秤苞谷的宗教粮，自得十四秤苞谷，五秤小麦，仅仅够全家四口人四个月的食粮。

吐尔逊是买买提依不拉汗和加的农奴，没有份地，只供给最简单的吃穿，因为吐尔逊的父亲是和加用钱买入的农奴，吐尔逊的老婆巧尔祥、儿子包尔宋也在和加家里无偿工作，没有份地。和加每天发给二至四个苞谷馕，每年得到一两件开着大窟窿的破衣服。吐尔逊夫妇两人都是和加的随身奴仆，给和加洗澡、擦屁股、倒尿倒屎什么活都干，儿子包尔宋给和加种地开荒。后来和加的腿得了病，走动起来不方便，吐尔逊就每天背着他在屋子里、院子里来回散步。有时和加不满意了，说走路颠着他了，随手抓到什么，不论是刀子、火钳、木棒、剪刀，就向吐尔逊的头顶上乱打一阵，一直打得流了血才满足。巧尔祥含着眼泪，痛苦地告诉我们："吐尔逊满头疙瘩，像皮靴上的后掌一般，直到死的时候，头上的血还没有干。"吐尔逊给和加折磨死后，和加不准念经就埋葬了。吐尔逊的儿子包尔宋给和加种地开荒累死了。只有吐尔逊的老婆还活着，已经是一个一百一十五岁的老太婆了，因为巧尔祥老了，巧尔祥的全部血汗已经为加和费尽了，所以在二十年前，和加就把巧尔祥赶出来了。和加们常常对年老的农奴说："你老了，我的地不老。你老掉牙了，我的地才六岁口，正是年轻有劲的时候。"这就是和加赶走农奴的唯一理由。

夏合勒克乡的农奴们过着非人的生活，所受的剥削和痛苦，正如同天上的星星一般，是数不清的。

六、夏合勒克乡农奴制的特点及其存在的原因

从以上的叙述中，我们可以看到夏合勒克乡的简要情况是这样的：

第一，夏合勒克乡的和加，经过无穷尽的霸占和掠夺，占有了大量的土地和水利从而迫使无地和少地的农民完全依附于他们的土地，使他们和农民的关系成为农奴主和农奴的关系。和加他们把自己占有的大量土地分为两部分，一部分是自营的庄园，另一部分是给予农奴的份地；正因为农奴被给予了份地，所以农奴就必须承担和加一系列的无偿劳役，而使和

加们在各方面保证了充足的劳动者。

第二，夏合勒克乡的和加在自己的地区内，是完全的统治者。在他们庄园内的农奴完全被剥夺了人身的自由，和加对农奴有支配一切的权利。和加可以无穷尽地掠夺农奴的财产，和加有权买卖农奴，也有权把农奴当着财产来分配和赠送。和加有自己的法庭和监狱，可以任意刑讯农奴，以至把农奴拷打致死。

第三，夏合勒克乡的和加与农奴在各方面形成了尖锐的对比，农奴给和加创造了一切财富，但农奴自己却年年月月过着贫病、饥寒交迫的生活。这里的农奴与历史上久远以前的奴隶有了极大的区别，已经有了自己的经济，有了自己的生产工具，有了一定数量的份地。"可以拿一部分的时间，在自己的田里工作，可以说在某种程度上他可以属于自己本人。"（列宁）但因为和加无止境地剥削，已使农奴丧失了劳动的兴趣，丧失了改进生产的能力，因此和南疆各地一样，这里的生产工具是简单的，生产技术是落后的，农业和手工业的生产力水平是非常低的。

第四，和南疆多数农村一样，自给自足的经济在夏合克勒乡也是占着优势地位，农奴贫困生活所需要的一切，几乎全部是用自己的劳动生产来供给，和加及其家庭的消费，也是大部由农奴在农业和手工业上的劳动来满足。但是，随着交换行为在南疆农村的发展，自给自足闭关自守的夏合勒克乡已受到了商品经济一定程度上的影响。这种影响就是：交换的发展，使和加们的贪欲有力地增大起来，他们不但要从农奴身上来榨取农产品与手工业产品，供给自己及家庭的消费，而且要从农奴身上来榨取更多的农产品与手工业产品，作为商品投入市场，然后换来他们奢侈腐化生活上所需要的东西。解放以前，买买提力汗和加养着三四十个骆驼专门从事商业，把农产物和手工作物，换进洋货绸缎和金银首饰宝玩，就是这个问题的明证。商品经济的影响，在夏合勒克乡不是减轻了和加对农奴的剥削，而是加深了对农奴的剥削；不是表明了农奴的富裕，而是表明了农奴的更加贫困。

以上就是新疆解放前夏合勒克乡一个简要的轮廓，也就是夏合勒克乡的一些主要特点。

这些特点表明：解放前夏合勒克乡存在的经济是封建庄园经济，存在的制度是完整的封建农奴制度。

这些特点表明：这种经济这种制度是以和加对农奴最露骨的最无隐蔽的剥削为基础的。在这里，农奴的劳动分为必要的与剩余的两种。必要劳动，就是农奴为维持自己及其家庭饥寒生活所花费的劳动；剩余劳动，就是农奴为了供养和加奢侈腐化生活所花费的劳动。和加剥削农奴的剩余劳动最主要的采取了劳役的形式；其次是贡纳的形式。在劳役的剥削形式下，农奴的必要劳动和剩余劳动，是以时间和空间来划分的，甚至在人身上也是分开的；这就是说农奴家庭中的人员和时间必须被迫分为两部分，即一部分人常年的或一定时间的在和加的土地上进行劳动，而其他一部分人则在自己的份地上劳动。在贡纳的剥削形式下，农奴的必要劳动和剩余劳动，则是以劳动的生产品来划分，这就是说农奴必须把自己劳动生产品被迫分成两部分，一部分无缘无故的交给和加，另一部分则留给自己。虽然形式各有不同，名称也不一样，一名劳役，一名贡纳；但两者都是农奴剩余劳动被剥削，两者都是无偿的剥削。同时这种剥削是明明白白的，是一目了然的，是毫无掩盖的；因此，这是一种野蛮的剥削，是一种超经济的残酷剥削。可以理解，这种剥削是容易引起农奴的不满的，是容易使农奴对和加的这种剥削发生反抗行为的。因此，和加们为了压制农奴的不满，为了镇压农奴的反抗，为了迫使农奴给他们积极劳动，就必然伴随农奴的野蛮剥削之后，向农奴实行残暴的统治。

因此，这些特点也表明了：在和加的野蛮经济基础上所建筑起来的政治，必然是野蛮的政治；而野蛮的政治是为野蛮经济服务的。

那么，为什么这样中世纪的野蛮的农奴制度能够如此完整的继续到20世纪的50年代呢？根据我们初步的调查和研究，这里有社会的、政治的、宗教的三方面的原因。

社会的原因。根据我们此次对莎车、叶城、皮山、墨玉、和田、洛浦六县以及过去对南疆其他县份的调查，使我们清楚地看到了。南疆广大的农村中普遍地、严重地存在着程度不同的、形式不一的农奴制度的残余。这种农奴制度残余的主要表现，就是地主阶级将其占有土地的一少部分土地极分散地租给或伙给农民，然后一方面向农民索取二分之一或三分之二以至四分之三的高额地租；另一方面则迫使农民给他们做时间不等的无偿劳役，以便替他们耕种其大部分未租出伙出的土地。农民被迫在地主土地上进行无偿劳役时，有的需要自带牲畜农具，有的则甚至还要自带口粮。在这种农奴制度的残余下，农民虽已有人身的自由，地主再不能像对待农奴那样来直接支配农民的人格，地主再不能把农民进行买卖，再不能把农民当作财产来分配及赠送了；但农民在经济上所受地主的剥削，其实质与形式都与农奴制度下的农奴所受的剥削基本上是相同的。这些相同就说明了夏合勒克乡农奴制度的存在和持续是有些深厚的社会基础的，它是在一般性的社会基础之上长期保持了自己特殊的面貌。它是一般中的特殊，这种特殊是立足于一般基础之上的，这是问题的一方面；问题的另一方面就是特殊的东西向着一般的东西的方面发生变化。随着社会的发展，夏合勒克乡的农奴制度，现在和过去比起来，已经有了不少的变化。十年以前这里的农奴不但没有脱离和加集团的自由，甚至农奴离开一个和加转到另一个和加的自由也是没有的。近十年来，农奴已经被给予这样的自由：即农奴不愿在这个和加手里了，可以自愿转到另一个和加手里去，农奴在和加集团之内有了选择主人的自由。一二十年前，这里存在着大量买卖农奴的事实，近些年来，这种农奴的买卖是大大地减少了。更早的时代，这里的农奴买卖与帝俄沙皇时代农奴解放以前的农奴买卖是一样的，即一个农奴主可以把自己的农奴卖给另一个农奴主，在这种买卖中买主和卖主都是农奴主，而农奴则像牲畜一样被人卖出买进。到二三十年前在这里这种情况的买卖已经很少了，多数的情况已经是和加地区内的农奴。虽然这也同样是买卖，买主仍然是和加，但卖主已经是农奴了，这就是说过去被当作牲畜一样买卖的农奴，这时已有了卖儿卖女的权利了。这些变化当然是和加仍旧主宰一切的制度下的变化，但就是这些变化也是农奴进行了不断的反抗和付出了无数的牺牲才获得的，为什么农奴的反抗没能摧毁这种屈辱的农奴制度呢？这就要说到政治的原因了。

政治的原因。从清朝皇帝到盛世才到国民党反动派，他们为了维持在新疆民族压迫的统治，采取了一条共同的政策，即在取得了新疆各民族的地主阶级投降之后就授予各族地主一个最大的政治特权，让他们对各族人民进行无情的蹂躏和统治。清朝皇帝的法律曾经清清楚楚地规定："伊斯兰教的人民，如有到官府去告王公伯克的，立毙杖下。"盛世才曾经喊出了保护王公贵族的口号。国民党反动派曾把和加买买吐尔逊汗礼聘为墨玉县的参议员，接着又礼聘为省参议员。朝代政权换了好几个，但和加们始终是朝廷和官府的贵客。为什么夏合勒克乡的农奴逃跑到皮山、莎车，逃跑到和田、洛浦，都要被和加们抓回来呢，难道不正是因为反动政权给了和加们全力的支持吗？为什么买买提力汗和加打死农奴十一人，阿合买提汗和加打死农奴七人，根本没人过问呢？难道不正是因为反动政权给王公贵族授予了生杀与予夺的特权吗？民族压迫的统治就是罪恶的统治，压迫民族的统治阶级向来都是帮助被压迫民族的统治阶级来巩固黑暗的罪恶的统治，在这里，不是也得到了最好的说明吗？

宗教的原因。前面我们曾经说过每个和加的深宅大院的左侧或右侧都有一个专用的清真寺，每个和加都有自己专用的阿訇，他们每天早上领着每个和加的农奴在专用的清真寺做完礼拜之后，接着就由管家领着农奴去和加跟前磕头请安。向上帝祈祷，给和加请安。天上人间，在这里是陪衬得多么巧妙啊！和加们编造了各种谎言，用各种的说教，来腐蚀农奴的意志。他们说，"和加是圣人的后代"，他们说"和加谁也不能侵犯"。他们说"谁要在背后骂和加，谁的嘴就要歪掉，眉毛头发都要脱落；谁要打和加，谁的手就要干掉；谁用脚踢和加，谁的脚就不能伸直；谁要在和加睡过的地方睡觉，谁的身上就要长毒疮；谁要在和加小便过的地方小便，谁的生殖器就要烂掉。"和加简直被编排成上帝的化身，神圣不可侵犯。当农奴的一切生机都被和加斩断了的时候，当农奴的一切活路都被和加堵塞了的时候，当农奴的一切反抗和挣扎都被和加完全镇压下去的时候，对于宗教信仰虔诚的农奴，我们能说上述的说教在他们的脑中不起作用吗？

1951年12月调查

（摘自《南疆农村社会》新疆人民出版社第一版，1953年）

附录　关于人们共同体的说明

物质财富，生存资料的生产，要求人们集体力量，使人们联系起来。斯大林指出："人们和自然界斗争以及利用自然界来生产物质资料，并不是彼此孤立，彼此隔绝，个人单独进行，而是以团体为单位，以社会为单位来共同进行的。这些人们的集体在不同的历史阶段以不同的形式出现。"

氏族和部落是原始社会的特征，部族是早期阶级社会经济结构——奴隶制和封建制的特征，资产阶级民族是资本主义的特征，社会主义民族是社会主义的特征。

下面对氏族、部落、部族和民族分别加以阐述。

一、氏族

共同语言、共同地域、表现在共同文化上的共同心理素质和共同经济生活（他们的总和就是民族的特征）的产生，早于民族的出现。在氏族和部落中也存在着萌芽状态的共同语言，共同地域，表现于共同文化上的心理素质和存在着一种氏族经济或部落经济。斯大林曾指出："民族的要素——语言、地域、共同的文化素质等——都不是从天上掉下来的，而是还在资本主义以前的时期逐渐地创造出来的。但这些要素当时是处在萌芽状态中，至多也不过是将来在某些有利条件下可以形成为民族的一种潜在力。"

民族形成以前，人类经历了"原始游群"的时代，人们过着游群的生活。

"原始游群"共同劳动，平均分配，其劳动是很原始的，"他们仍然是半畜生性的、野蛮的、在自然力量之前无能为力的、对于他们自己的力量还是没有意识到的，所以他们像动物一样的贫乏，他们也难得比动物有较高的生产性。"在共同劳动的过程中，有声语言起了巨大的作用。"有声语言在人类历史上是帮助人们从动物界划分出来、结合成社会、发展自己的思维、组织社会生产、与自然力量作胜利斗争并达到我们今天所有的进步的力量之一。"用马克思的话说，语言是思想的直接现实。

原始游群中，性的关系是混乱的，属于杂交的状态。①

到现在人类，即真人形成的时候，氏族产生了。氏族的产生，完全由于生产的发展。生产的发展要求以比较巩固的紧密团结的生产集体代替组织上不稳定的原始游群。"原始游群"也就开始分裂和形成了以"两合组织"为基础的群婚，在群婚的条件下，氏族也只能是母系氏族。

母系氏族又叫作母权制氏族。妇女在社会上占优越的地位，继承关系以母方为主，两合组织发展为胞族，群婚转入对偶婚，严格的两合外婚制过渡到氏族外婚制。

---

① 苏联民族学家柯斯文认为，即便是杂交也不是没有限制的，即排除上辈和晚辈间的性关系

氏族发展的早期阶段，是以集体所有，平均分配，和集体生产，共同劳动为经济基础的。这是生产力水平低下造成的结果。

生产力的进一步发展，特别是金属的出现，引起了个别家庭经济地位的加强，男子的经济作用和社会作用增长了；在氏族内部家庭财产逐渐分离，父亲力图把财产的所有权传给自己的孩子。于是，在这种情况下，父系氏族便起而代替了母系氏族。

父系氏族内二合胞族组织逐渐解体，宗族出现，血统依男子计算，一夫一妻制产生，妇女劳动则被限制于家务工作。在父系氏族时代，发展的生产力超过了氏族公社的生产关系。氏族公社转化为比邻公社或村社。比邻公社或村社与氏族公社不同的地方是它的成员不一定都由血统关系结合起来。从前统一的氏族，这时，其内部结构也随着复杂化了，氏族内部分裂为各个集团，即构成当时社会基本经济单位的大家庭。

早期氏族语言的形成是和语言分化的过程相关联的，因为最早的氏族大概是还在较早的"游群"分裂过程中形成起来的，互相临接的氏族群体由于外婚制度的交互作用，必然会早在远古时代引起语言方面的融合现象，这时候比较大的和经济上比较强的氏族的语言便吸收了其他氏族的语言。

在旧石器时代晚期，产生了早期的宗教和艺术。共同的心理状态开始萌芽。

二、部落①

部落是原始公社制度的一种社会组织形态。它是在发达的氏族制度时期发生的，并作为残余现象而仍保存在阶级社会中。部落在其发展的第一阶段，大概是有一定数目的，通常是偶数的几个互通婚姻的氏族所组成的（即以互结婚姻关系为基础的几个原氏族联合构成）。父权制晚期的部落，已经有了比较复杂的结构，它往往包括有好几个胞族。

发达的部落有以下的特征：独特的语言或方言，自己的名称，和特定的地域，部落掌握全部落的土地。部落事物由各氏族首领组织的议事会进行管理。这些首领中最年长的即为部落酋长。部落和其他一切人们共同体一样，是有共同的语言的。最初的部落只有在若干氏族扩大和联合为较大的社会，地域集团的过程中具有共同语言和共同文化的时候才能形成起来。随着语言融合的过程，也引起了最古部落语言的行程和它的继续迁展。

由于部落的形成，氏族群体逐渐失去了自己语言和文化生活方面的特征，而被列入部落组织的体制中去，从而使部落组织体制逐渐复杂起来了。在原始公社制发展的最后阶段，也

---

① 关于部落的起源问题，在民族学者中间，还是个争论的问题。有人根据斯大林：《马克思主义与语言学问题》——书中所提出的理论，认为在原始人类历史中有个前部落的时代，那时氏族就是人们的社会地域结合的唯一形式。例如苏联学者托尔斯托夫就是这样主张的。有人认为氏族和部落是同时产生的，理由是：氏族既然是族外婚，氏族的产生必然是两个氏族同时产生，即所谓"两合组织"，两个氏族就应成为个部落。这派意见的代表如苏联学者柯斯文。我们采取的是前一种意见。

就是原始公社制度解体和阶级产生的时期，各部落由于共同的利益而开始形成具有复杂组织的巨大的部落联盟。部落联盟的任务就在于军事防御和武装保卫共同的利益。部落联盟促进了部落间经济和文化联系的加强，促进了部落的混合同化，以及新的人民共同体——部落的形成。

三、部族

部族是资本主义以前和原始社会制度以后，历史上形成的人们共同体。它的经济基础是奴隶占有制的和封建制度的生产关系。

在原始社会末期，即在从氏族公社转变成为农村公社，部落联合成为部落联盟的发展阶段上，就开始了部族的形成过程。它的形成期应该说是阶级社会产生以后。由于阶级社会发展的阶段不同，部族的发展程度当然也有所区别。

部族产生的根本原因，就是由于生产力的发展，人与人之间关系上的发生了新的变化，由于氏族制度的末期，私有制的产生，人们贫富的分化，社会出现了对抗阶级，在部落联盟进一步发展的基础上出现了国家等，在这些条件下，氏族部落开始了分离和混合，血统的联结纽带逐渐失去它的作用。氏族部落的孤立和闭关自守的状态也逐渐被打破了，各个相临近的氏族部落开始了归并和融合的过程，这就逐渐形成了部族。

部族形成的途径是各不相同的。有点是从原始社会过渡到奴隶社会时期形成的：如古代埃及：古代希腊等部落；有点是从原始社会过渡到封建社会形成的，如古代俄罗斯、波兰、法兰西北部的部族等（因为这些族没有经过奴隶制而是从原始社会逐渐过渡到封建社会）；还有的是在社会主义条件下形成的部族，如现在苏联境内的部族。

部族是历史上形成的人们共同体。它的特征：虽然地区性的方言和土语还存在着，但有共同的语言，共同的地域，虽然这共同的地区往往在经济上和在政治上是割裂的，和不太固定的。有为一定的生活条件，社会条件和历史条件所形成的表现在沟通文化上的共同心理素质，虽然这一特征中的某些成分不如民族来得成熟；同时也有着一定程度的共同经济生活。①

部族可以区分为两种类型：一是一般的部族，是指在奴隶制和封建制的条件下形成的；一是社会主义条件下形成的部族。它们的区别在于：前者是在从原始社会向阶级社会过渡的历史条件下形成的人们共同体，它的经济基础是奴隶占有制和封建制，它内部有着对立阶级的划分和存在着阶级剥削，其发展前途是资产阶级的民族或者是社会主义的民族。后者则是在社会主义条件下形成的，因某些条件还没具备而没发展成为民族的人们共同体，它的经济基础是社会主义的，它内部不存在对抗的阶级和剥削，其发展前途是社会主义的民族。

---

① 关于部族，有人只提出三个特征，共同的经济生活，亦即经济联系没有提。我们还是提出四个特征。理由是：从西方和东方历史上形成的部族看，一定程度的共同经济生活是存在的。

部族与氏族、部落的基本区别在于：氏族、部落与部族是标榜这生产力发展的不同阶段。氏族是在原始公社制度基础上产生的，由血统关系联结起来的，也就是说它是天然形成的人们共同体，它本身没有阶级的划分，没有剥削的存在。部族则是建立在奴隶制或附近制的基础上，是历史上形成的人们共同体，它本身有着阶级的划分和剥削。

部族与民族①的基本区别，首先民族是资本主义上升时代的产物，它的经济基础是资本主义的生产关系；而部族（上面已经谈到）是从原始社会过渡到阶级社会的时期形成的，它的经济基础是奴隶占有制和封建主义的生产关系。其次它们具有四个特征，也有着极大的区别。民族的语言的使用范围比部族语言的使用范围更为广泛，同时基本上消灭的方言和土语；部族虽有统一的语言，但方言和土语却还严重存在着，这是由于经济上和政治上的割裂所造成的。民族的地域较为固定，内部形成一紧密的整体；部族虽有其共同的地域，但不是完全固定的（在东方和西方的部族的地域往往是经常变动的），同时，一般地讲内部各个地区还处于一种分裂的状态。民族的共同经济生活（所谓共同经济生活是指，以各经济部门之间、城乡之间、民族经济中心与文化中心之间的社会分工为基础的发达的经济联系），建立在广泛分工和交换的基础上，已形成了统一的民族市场，强固的把民族结合为一个整体；部族则不然，部族是以自给自足的自然经济为基础，虽然有了某种分工和交换，有了一定程度经济联系，但是还没能形成统一的民族市场，而是地方性的经济和各个区域性的市场。表现在共同文化上的共同心理素质，民族与部族也有所不同，部族是没有像民族那样统一的文化中心的，也没有像民族那样具有发展的民族意识。总之，民族的要素，在资本主义社会以前，正如斯大林所指出的：还"处在萌芽状态"。[7]

社会主义条件下的部族与社会主义民族的区别是在于部族缺乏民族所具备的某一特征，或者是文化（物质的和精神的）发展水平的不同[8]

附带要说明的是"族体"这一概念。族体是社会主义时代的范畴，现在还存在于苏联。在苏联西伯利亚地区，还存在着人数极少的居民群体，它们保持着独特的、主要是部落的语言。十月革命前，它们当中大多数是各种不同的氏族部落群体。现在它们已失去了氏族部落的结构。因此，"氏族部落共同体"这一术语已不适用它们了，为了表明它们存在的时代（即社会主义时代）和其本身的变化，便改称它们为族体。族体的基本特征，就是与历史上形成的部族和民族不同，它是天然形成的人们共同体[9]。

四、民族

民族是在封建制度消灭和资本主义社会关系形成和发展过程中作为一种社会现象而出现的人们共同体。它既不是生物学上的、种族上的人们共同体，也不是氏族或部落的人们共同体，而是一定时代，即资本主义上升时期的具有新的特征的稳定的人们共同体。因为它已不

---

① 这里的部族是指一般的部族，民族是指资产阶级民族

是种族特征的延续和发展，或血缘关系的继续与综合，而是社会发展中资产阶级时代的必然产物和必然形式。

民族有四个特征。

首先，民族的形成，是由于人们长期经常交往的结果，人们只有世世代代共同生活在一起才能形成民族，而要共同生活，就非具有共同的地域不可。所以，作为民族，必须具有共同地域。

可是，地域本身还不能造成民族。人类的生产永远是社会性的，人们在生产活动中，为了调节彼此的活动，进行交往，必须交流思想，达到相互了解，便产生了语言。这样，作为民族，必须具有为这个共同体内成员理解的共同语言。共同的民族与语言，又是民族的特征之一。

有了共同语言和共同地域还不能构成民族。因为当人们居住在同一地域上并操着同一语言的时候，他们也可能是分散的，例如在封建制度下人们因封建割据而彼此隔绝，过着自然的闭关自守的生活，由于缺乏经济联系，未能把分散的人们组成为民族。只有当分散的人们结合成一个整体的时候，才形成民族。因此，居住在同一地域上并操着同一语言的人们，在历史上形成的稳定的经济联系，是民族的特征之一。

居住在同一地域上并操着同一语言的人们，由于世世代代共同生活的结果，他们所处的社会物质生活和利税条件的不同，必然在他们的精神面貌上烙上深刻的痕迹，这就形成了共同的心理素质。共同心理素质一经形成，它总是反映在民族文化的特点上，即反映在该族人民的文学、艺术、舞蹈、建筑、雕刻、风俗及传统等的特点上。所以，反映在民族文化共同特点上的共同心理素质也是民族特征之一。

综上所述，"民族是历史上形成的，以四个共同基本特征为基础而产生的稳定的人们共同体，这四个基本特征就是：共同的语言、共同的地域共同的经济生活和表现在沟通文化特点中的共同心理素质。"[10]

只有上述特征统统具备时，才算是个民族。

民族的两种类型：

在人类历史上，曾出现过两种类型民族——资产阶级民族和社会主义民族。前者是在消灭封建割据，确立资本主义生产方式过程中产生的，后者是在消灭资本主义生产方式，确立社会主义生产方式过程中发展和形成起来的。二者之间，不仅形成的时代和历史条件不同，即在精神面貌和社会政治面貌，以及彼此的经济基础、政治基础和思想基础亦有根本的区别。

资产阶级民族：资产阶级民族具有下列特点——

（一）资产阶级民族是资本主义上升时代的产物，资本主义民族市场、资本主义劳动分工、资本主义生产方式的发展，创立了资产阶级民族的经济共同体、因此，资本主义经济制度是资产阶级民族的经济基础。

（二）资产阶级民族是在资产阶级及其民族主义政党领导下形成起来的，资产阶级无论在经济上、政治上、精神上始终是本民族劳动群众的压迫者。在资本主义条件下，民族是资产阶级在政治上、经济上统治工人阶级和全体劳动群众的社会形式。因此，资本主义秩序和资产阶级专政，便是资产阶级民族的政治前提和政治基础。

（三）在资产阶级民族中占统治地位的资产阶级，总是借助"分而治之"的原则来维护本阶级的统治和特权。他们竭力煽起各民族劳动人民间的纠纷，挑起互不信任的心理，撒播憎恶其他民族的感情；同时鼓吹民族内部剥削者与被剥削者之间的"统一"，以诱导劳动任民脱离反对"本民族的"资产阶级的斗争。因此民族主义和种族主义便构成资产阶级民族的思想基础。

（四）资产阶级由于内部矛盾而分裂成敌对的阶级。剥削者与被剥削者间，经常进行不可调和的日益尖锐的斗争。这种斗争破坏着资产阶级民族的统一，腐蚀着资产阶级民族的生机。因此，阶级矛盾及由此而来的阶级斗争便反映了资产阶级民族内部的阶级关系。

（五）资产阶级民族是建立在资本主义生产方式基础上的，资本主义弱肉强食的法则，必然推动资产阶级去发展殖民地，掠夺异民族领土来扩大本民族领土，以便榨取尽可能多的利润，特别到帝国主义时代，资产阶级对殖民地和附属国人民经济上的掠夺、政治上的奴役和军事上的侵略更加残酷。同时，各民族的剥削阶级为了巩固自己的统治地位，又互相勾结在一起，来共同反对劳动群众。

"资产阶级及其民族主义在这个时期始终是这种民族的主要领导力量。为了"民族统一"而鼓吹民族内部的阶级和平；掠夺异民族领土来扩大本民族的领土；不信任和仇视异民族；压迫少数民族；同帝国主义结成统一战线，——这就是这种民族的思想内容和社会政治内容。"[11]

资产阶级民族既是资本主义的产物，随着资本主义灭亡，它也将退出历史舞台。这就是资产阶级民族的历史前途。

社会主义民族：伟大十月社会主义革命开启了人类历史上的新纪元。随着无产阶级革命的胜利和社会主义经济体系的建立，首次在苏联成长起一种崭新的民族——社会主义民族。

社会主义民族是精油两条途径形成起来的：一条是"在俄国资本主义被推翻以后，在资产阶级及其民族主义被消灭以后，在苏维埃制度确立以后，在旧式民族即资产阶级民族基础上发展和形成的。"[12]另一条则是把处在资本主义发展阶段的部族改造为社会主义民族。社会主义民族具有以下特点——

（一）社会主义民族的共同经济是由社会主义生产方式、国民经济各部门间社会主义劳动分工的发展和巩固创立起来的。因此，社会主义经济的发展，生产资料社会主义所有制的确立，是社会主义民族的经济基础。

（二）社会主义民族是在工人阶级及其国际主义政党——共产党领导下，由于取得无产阶级专政而形成的，而且只有无产阶级专政才能保证巩固工农联盟，消灭一切剥削阶级和建成社会主义社会，从而才能保证社会主义民族顺利发展。因此，工人阶级的领导和无产阶级专政是社会主义民族的政治前提和政治基础。

（三）工人阶级敌视一切压迫和剥削，包括民族压迫和剥削在内。在工人阶级领导下的社会主义民族体现着国际主义的精神，它坚决反对一个民族对另一个民族的压迫，主张各民族，无论大小，一律平等，并和一切民族建立友爱团结的关系。社会主义就正是在反对煽起民族纠纷、凌弱弱小民族的斗争中成长起来的。因此，工人阶级国际主义政党的科学世界观——马克思、列宁主义便是社会主义民族的思想基础。

（四）社会主义民族是在社会主义制度最高形式的苏维埃社会条件下形成和发展起来的，这种制度排斥人对人的剥削，排斥民族内部的阶级对抗。社会主义民族由具有共同利益和共同目的——建设社会主义社会——而联合起来的工人阶级、集体农民和苏维埃知识分子所组成，他们表现了高度的精神上与政治上的团结统一致。因此，社会主义民族没有那腐蚀着资产阶级民族的不可调和的阶级矛盾，远比任何资产阶级民族都要团结，都具有全民性。

（五）社会主义民族没有侵略其他民族的意图，也反对其他民族侵略本民族，而且在争取和平、民族与社会主义的斗争中和一切劳动人民及没有充分权利的民族结成统一战线，以共同反对世界帝国主义。

综合上述社会主义民族的特点，便构成社会主义民族的精神面貌和社会政治面貌。

"工人阶级及其国际主义的政党，是团结和领导这些新式民族的力量。为了消灭资本主义残余和胜利地建设社会主义而在民族内部建立工人阶级和劳动农民的联盟；为了各个民族及少数民族的平等权利和自由发展而消灭民族压迫的残余；在反对侵略及侵略战争的政策的斗争中。在反对帝国主义的斗争中与一切被压迫的和没有平等权利的民族结成统一战线，——这就是这些民族的精神面貌和社会政治面貌。"[13]

附注

[1]《联共（布）党史简明教程》，莫斯科外国文书籍出版局1953年中文版，第152页。

[2] 托卡列夫、切波克萨罗夫：《从斯大林论语言学问题的著述来看民族学资料对民族起源研究方法的意义》，载《民族问题译丛》1956年第一期。

[3] 斯大林：《马克思主义与民族、殖民地问题》，人民出版社1953年版，第315页。

[4] 恩格斯：《反杜林论》，人民出版社1956年北京版，第184页。

[5] 斯大林：《马克思主义与语言学问题》，人民出版社1955年版，第46页。

[6] 参看恩格斯《家庭、私有制及国家的起源》一书《易洛魁人的氏族》一节。

[7] 斯大林：《马克思主义与民族、殖民地问题》，人民出版社1953年版，第345页。

[8] 参着波塔波夫《论西伯利亚各族的民族结合》，载《民族问题译丛》1956年第二期。

[9] 同上。

[10] 斯大林：《马克思主义与民族、殖民地问题》，人民出版社1953年版，第342页；

并参看《斯大林全集》第二卷人民出版社版，第 294 页。

　　［11］《斯大林全集》，人民出版社，第 11 卷，第 290 页。

　　［12］斯大林：《马克思主义与民族、殖民地问题》，人民出版社 1053 年版，第 317 页。

　　［13］同上书，第 347—348 页。

相 关 文 献

关于少数民族社会历史调查研究的十年①

苏克勤

中华人民共和国成立十年以来,党和国家在解决我国民族问题方面进行了巨大的工作,获得了伟大的辉煌的成就。少数民族社会历史调查研究是党的民族工作的一部分,随着民族工作的发展,少数民族社会历史调查研究工作就日益显出它的重要性与必要性,并已有了相应的发展,取得了一定的成就。

我国是一个统一的多民族的国家。我们的伟大祖国是由我国各民族人民共同缔造的。但是对我国少数民族采取压迫政策的国民党反动派——大汉族主义者,是瞧不起少数民族的,他们抹煞各少数民族在祖国历史上的贡献和应有的地位,而且荒谬地否认我国各少数民族的存在。国民党反动派不重视少数民族的社会历史调查研究,那是毫不奇怪的。如果说他们也进行了一些所谓"田野调查"的话,那也主要是从"猎奇"的观点出发,尽情丑化各民族人民的面貌,以达他们反动统治的目的。其中有些人还是由帝国主义者所收买的文化买办,是为帝国主义侵略我国各少数民族的罪恶目的服务的。

中国共产党是以马克思列宁主义武装起来的中国工人阶级的政党,从它诞生的一天起,就把彻底解放国内少数民族,实现祖国的统一和各民族的亲密团结、各民族共同建设社会主义的祖国大家庭作为中国革命的根本任务之一。

党和国家为了彻底解决国内民族问题,必须不断地进行各项工作。我们党进行任何工作,都要进行周密的调查研究。"没有调查,就没有发言权",这是毛主席在"农村调查"序言中讲过的一句名言,它适用于一切工作。我国有五十多个少数民族,处于各种不同的历史发展阶段,每个民族又各有其不同的特点。要做好少数民族工作,必须对少数民族的社会

---

① 苏克勤:《关于少数民族社会历史调查研究的十年》,《民族研究》1959 年第 10 期。

历史情况进行周密的调查研究，才能制订出合乎实际情况的方针政策。同时通过调查研究，又可以反映党的民族工作的伟大成就，用以教育全国各族人民，进一步推动民族工作的开展。党和国家的工作部门，为了解决民族问题，领导和帮助少数民族实行区域自治，实现民主改革、社会主义改造，进行社会主义经济、文化建设，都有计划地对少数民族进行了很多调查研究。同时，有关的科学研究机构在党和国家的领导下也参加了少数民族社会历史调查研究这一领域很广阔的学术研究工作，组织了专门的研究队伍，到少数民族地区去进行社会历史调查，有计划地、有系统地收集了资料，并且就有关问题做了研究。

我们党对于少数民族的社会历史调查研究，在全国解放以前早已开始。还在抗日战争初期，在党中央所在地延安，就成立了民族问题研究机构，进行了对于我国少数民族社会历史情况的调查研究。例如当时为了粉碎日本帝国主义者在我国西北制造"回回国"的阴谋，批判国民党政府不承认回回是民族的大汉族主义的民族压迫政策，把全国广大的回族人民争取团结到抗日民族统一战线中来，完成抗战的神圣任务，根据党中央的指示，曾经对我国回回民族进行了调查研究，并写出了《回回民族问题》一书。《回回民族问题》一书的出版，也是对少数民族进行社会历史调查工作的一个良好开端。

在全国范围内大规模地开展少数民族社会历史调查研究工作，是从全国解放后开始的。十年来，少数民族社会历史调查研究工作，是逐步发展深入的。解放初期，主要的任务是进行民族识别工作。从1956年到现在，主要的任务是有计划地全面深入地进行少数民族社会历史的调查研究，并在此基础上编写调查报告和各少数民族的"简史""简志"和各民族自治地方概况等"三种民族问题丛书"。

民族识别工作是在解放初期为了贯彻党的民族政策特别是贯彻民族平等和民族区域自治政策所必须进行的一项重要的调查研究工作。解放前，由于国民党反动派对我国少数民族采取否认态度，因而我国有许多少数民族是长期湮没无闻的。解放后，由于党的民族平等政策的贯彻执行，废除了民族压迫制度，加强了民族团结，许多过去受压迫受歧视的少数民族纷纷提出了自己的民族成分和名称，不再隐瞒自己的民族成分，这是党的民族政策的光辉胜利。但是，由于社会历史的原因，有些少数民族还没有形成自己的统一的名称，因此，这些新提出的名称中间，并不是每一个名称都是一个单一的民族。因而需要进行民族识别工作，弄清他们的民族成分，以便于帮助他们充分享受民族平等和民族区域自治的权利，发挥各民族人民在祖国社会主义革命和社会主义建设中的积极性。

民族识别工作是根据马克思列宁主义关于民族问题的理论和党的民族政策进行的。在工作中，严格地按照历史唯物主义的原理，充分地照顾到各民族的特点和各族人民的意愿。几年间，民族识别工作的成绩是很大的。经过民族识别工作，我国现已正式确定的有五十多个少数民族，比原来人们知道的增加了好多倍。当然，那些新确定的少数民族在中国境内早就存在，只是由于旧中国的反动统治者的否认，过去很少为人们知道而已。和民族识别工作同时一并进行的少数民族社会历史调查研究工作也获得了不少的成绩。例如解放初期在社会性质和汉族的社会性质大体相同的少数民族地区胜利地完成了土地改革，调查研究工作曾起了一定的作用。

党中央和毛主席对于少数民族社会历史调查研究工作是极为关心的。1956 年，党提出了必须及时地迅速地完成对我国各少数民族社会历史情况进行深入的调查研究的任务。因为当时全国各少数民族地区已经掀起了民主改革、社会主义改造和社会主义建设的高潮，必须不误时机地、广泛而深入地开展少数民族社会历史调查工作，才能更好地把少数民族旧的社会情况和若干历史资料搜集起来，而这些资料无疑的是丰富宝贵的资料。这项工作开始是由人大民族委员会负责，在有关部门和地区动员了大批人员，组织了内蒙古、新疆、西藏、四川、云南、贵州、广东、广西等八个少数民族社会历史调查粗，在蒙古、藏、维吾尔、僮、苗、傣、彝、黎、景颇、佧佤、鄂伦春等二十个少数民族地区广泛地展开了调查研究工作。

我国各少数民族，在解放前，由于历史上的种种原因，社会发展是级不平衡的。到解放前夕，有的存在着封建地主土地占有制度（如满、回、僮、布依、苗、朝鲜、维吾尔、蒙古等族），有的存在着封建农奴制度（如藏、傣），有的存在着奴隶制度（如凉山彝族），有的还保留着浓厚的原始公社制度的残余（如景颇、佧佤、怒、独龙、鄂伦春等族）。1956 年选择进行调查的二十个少数民族恰好代表了我国少数民族所处的各个不同的历史发展阶段，从原始公社、奴隶社会到农奴社会和地主经济的封建社会。我们党在少数民族地区进行社会改革，就是根据各个民族发展的特点而决定的。例如对于那些还保留着浓厚的原始公社制度的残余，阶级分化虽已开始但还不很明显的少数民族地区，党和国家采取大力帮助少数民族发展生产，进行经济、文化建设，经过必要的社会改革，建立合作社并实现人民公社化，直接向社会主义过渡；对于那些已经进入阶级社会的少数民族，党和国家首先领导这些民族的劳动人民进行民主改革，废除奴隶制度与封建制度，然后进一步进行社会主义改造，过渡到社会主义社会。

几年间，各少数民族社会历史调查组在党的正确领导和广大群众的热烈支持之下，获得的成绩也很大。到 1958 年 6 月已经搜集到的资料即有数千万字，已整理付印的有四百余万字。此外，还摄制了三部科学纪录影片，记录了云南佧佤族、凉山彝族和海南岛黎族原来的存在着原始公社制度、奴隶制度、封建制度的社会面貌；现在正在摄制的还有鄂温克、苦聪和西藏等三部科学纪录影片。这些资料对于各地的民族工作，对于研究各个少数民族的社会历史以至研究汉族历史，都有重要的参考价值。

1958 年，在党的社会主义建设总路线的光辉照耀下，全国实现了国民经济的大跃进，在全国农村中实现了人民公社化，少数民族地区也进入了社会主义革命和社会主义建设的新时期。先在全国聚居的少数民族人口，已经有 95% 以上实行了民族区域自治，95% 以上的少数民族地区已经完成了民主改革，基本上完成了社会主义改造，并且在这个基础上，掀起了国民经济大跃进的局面，基本上实现了人民公社化。使得原来存在着封建制度、奴隶制度甚至是原始公社制度的各个少数民族，超越了一个或者几个社会发展阶段，直接过渡到社会主义社会。民族工作的新形势给党的少数民族社会历史调查研究提出了新的任务：即对全国各少数民族普遍地进行社会历史调查研究工作，并在此基础上编写各少数民族的"简史""简志"和各民族自治地方概况等三种"民族问题丛书",以便通过这三种丛书来反映建国十周年来党在民族工作方面所取得的伟大成就,反映各少数民族的新面貌和民族之间的新关系,阐述党的民族政策,特别是民族区域自治政策,以利于向全国各族人民进行广泛深入的社会主义、共产主义、爱国主义和民族政策的宣传教育。

1958年6月,由人大民族委员会和中国科学院民族研究所在北京联合召开了一次民族研究工作科学讨论会,对展开全国少数民族社会历史调查和编写三种民族问题丛书作了具体的规划,并动员了中央与地方的有关机关、高等学校和科学研究机构的工作人员与学生数百人,除扩充原来的八个调查组以外,又增设了宁夏、甘肃、青海、湖南、福建、辽宁、吉林、黑龙江等八个调查组。各调查组人员最多时达到一千人。现在,各调查组已基本上完成了各少数民族社会历史的初步调查,并已写出了三种民族问题丛书的大部分的初稿。正在分期分批地进行审查修改。

十年来,科学研究机构进行少数民族社会历史调查研究始终是在党和政府的直接领导之下进行的,中央派往各省、自治区的调查组,即交由当地党委直接领导,并由各省委、自治区党委指定专人负责或参加调查组的领导工作。各调查组深入基层进行调查研究工作时,受自治州委、地委、县委和人民公社党委的领导。三种民族问题丛书的初稿写成后,首先由有关的各级地方党委负责审查。这就把党的领导贯彻到少数民族社会历史调查研究的实际工作的一切方面。

十年来,少数民族社会历史调查研究贯彻了在党的领导下,由党和政府机关的工作人员、科学研究人员、高等学校师生和广大群众相结合的群众路线的工作方法。少数民族社会历史调查组的调查研究工作是在参加与配合当地的中心工作和群众的生产劳动中进行的。调查组的人员贯彻了跟群众同吃同住同劳动的"三同"原则。在去年生产大跃进、大办钢铁运动中,有的组还提出并实行了"生活劳动在工地,调查访问在工地"的口号。有些组在写成三种民族问题丛书初稿后,还拿到群众中去广泛地征求意见。少数民族群众对于党和政府派出调查组既帮助他们劳动又帮助他们写书的事实,表示级为满意,深深感动。由于贯彻群众路线工作方法的结果,使得少数民族社会历史调查研究工作,得到了少数民族广大群众热烈的支持和帮助,也使少数民族社会历史调查研究人员得到了很好的锻炼和培养。

十年来的少数民族社会历史调查研究贯彻了调查与研究相结合的方法,即在调查的基础上进行研究,在研究中发现问题,再继续深入进行调查。如此不断前进,一次比一次更接近客观事实,更接近真理。

经验证明,在进行少数民族社会历史调查研究中,必须重视已有的调查研究的成果和民族工作的档案材料,特别是必须认真学习党的民族政策和其他有关的政策。这样才能在调查研究工作中避免犯错误和走弯路,过去个别地区曾因忽视这方面的工作而使工作受了损失。

还应指出,少数民族社会历史调查研究,必须充分利用历史资料,这是很重要的一个方面。我国是一个文明古国,我们的祖先为我们留下了丰富的历史资料,所以,整理我国少数民族的历史资料,是少数民族社会历史调查研究的一个重要组成部分。几年来,科学研究机构在这方面也做了不少工作。

十年来的少数民族社会历史调查研究，也是与资产阶级的反动的学术思想不断斗争、不断克服资产阶级民族学、社会学的影响的过程中发展起来的。建国以来，根据党的团结、教育和改造资产阶级知识分子的政策，吸收资产阶级民族学者参加了民族识别和少数民族社会历史调查研究工作，并对他们进行了系统的政治思想教育，在工作中给他们以具体帮助。其中有不少人接受改造，做出了许多有益的工作，但是也有少数人继续坚持资产阶级的反动观点，在这种反动观点的支配下来进行少数民族社会历史调查研究工作，企图篡改中央规定的正确方针。这当然是不能允许的，不能不进行必要的批评和斗争，经过批评和斗争，让他们在工作中继续改造自己的思想作风，全心全意为人民服务。

十年来的少数民族社会历史调查研究，一方面是紧密地与党的民族工作结合、为党的民族工作服务；另一方面又为研究各民族的社会历史和研究人类自原始公社以来的古代历史搜集了丰富的资料——主要是关于原始公社的、奴隶社会的和农奴社会的具体资料。

我国各少数民族的社会历史资料级为丰富。人类经过的各个社会阶段，在我国少数民族进行社会改革以前的社会生活中都可找到活生生的材料。我们读了各少数民族的社会历史调查研究的报告，再看一遍记录这些少数民族的社会面貌的科学影片，就等于给我们上了一堂极其生动的唯物史观的课程。

陈伯达同志在"批判地继承和新的探索"一文中，对于少数民族社会历史调查研究的成就，曾经说："解放后各少数民族给社会科学工作者提供了关于研究原始公社、奴隶社会和农奴社会的极其丰富的活生生的材料。凭借这些新材料，就有可能使人们在恩格斯的'家族、私有制和国家的起源'之后，写一部或几部人类社会发展史的新续篇。"他说："就我看来，如果有人能够再进一步地去利用这些材料，像恩格斯和摩尔根那样去进行研究工作，其结果必将大大丰富我们的历史知识，帮助我们在研究汉族历史的问题上开辟新的眼界，使我们研究全部汉族历史的工作更容易进行，或许还可以设想，这种研究甚至能够使唯物史观的内容得到某些新的补充。"陈伯达同志并且指出："进行这样的研究，使人们不可避免地将会继续引出全国各族人民必须为社会主义事业而斗争的结论，因此，这种研究工作不只有学术价值，还具有现实斗争的价值。"（红旗1959年第十三期第40页）

陈伯达同志在这里提出，在少数民族社会历史调查研究的基础上，写出一部或几部人类社会发展史的新续篇，这是向我国社会科学工作者（民族问题研究工作者也包括在内）提出的一项光荣任务。我们认为，组织必要的社会科学工作人员，进行通力协作，在一定的时间内，付出巨大的劳动，除利用少数民族社会历史调查研究工作已经积累的资料以外，并继续进行深入的调查研究，努力写出有关我国少数民族的原始公社、奴隶社会和农奴社会这样的著作，是可能做到也是应该作到的。因此，少数民族科学研究机构和少数民族社会历史调查组的人员，应该继续鼓足干劲，力争上游，努力进行更多的更好的工作，做出更出色的成绩。

民族研究工作中的两条道路的斗争问题[①]

汪锋

（编者按：这篇文章是根据汪锋同志1958年6月23日在中国科学院民族研究所成立大会上的讲话整理的。汪锋同志的这篇讲话，指出了民族研究工作的方向，对于今后开展这方面的工作有很大的帮助）

中国科学院民族研究所经过一年多的筹备今天正式成立了。让我首先代表中共中央统战部和中央民族事务委员会表示热烈的祝贺。

民族研究所的成立标志着我们党的民族研究工作进入了一个新的发展阶段。它将把党内外从事民族研究工作的力量进一步地组织在一起，更有计划、更有系统地开展民族研究工作。这不仅是我国科学研究工作方面的一件大事，同时也是我国民族工作方面的一件大事。因而，它特别值得我们高兴和庆祝。许多问题潘梓年同志已经讲到了，很同意他的意见。我对于民族科学研究是一个外行，我想借这个机会，谈一谈民族研究工作存在的一些问题和我个人的意见，只是提出来作参考，不对的地方，请同志们批评。

大家都知道，我们党运用马克思列宁主义的原理根据我国的具体情况来研究民族问题，早在党的创始时期就开始了；在抗日战争时期，在延安成立了民族研究机构，民族研究工作得到了进一步的发展。解放以后，同全国其他方面的工作一样，民族研究工作也有了巨大的进展，取得了显著的成绩。在座的许多同志都是这个工作的参加者，特别是中央民族学院研究部和人大民族委员会少数民族社会历史调查组的同志们，对这一方面的情况知道得很清楚，体会也更深刻，因此这方面的问题我就不再细谈了。有的同志认为过去几年在民族研究

[①] 中国社会科学院民族研究所编辑：《民族研究工作的跃进》第1—7页，北京：科学出版社，1958年10月。

方面所取得的成就给我们今后民族研究工作的迅速发展创造了良好的条件，我看这个估计是公平的、正确的。民族研究工作的成绩是一方面，也是主要的方面；但在另一方面也还存在许多问题，值得我们研究解决。通过几年来的工作，特别是从这次科学讨论会揭发出来的问题来看，除了工作上的一般缺点和错误外，我感到严重的是一些从事民族工作和民族研究工作的工具，特别是其中的一些资产阶级、小资产阶级出身的干部，仍然严重地存在着无产阶级和资产阶级、社会主义和资本主义、社会主义和民族主义两条道路两种思想的斗争问题。这在同志们的大字报里边反映得非常清楚，揭发的问题也比较惊人，在个别人的身上表现得特别突出。正是由于有两条道路的斗争，有两种思想、两种人生观，因此，在民族研究问题上就有许多问题还值得进一步讨论和研究。必须要统一对民族工作、对民族研究工作的正确认识。就像这次科学讨论会上同志们指出来的，有不少的人在民族研究工作中的脱离政治、脱离群众、脱离实际的错倾向还较为普遍。这种错误倾向的根源是和一部分同志的资产阶级个人主义、民族主义的错误思想分不开的。这些都严重地妨害了民族研究工作更进一步的开展，如果不及时克服，就会带来更多的损失。

什么是脱离政治脱离群众脱离实际呢？不及时的加以克服会有什么后果呢？许多同志的大字报都已经回答了这个问题。同志们说得很对，这个问题不解决或者解决得不好不彻底，就不可能有正确的研究结果，也绝不会提供出有科学价值的和符合四千万少数民族劳动人民利益的作品来。

1. 我所说的脱离政治，首先就是脱离党的领导。这一点很重要。许多做调查研究工作的同志离开了党的领导，不尊重地方党委的意见，不愿意在地方党委的领导下做工作，不愿意与地方党委联系，事前不请示，事后不报告等等。这些同志在嘴巴上虽然也在"要跟共产党走"，但是实际上他没有这样做。试问离开了党的领导，跟党走还有什么内容呢？同志们可以回忆一下，从解放以前的爱国反帝，到解放以后的土地改革、抗美援朝、三反五反、农业合作化、知识分子思想改造以至到现在还没有结束的整风，无论哪个运动，哪一项工作是不在党的领导下进行和取得胜利的呢？一个人如果脱离了党的领导，还能不能够正确地跟着共产党走呢？肯定的说，是绝不可能的。在民族研究工作方面，许多同志辛辛苦苦地进行了工作，如果说他们完全没有跟着党走那是有点冤枉的，但是至少在这一方面的认识还有不够的地方。脱离政治的另一种表现是离开了党的民族政策。如果离开党的民族政策，还怎能设想做好民族研究呢？脱离政治的再一种表现是离开了党的政治运动。主席常说，我们是不断革命者，一个运动接一个运动，这样来提高我们的思想，提高我们的认识。可见，如果离开了各种政治运动，思想认识就不可能提高，而民族研究工作也就一定不会做好。

2. 脱离群众。同志们都知道"到群众中去，向群众学习"这个响亮的口号，但是在我们的民族研究工作中却存在着脱离群众的现象。许多同志不向群众学习，关着门坐在屋子里研究问题，不愿意依靠群众，不懂得群众有无穷无尽的智慧，总觉得群众不如自己有知识，不如自己有学问。因而不相信群众，遇事不跟群众商量，甚至不愿意到广大群众中去调查。由于不相信群众，因而对群众提出来的问题就不能加以分析和提高，也不能做到和群众同吃同住同劳动,与群众打成一片。群众自然也不会把我们看成自己人,不会相信我们是替他办事的。试想,如果离开了少数民族群众的支持,还怎能想做好民族问题的调查研究呢?

3. 脱离实际。脱离实际的主要表现是用主观主义的方法,用个人脑子想出来的问题硬在调查中去加以证实,而不是从实际出发去调查实际情况。正如同志们所揭发的,如有的人不向广大劳动人民调查,专找少数被打倒的地主阶级去调查,有的人不去调查阶级关系经济情况,而专去调查那些无关紧要的奇风异俗,甚至专门调查一些下流的低级趣味的男女关系。总之,不是以马列主义的观点去做调查,而是用一种资产阶级的非常庸俗的观点去调查和研究问题。民族研究工作怎样才能不脱离实际?进行调查研究是向广大的少数民族劳动人民调查还是向少数民族劳动人民调查?调查什么?怎样调查?这是立场问题,是给什么阶级服务,是破什么,立什么的根本问题,绝不是调查方法问题,这些问题都是今后工作亟需解决的问题,在民族研究所成立的时候,同志们提出了这些问题,并且积极地研究解决这些问题,这不仅是必要的,而且是应该解决的关键性的问题。

政治挂帅。任何工作脱离政治都是不可能作好的,学术研究没有政治,当然也是做不好的。出席会的同志对于脱离政治的情况全作了认真的检查批判,这个方向是正确的方向。经过这次会议对每个人来都会提高一步。会上许多同志对民族主义思想,对旧的资产阶级民族学的思想,旧的资产阶级的调查研究方法等等都进行了比较彻底地揭发和批判,有这些错误思想的不少同志都做了认真的调查,表示要"大破大立","拔白旗,插红旗","插社会主义红旗",这些做法都是正确的、必要的。因为许多问题孤立地看起来是一根头发,抓在一块儿就是一把头发。许多观点许多思想方法结合起来就会构成一个路线,就会构成一个民族研究工作上的路线。因此必须对这些错误的观点思想方法加以认真的批判。

当然,我们所说的民族研究工作中的两条路线、两种方法的问题是人民内部的问题。基本问题、关键问题是立场问题。凡是站在剥削阶级立场,经常为剥削阶级立场着想的人,就不可能是一个真正的革命战士;一个民族主义者,无论是大汉族主义者,或是地方民族主义者,也绝不可能代表任何民族的利益,没有一个政治工作者(当然民族工作者也在内)能够脱离阶级,而不为阶级服务的,不是无产阶级,便是资产阶级或者其他的剥削阶级,超阶级的思想意识是不存在的。要坚定无产阶级立场,就必须有明确的高度的嗅觉,辨明大是大非,辨明正确与非正确,辨明香与臭。立场问题毛主席在"正确处理人民内部的矛盾问题"中指出了六条,每一个愿意走社会主义道路的人都应当坚持并特别注意学习力求达到这些标准。这六条的第一条是:有利于团结全国各族人民,而不是分裂人民。这对于做民族工作的同志特别重要,必须很好学习和体会。在民族研究工作中要克服"三脱"现象,这六条对我们具有现实的指导意义。从个人来讲,在自己的头脑中应该经常认真地批判个人主义和民族主义思想,因为无论个人主义和民族主义都有其历史根源,有其长期性复杂性,不可能在一个会上一次批判就解决所有的问题。

党对于干部的要求是红透专深,不是只红不专,也不是只专不红。要红透要专深,这些问题就应该彻底搞清楚。这是我们每一个干部努力的方向。红透专深的奋斗目标对民族研究工作者来也不能例外。必须使我们成为民族工作的专家。必须鼓足干劲力争把民族工作做好。每一个民族研究工作者都应该有坚定的无产阶级立场，密切和群众联系，时刻地接受党的领导，这样才不至于犯错误或者少犯些错误。

  研究民族问题，首先，应该有利于解决民族团结统一问题。我国各民族经过了改革、改造和整风"反右"等种种斗争，民族团结是更加巩固了，但是，也不能否认，一些民族的长期的历史隔阂还没有完全消灭，而一部分民族内部的隔阂也还没有最后消除。研究民族问题的目的就在于解决这些民族隔阂，加强民族团结，并且发展各民族的政治、经济和文化，从而解决各民族间存在的在经济上文化上的事实上的不平等问题。民族问题的研究必须与民族工作密切地结合起来，研究的目的要有利于民族团结，有利于少数民族的劳动人民。无论研究历史和现况都应该从广大的劳动人民着眼。民族研究所就是在这种意义上成立的，它的最基本的任务就是要为祖国的社会主义建设事业服务，为少数民族的劳动人民服务。毫无疑问，这是个很光荣的任务。因此在研究的方法方面，必须与少数民族人民打成一片，彻底克服不相信群众的观点。我们要求每一个民族工作者都要下定决心改造自己。要求每个人都必破个人主义，立集体主义。在民族工作方面，研究民族问题的人往往容易被认为这是一个独行，别人没有发言权，只有自己是专家。例如，少数民族语言所虽然成立不久，就已经发生了这样的问题，有的人为少数民族创造了文字，就想把持一方，只有自己是权威人士，别人都不能插手。民族研究所成立以后也要特别注意这些问题。权威思想，个人名利思想，钻冷门的思想，"小仓库"思想，把持材料不拿出来供给大家看以及不安心工作等等，这都是个人打算，都应该在工作中并且经常地和这些思想作斗争，要彻底调查和批判，要坚决地树立集体主义。上面已经谈过，个人主义有它的阶级和历史的根源，因而要彻底克服就需要作艰苦的努力。对个人主义必须采取坚决批判和克服的态度，绝不能让它发展。有个人主义思想毛病的人，都应当认真地对待同志的意见，绝不应该采取敷衍的态度，原谅自己的错。个人主义不克服，总要暴露，只要土壤气候适合它就冒出来了，所以必须认真批判个人主义。还要求每一个民族工作者必须破民族主义，立社会主义。汉族要破大汉族主义，少数民族要破地方民族主义。只有破了民族主义才能够立社会主义。社会主义的立场，是维护祖国统一和各民族团结的，民族主义的立场则是损害和分裂祖国的统一，破坏民族团结的；在对党所抱的态度方面，社会主义者的立场是拥护党的领导的，民族主义者的立场是反对党的领导的；这是两个对抗的矛盾，也是社会主义和民族主义的最根本的分歧。民族研究工作者必须经常地检查自己，是站在社会主义立场，还是站在民族主义的立场上？如果我们对少数民族的某些落后现象加以歪曲加以夸大，甚至对少数民族人民加以歧视，加以侮辱，这当然是错误的，是大汉族主义；另一方面，如果不承认少数民族在经济地位上还有某些落后的地方，不愿意进步，不愿意接受进步，故步自封，把一些落后的事实描写成为革命的进步的，甚至故意抹杀民族内部的阶级矛盾，这当然也是错的，是地方民族主义。在这一方面必须经常警惕，保持清醒的头脑，任何为反动统治者作辩护的做法，都是同马克思主义不相容的东西，任何为地主阶级、封建剥削者作辩护的人都不是真正的革命者。

对于少数民族历史的研究，特别要采取正确的观点和实事求是的态度。应该说，过去的历史和历史材料，有真有假，半真半假，甚至全是假的。因此，有些历史材料的翻案是难免的，对于这些材料都要大胆而仔细地加以分析和研究。不适合民族发展，不利于社会主义建设的都应当加以批判。要全面地看问题，不能片面地看问题。例如对于历史上的少数民族起义和叛乱问题，把起义说成起义是对的，把叛乱也说成起义就是不对的；把少数民族统治阶级掀起的反对别的民族的事件说成起义，就不合乎事实，也不合乎历史发展规律。必须懂得，我国是个多民族的国家，长期以来，我国各民族人民即用辛勤的劳动，共同开拓了祖国的疆土，创造了祖国的历史和文化。无论哪个民族的历史，都是祖国历史一个组成部分。各民族人民的亲密团结，互助合作，是构成我国历史的主要的一方面。历史上各民族之间的仇杀事件，必须要记在各民族统治阶级的账上。不应该把历史上所有汉人对少数民族的历次用兵不加分析的统统都说成是反动的。不能这样。应该加以分析。它有反动的一面就是一面，反动的两面就是两面，反动的三面就是三面，剩下还有一面不是，那也应该肯定它不是。这些问题都还可以争辩。许多在民族研究上存在的问题，都应该分析来看。任何革命如果他杀了异民族的劳动人民，就是反动的，如果他杀了异民族的反动统治阶级，那不算坏事，因为是反动统治阶级，是剥削阶级，不应把观念混淆起来。如果历史上的许多问题搞得不清楚，那么我们的民族问题，将来就没有法子来研究。在这个民族来就是英雄，在那个民族来说是侵略者，应该客观地看待研究这些问题。民族研究所将来会迁到和发生这些问题，要慎重一些，下结论不妨慢一些。民族问题是非常复杂的问题，我们研究这个问题，不可能说不犯任何错误，我们准备犯错误，但是我们的态度是认真的，真正为研究，用正确思想方法研究，发生错误是难免的。如果别人对了，我们错了可以改过来，接受正确的意见，也不要怕犯错，怕的话什么东西都不敢研究了。要有创造精神，要破除迷信，要解放思想。要做好工作，认真的研究。应该组织一批力量，特别要注意在青年中培养一批又红又专的民族研究干部。

最后，科学讨论会上提出一年内完成少数民族社会历史调查和编写三套丛书的计划，我认为这个计划是很好的，从这里可以看出同志们的干劲是十足的，是完全符合总路线的，我们给50个少数民族写简史简志，写民族自治地方概况，这是给4,000万少数民族人民办好事。搞好了，不仅是受到广大少数民族人民的拥护和赞成，而且在国际上也有良好的影响；搞不好，也会遗臭万年。是流芳百世呢还是遗臭万年？应该是流芳百世。这是一件大事，跃进计划很好，这是光荣的政治任务，时间虽然紧迫，但在党的总路线光辉照耀下，在中央和地方党的领导下，加上同志们的努力，任务是可以完成的。祝同志们健康！

研究少数民族历史也要贯彻"厚今薄古"[①]

潘梓年

(编者按：这是潘梓年同志给参加少数民族社会历史调查工作的全体同志作的一篇报告，特征得潘梓年同志同意，在此发表)

你们将要出发参加少数民族社会历史调查，准备编写各民族的简史和简志，这是非常重要的工作。过去的一个月，中央民族学院与民族研究所开过科学讨论会，会开得很好，是一个整风的会议，采取了大鸣大放、大字报的形式，对工作上思想上存在的问题进行了揭发，批判了资产阶级社会学民族学以及地方民族主义思想，我想，这种批判，对于今后进行少数民族的社会历史调查工作以及编写各民族的简史简志，是有好处的。

从马克思主义观点来看民族，与从资产阶级观点来看民族是有原则区别的，民族是客观存在的，是历史发展的产物，编写各民族简史简志必须用社会主义观点、马克思主义观点来看民族，要批批判资产阶级的观点。

资产阶级观点对民族在历史发展中的作用的估计是错误的，他们把民族分成优等与劣等，意思就是说他们自己的民族是优等的，别的民族是劣等的，只能做他们的殖民地，供他们奴役。在资产阶级观点看来，经济上比较落后的民族，就是只配受人奴役，有意把它描写得不成样子，专用找它较落后的东西来渲染夸大，以证明他们是劣等的民族。在民族关系上，总是企图制造分裂、隔阂和仇恨，以便达到他分而治之的目的。这是帝国主义的观点，以此观点就不能了解各民族，对各民族便不能促进其发展。所以，资产阶放民族观点是歪曲历史的，必须要批判。地方民族主义也是资产阶级民族观点的一种表现，也是落后民族获得

[①] 中国社会科学院民族研究所编辑：《民族研究工作的跃进》第25—29页，北京：科学出版社，1958年10月。

提高和发展的思想障碍，也必须彻底地打掉。这些批判对我们的工作非常重要，但开过科学讨论会，并不就已把问题完全解决了。对于翻查工作的具体问题进行分析时，往往还会不知不觉地受到资产阶级社会学和地方民族主义的影响，使工作走弯路。所以，在今后调查工作中我们还要充分警惕和注意这些思想，不让它发生作用和影响。在工作中，必须接受党的领导，经常得到党的指示，同志们的帮助。这一点是很重要的，否则工作就会受到很大的损失或使工作产生废品，希望同志们经常重视这个问题。

我今天想谈一下编写各民族简史简志应从怎样的观点出发，编写的目的性是什么。

我们须从社会主义的民族观点出发。具体工作有具体目标，目标明确了，就会有正确的出发点。过去，我们研究历史犯了一种错误，就是"厚古薄今"，现在应该"厚今薄古"。但"厚今薄古"的意思并不是看不起古代的东西，假如这样的话就不要研究历史了。不，我们是很重视历史的。毛主席早就说过我们要学习历史、研究历史。我们很重视古代的东西。但是历史是在发展的、在进步的，单是就古代讲古代，就不会把历史看清楚，必须根据现在的历史发展情况来了解过去的历史，这样才能对一个民族从古到今，有一贯的认识，把历史发展规律搞清楚，使古为今用。"厚今薄古"，就是说为了对现状了解得更清楚，必须追溯它的过去；我们研究古代必须用现代的眼光去研究，不然就会犯错误。

对许多兄弟民族的历史和现状的了解，是与当前的民族工作联系着的，为什么要编写简史简志呢？就是要在思想上、工作上得到武器，把党的民族政策贯彻得更好。所以编写写简史简志不是目的而是手段，是为了把民族政策贯彻得更好。我们所编写出来的简史、简志，要是可以用来批判资产阶级社会学民族学和地方民族主义的武器。因此，编写工作本身应当就反对资产阶级民族观和民族主义思想的工作。为什么要反对？前面已说过，因为这种思想不是帮助民族发展和促进民族团结，而是阻碍民族发展和破坏民族团结，所以我们要反对。我们编写简史就要用历史来证明资产阶级观点是错误的。

我国是多民族的国家，许多民族的历史发展都不是直线的，而是经过许多曲折的。彼此之间在长时期的历史上会经互相冲突，有时汉族压迫其他民族，有时其他民族压迫汉族。对历史上这些情况我们就要有正确的观点加以解释。这里的关键在于把历史看成是什么样的历史。如果是看为少数统治者的历史，那就会夸大和歪曲互相冲突的一面，这就错了。历史是劳动人民的历史，我们以广大劳动人民的观点来看历史，就可以看出民族之间的冲突是阶级斗争的一种表现；是少数统治者在压迫其他民族的人民，并不是双方的广大人民之间有什么冲突。恰恰相反，从各民族广大人民的观点看来，历史上各民族之间友好往来、互相合作是民族关系的主流。由于统治阶级的欺骗宣传，使人觉得各民族的人民之间，确乎也会有过一些冲突，其实，劳动人民之间是没有什么冲突的，大家都要反对压迫和剥削，他们的利益是一致的。我们掌握了劳动人民的观点，就能够通过许许多多的历史现象来认识它的本质。表面现象容易使人搞糊涂，只有依据马列主义观点，才能把问题的本质看清楚。

所以，编写简史，要使简史成为一种教材来教育少数民族的人民，提高他们社会主义觉悟。这就是说，必须有正确的出发点和目标。

有人说：既然现在党的民族政策正确，工作有很大成就，那就只需编写简志，用目前各种鼓舞人心的材料来教育人民就行，为什么还需要写历史呢？我们说，我们还需要反面教材帮助正面教材，证明党的政策的正确性，这样，教育就更有力量。例如刘介梅展览会，我们看了觉得教育意义很大，不但对刘介梅本人，而且对我们大家的教育意义都很大。一个月以前，我到河南某地，在戏剧中看到一个人，他的父亲被国民党压迫而死，他的母亲带他逃生讨乞，解放后日子过得很好，可是却滋长起资本主义思想，要搞投机生意，许多党员看到他这种情况，很生气，给他开会批评，都不能挽救他，后来他的母亲改换旧日装束，把在旧会受压迫受剥削逃亡讨乞的情况摆出来，这个人才哭得昏过去了。这两个例子，都说明反面教材的力量是很大的。

我们少数民族的人民，在解放后过着幸福的日子。可是有些地方民族主义者忘记了过去是过着苦日子，忘了今天的好日子是由于党的领导获得解放的成果，而妄自以为是自己的功劳，自高自大，要离开党的领导，走他们的资本主义道路，我们编写简史就可以提醒他，使他看到过去的历史是怎样的，共产党来了以后历史又是怎样的，这就有教育意义，使他从历史的发展中懂得自己的错误。

过去的历史是充满着悲惨、黑暗，我们写历史不是要摆出这些使人灰心失望，而是要叙述它的发展过程，使人认识到它是如何从黑暗走向光明，我们的历史就是要说明其规律，说清道理，因此历史在础会主义教育中起着很大的作用。

有了丰富的历史材料，我们批判资产阶级学术观点就更有力量。希望同志们在工作中经常把调查工作的目的性挂在脑子里，要注意找什么样的材料，资产阶级民族学者搜集的材料是用来侮辱少数民族人民的，帝国主义者研究中国是用小足、烟枪、辫子等以说明明中国人"落后"的。我们现在研究少数民族就不应该沿用帝国主义那一套，我们工作要明确目的性，材料收集要分清主次，要用马列主义观点来处理材料。

党教导我们，各民族在历史上都起着帮助祖国大家庭发展的作用，都帮助了中华人民共和国的建立。各族人民都会经反抗外来侵略，与帝国主义做斗争，反对剥削，因此各族都有丰富的材料，各族都有它的风俗习惯、宗教信仰，如果有的风俗习惯和宗教不能起到这种作用，那是被反动统治者利用而成为欺骗人民的工具，因此编写简史、简志必须恢复它的本来面目。少数民族的文艺是很丰富的，文学、诗歌、绘画、舞蹈、音乐等都很丰富、很宝贵，我们应珍视这一切。这也是历史材料，可以丰富我们编写历史的内容，编写简史不一定直接能用，但都要当作宝贵材料收集起来，把这些优秀的成果继承下来，进行分析研究，使我们的文化丰富多彩。少数民族的物质生活、经济生活、精神生活情况的材料都要了解，才能把民族面貌全面反映出来，不要以为与编写简史、简志关系不大就不收集，不要轻易抛弃掉。有些民族到现在还没有文字记载，难以了解其历史，我们有必要通过诗歌、民谣、神话、传说等等去了解。

编写简史简志是很艰苦的工作，又是很光荣的工作，我们要紧紧依靠党的领导，不能走上层路线，要依靠群众。离开了党的领导，离开了群众，工作就无法搞好。

当然，财产也并非容易找到，但是这话反映了他们的一种情绪。而血缘的因素又在一定意义上决定于家支。一个黑彝家支的成员天生就是血统"高贵"的等级，假如被开除家支，他也就失去等级地位和特权，丧失了财产以至生存的安全。有家支的曲诺和瓦加比没有家支的瓦加和呷西在等极地位上也就好，在家支的支援下也可免遭没有家支的瓦加和呷西那种任遭屠杀和买卖的命运。从这方面看，家支对于等级关系不仅起一种上层建筑的作用，而且它本身就是构成等级关系的一个因素。

而且凉山的家支只不过保留了民族的躯壳。它之所以能够保存下来并发生作用，我们觉得那就是由于彝族的等级统治制度赋予它新的基础，由于它在变质和扩大作用的形态之下，为那个等救制度服务的缘故。

总之，过去彝族社会的黑彝家支的实质是：原始的氏族躯壳保留下来，经过变质和扩大作用来为等级统治制度，为黑彝奴隶主的阶级利益服务。因此它具有政权机构的上层建筑的作用和职能。

家支头人和会议虽然带着原始氏族长老和氏族会议的历史烙印，但在日常生活中是为黑彝等级的利益服务的，对被隶属等级是阶级统治的工具。它把分散的黑彝力量，组织成统一的阶级力量，以便使家支更有效地发挥对内镇压被统治等级的反抗，对外抵抗外家支或去侵犯外家支的职能。

原为氏族血亲复仇形式的冤家械斗，在等级制度下，变质成为一种具有阶级内容的战争。它在一定程度上，转移了阶级斗争视线，使得有着共同命运的各被隶属等级卷入相五的仇杀，另一方面也必使阶被斗争更为激化。——正是在这样的历史条件下，频繁的家支间的冤家械斗，也就反映了凉山彝族旧有社会制度的危机。

谈谈少数民族调查工作
如何与当地中心工作相结合的问题[①]

秋浦

在少数民族地区进行社会历史调查，要不要和当前的政治运动和中心工作相结合的问题，这是过去两年来一直存在的，但在一部分同志的思想中还未完全解决的实际问题。现在，当少数民族地区也像汉族地区一样在党的鼓足干劲，力争上游，多快好省地建设社会主义的总路线的光辉照耀下实现生产大跃进的时候，这个问题就显得更加突出了。

根据内蒙古少数民族社会历史调查组的反映，他们于今年五六月间在内蒙古、黑龙江地区进行调查，就会碰到与以往大不相同的情况：在以往，他们每深入到一个少数民族地区，那里的群众就会很快地聚集起来，询三问四，随意攀谈。日子一长，彼此之间熟悉起来了，有时甚至可以围炉而坐，谈到彻夜不散。可是，现在情况完全不同了。各个少数民族地区，由于贯彻执行了党的建设社会主义的总路线，也和汉族地区一样，到处是干劲冲天，无论是男男女女，大大小小，凡是能够参加劳动的，几乎全都出动了。平时在街头巷尾，别说见不着一个青壮年，就是想找一个五六十岁的老人谈谈，也往往是要扑空。原来很多人家都是把门锁着，全都外出劳动去了。

面对着这种情况，调查工作从何着手，确是一个值得注意和需要研究解决的问题。有的同志习惯于老一套的工作方法，对此没有经验，因而表现得束手无策，认为调查研究工作要大跃进，正好碰上一个生产大跃进，这个矛盾不解决，工作就无法进行。但他们又是怎样地来解决这一矛盾的呢？他们是把调查工作完全孤立起来，或者是不顾群众的生产，企图通过行政命令的方式来进行调查；或者是坐待时机，寄希望于春耕播种的结束，夏锄的结束，秋收的结束，农村会出现一种比较清闲的季节，那时访问的对象有了，调查工作也就好做了。

[①] 郝时远主编：《民族研究》第3期，第18—20页，中国社会科学院民族学与人类研究所，1958年。

很显然，这两种想法和做法都是极其错误的，而在实际上也是行不通的。因为在生产大跃进中，农村是一个任务紧接着一个任务，黑夜还当白天干，冬季都在大修水利，那里还有什么农闲的季节？再者在农村生产大跃进中进行调查而不顾及群众的生产，那就势必脱离群众，引起群众的不满。那样即使主观上怎样努力，调查工作也是无法做好的。

把调查工作完全孤立起来的想法和做法既然是行不通，那么究竟采取什么做法才有利于调查工作的开展呢？唯一正确的做法，那就是把调查工作和少数民族地区的生产工作有机地结合起来，真正使两者之间做到互相结合，互相促进。而且，我们参加调查的同志们，在进行调查工作的同时，也应当抓紧进行劳动锻炼，特别是对知识分子干部，这更是一种思想改造的大好机会，是一条又红又专的道路。通过与少数民族劳动群众的接触，与他们同吃同住同劳动，可以学习他们的优点和长处，改进自己的非无产阶级思想，在调查中做到工作和思想双丰收。在这方面，内蒙调查组给我们提供了一些经验。内蒙调查组的经验告诉我们，要使调查工作和少数民族地区的生产工作结合得好，有以下几点是需要注意的：

首先，调查组每到一个调查地点，要主动地在乡、社党支部的领导下帮助当地群众进行工作，并把调查地点生产搞得好坏看成是调查组的责任。

在整个调查工作过程中，调查组每一成员都要处处关心群众的生产，并使我们的调查工作，有利于推动群众的生产。调查组成员除了在调查工作过程中可以抽出一定时间参加劳动生产外，还可以根据具体情况，帮助农村做一些其他工作。如有的可以分工参加乡社的一部分日常工作，经常参加他们的一些会，帮助他们出些主意，研究解决生产和工作中的一些矛盾；有的可以分工讲解时事，宣传总路线和民族政策，结合群众思想动态，进行政治思想工作；有的还可以分工做些扫除文盲、教唱新歌和写写算等工作。总之，我们要使调查组的工作复杂一些，既是一个调查的队伍，又是一个工作的队伍，又是一个宣传的队伍，又是一个劳动的队伍，真正做到调查、工作、宣传、劳动四方面的紧密结合。我们做好了这些方面的工作，就可以使我们的调查工作不致影响少数民族地区的工作和生产，而是成为推动农村工作、推动农村生产大跃进的一支力量。同时，做好了这些一方面的工作，也有利于我们对于所要调查问题的深刻理解，绝不是为某些人所设想的那样白白地浪费掉一些时间。

除了上述工作以外，调查组所携带的照相机、录音机、收音机等工具，也可以用来为农村的生产大跃进服务。例如农村中涌现出来的生产模范，我们就可以为他们拍照一些相片，在光荣榜张贴。这所费并不多，但对他们生产热情的鼓舞却是极大的。

其次，要在地方党的统一领导和安排下进行工作，使调查任务成为农村以生产为中心的整个任务的一个组成部分。

我们的调查工作要搞得好，单凭调查组内部少数人的努力是很不够的，还必须依靠调查地点党政机关对我们工作的领导和支持，否则，工作同样是做不好的。

为了更好地依靠地方党政对于调查工作的领导和支持，我们应该坚决服从和尊重地方党政的领导，主动地请示和汇报，主动地帮助农村工作，推动农村的生产。这样，地方党政也就可以抽出手来多方面地帮助我们进行调查工作，调查工作的进行当然就会容易得多，顺利得多，反之，如果单纯地要求帮助，而我们对于农村的工作却袖手旁观，其所得反应，当然也是不会太好的。

为了更好地依靠地方党政对于调查工作的领导和支持，我们还应取得地方党政领导的同意，把调查工作列入地方党政工作记划之内，使调查任务成为农村以生产为中心的整个任务的组成部分。这样就可以使地方党政领导机关在农村生产大跃进的形势下，以生产为中心，对各项工作（包括调查工作）都能得到统一的安排，既不至于因生产任务繁忙挤掉调查工作，也不会单纯照顾到调查工作而影响到生产。调查工作变成他们整个任务的一部分，他们也就会经常地关心调查工作，帮助物色访问对象，安排访问时间，并帮助解决调查工作中所存在的一系列的问题。

第三，要密切与少数民族群众的联系，在生活上和他们打成一片，争取他们在工作上给我们以直接帮助；要把调查任务和目的向他们反复地交代清楚，以解除可能产生的一些顾虑。

要搞好调查工作，还必须取得少数民族群众的直接帮助。为此，这就要求我们在生活上和群众打成一片，密切与群众的联系，使少数民族群众愿意和我们接近，愿意在工作上给我们提供帮助。没有这一条，群众对我们老是保持着一定的距离，调查工作是不好开展的。

同时考虑到我们从事的调查，是以经济基础为重点的综合性调查，而经济调查又主要是采取按户调查的方法，这就不能不涉及每一户现在和过去生产数据的占有情况以及剥削关系，而这些是最容易引起群众误解的。如在牧区，有的群众就怀疑到这是不是准备分斗；土改前曾经是剥削阶级而现在已改划了成分的人，就怀疑到这是不是又算老帐。总之，群众的顾虑是各式各样的，我们应该分别不同对象，针对不同顾虑，经常做些宣传解释工作，以打消群众的顾虑。群众的顾虑打消了，才能使他们真正畅所欲言，调查所得材料也才能做到正确可靠。否则就会出现这样两种情况：或者是他明明知道而不敢；或者谈的并不真实，有夸大与缩小之处。这些对于调查都是不利的。事实上，只要我们把调查任务与目的反复地向群众交代清楚，群众是会积极主动地帮助我们工作的。内蒙古少数民族社会历史调查组在逊克县新鄂村进行调查，有个六十多岁的莫金堂老汉，知道调查是为了给鄂伦春人编写历史他就积极主动地来调查组谈他所知道的材料，有时他因事不能来了，还特地到调查组来"请假"，这就是一个极其生动的事例。

应该指出的，我们反复地交代调查任务和目的，还不仅是为了解除群众顾虑，使群众积极支持调查工作，而实际上，这也是一次很好的民族政策的宣传教育。通过这个教育，可以使少数民族群众知道党和政府是怎样的在关怀着他们，使他们切身地体验到祖国大家庭的温暖，从而更加鼓舞着他们的生产热情。

第四，要和少数民族地区的工作组、下放干部、小学教师等密切合作，帮助他们做些工作，也争取他们为调查工做贡献自己的一些力量。

我们的调查工作除了要取得地方党政和少数民族群众的支持和帮助，还应该把少数民族地区一切可以调动的积极因素都调动起来，增强调查力量，才可以使调查在工作达到又多又快又好又省的要求。

根据过去情况,调查组每到一个地方调查,当地都给我们配备少数翻译人员,当地都有一批参加生产的初中和高小毕业生,有下放劳动锻炼的干部,有上边去的工作组,还有农村的小学教师。这些人一般地都熟悉少数民族地区的情况,和群众有着密切联系,并且有着一定的工作经验。我们应当和他们密切合作,在工作上挂上钩。我们应当首先积极主动地帮助他们做些工作,帮助他们解决一些工作中的问题和困难,通过这些,把他们团结在调查组的周围,发挥他们的专长,为调查组分担一些访问和搜集资料的任务。这样做,是完全有可能的。特别是在这些人中,有不少还是调查组所调查的那个民族的干部,他们本身就是很好的访问对象。其中文化水平高的,我们可以直接请他撰写他们所熟悉的材料;文化程度低的,可以请他们访谈,调查组的同志帮助记。这样也可以搜集到不少的材料。

第五,要合理地安排时间和访谈对象。

适应农村生产大跃进的形势,在调查组内部力求做到合理地安排时间和访谈对象,也是一个需要经常注意的问题。在安排时间的时候,我们不能像在机关单位那样,实行八小时工作制,白天工作,晚上休息。我们不但要考虑到调查组的方便,而且首先要考虑到群众的方便,尽量利用群众的空闲时间(就是在空闲时间也要照顾到群众的休息),不要占用群众的劳动时间;如由于种种原因非要占用一部分劳动时不可,必须得到乡社干部和群众的同意,而且应该积极设法弥补,如帮助他们搞些劳动或其他工作,不要使生产受到影响,使个人受到损失。有些访谈对象,我们还可以在劳动的时间去进行访问。如牧区的牧工,他一面在牧场上放牧,我们就可以一面和他进行访谈,这样,就不影响他的生产,我们也得到了所需要调查的材料。有些妇女在做针线活或其他家务劳动时,我们也可以进行访谈,这也不影响她们的劳动。在农民忙于繁重的田间劳动时,我们也还可以通过和他们一起劳动,进行实际观察,这种实际观察所得材料,又可以进一步地充实了口头访谈所得的材料。总之,访谈对象的方式可以多种多样,视具体情况而变化,切忌千篇一律。另外,为了避免一天中有窝工浪费现象,在调查组内,每人每天都应安排有几件工作可做。这样,即使在预定的访问对象找不到时,也可马上去做其他预定的工作,而不致毫无准备,手忙脚乱,把有限的宝贵时间浪费掉。

在调查工作与少数民族地区生产工作如何结合的问题上,内蒙调查组所提供的这些经验,当然还不是什么成熟的经验。但依据这些做去,调查工作与农村生产大跃进的矛盾,我想是可以基本上得到解决的,是可以使调查工作与农村生产工作做到互相结合.互相促进而又全面跃进的。

民族语文调查实习的几点经验

中央民族学院语文系

一、一般情况

中央民族学院语文系自1952年成立以来，一直遵照党的指示，在民族语文教学中，坚持了理论联系实际的原则。当学生在校学习了两年，初步掌握了民族语文，并具备一定的语言学的基础知识之后，到二、三年级就利用半年到一年的时间到民族地区实习，直接向兄弟民族人民学习语言，并进行政治思想上的锻炼，将书本知识拿到实践中去验证。从1952年起，先后有四十二个班的同学分赴内蒙、西藏、四川、甘肃、云南、湖南、贵州、广西、新疆等地区进行了十六种民族语文实习，取得了显著的成绩。不仅民族语言学得又快又好，并且通过与兄弟民族人民共同生活、共同劳动，大大提高了同学们的政治思想水平。同时在教学工作中也密切配合了当前国家的需要，从1955年起，每年抽调大批师生与中国科学院少数民族语言研究所及其他有关单位合作，进行了三十三个民族语言的普查工作，帮助十三个民族制订了十九种文字方案。直接为社会主义建设服务；并且通过实际工作，提高了参加调查的师生的政治觉悟及业务水平，培养了独立工作能力。因而可以说，几年来，我系在教学工作中坚持贯彻了党的教育为无产阶级政治服务，教育与生产劳动相结合的方针，获得了思想、业务双丰收。

---

① 中央民族学院语文系：《民族语文调查实习的几点经验》1959年第3期。

二、民族语文调查实习的几点经验

(一) 党的领导是完成任务、取得成绩的根本保证

历届调查实习都是在党的直接领导下进行的。实习前,院党委、系总支亲自领导调查实习队的编队组织工作,确定调查实习的目的,制订计划,进行政治思想教育,明确指出下去实习不仅要达到提高业务知识的目的,更重要的是通过实习达到劳动锻炼、改造思想的目的。并且一再强调指出要完成实习任务,必须坚决服从当地党组织的领导,认真贯彻党的民族政策。在实习过程中党委指定专人负责与各队联系,及时解决问题,指示工作;实习结束后,十分重视思想及业务总结,巩固成绩,指出缺点,取得经验。实习中绝对服从并主动争取当地党委的领导是完成任务的关键。实习队初到民族地区,人地生疏,既不了解情况,学生又大多是青年知识分子,面对着民族地区比较艰苦的生活环境及各种新问题,不免产生形形色色的思想情况。在这种情况下,如无当地党组织的领导,要完成任务是不可能的。各地各级党委对我们的实习十分重视,大力支持。实习队一到省里,省委、民委的负责同志就亲自作报告,进行民族政策的教育,介绍情况,具体指示工作。到达目的地之后,县委书记亲自领导实习组工作,审查具体的实习计划,选择实习地点等等。在实习过程中,县委和乡支部定期听取实习队的汇报、检查工作,紧紧抓住实习队的政治思想工作这一根本环节,推动实习工作。如1954年景颇语实习队在云南俄奎实习时,当地党组织发现同学们思想上存在着不愿参加群众劳动,怕劳动妨碍学习、怕搞垮身体等错误思想而产生了关门自学、脱离群众的现象,支部书记立刻作报告,进行劳动与群众关系的教育,并在队内展开了批评与自我批评,及时纠正了这种偏向。党组织对语言学习也检查督促得很紧,领导同志常常亲自参加考试、评定成绩,就是住房吃饭等生活问题也得到各级领导无微不至的关怀。实习队的党团组织是全队的坚强的领导核心,在上级党的领导下,发挥了全队党团员的积极作用,严格执行实习计划及实习公约,按党的原则办事,出色地完成了任务。

(二) 实行"三同",贯彻群众路线是完成实习任务的最好的方法

早在七年前,第一批学生下乡时党就提出了"三同"即与群众同吃、同住、同劳动的口号,并且明确指示,只有深入群众,彻底做到"三同",才能达到知识分子与工农结合、理论与实际结合的目的。几年来我们认真执行了这一正确指示。下乡之后除最初因情况不熟、通话尚有困难,有一段时间的集中学习外,以后就按照计划分散到兄弟民族人民的家里,在互助组或合作社中作一个普通的社员参加劳动,与群众同甘共苦,下田插秧,上山砍柴,牧羊喂猪,群众干什么,我们干什么,什么艰苦我们干什么。实行"三同",特别是同劳动,对同学的思想改造起了巨大作用,便大家在思想感情上起了显著变化,放下了知识分

子的臭架子，与群众打成了一片，阶级觉悟也大大提高。这样做的结果，也就为联系群众、向群众学习创造了有利条件。由于调查组实行"三同"，贯彻民族政策，遵守实习公约，尊重兄弟民族的风俗习惯，严格执行群众纪律，因而得到了群众的信任，群众都热情主动地教我们语言。同学们抓紧一切机会，勤学苦练，全村男女，个个是老师，田间地头到处是课堂。群众为了让同学们多记一些语言材料，每天劳动之后，还不辞辛苦的来给同学唱民歌，讲故事，直到深夜。第一天教的新词，第二天就主动来检查。为了让同学们多学一些词，跑到十几里路远的地方去寻找实物给同学观察。我们的考试也采取群众路线，请乡长、支部书记和各人"家"里的家长来参加考试评定成绩。在群众中学到的东西，又拿到群众中去考研，每一阶段思想总结时，总是听取群众的反映，请群众来鉴定各人的劳动态度、学习态度、群众观点、阶级观点等等。我们深深体会到群众是智慧的海洋，只有坚持群众路线，与群众呼吸相关，血肉相连，才能学到真正的知识。

（三）实习工作必须密切配合党的各项中心工作

根据党的教育为无产阶级政治服务的精神，实习队出发前就将配合当地党的中心工作作为一项任务订入实习计划。在实习地区，党发动抗旱，同学们就脱下鞋袜，和兄弟民族人民一起去挖沟打井；普选时同学们帮助登记选民；"三定"运动中积极宣传党的政策；开人民代表大会时同学去翻译；有的组参加了土改复查、民主改革等政治运动；有的组参加了秋征、查田计产等工作；有的在爱国卫生运动中及中苏友好月活动中作宣传员，有的在当地的学校里参加教学工作；总之，是根据工作需要，服从党的调动。这样既密切配合了当地工作的需要，直接为社会主义建设服务；又能在实际工作中学到丰富的语言，在大场合中可以听到更多群众的语言，自己的民族语言知识也受到了群众的考验，进步更快，并且在实际斗争中锻炼了工作能力，提高了思想水平、政策水平。

（四）要坚持两种思想和两条道路的斗争

在取得胜利的过程中，并不是一帆风顺的，自始至终进行着无产阶级思想与资产阶级思想、社会主义道路与资本主义道路的两种思想和两条道路的斗争。一些资产阶级学者反对我们教育与生产劳动相结合的正确道路，说什么"现在时代不同了，不是1952年53年的时候了，'三同'已经过时了。""'三同'妨碍业务学习"，"要在不妨碍业务学习的前提下参加劳动"等等。并且要求精短实习时间。这些错误的论调反映了他们思想上的资产阶级方向，轻视劳动、拒绝思想改造，留恋资产阶级调查方式，并且歪曲了实习的目的，企图把青年引导到不问政治只抓业务的白专道路上去。这些资产阶级思想在青年学生中也有一定程度的影响，有个别学生充满了白专思想，在实习中不明政治，不愿劳动，不愿接近群众，闭门单干，只搞业务，趁机会抓材料，为自己成名成家创造条件。一部分人留恋资产阶级生活方式，怕吃苦，怕困难，到了少数民族地区生活条件比大城市差一些，思想就产生动摇，牢骚满腹。在党的领导下我们对这些错误思想进行了严肃的斗争，坚持了党的正确道路，取得了巨大的工作成绩。

三、我们的主要收获

历年来在党的领导及调查实习队全体成员的努力下，各届调查实习队都有很大的成绩，获得了思想业务双丰收。

（一）初步建立了马列主义的民族观点，巩固了专业思想

过去几年，语文系的同学大多数是汉族青年学生，由于大民族主义思想及资产阶级个人主义思想的影响，一般对民族工作缺乏正确的认识，初到民院时，一般存在着"搞民族语文工作前途不大"，"在民族学院毕业不吃香"等错误思想，专业思想很不巩固，甚至有一部分人打算转业。经过党的教育及一两年在校的学习，对民族工作的认识虽已提高一步，但大部分只是停留在理论上。在调查实习前有不少错误思想和顾虑，有的嫌少数民族地区落后，生活艰苦；有的嫌少数民族人民脏，不愿和他们接近；有的认为少数民族"野蛮"，风俗习惯特殊，怕违反民族政策，对他们敬而远之；有个别人还闹情绪，干脆不愿去实习。通过一段时期的调查实习与兄弟民族人民接触中受到了深刻的教育，都深刻地体会到兄弟民族人民都是勤劳、勇敢、热情、纯朴的，从而尊敬他们，热爱他们，与他们建立了深厚的感情。很多同学把自己的房东老大爷老大娘叫"阿爹""阿妈"，觉得他们和自己的父母一样亲，他们也像对待自己的亲生儿女一样，爱护和照顾我们的同学。有的老大娘对同学说："你们不要回去了，就在这里安家吧，把你母亲也接来吧！"就这样在共同劳动共同生活中，与兄弟民族人民结成了骨肉般深厚的情谊。同学们对兄弟民族劳动人民的感情通过这样一件动人的事实就可说明：1957年苗语实习组住在贵州凯里区褂丁乡时，一天山丘不幸失火，同学们都奋不顾身去救火，一部分同学受了伤，有的同学在救火中晕倒了几次还不肯离开，一直坚持到火完全扑灭。这种对兄弟民族真挚的感情，对国家财产爱护的精神，深深地感动了当地的群众。同学们离开时，全村全寨的人都与他们难舍难分，洒泪送别，连实习队的那些坚强的小伙子也都流下了眼泪，同学们回到北京后和当地人民保持着联系。同学们亲自看到民族地区经济文化事业飞跃发展，认识到祖国的边疆建设的前途无比光明远大，同时看到兄弟民族人民对于发展本民族语文和学习汉语文的迫切要求，深刻地体会到民族语文工作是社会主义、共产主义建设中重要的一部分，因而巩固了专业思想，立志把自己的一生献给这光荣的事业。同学们说："我爱这些淳朴的人民，我甘心为他们服务。"实习回来后，纷纷写保证书表示决心，要求毕业后把自己分配到少数民族地区去，为兄弟民族的文化建设事业终生奋斗。

（二）建众了劳动观点

实习前，同学们大多没有参加过劳动，下去以前也曾有过各种顾虑，有的怕走山路，有的怕看不到电影，有的怕洗不了澡，有的怕自己煮饭等等。的确，实习对他们是一次严格的锻炼和考验，在党团组织教育下，及兄弟民族人民热爱劳动的实际行动的教育下，他们胜利地通过了这场考瑞，象在西康藏、彝地区，交通困难，连骑马的路都没有，同学们都自己背着行李，爬山越岭，不顾疲劳，争取早日到达目的地。象景颇语实习组为了解决住的问题，同学们在山上自己造房子，抬土，劈竹子，样样自己动手。纳西语实习组刚到实习地区，立刻参加抗旱运动，和群众一起站在水深及膝的河沟里，夜以继日苦干，一直坚持到最后胜利。各队在实习中基本上都做到了"三同"，特别是与老乡共同劳动。在互助组和农业生产合作社里，同学们都是积极的组员、社员，总是争着干重活，群众感动得一定要给他们评工分，夸他们是个好劳动力。回到家里抱孩子、做饭、舂米、砍柴，样样干，大娘大爷夸他们是好儿子、好闺女。经过劳动锻炼，一般都初步树立了劳动观点，克服了鄙视体力劳动和鄙视劳动人民的剥削阶级思想，其中有的还成了干庄稼活的好手，同时也养成了艰苦朴素的精神。在最初几年，有的地区，住在群众家里每天只能吃到洋芋，连盐都吃不到，也从不叫苦。大家都不再怕吃苦，而以吃苦耐劳为光荣，当地群众都乐着说："这真是毛主席教育出来的大学生。"

（三）初步树立了阶级观点

党的领导一再教育同学在实习中不论处理任何问题，必须贯彻阶级路线，通过实习，提高阶级觉悟。

由于彻底实行"三同"，并参加实际工作，劳动人民的立场、观点、风格都给了同学们很深刻的影响，特别在土改和民主改革运动中，同学们和广大群众在一起进行了轰轰烈烈的斗争，进一步认识了剥削阶级的反动本质，提高了阶级觉悟，不少人批判了过去自己立场模糊的错误思想，在统购、统销、农业合作化等运动中，劳动人民表现的对党对社会主义的真挚感情、热情拥护党的各项政策、忘我的劳动态度等等，对同学的教育更是深刻，他们和劳动人民的感情也更为接近了。当看到在社会主义改造中，地主富农分子不甘心他们阶级的灭亡，进行破坏，激起了同学们的愤恨，从而更清楚地看到，阶级斗争们在进行，必须继续保持警惕。我们不论分析任何问题，衡量任何人，都必须从阶级观点出发，坚定鲜明地站在无产阶级立场上。非无产阶级出身的知识分子必须和工农相结合，彻底改造思想，转变立场，才能真正为党为人民服务。

(四)理论联系了实际,学好了民族语文

在与兄弟民族的共同生活中、实际斗争中,同学们熟练地掌握了口语,一般都能运用自如。如果单靠在校学习,几倍的时间也不可能达到这样的水平。同时收集了大量的语言材料和民间文学的材料,培养了学生独立工作和研究的能力,也提高了同学们对党的民族语文政策的认识水平,从实际工作中深刻体会到什么样的路线才真正符合各兄弟民族广大人民群众的利益,才有利于社会主义祖国的社会主义建设和事业,掌握了在今后工作中向各种资产阶级思想做斗争的武器。此外,我们历届的实习队、调查队走遍祖国边疆各省,深入民族地区宣传了党的民族政策,带去了极好的政治影响,加强了民族团结。一位藏族同志说:"藏汉两族好像是一个母亲生的两个孩子。"苗族同志对实习队同学说:"你们和苗族一样",僮族人民说:"毛主席从北京派来的同志,思想好,态度好,砍柴挑水样样都干,把我俩看成亲人一样。"这些良好的反映都能明了我们正确执行了党的民族政策,也是我们实习的成绩之一。

以上是我们对语文系历年调查实习工作的几点体会(大跃进以来的实习工作正进行中,还未来得及全部总结)。从几年来实习取得的成就,使我们深切地体会到,只有党才能领导教育,只有坚决贯彻党的教育为无产阶级政治服务,教育与生产劳动相结合的方针,才是正确的道路。我们要继续努力在工作中更好地贯彻党的教育方针,为我们统一的多民族的祖国培养出更多的又红又专的社会主义建设人才。

关于研究祖国各民族历史的几点意见[①]

贾敦芳

我国是一个统一的多民族的国家，有数十个少数民族，有史以来就和汉族人民长期生活在一起，共同开拓了祖国的疆土，创造了祖国的灿烂文化。为了进一步巩固各民族之间的亲密团结，提高社会主义觉悟，有必要对各民族的历史和各民族之间的相互关系，作系统的研究和阐述，这是我国民族工作中的一项很重要的任务。过去有些资产阶级的学者，也写过不少关于民族历史的书籍和文章，由于他们的反动立场和思想方法不对头，往往是过多的描绘各民族之间的互相仇杀；描绘剥削阶级的"英雄"人物；描绘剥削阶级的统治机构和统治方法；描绘由于剥削阶级和历史情况所造成的所谓"特点"，如信什么神，用什么落后工具，男女关系怎样乱，以及婚丧礼节和各种可怕的疾病等等，但又不去深刻地寻找这些特点造成的真正原因。在叙述各民族的历史时，又往往孤立的叙述某一个民族，而不和其他民族有机地联系起来加以阐述，这样的著作，使人们不能正确地认识各个民族的历史，相反的，使人们在民族问题上产生低级兴趣，起着丑化少数民族和增加民族隔阂的作用。我们必须反对这种反马列主义的资产阶级民族学，树立起马列主义的无产阶民族历史观。

怎样研究祖国各民族的历史呢？我认为在指导思想上应该解决以下的几个问题。

第一，使历史为现实服务。祖国各族人民在共产党毛主席领导下，正在为建一个伟大社会主义国家而飞跃前进，为此，就必须加强党的颁导，必须加强各民族的团结，必须充分发挥劳动人民的勤劳、勇敢智慧的光荣传统。我们研究历史，目的不是为了历史而研究历史，不是为了翻老账，不是为了庸俗的猎奇，而是为了更好地加速当前的社会主义建设，社会主义是各族人民的最大幸福和共同利益，因此凡是有利于党的领导，有利于各族人民的团结，

[①] 郝时远主编：《民族研究》第 2 期，第 10—11 页，中国社会科学院民族学与人类研究所，1958 年。

有利于劳动人民加速社会主义建设的东西，就要加以发扬。凡是不利于党的领导，不利于各族人民团结，不利于各族人民加速社会主义建设的东西，就应该抛掉。我们马列主义者对待历史问题，是不能无所取舍地单纯地去记录史实，更不能渲染剥削阶级的"英雄"人物，过分的渲染民族之间仇杀和落后的东西，假若那样做，不管在观点上怎样，实际上都是为资产阶级服务的，是反社会主义的。

第二，研究各民族历史，必须具备以劳动人民为主的观点。劳动人民是历史的创造者，任何一个民族，它的政治经济文化之所以能够发展，应该归功于劳动人民，劳动创造一切，这是人类历史的核心。任何剥削者的"丰功伟绩"，都是盗取劳动人民的成果。历史上的民族隔阂，除了互相了解不够，生活习惯的差异等原因外，主要的是剥削阶级有意制造的结果。有些民族的经济文化进展较缓慢，除了地区自然等条件外，主要的是剥削阶级残酷剥削的结果。功劳归于劳动人民，罪过属于剥削阶级，这是历史发展的真实情况，我们也必须用这样的态度去对待和研究各民族的历史。

第三，要用阶级观点分析各民族的历史。民族不是抽象的，在阶级社会里，任何一个民族，都是包含着剥削与被剥削不同的阶级的。不同的阶级是有不同的立场观点，因此他们对问题的认识和对待也有不同。剥削阶级有着剥削人民的共同观点，但为了个人、家族、不同集团的利益，又不断在钩心斗角，被剥削阶级虽然觉悟程度各有不同，但他们受剥削压迫都是共同的。任何一个民族，都打上了阶级的烙印。所以他们有着强烈的共同情感，虽然他们不断受到剥削阶级的欺骗和愚弄，但始终在渴望着解放和幸福的生活。我们在研究各民族历史时，不能笼统地去认识某个民族，必须要站在被剥削阶级的立场，用被剥削者的情感去分析具体问题，应把主要精力用在研究历史上的阶阶级斗争和劳动人民的发明创造的劳动成果上。

第四，要用友好互助的观点研究各民族的相互关系。历史上相同的各个民族，由于剥削阶级的挑拨利用，会经有过仇杀的事实，但更多的却是劳动人民之间的友好往来和互相扶助，我们应该多多发掘后者，而不应过分夸大前者，即使文字上的史料不多，也应该从传说诗歌中去寻找些有益的材料，特别是各族劳动人民共同向阶级敌人斗争和共同战胜自然这两方面的光辉事迹，要下极大决心加以搜集综合，以便教育各族人民，为加强以汉族为中心的各族人民社会主义大团结服务。从增强友好着眼，消除隔阂，这应该是我们对待各民族历史关系的基本精神。

我们研究各民族历史问题的专家们，有些确实具备了马列主义的思想，他们会为各族人民正确地写出历史著作来，但也有不少的所谓"专家"，思想上还没有得到改造，仍然用资产阶级的反动观点来著述民族历史，这将起散布毒素的有害作用。为了使历史为社会主义服务，我们无产阶级的民族工作者，不要再迷信资产阶级学者了，要坚决克服自卑感，大胆地参加祖国各民族的历史研究工作。我们虽然没读过大学，没留过洋，但我们有党的领导，有鲜明的阶级立场和阶级观点。有辩证唯物主义的世界观和思想方法，我们只要努力钻研，就一定会出现大批的红色民族历史学专家。（本文作者是中共云南民族学院党委书记）

批判少数民族社会历史调查
工作中的地方民族主义倾向[①]

新疆调查组　定正清

新疆少数民族社会历史调查组自1956年9月组成，至1957年8月，共进行了两期调查工作。由于中央和自治区党委的正确领导，自治区民族宗教事务处和中国科学院新疆分院筹委会的大力支持与指导，以及全组同志的共同努力，调查工作取得了显著的成绩。两期调查工作，对和田专区的维吾尔族的历史情况及塔什库尔干塔吉克自治县的塔吉克族的社会历史情况，进行了比较全面的调查；搜集了4,000多份历史文契和800多本用维吾尔文、汉文、阿拉伯文和波斯文写的有关新疆历史、文学与宗教的书籍；搜集了一批古老的钱币、印章、图片、古文断简以及其他文物；集中了近百万字的调查资料；写成了"墨玉县夏合勒克乡的昨天与今天"的调查报告。两期的调查，为研究维吾尔、塔吉克民族的社会性质和历史发展情况，提供了丰富的资料。同时也是新疆境内各少数民族社会历史研究工作的一个良好开端。

但是，在整整一年时间的调查过程中，由于调查组副组长维古尔·沙依然的严重的地方民族主义倾向的影响，致使新疆组的调查工作蒙受了很大的损失。最近北京召开的民族研究工作科学讨论会上，维古尔·沙依然的地方民族主义的错误被揭发出来了，并受到了初步的批判。这是整个民族研究工作战线上两条道路斗争中的一个重大胜利。

维古尔·沙依然在新疆的民族干部特别是知识分子面前，一向是以"学者""历史学家"自诩的，尤其是在1956年8月从苏联学习回来以后，在原来的"学者""历史学家"的身上又加上了一件"马列主义理论家"的外衣。因此，不少人曾一度被他的伪装迷惑住了，有的青年由于深受其反动的资产阶级民族主义思想的影响而堕落成为右派分子。正因为

[①] 定正清：《批判少数民族社会历史调查工作中的地方民族主义倾向》，《民族研究》1958年第2期。

这样，在无产阶级与资产阶级、社会主义与民族主义的两条道路的斗争中，彻底揭露他的地方民族主义，并加以系统地批判，也就显得特别需要。

维古尔·沙依然在调查工作中所表现的地方民族主义倾向，主要有以下三个方面：

（一）不愿真实地反映本民族的真实情况，夸大先进，不承认落后面，甚至美化封建统治阶级及其统治制度，故意抹杀民族内部的阶级矛盾和阶级斗争。维古尔·沙依然对中央关于"抢救落后"的方针是非常抵触的，他说维吾尔族先进的地区很多，为什么一定要调查落后的地区？落后地区的情况不能代表维吾尔族社会的全貌等等。他甚至捏造事实地说："中央没有抢救落后的指示，这是××人捏造的。"他对中共中央新疆分局编写的《南疆农村社会》一书十分憎恨，因为这本书的每一篇调查报告都以大量的事实，对解放前南疆农村社会中的封建剥削制度和地主阶级的罪恶，作了深刻地揭露和分析。维古尔·沙依然站在民族主义的立场上，荒谬地提出什么"解放前，维吾尔族早就已经形成资产阶级民族了"。"假如在20世纪50年代，在维吾尔族社会中还存在农奴制度的话，那是不可理解的事情"。"如果说维吾尔族社会中还有农奴制度的话，那么维吾尔族就不能算是一个民族了"等等。1956年9月，他怀着要否定党委的调查结论和证实他个人的民族主义论点的企图去到南疆墨玉县进行"调查"。在工作过程中，他完全违背马克思列宁主义的阶级分析的原则，完全违背中央关于"首先要基本弄清各少数民族的社会经济结构和阶级关系"的指示，千方百计地通过已被打倒了的封建剥削阶级分子和反革命分子去寻找符合他的民族主义观点的材料。这样经过20多天的所谓调查后，他得出了如下的结论："新疆分局的调查错了，夏合勒克乡并不存在农奴制度，因为在那里并没有买卖奴仆的现象"。"和加（贵族、大地主）是圣人的后代，他们是按经典办事的，他们不会做坏事"。"和加是仁慈的，他们没有打、骂和侮辱过农民"等等。他甚至为了证明他的维吾尔族早已形成资产阶级民族了的观点，竟将地主庭园中的一棵印度树解释成是资本主义萌芽的例证，因为这棵树的树苗是从国外买来的。把农村中定期的集市活动和地主的驼队解释成是商品经济十分发达的表现等等。调查结束后，他将上述所有的反动观点和伪造的材料，统统写进到"调查报告"和实质上是代表地主阶级利益向党进攻的"意见书"中去了。

上述情况表明，维古尔·沙依然在社会调查工作中已经完全背叛了无产阶级立场，站在民族主义的立场上为封建统治阶级说话了。

（二）维古尔·沙依然站在反动的民族主义立场上，用民族主义的观点去观察历史；歌颂反革命叛乱，鼓吹分离主义思想；扩大历史上的民族矛盾，挑起民族间的仇视。他竟然歪曲新疆与祖国的历史，提出"在左宗棠出兵以前，新疆是独立的国家。只是在左宗棠出兵以后，新疆才会并到中国的版图之内"的反动论调。这一论调，正好为叫嚣成立所谓"维吾尔斯坦""维吾尔共和国"的地方民族主义分子企图分裂祖国的罪恶活动提供了历史根据。但是，历史事实对于一切伪善者总是无情的。早在纪元前的遥远的年代里，新疆各族人民就与汉族人民建立了亲密的友好关系。许多历史材料证明，新疆很早就是祖国领土不可分割的一部分。新疆各族人民与汉族人民一起，在漫长的年代里，以勤劳、勇敢和智慧，共同缔造了祖国悠久的文化和历史。这一铁的历史事实，绝不是地方民族主义者所能抹杀得了的。

在观察新疆近百年来历史事件时，他也沿袭了那种早已被人唾弃了的民族主义的看法。在他指导下编写的"1933年的和田伊斯兰起义"一文，就说明了这一点。1933年的和田暴动，是在英帝国主义策动下，由著名的帝国主义间谍穆罕默德·伊敏、萨比提达毛拉反动宗教上层利用维族人民对当时的军阀统治的不满情绪而煽动起来的旨在分裂祖国的反革命叛乱。这一叛乱的真正目的，在于使新疆从祖国大家庭中分裂出去，使之沦为英帝国主义的殖民地。事实正是如此，曾一度在喀什噶尔建立的伪"东土耳其斯坦伊斯兰共和国"，正是按照中世纪的反动的伊斯兰汗国的模式建立起来的。他们假借宗教的名义，对当地的各族人民进行了惨重的压迫和剥削。十分明显，发生在20世纪80年代的这一反革命叛乱的性质是极其反动的，因为它危害了新疆各族人民的根本利益。当时的新疆各族人民，识破了帝国主义的阴谋和那些反动首领的政治野心，为了捍卫祖国的统一和各族人民的共同利益，在苏联的无私援助下，英勇地粉碎了这一叛乱，在祖国的历史上写下了光辉的一页。而维古尔·沙依然是怎样看待这一历史事件的呢？他不是站在人民的立场去憎恨它，相反的是站在民族主义的立场去赞美它，歌颂它。把它称之为"起义"，而且冠之以"伊斯兰起义""伊斯兰革命"，称之为"进步的""革命的"。对组织这次叛乱活动的反动头目们也极尽了赞美之能事，歌颂为"民族英雄"。他在"1933年的和田伊斯兰起义"一文中，把穆罕默德·伊敏描绘成是"人民的拯救者"，文中写道："和田起义，首先是墨玉县的买买提意敏大毛拉（按即穆罕默德·伊敏）……等宗教人士看到和田人民对专制政府的控诉……比较积极地起来提倡和组织了这次起义……他们把深受专制政府剥削和压迫的人民，组织了起来，团结在自己的周围……引导着群众走向起义。"把萨比提达毛拉说成是"伊斯兰教在新疆的发展过程中深得人民崇敬的一个人"。而事实是怎样的呢？新疆的各族人民都知道，穆罕默德·伊敏是英帝国主义长期豢养的间谍，大土耳其主义的传播者，在反革命叛乱中曾一度自封为帕夏（皇帝），以后又投身于国民党反动派，曾任伪新疆省政府副主席，解放前不久又逃亡国外，在英、美帝国主义的指使下，继续干着敌视我国的破坏活动。萨比提达毛拉也是著名的英、德帝国主义的间谍，大土耳其主义的传播者和"理论家"。他们煽动叛乱是为了恢复其中世纪的封建宗教特权，实现其野蛮地统治新疆各族人民的政治野心。他们是新疆各族人民的死敌。维古尔·沙依然歌颂这些反动人物，歌颂由这些反动人物组织与煽动起来的反革命叛乱，不仅是对历史的严重歪曲，而且是对新疆各族人民的诬蔑，是对社会主义祖国的统一与各民族间亲密团结的敌视，是对新疆维吾尔自治区这一党的民族政策的光辉成果的直接攻击。同时，也为地方民族主义分子的分裂主义活动提供了"历史上"的根据。

维古尔·沙依然并不是以歌颂反革命叛乱，鼓吹分离主义思想为满足，他在同一文章里还放出了另一支毒箭，就是把维族统治阶级对于汉族劳动人民的大屠杀，说成是维族人民的不可抑止的仇恨而引起的，文章写道："仇深似海，所以起义者获得了胜利的地方，无论是统治者的汉人，开当铺的汉人，高利贷者的汉人，看到就抓，抓到就杀。"历史是最公平的见证人,汉族人民与新疆各族人民之间的友谊,从古以来就是无比深厚的。和田暴乱的反动首领,以宗教为号召,提出"圣战"(保卫宗教之战)的反动口号,施行对非伊斯兰教徒的极其残忍的屠杀。他们犯下了滔天的罪行,新疆各族人民是不能为他们的罪行负责的。维古尔·沙依然在这里将反动首领人物的暴行夸大为民族"仇深似海"的矛盾,除了一方面为反动首领开脱罪责,另方面是企图挑起民族间的仇视,与新疆地方民族主义分子叫嚣的"把汉人统统赶出新疆"的反动论调相呼应的。

(三)维古尔·沙依然在调查工作中,以主观唯心主义的方法代替马克思主义的阶级分析的方法,以宗教唯心论代替马克思主义的唯物论,通过地富分子和反革命分子来进行调查。他领导的第一期调查工作,一开始就是采用主观唯心主义的方法进行的。他怀着为地主做翻案文章的不可告人的动机,还未下到调查点之前,就主观主义地从中共中央新疆分局宣传部关于"墨玉县夏合勒克乡的农奴制度"的调查报告中提出37个反面问题作为"调查提纲",例如问:"贵族买卖过奴仆吗?""贵族吊打、迫害过农民吗?""农民一年缺几个月的粮食不是早就饿死了吗?怎样还能活到现在呢?""农民缺粮时以桑子、杏子、毛桃、沙枣充饥是可能的吗?桃、杏、枣的价钱比粮食还贵,农民买得起吗?"等等。他调查的目的是为了要驳倒新疆分局的正确看法。在实际工作中,他又一再嘱咐干部"必须找贵族与贵族的管家、跟班等人去了解情况,他们最知道情况,提供的材料最可靠",而那些身受地主迫害的善良农民则被认为是"无知的",不屑于了解。在他的思想指导下,有些地方民族主义分子竟敢公开地唱出"一个人要学知识,必须到贵族家里去。要学道德,必须到帝王的毡宫里去"的反动论调,并咒骂那些肯于反映真实情况的农民是"疯子"、是"傻子"。"1933年的和田伊斯兰起义"一文的材料就是由1954年组织和田暴动的反革命骨干分子提供的。他们就是这样在调查工作中贯彻"阶级路线"的。

维古尔·沙依然在为地主阶级的罪恶作辩护的时候,还运用了宗教唯心论去解释地主阶级残酷地剥削和压迫农民的"不可能性"。在他思想上,首先肯定了"贵族是圣人的后代,是按经典办事的",因此一切都以经典和教律为依据。凡经典和教律上认为是不应该的,不管地主阶级实际上做了没有,一概被认定是"不可能的"。

综合上述,我们可以清楚地看出,维古尔·沙依然在调查工作中所表现的地方民族主义倾向是相当严重的,已经离开了马克思列宁主义的基本原则,离开了党的领导,违反了广大的劳动人民群众的利益。其发展的必然结果,必定是走上直接反党反社会主义的资产阶级民族主义分子的道路。

维古尔·沙依然与我们之间的根本分歧是什么呢?

第一,我们强调少数民族社会历史调查工作必须站在无产阶级立场,遵循着党的马克思列宁主义原则。调查工作必须服从于各族人民正在进行着的社会主义改造和社会主义建设事业。与此相反,维古尔·沙依然及共追随者则是站在封建地主、资产阶级的民族主义立场,否认本民族内部的阶级矛盾和阶级斗争,公开地为封建统治阶级作辩护。他们不是使调查工作服务于当前的政治,而是脱离当前的政治,甚至反对社会主义改造和社会主义建设事业。

第二，我们强调少数民族社会历史调查工作，必须运用辩证唯物主义与历史唯物主义的观点，必须承认客观事实，必须实事求是地、科学地进行调查。与此相反，维古尔·沙依然则是运用主观唯心主义的观点，否认社会历史发展的客观规律，不承认少数民族存在着某些落后面的客观事实；孤立地寻找某些个别的、偶然的社会现象，并歪曲其与根本的社会经济制度的关系；片断地观察历史事件，歪曲历史事实，美化本民族的封建统治制度及其领袖人物，从而为资产阶级民族主义制造理论根据。

第三，我们强调少数民族社会历史调查工作，必须坚定不移地按照党的民族政策原则，服务于的民族工作，坚决反对民族压迫，民族歧视及殖民制度，巩固祖国的统一和各民族间的团结。与此相反，维古尔·沙依然及其追随者却宣扬民族分离主义，歌颂卖国投敌活动；夸大历史上的民族矛盾，挑起民族间的隔阂和仇视。他们打着资产阶级民族主义的旗帜，戴着"民族利益的代表者"的假面具，别有用心地在新疆维吾尔自治区已经成立两年之后又提出什么维吾尔算不算是一个民族的问题。表面来看，他们似乎是在为本民族的利益效忠，而实质上却是在为分裂主义活动和帝国主义的殖民政策服务，是在破坏祖国的就统一和各民族间的团结。

第四，我们强调在少数民族社会历史调查工作中，必须认真贯彻阶级路线和群众路线，必须依靠工农劳动群众提供材料，对上层分子提供的材料应该谨慎选择，采用其可靠的部分；干部应深入群众，与群众同吃、同住、同劳动，共甘苦，从而与劳动群众建立起亲密的同志的感情。只有这样，我们获得的材料才是最真实、最可靠的。与此相反，维古尔·沙依然及其追随者却采取了一条完全与我们不同的"阶级路线"，他们专找宗教上层和已被打倒了的封建统治阶级分子及其代理人，反革命罪犯等等。他们高高在上，鄙视劳动人民，不愿意与劳动人民接近。他们不了解群众的生活，不懂得劳动人民的思想感情。因而，他们获得的材料必然是虚伪的，不真实的。

维古尔·沙依然与我们之间的斗争是两条通路的斗争。这一斗争早在调查组刚刚组成的初期就已经开始了。这次的民族研究工作科学讨论会促使这一斗争更深入地发展了一步。但这并不意味着斗争的结束，而只是表明斗争已进入一个新的发展阶段。目前，新疆各地在自治区各级党委领导之下在普遍开展以及反对地力民族主义为主要内容的整风运动，我们必须再接再厉，在已取得的胜利的基础上，将这一斗争进行到底，以便在少数民族社会历史调查工作中肃清这种反动的资产阶级民族主义倾向，使我们的工作始终在马克思列宁主义的理论指导下，在党的正确领导下，遵循着毛泽东同志指示的方向，健康地大踏步地向前跃进。

两年来少数民族社会历史调查工作的基本总结

谢扶民

（编者按：这篇文章是全国人民代表大会民族委员会副主任委员谢扶民同志在民族研究工作科学讨论会上的讲话稿，特征得人大民委同意，在此发表）

这次民族研究工作科学讨论会开得很好，解决了很多重大的问题，特别是在民族研究工作两条道路的斗争上和制定民族研究工作跃进规划上，取得了很大的胜利。无疑的，这次会议是少数民族研究工作大跃进的会议，是拔资产阶级的白旗、立无产阶级的红旗的会议。现在，我就两年来少数民族社会历史情况调查研究工作中的问题，发表一点意见。我要谈的问题是：一、两年来少数民族社会历史调查工作的成绩；二、肃清资产阶级民族学、社会学对调查工作的影响；三、在民族调查工作中要政治挂帅。

一、两年来少数民族社会历史调查工作的成绩

在全国范围内大规模地进行少数民族社会历史情况的调查研究工作，这是一件很有意义的工作。在1956年初，在彭真同志的亲自指导下亲组织了八个调查组进行调查。两年来的调查工作，充分证明这项工作对于民族工作和科学研究工作有很重要的意义。

两年来调查工作的成绩主要表现在以下三个方面：

---

① 中国社会科学院民族研究所编辑：《民族研究工作的跃进》第8—24页，北京：科学出版社，1958年10月。

（一）为民族地区的社会主义改造
和社会主义建设提供了有益的材料

两年来我们调查了 20 个民族的社会基本情况，调查的材料共有一千五百万字，已付印的材料在四百万字以上。由于我们比较系统地深入地调查了少数民族的社会情况，对当地民主改革、社会主义改造和社会主义建设大跃进提供了有益的材料。我们所调查的社会生产力的情况，直接有助于当地党委研究怎样改变少数民族的生产工具、生产技术以及改造不利于生产的种种条件。生产关系的调查材料，有助于当地党委进一步系统地了解当地民族的社会经济结构和阶级关系，对研究民主改革和社会主义改造问题是有帮助的。上层建筑和其他社会现象的调查材料，对在社会主义大跃进中如何改造少数民族原有的政治制度、家族制度、意识形态以及风俗习惯等方面的落后因素，也提供了某些有价值的参考材料。

例如，云南调查组所调查的佤佤、景颇等民族的材料，对这几个民族向社会主义过渡中的有利条件和不利条件进行了比较全面的调查和研究，特别是对社会经济结构和阶级分化的情况、对合作化和生产大跃进中部分山官头人的抵触和反抗，以及对妨碍生产的落后的生产技术和生活习俗（如原始的共耕习惯、不善于组织与计划生产、分配上的原始平均主义等等），都作了比较细致的调查和研究。无疑的，这对当地党委研究当前社会主义大跃进中的问题是有参考价值的。此外，藏族、彝族地区的调查，对研究民主改革也是有用处的。其他十多个民族的调查材料，同样地证明：对全国少数民族的社会历史情况进行全面的系统的调查研究，对民族工作的发展是完全必要的。达项工作是民族工作的一个不可缺少的组成部分。

（二）为科学研究收集了丰富的资料

我们所调查的少数民族的社会形态是各种各样的。有保留原始公社残余较多的，有奴隶制因素较显著的以及封建制的等等，这对研究人类社会原始公社以来的历史提供了许多有价值的资料。

例如，独龙族的调查材料，对研究原始社会的历史有很重要的意义。这个民族到解放前为止，尚未越过铁器、木器、石器并用的时代。他们主要的农具除刀、斧以外，小木锄也是他们主要农具之一，还不会使用耕牛。耕地绝大部分是轮歇，只有极少部分固定。土地除了宅旁的园地以外，绝大部分是伙有伙种，就是几户人家共同占有一块土地，共出籽种，共同劳动，收获物按户或按籽种量平均分配。但是，目前这种伙有共耕地已逐渐集中到家长或头人手中，并且有了稳定的占有权。因此，这种伙有共耕制是由土地公有向私有制转化的过渡形态。独龙族内部私有制虽有萌芽，贫富已有分化，但尚未形成对立的阶级剥削关系。在这种社会里，侵犯私有权的事例几乎没有，因而也没有产生保护私有权的习惯法。独龙族社会今天还保留有三、四代同居的家族公社。一个公社分为若干半独立的小家庭，每个小家庭内有火塘与仓库，轮流煮饭，吃大锅饭，并由年长的妇女分配食物。在婚姻制度方面，实行严格的族外婚，并保持某些对偶婚的残余。由于父权制的发展，也盛行一夫多妻。

除独龙族外，鄂伦春族也还保留有原始残余较多的社会经济形态，它提供了研究原始游猎民族的一种很好的典型。此外，黎、怒、傈僳、景颇、佤等民族的调查材料，为我们研究原始社会如何过渡到阶级社会提供了丰富的资料。当然，这些资料还只是初步调查的结果，还需要继续深入研究。

彝族的调查，在科学界引起了广泛的注意。究竟彝族社会是奴隶社会还是封建社会或者是处于由奴隶制过渡到封建制的过渡时期，已经引起了争议。对这个问题做出结论还为时过早。

在解放前虽然同样处于封建社会的僮族、苗族、布依族、维吾尔族、蒙古族，以及现在还处于封建社会的西藏藏族等等，它们的发展水平却不完全一样，经济结构、阶级关系以及上层建筑和其他社会现象，根据调查的材料来看，各有某些特点。对这些民族发展的特点进行调查研究，是很有意义的。

我们对各民族的社会情况进行了系统的深入的调查之后，才便于进一步追溯各民族的历史，为研究民族的发展史打下了基础。各民族的实际情况，是各民族历史上发展下来的，并且有许多历史遗留的痕迹。譬如凉山彝族社会有奴隶制的情况，有封建制的情况，也有某些原始社会的痕迹。只有对现存的这些情况全面了解之后，才便于进一步从大量历史文献中去追溯彝族的发展史。肯定地说，不对现实的情况进行调查研究，只想靠历史文献或古希腊、罗马的历史去推断彝族的历史，是不行的。相反地，照我们现在的作法，即对现实情况调查之后，再去研究历史，才是正确的研究方法。

我们所调查的材料已引起了社会科学界广泛的注意。过去我们所付印的各民族的调查材料，每种材料都印了五六百份，发给一百多个有关单位，无论历史学界、哲学界、教育部门、民族工作部门，都对我们的调查材料感到极大的兴趣。某些科学研究部门把我们调查的材料作为研究中国古代史、东方民族发展史的重要参考资料。这不是没有原因的。因为从我们的调查材料中，可以研究人类社会发展史的一般规律，同时也可以研究各民族发展的特点，可以研究一般规律中的某些特殊问题。

（三）为民族调查工作培养了干部，积累了经验

在过去两年的工作中，培养了干部，积累了经验，为今后的调查研究工作的大跃进打下了基础。

培养了干部，主要是指参加调查组的干部，在实际调查工作中，在整风反右派的斗争中，在反对资产阶级民族学、社会学的斗争中，都得到了锻炼和提高。只举三点就可以证明：（1）费孝通、黄现璠、吴泽霖、林里夫等右派分子的反动理论再也没有市场了；（2）

资产阶级个人主义、民族主义、唯心主义等等,受到了比较彻底的批判;(3)资产阶级民族学、社会学已经被搞臭了。如果过去有很多同志不知道资产阶级民族学、社会学是什么东西,因而对资产阶级专家还有迷信,现在的情况就完全不同了。这都足以说明我们的政治觉悟、理水平都有了很大的提高,干部受到了锻炼。

积累的经验应该说是很丰富的。我们取得了反右派斗争的经验,反对资产阶级民族学、社会学的经验,以及调查工作方法的许多经验,如:点面结合、调查与研究相结合、调查工作与当地中心工作相结合、调查组的任务与组员的专业专长相结合、现状调查与历史追溯相结合等等方面的经验。如果说我们过去开始调查时还要先作几个月的试点工作,以后就不需要这样做了。如果说许多同志过去没有到过民族地区,对少数民族社会调查是生手,现在就是老手了。

特别是领导上也积累了不少经验。大家知道,从四面八方组织这样庞大的队伍从事全国性的调查,是很复杂的组织工作和思想领导工作。开始时没有多少经验,现在情况也大不相同了。

对我们的成绩表示怀疑的同志,说我们的队伍中出了许多右派分子,资产阶级民族学者、社会学者也不少,调查队伍太庞大,人员思想情况太复杂,因此他们说我们的工作"一团糟"。

我们应该怎样认识这个问题呢?

首先,在全国当时处于右派分子向我们党和社会主义进攻的时候,我们调查组也不可能例外。给了右派分子大鸣大放的机会,使毒草生长出来再锄掉它们,这是一件好事,也正如全国的反右派斗争的胜利一样,我们在八个调查组内揪出了二十多个右派分子,是一个胜利。

其次,资产阶级民族学者和社会学者参加调查组的工作,这只能更便于我们在实际工作中揭发他们的反动的立场和观点,锻炼了我们干部的识别能力。我们知道,马克思主义的立场、观点和方法是在实际工作中,是在与资产阶级学术思想的斗争中发展起来的、更加丰富的。不可设想,离开了实践,在屋子里与他们进行空洞的"理论"斗争。这样看来,他们当了我们的反面教员,教会了我们敲破他们的真面目。在这一点上,我们应该感谢他们。同时,经过实际调查和两条路线的斗争,不但提高了大家,而且对一般的资产阶级民族学者和社会学者也进行了思想改造,对于他们也是极为有益的。

当然,我们的工作还有某些缺点。在思想工作和组织工作上,在经费开支上都发生过一些问题。但必须肯定我们的成绩是主要的,缺点是次要的。我们所取得的成绩,首先归功于党中央和各级党委的领导,归功于彭真同志的经常不断的关怀与支持。同时与参加调查工作的同志们辛勤劳动也是分不开的。

二、肃清资产阶级民族学、社会学对调查工作的影响

　　调查工作的成绩是显著的。取得这样大的成绩的原因之一,是由于我们经常不断地批判了资产阶级民族学、社会学的反动观点;与资产阶级民族学、社会学做斗争,是少数民族社会历史调查工作中两条道路斗争的中心环节,是关系调查工作成败的关键所在。

　　资产阶级民族学、社会学尽管有各种各样的学派,但是它们的本质都是为阶级压迫和民族压迫服务的。资产阶级的民族学者和社会学者故意宣传"阶级和平",掩盖阶级矛盾和阶级斗争,反对阶级斗争和无产阶级革命。他们宣传种族主义和民族主义,说民族有"优""劣"之分,"优等"民族应该统治"劣等"民族。同时它们也宣传民族孤立主义,颂扬民族的一切旧制度,为少数民族的统治阶级服务。解放前,中国的民族学者和社会学者在少数民族地区的调查,无非是污蔑少数民族是"野蛮的""不文明的"民族,为帝国主义的殖民主义和国民党的民族压迫制度制造"理论"根据,收集情报资料。他们是帝国主义的走狗,是国民党的爪牙。

　　解放后,许多资产阶级民族学者和社会学者,并没有改变他们的反动本质,仅仅是用马列主义的词句掩盖他们的反动立场和观点。他们虽然不敢公开主张阶级压迫和民族压迫,暗地里仍然贩卖资产阶级的反动货色。特别是费孝通等右派分子,披着"学者"的外衣,怀着极其反动的政治目的,企图篡夺整个调查工作的领导权,以少数民族社会历史调查工作为阵地,向党向社会主义进攻。他以资产阶级民族学、社会学的反动理论,反对马克思列宁主义。如他对在解放前已经基本上处在封建社会初期的景颇族社会,认为"阶级分化不明显",并且提出景颇族过渡到社会主义的关键问题是提高文化的问题,企图否定从经济结构和阶级关系上改变少数民族的根本面貌,即是反对党的社会主义改造的政策。他以资产阶级功能学派的反动观点来反对社会主义。

　　不仅如此,他还主强将独龙族保留一部分不进行社会主义改造,好当作原始社会的"标本"。这显然更是极其反动的政治主张。右派分子吴泽霖在苗族地区调查时,也提出苗族"阶级分化不明显","阶级斗争不尖锐"的反动言论,与我们党在该地区的土地改革方针相对抗。他处心积虑地在调查各民族的风俗习惯之后,提出对落后的不利于生产发展的风俗习惯也不能进行改革的反动主张,说:"为了保护民族特点,就是一次杀几百头牛(指"吃牯藏"),也在所不惜。"这一切都充分说明他们原封不动地以资产阶级及的一套民族学、社会学来反对礼会主义。

　　除费孝通等右派分子外,岑家梧、李有义、杨堃、杨成志等教授,在调查中也暴露了资产阶级民族学和社会学的反动观点和调查方法。他们的反动观点主要表现在以下三点:

（一）不从经济基础来认识社会本质，抹杀阶级矛盾和阶级斗争

在马克思主义者看来，社会经济结构即社会经济制度是社会存在的现实基础，是决定社会发展的条件。上层建筑与经济基础虽然互相作用互相影响，但是上层建筑是在经济基础上产生的，是为基础服务的，归根结底是经济基础决定上层建筑。所以马克思列宁主义者首先着重从社会经济结构和阶级关系来认识社会，改造社会。党所规定的少数民族社会历史调查的方针是："首先调查各少数民族的社会生产力，社会所有制和阶级情况，然后尽可能收集历史发展资料和特殊的风俗习惯，进而对各民族历史作系统的研究。"这个规定是完全符合历史唯物主义的原理的。

资产阶级的民族学者和社会学者违反了这个历史唯物主义的根本原理。岑家梧教授就是一个典型的例子。他在海南岛调查黎族合亩制时，只注意调查氏族制度、婚姻制度以及其他上层建筑方面的材料，而不注意调查经济基础，就主观认为合亩制的社会性质是"父系大家族"，"上限不到母系社会，下限不到阶级社会"。实际上早在解放前——游击战争时期，合亩制地区就已实行土改反霸，在合作化和生产大跃进中亩头也仍然进行不同程度抵触和反抗。事实早已说明合亩制的社会兴致已经不是原封不动的原始社会。岑家梧对这种研究社会性质有决定意义的情况不闻不问，显然是错误的。更严重的是他为了验证合亩制是原始社会，将亩头有大量剥削的材料故意抛弃。例如王老本一户有耕地 200 亩（其中出租 104 亩）、占有耕牛 70 头的情况，他认为是"例外"。不仅如此，他为了维护个人的"尊严"和错误的"结论"，对于与他的看法不一致的同志，采取横暴的压制手段，这是一种极端恶劣的学阀作风。

再如杨成志教授在大瑶山调查时，完全搬用资产阶级民族学的一套，只注意调查石牌带制度、婚姻情况和收集文物，根本不注意调查经济结构和阶级关系，因此，他对瑶族内部阶级关系的看法是错误的。他也一样认为长毛瑶"内部阶级分化不明显"，整个民族的"男女老幼都是劳动的"，并说"所谓地主富农，多是国民党统治期间由国民党反动派的参议员、顾问、乡长、队长等上层分子蜕化而成的。主要因为他们是反动分子，并不因为他们拥有多量的土地"。他的逻辑是地主富农只有政治上的反动性，没有经济上的剥削，因此他们不应该算剥削阶级。试问政治上的反动不是为了经济剥削是为了什么呢？必须指出，地富阶级占有的土地是相当集中的。在国民党统治大瑶山之前，长毛瑶内部就已经有了阶级分化，国民党反动派利用瑶族内部的剥削阶级作为他们压迫瑶族人民的代理人。土地改革的实践已经充分说明阶级分化已很明显，杨教授的论调实质上是美化地富阶级，为地富阶级辩护。

不必再举更多的例证，足以说明资产阶级的民族学者和社会学者不注意调查社会经济基础，专门以某些片断的上层建筑的现象来观察社会，这就不可能从根本问题（社会经济结构和阶级关系）上理解社会的真相是根本违反马列主义的。这样的结果必然抹杀阶级矛盾

和阶级斗争，就不会有利于少数民族地区的民主改革、社会主义改造和社会主义建设。

（二）专找落后，猎取奇异

资产阶级民族学者和社会学者热衷于调查少数民族社会中古代社会遗留下来的残现象。在他们看来，少数民族地区到处充满了古代社会的"残余"，好像整个社会是由一些"残余"构成的，他们把那些残余的东西加以夸大，当作现实社会的重要的东西。他们喜欢抓住落后经济基础的某些上层建筑和其他社会现象为根据，或者以多经济结构中比较古老的经济成分为根据，去判断社会性质。甚至干脆未经调查就推断某某民族是古代社会，然后根据主观要求去"找落后""找残余"、找"古风遗浴"。这必然歪曲社会的真面目，显然是形而上学的唯心主义的调查方法。例如，有人一谈到傈僳、怒等民族的土地共耕关系时，就说这是原始社会的"共同劳动，平均分配"的生产关系。其实，土地共耕关系（即伙有伙种）的性质也是值得研究的。因为伙有伙种往往是兄弟分家时，没有把土地分割，或几户伙买一块土地，共同耕种，但是各人对于土地份额的所有权是很清楚的。参加共耕的人可以任意出卖自己的一份。如甲乙丙三人伙有伙种一块土地，甲的三分之一可自由卖给乙，那么乙丙二人共同耕种，收获时乙分得粮食的三分之二，丙只能分三分之一。这就说明这种土地共耕关系是在土地已私有的情况下，部分土地仍保持着协作经营的方式而已。这与建筑在生产资料公有制基础上的原始社会的"共同劳动，平均分配"的生产关系在本质上已有区别。

有人往往把某些少数民族在生产上的原始互助习惯当作"原始社会"的一种依据。景颇族的"吾戈拢"，怒族、傈僳、独龙等族的"瓦刷""瓦纠"都是生产上的互助习惯。不可否认，这些是较原始的东西，但是我们不能只看其形式，不看其发展和变化。值得注意的是：在私有制社会里，这些原始协作的生产方法，也往往为富有者利用，作为剥削的工具。如地少的人往往去为地多的人劳动，地多的人就利用这种原始互助的习惯，在互助的名义下进行剥削。例如云南德宏路西县弯丹乡景颇族古洞山官田多得多，农忙时他的辖区内的居民都来"帮助"他耕种。这实际上是一种劳动力的剥削。傈僳等民族的"瓦纠"，即是共耕的意思，是劳动人民之间的协作经营。"瓦刷"是助耕的意思，是富者要贫者"帮忙"。前者是互利性质，后者已显然是剥削性质。由此看来，由于私有制的存在，土地占有的不平衡，这种生产上的原始互助习惯已经打上了阶级的烙印。所以不能把这种原始互助习惯看得那样"原始"。任何形式都应该以它所包含的内容为转移。

我们并不反对调查古代社会遗留下来的社会残余现象，更不是否认有原始的社会残余现象。我们所反对的是以猎奇的态度孤立地调查这些东西，有意夸大这些东西，不把它摆到适当地位，不加具体分析，把现象当本质，把形式当内容，不看发展和变化，这是根本违反实事求是的科学态度的。我们所主张的是要像唯物主义所要求的那样，按照事物本来的面目认识和解释事物。

怎样按照唯物主义的原理来认识事物的本来面目呢？我想就少数民族社会中多经济结构

的问题和某些上层建筑落后于经济基础的发展的问题谈一谈。

我们知道,我国很早就是一个统一的多民族国家。各民族长期以来发展了经济上的合作和文化上的交流,早已有了密切不可分离的联系,都不是孤立发展的。在我们的国家里,各民族基本上交错聚居和互相杂居,汉族人口特别众多,政治经济和文化比较发展,各民族之间的互助协作特别是汉族对各少数民族的帮助,对少数民族的社会发展起了很大的影响。就以处在边疆偏僻山区的少数民族来说,也并不是与汉族和其他民族完全隔绝的,特剧是到了近代,这些民族与周围其他民族接触频繁,先进民族给了这些社会发展较为落后的民族很大的进步影响,外来因素通过内在因素起了很大的促进作用,使得这些民族不是按照教科书上讲的人类社会历史发展的整齐划一的顺序而是往往以一种交错复杂的状态向前发展。因此,一般来说,少数民族社会内部出现了多种经济结构形态。有些民族的社会经济结构中,既有原始社会经济的成分,又有奴隶制、封建制甚至资本主义的经济成分,各种经济成分互相交错,同时并存;但必有一个占主导和支配的地位;其余成分,有的是古代社会经济形态的残余,有的是新的社会经济基础的萌芽。特别是古代社会的残余成分在现实社会中,仅仅是残余而已。"好古"的人往往喜欢夸大这种残余,而忽视现实社会中基本的经济结构。这显然不是科学的态度。

同样,少数民族社会的上层建筑也是异常复杂的。上层建筑是经济基础的反映,它的变化是在基础变化之后发生的,一般是落后于基础的发展的,这是社会发展的一般规律。在少数民族社会中,上层建筑落后于经济基础的情况往往更为明显。这是因为少数民族地区生产方式的改变和发展(特别是生产力的改变和发展),在很大程度上是由于周围民族(特别是汉族)的影响,因而社会的各方面的发展很不平衡。

除了经济上的种种原因外,在政治上也有各种复杂的原因,使得社会各方面的发展不平衡。就以社会组织来说,由于阶级斗争和民族斗争的存在和发展,少数民族中的统治集团往往利用本民族原有的社会组织形式作为对内对外斗争的工具,外民族的统治阶级也往往利用被压迫民族的社会组织形式来进行统治。因此,原来的社会组织形式一般地在很长的时期内没有完全改变,有的形式虽然保留下来但其性质已有改变,甚至有的只留下躯壳而已。在这种复杂的情况下,如果我们喜欢钻到象牙塔里,把原来的经济基础上遗留下来的上层建筑的残余或已经变质了的躯壳,当作本质的或发展着的东西,那同样也不是科学的态度。

就以佤、景颇等民族的社会经济结构来说,原始公社解体以后,由于掠夺战争和债利剥削等等原因,曾经引起家庭奴隶的产生;但他们受了周围汉族、傣族封建社会的影响,再加上地区小,奴隶来源缺乏,约束奴隶也不容易等等,奴隶制不能顺利地向前发展,而是较快地转向封建制发展。解放前,景颇地区基本上到达了封建社会的初期。佤佤族北部和西部地区也已经进入了封建社会,南部地区也正在向封建社会过渡,各种剥削形式特别是债利剥削已广泛发展。在这两个民族的社会经济形态中,有多种经济结构。就以土地所有制来说,公有和私有的两种形态同时并存,但从整个社会来看,个体私有制是基本的,占绝对优势的,如经济价值较高的水田、园圃都已私有,至于仍属于公有的部分,都是一些经济价值不高的山林荒地，在社会生产中并不起主导作用。如果钻牛角尖，那就会主观地把公有制夸大为主导的，就会本末倒混。不少人说佧佤族是原始社会，就是本末倒置的结果。

至于这两个民族的社会组成，都还有氏族、部落的残余，就景颇族的山官制度来说，山官可能是原来的氏族首领转化而来。虽然现在还有氏族公社的残余，但是山官辖区内包含有别的姓氏，甚至还有别的民族，早已由血缘组织发展成为地缘组织，公社早已解体，产生了各种封建剥削，整个社会正在向封建制发展。因此，山官制度的实质也跟着发生了变化，山官有一部分成了地主，山官制度已不是什么原始公社的性质了，但是还有人把它当公社组织看待。佧佤族社会中氏族和部落的组织形式还保留一些，但这些东西越来越变成空洞的外壳了；在已进入封建社会初期的佧佤北部、西部地区，实质上已转化为封建制度服务。至于南部地区，由于个体经济和各种剥削形式的产生，它也与原始社会的有了很大的区别，与新的经济基础有了矛盾。有人不去研究经济基础，孤立地研究这些上层建筑的残余或躯壳，形式主义地拿古代社会的社会组织形式来比拟，以"古"证"今"，硬说佧佤社会是"原始社会的标本"。这是根本违反辩证唯物主义和历史唯物主义的。当然，我们并不否认有原始社会的许多残余社会现象；我们反对的是抓住一点、不及其余、抓住现象、不看本质的反科学的研究方法。

我们坚决反对上述专找落后、猎取奇异的资产阶级民族学、社会学的观点和调查方法。因为这不是一个个别的问题，而是属于要唯物主义还是要唯心主义，要辩证法还是要形而上学的根本问题。依照上述的做法必然歪曲社会的根本面貌，走到反马克思列宁主义的道路上去；而且直接不利于我国各民族团结和社会主义事业。因为专找落后的结果，夸大了少数民族的落后面，必然会引起少数民族人民的不满，更重要的是不利于社会主义的改造和生产的大跃进。因为夸大了民族间的差别，使人只注意某一民族特有的东西，忽视各民族共同的东西，不利于民族间的友爱与合作。历史上各民族互相帮助，互相融合，民族间差别逐渐减少，民族间的共同性逐渐增多，以致最后走向民族界限消亡，这是历史发展的必然趋势，是民族关系的主流。我们所调查的材料充分证明了这个真理。譬如云南怒江傈僳族地区在一百多年前完全是刀耕火种，以后在白族、汉族、纳西族地区学会了犁田，才开始由锄耕转入犁耕，农业生产发生了根本的变化。再如佧佤族北部地区之所以能够较其他地区更早进入封建会，是与明朝时大批汉人进入该地区开采银矿分不开的。汉人开采银矿的同时，开垦了很多水田，使得佧佤人开始学种水田，促进了佧佤社会经济的迅速发展。只举这个简单的例子就足以说明尽管历史上有民族压迫的存在，但是各族劳动人民在经济和文化上的互助合作确是民族关系的主流。我们必须正视这个历史事实，宣传这个历史事实。不能只偏重各民族的特点，忽视各民族的共同点。至于专找落后、找残余、找奇风异俗的调查，更是十分错误的。

（三）资产阶级民族主义

大汉族主义突出表现为丑化少数民族，将少数民族的某些落后现象加以歪曲和夸大，以歧视、污辱少数民族。例如有人把云南佤、景颇、傈僳、怒等社会发展阶段落后的民族，鬣成是"残存社会"。"残存社会"是资产阶级的反动观点，它把保留原始社会残余较多的民族说成是没有内在生命力、不能向前发展的民族，注定被淘汰的民族。这是为帝国主义消灭弱小民族的殖民主义政策制造"理论"根据。以这种观点来看待新中国的少数民族，不仅是对少数民族的污蔑，而且是对的党民族政策的污蔑，对社会主义制度的污蔑。在社会主义的祖国大家庭里，无论人口怎样少、所处的环境怎样偏僻、社会发展阶段怎样落后的少数民族，都正在党的领导下和汉族人民的帮助下，以英勇豪迈的姿态，跨世纪地向社会主义飞跃发展。有什么理由可以说少数民族没有内在生命力，不能向前发展呢？这种观点完全是反历史唯物主义的观点，完全是大民族主义的观点。此外，在前面所说的专找落后，猎取奇异的观点，其实质也是大民族主义的观点。

地方民族主义突出表现为抹杀民族内部的阶级矛盾和阶级斗争，不惜为本民族反动阶级和剥削制度辩护。例如，新疆调查组某些民族领导干部，为了什么"民族的荣誉"，硬要把自己的民族说成是在解放前已经成为最进步的民族——资本主义的民族，于是否认有农奴制度的存在。他们在墨玉县调查时，否认当地地主买奴隶、关押农民、残酷剥削农民的事实。当减租反霸、土地改革中的农民积极分子提出关于地主阶级罪行的材料后，他们咒骂农民积极分子为"疯子""傻子"，供给的材料"不可靠"。同时想尽各种办法为地主阶级的罪恶辩护。他们竟以宗教的道德观点来辩护说："地主是圣人的后代，是笃信宗教的，是不会作恶的。"为了否认农奴制，他们要地主的狗腿子供给材料。在民族关系上，任意夸大汉族与维族、回族与椎族的矛盾，制造民族隔阂，宣扬民族仇视，说什么"民族之间仇深似海，所以起义者获得胜利的地方，看到汉人就抓，抓到就杀。更严重的是，在他们编写的"1933年和阗伊斯兰起义"的材料中，公开鼓吹民族分离主义，把帝国主义煽动的阴谋分裂祖国的武装叛乱，歌颂为"伊斯兰革命"，把帝国主义长期豢养的间谍，民族的败类穆罕默德·伊敏（伪东土耳其斯坦的皇帝——"帕夏"）、沙比提大毛剌（伪东土耳共斯坦的总理）等人颂扬为"民族英雄"，说他们"看到和阗人民对专制政府的控诉"而"提倡和组织了这次革命"，藐他们"深得人民的崇敬"。谁都知道，1933年的暴乱完全是反动的，是帝国主义想把新疆变成殖民地，是封建统治阶级想要恢复中世纪的封建特权，怎么可以说成是"革命"呢？现在，"东土耳其斯坦"的领导人物如穆罕默德·伊敏、尧乐巴斯等人，仍然在国外进行出卖祖国的勾当，怎么能就是"民族英雄"呢？他们所编写的这类材料，实际上是为新疆的地方民族主义分子分裂祖国的活动制造根据。

资产阶级民族主义是资产阶级思想体系的一个重要组成部分，与马克思列宁主义是水火不相容的。无论大民族主义或地方民族主义，都是资产阶级思想在民族问题上的反映，都必然会制造各民族之同的隔阂，伤害民族团结。地方民族主义往往贬低汉族人民对各少数民族的帮助及其所起的作用，过分渲染民族间的分歧与隔阂；大汉族主义往往夸大和歪曲少数民族的某些落后况象，贬低少数民族在祖国大家庭中的地位和作用。两者都不利于提高少数民族热爱自己祖国的精神；同时也容易掩盖民族内部的阶级矛盾，不利于社会主义革命和社会主义建设。我们需要进一步巩固祖国的统一和加强各民族的团结,多快好省地建设社会主义的时候,我们的少数民族社会历史调查工作,无疑的要积极地正确地反映各族人民之同兄弟般的友爱团结的重大意义。要达到这个目的,就必须以无产阶级的民族观彻底战胜资产阶级的民族观,以社会主义粉碎民族主义。

由以上三方面的问题看来,资产阶级民族学、社会学是彻头彻尾的反马克思列宁主义的。资产阶级民族学者社会学者在调查工作中,自觉地或不自觉地以唯心主义代替唯物主义,以形而上学代替辩证法,以资产阶级的民族观代替无产阶级的民族观。以他们的反动观点来指导调查工作,必然会使调查工作不利于社会主义革命和社会主义建设,不利于祖国的统一和各民族的团结,不利于发展和丰富历史科学和民族科学,一句话:只有利于资本主义,而不利于社会主义。因此,彻底打垮资产阶级民族学和社会学,实质上就是两条道路的斗争,是思想战线上极其复杂的阶级斗争。摆在我们面前的任务就是要高举马克思列宁主义的红旗,坚决拔掉资产阶级民族学、社会学的白旗!

三、在调查工作中要政治挂帅

在少数民族社会历史调查工作中,必须政治挂帅。政治挂帅是贯穿一切的根本问题。除了前面所说的在学术上批判资产阶级民族学、社会学的反动观点外,更重要的是党的领导问题和批判个人主义的问题。

这些问题,汪锋同志已经谈得很明确了。我只简单地谈一下。

政治挂帅,就是要明确调查工作为谁服务的问题。彭真同志一开始就指示:调查工作必须"为民族工作服务","为科学研究服务"。即是为少数民族地区的民主改革、社会主义改造和社会主义建设大跃进服务,为巩固祖国的统一和加强各民族的团结服务,为丰富和发展马克思主义的历史科学和民族科学服务。但是,资产阶级民族学者和社会学者以及有资产阶级思想的同志,他们不考虑调查工作为政治服务的问题,相反地,把调查工作当作个人猎取名利的途径。他们参加调查的目的就是为了个人"著书立说","一举成名"。他们之中有些人

的奋斗目标是:"两年一本书,三年副博士,五年当专家"。因此不顾调查组的工作任务,专门收集自己所需要的材料,调查的材料不向组内汇报,"积私房",搞"小仓库",甚至有人将调查材料完全据为己有。有人为了成名成家,不惜伪造材料,甚至剽窃他人的劳动成果,发表自己的文章。此外,闹待遇,要享受,也是较为普遍的现象。特别值得注意的是某些资产阶级的"专家"们,是带着不可告人的个人野心参加调查工作的。李有义教授自己检讨为了在将来的西藏大学"大有可为",在将来的西藏研究所"担任负责工作",想尽办法获取西藏工委对他的信任。马长寿教授为了充实他二十年前到凉山调查后写的一本书,这次到凉山后只调查他所需要的材料,不服从四川调查组的领导,并且调查的材料至今仍未交公。岑家梧教授为了写"中国原始社会发展史",专门只调查合亩制。为了他一个人成为

"权威",指使全调查组的同志专找落后点,收集原始残余的材料,而不去注意阶级分化的情况。杨堃教授那样热衷于调查"奇风异俗",正如他自己所检讨的,是出于"权威"思想,为了在学术上"标新立异,出奇制胜"。例如此类的个人主义的动机都驱使他们不考虑如何改造自己的资产阶级民族学、社会学的反动观点,去胜任调查工作任务;相反的仍然以资产阶级民族学、社会会学的观点,专用去找"残余"、找"落后"、找"奇风异俗,以便写出振聋发聩的"文章"。这就使他们不注意调查经济基础,只注意上层建筑的片断现象,夸大少数民族的落后面,忽视其先进面,这就不能正确地贯彻执行中央的方针任务。由此看来,到底为个人主义服务,还是为社会主义服务,这是政治立场问题,是政治挂帅的根本问题。

要政治挂帅,必须服从党的领导。资产阶级学者总是喜欢以"专家"自居,认为党委的同志"不学无术","外行不能领导内行","政治不能领导学术"。因而,不尊重甚至不接受党的领导。他们以为在民族问题上他们是"权威",别人不懂,只有他们懂,别人没有发言权,只有他们才有发言权。他们以为他们的本事最大"奇货可居",甚至以此和党讲价钱,和工人阶级较量。这种狂妄的资产阶级学者,在我们调查队伍内不是个别的。党委能不能便领导科学,肯定是能够的。这次会议,在党的领导下,狠狠地批判了资产阶级民族学和社会学,出了跃进规划,就是一个有力的证明。

政治是统帅,思想是灵魂。一切工作都必须政治挂帅,任何人都要走又红又专的道路,中间道路是没有的。红与专是矛盾的统一体。专只是工具,红则是灵魂。红与专的关系好比战士与枪杆的关系,枪杆如果是敌人掌握,那就会不利于人民。

同志们!让我们在党和毛主席的领导下,坚决走又红又专的道路,一切唯心主义、个人主义、民族主义的思想,都是为资本主义服务的。我们要为社会主义服务,就必须清灭资产阶级的思想,树立无产阶级的思想;破唯心主义,立唯物主义;破个人主义,立集体主义;破民族主义,立社会主义;破资产阶级民族学,立马列主义民族学。只有这样,才能拔掉资产阶级的白旗,插上无产阶级的红旗;才能鼓足干劲,实现在今后一年内完成全国五十个少数民族的社会历史调查工作和编写三套丛书的光荣任务。

让我们在毛泽东的旗帜下胜利前进!

从内蒙东北组的工作经验
看少数民族社会历史调查方法[①]

内蒙调查组　朱风

内蒙东北组 1956 年 9、10 月间开始进行调查，截至去年十月，在一年的时间内，调查了蒙古、达呼尔、鄂伦春、鄂温克、赫哲等五个民族，搜集到大批的文字和口述材料，从中整理编印了十本材料，大约有 150 万字。今年五月结束整风后，又开始了五个点的调查。目前正在进行中。有四个民族在九月中即可完成调查，另一个民族明年也可完成。

在整风运动当中，我们对过去一年的调查工作中的经验进行了一次总结，把过去存在的比较模糊的一些问题进一步弄清楚了，归纳起来有下面八个问题：

一、点面结合问题

单就一个民族的社会历史调查来讲，面应该包括这一个民族所分布的地区，有的跨县，有的跨省，和属于同一行政区划内的面就不同。选点是为了正确地反映面的情况，因此如何选点，点面如何结合，是调查工作中的一项重要问题。过去我们从抢救落后材料出发，所选的点一般都是保留落后面貌较多的，这虽有必要，但以之代表一个民族，则是不全面的，也是不合适的。从工作摸索中，我们认为应当包括先进的、中间的、落后的三种，特别是中间状态的，占面的大部分。缺了这样的点，就不能正确地反映面的情况。有了三种点，就可以比较全面地反映这个民族，也可以从中看出其发展变化的规律。其次，单有了点，还不足以完全说明问题，面的一般材料也是需要的，如不了解，就不知道我们所调查的这个点在面当中处于什么样的地位。了解面的情况，可以采用两种办法：一种是利用党委所掌握的材料和

[①] 郝时远主编：《民族研究》第 1 期，第 39—41 页，中国社会科学院民族学与人类研究所，1958 年。

统计数字；一种是走马观花，在从一个点到另一个点的途中，也可进行观察询问，以逐渐丰富对于面的了解。当地干部，特别是有群众工作经验的干部参加调查，对面的了解帮助很大，他们在工作中走了许多地方，见了许多事物，亲身经历过许多事情，可以提供许多情况。我们有些专家，认为当地干部了解的不是学问而是常识，从而不重视他们的意见，甚至不愿意和他们一起研究问题，这是错误的。点和面也不能平均使用力量，一般来讲，点是说明问题的重要依据，因此要求调查得要深。面是为了补救点上没有反映出来的东西，因此要求调查得要广。

二、今和古的关系问题

我们的调查工作是由古到今，还是由今到古，厚古薄今，还是厚今薄古，或者还是只今不古，是一个需要明确的问题。过去我们认识上的缺陷是：第一批点的调查中，大部分偏重于古的东西，这样的结果，调查的材料不能对当前的工作有所帮助。第二批点的调查当中，有些组，如蒙族组在阿拉善旗第五苏木的调查，又偏重了现在，对过去的情况找的又太少了。调查工作从"既为当前民族工作所必需，又为科学研究工作所必需"的要求来讲，这两种办法都是片面的，应当是由近及远，层层追溯，追到不能再追为止。这样追下去，调查的东西，今的比重必然要大，投的力量、得的材料也必然要多，古的方面的材料，相对的还是少的。这样一来，对当前的民族工作起了帮助和推动作用，同时也尽量地搜集了这个民族的历史资料。今古齐全，今多于古。当然我们找古也不是为古而古，而是在于古为今用，在于了解这个民族的历史发展变化的规律，从而更好地为当前的社会改革和社会主义建设事业服务。

三、经济基础与上层建筑的安排问题

我们在这个问题上，虽然也一般的认识基础和上层建筑的关系，但实际做得并不很好。这和上面所谈的对今古关系的理解是分不开的。我们当中有些人，总是认为古的就是民族原来的东西，而对后来发展变化的新的事物则注意不够，如达呼尔组在调查生产工具时，对达呼尔人用的套马杆子，认为这是蒙古人的东西，就不调查只找达呼尔族固有的东西。实际上任何一个民族都要吸收别的民族的文化，不学习别的民族的一点东西是不行的，这也是社会发展的一般规律，也是好的现象。此如鄂伦春，狩猎生产是比较原始的，但使用的生产工具——枪，则是现代的。不但先进民族可以直接影响落后民族，比较落后的民族也会影响更落后的民族，而且还互相影响。在我们调查的地区就有这样的情况：汉族对蒙古族的影响较多，蒙古族对达呼尔族也有影响，达呼尔族又影响着鄂伦春、鄂温克族等。而先进的民族中也还吸收了一些落后民族的东西，因为落后民族也不是在一切方面都是落后的，比如阿拉善旗有许多民勤汉人，他们弃农就牧，学习了牧民的放牧方法，同时又在定居方面影响着牧民。我们可以这样设想，假若从蒙古牧业社会调查中去掉了外来的东西，只留下蒙古包、皮衣服、皮水桶、套马杆和五种牲畜，蒙古民族的社会生产就不能想。过去的阿拉善旗的扎萨克，早在道光年间就明命禁止蒙民戴草帽子、穿鞋、使用毛驴，盖板升房（即土木结构的建筑）。这说明汉族在很早以来就从各方面影响着牧民。而牧民又是欢迎这种影响，并自发地接受这种影响，致使当时的统治阶级从保全自己的封建统治利益出发，就用强制的办法来禁止牧民接受这种影响，禁止接受汉族的先进文化。但是勤劳勇敢的蒙古劳动人民，并没有屈服。现在阿拉善旗有很大一部分牧民定居游牧，在这方面要比锡林郭勒盟先进一些。假如我们的调查不反映这种变化，不单是脱离实际的问题，而是把当地党委所提倡的牧民定居的历史根据也给否定了。这还不是脱离政治吗？所以专找本民族的东西，是脱离实际、脱离政治的。在经济问题上也有古今问题，明白了经济基础决定上层建筑，也不等于解决了厚今薄古的问题，在经济上也有专找古的现象，因此在这上面也要反对厚古薄今。

经济是基础，但是对上层建筑也要做必要的调查，它能反映经济，特别是文献材料比较少的民族，这点尤为重要。但要有个要求，我们是要求在整个调查材料中，经济基础方面的占百分之六七十以上，上层建筑方面占百分之三十到四十。但这也不能一律，此如蒙族，过去的文献材料中反映上层建筑的多，因此对经济基础方面调查的应该多一些，上层建筑方面的应该少一些。鄂伦春等其他少数民族有关上层建筑的材料则可以多一些。但目的必须清楚，是为了从中发现当时的基础的情况，是为了充实对经济基础的了解。

四、是在接受前人遗产的基础上加深呢还是另起炉灶

我们初开始调查时，对前人的材料看得少，在调查当中提不出更多的问题。我们感到，对这一个民族，没有比较多的了解，就不能深入，又不可能放下工作专门学习，因此提出一面调查，一面看前人材料，譬如鄂伦春，五十年以前史禄国就到我们调查的那个地方调查过，当然，他是资产阶级民族学者，观点是错误的，但我们要的是当时的情况，不是他的观点，材料是五十年以前的，现在的老年人，那个时候还都是小孩，就是说材料反映了更早时候的情况，只要我们用批判的态度，这样的材料也可以利用，应当结合我们实际调查，进行推理判断，加以甄别，去伪存真的来加以利用。又譬如了解阶级情况，现在已经合作化了，通过访问也难以全面的调查到，我们就想到利用党委掌握的档案材料，找达呼尔族土改时的材料。总的来说，我们应该充分利用前人的材料，特别是党委所掌握的材料，在这上面再下功夫，要求深透，这样做比另起炉灶要快。

五、调查和研究结合的问题

我们做的大致上是一面调查，一面研究，调查一些材料，对这些材料进行研究，研究当中进一步提出问题，再进行调查。一份调查报告完成的过程就是：调查，研究，提出问题，

再调查，再研究，一步一步向前走的过程。所以调查和研究是不能截然分开的。但由于过去没有搞过，水平低，因此，我们在最后写的报告中，主张不发议论。不发议论不等于没有议论，也不等于材料里面没有观点，为了使材料真正做到"材料一家"，真实可靠，并且使这个材料能供许多人来研究，不致因为有了一定见解而把不合乎自己见解的材料删掉，我们觉得在我们那里，这样做还是比较适宜的。譬如关于达呼尔族源问题，一般有两种说法：一种认为是蒙古；一种认为是通古斯。在我们的调查当中，也遇到这两种说法，在这样的情况下，肯定一种，把另一种放弃，对将来的系统的研究是不利的；当然，我们不加议论，是否我们的材料中就不要正确的立场观了呢？不是的，应当始终注意以正确的观点来处理材料，我们访问的对象有各种人，各个阶级和阶层，对一件事情都有不同的想法和说法，我们必须以正确的观点来加以识别。我们认为只有真正做到"材料一家"，根据这一家的材料再来百家争鸣，是比在处理材料时加上自己的议论，删去不合乎自己议论的东西，要更科学一些。

六、边干边学和边学边干

过去，我们思想上也有迷信，希望中央派更多专家去，但去的很少，依靠专家是不行的了，而干部又是刚改行，只有边干边学，才能胜任工作。学习又不能用太多的时间，只能在干的当中学习。我们的先生是书本和群众，调查当中发现问题，看一看书，解决了，又去调查，又发现问题，再看一看书。调查的整个过程就是边干边学、边学边干的过程。请先生请不到，请到了的，因为没有参加调查，讲不到节骨眼上，不解决问题。我们在呼和浩特请了一位教授给我们讲商品，他非要讲三个半天不可，后来勉强压缩到六小时，讲了两次，也没有解决实际问题。有很多问题，当我们在书本上解决不了的时候，就去找群众，群众是我们很好的教员，他可以帮助我们解决许多疑难问题。

七、调查工作必须坚决依靠当地党委，坚决依靠当地群众

过去在这方面也存在一些问题。现在我们确定：调查组每到一个地方，接受当地党委领导，把调查的目的和要求报告给党委，取得支持和帮助，调查完了临走的时候，把在调查中看到的和当前工作有关的问题汇报给党委。至于调查材料则无法全面地进行汇报，只能把一些主要问题提出来。过去和群众的关系，存在的问题是接触不广，好像我们是只管调查的，生活上有些特殊，有的小组出发时还拉上一口猪。整风中提出和群众同甘苦，也要抽出时间来和群众一起参加劳动，要真正的和群众打成一片，使关系更加密切。在访问对象上，过去偏重老人，不但和广大群众有距离，就是组内的青年人也觉得很难插手。这次提出不论老年青年，本民族和外民族的，凡是一个点上的居民，都要找，把一般访问和逐户调查要很好地结合起来。

八、关于多快好省

过去工作效率不高。要做到多快好省，对多的要求是：材料增加一倍，一般规定三四个人在一个点上，一个半月要写出十八万字的材料（过去两个月十二万字），对文献资料尽量搜集，对图片要求把一些"抢救性"的东西，都要拍下照片来。今年调查完了，每个组至少写一篇论文。对快的要求是：同样时间内做更多的工作，搜集的材料当天即整理出来。调查材料的初稿和核对材料的工作，必须在离开点以前做完。复印时的材料要求回到驻地以后十天以内交稿。对好的要求是：根据我们那里的水平，要求比过去做得更好，使这次调查能深能透，解决所需要解决的问题。对省的要求是：首先，耗费、人力和时间节省；其次，我们感到使我们的调查材料不出废品，就是更大的节省。在我们过去的调查材料中，常常发现"这个问题尚待进一步调查"等字句，其中有些问题确实是不好搞清楚的，但也有一部分是由于在当时当地没有深入，应该掌握的材料没有掌握到，而保留下来的。

调查工作能不能多快好省呢？我们认为完全可以做到。大家经过整风"反右"，批判了右派言行，划清了敌我界线，并在这个基础上横扫了三风五气，批判了形形色色的资产阶级个人主义思想，提高了社会主义觉悟，破除了迷信，解放了思想，干劲鼓足了，信心加强了。因此在讨论和制定工作规划当中，各组踊跃提出了跃进规划，一个压倒一个，并且在每个人的红专规划中提出了比组的要求更高的要求。我们相信在整风胜利的基础上，我们的规划一定能够变成事实，一定能够鼓足干劲，力争上游，多快好省地完成调查任务。

编写傣族简史、简志和西双版纳傣族自治州地方概况的几点体会[①]

李德云

（本文系根据中共云南思茅地委农村工作部副部长李德云同志在少数民族社会历史调查组汇报会议上的发言整理而成）

编写少数民族简史、简志和民族自治地方概况是各族人民的一件大喜事、是民族工作的一项政治任务，思茅地委认为编写傣族史、志与西双版纳自治地方概况也是地委的任务，必须加强具体领导和帮助，以便解决在工作中遇到的困难问题。这样，地委决定派我们几个同志参加这个工作。在地委领导下，我们和调查组的同志们在一起共同工作了三个月，这对我们的锻炼提高很大。首先谈一谈我个人的收获。

一、我过去理论文化水平都很低，在这方面懂的事情也很少，经过几个月参加少数民族社会历史调查和编写少数民族的简史简志的工作，在同志们热情帮助和鼓励下，我开始懂得了一些粗浅的理论知识，已开始入门了。

二、我过去虽在傣族地区工作了七八年，但对傣族历史了解并不深刻，只知道一些大体的轮廓，经过三个多月来和调查组的同志们一道工作，对傣族史就有了比较全面的看法。这就给我们在民族地区贯彻执行党的方针政策又增加了一些有利的条件。

三、我们过去在傣族地区做了很多工作，但由于理论和文化水平不高，对工作经验没有完全系统地总结起来，调查组同志们帮助我们把解放几年来傣族地区的工作成绩系统地总结起来了，我们感到非常高兴。西双版纳的干部和群众都迫切盼望编写的西双版纳自治州概况、傣族简史、简志这三本书早日出版，并表示每人都要购置一套。

[①] 李德云：《编写傣族简史、简志和西双版纳傣族自治州地方概况的几点体会》，《民族研究》1959年第2期。

现在我谈一下对编写简史、简志、地方概况三套丛书的几点体会。

（一）编写三套丛书必须在党的领导下进行，这是完成任务的根本保证。关于这一点各组在汇报中都作为主要的一条经验，我现在只是再补充一下。关于党的领导问题，不应该只当作是一般的领导问题，而是绝对的领导、具体而全面的领导。譬如从编写三套丛书的要求来看，立场观点要鲜明，反映党的政策要求准确，反映客观事实时要有科学性和生动性，要达到这些要求如果离开了党的领导是绝对不可能的。服从党的领导应该是全面的，上至党中央，下至农村党支部，要认真执行请示汇报制度，特别是重大的有关原则性的问题，必须请示党委决定。

（二）编写、调查和资料整理三方面工作必须紧密结合。我体会到编写是主体，调查和资料整理二者是为编写服务，不这样做，书就写不好。

1. 关于资料问题，应以党委现有资料为基础，首先要进行资料排队，作好卡片，看看哪些是主要的，哪些是次要的，哪些是可供参考的。对编写中所迫切需要的资料，如果党委档案中不能解决，那就必须派专人进行专题调查，不要盲目地抓材料。并要组织水平较高的同志选择抄录资料，这样才便于编写的同志阅读，缩短看资料的时间。在整理党委档案资料时，也要结合当时的历史条件认真地进行分析，经过党委审查以后才能采用。

2. 在调查访问时，必须认真做好"三同"工作。在工作开始时，有些同志认为"三同"和自己的业务结合不起来，有的同志参加了劳动不管业务，也有的同志只管业务不参加劳动。我们认为作好"三同"不是容易的事，要从思想上真正解决问题。下乡后必须在党支部领导下，统一布置、互相配合，充分依靠群众，这样力量就大，完成任务就快，既获得群众的欢迎，自己也得到锻炼和改造。群众认为调查者是自己的人，可以说真心话，这样搜集起来的材料也就真实可靠。凡是没有这样做的，没有通过"三同"的，就会碰到困难。如在勐遮曼根乡开始调查时，大家都知道七十多岁的乡长父亲了解英帝国主义对西双版纳的侵略历史，他自己曾经领导过反封建、反土司的斗争，但我们同志向他调查时，他说"模糊、模糊"（傣语"不知道"之意），就起身走了。当我们同志认真地作到了"三同"与群众联系，建立了感情，取得群众的信任之后，这位老人自动地把所有知道的材料全部贡献出来，并且还检查说："你们刚来时我对你们不了解，不知你们做什么，现在才知道你们要了解材料写我们傣族的历史，很对不起。"另外参加劳动，应该是有目的的，即必须找知道材料的对象，一面与他共同劳动，一面又向他进行访问，抓紧时间作调查，开各种座谈会。如在傣族地区，后期工作半个月搜集的许活生生的材料，就是这样得来的。要做好"三同"，在生活行动上都必须十分谨慎，真正以一个劳动者的姿态出现，才能取得群众的真正信任。

3. 在编写问题上，事先必须作好充分的准备工作，才能保证质量，才能谈得上多、快、好、省，避免窝工浪费。如在西双版纳编写初稿时，没有很好的熟悉材料，只因昆明会议需要汇报，就得连夜苦战，所以起初的初稿质量不高。要保证三套丛书的质量，就必须事先阅读和熟悉全面的资料，在思想上把资料消化，这就可以避免返工。在昆明会议后，我们注意了这个问题，写出来的初稿，质量就比以前的要高。

（三）加强政治思想工作，解放思想，破除迷信。这是一件非常重要的工作。不管如何忙，一定要让同志们抽出一定的时间学习，因为思想总是跟不上形势发展的需要。苦干是对的，只苦干不加强政治思想工作，对完成任务就没有保证。因此，每天必须抽出两小时让同志们学习，学习党的方针政策、目前形势。因为形势发展很快，如不好好学习，要保证党的方针政策的贯彻，是绝对不可能的。西双版纳自治州概况、傣族简史、简志三本书初稿已写完，但根据党的八届六中全会的精神来看，其中毛病还是很多。如写人民公社一章，其中就有写得不适当的地方。西双版纳解放几年来在党的领导下，取得了很大的成绩，特别是1968年的大跃进"一天等于二十年"，真正一步登天，成绩是主要的。但由于不断的反右倾保守、反"落后论"、反"条件论"，在部分干部中不顾当地的具体情况，对党的方针政策理解得不全面，在贯彻执行党的政策中也不可能没有一些缺点。但我们在编写中就不是恰如其分地来估计所取得的成就。在宗教问题上，反映出群众在生产大跃进中打破了某些妨书生产发展的迷信思想，但认为宗教从此就没有了，这种看法就是片面的。又如对统战问题，有些同志根本不敢提"统战"两字，怕被批评是"无敌论"，因此对统战人士尽量采取过"左"的态度。书中诸如此类的问题，必须认真加以修改，要做到能够真实地反映贯彻执行党的政策所取得的成绩。同时认真做好政治思想工作，好的同志要表扬鼓励，对有缺点的同志也应加以适当的批评，才能加强同志间的团结，但团结不是无原则的团结，要达到真正的团结，必须进行批评，批评应该从实事求是的精神出发，不能因为有人说一句话或是无意识的提了一些不恰当的词句，就把他说成是资产阶级民族学者。但有些人有意歪曲历史事实，那就是两条道路的问题，必须进行彻底的斗争，那是另外的问题了。

关于解放思想，应该说是基本解放了，但并不能就是完全解放。不管是老年同志也好，青年同志也好，都还存在着很多顾虑。例如，青年同志一开始不敢作编写工作，有自卑感。老年同志也不敢提出更多的反面意见，认为凡是党做的工作一切都好，但并没有从思想上接受下来。党员同志说这样写就这样写，不敢那样写，就怕给他戴上资产阶级学者的帽子。对党委过去档案的材料，不加思考、分析，不管历史条件，一概摘录使用，对现在特别是大跃进中有些工作描写得过好，好像一点缺点都没有，这就有夸大的成分，并不是实事求是的说法。因此，党的领导要帮助他们解放思想，发挥积极作用，这是非常艰苦的工作。批评应讲究方式，好好商量，从思想上解决问题，不能乱扣资产阶级民族学的帽子，如果不注意这些问题，就会使他们背上包袱，工作不愉快。对青年同志敢想、敢说、敢写的精神，应当鼓励，但也要十分注意个人主义骄傲自满情绪的滋长，要加强新老同志的团结。做好政治思想工作是非常重要的。

（四）现在有关傣族的三套丛书初稿，虽已编写出来了，但其中问题还很多。第一，字数过多，三本共有七十多万字，量虽多但质不高，重复地方也过多，因此就要大大压缩，这首先要做好思想工作，才能保证修改得好。第二，书不是一人写的，其中章节文字衔接不起来，语气也不一致，有些地方提法也不一样，如一个地方说是优点，另一个地方说成缺点，彼此互相矛盾。第三，书中不少地方提到"你们"和"我们"，称少数民族为你们，汉族为我们，并把党称为我党，好像是汉族的党，和少数民族对立起来，这是完全错误的，没有把党体现为无产阶级的政党。第四，三本书在解放以后的章节，有些地方内容基本一样，原因是不管史、志都是以西双版纳材料为主，其他傣族地区材料较少，因此在修改中还需要进一步加以补充，尤其是在使用材料时没有很好审查，其中有些原则性的错误，更应引起我们的注意。

以上这些只是个人的体会，不一定对，也可能是完全错误的，请领导上和同志们批评指正。

在党的领导下发动群众
审查民族史、志初稿的经验[1]

广西少数民族社会历史调查组

广西调查组于1958年10月至11月间完成了《仫佬族简史简志合编》与《毛难族简史简志合编》二书的初稿。为了保证质量，使它能真实地反映仫佬族、毛难族的社会历史面貌；正确地反映在党的领导下，在革命斗争与生产建设中取得的伟大胜利，我们在当地各级党委的领导和帮助下，分别组织了仫佬、毛难两族的干部、群众对两本书的初稿进行了讨论审查。参加《仫佬族简史简志合编（初稿）》谈论的有一百二十二人，提了四百多条意见；参加《毛难族简史简志合编（初稿）》讨论的有一百五十五人，提出了二百五十条意见。参加讨论的人员的成分包括：干部、工人、农民、教师、工商界等。我们在党的领导下发动群众审查书稿方面，获得了如下的初步经验。

首先，依靠各级党委的领导是做好群众审查书稿工作的关键。各级党委对我们编写的简史、简志的审查工作是非常重视的，当我们向党委提出发动群众审查书稿的建议时，党委大力支持，并给予具体的指示和帮助。如在罗城时，县委领导同志亲自挂帅，一方面鼓励我们大胆地去做，另一方面连夜打电话从几十里外召回干部参加讨论；大福乡的乡党委书记、乡长不仅积极地帮助我们组织讨论会，还亲自参加了会议；各地党委还帮助我们在炼钢工地上组织炉旁讨论会或轮班参加讨论会等。由于党的领导和帮助，从而保证了此项工作顺利地进行。

其次，做好政治思想工作。起初，对发动群众讨论审查这两本简史简志合编初稿时，并不是所有的同志都认识到它的重要意义的，甚至还存有错误的看法：如认为群众不懂什么，

---

[1] 广西少数民族社会历史调查组：《在党的领导下发动群众审查民族史、志初稿的经验》，《民族研究》1959年第2期

知识少，最多也不过是补充一些数目字或校正一些情况，不会提出什么重大问题；还有人认为这样做虽好，但在当前中心工作（全民炼钢）非常忙的情况下，能否抽调出干部和群众来参加讨论呢？我们针对这些问题展开了辩论，通过辩论澄清了思想上的一些不正确的认识，这是发动群众审查书稿时，必须首先解决的问题。

第三、在讨论时应根据不同的对象采取不同的方法。如我们在干部或教师等知识分子参加的讨论会上，采取了朗读书稿的方法，它的好处在于书稿中的每一字句都能得到群众的审查；而在工农群众参加的讨论会上，就采取了讲解每章每节的基本内容的方法，但运用这种方法时，负责讲解的同志必须事先做好充分的准备，甚至要写出提纲，以免在讲述过程中遗漏。我们根据不同情况，灵活地运用了以上两种方法从而取得了很大的效果。

第四、在党的颁导下，发动群众对简史简志合编初稿的讨论审查，我们体会有以下几点好处：

一、提高了书稿的质量：群众在讨论书稿中，提出了许多修改和批评的意见，其中有若干意见是带有原则性的。如《仫佬族简史简志合编》初稿中，我们原来曾提出在解放前仫佬族的社会经济结构中没有资本主义萌芽。群众指出这个结论是不符合实际情况的，附近就有一个硫磺矿，已由资本家开采近百年了。又如该书在论述人民公社成立前的情况时，曾提到有些村屯因经济条件的不同而存在着地区之间的矛盾。群众指出这样提法，是不利于人民内部的团结、不利于社会主义建设。在讨论中即是小至某一圩场的赶集人数、某一事件的人名等等，群众也都认真地指出错误或不正确的地方，并提出改正意见。这些意见，大部分都是正确的，这样就大大地帮助了我们对书稿的进一步修改，从而使书的质量得到提高。

二、充实了书稿的内容：在讨论中群众为我们提供了许多生动的、具体的、宝贵的材料。其中有一些材料是我们长期访问中所没有得到的。如讨论到解放前国民党反动派残害人民时，许多群众就以亲身的遭遇，提供了许多反动派通过征兵、征粮、征工等方式压迫和剥削人民的典型材料；当讨论到合作化的优越性时，更有不少的群众以亲身的体会、解放前后的对比，提供了许多具体的材料；其他如大跃进中的新人新事新面貌等等，都提供了许多真实、生动的材料。这就使我们有可能在修改书稿时补上许多重要的材料，使书稿的内容更为丰富和充实。

三、能改进文风：在讨论中群众对听不懂的语句和不欢喜的词汇都提出了修改的意见，从而使书稿更能合乎准确、鲜明、生动的标准。

四、鼓舞和增强了同志们写好史、志合编的信心和决心：各级党委对发动群众讨论审查简史简志初稿的工作都非常重视，并帮助组织讨论会。在讨论中群众对大小问题都很认真负责地审查，并且提出了不少重要的意见。如有一位八十岁的老大爷，在讨论中，感到历史部分材料缺乏，半夜点着灯笼回去翻家谱，并拿来一个明代的碗叫我们考证。这些事实，使同志们深受感动，大大地鼓舞和增强了写好史志合编的信心和决心。同时，在讨论时不少的干部和群众迫切地希望它早日诞生，并表示书出版后一定要购买，并大力帮助宣传，这使同志们更进一步加强了尽早写好简史简志合编的责任心。在这次讨论中，同志们普遍地受到了一次生动的深刻的教育，更进一步地体会到群众的力量和智慧，以及贯彻群众路线的重要性。

五、通过对书稿的讨论，还起到了提高群众的觉悟、鼓舞生产热情的作用：虽然我们的初稿中还存在着很多缺点甚至错误，但群众在参加对书稿的讨论审查中，温习了本民族的光辉历史、回忆了解放前受国民党反动派和地主富农压迫和剥削的悲惨情况，特别是解放后在党的领导下所取得的光辉胜利，从而受到了一次极深刻的系统的阶级教育，更加热爱党和毛主席、热爱社会主义，建设社会主义的热情和积极性更加高涨。

发动群众讨论审查书稿这件事的本身对群众的影响也是很大的。如罗城仫佬族听说要参加讨论本民族的简史简志合编初稿，自己背着粮食，从几十里外赶来参加。他们反映说："以前国民党反动派统治的时候，不但没有人抬我们写书，而且看不起我们。现在共产党不仅给我们写书，还要我们来商讨，毛主席想得真周到。"毛难族群众参加简史简志合编初稿的讨论以后，很受感动，他们为了表示感谢党和毛主席的关怀，当天晚上回去就加夜班炼铁。他们还说："历史是劳动人民创造的，我们要更好地积极地建设社会主义，在历史上更好地写下光辉的一页。"这说明，发动群众讨论审查书稿对群众的教育意义也很大，通过讨论提高了群众的觉悟，促进了群众的生产热情，也有力地配合了当前的中心工作。

总之，在党的领导下，发动群众讨论审查书稿的好处是很多的，它证明党的群众路线不仅适用于调查访问，同样也适用于对书稿的审查。我们认为发动群众讨论审查简史简志合编初稿是一个很好的方法，它不仅能起到提高书稿质量和对史实核正达到更加准确的作用，并且还能起到教育干部和群众的作用，也教育了我们自己。在讨论中所提出的意见，我们必须认真地反复地思考，加以整理提炼，将它吸收到书稿中去，使我们编写的《仫佬族简史简志合编》和《毛难族简史简志合编》能更好地为无产阶级的政治服务。

潘光旦先生关于畲族历史问题的设想[①]

费孝通

1981年12月,我在中央民族学院民族研究所的座谈会上,讲过潘先生对苗、瑶、畲民族关系的一段设想。这段设想的酝酿,始于潘先生和我一起在1952年调来中央民族学院之后和1957年之前的一段时期。

座谈会上,凭我的记忆总结了潘先生的这段设想,即"我们可以从徐、舒、畲一系列的地名和族名中推想出一条民族迁移的路线。很可能在春秋战国时代的东夷中靠西南的一支的族名就是徐。他们生活在淮河和黄河之间,现在还留下徐州这个地名。从这一时期的文献中也可看到这块地方被居民称作舒。潘先生从瑶、畲的槃瓠传说联系到徐偃王的记载,认为瑶族中的过山榜有它的历史背景,只是后来加以神话罢了。这一批人,后来向长江流域移动,进入南岭山脉的那一部分可能就是瑶,而从南岭山脉向东,在江西、福建、浙江的山区里和汉族结合的那一部分可能是畲,另外有一部分曾定居在洞庭湖一带,后来进入湘西和贵州的可能就是苗。"[②]

这篇讲话发表后,曾引起了不少关心东南一带少数民族问题的朋友们的注意。我感到不太放心,因为这段设想全凭我的记忆复述的,所以一直有意找潘先生的著作校核一下。

施联朱同志送来了1955年中央民族学院研究部出版的《中国民族问题研究集刊》第4辑,其中有潘先生所写的《湘西北的"土家"与古代的巴人》一文。我又读了一遍,其中对苗、瑶、畲的历史有几段话,不妨抄录如下:

"辰沅以北,亦即洞庭湖以西……,两千余年以来,各民族成分的部位或分布情况基本

[①] 潘乃穆、王庆恩选编:《潘光旦民族研究文集》第1—5页,北京:民族出版社,1995年4月。
[②] 见费孝通《民族研究文集·民族社会学调查的尝试》。

上没有变动；拿这两千多年的首尾比较着看，瑶族是更向南方移动了，部分进入了广西，与瑶族有密切关系的苗族则向北进展了些，越过到辰沅以北。

"长江中游沿岸，特别是南岸，在六朝隋唐年间称为'莫徭'的一个族类，在周秦以降中原族类历次向南伸进的压力之下，退却了，分散了；南下的一群人成了今日的瑶人，在过程中省去了一个'莫'字音，其中很早就进入东南的一支后来称畲瑶，或单称畲；向西与西南移动的一群称为今日的苗人，过程中把'莫徭'的两字音切成'苗'的一字音；其少数留在原地而夹居在汉人中间的取得了'貓'姓，声音的改变过程和'苗'一样。……我们是倾向于承认远古的三苗与今日的苗人，乃至瑶人与畲民，是有源流关系的。这样一个带有总结性的初步看法，姑且借此机会提出，将来研究苗瑶由来的问题时，可做参考之用。"

潘先生后来曾否把苗瑶和畲族的由来写成了专论，现在已无法确定了。我凭记忆听说的他的那段设想，似乎比1955年发表的文章更进了一些。我仿佛记得60年代初，潘先生曾和我一起到过罗源、福安等地访问畲族。他对畲族的传说信仰特别感兴趣，因为这种信仰可以从地方志的材料看出它的分布，并推测它的传播路线。如果潘先生的确没有把这个设想写成文章，或是写成了文章无处发表，而在动乱中遗失了，那只有等待后人去补足了。

我在这里想特别提一下的，就是潘先生对于我国各民族历史的研究，一向不主张孤立地研究某一民族的历史。他在研究了土家和古代的巴人之后，在上述那篇文章里明确地说：

"我们也不能忘记，历史上绝大部分的巴人，今日湘西北'土家'人的一部分祖先也不例外，在发展的过程中，变成了各种不同程度的汉人，终于与汉人完全一样，成了汉族的组成部分。……因此，这种历史研究又必须与汉族，乃至全中华人民的大共同体，是如何形成的这样一个总问题密切地结合起来进行，至少第一步也应该不断地互相参照着进行，才有希望把头绪整理出来，孤立地搞是绝对不行的。在祖国漫长的几千年历史里，这样一个族类之间接触、交流与融合的过程是从没有间断过地进行着、发展着，我们现在还在过程中，从人文学的方面来看，也不妨说，这过程就是祖国的历史。"

我在那次座谈会上称这种是宏观的历史研究，四年过去了，这类的文章我还是很少看见。今天我重读潘先生那篇力作，感慨很深。包括我在内，自叹远远不如前辈。现在，仅就我从这段设想中得出的关于民族研究的一些不成熟的意见阐述如下。

正如潘先生所说的，我们祖国的历史是一部许多具有不同民族特点的人们接触、交流、融合的过程。这个过程从没有间断过，而且还在发展着。我们对汉族的形成虽则至今还没有科学的说明，但是它之所以能成为当今世界人数最多的一个民族，绝不可能是单纯靠汉族的祖先自然繁殖的结果，它是在中国历史发展过程中不断吸收原来不属于汉族的人而壮大起来的。其他的民族实际上也多是由原来不相认同的人们逐步融合而成的。融合是一方面，另一方面也有分化。在不断又合又分的过程中出现了我国现有的民族结构。

从这一点认识出发，我们今后的研究工作就可以从宏观和微观两个方面发展。从宏观方面发展就是拾起中华民族形成过程这个课题进行研究。中华民族是一个民族实体，因为他具有与世界上其他民族不同的特点，而且具有共同的民族意识。他是由许多互相不能分离的民族单位组成的。他是历史的产物,所以我们有责任把这个人们共同体的形成做出科学的论证。

研究各民族的形成过程就是向微观方面发展的研究工作。我们在广西大瑶山的研究就属于这个性质。我并没有预料到在广西大瑶山的微观研究会在理论上和宏观上与中华民族的研究是统一的。那就是说,在一个民族实体中可以存在若干在语言、生活方式上各具特点的组成部分。广西大瑶山里的瑶族包括了茶山、花篮、坳、盘、山子等五种瑶人。他们尽管各有各的语言和生活方式,但是都具有瑶人的共同意识。这是和我们中华民族包括许多不同民族成分相一致的。

我初步的想法,这并不是个别的现象,如果我们对各民族进行细致的深入的微观研究,很可能会在现在所承认的民族单位里发现同一情形。它们都是由许多不同的民族成分逐步融合而成的,而且各成分融合的程度又可以不同。理论应当从观察实际的过程中形成,这是我对于今后的民族研究工作者的希望。

提高到理论上来考虑这个问题,也有助于我们提高民族研究的水平。我觉得过去多少年来把各个民族孤立起来研究的时期可以结束了,因为这已不适应当前我国新形势的发展。民族领域里当前主要的问题是怎样实现各民族事实上的平等。事实上的平等必须通过发展经济来实现,对外开放、对内搞活的方针同样适用于民族的范围内。由于历史原因,我国各民族的发展水平是不相等的,有些进步,有些落后。凡是经济文化比较落后的民族必须向先进民族开放,吸收先进的技术和先进的文化,决不能维持过去的封闭的状态,特别是由于封闭的状态所形成的精神上的自我中心和排斥外来的成见。各民族共同繁荣有待于共同走现代化的道路。在这共同道路上,我们固然必须从各民族的特点出发,而且保持民族形式;但是共同的东西必然会日益增加,在这个意义上就是加深了中华民族内部的融合。在这融合过程中一方面要防止大民族主义,另一方面也要防止地方民族主义,我们正面临这种挑战。我相信,我们各民族一定能过好这一关。民族研究工作者也有责任在这方面出一分力量,通过科学的论证,向各民族讲清楚这个道理,使各族人民自觉走上现代化开放的道路。

从回忆起潘先生对畲族历史问题的设想,引起了许多不成熟的想法,提供民族研究者思考。

1985 年 6 月

访问湘西北"土家"报告①（1956年）

潘光旦

一、缘起与目的

1956年5、6月间的这一次视察，经中央发出号召以后，我就选定了湖南省西北角上的"土家"地区。我作此选择，有四个理由：

（一）中央号召这一次视察可以结合到民族团结的工作，到少数民族地区或到有些民族问题的地区去。

（二）全国政协在5月间新成立了一个民族组，作为组中负责的一人，我对民族工作，应当取得一些实践的认识。

（三）我在中央民族学院研究部搞民族历史的研究工作，想把视察和日常事务结合一下。

（四）"土家"是湘西北及附近地区的一群人，可能是一个民族，可能不是，问题的提出至今快6年了，中央民委把问题交给中央民族学院研究部调查研究也已有3年多了，我们获得初步的研究结果也已快3年了，最近又把各篇有关的论文作为"内部刊物"印了出来，但问题截至今日还悬搁着。可供做出决定的科学资料是有了，分量也似乎够了，"土家"人的要求，从他们经我们的手送给中央的许多信件看来，是一天比一天急迫，为什么这问题还得不到解决呢？原因又在哪里呢？此行也想在这方面摸索一下。

这次视察想达到三个目的：

（1）作为一个科学研究工作者，想把研究所得和实地观察所得，对比一下，改正其中

---

① 潘乃穆、王庆恩选编：《潘光旦民族研究文集》第331—352页，北京：民族出版社，1995年4月。

的错误，补充其中的不足；我是搞历史研究的，主要依靠汉文文献，以前没有参加调查工作，因而更有此种必要。

（2）作为一个视察人员，我们自己去了解一下，"土家"人自己所提出的确定民族成分的要求，究竟普遍到什么程度，在他们自己的认识里，究竟有些什么根据，即，此种要求是不是有的放矢？

（3）这与上面缘起所提到的第四点理由有关。作为一个科学工作者，也作为一个视察人员，我有权利要求知道，为什么这问题久悬不决。两三年来，我再三听说，湖南省与湘西苗族自治州的领导方面不同意对这问题做出肯定的结论来。这究竟是不是事实？如果是，原因何在？在视察过程中可能获得一些答案。

此行就三个目的来说，是都有些收获的。关于第一个目的的收获，我不准备在这里多说。但第二、第三方面的所见所闻，我是有责任向政府反映的。

这报告的全部包括三个文件：

（1）访问湘西北"土家"报告；

（2）附件一——访问湘西北"土家"行程日录；

（3）附件二——《中国民族问题研究集刊》第四辑（"土家"问题专辑，包括论文三篇）。

二、行程摘要

此行自5月20离京，至6月30返京，前后占42日。在武汉、长沙，为了听取汇报、商定行程、整理资料、洽谈经过，头尾耽搁了9天。在湘西苗族自治州，或行或止，前后跨26天。自治州共10县，访问所及的7县，计吉首、凤凰、花园、古丈、保靖、永顺、龙山；行经者一县，泸溪；至桑植、大庸完全未到。吉首是自治州的首县，对于州境内的一般基本情况必须在此了解，所以停留较久，也跨9天。

从吉首出发，后来又回到吉首，中间17天，走的两条线路。一是南北线，较长；一是东西线，较短。两线构成一个十字，以保靖县城为交叉点。

南北线的重点，主要是龙山，其次是永顺。龙山人口中，"土家"人占绝对的第一位，约5个人中有3个；永顺里是5个里有2个。所以在此两县境内，一去一回，和在沿路的县、区、乡停留接触，前后跨到12天。永、龙两县县城之间约120公里是没有公路的，又多高山陡坡，行旅困难，这种困难使得停顿的机会多，而和"土家"人接触的机会也就多，而这一路的"土家"人，也正因为交通不便，所保持的特点也就比其他县份的"土家"人更为突出——因此，就工作的要求来说，这种困难倒是有好处的。在龙山县城的3天里，我又抽出半天前进到了来凤县城。来凤不属于自治州，并且也不属于湖南省，而是湖北省极西南的一县，县境却也有很多的"土家"人，在县人口中3个里有1个；无论就绝对数或相对数来说，来凤都是仅次于龙山、永顺，即占第三位，所以我趁便也访问到了。

来凤是此行南北线的北一头的终点。南一头的起点，照说是吉首，但严格地说，是凤凰；我初到吉首，值公路新成，州首长就陪同到过凤凰县属的箄子坪。

东西一线以保靖为中心。初经保靖，未停，永、龙方面工作结束后，又到保靖；然后从此出发，先走东半线，下西水，东行，经永顺县的王村（北岸），古丈县的罗衣（南岸），过大小滩31，终于到达湘西北最古老的一件文物——所称溪州铜柱——的所在地；全程虽只约60公里，下滩要一天，上滩要一天半，来回要作三天打算。铜柱初成立于公元940年，上有文字，解放前一千多年中湘西北兄弟民族所说的政治压迫与经济剥削的所以成为一桩铁案，张本就在此，所以必须一访。西半线走公路，是从保靖到花园，再从花园到茶洞，又一次到了省与州的极西边，过此是四川境了。茶洞属花园县，县境"土家"人不多，但茶洞有师范学校，解放前后"土家"青年来此读书的不少，据闻"土家"人的民族要求与此种要求的所以成为一种近乎运动的东西，是从这里开始的，所以也应在访问之列。

茶洞事毕折回，一路便是归途了。

三、访问的方式与方法

在所到各地所现成具备或可能供给的条件下，我采用了下面几种方式方法，来对问题进行了解：（一）听取汇报；（二）小型座谈；（三）个别叙话；（四）逢人便谈；（五）接转信件。

（一）听取汇报。我把各级地方首长或机关负责人所做的大小汇报列表如下：

题目	汇报人	日期
湖南省的民族工作情况	省民委科长罗鹛	5月25日
湘西苗族自治州基本情况	地委赵副书记	5月30日
湘西苗族自治州中的民族关系	副州长龙再宇（苗）	5月30日
吉首民族中学情况	校长石兴录	5月31日
吉首第一民族师范情况	校长杨永鉴	6月2日
关于龙山县第12区是"土家"人	区委刘××	6月8日
龙山县基本情况	副县长张开炬（苗）	6月11日
关于来凤县的"土家"人	民政科长陈恕	6月13日
永顺县的民族情况	县委书记章桂	6月17日
保靖县的民族情况	副县长龙德聪（苗）	6月18日
永顺王村镇情况	王镇长	6月19日
关于古丈县的"土家"人	罗衣区委田开胜	6月20日
保靖中学师生的民族成分	教务主任邓	6月22日
花园县基本情况	县长石昌平（苗）	6月22日
茶洞第二民族师范的"土家"学生	校长杨行健	6月23日
关于鄂西的"土家"人	湖北省民政厅厅长	6月29日

此外。湖南统战部长兼民委主任谢华同志,因为恰好同时先后去湘西,和我在长沙、吉首、永顺有过多次谈话;他再三说明他自己对"土家"问题的看法。

(二)小型座谈,前后有5次,也列表如下:

座谈参加人	地点	日期
第一民师古丈与龙山籍"土家"学生田明富等5人	吉首州署	6月4日
龙山中学"土家"学生向宗武、彭江南、冉茂华、严平权等12人	龙山县署	6月11日
同行的县干部、警卫同志、轿工、过路行人等10余人(半数为"土家")	龙山第11区猫儿洞客店	6月14日
保靖中学历史教师向又新(土)、符东蓉(土)、石嵘(苗)等7人	保靖中学	6月22日
第二民师师生5人	花园县茶洞	6月23日

(三)个别谈话。我到湘西以前,就知道有不少"土家"的青年对"土家"问题有坚决的要求,有的给我们通过信,有的通过我们,向中央写过信,有的对"土家"历史传说、风俗习惯知道得很多。我们借这个机会把他们约来叙话,也列表如下:

姓名	工作岗位	日期
田芝生	吉首第一民师教师	6月6日
彭武一	龙山中学教师	6月11、13日
田鉴秋	龙山县民政科干部	6月12日
向山全	龙山县洛塔乡农民	6月14日
向德厚	龙山县第12区区委	6月15日
龚莲秀	龙山县马皮砦乡长	6月15日
彭凯	永顺县合作科干部	6月18日
向云飞	永顺县文教科干部	6月18日
田祖登	永顺县公安局干部	6月17日
田安作	永顺县公安局干部	6月17日
田开胜	古丈县罗衣区区委	6月20日

(四)逢人便谈。此行最重要的段落是从永顺到龙山,以至来凤,这三个县里至少有"土家"30万人,因此,一路都可以碰上。首先,永、龙、来间来回负警卫责任的前后两批

每批 4 个公安同志中，第一批有 3 个"土家"（向用贤、彭延祚、田景鉴），第二批也有一个（向光印）；4 个轿工中也至少有 2 个"土家"（王竹琴、向家南），1 个是汉人，但爱人是"土家"，因此，他也会说"土"话。县所派同行的服务同志也往往是"土家"。其次，一路食、宿、休息，公私合营的饭店与客店主人，十多起例子中，只有一两起不是"土家"。每次休息的十多分钟里，或在小村子边，或在桥亭，或在山顶坡脚，所遇见的男女老幼，如赶集的、樵采的、耨田的、探亲的、放牛的，以及上下学的小学生，自称为"土家"的，或从姓氏可以推断其为"土家"的，也总在半数以上。对这些人，我和我的秘书同志总有机会交谈一两句。他们从不讳言自己是"土家"人，也绝不隐瞒自己能说"土家"话。永顺以南，"土家"人比较少，但仍然是可以不时碰上，例如，载我下酉水的 3 个船工中，1 个是"土家"；我们当然也接谈了。

（五）收转来信。此行，特别是在龙山、永顺，我一起收到了 18 封信，要我带转送给毛泽东主席和刘少奇委员长。写信的人似乎对全国政协还不大熟悉，以为视察人员全都是人民代表，所以一面总是称呼我为代表，一面也没有一封给政协主席周恩来同志的信。在这一点上政协还须做一些宣传。这 18 封信的寄者中有农民、职工、教师、学生，有独自一人署名的，有联合若干人署名的，也有用学校班级或机关部门的全体"土家"人的名义出面而不写具体姓名的。这些信件，我归后便交政协秘书处转送了。

四、访问所得

我在这里只准备谈以下几个重点：（一）"土家"人的自称；（二）人口与其聚居程度；（三）语言与其使用程度；（四）汉"土"关系；（五）"土家"人的"民族"要求。

（一）"土家"人的自称

"土家"人自称为：pi1tsik。这是用国际音标比较准确地拼出的，如用汉文还音，则大致相当于"比兹卡"。我们根据历史材料，知道这名由来很古，但它究竟代表什么意思，不要说我们说不上，连他们自己也早已说不上了。但我们知道，它是和"土家"之称全不相干的。"土家"之称原是外来的，我们已经做过一些研究。这在绝大多数的"土家"人今天已经不知道，但少数是有所感觉，乃至根本不愿意用这个称呼的。龙山中学学生严平权说："我们家乡普选时，大家在填写民族成分问题上曾提出：填苗呢？还是填土家呢？老一辈人大加反对。"反对填苗，固然是容易理解的，但奇怪的他们也反对填"土家"。他们说："我们世代相传是 pi1tsik，为什么要我们填苗或填土家呢？"我以前只知道"土家"不是他们真正的自称，至于至今天还有人反对这样一个称呼，对我却是更进一步的认识。

"比兹卡"这自称也是有高度的统一性的，即各地一样。对这点我此行也取得了感性的认识。唯一的差别是方音上的差别，龙山称"比兹卡"，而古丈则称"比己卡"。

自称的存在与坚持，说明两点。一、用到这自称的人不可能属于苗族，附近的苗族大都自称为"果雄"。更不可能是汉人的一部分，历史上从没发现过用两个音缀或三个音缀自称的任何汉族群体。二、自称是一群有共同传统意识的人所由维持其传统意识与从而维护其群体生活的最有焦点性的表示。"土家"人有自称，说明他们是富有共同传统意识或共同心理素质而对此种意识或素质一贯爱好与坚决维护的一群人。

自称是极其重要的。它比语言还重要。一个在国外的华侨可能已经不会说汉话，但他是一个华人，这一点点意识大概要到了最后才归于消失。风俗习惯与宗教信仰也未始不重要，但它们终究是传统意识或心理素质的一些部分，并且容易和旁近人群的同一范畴的东西发生交流，因而引起变化。"土家"人至今还有不少独特的风习、信仰、乐舞和艺术，我此行也认识到一些；但关于这方面我们以前已经有过初步的调查报告，我不准备在这里反映。

（二）人口与其聚居程度

我以前根据已有的调查资料，只知道湘西北"土家"人口是247306人；其分布地区包括龙山、永顺、保靖、古丈和桑植等5县。这次，我们知道，即单单依据龙山、永顺、保靖3县首长所举的资料，"土家"人口已在27万以上。如果加上古丈、桑植2县的最低估计，则已超过30万。而根据永顺县东境的情况来推测，大庸一定也还有些。湖北来凤的"土家"，我以前只知约有24000，现在地方首长的估计是5万到6万，而同属恩施专区的咸丰，即据普选登记，也还有1000多人；宜昌专区的巴东、兴山、秭归等县，据湖北民政厅王平厅长说，也还有些，但从未调查，没有估计，恩施专区的其他县份也是如此。同时，四川的秀山、酉阳，贵州的印江，有人反映，都有些"土家"人。所以，把湘、鄂、川、黔四省合并了看，"土家"总人口一定远不止三、四十万人。我们根据历史材料加以推测，情况也是如此，并且有可能还要更多些。

各县首长在报告中都声明，"土家"人口的数字是不准确的。来凤县民政科长陈恕同志说："在普选中很多'土家'都填了汉族"。龙山副县长张开炬同志谈到："不要说'土家'群众，连'土家'干部的数目都不确实，因为他们有不少填了汉人"。永顺××说，"'土家'干部虽有不少填了汉族，但不论他们填什么，我们只消就彭、向、田三大姓加以统计，那数目就很大"。此外，也还有少数"土家"群众与干部填了苗家。个别的例子我也曾碰到过。

"土家"人聚居的程度也比我以前所了解的为高。龙山人口既26万中15万即五分之三是"土家"，这种密集的程度是可以想象的。据了解，全县原有12个区全都是"土家"人；而以南大半县的四、五、六、九、十一、十二各区最为集中；第三区的一部分，集中程度也不低；北小半县的二、八两区次之；只一、七、十等三区，或为城厢或为城郊，方是汉人多而"土家"少。永顺人口既24万中10万即五分之二是"土家"，情况也相近。原来的十一个区中，"土家"人口在1万以上的有一、二、三、七、九等五个区；在5000以上的有五、六、八、十一等四个区；只东部毗连沅陵的四与十两个区不足5000。

保靖、古丈、湖北省的来凤等县，"土家"人口虽只两、三万至五、六万不等，基本上也都是聚居的，并且大都与龙山或永顺有大片"土家"人的乡区连接成更大的片段，例如来凤县的"土家"以东南境的漫水、卯洞等处为最多，而这地区便与龙山西南境的第五、九两区相连。我们应知"土家"的祖先在这一带聚居，已有两、三千年的历史，而县界的划分，则至今只有200多年。

（三）语言与其使用程度

关于"土家"人的语言，王静如教授在《关于湘西语言的初步意见》一文中作了初步而已足够令人信服的科学论证。他说："湘西土家语是土家人自己特有的语言。……这个语言不属于汉语，更不是汉语的方言；也不是苗瑶语族的语言（包括和土家邻居的湘西苗及仡佬）；又不是侗傣语族的语言（包括和土家相处较远的布依）。湘西土家语乃是在汉藏语系中属于藏缅语族，比较接近彝语的语言，甚至于可说是彝语支内的一个独立语言。"两三年来，这一结论已被语言界的学者所公认；有人觉得王教授的结论还嫌有些保守，有些过于谨慎。根据词汇来比较，"土家"语本身应该和彝语并立，而不是彝语的一支。

在这里，我们要谈的不是语言本身，而是"土家"人使用这种语言的程度。就我们所接触到的部分地方首长和"土家"干部所谈，一般"土家"人中，60%以上都会说土家语；在"土家"人聚居最密集的区域里，会说"土家"语的则占90%以上。

下面是一些具体的反映：

（1）龙山马蹄砣（亦称马皮砣）区委组织委员向德厚同志："我们的故乡他砂一带，土家话是人们必须说的一种话。客家人（即汉人）在那里当干部吃不开，因为群众根本不懂客话。这次撤区并乡当中，我请求在故乡工作，原因是，我会用土家话传达政策。"

（2）古丈一区（罗衣区）区委田开胜同志："在我的家乡，作为一个土家人，如果不说土话，老辈和壮年就会反对你。尤其如果你是土家干部而对他们说客话，他们便会毫不客气地骂你：'忘了本'；'吃了客家人的屎！'"

（3）自治州第一民族师范"土家"学生田明富等："我们在外边读书，学会了客家话，但回到家里，老人家不许我们讲。不光这样，当见了母亲，如果不用土话喊她一声 alnel，而喊了'妈妈'的话，她就会立即生气不答应，乃至骂我们：'忘了本的东西！'"

（4）龙山中学的学生向宗武等："我们学校里，土家学生占了一半。我们土家学生在一起的时候，不论言欢说笑，抑或温习功课谈问题，均用我们自己的土话。"

（5）龙山县民政科田鉴秋："我们县的五、六、十、十二各区聚居的土家全部讲土话，只有干部和在外边读书的学生互相一起时才说客话。一般说来，干部学生在自己家里不敢说自己不久才学会了的客话，因为在家乡讲客话是被认为不光彩的，同时常常会挨骂。"

（6）龙山副县长张开炬同志："土家人有自己的语言。聚居区内，男女老幼都不会客话。不仅如此，连在土家包围中的苗家、客家，因为散居、杂居，他们也都成了土话的使用者了。……我自己是苗家，可惜我不会苗话，但是我倒是会说几句土语哩！"

（7）永顺龙家砦人龙山中学教员彭武一："永顺和保靖交界一带的土家，土语是他们自己唯一的交际工具。我自己因为随父在长沙生长，不会讲土话，但我现在正在努力学习。"

（8）永顺县县委张桂同志（汉人）：（语与彭武一的话前一半基本相同，不赘）。

（9）永顺师范第十一班学生向珍英等（在致毛主席与刘委员长的信中）："我们土家人中很多人不会说客话。……我们有自己的语言。"

（10）永顺搬运合作社社长王竹琴等（即抬我于永、龙间来回的轿工）："我们虽住在永顺城里，和汉人来往多，也娶上汉人老婆，但都还会说土话；梅同志虽是汉人，却娶的是土家老婆，因此，也会说土话。"

（11）龙山第十二区新砦乡农业合作社财会辅导员周大五（汉人）："我在十二区工作，但家在八区，八区土家人也不少，户口多填'土'，大都会说土话，有把土话忘记了的，这几年又开始学习起来了。"

（12）永顺县公安人员田景鉴（我自永到龙，永所派警卫同志之一）："普选登记时，我在保靖二区（即块洞区）那溪乡搞登记工作，那里的老年土家人有全不说乃至全不懂客话的；幸而我自己是土家人，两种话都能说，还能把工作办通。"

（13）永顺县文教科科长傅保华（汉人）："永顺县东境青天坪区的坝溪乡（毗连大庸县）有些小学生完全不懂客话，而汉人老师又完全不懂土话，所以第一年的教学很有困难。"

关于傅同志的这一点反映，我必须补充说明两小点。一、大庸是"土家"人虽有亦属不多的一个县份，"土家"人不多即意味着汉人多，而和它毗邻的永顺县的区乡居然还有小孩子不懂汉话，是值得我们注意的。二、我以前早就听说龙山县的许多偏僻乡区里，小学教师必须兼用土话讲书，才勉强教得下去。此次我初到吉首，便把这一点向副州长×××同志提出来，想从他那里得到更肯定或更否定的了解。他的答复是完全否定的。现在看来，永顺东部既尚有此种情况，更悬在西北的龙山便不可能没有更多的这种情况。上面说到龙山第六、九、五等区90%以上是土家人，都说土话，而专说客话的汉人在这里吃不开，我们不能设想这90%之中没有一个小孩，而所有的教师全都由土家庭教师或懂得土话的汉人教师充任。

上述反映，充分的说明"土家"语言的使用面积是广泛的，而且也是有强固的持续性的。因此，我还必须着重指出，"土家"语言内部的统一性也很强，即方言差别不大。举一个例子：到吉首州人民委员会和我举行座谈的第一民师土家学生5人，3个人是龙山的，两个是古丈的，龙山与古丈之间隔着永顺与保靖两个县，而彼此语言除方音上略有不同外，别无重大的区别，完全可以相通。

（四）汉"土"关系

解放前，当地客家（即汉人）和"土家"的关系一般是不好的。古丈一区区委田开胜追述说:"解放前,客家常常压迫我们'土家',骂我们是什么'土蛮子',因此,我们'土家'也很讨厌客家,'土家'人常说:'我们屙屎都不和客家一起屙'"。龙山前第十二区区委向德厚也有同样的回忆:"唉!在解放前,我们"土家"在客家人眼中简直就不像人!他们骂我们是'土包子'、'土蛮'、'笨蛋'!他们时常在各方面欺侮我们。'土家'人最怕与客家人打官司,因为不管有理没有理,'土家'总是吃亏。我们也最怕赶场,因为场上人也爱欺侮我们。我们青年人在赶场前,老一辈人总是再三嘱咐:在场上不要多说话,更不要说土话,免得客家人认出你们是'土家'。正由于这样,我们也很恨客家①(意思是:我们千万记着,不要和客家做朋友,作了朋友,他会陷你!)。客家很狡猾,因而我们也不和他们扳亲。"

龙山一带的客家把骂"土家"人的话,还编成了押韵的短歌:"向家k'al,田家k'al,食里②粑粑热他帕。"究竟是不是该这样写,我无法肯定,但绝不是好话,而在听到的"土家"人认为是莫大的侮辱,因此才把它反映给我,是肯定的。向家、田家,是"土家"人中原有的最大的两个姓,辱骂这两个姓,也就等于辱骂了全部"土家"人。

说到"土"汉通婚,在永、龙道中轿工王、梅两同志对我说:"我们小的时候,'土'汉通婚是不可能想象的,因为汉人根本瞧不起'土家'"。但他们两人终于成为通婚的例子,王是"土家",娶了汉人,梅是汉人,娶了"土家";他俩都是五十来岁的人,大概在县城里,在30年前,"土"汉关系开始有些好转。至于乡间,则诚如向德厚同志所说,"土"汉是一贯"不扳亲"的。但我也得到反映,解放以来,乡间的情况也已有所改变。

这些原是解放以前的情形。但这也说明"土"与汉不可能属于同一个共同体。"土蛮子"这样一个侮辱性的称呼对我也有进一步的启发。汉族历史文献,从东汉到宋元,一贯的很笼统地称这一带的非汉族类为"蛮",但主要的是指"土家"的祖先,宋元以后,"蛮"的名称始分化为"土"与苗,"蛮"字在文献上是少见了。想不到在当地汉人的习惯里,却连"蛮"带"土"的沿用到了近代。这也说明上面所反映的解放以前"土"汉关系的一些情况是有长期的历史根源的,是解放前两千年里一贯存在着的。

附带地说到一下"土"、苗关系。历史上,特别是从第十世纪到十八世纪,由于中原统治者有形无形地利用了"土家"的统治阶层来"约束"苗人,苗、"土"关系也是不好的。解放前,"土"、苗相遇,你骂我"苗子",我骂你"土蛮子",据反映,也是常有的事。当然,这种现象到今天也早已成为历史的一部分了,今天的湘西苗族与"土家"基本上是团结的,干部一起工作,群众一道生活,相处得都很好。但表面上的和谐并不完全等于内心的融洽;历史上长期的创伤还须一定时期的将养与护理,才能康复。

---

① 此处原著为土家语的一句话,用国际音标拼写,因原稿印刷讹误甚多,无从复原,固略去。——编者注
② 原文此处有括号,用国际音标拼出土家语,因原稿印刷讹误甚多,固略去。——编者注

(五)"土家"人的民族要求

一面自觉到上述种种客观事实的存在,一面又接受了党与政府的民族政策的教育与启发,"土家"人民群众的思想意识上,也就很自然地形成了一种要求,就是,他们自己认为完全有条件被接受为一个兄弟民族;跻身于祖国民族大家庭的行列,当家做主,与各兄弟族的人民群众一道,共同建设社会主义的祖国。

有要求,也就有呼声,下面是我此行所直接接触到的一些例子,书面的、口头的、带有行动性质的,都有些:

(1) 永顺师范"土家"工友彭武舜等3人,通过我,在写给毛主席的信中说:"我们土族的语言和风俗习惯都是统一的,我们的摆手(舞)也是统一的,可以证明我们是少数民族。……我们一致要求党中央和毛主席给我们'土家'人以自治的权利,成立我们的'土家'自治州!"

(2) 永顺双凤乡双凤村农民田德厚等18人写给我自己的信中说:"我们土族人民历来就是个受压迫的民族。在政治、经济、文化各方面都落在其他民族之后。解放后,虽然搭帮毛主席,有了提高,但仍不及其他民族!如:苗族吧,就可以看到,他们现在各方面,都比我族不同了。……成立自治区或自治县,这是我们渴望的。"

(3) 龙山中学初中部的全体"土家"同学,由我转给我们领袖的信中说:"随着新中国的诞生,牛马似的生活,已经一去不复返了。……我们土家人民也过着幸福的生活了。……我们永远也忘不了您和共产党的恩情。但是,我们有不满意的地方,这就是几年来没有得到解决的民族问题。我们有和汉语结构不同的语言;我们有特殊的风俗习惯;我们有长久的历史。按照斯大林同志的民族定义,我们是完全符合一个少数民族的。但是,中央始终没有给我们做出解决,这是我们最想不通的一件事情。……敬爱的毛主席,希望您和中央一定要给我们做出决定。不然的话,我们心中的疙瘩是永远也不能解开的。"

(4) 永顺中学教员彭秀枢等在给毛主席和刘委员长的信里说:"我们不能数典忘祖,随意抛弃我们的民族特征。我们坦率地要求:党和政府早日肯定我们土家的民族成分!"

(5) 永顺县完小教员彭光煜等给刘委员长的信中说:"请求政府根据我族的特点,早日确定为少数民族,使我们能够享受少数民族待遇。并且,请给我族以区域自治,这是我们土家人民迫切的要求和愿望。……希望你早日使它变为现实!"

(6) 永顺县公安局田祖登同志给我谈起这样一件事:1952年底,湘西基本上完成了土地改革,为了行政上的便利,领导上曾一度考虑把永顺境内"土家"聚居的小溪、泉溪两个乡划归沅陵县治。结果遭到群众的强烈反对,说:"我们坚决不去沅陵!我们两个乡的土家一定要和永顺的'土家'人一起。"最后是"土家"群众的意见被肯定了,没有划成。

(7) 永顺县合作社的彭凯同志谈到:1955年12月永顺双凤乡建立农业生产合作社的时候,文书彭武顺同志到第一区区公所代表双凤乡的群众填表,把"土家"都填为汉人。乡里的群众知道了，大为反对。大家愤怒地问他："为什么把我们'土家'填成了汉人!?"这一场小风波，当然一下子也就过去了，但登记表上终究改正没有，彭凯同志说不上来，他坚决认为是应当改正的。

（8）苗族自治州在1952年成立以后，"土家"人中流行着两首歌谣：

　　苗族土家一家人，犹如同胞同奶生；
　　过去走的排排路，土家成了掉队人。

　　民族团结是一家，客家土家分明它；
　　客家土家分明了，土家人民好当家。

（9）龙山县民政科干部田鉴秋坦白地告诉我："我们的要求提出来已经好几年了，但至今还没有答复，肯定的没有，否定的也没有。这对我是引起了情绪的，日久更不免影响我的工作。我自己曾粗粗地加以分析，认为这里有两个原因。一是自以为'土家'有足够的条件，可以成为一个民族，中央也曾经派人来调查过，我至今虽还没有能看到报告，但也知道，调查所得和我们自己之间，似乎并没有根本抵触的地方，但何以到现在这问题还挂着，使我百思不得其解，也就是使长期我陷于迷惑之中。迷惑是苦闷的。二是我是一个知识分子，又在县里当干部，有时回乡，或在别的场合，遇到'土家'人，他们总要问起这个问题怎么样啦？怎么还不解决呀？你在县里干什么呀？为什么不替大家多多的争取呢？换言之，几年来我一直受到别的'土家'人的责难，使我无话可说。不断的责难加强了我的苦闷。"

这是一段慨乎言之的话。可以想象，别的"土家"干部一定也有同样的苦闷，但没有像田鉴秋这样坦白地说出来罢了。初到吉首听汇报时，地委祁书记就曾谈到，他在永、保之间碰见过一位副县长和一位乡长，都是"土家"，他们分别向他诉苦，说"土家"群众责备他们"不争气"，不替"土家"人争取到应有的承认。"土家"人一般对被接受为一个兄弟民族，有普遍与坚决的要求，这三个干部的表示也就足够说明了。

"土家"人的这种要求，也自有过一般发展过程，这过程中，据我原先所已知道和此行所了解的，约有下列的几个推动的因素，兹暂不加分析地列在下面：

1. 解放战争期间，湘西北是老根据地的一部分，地方群众对党的民族政策早就有些初步的认识。解放战争的胜利更加强了这种认识。

2. 1950年国庆节，湘西兄弟民族派代表到北京观礼，代表中有田心桃同志，填写的成分是"苗"，当时苗族表示不满意，说她是"土家"不能代表，而田也不高兴，说她自己是"土家"，怎能把她也算作苗而代表苗族？但她将错就错地到了北京，好替"土家"人说话。她曾经访问过语言学家，要求他们研究"土家"语的独立性。似乎从此以后，这种要求就在"土家"的青年知识分子中逐渐展开。据闻，当时花园的茶洞师范就成为一个中心。田同志是茶师的老毕业生,所以这是有可能的。我这次访问茶师,从杨校长处也得到了证实。

青年知识分子发起一种运动,是理所当然的。任何革命性的运动,包括阶级革命在内,总是滥觞于青年知识分子的。但当其初,"土家"青年知识分子也不是全部站在一边的。原因是:他们对原有的传统意识比较薄弱,而汉化教育的程度比较深。例如龙山中学教师彭武一就坦白地向我说,他起初是不赞成的,后来学习得更多以后,才转过来。我对这一点特别多说几句,因为有人认为:"要求的运动是少数青年知识分子挑动起来的。"

3. 1952年湘西苗族自治州的成立对"土家"人是一个莫大的刺激。他们自己既认为应该属于少数民族的范畴,同时又与苗族不同,而在以苗族为名的自治州境以内,他们的人数实际上并不少于苗族,相形之下,这刺激确乎是大的。不用说,这种刺激大大地推进了原已发轫的要求。

4. 1952年与自治州成立的同时,还有一件富有刺激性的事。"土家"人也曾暂时被作为一个少数民族看待,减免过一次农业税。但只此一次,1953年至今,便没有再减免,原因是:他们的民族成分还没有确定下来。姑不论这种前后不同的做法的政策依据如何,妥当不妥当,出乎中央具体之指示还是地方的权宜处置,对"土家"人的要求来说却构成一个"火上添油"似的刺激。上一点的刺激是一般性,这一点却与农民特别有关,而和青年知识分子没有多大的关系。因为1952年,为了减免,政府曾要求他们填"土家",1953年及以后,凡遇登记或填表,在有的县区级政府,却又教他们不要填"土家",而改填"汉人"!这更是具体加强刺激的一个因素。

5. 从此以后,登记一次,或填一次表,便加强一分这方面的刺激,甚至引起纠纷,如上面彭凯同志所谈到的事例。最大的一次无疑的是1954年的普选登记,因为它牵涉得最广。龙山县副县长张开炬同志明白地告诉我:1953年"土家"人因不减免农业税而大有意见以后,最大的一次情绪波动是1954年普选登记的那一段时候了。结合到我在龙山以外地区所得的反映,大抵波动的大小要看主持登记工作者的态度。如果任由他们填"土家",问题小些,即登记人只是把向所提出的要求在心目中再温习一遍而已,如果他干涉他们,要他们填"汉人",问题就大些。有的地方就不免引起争吵。张开炬同志也说到,这两年来,由于问题老是挂着,全无动静,大部分"土家"老百姓与干部的态度是"算也罢,不算也罢,反正一样生活,一样工作。"耐心等待政府做出决定,是好的,但"也罢"与"反正"等语气所表示的态度却是消极的,不健全的。

五、地方领导的看法与态度[①]

---

① 此部分文字省略。——编者注

六、两点意见

我只准备提两点意见：

（一）关于"土家"的民族成分问题

无论从民族理论、民族政策、客观条件、主观要求等方面的哪一方面来说，"土家"应该被接受为一个兄弟民族；不应再有拖延，拖延便有损党与政府的威信。

"土家"被接受为兄弟民族以后，当然有许多实际的事情要做，目前不妨提出的有如下的几项：

（1）名称不应用"土家"，而用他们一直保存着的真正的自称："比兹卡"，或其他更适当的同音的汉字，有他们自己选定。

（2）代管制度结束，成立自治区。怎样一个自治区呢？应和现有的湘西苗族自治州分立呢？联合呢？需要及早加以研究。合有合的好处，分有分的便利。如果分，则我的意见是：苗族自治州必须把现有的南6县扩大，把川东南，黔东北一部分苗族人多些的县区吸收进来，把省、州乃至某些县份的行政区划重新调整。这就苗族一部分说，条件是比较现成的，问题应该不大。就"土家"一部分说，则尚有待于进一步的了解，因此，我建议：

（3）对湖北宜昌专区、恩施专区、川东南与黔东北某些县份，乃至湘省今苗族自治州内外的某些县份，我们应该进行一次调查登记，看除已知的比较聚居的"土家"人口以外，还有多少散居的人口。有了这个，我们才能进一步考虑"土家"自治区的区域应如何划分。这无疑也将引起现有行政区划的重新调整。

（二）关于如何说服地方领导的问题

在明令承认"土家"为一少数民族之前，中央必须对湖南省与湘西苗族自治州的有关领导同志进行教育与说服工作。据我的观察与分析，他们对问题的主观主义可能有如下的两个来源，也可以说是两"怕"：

（1）怕苗族吃亏。解放前，在很长的一个年代里，中原统治者利用"土家"祖先中的统治阶层来"约束"苗族，乃至镇压苗族，苗族确乎是吃过"土家"土司、地主、富农、商人的亏的。但"土家"老百姓与苗族之间，没有这问题。民族矛盾归根结底还是阶级矛盾。解放以后，由于群众一般接受了革命理论与民族政策，苗、"土"关系基本上是好的。但一则由于历史上不愉快的经验，再则由于新的理论与政策的入人不深不细，在苗族方面，对"土家"人，不论以前是否属于统治阶层，还难免不心存几分畏惧。这是很自然的。而省州方面的领导同志，或自己是苗族，或虽是汉族而多年来同情于苗族，工作上也和他们特别接近，因而也不免以苗族的观感为观感，以苗族的情绪为情绪。这也是很自然的。××同志在有一次谈话中，就流露着这种情感地说："解放前'土家'与客家一样的压迫过苗族，你能让'土家'与苗家一样么?"意思是：不能让他们一样，"土家"不应当被接受为一个民族，如果被接受，岂不是成为一样了么？

（2）怕承认以后事情不好办。承认以后，自治的问题就来了。自治州必须改组。两个民族联合搞罢，则"土家"知识分子多于苗族，人口可能也多些。人事上的重新安排就不简单。分开搞罢，则北4县的人口（100万）多于南6县（70万），面积也大些，物产也多些，分后的苗族自治州的发展显然受到很大的限制，苗族又要吃亏，这就结合到了第一点的"怕"。其实这是一种过虑，困难是有办法可以解决的，说已见上。但这样一过虑的结果是"土家"最好不要被作为一个民族接受下来。

在这两"怕"的支配之下，地方有关的领导同志对待这问题便倾向于两条途径。一是倾向于无视这个问题，认为问题不是问题。上文所反映的情况里有不少是属于这一路的；×副州长××同志承认1952年以前一直没听说过"土家"，不能不说是一个典型的情况了。二是遇到不能不把问题看一看的时候，他们便倾向于咬定"土家"原是汉人的一个结论。从而在这方面搜罗一切可能发现的资料与议论。××同志在永顺的活动如访老司城、借看家谱等都属于这一路。这里不妨再补充一种上文没有谈过的情况。就是，他们十分推重"土家"老前辈永顺人向乃祺先生的那篇稿子，《湘西"土族"考》（亦见附件二中）。这位向老先生是否定"土家"是一个单一民族的，他认为他们是早期汉族移民与苗族通婚后所产生的一群人。他坚决不承认"土家"是"獠"人之后，那是对的，但"土家"是苗汉通婚的结果却也毫无根据，我们的研究已经加以辩驳。无论如何，"土家"不可能是单一民族之说，即向氏议论的前一半，却符合于地方领导同志主观的要求，又因为这议论不发自别人，而发自"土家"人自己，越发见得有分量，于是屡屡的被引为论证之用。

如今须要说服他们的不外如下很简要的两点：第一，不要再从感情出发来看问题，要从事实出发；怕苗族吃亏的心情不能说是错，但不应该让这种心情阻碍"土家"问题的解决，问题如果解决得好，对"土家"固然有好处，对苗家，也只可能有好处，而没有坏处。第二，为此，一面必须多多的与"土家"群众接触，倾听他们的意见，一面把这问题上已有的科学研究的结果，尽管还不多不深，虚心地体会一下，同时拿它来和从群众接触所得互相印证。这样，才可以指望把他们的主观主义扭转过来，从而导致问题的终于解决。

附：

一、访问湘西北"土家"行程目录①

---

① 此文现佚。——编者注

二、《中国民族问题研究集刊》第四辑①

1956年7月25日

---

① 中央民族学院研究部编，1955年11月出版，此处略。该辑包括论文三篇：潘光旦，《湘西北的"土家"与古代的巴人》，已见本集前文；王静如，《关于湘西土家语言的初步意见》；汪明瑀，《湘西土家概况》；并附：向乃祺，《湘西"土族"考》。——编者注

湘西北、鄂南西、川东南的一个兄弟民族——土家[①]（1957年）

潘光旦

结合到一九五六年夏冬两季在湘西北、鄂西南与川东南山区的视察工作，我们提出下面几点有关民族工作的建议。

关于这个广大的山区，不妨再加上贵州的东北角，允许我们先作一个历史性的说明。这一区域，两三千年来，原是古代的巴人与其后裔聚居得最多与活动得最频繁的地带。巴人与其后裔，在历史上所曾散布到的地域，原比这个还要广泛得多，但从东汉到南北朝，在此地带以外的，基本上都已于汉人无别。只有这四省边区的巴人后裔，则迟到隋唐以来，由于中原政权与文化的不断伸入，才陆续失去他们原有的民族特征与民族意识。

大抵丧失得最早的是川、鄂两省长江沿岸的巴人后裔，尤其是北岸；时代是隋唐。其次是洞庭湖南北与迆西的流域，澧水流域，沅水沿岸，与川省的黔江沿岸；时代是宋元。我们在这里有的说"流域"，有的只说"沿岸"，这是有理由的。这一地带山多，海拔在二千公尺上下的高山不少，县治所在地，高的七八百尺，低的也三四百尺，各大河流与其支派石多滩险，多不通航。因此，中原统治者的力量往往只能保有沿着大河流的点线，广大奥僻的山区面积一贯的归巴人后裔持有，变化有限。又其次是湘省的极西北隅，即辰、沅以西，酉水以北地区；鄂省的清江流域，包括今宜昌专区的一小部分与恩施专区的大部分；川省的东南角与黔省的东北角；时代要晚到明清。例如，川省的黔江县与黔省东北的若干县份，中原统治者的政权到明代才最后确立。至于湘省今湘西苗族自治州北境的四五个县，鄂省恩施专区的南六县，川省涪陵专区的石柱、酉阳、秀山等县，则都是清代雍、乾之交，经过所谓"改土归流"，才成立县治，到今扣足只有二百二十年。

[①] 潘乃穆、王庆恩选编：《潘光旦民族研究文集》第353—362页，北京：民族出版社，1995年4月。

湘西北、鄂南西、川东南的一个兄弟民族——土家（1957年）

照历史记载推测，这一地带里，除了已被承认的苗族与仡佬族以外，还应该存在着有足够特征与民族意识的巴人后裔。

从1950年起，在民族政策宣布以后不久，湘省西北境果然就出现了一群称为"土家"的人。接着的历史研究从多方面推溯了他们和古代巴人的渊源关系，肯定地证明了他们是巴人的一部分后裔。

"土家"究有多少人口呢？这在今天还是一个问题。湘西北各县，经先后填报的，至去年十月为止，已超过三十万人。最近听说已增加到五十万人。湖北的来凤、宣恩，四川的秀山，经填报的，也已在五万以上。贵州有无填报的例子，我们还不知道。湘省的"土家"人，结合了四省的情况一总估计，说可能有到一百万人。这未必是事实，但也说明，"土家"的总人口，要比目前所已填报出来的数目为多；也说明，许多"土家"人没有照实填报，而填了"汉族"。

湘省的"土家"人从1950年起就提出了肯定其为一个兄弟民族的要求。经过调查研究，政府终于在1956年10月间接受了他们的要求，虽还没有正式公布，在当地已加以宣告。三四个月来，他们所表示的欢欣鼓舞是难以言语形容的。但我们也必须承认，这问题的解决是拖延得太久了一些，这种拖延也曾为工作带来一些损失。在湖北与四川，填报的"土家"人比湖南要少得多，来凤以外，要求也不如湖南的那样迫切，省领导方面也注意到这问题，似乎到现在还没有作明白承认的表示。

这就引进到我们所要提出的第一点建议。

一、民族政策的宣传教育问题

别的民族地区的情况，我们不熟悉，但在"土家"人或其他巴人后裔的地区，这种宣传教育工作是显然的没有做好、没有做够。湘省"土家"成分问题的所以迟迟始得解决；我们对川、鄂两省"土家"的所以到今还未能做出任何明白的表示；以及这几省很大一部分"土家"人的所以不敢轻于表白自己的民族成分，有的填报得很迟，有的至今还没有填报——我们认为原因就在这里。

民族政策的宣传教育所产生的作用是两面的：对兄弟民族是一面，对汉族又是一面。

先说对兄弟民族的一面。几年来，一个兄弟民族的受到承认，需要通过两方面的条件。一是客观上有足够的民族特征，如聚居区、共同语言、习俗、信仰等。二是主观的民族意识与要求。我们似乎认为：如果一个人群具备这些条件，他们便自然而然地会提出民族要求来，一经提出，我们当然必须要加以研究处理；否则，便认为他们既没有要求，我们自毋庸处理。这样一个看法忽略了一个重要事实，即有的民族区划清楚、人口众多、特征明显、历史发展少交叉、接受汉族的影响较浅；而有的民族与此相反。对前一类的民族，问题显著，即使他们不自行提出要求，我们也会加以处理承认。后一类则不然，问题不明显，他们不易于自动提出要求，乃至根本不了解民族要求是什么一回事。

对于这后一类的民族或可能的民族，我们似乎没有想到，他们是处在如下的情况之中，就是：在数千百年大民族主义的积威之下，他们对暴露自己的民族成分，怀有极其深刻的顾虑，他们甚至"想"做汉人，至少做到表面上要和汉人分辨不出来。于是，首先，他们把自己固有的特征掩藏起来，至少在同时有汉人进出的场合里，不说自己的语言了，不穿戴自己的服饰了，不履行自己的习俗与信仰仪式了。其次，客观特征的经久不能自由表达势必导致主观意识的日益趋于淡薄。这种情况，当然不是一声解放所能改变。只有通过足够的民族政策宣传教育的影响，才能改变。只有在情况改变之后，他们才会把内心蕴蓄着的应有的要求自动地表达出来。

"土家"人的民族要求，在湘省，最初只有少数人自动提出，后来经过这少数人在本族内部的宣传，敢于承认自己民族成分的人才逐渐加多。来凤县估计可能有六万人，而最初敢于出头登记的才三千多人。四年来，宣恩县登记的"土家"人始终停留在一千七百余的数字上，而县首长承认实际不止此数。去年国庆节，秀山县石堤区有一"土家"农民，被邀到成都代表观礼，他坚决不肯去，说他是"汉人"，不能代表，县领导提醒他说，"你的哥哥最近已经承认是'土家'了"，他才也承认下来，同意到成都去。西阳县至少有三个乡有"土族"，其中一乡至今还能说"土话"，但至今登记的绝无一例。彭水县一向有"土老族"，单单一个庹姓就有一千几百户，但谁也不敢自己承认是属于这一族。这些例子，已足够说明我们没有把民族政策的宣传工作做好。我们走过的许多县份的县首长也都承认，几年来忙于恢复地方秩序与安排生产工作，这方面确乎做得很不够，有的更坦率地承认，在我们和他们谈话之前，根本没有想到本地方可能有非汉族的民族成分存在。

民族政策的宣传教育，对汉族的意义比上面所说的更要大些，因为执行民族政策的毕竟以汉族干部为多。就民族要求这一问题来说，此种教育的意义，对兄弟民族来说，是敢于暴露自己而提出要求，已如上面所说，而对汉族干部来说，是勇于发现事实而接受要求。一个汉族干部，如果没有受到足够的民政策教育，他不可能不是一大汉族主义者，他用汉族的尺度来打量非汉族，他只注意汉族与非汉族的相同之点，而忽略他们的相异之点。而如上面所说，非汉族在大汉族主义长期压力之下，确也往往把此种相异之点掩饰起来，于是在他看来，他们更是汉族无疑了。他当然也看不到这种压力的作用，因为他自己就是这种压力的一部分。即使他偶然发现到一些特殊的地方，他又一定曲为解释，说这些特点是地方性的，属于民俗学的范围，而不属于民族学的范围；或者说，它们是汉族与非汉族混合的表现，人是混合了，语言也混合了，因而产生了这些特点，等等！总之，他认为，这样一群人尽管有要求，绝不可能是一个单一的民族。

在湘省的"土家"问题上，我们在汉族的民族工作干部中确乎发现过有这种思想情况与发为此种议论的人。有的汉族干部甚至还不大了解什么叫作民族，谈到"民族"时，时常用"种族"二字。这样一个名词的错误也说明了，我们在汉族干部方面，民族政策的宣教工作是做得很不够的，也正唯其不够，大汉族主义思想还未能消除，从而使"土家"问题的解决遭受到不必要的拖延。

湘西北、鄂南西、川东南的一个兄弟民族——土家（1957年）

在最近一次最高国务会议的扩大会议上，我们听到毛主席的十二点指示，其中一点就是大汉族主义必须彻底清除。我们认为这种清除的工作必须从做好民族政策的宣传教育入手。听了指示以后，又结合到我们所曾接触到的"土家"问题，加以思考，自信有了一些新的体会，所以敢在此作为一个建议提出，供政府参考。

二、成立"土家"自治区的问题

湘西北"土家"受接纳为一兄弟民族以后，接着要解决的就是区域自治问题。据我们了解，在这问题上"土家"人中间有三种不同的意见。一是与湘西苗族自治州联合；绝大部分的"土家"人口聚居在苗族自治州所托管的北四县境界以内，和苗族有过长期共同生活与合作的历史，因此，区域自治应当联合办理。二是与湘西苗族自治州分立，成为单独的"土家"自治区域，理由是两个民族各有各的特点，居住地域虽毗连，乃至还有些交叉，历史的发展也还曾经引起过感情上的隔阂，目前基本上虽团结，实际上也还存留着一些距离。这两个意见都是以湖南一省为限的。三是认为"土家"自治区应包括与湖南交界的川鄂两省的一些"土家"居住区在内，这当然也是主张要和湘西苗族自治州分开的。

我们的意见是：

（1）湖南省境以内"土家"区域自治应先行成立，一则因为多方面的条件已经趋于成熟，再则因为他们的要求已经提出多年了。至于湖北与四川境内的，则不妨稍缓一些；因为在这两省里，"土家"人口究有多少，所集中居住的地区究有多大，还有待于我们做些宣传与调查工作，才能初步肯定，肯定以后才能着手。

（2）在湖南成立"土家"自治区域，与早已成立了的湘西苗族自治州的分合关系，是必须郑重考虑的。我们认为，分也许比合更为适当。我们研究这一地区的历史，发现苗与"土"之间是有过长期的隔阂的，而这隔阂也是中原统治者所一手造成的。可以说，远自东汉初年起，中原统治者就一贯地利用"土家"祖先的统治阶层来控制当地的一切非汉族人民，其中主要的就是属于苗瑶系统的一群人；从唐末五代起，这种控制更趋向于具体化，有属于汉族统治阶层的人"入主"了这地区，自己先"土家"化了，然后驾驭着"土家"来控制苗族；元、明清三代实行所谓"土司"制度，一直到清代雍正年间"改土归流"为止，大小"土司"几乎全部由"土家"人承当，对当地的苗族，代替中原统治者经常"约束"，随时镇压；大抵"土司"是地主，是军官，而苗民事佃户，是兵丁，前者是统治者，后者是被统治者。两千年来，表面上生活在一起，实际上蕴蓄着不少的矛盾。

严格地说，历史上的这种矛盾是存在于"土家"统治阶层与"土家"人民及苗族人民之间，但在不甚理解阶级矛盾的道理的前代，总像矛盾是存在于"土家"与苗族之间，就是把阶级矛盾完全看作民族矛盾。这种看法虽属错误，却是一个客观的存在，解放只有得七八年，至今也还继续地存在。我们在视察中所接触到的苗族干部同志，对"土家"的民族要求，乃至对政府为此而派出的调查人员，大都表示冷淡与不欢迎，我们认为原因就在这里，他们有顾虑，顾虑着"土家"的统治也许要卷土重来。

这种错误的看法与态度，我们认为，也曾影响着我们的地方行政，致使"土家"的民族要求问题拖延了过多的时日。有一位地方领导同志（汉族）对我们说，"解放前，'土家'与客家（即汉人）一样的压迫过苗家，你能让'土家'与苗家一样吗？"意思是不同容许"土家"与苗家一样的被接受为一个兄弟民族。"土家"问题就是曾经这样的拖延了的。而这一段不必要的拖延，又不免在"土家"人一边，引起了不快之感，无疑的把历史上早已存在的隔阂又加添了几分。

这些事实是不幸的，但毕竟是事实，历史事实，也是当前还反映着的事实。我们认为，在考虑苗、"土"区域自治分合问题时，必须充分估计到它。联合自治，使他们可以更紧密的合作，从而消除过去的隔阂，对同一地区的经济发展，更易于作通盘的筹划与调剂，这当然都是好的。但这样一个考虑是否全面，是否考虑到里这种密切合作在现阶段的可能性究有多大，而如果各搞各的自治，前途紧密合作的可能性是否反而要大些，都还值得研究。

（3）"土家"的区域自治，与湘西苗族自治州，分也罢，合也罢，我们认为在正式做出决定以前，还须多多的协商，不要怕麻烦，不要怕多费一点时间。有米不怕饭迟，既邀承认，终必自治，我们想这在"土家"人是不会不同意的。第一，苗族与"土家"之间须要充分的协商，合好，还是分好，能合，固然好，但也不要勉强，勉强合，不如分。其次，"土家"人中主张分合的两面也必须充分与反复的协商。我们了解，主张分的"土家"人大多数是几年来对自己民族成分的肯定问题奔走呼号出力较多的人，而主张合则大多数是一向对这问题并不十分关心而在湘西苗族自治州的各级行政机构里以"汉族"的成分工作了多年的人。这两方面的人，在思想与感情上，不可能没有距离，这距离也必须通过协商，加以消除；如果协商不够，而草率与片面地做出合或分的决定来，那显然是不好的。我们在此要求两点，一是湖南地方行政应当大力地协助这种协商的进行，让不同意见的各方面得以充分接触，自由讨论，尽情争辩，终于使不同的意见基本上归于一致。二是不同意见的各方面同志们，要破除成见，心平气和地从事协商，同时要满怀的信任我们的政府，在协商的基础之上，一定终于会做出合乎政策而使各方都获得满意的结论来。

三、"土家"与"土家"自治区域应有的正式名称问题

这也是目前正在讨论中的一个题目。"土家"之称，年老一些与稍知"土家"来历的"土家"人是不承认的，认为以前为了应付客家与苗家，才接受下来，作为一个对外通用的称呼。在他们自己内部，则历来一贯用近乎"比兹卡""比基卡"或"密兹卡"三个汉字音的称呼。"比兹""比基"或"密兹"是称呼的本身。"卡"相当于"家"或"族"。据了解，"土家"同志们主张族名与自治区的名称应不用"土家"，而用这自古相传的自称，在这一点上，意见是一致的。但"比兹""比基"或"密兹"之音总须用汉字来代表，好比贵州的"布依"或云南的"佧佤"等。究竟采用哪两个汉字为适当呢？据汉文历史文献，

湘西北、鄂南西、川东南的一个兄弟民族——土家（1957 年）

近乎这两个字音而也可以肯定为指称"土家"，或其祖先，或其同族的名词，二三千年来，有：巴子、鼻息、必际、比跻、贝锦等。至于用他们的自称来作为他们所曾居留过的地名山名如麦积、北井、百节之类，则更难以枚举。这些几乎全都是汉人根据"土家"自称之音用汉文记录下来的。但有一个例外，就是"贝锦"。清代康熙年间"土家"五大土司之一的容美土司（今湖北鹤峰）田舜年，在他和清朝鄂西地方统治者来往的文件中，自称为"贝锦"。"土家"人自己的祖先既用过这样一个汉文名称，我们认为可以进一步肯定下来，比临时采用两个新的字，更为有意义；我们在此郑重提出，供"土家"同志们讨论时的参考。

四、"土家"地区的进一步调查问题

去年秋季全国人民代表大会常务委员会发动了七八个民族调查组，到各民族地区去进行风俗、习惯、与社会性质的比较全面与深入的调查，以四至七年为期。其中一个是负责湘黔地区的。到目前为止，这一组的工作还只限于黔东的苗族。我们建议，这一组应当建立一个分组，提前把工作展开到湘境以至毗连湘西北的川鄂地区。这样一个分组的工作应即规定以"土家"与其他巴人后裔为对象，除和其他调查组一样，就这一地区的民俗与社会性质做比较长期的调查以外，应配合地方的民族政策宣传教育工作，先解决下面的两个问题：（1）湘、鄂、川乃至黔等四省边区，除已填报的"土家"人外，没有填报而准备填报的还有多少；（2）他们所聚居与所散居到的地方究有多大，究有几块。这两个问题与区域自治有最直接的关系，必须首先解答。

目前，在湘西北，这两个问题经过历年的反映与一些调查，大体上是已经有了答案的。但还不够；至今不断地有更多的"土家"人"冒"出来。问题虽已不大，进一步地全面调查也还有必要。更重要的是鄂、川等省境内。湖北来凤县填报的"土家"人口，从 1952 年的不到四千，到 1955 年的二万四千，到 1956 年底的四万以上，不断地在"增长"。四川秀山县石堤区填报的"土家"人，从 1953 年（第一次普选登记）的一百四十余人一"跃"而为 1956 年（地方选举登记）的五千多人。酉阳至少三个乡有"土族"，彭水有"土老族"与"古老户"供有巴人图腾——白虎——的神位。奉节南乡尚有一、二千户聚居的向姓人，户户供"白虎菩萨"。其他鄂西南与川东南各县除宣恩已有填报外，其余迹象虽多，尚无正式填报之例。五峰、兴山、鹤峰、石砫等县都不在交通大路上，山区深僻，汉人势力进去得迟，"土家"人或其同族自己独立经营的时间长，遗留下来的人与物一定不少，但最为注意所不及。这些都应纳入这小组的工作的范围之内。

上面四点建议，尤其是后面三点，我们本来可以向民族工作的领导机构直接提出的，但民族工作是一种崭新的工作，"土家"又是最近被接纳下来的一个兄弟民族，历史悠远，起初在西北，后来在西南，和部分的江淮流域开拓经营，做出过巨大的贡献；他们的文化遗产，如"巴渝舞"与"竹枝歌"早就传播出来，在汉族中一样的流行；在周、汉、晋、隋历次统一祖国的战争中，他们都出过很大的力量，巴渝舞还构成过这种军队中最早的文工大队；明代对东南沿海倭寇的抗击，第一功是"土家"兵建立的；他们是一群坚强豪爽的人，有一个县的民政工作首长对我们说：在政府所号召的任何工作里，不先把道理对他们说清楚是不行的，只要先说清楚，他们干得比汉人干脆、快当、完成得早。我们在此虽无法把"土家"人的特点详细介绍，但极愿借此机会让以前没有接触过"土家"这一兄弟民族的同志们对他们有一个初步的认识，知道他们终于从长期大汉族主义浪潮的冲击中挺拔了起来，从而进一步体会到祖国民族大家庭的繁昌与我们党的民族政策的伟大。

关于黔西民族识别工作的参考意见[①]

费孝通

一

民族压迫制度消灭后，获得了平等的少数民族纷纷公开他们民族身份，要求把他们的民族名称列入民族大家庭的行列。这次普选中自报的民族名称据称有400多。这400多个自报了民族名称的单位是否都能认为是单独的民族呢？其中有些是有问题的。

发生问题的有下列各种情况：

（一）有些汉人迁居到了少数民族地区，保留汉族的特点，但是不知道自己是汉人，以附近少数民族称他们的名称作为自己的民族名称，报上来之后，就列入少数民族行列中。例如云南和广西的"蔗园人"。

（二）迁居到少数民族地区去的汉人，前后有若干批，时代不同。早去的汉人，曾经长期和内地隔绝，受了少数民族的影响，和后去的汉人，在语言、风俗习惯上有一定的区别，并且受到后去的汉人的歧视，不把他们看作汉人，因而他们自认和汉人有区别，解放后，要求成为少数民族。"过去民族压迫时被当作少数民族，现在少数民族受到照顾时又不被当作少数民族了"，心里不服。例如广西的"六甲人"，他们是否可以认为是少数民族？

（三）有些少数民族在民族压迫时代曾经不愿意表明和汉人有区别，又有一部分上层受反动统治的利用统治过当地的其他少数民族，在这些被他们统治的少数民族看来他们是和汉人一起的。解放后，有关的其他民族不愿意承认他们是少数民族。例如湘西"土家"。他们是否要认为少数民族？

[①] 费孝通著：《费孝通民族研究文集新编》第121—128，北京：中央民族大学出版社，2006年10月。

（四）历史上，有些民族曾经被打散，各自迁移。在迁移过程中，有些又和汉人发生结合，受到很深的影响。改变了语言，民族特点已不显著，经济上和汉人已分不开，但是受到歧视，居住上不和汉人混居，心理上和汉人有隔阂，自认为和汉人不同的少数民族。例如福建、浙江等省的"畲民"。他们是否可以认为是少数民族？

（五）原系一个少数民族，但是迁移到不同地区的各部分，基本上保留着相同的语言、风俗习惯、历史传说，但是长期隔离，互不往来，经济上没有联系。他们被其他民族用了不同的名称相称（虽则他们的自称基本上是相同的），报了不同的民族名称。例如云南"阿细人""撒尼人"都是彝人的系统，是否要分别成为单独民族？

（六）有些不同民族成分的集团进入了同一的或相邻的地区，被别族用同一名称相称，也就认为是一个民族，但是语言、风俗习惯上还是有区别的。例如"瑶人"。他们是否可以承认是一个民族？

（七）有些民族不在一个地区的各部分，分别受到不同民族的影响，因此各部分对于自己系单独民族还是系另一民族的一部分这一问题意见不一致。例如东北的达呼尔人。他们是否可以承认是单独的民族？

上面所列举的各种情况归纳起来是两类的问题：

1. 他们是汉人还是少数民族？
2. 他们是单独民族还是其他民族的一部分？

研究这些问题就是民族识别工作。

二

我们是根据历史唯物论来研究民族识别问题的，只有深入领会斯大林关于民族问题的理论，我们才能实事求是地解决我们所要研究的问题。进行民族识别时首先要从理论上明白"民族"的意义。斯大林在《马克思主义和民族问题》中给民族的定义是这样的："民族是历史上形成的一个有共同语言，有共同地域，有共同经济生活以及有表现于共同文化上的共同心理状态的稳定的人们共同体。"又说，"必须着重指出，把上述种种特征中任何一种特征单独拿出来，都不足以做出一个民族的定义，而且，只要这些特征中缺少一种特征，民族就不成其为民族了"。

在《民族问题与列宁主义》中，斯大林说：

世界上有各种各样的民族，有一些民族，是在资本主义上升时代发展起来的，当时资产阶级在打破封建主义和封建割据的时候，把民族集合为一体并使它团结起来，这就是所谓"近代"民族。

在资本主义以前的时期是没有而且也不能有民族的，因为当时还没有民族市场，还没有民族的经济中心，也没有民族的文化中心，因而还没有那些消减某个民族经济的分散状态和把这个民族历来彼此隔绝的各个部分联结为一个民族整体的因素。

当然，民族的要素——语言、地域、共同的文化等等——都不是从天上掉下来的，而是还在资本主义以前的时期逐渐地创造出来的。但这些要素当时是处在萌芽状态中，更多也不过是将来在某些有利条件下可以形成为民族的一种潜在力，这种潜在力只有在资本主义上升并具备民族市场，经济中心和文化中心的时期才变成了现实。

斯大林又说：

但是世界上也还有另一种民族。这就是新式民族，即苏维埃民族，这些民族是在俄国资本主义被推翻之后，在资产阶级及其民族主义政党被消灭以后，在苏维埃制度确立以后，在旧式民族即资产阶级民族基础上发展和形成的。

工人阶级及其国际主义的政党，是团结和领导这些新式民族的力量，为了消灭资本主义残余和胜利地建设社会主义而在民族内部建立工人阶级和劳动农民的联盟，为了各个民族及少数民族的平等权利和自由发展而消灭民族压迫的残余；在反对侵略及侵略战争的政策的斗争中，在反对帝国主义的斗争中，一切被压迫的和没有平等权利的民族结成统一战线——这就是这些民族的精神面貌和社会政治面貌。

这种民族应该评定为社会主义民族。

三

学习了斯大林民族问题的理论，结合到我们当前的民族识别工作，我们首先应当注意不要简单地从任何一个民族要素——语言、地域、共同文化等等——来断定某一种人是汉人或不是汉人，断定他们应当成为一个民族或应当分为若干民族。

是不是讲同样话的人就是一个民族呢？马克思主义对这个问题的回答不是这样的，不是说讲同样话的人就都是一个民族。马克思主义认为，讲同样语言的人，可能是各个不同的部族或民族。美国人和英国人讲的是一种语言，但不是一个民族；挪威人和丹麦人讲的是同样语言也是两个民族。我们国内汉人和回人讲同样的话但不是一个民族。但是无论如何一个民族讲两样语言是不可能的。斯大林告诉我们，共同语言这个民族特征是指一个民族的人必须是说一种语言，虽则他们在方言上，在一定时期内还可以是不同的。

仅仅有了共同区域也不能就说是一个民族。斯拉夫族在最古的时候就生活在同样的区域上，但那时并没有形成俄罗斯民族。把这些人们组成一个民族必须有一种强大的力量才行。这种力量就只是经济力量。但并不是任何一种经济都能够起这样作用，只有资本主义经济或社会主义经济才能起这样作用。在人类社会发展的历史上最初能使人们成为民族的经济是资本主义经济，所以民族的形成首先是资产阶级民族。生活在各个不同地方的人们，通过各个地方的市场，组成全国统一的市场，把生活在一个土地上的人联系起来，这种联系就必须有统一的语言。因而不同的方言在一起慢慢发展，出现了一个比较普遍的语言，形成统一的民族语言。

识别工作中也有强调风俗习惯和宗教信仰的。我们首先要说明风俗习惯和宗教信仰并不是民族特征，但是和表现为自己特殊文化的心理素质有关。我们的体会是这样，一个民族共同心理状态是表现在他们共同文化上的，因此我们可以看到各个民族的文化有他们不同的风格，最显著的是他们的艺术。各民族的文学、歌舞、建筑都是具有民族风格的。我们可以一望而知这是维吾尔族的舞蹈，不是苗族的舞蹈。风俗习惯和宗教信仰的具体表现也受着民族风格的影响。但是风俗习惯和宗教信仰是常常在民族间传布的。如果我们挑选某些风俗习惯和宗教信仰上的相同或相异来作为民族识别的标准，那就会出错误。风俗习惯和宗教信仰是应该详细调查的。因为他们可以提供历史的线索，而且一般人常常强调某些和其他人不同的风俗习惯和宗教信仰来表示自己一种人，和别种人不同，那是民族共同心理的表现。我们不能忽视的。

四

我们进行识别工作必须从民族要素出发来研究。但是应当注意斯大林告诉我们在资本主义以前的时期，民族还没有形成，这些要素还处在萌芽状态中。我们现在要进行研究的对象，事实上都没有进入资本主义时期的，它们并不是"近代"民族。我们如果以"近代"民族的特征去要求它们，或是采用"近代"民族的特征去衡量它们，那就不切实际了，文不对题了。

资本主义时期之前的人们共同体并不具备民族的特征，所以在科学上也用不同的名词来称它们。在原始共产主义时期，人们形成的共同体是氏族、部落；在原始公社制度向着奴隶社会，向着封建社会过渡时，各个不同部落联合成为一个部族。

一个部族已经具有萌芽状态中的共同语言、共同地域和表现为特殊文化的共同心理素质。这三个特点在封建社会时期就已经存在了，所以部族已经具有形成民族的因素，资本主义经济把他们利用起来，形成了民族；社会主义经济也可以把没有经过资本主义社会的部族所具有形成民族的因素利用和发展起来，使它形成统一的民族。资本主义经济或社会主义经济提供了形成民族的主要因素，共同经济的联系。

我们国内的许多少数民族很多还没有发生资本主义，有些还是氏族和部落，有些还是部族，但不论它们现在是部落或是部族都不必经过形成资产阶级民族，直接发展成社会主义民族。现在它们还没有形成社会主义民族，正在过渡时期，所以我们必须着重分析它们的生产力和生产关系，了解它们现在社会发展的特点。

人类是从氏族、部落，逐步发展成为部族，再发展成为民族的。它们的区别是生产力发展阶段的不同。

在人类的发展最古的时代，没有阶级社会以前，人们共同体是氏族、部落。当时是原始公社时期，人们的关系是血统的亲属关系，是很闭塞的、各不相通的关系，基层组织是氏族。部落是当时血统比较近的氏族所组成的，部落就是氏族的联合。

原始社会向前发展，产生了私有制，有了对抗的阶级，出现了国家，一个阶级对另一个阶级实行暴力的统治，氏族发生混合，人们的联系不再限制在血统的亲属中了。部落的管理制度丧失了，部落各自孤立存在的状态也消失了。这时的社会是奴隶社会或封建社会，这时的人们共同体是部族。

我们国内的少数民族既然很多是属于部落或部族的性质，或是开始从奴隶社会或封建社会解放出来，向社会主义民族过渡，所以我们必须从语言、地域和表现特殊文化的共同心理素质三个方面去研究它已经具备形成民族的因素，同时要从它生产力和生产关系发展的历史过程中去肯定它现在的特点，注意社会主义经济怎样在形成社会主义民族的过程中发生作用。

附带地说明：我们说有些少数民族还是属于部落或部族的性质，只是从分析它们所形成的人们共同体的性质，分析它们生产力和生产关系发展特点而说的，绝不是否认它们成为民族大家庭的一个成员，否认它们是一个"民族"的意思。？任何少数民族不论他们的生产力怎样落后，在民族大家庭中，一样享有和任何其他民族相同的权利。在政治地位上大家是平等的。我们要分析的是它们发展的特点，使我们在帮助它们进一步发展时采取和它们的特点相适应的措施，这是我们的宪法所规定的。

在实际政治生活中，我们对于各少数民族不必用部落或部族等名词来加以区别，这种区别对民族团结是并没有利益的。

1954 年

关于民族识别问题的意见[1]

费孝通

在《关于黔西民族识别工作的参考意见》一文中,我谈到在这次普选中自报的民族名称有400多个,其中有些是有问题的。我也列出了发生问题的各种情况。下面再就这些问题谈一谈我的意见。

一

这400多个自报名称的民族单位,我们可以肯定地说,有一部分是可以在自愿基础上归并的。他们和外界隔绝久了,历史不明白,听人家怎样称他们也就怎样称,自报了少数民族,这种民族名称不能视作是一种民族自觉性质的。比如云南有些养蜜蜂的汉人报称"蜜蜂族",种甘蔗的汉人报称"蔗园族"。这些人的语言和附近汉人的方言有区别,以为是民族区别,但是知道了是广东话,从广东搬来的,他们也就自认是汉人了。

同样的,有些曾经隔断了一个时间的若干同一少数民族的单位,曾被别人用不同名称相称,他们本民族语的自称基本相同,但却用了他们习惯用的汉名报成了不同民族单位。他们一旦见了面,谈话大家懂,将其历史来又相同,风俗习惯差不多,兄弟重相逢,成为一家人,那是大家乐意的。比如云南红河一代的哈尼人,原本是有许多独立的单位,现在已经合在一起。

交通方便,接触多了,历史搞清楚了,这类情况是会发生的。

但是不能从此得出这样的结论,就是凡是历史上来源相同、语言相通、风俗习惯相近的

---

[1] 费孝通著:《费孝通民族研究文集新编》第198—202页,北京:中央民族大学出版社,2006年10月。

民族单位都会融合起来，更不能说都应当融合起来。苏联的俄罗斯、乌克兰、白俄罗斯原是东斯拉夫的三个部落，语言也是一个系统，但是发展成了三个单独的民族。苏联也有若干民族集团，实际上的民族特点已经很少，但是依旧保持着它们的民族名称。

我们只能说在这些特征上具有的共同性或相似性的单位有可能在发展过程中融合成为一个民族。如果这样融合对于人民是有利的，那些可能性是值得我们注意和加以利用的。

应当强调：民族名称是不能强加于人的，不能由别人代替来改变的，不能用行政命令根据任何客观标准来合并若干民族，或是拆散成若干民族。民族是历史形成的，也是在历史过程中变动的，离开了人民的自愿，强制加以改变是反人民的。

我们从客观分析中可以得出某些可能、某些倾向，或是某种改变对人民有利；但是要实现这些可能、这些改变，必须通过自愿的行动。我们可以为实现这些可能而工作，但是不能包办代替。

我们进行民族识别并不是代替各民族来决定应当不应当成为少数民族，或是应当不应当承认为单独民族。我们的工作是在从民族特征的各方面加以研究，提供材料和分析，帮助已经提出民族名称的单位自己来考虑是否要认为是少数民族或是否要单独成为一个民族。这些问题答案是要各族人民自己来做的，这是他们的权利。任何民族单位在自愿基础上任何时候都是可以合并或分开，只要不离开这大家庭。

民族识别工作对于各族人民自己做出这类决定时是有帮助的，因为各民族还没有完全脱离过去反动统治所制造的孤立和隔离的状态，它们没有机会充分知道自己的历史，没有机会和其他单位充分往来，因此，它们还没有充分的条件来做出对自己有利的决定。我们在这些方面具体地帮助它们是应当的和受欢迎的。如果我们在这件工作上采取命令主义和包办代替的作风就会引起各族人民的反感，把好事做坏。

二

应当提出：少数民族一共不过3500万人，搞成400多个单位，对少数民族的发展是否有利呢？我想是不利的。其中有很多是人数很少地区很小的民族单位，它们能不能发展成为社会主义民族呢？我想是有很大困难的。比如一个几千人的小集团，如果要发展自己的文字，就得办报纸，翻译各种书籍，需要很多人，哪里来这样多人呢？再说发展经济，如果整个民族的人还不够办一个较大的集体农场或者较大的工厂，他们要成为一个单独的社会主义民族就很难想象了。如果他们在语言上原来和另一单位相同，地区又相连，风俗习惯又相近，为了发展，融合成为一体，当然是有利的。这一点我们可以肯定。在实行区域自治时，已经注意到民族发展的物质基础，所以有联合自治这种方式，即使民族不同的人在一个地区中也最好联合起来。如果在民族特征上基本没有很大区别的单位融合为一体也是应该鼓励的。

如果我们对于有可能融合成为一体的民族单位而这种融合又是对人民有利的，不做工作，不促成其自愿，不使他们明白有融合的条件和融合后的利息，那一样是不正确的。

怎样去做工作呢？我想首先是根据斯大林所提出的四个特征来研究，研究时应当注意它们过去的历史，并且和其他民族比较，求出它们之间的异同。

我们现在自报的民族单位虽则很多，但是结合四个特征来研究，是能归纳出几个大的系统的，每一个系统中各个单位的差别可以通过具体分析加以确定。这种科学的研究和实际政治是相结合的，因为它提供了可能融合成为一体的那些民族单位的范围，作为我们实际工作的参考。

这种调查研究工作需要相当长的时间，而且必须有各少数民族自己人参加。调查研究的结果也应当交给少数民族自己去审查，作为他们自己决定是否系少数民族，或者是否要单独成为一个民族时的参考资料。

三

总结以上的意见：

（一）我们并不能依现在自报民族名称的单位一律认为可以成为单独的民族。

（二）已经自报了名称的单位中有些会合并或分开，但是必须是自愿的，不能用行政命令强制和包办代替。

（三）各民族人民都有权利决定自己是否系少数民族，是否要单独成为一个民族，他们也都有权利在任何时候改变他们的决定。别的民族和政府都不能加以干涉和强制。

（四）有条件合并的单位（从民族特征上研究可以得出是否有条件合并）如果自愿合并，对于他们的发展是有利，尤其是那些人数很少，地区很小，在发展上受到限制的单位利于和较大的单位合并，或合并成较大的单位。这一点也应当肯定的。

（五）现在那种分散的现象有一部分是由于过去民族压迫时代的分裂和同化政策所造成的。各单位的人民明白了他们的历史，接触了和他们在民族特征上相同的单位，在经济发展中看到了合并的利益，他们是会自愿合并的。我们应当做工作来促成其自愿合并。

（六）民族识别工作就是用历史唯物论的观点方法来研究各自报的民族单位，从民族四大特征上说明它们的特点和它们同其他单位异同的程度及异同的历史原因。这种科学知识可以帮助各单位的人民自己来决定是否系少数民族，和是否要单独成为一个民族，还是和其他单位合并成为一个民族。

1954 年 11 月

开展少数民族地区调查研究工作[①]

费孝通

最近全国人民代表大会民族委员会组织科学研究工作人员，到少数民族地区进行各民族社会历史情况的调查研究工作，要求在4年到7年内，基本弄清楚各主要少数民族的社会经济结构，调查各民族的社会生产力、社会所有制和阶级情况，尽可能收集历史发展资料和特殊的风俗习惯，进而对各民族历史做系统的研究。这是一件令人兴奋的事。我除了抢先报名参加外，想对这项工作的意义说几句话。

这项调查研究工作是符合于当前民族工作的要求的。这几年来，民族工作和其他工作一样，都正在迅速地发展。不仅基本上已经贯彻了区域自治的政策，而且在很多少数民族地区胜利地进行了民主改革和社会主义改造。各少数民族在各方面的建设事业上突飞猛进，已经大大地改变了他们过去的面貌。

走向社会主义是各族人民的共同要求，但是如宪法序言中所规定的，在社会主义改造的问题上，将充分注意各民族发展的特点。什么是发展的特点呢？由于各少数民族所经历的发展过程不平衡，所以到现在它们的社会性质还有所不同，各有各的特点：有些还有相当的原始社会的残余，阶级分化还不显著；有些已经进入奴隶社会或是初级封建社会；有些已经是很发达的封建社会，而且有了资本主义的萌芽。这些是他们向社会主义过渡的基础。基础既不相同，过渡的方式、方法和步骤当然不可能是一样的。宪法序言中的规定是完全正确的。我们的民族政策能正确地解决我国国内的民族问题，就因为每一个措施都是从各民族的实际出发，是马克思列宁主义和我国具体情况相结合的运用。在过去，共产党人和人民政府一直是注意少数民族社会历史的调查研究的，这是我们的民族政策能够胜利贯彻执行的保证之一。今后，民族工作更要深入，各民族的发展更要迅速；因此对于各民族发展特点的了解，也必须更深刻和更全面。发动科学工作者密切配合起来进行这项研究工作，是具有重大的现

[①] 费孝通著：《费孝通民族研究文集新编》第224—228页，北京：中央民族大学出版社，2006年10月。

实意义的。

要分析研究一个民族的社会性质,首先是要调查清楚他们当前的社会经济结构和阶级状况;要进一步说明他们发展的特点,又必须了解他们是从什么历史道路上走过来的。现在我国各少数民族都正在迅速发展;它们的社会性质、人民的文化和生活都在迅速改变中。这是一件极可喜的事。我们都欢迎这种改变。但是这样迅速的改变也发生了一个问题,就是如果我们不及时地把它们原来的社会面貌记录下来,过一个时期,我们就很可能不容易再正确了解它们所经过的那段悠久的历史;至少时过境迁,原来的社会面貌被人遗忘之后,再去追溯,就会发生许多困难了。这段历史弄不清楚,有很多发展的特点也就不容易理解了。领导上在这个时候号召科学工作者进行这项研究工作是及时的。过去,进行这样规模的调查研究工作,还缺乏必需的条件,现在再不动手,就可能太迟了。

弄清楚各民族的历史、发展的道路和特点,不仅是民族工作深入一步所必需,而且已经成为各民族人民共同的要求。应当看到,我国的各少数民族,在共产党的领导下摆脱了民族压迫的枷锁,正在大踏步地向社会主义前进。它们将成为社会主义民族。在社会主义民族的形成过程中,我们很清楚地可以看到各族人民的民主意识的发展。这里也必然会发生对自己民族历史的强烈的感情,他们要求明白本民族是怎样在历史上走过来的,他们不再满足于神话似的传说,而要求科学的历史的证实。

不仅如此,我们的祖国是各民族人民共同缔造的,共同缔造祖国的历史,正是我们民族大家庭血肉相关、不可分割的基础。各民族在大家庭中得到了平等地位以后,各族人民就会要求明确他们在祖国历史上的地位。这是我们国家的新形势向历史学者提出他们的要求,而当前历史学者都还没有能很好地满足这个要求。这种要求随着民族大家庭的发展而日益增加,也是无疑的,历史学者只有欢迎这种要求,因为这也正是他们为人民服务的光荣机会。

历史学者要完成这个任务却并不简单。过去的历史学者习惯于从书本上去找资料,后来注意到了地下遗留的文物,和考古学者结合起来。但是在进行各少数民族的历史研究时,不仅要充分利用书本上的资料,而这些书本却又必须包括各民族自己用本民族文字写成的文献,不仅要充分利用地下遗留的文物,而这些文物又是绝大部分还没有发掘出来。只有这些还不够,那是因为有不少民族现在还没有文字,即使有文字的也不一定很发达,而且不一定有许多历史的记载,古代文物的遗留也不一定很丰富。因此,少数民族的历史研究必须注意充分利用各民族人民的口头传说,保留在语言词汇、风俗习惯和社会制度中的许多历史残余。历史学者必须和语言学者、民族学者密切合作,从实地调查中才能获得这些材料。

这次各民族社会历史情况的调查研究,采取了综合调查的方法,调查组将包括历史、民族、语言、考古、艺术等学科的研究工作人员,因而解决了历史学者在研究少数民族历史中的困难,很多历史学者踊跃参加这次调查研究,是可以理解的。

也可以设想,如果我们这项调查研究工作能做得好,可以丰富我们对历史唯物主义的知识,为这门学科提供具体资料。大家知道,我们现在学习历史唯物主义的时候,关于社会发展史的部分,基本上是利用外国的教材,关于原始社会多根据摩尔根在北美调查的资料,关于奴隶社会不是举希腊、罗马的例子，就是罗列殷墟不完整的资料。这些固然是重要的教材，但是我们不应当忘记，我们还有丰富的、活生生的材料没有加以利用。我国各民族社会发展不平衡，保留下来了许多不同发展阶段的现实材料。这些活的材料不仅可以使我们听起来更熟悉、更易接受，而且是更重要的。因为我们还可以进行现场的观察，在很多过去所不易解决的问题上，我们还有希望在实际调查中，搜集更完整和更全面的资料。

我们知道，在相同的发展阶段上的各民族社会，它们的性质虽则基本上具有共同特点，但是它们具体的面貌却各有各的特点，比如西藏藏族的封建社会和汉族的封建社会，在形式上就有显著的区别。如果我们只从外国的教材中去学习社会发展的过程，固然可以了解一般的规律，但是对于我国各民族具体发展过程和他们的特点，还是不容易理解的。因此我们还须对我国各民族社会发展的具体过程和特点，进行研究，这项研究的结果，可以大大丰富我们对历史唯物主义的知识。

在这方面，有许多极有意义的问题等待着我们去研究，我国各少数民族都向社会主义过渡，但是由于它们原来的社会性质不同，所以过渡的方式不一样，它们当前发生的问题也有不同。比如还具有原始社会性质的鄂伦春族，他们原有的平均分配的原则和社会主义的按劳取酬的原则存在着矛盾，而这种矛盾并不存在于那些从奴隶社会或封建社会向社会主义过渡的民族里。我们如果能把各民族过渡时期的具体情况确实详尽地记录下来，就是极可宝贵的资料，也是人类历史稀有的资料。

再说，在我国各民族历史上，由于和汉族封建社会相接触，曾经发生过跨越若干阶段的发展过程。比如，有人认为傣族是从原始公社直接过渡到封建社会的，没有经过奴隶社会这一个阶段。也有人认为这种情况还可能发生在别的民族的历史里，好像维吾尔、蒙古等族都是这样的。这些固然还不是结论，但是足以提示我们应当进一步去研究汉族封建社会对各民族发展上的影响，这项研究无疑地可以丰富我们对人类社会发展的理论。

最后应当提到的是：这种和实际密切结合、为社会主义建设服务的科学研究计划，正符合当前知识分子的要求。当前，知识分子迫切要求的是得到能用他们的专长为人民服务的机会，只有国家的需要和知识分子的专长恰当地结合起来，才能真正地发挥知识分子的积极性和创造性，才能充分地把他们的力量用在国家的事业中去。少数民族社会历史调查研究正是这样的一个例子。在这个计划中，可以吸收许多学科的知识分子，有组织地发挥他们的专长，来为国家的民族工作服务。

中国知识分子的思想改造事实上已进入了一个新的阶段，那就是要通过各自的专业去学习，运用从书本上学来的马克思列宁主义理论，通过理论和实际的结合锻炼他们的立场、观点和方法。自然科学有他们的实验室，在实验室里理论和实际结合了起来，社会科学的实验室就是活生生的人类社会。社会调查是他们的理论和实际结合的场合。为了提高我国社会科学的水平，为了社会科学工作者进一步的思想改造，大规模地开展社会调查是有必要的。因此，少数民族的社会历史调查是一个值得我们鼓舞的开始。

1956 年 7 月

中国民族学当前的任务[①]

费孝通

中华人民共和国是一个历史悠久的统一的多民族国家。全国有几十个民族,人数最多的是汉族,约有5.65亿人,占总数94%,其他各族共约有3500万人,这3500万人包括几十个少数民族。其中具有百万以上人口的有10个:蒙古、回、藏、维吾尔、苗、彝、壮、布依、朝鲜、满。这些民族和其他20个民族都已经有代表出席全国人民代表大会。另外还有许多人口较少的民族在各级地方的人民代表大会中有他们的代表。

少数民族的人口虽然比较少,但是他们所居住的地区却很广,估计要占全国土地的60%左右。汉族大体是住在平原上,住在黄河、长江、珠江等流域,而少数民族大多住在高原、山地和边疆地区。

国内各民族,包括汉族和各少数民族在内,用自己辛勤的劳动发展了生产,创造了各民族的历史和文化,对我们伟大的祖国的缔造都有重要的贡献。

各民族经过长期的接触,发展了经济上的合作和文化上的交流;并多次共同抵抗外来的侵略。近百年间,帝国主义势力的侵入中国,使各民族的命运密切不可分离地联系起来了,特别是近30年来中国共产党领导的民族民主革命运动,更使各民族人民逐渐地结合起来了。

在我国各民族的长期发展中,汉族占全国人口90%以上,军事、政治、经济和文化的发展都走在其他兄弟民族的前面,在全国生活中起着领导的作用;对祖国的形成,尤其对中华人民共和国的创立,起着决定和先进的作用;对于今后各兄弟民族的发展,将有重大的帮助。

但在很长的历史时期中,因为存在着民族压迫制度,各民族的地位是不平等的。自帝国

[①] 费孝通著:《费孝通民族研究文集新编》第229—258页,北京:中央民族大学出版社,2006年。

主义侵略中国以来，中国的统治阶级特别是以蒋介石为首的国民党反动统治集团，同时残酷地压迫剥削汉族人民和国内各少数民族的人民，成为各民族人民的共同敌人。

在毛主席和中国共产党领导下，从汉族人民发展和壮大起来的，并有许多少数民族人民参加了的人民大革命和人民解放战争，已在两年前打倒了这个共同的敌人，使大陆上的汉族和各少数民族都获得解放。

1949年10月1日宣告成立的中华人民共和国，是工人阶级领导的人民民主专政的国家，因此成为我国各民族人民友好合作的大家庭。我国民族关系从此根本地改变了，从民族压迫时代改变为民族平等时代。民族问题方面的任务因此发生了根本的变化，即已不是要帮助各少数民族从民族压迫制度下争取解放，而是要帮助他们彻底实现民族平等……①

因此，我国向社会主义过渡时期在民族问题方面的任务是：巩固祖国的统一和各民族的团结，共同来建设祖国的大家庭；在统一的祖国大家庭内，保障各民族一切权利方面的平等，实行民族区域自治，在建设祖国的共同事业中，逐步地发展各民族的政治、经济和文化，逐步地消灭历史上遗留下来的各民族间事实上的不平等，使落后民族得以跻于先进民族的行列，逐步过渡到社会主义社会。

中华人民共和国建立以后，在中国共产党领导下，我国的民族工作，在实践中获得了重要的成就和丰富的经验，同时也从实践中提出了许多需要民族学者进行研究的问题。这些问题也就是当前民族学的任务，其中重要的有下列四项：

一、关于少数民族族别问题的研究；
二、关于少数民族的社会性质的研究；
三、关于少数民族文化和生活的研究；
四、关于少数民族宗教信仰的研究。
我们将就这四方面的研究工作提出一些体会和意见。

一、关于少数民族族别问题的研究

解放前由于国民党大汉族主义实行民族压迫和歧视的政策，故意抹杀少数民族的存在，认为他们只是汉族的支系或是一些"具有不同生活习惯的人"。但这种主观上的企图改变不了事实，只能加深了民族的仇视和隔阂。

解放后，国内各民族人民在中国共产党领导下获得了民族平等，永远废除了民族压迫制度，出现了一个亲密团结的民族大家庭。有许多过去被压迫的少数民族到这时才敢公开他们的民族成分，提出自己的族名，作为民族大家庭里光荣的一员。这是我们民族政策的胜利。只有在实行了民族平等的国家里，少数民族才会有这种恢复本来面貌的要求，因此随着民族

---

① 李维汉：《有关民族政策的若干问题》，见《民族政策文献汇编》，人民出版社1953年版，第81-82页。

政策的贯彻，逐渐涌现出了很多过去一般人很少听到过的族名。1954年普选中，自报的民族名称据称有几百个，这几百个名称的提出是不是表示我们中国有几百个少数民族呢？这是应当提出来考虑的问题。

自报的族名并不一定能作为族别的根据，因为个人意识到所属的共同体并不一定和实际相符合。这种情形在近代民族中还是存在的①。我国少数民族很多还是处在前资本主义时期，当然更可能是这样。有些不同的部落在一定历史条件下发展成为一个部族，而在一定时间里各部落还保持着原有的名称。有些部族在一定条件下分裂成若干部族，但是在名称上可能还没有变化。而且在前资本主义时期，人们还有地域观念、乡土观念和宗族观念，这些观念又可能掩盖了他们共同体的意识。因此我们不能简单地只以民族名称作为族别的根据。

人们共同体是客观存在的事物，是长期历史所形成的产物，而且它们是在历史过程中变化的。在一定地域上，一定时期里，存在着哪些人们共同体，是一个必须就具体情况，按人们共同体的特征进行具体分析的问题。这就是族别问题的研究。

在这个问题上，解放以来，我们已经发现了下列各种情况：

一、若干原来是不同的共同体、部落或部族，已经形成了或正在形成一个少数民族，但是还各自保留了原来的名称，因而发生了它们是一个民族还是几个民族的问题。

二、原是一个少数民族，分散迁移到各不同地区，长期隔离，互不往来，经济上没有联系，但基本上仍保留着共同的语言、习俗、历史传说。它们被其他民族用了不同的名称相称（但是有些自称仍基本相同），因而报了不同的民族名称。

三、历史上有些民族曾经被打散。在迁移过程中，有些又和汉人发生结合，受到很深的影响，改变了语言，民族特点已不显著，经济上和汉人已分不开，但是受到歧视，居住上和汉人还有不同程度的分离，所谓"大散小聚"，心理上和汉人有隔阂，自认为和汉人不同的少数民族。

四、有些民族在历史上曾经占统治地位，分散居住在中国各地，后来丧失了这个地位，受到歧视，改变了语言的民族特点，隐瞒了民族成分，但是依然保持了民族意识。

五、有些不同民族成分的集团进入了同一的或相邻的地区，被别族用同一名称相称，也就认为是一个民族，但语言、习俗却有区别。

六、一个民族和另一个民族语言接近，历史上关系密切，但由于历史条件的改变，后来发展了自己的特点，以致本民族内部对于自己是单独成为一个民族还是另一个民族一部分，意见不一致。

七、有些少数民族在民族压迫时代，曾经不愿表明和汉人有区别，又有一部分上层受汉族反动统治阶级的利用统治过当地其他少数民族，在这些被他们统治过的少数民族看来，他们是和汉人一起的。解放后他们要求公开民族身份，作为一个少数民族，但是有关的其他民

---

① 普·伊·库什涅尔：《民族自觉是确定民族成分的标志》，见《民族问题译丛》，1955年第1期，第117页。

族不愿意承认他们是少数民族。

八、迁居到少数民族地区的汉人，前后有若干批，时代不同。早去的汉人曾经长期和内地的汉人隔绝，有的甚至受了少数民族的影响，和后去的汉人，在语言、风俗习惯上有一定的区别，因而他们自认和汉人有区别，解放后要求成为少数民族。

九、有些汉人迁居到了少数民族地区，保留汉族的特点，但是不明确自己是不是汉人，以附近少数民族称他们的名称作为自己的民族名称，而被视为少数民族。

上面所列举的情况归纳起来可以分为两类的问题：

一、它们是不是一个单独的民族单位，还是若干不同的民族单位，或是其他民族的一部分？

二、它们是不是汉族的一部分？

我们曾经根据不同的具体情况，对这些问题进行过一些研究。有些已经得出初步结论，提供有关民族和政府做参考。也有些经过反复调查，还没有得出结论的。我们在这里不能一一列举了。

对于上述各种情况进行族别问题研究时，我们必须注意到这样一个事实，就是我国少数民族（特别是发生族别问题的那些单位）的社会性质在进行社会主义改造以前许多还是前资本主义形态，或是还在资本主义萌芽时期的形态，它们还没有发展成为近代民族。我们因此不能简单地用近代民族的特征来作为族别的标志。但是前资本主义时期的人们共同体、氏族、部落、部族等，具有什么特征呢？对于这个问题在苏联也正在研究。① 我们在这方面的探讨还是一种尝试性质，在这里只能提出一些体会。

在我们的研究工作中曾经发生过一些我们现在认为不正确的看法：

一、企图仅以一些特殊的风俗习惯作为族别的根据。不同的人们共同体是可以有不同的风俗习惯的，但是在同一的人们共同体中，即使是近代民族，也可以有不同的风俗习惯的存在，所以这种根据是靠不住的。

二、企图仅以语言作为区别人们共同体的唯一的标志。共同语言是近代民族的重要特征，但是并不是说不同的人们共同体必须有不同的语言。事实上有些不同的近代民族在语言上是相同的。因此把说同一语言的人都归在一个共同体中是没有根据的。

三、企图以族源来解决族别问题，认为如果能证明一个集团在历史上曾经是某族的一部分，就可以确定这个集团的民族成分了。这种看法忽视了人们共同体在历史过程中的变化，事实上有不少近代民族是从同一个部族中分出来的。

这些不正确的看法都是由于没有掌握部落、部族等人们共同体的特征。部落、部族的特

---

① 斯·斯·德米特里耶夫：《俄罗斯民族的形成》，见《论资产阶级民族的形成》，第1辑，中央民族学院研究部1956年版，第5页。斯·彼卡奇克：《论波兰部族的形成与发展》，见《民族问题译丛》，1955年第4期，第67—69页。阿·伊柯札钦科：《古罗斯部族是俄罗斯族、乌克兰族和白俄罗斯族的共同族源》，同上，第29页。

征是什么呢？我们认为它们的特征就是近代民族特征的萌芽状态。斯大林说过："民族（指近代民族——作者）的要素——语言、地域、共同的文化等等——都不是从天上掉下来的，而是还在资本主义以前的时期逐渐地创造出来的。但这些要素当时是处在萌芽状态中，至多也不过是将来在某些有利条件下可以形成为民族的一种潜在力。这种潜在力只有在资本主义上升并具备民族市场、经济中心和文化中心的时期才变成了现实。"这是说由于人们社会经济生活的发展，促进了他们的语言、地域、心理素质等等的发展，使他们共同体的性质起了变化。因此，部落、部族等特征就是近代民族特征的萌芽状态，也就是语言、地域、经济联系、心理素质上所存在的一定程度的共同性。离开了这些共同性去考察是不可能正确地进行前资本主义时期人们共同体的族别问题研究的。

必须指出，这四个民族特征的萌芽在不同阶段上发展程度不是平衡的，由于我们对于这个问题研究得还不够深入，现在还没有充分根据来指出他们发展的规律是怎样，但是我们对这个问题也有如下一些体会和意见。

一、在我们的研究中，我们见到一定程度的共同语言在部族中已经具备。但是这并不是指同一部族的人都听得懂大家的话，在部族中方言的分歧可以很显著。比如苗族方言的差别就很大。这些差别可能是表示原来说同一语言的人由于缺乏经常的接触，长期隔离，各自发展了他们地方性的特点，或是表示原来说不同语言的部落形成了一个部族，发生了共同语言，但还保存一定的区别。

在这里应当提出另一种值得注意的情况，就是在云南景颇族中却存在着不同的语言：景颇语和载佤语。这两种话都属于藏缅语族，但前者属景颇语支，而后者属缅语支①。据说在缅甸的景颇族还有说其他话的。这些语言上的差别已经超过了方言的差别。于是发生了一个问题，现在的景颇族是不是一个共同体呢？有人提出否定的意见，因为如果说人们共同体必须有共同语言，他们怎能说是一个共同体呢？但是如果我们结合了对这些人的社会性质的研究来考察这个问题，我们感觉到这样的结论是过早了。我们已经知道景颇族现在还保留着相当程度的原始社会的形态。他们现在所形成的人们共同体可能还没有达到部族的阶段，就是说还具有一定的部落联盟的性质。我们对于部落联盟是否必须已具备共同语言这一点还不十分清楚，所以我们不应当用部族的特征来衡量这种人们共同体。必须进一步从其他方面去考察它们是否已存在了一定的共同性，以及这种共同性的基础是什么？当然，关于景颇族的语言也是应当进一步加以分析景颇语和载佤语的差别程度究竟怎样？是否能认为是方言的区别？它们之间是否正在形成部族共同语？这样的研究才能丰富我们对于人们共同体发展规律的知识。

二、共同地域是指历史上一个共同体的基本群众在这一地域上的稳定居留。一般说来，人们共同体稳定居留的地域在近代民族形成之前就存在的，虽则在这一地域内的居民中间还没有发达的经济联系，没有固定的和公认的民族经济中心和文化中心，但是由于缺乏经济和

---

① 罗常培、傅懋勣：《国内少数民族语言文字的概况》，中华书局1954年版，第30页。

文化的中心，前资本主义时期的人们共同体是否必须具有相连接的聚居区也成了值得考虑的问题。在我国少数民族中有些曾因不同的历史原因，发生过迁徙和流亡，在地域上形成了不相连接的部分，但是依旧保持一定的社会联系和显著的共同心理，因此不能认为地域上的分散即是人们共同体的分裂。回族、苗族就是这样的例子。又如贵州的仡佬，分散在广阔地区，和其他民族杂居已经有相当长的时期，但是他们内部却至今有着密切的联系，甚至远及百来里之外的同族。我们不能因为仡佬缺乏长期稳定的聚居区而否认他们是一个共同体。

三、近代民族的形成由于共同经济的出现，但是并不是说在前资本主义时期的人们共同体没有经济联系，只是说这时期的经济联系没有近代民族那样密切。部族内部经济联系能发展到什么程度还是一个值得研究的问题。汉族的封建社会，特别是在后期，并不像欧洲封建社会具有那样的分散和割据的特点。这已经引起历史学家对于汉族作为一个民族共同体是什么时候形成的问题的争论。

同时我们还可以注意，前资本主义时期在一个地区内不同民族成分的经济联系和这种联系对共同体的稳定性的影响。在和汉族聚居区邻近的地区就有这一种情况，就是汉人住在少数民族地区的市镇上，掌握了这地区商品的集散，并占有了这地区大部分土地，这样把这地区不同民族成分的人联系在一个共同的经济结构中。这种情况虽则已有相当长的时期，但是不同民族成分的人在语言、心理上依旧保持着他们自己的特点，并没有形成一个共同体。这是值得研究的问题。

四、共同心理素质这个特征并不像其他特征那样容易捉摸。我们对于这个特征的体会也是不够的，以致有人认为特殊的风俗习惯就是表现共同心理状态的文化特点。我们觉得共同心理素质既然可以称作"民族性格"[①]，那就必须是贯穿在人们生活、文化各方面的一种共同的风格。虽则我们要明确地说出某一民族的风格是怎样还有困难，我们在和不同民族的人民接触中却不可能不感觉到他们之间存在着不同的风格。比如，我们不会把维吾尔族的舞蹈误作苗族的舞蹈，或是觉得藏族的音乐和朝鲜族的音乐毫无区别。如果这些风格就是共同体的共同心理素质，这种特征在前资本主义的共同体就很显著的了。因此，我们在研究前资本主义时期人们共同体的族别问题时应当充分注意这个特征，不但要在文化和生活中去了解一个共同体所特具的风格，而且要考察这种风格是怎样形成，怎样变化，以及与其他共同体在这方面的关系和区别是怎样的。

我们在族别问题研究上的工作做得还不够深入，但是已接触到前资本主义时期和资本主义萌芽时期人们共同体的特征问题。我们体会到不可能在语言、地域、经济联系和心理素质等方面之外去找到一个简单的标志来解决族别问题，同时也不应当用近代民族的标准来要求于前资本主义时期和资本主义萌芽时期的人们共同体。我们只有就具体问题进行具体分析，就是就具体的人，按他们社会经济已经发展到的阶段，从语言、地域、经济联系和心理素质发展的情况，去看他们所形成的共同体和这个共同体在历史上的变化。根据我们初步的认

---

① 斯大林：《马克思主义和民族问题》，人民出版社1953版，第18页。

识，在人们共同体的发展过程中，各个特征的发展是不平衡的，而且由于复杂的历史条件，有时若干特征的萌芽被遏制而得不到发展的机会，因此任何一个或几个特征上表现了显著的共同性就值得我们的注意。

应当指出，我们进行的族别问题的研究并不是代替各族人民来决定应不应当承认为少数民族或应不应当成为单独民族。民族名称是不能强加于人或由别人来改变的，我们的工作只是在从共同体的形成上来加以研究，提供材料和分析，以便帮助已经提出民族名称的单位，通过协商，自己来考虑是否要认为是少数民族或是否要单独成为一个民族。这些问题的答案是要各族人民自己来做的，这是他们的权利。同时必须承认，族别问题研究对于各族人民自己做出这类决定是有帮助的，因为各民族现在还没有完全脱离过去反动统治所制造而遗留下来的孤立、隔阂状态。他们还没有机会充分知道自己的历史，还没有机会和其他单位充分往来。因此，他们还缺乏充分的条件来做出对自己的族别问题的正确决定，各族人民是需要，而且也欢迎民族学者在这个问题上为他们服务的。

二、关于少数民族社会性质的研究

关于各少数民族社会性质的研究是我国民族学当前的重要任务，也是今后一段时期的中心工作。目前各少数民族正在或即将进行社会主义改造，而在社会主义改造的问题上，如《中华人民共和国宪法》序言中所规定的，将充分注意各民族发展的特点。各民族社会性质的研究的目的就在于明确它们发展上的特点，因此，这项研究是和当前民族工作密切相结合的。

这项研究也将丰富我们对于社会发展史的知识，充实历史唯物主义的内容。而且现在我们所有社会发展史的教材大多依靠翻译，如原始社会引用摩尔根的调查，奴隶社会举希腊、罗马为例等。这些材料固然极为重要，但是对于我国的一般读者是比较生疏的，因此限制了这门科学知识的传播。事实上我国在这方面却有着丰富的材料。我们少数民族在进行民主改革和社会主义改造以前，许多还没有进入资本主义阶段，所以还在不同程度上保持前资本主义时期各种社会形态的面貌或残余。对于各少数民族社会性质的调查就将为我们记录和搜集有关各种社会形态的材料，这些也正是社会发展史的生动教材。

必须指出，由于各少数民族正在迅速地进行社会主义改造，我们如果不及时把它们在改造之前的面貌记录下来，很快就会丧失直接观察的机会了。因此，这项研究也应该看成一项急迫的任务。

现在我们可以根据已经有的，但不够系统和深入的材料，举例说一下我国少数民族在进行民主改革和社会主义改造以前存在着哪些不同的社会形态。

一、带有原始社会形态的类型

东北兴安岭森林中的鄂伦春人是这种形态的一个例子。他们主要依靠狩猎为生,生产工具很简单。很早以前,他们用自制的弓箭进行狩猎。约在1920年以后,大量使用了各种枪支。在季节性围猎的间隙,他们也进行捕鱼。生活游移不定。

他们的生产关系基本上是土地氏族公有,共同劳动,平均分配。他们的渔场和猎场只许自己氏族的人使用。他们人人参加劳动。迄今仍保持着集体劳动的习惯,每次出猎都是三五人或七八人自愿组成临时小组。这种习惯还带着比较浓厚的原始性质。他们最主要的目的,并不是为了提高与发展生产,而是由于人多了,深入密林后可以互相照顾,免被野兽伤害。他们男女之间也保持着自然的分工,男子专司狩猎,妇女从事家务劳动。

猎获物的分配基本上实行平均分配的制度。打猎完毕,参加的人每人都分得一份。那些鳏寡孤独和困难户,也都分得一些兽皮和肉类以维持生活。

他们的财产基本上都属于氏族公有,但是作为基本生产工具的枪支、马匹、猎犬以及房屋已归各家族私有。实际上,个人或家族的用具和储藏的东西,遇有需要亦可为其他家族使用。

随着枪支的应用,生产力提高了,生产品有了剩余;又与农业社会相接触,产生商业,鄂伦春的原始氏族社会开始逐渐发生变化。在和外族进行交换中,兽皮成了重要的商品,于是也逐渐成了私有财产。现在他们猎得野兽以后,兽肉还是大家平均分食,但是兽皮却属于猎获者所私有。氏族内部发生了贫富之分。贫富的标志是占有马匹的多寡。应该指出,尽管鄂伦春人已经出现了贫富之分,但是阶级分化还不明显,他们并不利用私有的马匹、枪支、猎犬或兽皮来剥削别人。

在氏族或部落内部,他们一般都还保持着民主决定问题的习惯。每有重大问题,照例都由氏族或部落首领邀请老年人和有关人员共同研究解决。在婚姻上,他们实行氏族外婚制。

除了鄂伦春族以外,云南的佤族、海南岛的黎族和台湾的高山族也多少保留着一些原始社会的形态。如佤族的狩猎还保持集体劳动、平均分配的原则。佤族地区土地还属全部落公有,有的还以部落为单位集体生产。同一部落的人共同在一块土地上耕种,在收获时按各家所出劳动力计算分配。又如黎族的"合亩制"和高山族的"蕃社",组成内部的共同劳动、平均分配的制度,也都具有这样的性质。

二、带有奴隶制度的形态

大家熟知的是彝族具有较显著的奴隶制度的形态。但是,彝族的社会发展也是不平衡的,不同地区就具有不同的社会性质。云南、贵州的彝族地区早已进入封建社会的阶段,而四川大凉山中心地区的彝族社会迄今仍带有显著的奴隶制的特点。

大凉山中心地区的彝族人经营初期农业，部分耕种水田，还有以畜牧为副业；也有纺织、铁工、建筑等手工业。这些手工业还没有完全从农业中分离出来。分工与交换不发达，市场与商人阶级还没有形成。

这个地区的彝族有黑彝和白彝之别，大体说来，黑彝是奴隶主，白彝是奴隶，他们主要的区别是阶级的区分。在大凉山黑彝占彝族人口的极其少数，但他们占有大部分可耕地和牛羊牲畜，以及生产工具和房屋同时占有可以买卖的奴隶。他们有权杀戮奴隶。他们几乎完全不从事生产劳动，主要靠剥削奴隶的剩余劳动，收地租，放高利贷为生。他们轻视劳动，认为劳动是可耻的。

白彝占大凉山彝族人口的绝大多数。依据他们在生产中所处的地位，可以分为三个阶层："噶示噶洛"——即"锅庄娃子"，单身的奴隶，完全属于主人所有，使用主人的生产工具和资料，被迫进行生产劳动和家务劳动。他们得到主人的信任以后，可以结婚成家，这就成了"安家娃子"。"安家娃子"从主人处可以租到一小块土地，按期交纳地租。他们不能随意迁移，必须在主人家住处的一旁另筑小屋居住，以备主人的随时召唤。这些娃子给主人一定身价可以获得较大的人身自由，对自己的财产具有完全的所有权，对其子女也具有亲权，这就成了"曲诺"。

"曲诺"仍须依附原来的主人以求得保护，否则仍有被别人掳为奴隶的危险。所以严格说来，他们并没有完全的人身自由。但是"曲诺"和"安家"却又都可以占有奴隶，奴隶的奴隶又可以占有奴隶，甚至有"七道娃子"之说。

尽管白彝阶层的分化很复杂，但是，黑彝和白彝的界限却是十分严格的。如严禁黑白彝通婚，黑彝可以出卖、转让、掠夺、屠杀、刑罚白彝。黑彝在任何情况下都不改变他们的社会地位。白彝中的三个阶层在一定条件下可以互相升降，但白彝在任何情况下都不能上升为黑彝。彝族内部的阶级矛盾是很明显的。奴隶们对奴隶主的反抗、毁坏生产工具、逃亡的事情是经常发生的；但是由于白彝内部存在不同的阶层，利益有差别，而且因为地域阻隔，很难形成统一的力量。由于奴隶主轻视劳动，并强迫奴隶劳动，加以血族复仇的事连绵不绝，以及解放以前残酷的民族压迫，彝族的社会生产力是很低的。这些是彝族社会长期贫困、落后的主要原因。

除了大凉山中心地区的彝族以外，云南西部江心坡及胡康河谷、迈里开江以西的萨纳山地的景颇族也有蓄奴制，但不像彝族奴隶制那样显著和普遍。蓄奴者多系山官，奴隶多系抢来或转卖的幼童。奴隶长大了，他们的主人为他们婚嫁，他们所生的子女仍是奴隶。但奴隶可以赎身，奴隶主与奴隶同样劳动，生活差异也不很大，这可能还是在奴隶社会初期的情形。

三、封建社会的各种形态

属于这一类型的少数民族为数较多，而且还各有各的特点，现分别举例如下：

（一）新疆维吾尔族

新疆的维吾尔族在土改以前就具备了封建时期的若干不同发展阶段。南部的墨玉县维吾尔族的统治阶级被称为"和加"（贵族之意），他们占有大量土地。他们把土地分为两部分：一部分是自有庄园，依靠农奴的无偿劳役来耕作，另一部分是给予农奴的份地。农奴需要承担一系列的无偿劳役，这是最主要的剥削方式，代表着封建初期的形态。"和加"可以夺取农奴财产，自立法庭和监狱可以对农奴任意刑讯以至拷打致死；也可把他们变卖转让。农奴被剥夺了人身的自由。他们在人身的隶属性上具有程度上的不同，所以也可分出不同的阶层。

以上的那种封建初期的农奴制在维吾尔族的农村中还是比较少的，比较多的是无偿劳役和对分制同时并存的剥削方式。这种剥削方式又有多种多样，地主阶级看哪样有利，就采取哪种方式。这些剥削方式都是属于封建社会中期的形态。

城区附近的一些农村，如喀什、阿克苏附近的农村，由于这些地区商品经济比较发达，剥削方式主要是高额的实物地租和雇佣劳动。地主阶级也经营一些城乡间的商业。这是封建后期的一种形态，在维吾尔族社会中还不很发达。

（二）云南西双版纳的傣族

据现在的调查，傣族过去的封建制度是在原始公社的废墟上建立起来的。在封建领主经济中，依旧保存了原始公社的形式。他们的封建领主（土司）窃取了村社所有权。形式上存在着几种土地所有制——村公有、领主所有、农民私有，但占统治地位的只是一种所有制，就是封建领主所有制。村社平分土地的陈规，已变成平均分配对封建领主的负担——封建剥削的依据，村社变成领主剥削农奴劳役的劳动编组，村社变成了负担单位。农村公社已完全变质，原有的公社议事会也仅存形式，原始民主的内容已不存在了。这很显然是原始农村公社在发展过程中，被封建王朝加上了一套封建统治的制度——土司制度，从而使原始农村公社变成了封建领主统治下的农村公社了。他们的社会形式在一定程度上还保存了原始的公社，但是实质上已是封建社会了。

（三）西藏地方的藏族

西藏藏族封建社会的特点就是政教合一制度。在这种制度下政治和宗教密切结合起来，维护巩固它的封建的社会经济基础。西藏全境的土地绝大部分都属于喇嘛寺院、贵族和地方政府。寺院拥有大量的土地，贵族有自己的庄园，参加地方政府工作的官员都有一定的封建采邑。农民与牧民是被剥削的阶级，他们要为寺院、贵族和地方政府承担一系列的义务，包括租税和无偿劳役。

除了上述的三种类型的封建形态以外，还有许多少数民族地区是同过去汉族地区封建性质相差不多，他们也是受着封建官吏和地主们的压迫和剥削，如贵州及其以东的比较接近汉人或与汉人杂居的少数民族地区，在历史上虽然也有过土司的封建统治，但大多在清代即已改土归流，建立了流官的统治。他们的社会性质与附近汉族农村相差不多，不过少数民族的人民所受到的压迫剥削更加多一层，因为除了地主的剥削外，还加上大民族主义封建王朝的压迫剥削。

从上面简略介绍中，我们可以看到我国少数民族在社会性质的问题上存在着下面这些特点：

一、我国少数民族社会发展是不平衡的。除了那些大体和汉族的社会性质相同的民族外，许多在进行民主改革和社会主义改造以前还处于前资本主义时期或资本主义萌芽时期的社会发展阶段。其中有一些还保持相当浓厚的原始公社的残余，有不少基本上还是奴隶社会和初期封建社会。

二、各少数民族的社会性质是复杂的。我们很难找到某一个社会发展阶段的典型例子。常常在一个社会中存在着多种社会经济成分。比如以有人认为是奴隶社会的大凉山中心区的彝族来说，黑彝的身份并不是单纯的奴隶主，他们同时可能具有封建主的性质，因为他们在蓄奴以外，又出租土地，以赋役和实物地租的形式占有土地承租者的剩余劳动。白彝中的"安家娃子"的阶级地位也是值得深入分析的，因为有人说他们已经开始从奴隶身份向农奴过渡。"曲诺"的性质更是复杂，因为他们可以占有土地和蓄奴，进行剥削，但同时并没有摆脱奴隶的身份。各少数民族的社会性质固然是复杂的，但在多种经济成分中，有些是旧的残余，有些是新的萌芽，有些是当时占主要地位的成分，这些都是可以也应当区别出来的。

三、同一少数民族中还可以发生显著的地域上的差异。这种差异程度有时可以很大，甚至属于不同的社会发展阶段。彝族在大凉山中心地区，奴隶经济成分占着主要的地位，但是在边区封建经济成分已经很显著；贵州、云南的彝族已有相当长的时期发展了封建主义，有些甚至已超过了初期封建的形态。新疆维吾尔族在不同地区就有封建初期、中期、晚期三种形态。黎族的中心地区还实行着具有原始共耕经济的"合亩制"，但是外围靠近汉族的地区已经是封建性的个体小农经济了。

四、在相同的社会发展阶段上的各族，他们的社会性质虽则基本上具有共同特点，但是在形式上还是各有各的特点。以封建社会来说，上面所举的例子就可以看到各民族所有的特点是很显著的。新疆维吾尔"和加"的庄园、西藏的政教合一制、傣族的土司等所采取的剥削方式都不是一样的。各种形式的比较研究可以大大丰富我们对于社会形态学说的知识。

五、少数民族在社会发展的历史过程中并不都是循序渐进的，就是说，不一定都是经过原始到奴隶、到封建这些阶段的。跨越阶段的飞跃过渡的情形在历史上也发生过，比如傣族社会，以现有材料来看，就是直接从原始社会过渡到封建社会，中间越过了奴隶社会这个阶段。有人认为蒙古族、维吾尔族和满族也可能曾发生过类似情况。发生这种情况的历史条件是复杂的。但这种情况也提示了我们应当特别注意各少数民族在历史上和汉族的关系，因为这种情况常常是比较落后的共同体和比较先进的汉族相接触的结果。

六、在多民族杂居的地区还发生一种情况，就是不同民族成分虽则已经进入了同一的阶级结构中，但是各自还保存了不同社会性质的特点。比如贵州西部过去有些苗族受着彝族的统治和剥削，彝族当时已经是奴隶社会或初期封建社会，但是那些被统治的苗族却在一定程度上还保留原始公社的残余。在汉族封建势力进入少数民族地区对少数民族进行统治和剥削的过程中也可能发生过这种情况。

七、中华人民共和国成立以来，各少数民族，不论它原来的社会是什么性质，在先进民族的帮助下，跨越了若干社会发展的阶段，一致地向社会主义社会过渡，因此引起了一系列的重要变化。它们所经过的变化也是各有各的特点。比如上面所述的鄂伦春族正在从他们原始社会的基础上进行社会主义改造，发展狩猎合作社，他们遇到的矛盾和奴隶社会或封建社会在改造中所遇到的矛盾是不同的。他们在实行按劳分配的原则时就和原有平均分配的原则相抵触，因此，在改造的措施上不能不采取特有的方式。这些也是我们研究社会性质时所应当注意的问题。

在对少数民族进行社会性质的分析时，应当注意上述的这些特点。

关于少数民族社会性质的研究并不是现在才开始的。在民族工作的实践中不可能不经常注意各民族发展上的特点。中国共产党在老解放区已经开始了这方面的研究，中华人民共和国成立后更有了发展。过去民族学者也搜集过一些有关这个问题的资料。但是过去占有的资料还不够全面和深入，研究工作也大多不够系统，我们对各少数民族的社会性质虽则有一些初步的认识，但是还很不充分。因此，我们应当重视这项研究，作为今后一段时期的民族学研究的中心工作。

在进行这项研究工作时，我们应当注意避免以下几种可能的偏向：

一、过去民族学者在少数民族中进行社会调查时，往往缺乏明确的要求，调查者单凭个人兴趣或是没有目的地记录一些零星见闻，忽略搜集有关社会性质的关键性的材料。即使注意到了这些问题，也很少深入调查和反复核对，以致在进一步分析时常常感到材料不够了。这是调查工作缺乏理论指导的结果。

二、也有些民族学者在没有充分占有事实材料以前，急于想对某些民族的社会性质做出结论。他们往往用一些经典著作上的引语来代替深入的观察，满足于挑选一些零星的例子来证明一般规律的正确性。这种教条主义对于我们的研究工作并无一点好处。我们必须实事求是，理论与实际相结合，通过逐步深入的系统调查研究，才能对各少数民族社会性质得到正确的认识。

三、由于各少数民族社会性质的复杂性，它们常常具有不同性质的经济成分，它们又有很显著的地域上的差异等等，研究工作者如果主观上具有成见，很容易被片面的或局部的事实所迷惑，而做出不正确的结论。因此在进行这项研究工作时应当特别着重全面深入搜集有关材料，以反复调查的方法来校核从已有材料中得出的结论，草率和急躁的偏向是必须克服的。

三、关于少数民族文化和生活的研究

  我国的少数民族正处在巨大和迅速变革的时期，从不同社会性质的基础出发向社会主义过渡。这个变革不仅是生产方式的改变，从原始的或是分裂成敌对阶级的社会改变成没有剥削的社会，而且是极广泛和深刻的文化和生活各方面的改变。各少数民族的人民都将在这个伟大的过渡时期发展成具有高度文化和现代生活的人。各民族的新文化和新生活并不是离开了他们原有的文化和生活，凭空创造或全部向别民族输入的，而必然是从原有民族文化的基础上发展起来的。这是一个推陈出新的过程；是一个一方面发展本民族的优良传统，一方面和陈旧的和有害的旧文化旧生活进行斗争的生长过程；也是一个社会主义内容和民族形式创造性的结合的过程。民族学者的任务就是研究这个过程和帮助各民族人民促进这个过程。这就是关于各少数民族文化和生活的研究。这项研究有三个方面：

  一、民族学者对各民族人民的文化和生活的研究首先应当着重观察各民族人民在党和政府领导下所创造的新事物注意这些新文化和新生活是怎样发生的，怎样为群众所接受的，怎样满足群众的需要。这是这项研究的第一个、也是最重要的方面。

  二、这些新文化和新生活既然是在原有的民族传统的基础上发展起来，和与衰亡的旧的文化、生活斗争中长成的，我们也必须对各民族原有的文化、生活有充分的认识。必须指出，对于各族旧有文化和生活的研究是为了更好地理解各族人民当前文化和生活中存在的矛盾和更正确地估计新文化和新生活的意义，这和资产阶级学者的猎奇和搜集古董的观点毫无相同之处。

  要正确地了解各民族人民原有的文化和生活在社会主义改造中的变化：我们必须区别哪些是应当发展的民族传统，哪些是发展新文化、新生活的障碍。这个要求就引导我们去分析文化、生活和社会经济基础的关系。在原有的文化和生活中，有些部分是直接服务于剥削阶级的，有些部分是劳动人民创造出来服务于自己的，也有些部分是不属于社会上层建筑的。这些不同性质的部分在社会主义改造中有些是应该消灭的，有些是可以利用的，有些是必须发展的。这是这项研究的第二个方面。

  三、社会主义的文化是通过各民族人民所喜闻乐见的民族形式来发展的。这是和资产阶级的世界主义根本不同之处。一个民族的文化和生活是这个民族长期历史的产物，是这个民族劳动人民智慧的积累由于历史条件不同，各民族劳动人民创造了他们文化和生活上的特点。而且各民族的人民从小在这种具有特殊形式的生活中长成，养成了他们对自己民族形式的感情，同时也成了他们继续发展他们的文化和生活的基础。在这个意义上，各民族的文化和生活具有历史的继承性。当然民族形式也是不断变化的，但是这种变化的规律却不同于社会性质变化的规律。深刻地研究各民族文化和生活所具有的民族形式和它变化的规律，是这项研究的第三个方面。

  我国少数民族的社会主义改造是这几年才开始的，民族学者对这个重大历史事件的注意还很不够。但是这个变化是很迅速的,所以如果不及时研究这个过程,将来必然会成为一个不可弥补的遗憾。因此我们必须在这个时候把这项研究提出来作为今后民族学研究的一项重要任务。

我们对于各少数民族的文化和生活虽则还缺乏足够的注意和系统的研究,但是在这方面我们也积累了一些零星的资料。从这些资料中我们可以看到各民族原有的文化和生活是多种多样的,极为复杂的。同时,也可以看到各民族人民都有他们独到的创造,使他们的文化和生活丰富多彩。我们在这里不能对国内少数民族文化和生活作综合的介绍,但是愿意对在进行这些方面的研究时应当注意的问题提出一些初步意见。

一、我们不妨先从物质文化说起。物质文化包括生产工具和生活用具。生产工具是劳动资料的主要部分,生产工具的改进,促进生产力的发展,从而促进社会经济的发展。所以不同社会发展阶段使用不同的生产工具。我国各少数民族社会发展不平衡,他们所用的生产工具有的是很简单和原始的,也有比较发达的。又由于我国幅员广大,地理条件多种多样,各地方人民所从事的生产也有不同,不但有农、牧、渔、猎之别,而且即使都从事农业,还有平原和山区的差异。因此增加了他们所用生产工具的多样性。对于生产工具的研究,首先应当注意它们的发展水平,从应用一定工具所收获的生产量来决定它是落后的还是先进的。落后的工具被先进的工具所代替是社会发展过程中的一般现象。民族学者不仅要注意这一般现象,还应当细致地观察新工具代替旧工具的速度和存在的问题等等,而且还要注意有些在主要生产活动中被代替了的旧工具却保留在工艺和园艺的活动里,或是在宗教和社会的仪式里,至成为竞技和游艺的用具。

联系着生产工具,我们还应当注意各民族的生产知识和技术,特别是长期在一定地域里所积累的特殊知识和技术。这些都是极可宝贵的,而且是经济发展的基础。社会主义社会的建立将给各民族发展它们特别适宜于当地的生产事业的充分机会。比如西南山区的药材具有极高的经济价值,而少数民族在搜集和培养这些药材上却具有专门的知识和技术。

生活用具是应当联系着衣、食、住、行、养生、送死等各方面生活内容来研究的。它们都具有民族的特点,且不提在这方面各民族人民所加工的艺术,只从原料和形式上来说也各有各的创造和习惯。各式各样的民族服装是我们所熟悉的,也成了普遍辨别民族的简单标志。各民族在饮食上也有差别,而且从小所养成的饮食习惯并不是很容易改变的。在城市发展中,民族食堂的设立已成了一个现实的需要。房屋建筑和交通工具的形式也是如此。在生活用具上所表现的民族特点,固然和各民族的生产情况有关,比如牧区民族穿皮革和毛织品,吃肉类、乳品,住蒙古包,骑马、拉大轮车,西南山区民族穿麻织品,吃糯米,住竹建的楼房,背运货品等,都是明显的例子。但是深入研究它们所有的形式,比如在同样地理条件下生活的各民族,有的好白,有的尚黑,有的又喜欢蓝色、红色,这种种形式上的特点却不是从生产情况简单地能加以说明的,我们必须结合这些民族的历史来进行研究。各民族在生活用具上所有的特点,并不都会因社会性质的改变而起根本的变化,他们很可以带着许多这类特点进入社会主义社会。

二、人们的社会生活，就是有关人与人关系的风俗习惯等。这方面的研究，首先应当注意那些和社会性质有密切联系的情况，就是说不论什么民族，在一定的发展阶段上都会发生同样的情况。比如在原始社会里，血缘关系是社会关系的基本纽带，环绕着决定亲属关系的生活节日上常常有许多繁缛的仪式活动。这些都是某一社会发展阶段的共同的特点。但是某一社会发展阶段的共同特点又可以在不同程度上，以残余形式保留在其后的各阶段中，而且可以在旧的形式中发展了新的内容。这些情况不但可以迷惑社会性质的分析，也使社会生活的研究更为复杂。

在阶级社会里人们社会生活表现的共同特点就是阶级的区别。这种区别可以很大，甚至形成了"两种文化"。所以在研究这种社会时，首先要注意这个特点。过去有人常常把某一民族的统治阶级的生活方式作为这一民族的特点，那是错误的。研究阶级社会各阶级的社会生活时还应当注意剥削阶级对劳动人民的影响。剥削阶级的生活方式在阶级社会里是处于统治地位，剥削阶级还要利用他们的权力来推行有利于他们的种种风俗习惯。比如歧视妇女，甚至如缠脚等一类的风俗显然是对劳动人民不利的，但是由于剥削阶级的提倡和推行，在劳动人民中也有通行的。因此社会生活的阶级性的分析并不是简单的。

在劳动人民中，他们的社会生活大多密切地和他们的生产活动相结合。比如节令的性质就常是生产活动的动员和收获的庆祝，庙会、跳场等群众性集会常和贸易活动和青年男女的择配活动结合在一起。这些社会活动固然在生产中起着一定的积极作用，但是在生产技术的改造过程中，那些联系于落后技术的风俗习惯也可以起阻碍改造的消极作用。在有关养生送死的许多风俗习惯中同样应当注意这种情况。劳动人民的许多生活经验常被固定在风俗习惯里，当这些风俗习惯形成的时候可以有积极的作用，但是生活条件改变了，这些风俗习惯却成了维护落后方式的力量，那就成了进步的阻碍。比如有许多禁忌虽则是有一定的卫生价值的，但是也可以成为传播科学知识的阻碍。更重要的是有些风俗习惯在当前对生产的发展很不利，甚至影响到民族的发展。因此，我们对于劳动人民的风俗习惯也必须加以批判地接受，不应当一律称作民族特点而要求保存和发展。民族学者的调查研究就可以帮助各民族人民重新估计他们的风俗习惯。

三、艺术和文学是各民族文化和生活的重要部分。不论社会发展到什么阶段，没有一个民族不在这方面有它独特的创造。有些人认为生产落后的民族是没有艺术和文学的，那是和事实不符的。在我国的少数民族中，有些在经济上还是落后的，但同样有可贵的艺术品。比如台湾的高山族经济上还相当原始，但是他们浮雕的图腾版却具有很高的艺术水平，他们所编织的贝衣，已有很长的历史，同样是极美的工艺品。大凉山的彝族所用的餐具和马鞍上绘着精美的色彩和花纹；苗族和壮族的竹器，即使是很简单的鱼篓，在艺术上都有很高的评价。各少数民族的文学作品也是如此。各族人民都有丰富的口头创作。云南撒尼（彝族的支系——编者注）的长诗《阿诗玛》一经记录和翻译了出来，已经赢得全国文艺界的推崇。至于文字发达的民族，文学的遗产保留得更多了。蒙族的《格斯尔的故事》和藏族的《米拉日巴的一生》都是已经为大家所知道的例子。音乐舞蹈等方面的情况也是如此。这些劳动人民所创造的、为劳动人民所爱好的历代保留下来的艺术和文学，不但是各民族宝贵的遗产，而且是我们民族大家庭值得骄傲的共同财富。

各民族艺术上的创造提供了美术、文学、音乐和舞蹈多方面丰富的研究资料，这些资料对于民族学者同样是极可贵的。民族学者一方面应当以这些作品所反映的生活内容来丰富自己对这些民族各时期社会生活的认识，比如《阿诗玛》的长诗就生动地反映了青年男女的爱情和当时阶级社会的矛盾，使我们对撒尼的社会性质有了亲切的体会；另一方面民族学者还应当从这些民族的历史条件来了解它们艺术风格的形成和变化，比如黔东苗族的音乐和舞蹈表现出沉重、抑制、内向和细致的风格，这种风格可能是和他们长期缺乏自己的政权、被压迫和被分散的历史分不开的。解放后，从他们歌颂毛主席等曲子上所流露出来的兴奋、感激和舒畅的声调也正反映了他们从生死关头获得新生的情绪。又比如蒙古族的音乐在历史上曾经发生过长短调的变化，而这种变化提示了当时社会上可能发生的重大变革。各民族艺术和文学的作品也常常使我们看到各民族间文化交流的证据，比如藏族在唐代和汉族的密切关系还反映在他们现在的音乐、舞蹈上。我们在这里所举的例子由于缺乏研究可能是不正确的，但是可以提示我们民族学者在这方面的研究工作是有着广阔园地的。

关于少数民族艺术文学的研究，对于各民族的发展有着重大的意义。我国的各少数民族都处于正在形成社会主义民族的阶段。艺术和文学在发展社会主义民族共同心理这个特征上起着重要的作用，同时，社会主义民族的形成也给了各民族人民发展民族艺术和文学创造了最好的条件。可以预见在他们形成社会主义民族的时期里必然会有伟大的作品出现。

四、关于少数民族宗教信仰的研究

少数民族宗教信仰的研究作为当前民族学的一项任务提出，是因为宗教信仰不但在历史上，而且在当前，在许多少数民族人们生活中和民族关系上占有重要的地位。宗教信仰是人类在一定时期中的历史产物，与人们的自然斗争和阶级斗争有着密切的关系，民族学者把宗教信仰作为一种社会现实来分析，着重在了解它对人们生活所起的作用和它的变化。宗教不是民族的特征，那就是说宗教的变化和人们共同体的形成和变化并没有绝对的关系。历史上有着很多例子，一个民族从信仰一种宗教转变到信仰另一种宗教，或是同一民族中存在着不同的宗教，这些都不影响到共同体的稳定和完整。但是宗教信仰在文化和生活上所起的作用却可以是很严重的，有些民族的人从生到死在一切重要的社会节目上，都充满了宗教的仪式，有些民族的宗教和政治密切结合起来，成为统治机构中不可分的部分。藏族就是这样的一个例子。而且有些民族之间由于宗教信仰的不同，往往引起复杂的民族关系，成为民族问题的一部分。对于这些民族的宗教信仰的研究是特别重要的。

我国少数民族的宗教信仰是多种多样的，大体上可以归纳为下列几类：

一、图腾信仰：如高山族的派宛部崇拜神蛇，认为和他们的祖先有关。他们的雕刻、绘画以及生活用具上的装饰常用这种图腾作主题。瑶族中有龙犬的传说和崇拜仪式，也可能是这种信仰的残余。

二、萨满信仰：在东北地区和内蒙古自治区的赫哲、鄂伦春、达斡尔以及通古斯和索伦等族中流行这种信仰，巫师称萨满，群众认为他们具有一种超自然的能力，能知祸福和能驱鬼治病。

三、多神信仰：在西南、中南等地区许多少数民族中流行，内容并不是一样的，他们相信各种东西会成仙作怪，还有许多善神恶鬼。各族有自己的巫师，如彝族的"毕摩""苏臬"，纳西族的"多巴"，黎族的"道公"和"娘母"，苗、瑶等族的"鬼师"，佤族的"莫巴"等。

四、喇嘛教：是大乘佛教与西藏原有的宗教结合而发展成的。现在主要流行在藏、蒙古、土（青海）、裕固等族中。喇嘛教有各个教派，如苯派（黑教）、宁莫派（红教）、萨迦派（花教）、噶举派（白教）、格鲁派（黄教），目前以黄教最为盛行，寺院和信徒最多。黄教有名的六大寺：西藏的哲蚌、色拉、噶丹、扎什伦布，青海的塔尔，甘肃的拉卜楞。每寺喇嘛人数都超过1000人，有的达五六千人。

五、小乘佛教：主要流行在云南傣族和部分佤族中，寺院称缅寺，男子在少年时入寺学经，几年后还俗娶妻。

六、伊斯兰教：有回、维吾尔、哈萨克、柯尔克孜、保安等10个民族信仰伊斯兰教。总数有800万人以上。

七、基督教、天主教、东正教：都是西方传入的，近百年来和帝国主义的侵略阴谋有密切关系。基督教的势力主要在西南地区，如苗、佤、傈僳、拉祜、景颇等族都有一部分信徒。

民族学者对于上列这些少数民族宗教信仰可以说还没有进行系统的深入研究。但根据我们的初步认识，在进行这项研究时下列几点是值得注意的：

一、宗教意识和民族意识的结合是值得注意的第一点。最显著的例子是回族和伊斯兰教的关系。在回族人民意识上一般觉得伊斯兰教是他们这个共同体的共同信仰。这种共同信仰被认为和回族之成为一个共同体似乎是分不开的。当然，这并不是说宗教已经成为人们共同体的特征，而是说，共同信仰已经成为反映共同心理素质的文化特点。宗教意识和民族意识就是这样密切地结合了起来。宗教意识和民族意识在别的民族并不都是结合得这样密切的。比如苗族和他们的多神信仰就不是这样。苗族人民虽则大多具有这种信仰，但是并不意识到这是他们这个共同体的共同信仰。而且各地苗族也可以吸收其他民族传入的不同的神作为他们的供奉对象，甚至有部分信奉了基督教。这些信仰上的差异并不影响他们都相互承认是属于同一的共同体。这就是说宗教意识和民族意识并没有结合在一起。各民族在这个问题上情况是不一致的，二者的结合程度也不同。

二、宗教和政治的结合是值得注意的第二点。在我国少数民族中在这个问题上最突出的是西藏藏族的政教合一制。这个制度曾经维护和巩固了他们的封建社会经济基础。至于这个制度的具体内容，我们现在还研究得不够。比如寺院在政治和经济上有着什么地位和作用？

通过广泛吸收各阶级的人成为喇嘛，寺院怎样和群众密切联系？这些都还是值得深入了解的问题。在我国历史上还有一个突出的问题，就是过去的民族运动和农民运动常常和宗教发生密切关系，不但少数民族过去反抗压迫的运动很多以卫教为口号，就是包括汉族在内的农民运动也很少不打出宗教的旗帜。宗教的口号和旗帜能在群众中发生动员的作用，这也说明了宗教和政治的关系绝不是很简单的。宗教固然常服务于统治阶级，但有时对群众运动也有一定作用。特别是民族关系上，宗教所起的作用更是不应当低估。这些都是必须结合具体历史条件进行研究的问题。

三、宗教和帝国主义侵略的结合是应当提出来注意的第三点。派遣和利用传教士作为侵略先锋是帝国主义者惯用的策略。不但在中国历史上可以看到，在世界各殖民地也可以看到。事实告诉我们，在我国很多少数民族地区，特别是西南，从边疆到内地，从清代后期到解放前夕，帝国主义者所建立的教会拥有很大的势力，曾经成为事实上的独立王国，而且通过小恩小惠深入部分少数民族群众的人心，在我们的领土内插入了侵略的据点。解放后这些帝国主义的特务是被驱逐了，但是这段历史所发生的影响还不可能在短期间完全消灭。我们对这段历史的研究在一定程度上还具有现实的意义。

五、几点说明

最后应当附带说明：

一、我们在这里所提出的是当前民族工作提给民族学的四项任务。这些任务都是属于我国少数民族研究的范围。并不应当引起这样的误会，以为民族学是一门研究少数民族的学科。把少数民族和汉族分开作为两门学科的研究对象是没有根据的。西方资产阶级学者由于民族主义的偏见，歧视殖民地的各民族，曾经把所谓"文明人"的研究划在民族学或社会人类学范围之外，这是错误的。我们肯定民族学的研究对象是包括一切民族在内的，在中国的范围里，不但要研究少数民族，也要研究汉族。

二、民族学的研究范围也并不限于我们在书中所提出的四个问题。比如族源问题就是一个例子。我们没有在这里特别提出来并不意味着这些问题可以不必进行研究。我们的意思只是说上面所提出的问题比较重要，而且和当前民族工作有着比较更为密切的关系，所以应该作为重点来进行。但是凡有条件进行研究的其他问题当然都是可以研究的，而且对于民族学的贡献一样是很重要的。

三、民族学在中国还可以说是一门比较新的学科，因此还有许多人对于这门学科的名称、内容和方法有不同的意见。我们在这里不想从定义、学科分类上进行讨论。为了避免各种讨论成为学究式的辩论，我们认为最好从这门科学所进行的研究工作的本身来说明它的内容，而且只有在研究工作的发展中，一门学科的性质和范围才能逐步明确起来。一门学科的发展，我们认为，并不依靠开始时把范围划清，界碑树好，而是依靠密切结合实际生活所提出具体的问题来进行自己的研究工作。实际生活是丰富的、变化的，一门学科能从这个丰富和变化的泉源出发,它的工作也会是活泼的、常新的。我们是从这种认识出发来为中国民族学提出它的任务的。

1956 年 8 月

新中国第一所
培养少数民族干部的高等学府
——中央民族学院[①]

刘春

在高校林立的北京西北郊,有一所独具特色的学校。那里的学生,穿着不同风格的民族服装,操着不同民族的语言,来自祖国每一个边远的少数民族地区。这就是新中国第一所专门培养少数民族干部的高等学府——中央民族学院。

从延安到北京

我们党一贯重视培养少数民族干部。早在1941年9月,党中央就在革命圣地延安创办了一所民族学院,培养了一批蒙、回、藏、彝、苗、满民族干部。这批少数民族干部后来都为祖国的解放和发展,为各民族大家庭的统一、团结、平等、自治做出了重大贡献。

新中国成立后,毛主席于1949年11月14日在关于西北少数民族工作致彭德怀同志、中共中央西北局的电报中指出:"……在一切工作中仍坚持民族平等和民族团结外,各级政权机关均应按各民族人口多少,分配名额,大量吸收回族及其他少数民族能够和我们合作的人参加政府工作。""在这种合作中大批培养少数民族干部。""各省省委及一切有少数民族存在地方的地委都应开办少数民族干部训练班,或干部训练学校。"

根据毛主席有关培养少数民族干部的指示,1950年4月,中共中央政治局决定在北京设立中央民族学院。政务院随即于1950年6月20日任命民委副主任乌兰夫兼任中央民族学院院长,副主任刘格平兼任副院长,由民委主持建院筹备工作。1950年8月,中央从内蒙古调我到北京中央民族学院工作,负责筹建。9月22日政务院任命我为副院长,主持民院

[①] 刘春著:《刘春民族问题文集(续集)》第393—396页,北京:民族出版社,2000年10月。

工作。

从国子监到白石桥

两手空空，要办起一所高等院校，谈何容易！当时的校址设在国子监一所原小学校旧址内，院部在东四七条胡同，其他办事机构则分散在大格巷、夏洼子、雍和宫等处原住宅内，地址分散，工作十分不便。办院目的是清楚的，但方针、任务还不明确。而且师资缺乏，干部很少，加上课堂房舍不足，设备简陋，进行教学和工作困难很大。即使如此，由于少数民族地区迫切需要干部，在当时的条件下，我们还是努力克服困难，开办了军政干部训练班和藏语班。

1950年，民委在关于各民族代表参加国庆节向中央人民政府毛主席和政务院周总理的报告中，依据中央历来的指示，说明"普遍而大量地培养民族干部，是圆满地实现民族区域自治和在民族地区做好一切工作的关键"，并报送了《培养少数民族干部的试行方案》和《筹办中央民族学院试行方案》，请求予以审核批准。

这两个方案提出，在北京设立中央民族学院，并在西北、西南、中南各设中央民族学院分院一处，必要时还可以增设。中央民族学院及其分院均应设立少数民族问题研究室，中央民族学院并应负责研究少数民族语言文字、历史文化和社会经济等，组织和领导这方面著作的出版。为解决师资不足问题，应尽可能将目前各大学和国内各地研究有关上述问题（指少数民族问题、各民族的历史、现状、社会、经济、文化、语言文字等）的适当人才集中到民族学院。

方案提出后仅仅一个多月，1950年11月24日周总理主持的政务院第60次政务会议就予以批准了。

于是，中央民族学院全力展开了建园工作：选择西郊白石桥为校址开始建设校舍，设置教学、研究、行政机构，建立党的组织，调集教师、研究人员和各项工作干部，筹划建立系科，准备招收新的少数民族学员。

从幼苗到大树

经过一年的工作，在建院的各项措施都有了安排的情况下，1951年6月11日，中央民族学院举行了开学典礼。中央人民政府副主席朱德亲临大会祝贺，并作了重要讲话。副主席李济深、政务院副总理董必武、教育部长马叙伦、中央统战部长、民族事务委员会主任李维汉等也到会祝贺。朱副主席在讲话中指出："要实现我们的任务，就必须大量而普遍地培养各兄弟民族的干部。中央民族学院就是中央人民政府决定开办的许多学校中的一个。"

开学典礼以后，1952年暑期，中央民族学院迁到新建的即现在的白石桥校址。环境改观了，条件也具备了，开始从短期训练进到长期教学，增设了各种系科和预科，还附设了中学。教学、研究人员和行政人员队伍也日渐增加壮大了，从而扩大了招生范围和学员数量。大学系科招生还参加了国家高等院校的统一招考。1952年，全国高等院校实行院系调整，教育部决定将清华大学和燕京大学的社会学系、北京大学东方语文系的民族语文专业调整到中央民族学院。民院逐渐具备了完整的体系，成为全国民族教育方面一所重点综合性的高等学府。

党和国家领导人毛主席和刘少奇、周恩来、朱德、邓小平以及其他同志，都非常关怀民院的成长。毛主席和其他中央负责同志从民院建立到"文革"以前曾14次亲切接见民院各民族应届毕业学员和教研人员、工作干部。

毛主席对于办民族学院的重要性，给予了很高的评价。记得1953年7月13日的晚上，他主持召开中央政治局会议，讨论全国统战工作会议通过的《关于过去几年内党在少数民族中进行工作的主要经验总结》。当讨论到"关于培养少数民族干部"问题时，他说："苏联办东方大学，我们办西方[①]大学。"我当时列席了那次会议，听了毛主席的讲话，感到非常振奋。1956年5月26日，周总理和陈毅副总理来到民族学院，参观了大礼堂、图书馆、医务室、学生宿舍、食堂等处，与各族师生亲切交谈，问寒问暖。在这次视察中，总理作了重要指示，他说："要把民族学院办好，为少数民族多培养共产主义干部，为建设社会主义祖国做贡献。"正是由于中央的重视，民院才从一株幼苗长成一棵参天大树。

40多年来，中央民族学院已经培养了一大批各民族的政治干部和各方面的专业人才，其中很多人成为领导骨干。今后，在建设有中国特色的社会主义伟大事业中，无疑的，它必将继续为巩固祖国统一和加强民族团结，为各民族的区域自治、平等互助、共同发展、共同繁荣发挥重要的作用。

---

① 意指我国少数民族大多居住在祖国的西部地区。

学 术 动 态

中国科学院民族研究所在京成立[①]

中国科学院民族研究所经过一年的筹备已于1958年6月23日在北京正式成立,这是我国科学研究工作和民族工作中的一件大事,它标志着我国民族研究工作已进入一个新的时期。

6月23日下午三时,在北京西郊中央民族学院礼堂举行了成立大会。出席大会的,有中共中央统战部,全国人民代表大会民族委员会、中央民族事务委员会、中国科学院哲学社会科学部以及北京地区的有关研究所,中央民族学院、高等学校、出席民族研究工作科学讨论会的全体代表等共二百多人。

会上,首先由民族研究所筹备委员会委员苏克勤同志报告了筹备经过,说明了研究所的任务和业务范围,组织机构和干部情况。

接着,中国科学院哲学社会科学部副主任潘梓年同志代表中国科学院宣布民族研究所正式成立。他说:中国科学院在6月21日常务会议上讨论了民族研究所的规划任务书和筹备经过,一致认为民族研究工作在哲学社会科学部门中占有很重要的地位,民族研究所的成立将大大地推动民族研究工作的发展。中国科学院常务会议讨论并通过了关于民族研究所正式成立的决定,并向国务院建议任命刘春同志为所长,苏克勤、牙含章、翁独健、夏康农等同志为副所长。

中共中央统战部副部长、民族事务委员会副主任汪锋同志代表中央统战部和中央民委向大会热烈祝贺,并作了重要发言。

此外,在会上讲话的,还有中国科学院少数民族语言研究所副所长傅懋勣同志等人。苏联民族学专家切博克沙罗夫同志也到会祝贺。会后,并接到苏联科学院民族学研究所所长托尔斯托夫的贺电。

民族研究所在我国社会主义建设大跃进时代宣告成立,具有重大的意义。自从党的八大

[①] 郝时远主编:《民族研究》第1期,第45页,中国社会科学院民族学与人类研究所,1958年。

二次会议以后，祖国的社会主义建设事业普遍掀起了一个大跃进的形势，我们的民族工作有了飞速的发展，因此，民族研究工作必须跟上形势的需要，研究所的成立就将有利于这一工作的开展。根据中国科学院民族研究所任务书中的规定，民族研究所是我国有关全国少数民族研究工作的中心，它的任务是：进行和推动全国的少数民族研究工作，培养这一方面的专业工作者，协助国家民族工作机构解决科学研究方面的有关题，宣传党和国家的民族政策，巩固祖国的统一和各民族的团结，促进祖国社会主义事业的发展。

民族研究所的主要业务范围暂定三项，即民族问题、民族学和民族史。民族问题：主要是关于马克思列宁主义民族问题理论和中国共产党的民族政策的研究；民族学：主要是关于中国少数民族的识别，社会性质的演变，文化和生活特点及少数民族宗教的研究；民族史：主要是关于中国各少数民族历史和中国历史上各民族相互关系的研究。因此民族研究所内部暂设三个研究室：民族问题研究室，民族学研究室和民族史研究室，分别进行上述三项研究。此外，自1958年9月份起，开始出版一个配合我国民族研究工作，反映我国民族研究工作状况的学术性刊物——《民族研究》。

研究所在成立的一天，就提出了战斗性的口号：苦战三年，改变少数民族研究工作落后于实际的状况，尽快地使民族问题，民族学和民族史的研究成果达到国际先进水平。

研究所成立后，人大民委便将1956年开始的我国少数民族社会历史调查工作的日常业务领导移交给研究所。现在，研究所已经按照新的跃进规划，组织人力，扩大了原有调查组的队伍，准备在今后一年内完成50个少数民族的社会历史调查和50个少数民族简史简志的编写任务。研究所的全体人员以及所有参加这次调查的同志，热情很高，干劲十足，一定要在明年十月一日以前胜利完成这两大任务，作为庆祝中华人民共和国建国十周年的献礼。

记民族研究工作科学讨论会的经过[①]

今年6月11日至7月7日,在北京召开了民族研究工作科学讨论会,这次会议是由全国人民代表大会民族委员会,中央民族学院和中国科学院民族研究所筹备委员会联合召开的,一共开了27天。参加这次会议的,除北京有关单位外,主要的是来自内蒙、新疆、四川、西藏、广东、广西、云南、贵州等八个少数民族社会历史调查组的代表以及各地民族学院、中国科学院新疆和广州分院的代表,共130余人,此外,列席会议的也有一百余人。

这次讨论会是用整风方法进行的,一开始就是大鸣大放,写大字报,然后,根据揭露的问题,采取小组会和大字报相结合的方式,展开辩论,明确了大是大非;最后,就一些重要问题,进行了大会发言,并由人大民委副主任委员谢扶民同志做了总结发言(见本刊第2页)。

这次讨论会是以虚带实,政治挂帅,先解决民族研究工作中的两条道路的斗争问题,然后再解决许多具体的实际问题。

会议首先肯定了两年来少数民族社会历史调查工作的成就。两年来,已经进行社会历史调查的少数民族有20个,已经整理出的调查材料约1,500万字。这些材料对少数民族地区的民主改革、社会主义改造以及当前的社会主义建设都起了一定的作用,为科学研究工作提供了许多有价值的资料,并在实际调查工作中培养出了一批能够用正确的立场、观点和方法进行民族研究工作的干部,大家一致认为,成绩是很大的。

会议同时认为在民族研究工作和少数民族社会历史调查中一直存在着无产阶级和资产阶级、集体主义和个人主义、社会主义和民族主义的两条道路两种思想的斗争问题。除对右派分子费孝通、吴泽霖、黄现璠等人去年已作批判外,这次会议又集中揭发和批判了李有义、岑家梧、杨成志、杨堃等资产阶级民族学家,他们在过去的少数风族调查工作中一直在和我们争夺领导权。有的对党的领导进行了恶毒的攻击,实际上是披着学术外衣搞政治投机;有

[①] 郝时远主编:《民族研究》第1期,第46页,中国社会科学院民族学与人类研究所,1958年1月。

的则到处贩卖资产阶级民族学和社会学的货色，猎取奇风异俗，忽视经济基础，抹杀阶级矛盾，严重地脱离政治，脱离群众，脱离实际；他们垄断材料，搞"小仓库"，为了自己写文章卖钱。有些青年也受到了他们的不良影响，追求名利，不安心工作。会上，对地方民族主义也展开了尖锐的斗争，批判了新疆调查组副组长维古尔·沙依然在调查工作中所犯的地方民族主义的错误倾向。

与会同志一致认为这次讨论会收获很大，帮助大家对民族研究工作中的一些大是大非问题取得了一致的认识，受到了深刻的教育，认清了资产阶级民族学"专家"的丑恶面目，破除了迷信，解放了思想，在民族研究工作中插上了红旗，拔掉了白旗。

这次讨论会因为是在全国整风的基础上召开的，到会代表顾虑小，干劲大，充分表现出了敢想、敢说、敢做的共产主义风格，根据党的八大二次会议"鼓足干劲.力争上游、多快好省地建设社会主义"的总路线的精神，讨论会提议将原定4~7年完成的少数民族社会历史调查和原定三年内完成的50个民族简史、简志的编写任务提前在今后一年之内完战，这个提议经会议正式通过后，已由民族研究所纳入跃进规划之内。代表们干劲十足，信心百倍，愿为完成这样一个光荣任务而贡献出自己的一切力量。

在会议进行期间，民族研究所还举办了解放以来出版的有关少数民族的历史、现状、文学、艺术、翻译、调查等著作的展览会，还放映了由八一电影制片厂拍摄的云南卡瓦族、四川凉山彝族和广东海南黎族等三个少数民族的社会情况的科学纪录片，得到与会同志一致的好评。

民族研究工作的跃进规划[①]

中国科学院研究所

一、在今后一年之内完成全国少数民族社会历史初步调查和编写各民族简史、简书丛书两大任务

我们祖国现在正处在伟大的社会主义建设的大跃进的时代，党的八大二次议会所提出的"鼓足干劲，力争上游，多快好省地建设社会主义"的总路线，鼓舞了全国人民，推动了一切工作向前猛进，民族研究工作大跃进的规划。就是在民族研究工作方面贯彻党的总路线的具体表现。

民族研究工作科学讨论会据总路线的精神，讨论了民族研究工作的各个方面，提出了在今后一年之内完成以下两大任务，作为全国民族研究工作的中心和奋斗目标，两大任务是：

第一，要求在今后　年之内完成原定在四至七年之内完成的全国少数民族社会历史调查。

第二，要求在今后一年之内完成原定在三年时间之内完成的全国少数民族的简史与简志的编写。

少数民族社会历史调查工作，是在1956年由党中央和毛主席指示人大民委组成领导的，进行这项工作的目的，主要是为了少数民族地区的民主改革，社会主义改造和社会主义经济文化建设事业服务；同时也为我国民族问题的科学研究搜集和积累必要的资料。当时共组成

---

① 中国社会科学院民族研究所编辑：《民族研究工作的跃进》第30—35页，北京：科学出版社，1858年10月。

了内蒙、新疆、西藏、云南、贵州、四川、广东、广西等八个调查组，原定以四至七年的时间，完成上述任务。在过去两年之内，已经调查了20个民族，调查材料约1,500万字，工作成绩是显著的，但是仍有一半以上的少数民族的社会历史调查尚未进行，而已在进行的20民族的社会历史调查工作也未完全结束。今后一年的任务是：在过去已有的基础之上，完成全国各少数民族的社会历史初步调查工作。

编写各族简史、简志任务，是国务院科学规划委员会制的1956—1967年哲学社会科学规划纲要（草案）中提出来的，中央民委根据上述纲要和当前各项工作大跃进的新的形势，同时考虑到明年是中华人民共和国建国十周年，因此指示提前在1959年国庆节前编辑出版三种民族问题丛书（即一是"各民族自治地方概况"，二是各民族的"简史"，三是各民族的"简志"），通过这三部丛书来反映建国十年来党在全国民族工作方面所取得的伟大成就，反映各少数民族的新的面貌和新的民族关系，阐述党的民族政策，特别是民族区域自治政策，向全国人民进行社会主义，爱国主义和民族政策的宣传教育，并作为庆祝中华人民共和国建国十周年的国庆节日的献礼。三种丛书除"民族自治地方概况已由中央民委指示各自治地方自己编写之外，各民族的简史，简志两种丛书，则由中国科学院民族研究所，中央民族学院、与有关地方党委合作编写，在1959年国庆节前全部出版。

二、要组成一支民族调查研究工作的强大力量

为了实现在今后一年内完成少数民族的社会历史初步调查工作与编写各民族简史、简志的跃进规划，必须采取许多具体措施，首先是要组成一支强大的进行少数民族社会历史调查与编写民族简史、简志的力量，把这两大任务担负起来，具体措施如下：

第一，从中国科学院民族研究所和中央民族学院抽调研究人员，教学人员和学员约300人，参加调查和编写简史简志的工作。

第二，为了加强民族研究工作方面的协作，中国科学院历史研究一、二、三所、少数民族研究所、经济研究所、北京大学、北京师范大学、人民大学、高级党校、革命历史博物馆、文化部艺术局等单位根据自愿原则，派出研究人员，教学人员和学员约200余人参加此次的调查和编写工作。

第三，除过去已有的内蒙、新疆、西藏、四川、云南、贵州、广东、广西等八个组外，需要新增甘肃、青海、宁夏、吉林、辽宁、黑龙江、湖南、福建等八个组（不派调查组的各省，建议由各省民委负责调查和提供需要的资料）。

三、编写丛书两大任务必须密切配合

第一，少数民族社会历史调查与编写各民族简史，简志这两大任务可以密切结合起来。因为有许多民族的历史是没有现成文字或记载的，必须到各民族中去进行搜集和调查；而写

民族简志，更需要以各民族地区的社会调查为编写的基础，这样，就在进行少数民族的社会历史调查过程中，给编写民族简史，简志提供了资料和保障，因此确定把调查与编写两重任务都由调查组担负起来。

第二，但是调查工作与编写丛书又有差别，由于有些民族的分布跨几个省区，就需要几个省区的调查相同时进行调查，而各个民族的简史、简志，一般地是由一个调查组负责编写，因此原则上确定每一调查组负责调查在该省居住的所有民族的情况，至于编写简史、简志丛书，则只负责分配给该组的编写任务。

第三，调查提纲与简史、简志编写大纲应该基本上统一起来，因为少数民族的社会历史的要求是首先弄清楚各个民族的经济结构．阶级关系，然后再调查上层政治建筑、意识形态（包括各民族的风俗习惯）历史情况等等，所有这些，也就是编写各民族的简史、简志的主要内容。但是调查提纲的内容可不受编写丛书的限制，应该同时为当地的民族工作的需要和民族问题科学研究的需要搜集更广泛的材料。

四、各调查组之间要加强协作

凡一个民族只居住在一个省，区之内，即由该省，区的调查组既负责调查又负责编写。如果一个民族分布在许多省区之内，而简史，简志又必须以民族为单位，只写一本，那么，各省、区的调查组之间必须实行分工协作，原则如下：

第一，凡一个民族的分布跨几个省、区者，原则上由该民族人口最多的那一个省，区的调查组除负责本省、区的该民族的调查工作外，并负责该民族的简史、简志的编写任务，其他有关省、区的调查组负责提供资料。例如蒙古族分布在内蒙、新疆甘肃、青海、辽宁、吉林、黑龙江各省区，但主要聚居在内蒙古自治区，因此蒙古族简史、简志的编写应由内蒙组负责，但新疆、甘肃、青海、辽宁、吉林、黑龙江等省区的调查组应负责调查本省、区的蒙古族的情况，向内蒙组提供资料。其他民族亦均仿此。

第二，凡兼有提供上述调查资料任务的调查组，应指定专人负责进行该项调查工作。此项调查任务至迟应在 1958 年年底完毕。调查结束后，连人带材料，集中到负责编写该族简史、简志任务的调查组去，共同进行编写。

第三，有的民族（如回回民族）居住分散，几乎遍布全国各地，除派有调查组的区，由调查组进行调查，提供资料外，未派调查组的各省，即请由各该省的民族工作机构相关力量协助进行调查和提供必要的资料。

五、各地调查组要坚决依靠当地党委的领导

此次在全国 16 个省和自治区同时进行少数民族社会历史调查，这是解放以来前所未有的一次大规模的民族调查工作，中央已指示各地党委加强对调查组的领导。各调查组更应该

主动地坚决服从各地党委的领导,这是这次大规模的研究工作做好做坏的关键问题。我们对各地党委的具体要求有以下三点:

第一,派往各地的调查组,即归当地自治区党委和省委领导,中国科学院民族研究所应在业务上作必要的指导,如组织互相观摩、交流经验、解决业务上的一些疑难问题等。

第二,请各地党委、民委、民族学院、高等学校、科学研究机构抽调必要的干部参加各调查组的工作,并请由当地各党委抽派一个较强的党员干部担任调查组的组长。

第三,各民族简史、简志初稿写成后,均请各地党委指定专人负责审定稿。未经各地党委审查之稿各调查组不许送上。

六、几个具体问题

第一,少数民族社会历史调查,仍应遵照中央过去所规定的"首先调查各少数民族的社会生产力,社会所有制和阶级情况,然后尽可能收集历史发展资料和特殊风俗习惯,进而对各民族历史作系统的研究"的方针进行。至于编写各民族简史、简志,应该大体上有一个共同的规格,民族研究所印发的编写各民族简史、简志的"几点要求和参考点"可供参考。由于各民族的情况各不相同,各调查组在编写任何一个民族简史、简志时,必须根据各该民族的不同情况,拟定一个编写大纲。

第二,有些民族由于历史资料或现状资料较少,不能单独编写简史、简志的,可以考虑把史志合一,书名用"某族简史简志合编"。初步规定:蒙古族、藏族、维吾尔族、苗族、彝族、朝鲜族、哈萨克族、白族、傣族、壮族等10个民族简史与简志分开编写,其他40个民族的简史、简志均打算合编在一起。

第三,民族的简史与简志以及简史简志合编的字数不作硬性规定,一般要求是每本7万至10万字,最多不宜超过15万字。各民族的简史、简志和简史简志合编暂定为60本(10个民族是简史、简志分开编写,为20本,其余40个民族是史志合一,为40本,共60本)。每本平均以7至l0万字计算,约为420万字至600万字。

第四,简史与简志的交稿时间:最迟不得超过1959年6月底。考虑到简史、简志的初稿写成后,送交各地党委审查需要一段时间,还要根据党委的审查意见进行修改补充,这又要一段时间,因此各调查组应在时间上做精确的计算和掌握,一般在1958年内集中力量完成社会历史调查。把资料搜集起来,1959年1—3月集中力量进行编写,在3月底彻底初完成初稿。1959年4—6月为送各地党委审查、修改、补充、定稿时期。1959年7—9月为排版、印刷出书时期。以上只是一般规定,各组可根据本身情况作具体的布置。

第五,为了交流各调查组的工作经验,反映各组工作进展情况。解决社会调查和编写简史、简志中的疑难问题,决定"民族研究"月刊在今后一年之内,以一定的篇幅为少数民族社会历史调查与编写民主简史简志服务,使之成为民族研究所与各调查组之间的联系带。我们要求各原有的调查组和新派的调查组。均请指定专人担任"民族研究"的通讯员,负责经常地向"民族研究"反映各调查组的动态。这样才能及时地了解到调查组在全国各地的动态和在各调查组之间的沟通情报。

第六，我们还认为在今后一年之内，有必要召开一次至数次现场会议。地点应在各民族地区，就地研究解决问题。初步决定在今年年底或明年初，拟定在云南昆明召开一次现场会议，估计届时各地的调查任务已初步完成，编写工作即将开始。有许多具有共同性的疑难问题急待统筹解决。希望各调查组争取在会前各写出一本，或数本简史与简志，和简史、简志合编的样本。拿在会议上相互观摩评比，交流编写经验，这对于编写工作的顺利完成，将会起到很大的促进作用。

新参加少数民族社会历史调查组的五百人员已分批离京前往各民族地区[①]

此次新参加少数民族社会历史调查的单位，除了中国科学院民族研究所本身的干部外，还有中央民族学院、北京大学、人民大学和北京师范大学的研究人员，教学人员和学员。中国科学院少数民族语言研究所、高级党校、革命历博物馆、文化部艺术局等单位也派了干部和研究人员参加调查工作，共约五百人，8月1日至3日，中央民族事务委员会副主任谢鹤筹同志向全体调查人员作了我国民族情况和民族政策的报告。中国科学院哲学社会科学部副主任潘梓年同志，对于调查和编写工作做了重要的指示和鼓励。中国科学院民族研究所负责同志分别作了关于少数民族社会历史调查工作与编写各民族简史、简志的方针、任务、政策、具体措施等的报告各组人员听了各单位领导同志的报告以后，纷纷提出了保证书，要在今后一年以内服从当地党委领导，与各少数民族的劳动人民同吃、同住、同劳动，出色地完成党交给他们的任务。各组调查人员已于8月12日前分批离京，前往各民族地区进行调查。

---

① 郝时远主编：《民族研究》第1期，第49页，中国社会科学院民族学与人类研究所，1958年。

少数民族社会历史调查组工作情况[①]

内蒙调查组：新参加内蒙调查组的30多人，已于八月中旬到达呼和浩特。

内蒙组根据民族分布情况，分为四个组：蒙古组（包括两个小组）、达呼尔组、鄂伦春组和鄂温克组。各族拟出了跃进规划，已分别在八月下旬下乡调查。达呼尔、鄂伦春、鄂温克三组预计在十月底可结束全部调查，写出调查报告，并争取在年底写出两部至三部简史简志初稿。蒙古组于十月底，可以完成两个点的调查，写出70万字的调查报告。十一月开始简史简志的编写工作。

现在，蒙古组在伊克昭盟进行调查，其余三组在内蒙东部与黑龙江省接壤地区进行调查。

新疆调查组：新参加新疆组的同志已于八月中旬到达乌鲁木齐。现已制定出了工作计划草案，其要点如下：

（1）整个工作分为四个阶段进行，即准备阶段（8月16至9月10日），调查阶段（9月11日至12月底），编写审查阶段（明年1月至6月），结束阶段（明年7月至8月）。

（2）以民族为单位，分为十个小组，即维吾尔组、哈萨克组、柯尔克孜组、乌兹别克组、塔塔尔组、塔吉克组、锡伯组、蒙族组、回族组、满族达呼尔族组。以乌鲁木齐、喀什、伊犁三个地区为中心，分头进行调查。

（3）调查工作要以各级党政机关已有的资料为基础。

（4）调查与编写丛书同时进行。边调查，边编写，边补充，边修改。

（5）建议党委成立丛书编审委员会，负责丛书的编写和重大问题的讨论。

（6）成立调查组办公室，编辑出版调查组的工作简报，每十天一期。

广西调查组：广西组根据北京民族研究工作科学讨论会精神，决心苦战一年，完成该区僮、瑶、苗、侗、仡佬、毛难、京、回、水家、傈傈（彝）、仫佬等十一个民族的社会历史

[①] 郝时远主编：《民族研究》第2期，第39—41页，中国社会科学院民族学与人类研究所，1958年。

调查和编写僮族简史、简志，以及瑶、毛难、仫佬族的简史简志合编工作。

现在调查组工作人员已分别到达广西各少数民族地区进行调查，他们在百色地区调查僮、瑶、苗、倮倮（彝）、仫佬五个民族，在邕宁地区调查僮、瑶、京三个民族，在桂林、柳州、梧州地区调查僮、瑶、苗、侗、仫佬、毛难、水家七个民族，在桂林、南宁和临桂调查回族。第一阶段的调查任务，预计在今年年底完成。

宁夏调查组：宁夏组留京人员一共10人，对于调查工作进行了充分准备。

8月25日，成立了河北省分组，到天津、孟村、大厂等地区进行了调查。现已搜集整理资料百余份，写了一部分调查报告，工作还在进行。

另外，有六位同志与中央民族学院历史系师生合作，先后在北京牛街、昌平、通县等回民集中的地区进行了调查访问。最近，又到昌平和通县两地深入调查了回汉两族联合组成的"人民公社"的情况，经研究讨论，在九月二十日写出了报告。该组全体人员即将前往宁夏进行调查。

西藏调查组：西藏组的人员已于八月下旬到达拉萨。现在，在中共西藏工委研究室的领导下，正在制定调查计划，即将展开调查工作。

云南调查组：云南组在中共云南省边委的领导下，现已决定以傣族为试验田，头两个月全组集中力量搞傣族调查，要求写出质量很高的傣族史志，把第一个民族研究工作科学大卫星升上天。从而总结出调查与编写丛书的经验并加以推广，以便接着搞其他各族调查时不致走弯路。

云南组根据云南省委边工委指示做到调查、生产两不误。这次从北京到云南参加调查的新组员，在到达昆明后的第二天，马上投入了群众性的积肥运动。第一天就积肥四、五万斤。

贵州调查组：贵州少数民族社会历史调查组的全体人员于7月27日先后集中贵阳，传达了北京民族研究工作科学讨论会的精神，并用整风方式检查了前阶段的调查工作，并制定了贵州少数民族社会历史调查工作和编写贵州少数民族简史简志的一年跃进规划。

调查组的人员已于八月下旬回到贵州各少数民族地区进行调查。

四川调查组：四川组原有15人，加上北京新来的38人，共有53人。此外，四川省方最近又抽了30人参加调查组的工作。

八月间，调查组全体人员集中成都，就过去调查组所暴露的问题进行了一次小型整风，重点批判了一部分同志的资产阶级个人主义思想和作风，整顿了队伍。

现在，调查组已写出了藏、彝、羌、苗四个民族的调查提纲，已经开始调查工作。

广东调查组：广东组已制定了初步规划，提出在今后一年内，集中主要力量调查黎族的社会历史情况，1959年3月写出黎族简史、简志初稿（约十万字），以部分力量调查京族的社会历史情况，1958年底写成京族简史、简志（约五万字）；调查瑶、僮、苗、回、满、畲等民族的社会历史情况，1958年底写成综合材料转送有关各省调查组。他们并决定在完成上述任务的基础上，编写出《广东省少数民族概况》一书。

青海调查组：青海组根据青海省委指示，初步分为六组：

(1) 循化、化隆组：撒拉族、回族。

(2) 互助、民和、大通、乐都组：土族。

(3) 海北组：藏族、回族。

(4) 海西组：蒙族、藏族、哈萨克族。

(5) 海南组：藏族。

(6) 黄南、河南组：藏族、蒙族、保安族、土族。

现在各组已开始了调查工作。第一、二组准备在今年十二月底写出撒拉族和土族的简史简志，以便明年一月携往昆明参加现场会议，交流经验。

甘肃调查组：甘肃组在兰州期间曾通过甘肃省民委、省工业、农林、财贸、文教、卫生等部门索取有关少数民族情况和工作的材料，并和省图书馆、文史馆、博物馆、科学分院、兰州大学、师范学院和西北民族学院建立联系，已经把这些单位有关资料汇集成索引卡片，作为以后分组研究参考之用。

调查组在兰州期间组织了民族政策理论和调查、编写方针路线的学习，并且和省干部一起参加了每周的义务劳动。

吉林调查组：吉林组在吉林省委统战部和省民委的领导下已制定了工作计划，现在大部分同志已到延边朝鲜族自治州进行调查工作。

辽宁调查组：辽宁组为了完成辽宁省内的满、蒙、朝鲜、锡伯、回等民族的社会历史调查及满族简史、简志的编写任务，分为以下三个阶段进行：

1. 1958年8—12月为调查和准备编写阶段。要求：（甲）完成满族调查工作，写出满族现状部分的初步总结稿；（乙）写出"满族简史、简志合编"的初稿；（丙）全部完成本省蒙古、朝鲜、回、锡伯族的调查工作，并对材料作系统整理。

2. 1959年1—3月为编写"满族简史、简志合编"阶段。

3. 1959年4—6月为补充、修改阶段。

黑龙江调查组：黑龙江组在中共黑龙江省委统战部和黑龙江民委领导下，经过20天准备工作，现已分赴黑龙江各少数民族地区进行调查。

黑龙江组在今后一年中的任务如下：1. 负责赫哲族的调查和简史简志编写工作；2. 调查黑龙江省内的满、朝、回、蒙、柯尔克孜各族，以协助辽宁、吉林、宁夏、内蒙、新疆各调查组完成简史简志的编写任务；3. 协助杜尔伯特蒙族自治县编写"自治地方概况"。

根据上述任务，黑龙江少数民族社会历史调查组分为五个调查组：赫哲组，蒙古、柯尔克孜组，朝鲜组，满族组，回族组。

湖南调查组：湖南组在下乡调查以前，全组突击资料两星期，仔细阅读有关档案文件，收集和整理有关湖南少数民族的资料。调查组已经和省博物馆、新湖南报和省考古研究所建立了联系，并从他们那里收集了1927—1937年大革命时期有关湘鄂西革命根据地开辟以及贺龙、任弼时同志领导红二方面军在永顺、大庸、桑植等县（这些都是湘西土家族居住地）

进行革命和建立苏维埃政权的历史资料，图片和收集新近发表的资料。

现在，湖南组已改变了原来的调查计划，全体人员已经下乡，参加人民公社运动，帮助当地少数民族人民组建人民公社。将来编写简史简志时，人民公社运动也一定要在书中有重要的地位。

福建调查组：福建组在省委统战部领导下已组织就绪，全组共25人，分高山族和畲族两个小组。调查组的成员由福建省民族事务处、省文化局、厦门大学、师范学院和北京派去的调查人员组成。

畲族组又分为四个小组，分赴福安、霞浦、福鼎、宁德等县作重点调查。今年年底完成调查任务。其他各县（仙游、华安、南乎、建瓯、光泽、罗源、闽侯、古田、尤溪、顺昌、建阳、邵武、连江、寿宁、宁化、晋江），由调查组提出简单调查提纲，由省委统战部转发给各地县委进行调查或搜集有关资料，并于11月底以前将材料寄交调查组。

高山族组主要是集中在福州和厦门，把现有的一些资料加以整理并争取与各地高山族干部座谈访问。

此外，调查组还计划在明年1—6月调查厦门、福州以及其他地区的疍民，为解决疍民的民族成分问题而提出必要的材料。

少数民族语言研究所的国庆献礼[①]

中国科学院少数民族语言研究所的全体同志，在伟大的整风运动和总路线的学习以后，个个干劲十足，决心在多快好省地完成民族语文研究工作和帮助少数民族开展"文化革命"的战斗任务中力争上游。在制定个人红专规划、各组跃进规划和全所十年跃进规划的基础上产生了1958—1959年的献礼项目，其中献给今年国庆的有：

1. 语法纲要5种：景颇、傈僳、苗（3种）；
2. 简明词典5种：傣（2种）、苗（3种）；
3. 调查报告1种：布依；
4. 有关汉族和兄弟民族互相学习语言的著作2种：傣仂学汉、汉学傣仂；
5. 译著2种：辞典编纂法（俄译汉，论文集）、"关于正确处理人民内部矛盾问题"汉译傣仂）；
6. 扫盲工作：第三工作队在云南省委领导下协助地方大举扫盲，在九月底以前完成云南整个边疆民族地区青壮年的扫盲工作。

在以上的献礼项目当中，景颇语、傈僳语的语法纲要、布依语调查报告和苗汉词典正在印刷中。

根据中国科学院与苏联科学院1958年合作计划，中国科学院民族研究所派遣了冯家昇教授前往苏联参加苏联科学院民族学研究所组织的中亚细亚调查队。冯家昇教授于今年五月至七月间随同苏联中亚细亚调查队，在乌兹别克、塔吉克、柯尔克孜、哈萨克、土库曼等加盟共和国进行访问，学习了苏联关于民族历史考古的新知识和方法，并和苏联民族研究工作者建立了联系。（请参看本刊发表的冯家昇写的"民族研究方面的中苏合作"一文）

今年八月间，曾在阿拉木图接待冯家昇教授的苏联哈萨克共和国科学院院士、语言文学研究所所长凯涅斯巴也夫也到我国来访问，随同凯涅斯巴也夫来我国访问的还有该所东方学

---

① 郝时远主编：《民族研究》第2期，第42页，中国社会科学院民族学与人类研究所，1958年。

研究室主任、语言学副博士诺明哈诺夫同志。贵宾们在访问中国科学院民族研究所时，由牙含章同志向他们介绍了民族研究所的工作进行情况，贵宾们对我国在民族研究方面进行的各项工作很感兴趣，并建议今后加强联系，如组织互相访问、讲学、交换出版物、互派留学生等等。在这里他们又会见了冯家昇教授，就像中亚细亚人常说的一句谚语："两山相邻不碰头，人分两地却相逢。"

在京期间，贵宾们访问了中国科学院少数民族语言研究所、语言研究所和中央民族学院等单位，最后还访问了内蒙古自治区和新疆维吾尔自治区。

民族研究所的国庆献礼[①]

中国科学院民族研究所的研究员，大部分都下到民族地区进行少数民族的社会历史调查去了，现在留在北京的只有一小部分人员。他们为了向国庆九周年献礼，投入了紧张的劳动，现在已突击出"民族区域自治""藏族史料"（清实录抄），"民族研究工作的跃进""民族史译文集"等四本书籍。

《民族区域自治》一书，收集了我国有关民族区域自治的政策、法令以及有关民族区域自治地方情况的资料，有120多万字，是研究我国比族区域自治问题的重要参考资料。这本书是由民族研究所与中央民族学院的同志合作编纂的，已交民族出版社出版。

"藏族史料"的材料，是从"清实录"中抄选出来的，另外加入了东华录光绪朝史料，约170万字，对于研究藏族历史有很大的参考价值。这本书也是与中央民族学院合作编纂的，现在已交中华书局出版。

《民族研究工作的跃进》一书，分做两个部分：第一部分收集了汪锋、谢扶民、潘梓年等同志在中国科学院民族研究所成立大会和民族研究工作科学讨论会上的报告，以及民族研究所的跃进规划。第二部分选编了全国人民代表大会民族委员会少数民族社会历史调查组关于鄂温克、卡瓦、彝、傣、维吾尔等五个民族的调查报告。通过这五篇调查报告，可以看出我国过去两年来民族研究方面的主要成就。这本书约30万字，已由科学出版社出版。

"民族史译文集"，是选译苏联杂志上发表的有关我国民族历史的论文编译而成的，约有15万字，也交科学出版社出版。

[①] 郝时远主编：《民族研究》第2期，第11页，中国社会科学院民族学与人类研究所，1958年。

少数民族社会历史调查组工作情况[①]

内蒙古调查组：达呼尔族莫力达瓦旗小组于8月30日到达莫力达瓦旗人民委员会所在地——尼尔基镇。随即向中共莫力达瓦旗委第一书记苏常德同志汇报工作。目前小组的七位同志已在努图克（乡）进行调查。为了更密切地联系群众，该组同志分别深入生产队进行调查。调查工作正在全面开展中。

蒙古族组自9月12日以来，开始了点的调查工作。他们对访问和翻译的方法举行了座谈、交流了经验。他们认为对于一个翻译同志来说，首先就是要忠实地、全面地翻译出被访问者的全部内容。因此，在翻译时要完全避免只凭翻译主观臆断任意删减的现象。其次是翻译要和记录密切配合，互为补充。第三要逐步学会用牧民熟悉的语言进行访问。

新疆调查组：新疆调查组截至9月10日止，已经基本结束了整训队伍、拟定计划、学习政策、搜集和整理过去的调查材料和档案中有关各种资料等调查准备工作。从9月10日开始，各分组已经分批出发到奇台、喀什、塔什库尔干、阿图什、伊宁、阿勒泰等各点进行调查工作。目前，暂时留在乌鲁木齐的有：维吾尔、哈萨克、柯尔克孜、乌孜别克、锡伯和塔吉克6个分组负责编写简史的十位同志，继续进行史料的搜集整理工作，并争取在10月底完成初稿。

自治区党委书记吕剑人同志对今后调查及编写工作作了重要指示。

广西调查组：目前，广西调查组各试点工作已经结束，各小组都分别转入各点进行调查。在工作总结中，各小组热烈地开展了个人与个人、小组与小组"比先进、赶先进、超先进"的竞赛：三江小组发出了战斗的誓言，全体同志决心苦战20天，每人每天平均搜集材料4，500字，争先放卫星上天；罗城小组提出："大干特干，苦战一月，力争全国第一"的豪迈口号，并向各小组挑战和应战。

某些小组对第一阶段工作中若干同志仍然存在的重上层建筑、轻经济基础、厚古薄今等

[①] 载于《民族研究》1958年第3期。

资产阶级调查方法和学术论点作了批判。对于竞赛中有的小组只重数量轻视质量的现象，也进行了及时的批判。广西调查组办公室为此发出指示，要求各组（1）在整理材料时必须继续开展两条道路的斗争，对资产阶级的调查方法和学术论点要作严肃批判。（2）在竞赛中特别要保证质量，要在保证质量的基础上提高数量。（3）大跃进以来，尤其是人民公社建立之后，少数民族地区已起了根本变化，各少数民族人民正向着共产主义社会大踏步前进；调查组同志必须就这方面进行细致深入的专题调查。（4）各小组的调查工作必须密切结合当前农村中压倒一切的炼钢炼铁的中心任务进行，要求同志们吃在工地、睡在工地、访问在工地，并挤出一定时间参加炼钢炼铁。

经过第一阶段工作后，他们深深地体会到：

（1）主动争取坚决依靠党的领导是搞好工作的保证。由于各级党委对调查工作很重视，各组负责同志又能主动争取党委的领导，及时向他们请示和汇报工作，于是各级党委多半委派县委书记、副县长、副乡长兼调查组组长，这样，给工作带来非常有利的条件。借阅党政各方面的资料问题和人力配备问题也都迎刃而解了。

（2）密切结合当地的中心工作与干部搞好关系是完成任务的关键。各小组结合工作宣传了党的政策（如人民公社的十大优越性）、参加生产劳动、与干部搞好关系，在配合当地中心工作的前提下进行访问，便使调查工作进行得又快又好，否则，调查工作是无法进行的。

（3）搞好"三同"是密切联系群众的最好方法。因为在调查中同志们贯彻了"三同"，和群众建立了深厚的友谊，群众不但毫无顾虑且主动把材料供给调查组。

（4）要多方面收集和充分利用原有材料。党委有过去详尽的工作总结，如土改材料，因为时间已久，调查组下去也不易得到这方面的完整资料，所以充分利用已有的材料是多快好省的办法。

（5）要边调查、边整理、边补充，这样便于及时发现问题，保证材料的质与量。

宁夏调查组：宁夏调查组的部分同志于10月中旬去宁夏参加宁夏回族自治区成立大会，并结合自治区的中心工作进行调查工作。另一部分同志已于9月下旬分为两组到河北、河南、湖北、山东、江苏、安徽各省进行回族的调查工作。

西藏调查组：9月1日中共西藏工委办公厅张增文副主任召集开会。会上，调查组汇报了工作；工委确定把工委研究室同志和调查组合并，把"简史""简志""地方自治概况"三套丛书的编写当作共同的任务，为在一年内完成这一任务而努力。会上还讨论了一年工作的跃进计划，和编写"简志""概况"提纲的步骤。他们在工作中始终坚持了先向党委请示、后送审核批示的精神。

调查组决定从9月下旬到1959年2月完成全书初稿编写工作，准备把调查、研究、整理、编写、查对五个环节结合起来；同时强调了调查工作必须结合工委中心工作。

中央民族学院藏语实习队也抽调了七位同志参加工作。这样，通过调查，既可使藏语熟练，又熟悉了西藏情况。

云南调查组：在昆明时，云南省委边委会书记孙雨亭同志和副书记王连方同志对全组同志作了重要指示。

云南组根据省委指示并结合云南省民族多、散布广及干部具体条件等情况，决定了调查与编写简史、简志的工作分两个阶段进行。

第一阶段（9—12月），共分六个调查分组：

(1) 西双版纳傣族组；

(2) 德宏傣族组；

(3) 耿马傣族组；

(4) 景颇族组（附阿昌族）；

(5) 佧佤族组（附崩龙、布朗族）；

(6) 傈僳族组（附怒、独龙族）。

六组中以西双版纳傣族组与德宏傣族组作为业务试验田与政治试验田。并定于今年12月份内完成傣、佧佤、景颇和傈僳四族简史、简志和西双版纳、德宏两自治州概况的初稿。

此外并抽出一部分干部组织七个小组分赴各地搜集壮、藏、苗、瑶、蒙、回、满、水、布依、仡佬、彝等族材料，并准备于12月间派出适当人员进行识别工作。

第二阶段（明年1—3月）。今年12月份完成第一阶段工作后，除留少数骨干继续编写、修改上述各族材料外，大部分人员重新编组，全面铺开对白、彝、西番、纳西、拉祜、哈尼等族的调查和编写简史、简志的工作，此项任务要求明年三月份内完成。

目前，各分组都于9月10日前分赴各地工作。

西双版纳傣族组已到达西双版纳自治州首府允景洪。小组成员参加了自治州景洪县人民办公社的运动，并在允景洪欢度国庆节，同时庆贺景洪人民公社的成立。

贵州调查组：贵州组全组86人共分10个小组：

(1) 黔东南苗族组（附仫佬族）；

(2) 黔东北苗族组；

(3) 黔西北联合组（苗、彝为主，附回族）；

(4) 黔南苗族组；

(5) 布依族组；

(6) 侗族组（附壮、苗族）；

(7) 仡佬族组；

(8) 水族组（附瑶族）；

(9) 贵阳附近苗、布依族组；

(10) 资料组兼办公室。

各组同志在9月5日誓师大会上向党递交了决心书和保证书，决心在今后一年内保质保量，按时完成上级交下的艰巨而又光荣的任务，并争取成为全国16个调查组中的"先进调查组"。

四川调查组：9月9日省委黄觉庵部长给全组同志就四川省民族工作基本情况、民族地区的民主改革、生产大跃进和发展远景、藏区宗教问题和藏族牧区的民主改革等问题以及党对上述各项工作的方针政策做了报告，黄觉庵部长要求全组同志互相帮助、搞好团结；服从党的领导，不论到州、县、区、乡都必须服从当地党组织的领导，保证胜利完成任务。

根据四川组领导同志和四川省委民工委负责同志共同研究，确定将全组人员划分为凉山、甘孜、阿坝三个分组和羌族、苗族两个小组进行调查。

广东调查组：广东调查组三个分组已于8月下旬分别到达民族地区开展工作。海南分组选择了三个不同发展类型的地区进行调查。

目前海南岛黎族人民已纷纷由高级农业合作社转入人民公社。在工业方面，也正在大搞高炉炼铁。调查组密切配合了当地中心工作，并与当地干部、群众在劳动、生活方面打成一片。

海南分组将于十月下旬结束第一阶段的工作，进行小结、交流调查经验，从而为下一步调查工作打下基础。

京族分组目前正在东兴自治县京族分布的两个主要乡进行工作。预计在10月底结束调查工作后，即转入编写京族简史简志，编写工作将在1958年年底结束。

综合分组先赴粤北韶边瑶族自治县进行全面调查，此项工作已于9月底结束。综合分组工作地区比较分散，其中有粤北、粤东、粤中和粤西等地散居和聚居的人数不多的少数民族乡。

青海调查组：青海调查组已分成六个小组下点进行调查，目前，土族小组已在互助县的6个乡进行调查。海北藏族小组已到达刚察县进行调查。现在海北刚察县20个部落均已定居，成立了人民公社。

黄南小组到达黄南藏族自治州同仁县，州委派州政协副秘书长秦秀同志领导调查小组工作。

循化撒拉族小组已在循化撒拉族自治县展开了工作。他们的调查工作紧紧地结合了现实斗争，全组同志曾分别参加了白庄东风人民公社的成立大会、控诉反动宗教头子压迫的大会和斗争反革命分子的大会，受到了深刻的阶级教育和实际工作的锻炼。

化隆小组于9月9日全部到达化隆县，在县委的领导与帮助下，很快地投入收集和整理资料的工作。

海南小组于9月8日到达海南藏族自治州恰卜恰。小组抓紧时间学习了时事和有关人民公社的文件，抽时间参加了州里的劳动。他们即将赴各县进行调查。

甘肃调查组：调查组全体同志，在听取了省委统战部蒙定军部长和宣传部吴坚副部长的指示后，经过整顿一次思想，已于9月15日前后下乡。于20日前后到达张掖专区、临夏、甘南自治州，分别向地委、州委党政领导汇报了工作任务并听取了党政领导同志的情况介绍和工作指示，目前各小组已到达调查点的基层县（市），并展开了工作。

张掖分组由地委贾悦西书记指导并依指示密切配合了当前的中心工作。肃南、天祝、阿克赛等小组,已进行了选点,拟订工作日程和工作汇报总结制度等,并已在结合当前中心任务下展开了调查工作。

临夏分组由孟书记、贾副州长指导,州委统战部冯部长任组长。

甘南分组由邢树义书记(藏族)指导,州委统战部郑毓秀部长兼任组长,并抽调了统战部的一位同志参加,其他干部由县委抽调。根据州委指示写出了"甘南分组1958年9月至12月工作安排的初步意见"。

现在三个分组的同志们在当地党委的领导下,情绪都很高,干劲很大。张掖分组的同志在密切配合当地中心任务下还参加夏收(割麦)的义务劳动和当地召开的会议。

吉林调查组:吉林组全组于9月8日到达延边朝鲜族自治州延吉县智新乡明东社,以这里作"试验田"进行调查。9月10日明东社与智新乡其他农业社合并成立了智新人民公社。

"试验田"结束后,全组即回延吉进行总结,然后留少数同志在延吉市收集和整理有关朝鲜族的文献资料,其余同志分为朝鲜族、满族、蒙古族和回族等四个小组分别进行工作。

辽宁调查组:辽宁组自8月底至9月上旬,继续组织马列主义民族问题理论与党的政策的学习,并进一步熟悉满族历史和现况的资料,同时在省一级机关、图书馆等单位摘抄有关满族及省内其他各少数民族的资料。9月21日由省民委召集调查组全体人员开会。会上,晏副主任和阿副主任对调查工作作了重要指示。

从9月22日起,全组同志已开始在沈阳近郊的满族聚居区的满堂乡进行试点调查,预计10月9日结束。

黑龙江调查组:黑龙江调查组各小组已拟好调查提纲和调查规划。他们以写大字报的方式针对各组规划展开比干劲、争上游、学先进、批评和自我批评的群众性运动。

目前,黑龙江调查组已分赴各兄弟民族地区进行调查。临行前,曾举行誓师大会。会上,省民委高主任对调查和编写史、志工作作了重要指示。

湖南调查组:湖南调查组各分组均于9月中旬到达湘西土家族苗族自治州各调查地点落卢,并在当地县委统一领导下参加了人民公社的建设工作。同志们已把民族调查,参加人民公社建设工作和参加生产劳动三者结合起来。

在县里每个分组都参加了县委所召开的三级扩干会,和乡党委、社主任一起听报告,开讨论会,阅读有关人民公社的文件,会后即作为当地干部随同他们一起下乡下社,开展工作。在这些活动中,调查组和群众进行了一些个别交谈和访问,找到了许多线索。事实证明,这种做法对调查是有好处的。彼此熟悉,密切关系,更能够增加调查材料的准确性和生动性。

调查组在参加各县关于建立人民公社的三级扩大干部会议中,有的小组邀集了到会的有关干部进行座谈、了解情况。在乡或社召开会议研究本乡本社的工作时,调查组也通过这些会议向群众解释了自己的工作任务,争取群众的协助。调查组同志还参加各种社会活动,广泛接触群众,做到了与群众同吃、同住、同劳动。如龙山组的同志就和社员一起捣矿砂、背矿石。

福建调查组：福建组在省委统战部的领导下，已顺利地完成了下乡以前的准备工作。省委统战部张部长曾对全组作了重要指示。

畲族组于9月14日分赴福安、霞浦、福鼎、宁德等县进行调查。各组初步计划在10月10日前结束第一个点的调查工作回福安汇报。各级党委对调查工作的重视与支持，大大鼓舞了调查组同志们的工作热情与信心，他们纷纷提出跃进计划，把原来计划在12月底结束的上述四县的调查工作，提前在11月底完成。

少数民族社会历史调查组的工作动态[①]

贵州调查组：贵州调查组于10月24—28日在贵阳召开了总结会议，对第一阶段的调查工作进行了总结，并就编写简史简志中提出的问题进行大争大辩。中共贵州省委统战部派了宗教处黄处长参加了会议，进行了具体的领导。

会上，除各小组汇报工作，总结经验，对大组领导提意见，对下一阶段工作进行安排之外，并分出了两天的时间，以解剖一个麻雀的办法，讨论了水家族简史简志合编的编写大纲和第五、六两章的草稿。

这本书的大纲写得比较详细，每章每节所要写的主要问题及其论点，都有具体的叙述。讨论时，同志们提的意见也比较具体，争论很热烈。大家讨论的主要有以下几个问题：

一、关于体例问题。是按编年体写好还是按言记事本年末的体例写好呢？讨论结果，大家认为基本上应按编年体写比较好，因为每个运动、每个事实，都是前一运动前一事实的基础上产生、发展并且有关联的，我们顺着年代写下来，就比较方便，读的人也不至于感到前后颠倒，头绪纷繁。

二、关于社会性质问题。以贵州一些人口较多的少数民族来说，如苗、布依、侗族等，解放前已进入封建社会发展阶段，仅有前、中、后期之分，水家族也是一样。在讨论中，有的同志认为水家族也和全国大多数民族一样，同是处于半殖民地的地位；有些同志则认为不一定都要套上"半殖民地"这顶帽子。但经大家分析，认为：（一）水家族在解放前同样受帝国主义压迫，抗日战争时，不少水家族人民的房子就被日本鬼子所烧毁，生命财产受到损失，帝国主义的经济文化侵略，使水家族人民同样受到影响；（二）官僚买办资产阶级对水家族人民的危害也是很大的，而它们又是帝国主义在中国的代理人；所以，解放前，水家族人民的革命任务，同样是反对这三大敌人，水家族在解放前的社会，同样也处于半殖民地的地位。

三、关于对土地改革和合作化的估价问题。在大纲中关于土改的巨大意义阐述得不够，

[①] 载于《民族研究》1958年第4期。

对合作化也只提为"新的生产关系的确立"。同志们提出，土地改革后推翻了封建地主阶级，农民分得了土地，但他们仍然是分散的个体经济，必须接着实行合作化，但不能因此而忽视了土改的伟大意义；也不要因为人民公社的建立，而对合作化的重大历史意义估价不足，应该以历史唯物主义的观点对待这些问题。

四、关于历史上的民族关系问题。大家认为，在历史上，由于历代反动统治阶级的压迫剥削和挑拨离间，使各民族之间产生隔阂甚至冲突，这是阴暗的一面；但另方面，还有各族劳动人民之间的经济文化交流和互相交往接触的"光明的一面"。然而"大纲"中对水家族人民与其他各族劳动人民的共同劳动，互相影响则写得不够。应从促进民族团结的观点出发，加以补充。

五、关于文化艺术、生活习惯这一章节的安排问题。有人认为，解放前后应分开来写。解放前部分把全部情况端出，不管好坏，使读者看出一个民族在解放前的整个面貌（本刊编者按："不管好坏""全部端出"的这种写法欠妥，应予考虑）。至于解放后，特别是大跃进以来，一些不利于生产发展的风俗习惯的改革，一些优良的文化艺术和生活习惯的发扬，都可以放在写大跃进的章节里去说明。有人则认为，解放前后一起作一次叙述较便当。但最后大多数同志认为，还是按前一种办法处理较好。

最后，贵州组组长仇复荣同志指出，每章每节都应有明确的目的性，要明确解决什么问题，然后围绕主题作集中，突出而又详尽的描写和阐述，使整篇文章有一条明显的红线在贯串着。至于历史问题，肯定要写，但要贯彻"厚今薄古"的原则。

接着，会议就水家族简史简志合编第五、六章的草稿，进一步讨论了如何编写简史简志的原则问题，以实论虚，讨论非常热烈。

民族研究所苏克勤同志八月间曾对编写简史简志作过指示，大家根据他指示的"写出的书要有材料，又要有见解，要有骨头，又要有血肉……文章要求有真实性、鲜明性、生动性"的标准，对第五、六章草稿作了检查，指出了其中的一些缺点和错误，如：阶级观点不鲜明，两条道路斗争没看清；反映问题不全面，目的性不明确；既不像调查报告，又不像科学论文；有些地方将事情的过程写得过多，有些地方又是空洞的讨论过多；有的地方材料堆积，没有提到理论上来认识等等。

在讨论的过程中，关于在编写简史简志中什么是"骨"、什么是"肉"、什么是"红线"的问题，形成了热烈的争论。有的同志认为：骨是党的政策，肉是贯彻党的政策的群众活动。有的同志不同意这种看法，认为：骨是指书的架子，看出全书是否齐全，布局是否恰当；肉是具体事例。但首先都必须贯彻党的政策，这是红线，否则就没有灵魂。此外，还有一些大同小异的意见，如：

（1）我们编写简史简志，主要是反映党的政策的伟大胜利，因此，党的政策应是书中的骨头；

（2）党的政策是"红线"，骨是事实，肉是辞句的美丽，骨是言之有物，肉是修辞；

（3）骨是党的政策和马列主义，肉是材料，贯彻党的领导就是"红线"，红线与骨头是一回事；

（4）骨是思想性，肉是艺术性；

（5）编写的要求就是红线，红线与骨架有区别，红线意义比较广，骨头比红线更具体，肉又比骨头更具体；

（6）骨头是政策原则，肉是具体事实，红线是灵魂；

（7）红线是指党性，骨是指马列主义的立场、观点和方法，肉是指材料。有骨有肉，就是运用马列主义的理解来解决中国的实际问题。具体说到水家族史志这两章材料，如民族区域自治问题只是材料堆积，没有充分阐明这一民族政策的伟大正确，又如水家族地区的土改和合作化运动中发现哪些问题，党是如何解决的，写得很少，这说明红线贯彻得不鲜明。

经过辩论以后，多数的意见认为："骨"指的是马克思列宁主义理论，是马克思列宁主义的立场、观点和方法，是党的政策；"肉"指的是具体材料。在编写史志中应把理解与事实像水乳一样地交融起来。骨肉都要有，反对空洞的理解，也反对材料的堆积，肉要长在骨头上，这就是准确性。同时，在马克思列宁主义观点的运用和事实材料的处理上，也要注意到鲜明性和生动性。此外，大家认为其他一些提法是值得商榷的。

在这次会上，中共贵州省委统战部黄处长作了重要指示，他特别强调必须要有阶级分析的观点，必须从发展上看问题。

会议一共开了五天，与会同志都觉得收获很大，对今后的编写工作有很大帮助。

云南调查组：云南历史调查组于11月底在昆明召开了第一阶段工作总结回忆。调查组各组小组组长和各自治州、自治县负责编写"自治地方概况"的同志共30余人参加了这次会议。27日举行了全体会议。28、29两天，按工作任务分成"简史简志"和"自治地方概况"两组进行讨论。负责编写各民族简史简志的同志。以傣族简史简志合编（初稿）为重点进行了讨论。景颇、佧佤、傈僳三族的简史简志合编（初稿）也要进行讨论修改。负责编写"自治地方概况"的同志，以"西双版纳傣族自治州概况"和"耿马傣族、佧佤族自治县概况"进行了讨论，进一步明确了编写的任务和要求。现正积极地共同草拟更完善的"自治地方概况编写提纲"。

会议计划在12月4日结束，5日分别回各调查点进一步开展突击编写工作。

甘肃调查组：甘肃调查组3个分组且8个小组于11月15—17日在临夏市召开现场会议。检查进度、交流经验，鼓足干劲，争取在下一段工作中更出色地完成党所交给的任务。会上较全面地总结了全组两月来的工作和各分组的经验。对今后工作做了讨论和安排。

甘肃组在两个多月来的工作中，有很多体会。首先是关于民族科学研究工作如何适应形势的发展和需要的问题。他们认为从甘肃的例子来看。各地党委在革命实践中解决了很多在民族工作方面的新问题。如废除披着宗教外衣的封建特权压迫剥削制度问题、少数民族飞跃过渡问题、大办人民公社问题等，这些问题都需要提到理论上作进一步深入的研究。

在会上，他们还认为今后编写工作应做到密切协助自治地方编写"自治地方概况"把"自治地方概况"的编写任务当作自己的任务去完成，并统一安排调查、编写工作。其次，在目前全国展开的共产主义教育运动中，调查组要担当起宣传共产主义民族观和党的民族政策的任务。

黑龙江调查组：黑龙江调查组于11月11—14日在哈尔滨召开了工作总结会议，省民委高主任亲自主持了这次会议。各分组在召开会议之前都对上一阶段的工作进行了总结，提出了需要在会上解决的问题。根据各组汇报，会议重点讨论了点、面的选择和点、面的结合问题，逐户调查和典型户抽查问题，阶级路线问题等等，通过辩论，大家统一了认识，交流了经验。省民委高主任在辩论结束后对今后工作做了主要指示，要求调查组在调查工作中更多的搜集大跃进方面的资料。调查组副组长王炳煜同志针对会上讨论的问题做了发言，要求各分组在今后工作中更紧密的依靠党的领导，依靠群众，使调查工作和农村中心工作以及宣传、劳动、生产更密切地结合起来，要经常注意调查工作中两条路线的斗争，要将调查、研究和现场观摩密切结合起来，调查资料要保质保量等。

内蒙古调查组：蒙族组已经结束了在鄂托克旗的调查，于10月19日到杭锦旗进行工作。莫力达瓦达斡尔族小组在达斡尔族地区调查了62天，收集了25万字的材料。他们接触了不同阶级的访问对象后，对党的阶级路线有了进一步体会。鄂伦春小组和鄂温克小组也已基本完成了调查工作。现在各组都返呼和浩特进行资料整理和简史简志的编写工作。

新疆调查组：新疆组各分组正分头在各地调查，留在乌鲁木齐编写历史的同志们大部于9月30日以前完成了初稿粗编任务，并对原订《史志合编参考提纲》进行了深入、细致的修改。此外，调查组并抽调一部分人协助"自治区概况"的编写工作。

广西调查组：广西调查组罗城小组已于10月底领先编出仫佬族简史简志合编初稿。这篇初稿在正式提出以前，曾在当地党委领导下经过了三次认真的讨论和修改；其中的一次是深入乡社群众审查、提意见。各乡党组织非常重视这项工作，特别组织群众对初稿进行了四天的反复讨论。参加审查的群众达122人，提出修改和补充意见400余条，意见的范围涉及社会性质，阶级关系，民族关系，人民

内部的团结等问题。群众是以主人翁的态度来对待这次讨论的，大福乡有些群众带了口粮，爬几十里山路赶来参加讨论。调查组的同志在这次不平常的讨论中受到了很大的教育和鼓舞，他们更加认识到只有坚决依靠党的领导和贯彻群众路线，才能胜利地完成调查编写任务。

宁夏调查组：宁夏组京广小组，自9月23日以来，对河北省的保定、徐水和定县三个地区回族历史和现况进行了调查。这个小组本着为国家节省开支的精神，在工作中厉行节约。他们不论到那里行李都自己背，坐火车买慢车票，住最贱的连铺，吃最便宜的伙食，不领公家的伙食津贴，坐车也不买卧铺，全组四人，在一个半月经常流动的调查工作中，为国家节省了很多经费。宁夏分组同志参加了宁夏回族自治区的成立大会，与参加大会的回族代表进行多方面接触，特别是没有派调查组的山西、陕西、江西、浙江等省的回协代表都答应给调查组寄材料。山东、回族调查工作现已结束，调查组同志已于11月10日左右去宁夏，集中进行编写史、志的工作。

西藏调查组：西藏组在拉萨期间编出了藏族简志（上编）大纲，又协助工委研究室编写了《解放后的西藏地方概况》一书的大纲（草稿）。中共西藏工委召开了专门会议研究编写丛书和社会历史调查工作。中央人民政府驻西藏代表、中共西藏工委书记张经武同志亲自主持了会议，并作了重要指示。

四川调查组：四川各族都已到达工作点展开了工作。彝族小组于9月15日到达昭觉，在昭觉期间，听取了瓦渣木基州长关于凉山彝族情况和民族工作情况的报告，抄录了工农业跃进展览会资料和州人委档案资料约60万字，并参观了南坪社和工农业跃进展览会。参观后进行了座谈，着重批判了某些同志认为凉山"落后"，是"不毛之地"等错误思想。要求同志们在调查中掌握两个"法宝"（党的领导和群众路线）和"五多"（多跑、多问、多请示、多研究、多想办法）以及周周有计划，天天有安排。阿坝小组部分人下到自治州各县进行调查，部分人留州整理资料，在工作中批判了某些同志仍然存在的资产阶级个人主义。甘孜小组在康定时曾对"小仓库"思想进行了辩论和批判，并针对某些同志对调查工作缺乏信心问题进行了反复的讨论，经过讨论后，同志们坚定了信心，认识到为只要紧紧地依靠各级党委的领导和走群众路线，就一定可以搞好调查工作。

广东调查组：广东组第一阶段工作于10月底结束，11月1至4日，全组同志集中通什进行了全面总结汇报。5日结合本组存在问题进行学习并布置了下一阶段的调查工作。在第一阶段的工作中，基本克服了整风以前曾严重地存在的"三脱"现象，政治挂了帅，在工作中贯彻了以调查经济结构和阶级情况为主的方针，贯彻了阶级路线，应用了阶级分析的方法，依靠群众，结合中心工作，参加体力劳动，发挥了干劲，因而使这次调查的质量比以前历次的调查都大为提高。

青海调查组：青海组互助土族小组根据互助县合尔郡村的调查资料写成了"合尔郡地区土族社会历史调查报告"初稿。撒拉族调查组正进行撒拉族简史简志的编写工作。海南小组已经结束了共和县倒淌河的调查，写好了约30,000字的材料送当地党委审查。

吉林调查组：吉林组第二阶段分7个小组进行工作。有4个小组调查朝鲜族；另外分满族、蒙古族和回族三个小组；还有一部分人暂留延吉市搜集和整理已有的文字资料。

辽宁调查组：辽宁组在10月12日结束了试点工作后，集中沈阳进行了总结，并修改了下乡前草拟的调查提纲。现全组已分成7个组进行调查和资料收集工作。负责调查满族的三组已分赴兴城、凤城、新宾等县进行调查。负责调查朝鲜族、蒙古族、回族情况的三组业已下乡。史料搜集组留沈阳工作。各调查组预定12月上旬结束调查。

湖南调查组：湖南永顺小组在参加人民公社运动中完成了土家族聚居区凤凄寨典型社、户的调查任务，并写好了调查报告初稿。

福建调查组：福建组各小组长于10月10日集中福安进行第一阶段工作的总结，统战部荆部长、丰秘书亲自指导该组总结工作并做了重要指示。为了扩大畲族调查面并支援江浙小组的工作，11月底畲族调查组分为三个小组赴江西、浙江、福建的罗源等地进行调查。计划在12月20日结束这一阶段的调查工作。

辽宁组关于"编写满族史、志的中心思想问题"的讨论[①]

辽宁组在11月24日至26日在沈阳举行了为期3天的工作会议,会议中着重研究了:满族现况如何体现、满族和汉族互相融合何时开始和怎样正确反映这一融合过程,以及有关历史方面的几个问题。

关于满族现况如何体现,大家认为应该是结合满族和汉族互相融合,尤其是解放后在党的领导下满族和汉族一起共同进行革命斗争和生产劳动的事实去阐述满族的现况,不应该也不可能把它从和汉族互相杂居、密不可分的环境中分割开来,因而,说明现况应该就满族所处地区的社会发展总情况出发,从而体现出满族在其中所做的贡献和它自己的发展。

关于满、汉两族何时开始互相触合,有的人认为在清朝的晚期,有的认为在民国以后,还没有一致的看法。抱着后一种看法的人,理由是,在作维系满族统治阶级统治地位的一些上层建筑物(如八旗制度等)仍然存在时,这些上层建筑物对满族融合有一定的阻碍作用,所以满、汉两族互相融合应该是在民国以后。但是,会议认为满、汉两族目前触合的情况是满族人民在长期和汉放人民共同劳动,互相学习中逐渐达到的,满族人民的发展过程也就是满、汉两族相互融合发展的过程,这是进步现象,因此,满、汉两族的相互融合,应该作为编写满族史、志的中心思想来体现。另外,至于融合具体表现在那些方面,会议认为一些容易看到的语言、文物等等融合现象是由经济交流产生的,因而在叙述满、汉两族融合的发展过程时,应从两族人民在生产中的联系和相互影响说起。

会议还明确了以下若干有关历史方面的问题:

1. 对于清代的八旗兵丁制、庄头制等当时的社会经济政治制度都应该用阶级分析的观点去研究;2. 对于鸦片战争后历次反侵略战争中(如甲午之战和义和团事件)满族人民的态度,应该和当时统治阶级的政策加以区别处理,应该着重反映满汉人民共同斗争的一面;3. 对于满族统治阶级,应以阶级观点进行分析,主要揭发他们压迫剥削其他民族和本族人

[①] 郝时远主编:《民族研究》第1期,第50页,中国社会科学院民族学与人类研究所,1958年。

民的反动性，但也应该以历史唯物主义观点来具体分析它的政策的某些方面在客观上所起的推动社会发展的作用；4. 以充分的事实证明日本帝国主义是中国各族人民的共同大敌，特别是揭露日伪时期日本帝国主义在东北进行的一切反动阴谋的实质。会议还决定着重搜集满族人民在党的领导下进行革命斗争的史料。